本书为国家社会科学基金项目
"当代美国大都市区空间蔓延的危害及其治理研究"
（项目编号：11BSS015）的结项成果

本书得到了"浙江师范大学出版基金"资助

Publishing Foundation of Zhejiang Normal University

当代

美国大都市区空间蔓延的危害及其治理 上卷

孙群郎 著

中国社会科学出版社

图书在版编目(CIP)数据

当代美国大都市区空间蔓延的危害及其治理：全二卷 / 孙群郎著. -- 北京：中国社会科学出版社，2024.11. -- ISBN 978-7-5227-3880-2

Ⅰ. F299.712

中国国家版本馆 CIP 数据核字第 2024SX2117 号

出 版 人	赵剑英	
责任编辑	耿晓明	
责任校对	李　军	
责任印制	李寡寡	
出　　版	中国社会科学出版社	
社　　址	北京鼓楼西大街甲 158 号	
邮　　编	100720	
网　　址	http://www.csspw.cn	
发 行 部	010-84083685	
门 市 部	010-84029450	
经　　销	新华书店及其他书店	
印　　刷	北京明恒达印务有限公司	
装　　订	廊坊市广阳区广增装订厂	
版　　次	2024 年 11 月第 1 版	
印　　次	2024 年 11 月第 1 次印刷	
开　　本	710×1000　1/16	
印　　张	76.75	
字　　数	1156 千字	
定　　价	398.00 元(全二卷)	

凡购买中国社会科学出版社图书，如有质量问题请与本社营销中心联系调换
电话：010-84083683
版权所有　侵权必究

总 目 录

上 卷

绪　论 ··· (1)
第一章　美国大都市区的孕育与形成 ······························· (62)
第二章　美国大都市区的空间蔓延 ·································· (119)
第三章　美国大都市区的阶级分异与种族隔离 ··················· (223)
第四章　大都市区的政治碎化与区域治理 ·························· (361)
第五章　中心城市的衰落与复兴 ····································· (537)

下 卷

第六章　大都市区的交通拥堵及其治理 ···························· (691)
第七章　生态环境与土地资源保护 ·································· (830)
第八章　大都市区问题的综合治理 ·································· (1043)

结　论 ··· (1180)
主要参考文献 ··· (1191)
后　记 ··· (1218)

目 录
（上　卷）

绪　论 ……………………………………………………（1）
　一　概念界定 ………………………………………………（3）
　二　美国学术界的研究概况 ………………………………（8）
　三　我国学术界的研究概况 ………………………………（41）
　四　研究内容与理论创新 …………………………………（53）

第一章　美国大都市区的孕育与形成 ……………………（62）
　一　美国近代城市化的发展进程 …………………………（62）
　二　美国城市郊区化的起源 ………………………………（67）
　三　美国近代郊区化的动力因素 …………………………（78）
　四　美国近代郊区的发展进程 ……………………………（94）
　五　城市空间结构的变迁 …………………………………（101）
　小结 …………………………………………………………（117）

第二章　美国大都市区的空间蔓延 ………………………（119）
　一　美国郊区化和大都市区蔓延的动因 …………………（119）
　二　美国人口与就业的郊区化进程 ………………………（148）
　三　美国大都市区的低密度蔓延 …………………………（167）
　四　美国大都市区空间结构的变迁 ………………………（184）
　五　城市空间周期论与聚集扩散论 ………………………（201）
　小结 …………………………………………………………（221）

第三章　美国大都市区的阶级分异与种族隔离……………（223）
　一　美国大都市区的人口分布模式……………………（224）
　二　美国大都市区两个世界的形成……………………（241）
　三　美国学术界关于人口空间分布的理论模型………（252）
　四　普通白人民众与私人部门的种族歧视行为………（256）
　五　政府政策与阶级分异和种族隔离…………………（275）
　六　美国大都市区人口分布模式的危害………………（288）
　七　种族限制性契约的司法判决与种族隔离的松动…（305）
　八　民权组织的开放郊区和住房市场运动……………（320）
　九　美国各级政府的改革措施…………………………（333）
　十　20世纪70年代以后黑人的空间分布特征…………（347）
　小结………………………………………………………（358）

第四章　大都市区的政治碎化与区域治理………………（361）
　一　美国地方政府自治的发展进程……………………（361）
　二　地方政府的类型、职能及其相互关系……………（386）
　三　东北部和中西部城市兼并的停滞…………………（398）
　四　大都市区政治的巴尔干化及其危害………………（413）
　五　传统大都市区政府改革理论………………………（428）
　六　传统大都市区政府改革之一：市县合并…………（447）
　七　迈阿密联邦制大都市区政府的成立………………（460）
　八　多中心主义的公共选择理论………………………（476）
　九　大都市区多样化的政治改革实践…………………（492）
　十　新区域主义的兴起及其经济取向…………………（510）
　小结………………………………………………………（535）

第五章　中心城市的衰落与复兴…………………………（537）
　一　城市美化运动的失败——城市衰落的征兆………（538）
　二　美国的去工业化及其原因…………………………（558）

三　中心城市的衰落与城市危机 …………………………… (574)
四　红线政策与中心城市的衰落 …………………………… (597)
五　城市更新运动 …………………………………………… (619)
六　中心城市内城街区的绅士化 …………………………… (646)
七　美国后工业城市的社会经济特征 ……………………… (677)
小结 …………………………………………………………… (688)

绪　　论

　　美国是一个大都市区化的国家，美国大都市区是在城市化和郊区化的交错发展、对流运动中形成的。早在殖民地时期，在美国的大西洋沿岸一带就出现了一系列港口城市和商业城市，为美国城市的发展奠定了基础。从18世纪90年代开始，美国发生了以纺织业为主的第一次工业革命，带动了人口、工厂和商业机构的迅速聚集，开启了美国的城市化进程，在东北部形成了一些工商业城市。19世纪后期美国又发生了以重工业为主的第二次工业革命，人口与产业以更快的速度和更大的规模向城市集中，在中西部形成了一系列规模巨大的工业城市和综合性城市。与此同时，在西进运动和工业扩散的带动下，西部和南部也形成了众多工商业城市，全国城市体系也逐渐形成并走向成熟。随着城市的发展和城市体系的形成，美国的城市化水平迅速提高，到1920年，美国城市人口达到全国人口的一半以上，成为一个初步城市化的国家。

　　在城市化即城市聚集发展的同时，郊区化即城市的扩散运动也悄然启动，从而形成了交错发展对流运动的态势。美国城市的郊区化是伴随着公共交通的出现而悄然启动的。美国最早的城市公共交通是1815年在曼哈顿与布鲁克林之间的东河（East River）之上出现的蒸汽渡船，从此，在曼哈顿就业的人们可以在环境优雅的布鲁克林居住，通过蒸汽渡船通勤就业，布鲁克林成为美国的第一个通勤郊区。随后美国其他一些海岸城市和河岸城市也出现了"渡船郊区"。到19世纪30年代以后，美国城市中还相继出现了公共马车、有轨马车、缆车、蒸汽火车和有轨电车等公共交通，随着轨道交通特别是有轨电车向郊区的延伸，郊区社区在各大城市周围如雨后春笋般地发展起来。1920年以后，随着公路的修建和汽车的普及，美国城市的空间布局由以聚集为主转变为以扩散为主，二战以后更是呈爆炸式发展。1970年郊区人口分别超过中心城市和乡村人口，郊区成为美国社会生活的主体。因此，道格拉斯·亚当斯宣布："美国人已将合众国塑造成世界上第一个郊区化的国家。"① 肯尼思·杰克逊也评价道："郊区已经成为美国根本的物质成就，它也许比大型轿车、高层建筑或者职业橄榄球更能代表其文化。郊区最充分、最纯粹地体现了当代文化；它是美国社会下述本质特征的一种表现形式，即过度的挥霍浪费、对私人汽车的依赖、向上流动、家庭分解为核心单元、工作与娱乐的高度分散，以及种族和经济的排斥性倾向。"② 在某种程度上，到20世纪70年代初，美国已经成为一个郊区化的国家。

在聚集与扩散、城市化与郊区化交错发展、对流运动的过程中，美国城市的空间结构发生了巨大变化。在美国城市发展的初期阶段，城市规模较小，人们主要依靠步行通勤和出行，因此被称为"步行城市"。步行城市的空间结构具有某种原始特征，尚未出现城市区位的功能分化，住房、厂房、商业和社会机构混合分布。但是，随着城市规模的扩大，城市的中心区和边缘地带出现了地价差额，在地价差额的作用下，那些占地少、产值高、中心性强的商业机构纷纷占据了中心区，逐渐形成了中央商务区（CBD）；而那些占地广、产值低、中心性较差的工厂企业则被迫迁移到郊区，形成就业郊区或工业卫星城；一部分富裕阶层和中产阶级也迁居到环境优雅的郊区，形成郊区居民区；而那些无力迁移的下层居民则蜗居在中心城市的旧宅区，久而久之形成衰败社区乃至贫民窟。这样，到20世纪初期，美国城市就由过去小型简单的步行城市发展为单中心结构的大都市区。简单地说，大都市区就是由中心城市和与之有着密切的社会经济联系的郊区

---

① Ronald K. Vogel, ed., *Handbook of Research on Urban Politics and Policy in the United States*, Westport, Connecticut: Greenwood Press, 1997, p. 171.

② Kenneth T. Jackson, *Crabgrass Frontier: The Suburbanization of the United States*, New York: Oxford University Press, 1985, p. 4.

组成的共同体，其核心结构就是中央商务区和郊区社区。随后，在聚集与扩散这两种相反相成、对立统一的运动之下，美国大都市区的空间结构继续发展演变，逐步由单中心结构的大都市区演变为多中心结构的大都市区，甚至众多的大都市区相互连接，彼此交叉，从而形成了硕大无朋、无与伦比的大都市连绵带。

在美国大都市区宏观聚集的同时，其空间结构也在急剧扩散，低密度蔓延性和土地利用模式的单一性成为美国大都市区最主要的两个空间特征，美国学者往往将这两种特征统称为"大都市区蔓延"。大都市区蔓延造成了一系列经济、社会、政治和生态环境方面的危害，比如阶级分异和种族隔离、大都市区政治的巴尔干化、中心城市的衰落、交通拥堵和生态环境的恶化等。可以说，大都市区蔓延是一种不可持续的城市发展模式，因而遭到了美国学者的诟病与抨击，近20年来美国学术界出版了大量论著，分析了大都市区蔓延的危害及其破解之道，从而产生了两种城市规划和发展理论，即新城市主义和精明增长。本书的目的就是要对美国大都市区空间蔓延的危害及其治理理论与实践进行一次系统的历史考察。

一　概念界定

在进入研究进程之前，必须首先厘清各个相关概念及其相互关系，否则就如坠入五里云雾，摸不着头脑。这些概念主要包括三组，其一为城市（urban）、郊区（suburb）和大都市区（metropolitan area）；其二为城市化（urbanization）、郊区化（suburbanization）和大都市区化（metropolitanization）；其三为城市蔓延（urban sprawl）、郊区蔓延（suburban sprawl）和大都市区蔓延（metropolitan sprawl）。

（一）城市、郊区和大都市区的概念及其关系

在第一组概念，即城市、郊区和大都市区之中，城市是最基本、最宽泛的概念，是其他两个概念的基础。城市（urban）是一种人口分布模式，是美国人口普查局在人口统计中用以区分城市人口和乡村人口的划分标准。在美国，城市是指人口达到2500人的居民社区。这里的城市（urban）不是政治意义上的城市（city），后者是一种法人资格，需要州政府颁发市镇法人宪章。无庸置疑，城市（city）必然是城市的（urban），因为一个城市地区不达到一定规模，州政府一般不会颁发组成城市法人的宪章，但城市（urban）地区并不一定拥有法人建制。随着郊区化的发展，步行城市那种城乡泾渭分明的界限变得越来越模糊，城市和乡村的区分越来越复杂，尤其是大城市周围地区。有鉴于此，1950年人口普查局对城市（urban）重新进行了界定，除了原来达到2500人以上的有法人资格的城市（city）以外，它还包括（1）"城市边缘区"（urban fringes），即那些在5万人以上的城市周围，与该城市连绵不断、平均人口密度达到每平方英里2000人以上的城市建成区；（2）在"城市边缘区"以外，人口达到2500人以上的没有城市建制的地区。[1]

郊区是指那些邻近中心城市而又位于中心城市的行政界限以外的城市化和半城市化的居民社区，它们具有某些独特的人口、社会和经济特征，在经济和文化上对中心城市有很强的依赖关系，而在政治上却又独立于中心城市。因此，郊区是相对于中心城市的一个概念，它既是一个地理概念，又包含着一定的政治和法律意义。郊区必须位于中心城市之外，如果被中心城市兼并就不再是郊区。一个郊区也许不足2500人，但也许远远超过了2500人，甚至达到数万人，还可能拥有城市（city）的法人资格，但仅仅相对于中心城市而言才成为郊区（sub to the city），或被称为郊区城市（suburban city）。所以郊区的概念具有两重性。

大都市区是指一个达到5万人以上的中心城市以及与之有着密切的社会经济联系的郊区县组成的共同体。那么，那些处于大都市区界限以外，人口不足5万的中小城市就不包括在大都市区的范围内，属于非都市地区。所以大都市区并不包含所有的城市人口。比如，1970

---

[1] Charles N. Glaab, *The American City: A Documentary History*, Homewood, Illiois: The Dorsey Press, 1963, p. 435.

年，美国城市人口占全国总人口的73.5%，其中60.5%位于大都市区以内，另外13.0%位于大都市区以外。同时，在大都市区范围内又包含了许多人口在2500人以下的社区，即乡村人口。比如，1970年，美国乡村人口占全国总人口的26.5%，其中8.1%位于大都市区以内，18.4%位于大都市区以外。① 由此可见，城市和大都市区是一对交叉性的概念。当然，中心城市和郊区是大都市区的两个因子，处于大都市区范围以外的地区，既不是中心城市，也不是郊区，属于非都市地区。而非都市地区则不等于乡村地区，因为非都市地区还存在着诸多城市。

（二）城市化、郊区化和大都市区化的概念及其关系

其一，城市化与郊区化：城市化的概念多种多样，按照我国经济学家高珮义的定义，"城市化是一个变传统落后的乡村社会为现代先进的城市社会的自然历史过程。从世界总体上看，这一过程的起点是18世纪60年代的英国产业革命，终点则是整个人类社会彻底转变为一个现代先进的城市文明社会。"② 笔者认为，城市化的本质内容是指人口、产业和社会机构在空间上的聚集。关于郊区化的概念，我国城市地理学家周一星认为，城市市区在总体上集聚扩张的同时，城市的人口、工业、商业先后从城市由内向外作离心运动，这一过程叫作郊区化。③ 约翰·卡萨达（John D. Kasarda）等人认为，总体而言，郊区化是一个在功能上整合的人口群体在一个不断膨胀的地域上的扩大和分散。④ 笔者认为，郊区化可以概括为一种与城市化（聚集）相对立的扩散化运动，是人口、产业和社会机构由中心区向外围地区的扩散过程。然而，城市化与郊区化并非截然对立的，而是相反相成，

---

① U.S. Department of Commerce, Bureau of the Census, *Statistical Abstract of the United States, 1975*, Washington D. C.: U. S. Government Printing Office, 1975, p. 17.
② 高珮义：《中外城市化比较研究》，南开大学出版社1991年版，第2页。
③ 周一星：《对城市郊区化要因势利导》，《城市规划》1999年第4期。
④ John D. Kasarda, George V. Redfearn, "Differential Patterns and Suburban Growth in the United States", Neil Larry Shumsky, ed., *Urbanization and the Growth of Cities*, New York: Garland Publishing, Inc., 1996, p. 407.

相互转化的。这一过程包括两个步骤，首先是城市的人口、经济和社会机构不断从中心区向外围乡村地区迁移，将该乡村地区转变为半城市半乡村的郊区，此即郊区化；然后该郊区的城市特征不断增强，最后转变为高度城市化的地区，甚至被中心城市所兼并，此即城市化。这种城市化的方式就是"城市化—郊区化—郊区城市化—新的郊区化……"，循环往复，交错发展，对立统一，从而推动城市有机体的扩大和城市化水平的提高。可见，城市化是郊区化的前提，而郊区化则是城市有机体扩展和城市化的一种方式。

其二，城市化和大都市区化：大都市区包括两个基本组成部分，即中心城市和郊区。整体孕育于部分，中心城市和郊区的发展是大都市区形成的基本前提。18世纪末19世纪初，美国的工业革命启动，工业化和城市化拉开了序幕，随着城市化水平的提高和城市规模的扩大，一些起步较早的大城市优先发展，逐步形成了中心城市，从而具备了大都市区形成的第一个基本条件。在城市发展的过程中同时存在着聚集与扩散两种趋势，在大城市聚集发展的同时，扩散的过程也在进行，因而，在大城市周围出现了一些居民郊区和卫星城市，即住房郊区和就业郊区。与此同时，在城市化和郊区化的这种人口和产业的对流和置换过程中，城市的空间结构也在发生变化，到19世纪末20世纪初，在城市的中心区逐步形成了以商业性、服务性和管理性为主的中央商务区。中央商务区以其强大的辐射力和吸引力将中心城市与周围郊区紧密地联系为一个整体，现代意义上的大都市区形成。郊区化是大都市区形成的第二个基本条件。可见，大都市区的形成和发展以城市化为基础，并逐步成为美国城市化的一种主导模式。

其三，郊区化和大都市区化：前文指出，郊区化是大都市区化的另一个基本前提，没有郊区化的发展，大都市区是不可能形成的。大都市区形成以后，中心城市和郊区的发展都推动了大都市区的进一步发展。然而，到二战以后，中心城市的发展速度不断降低，甚至出现了衰退的局面，形成了城市发展危机，而郊区的发展速度则不断加快，郊区化成为大都市区发展的主要推动力。可见，当代美国大都市区的发展主要是通过郊区化来实现的。

郊区化和大都市区化是城市化的不同侧面，只是两者看问题的角度不同。郊区化是从微观的角度，即从城市和大都市区的内部来观察人口、经济和社会机构的离心扩散运动，从而便于了解城市和大都市区内在结构的变化。大都市区化则是从宏观的和外在的角度来观察人口、经济和社会机构在一定地域空间上的聚集，给人一种整体感，是相对于非都市区而言的。只有从郊区化和大都市区化两种角度进行观察，才能准确地把握美国城市发展的脉络，偏废任何一方都不能反映美国城市发展的全貌。

（三）城市蔓延、郊区蔓延和大都市区蔓延的概念及其关系

"城市蔓延"（urban sprawl）一词是由美国学者威廉·H. 怀特（William H. Whyte）于1958年首先在一篇文章中提出的。所谓的"城市蔓延""郊区蔓延"或"大都市区蔓延"的意思是相同的，都是指广义的城市空间膨胀，许多学者将其简称为蔓延（sprawl）。学术界对蔓延的定义见仁见智，五花八门。比如，布赖恩·W. 布莱塞尔（Brian W. Blaesser）的定义是，"蔓延在本质上是没有限制、不连续的、低密度的住房和商业开发从城市地区向乡村地区的扩散"[①]。美国遗产基金会（the Heritage Foundation）的定义是，"'蔓延'仅仅是指城市界限以外低密度的住房开发"。上述两个定义都强调了蔓延的低密度性这一特征，但蔓延的含义不仅仅是指低密度的开发，它还有更广泛的含义。全国历史保护信托组织（National Trust for Historic Preservation）的定义是，"蔓延是一种分散的、低密度的开发模式，这种开发模式一般位于现存居民区的边缘地带，而且占用原先大片的乡村地域，其特征就是土地利用模式的分离和汽车的统治。"奥利弗·吉勒姆（Oliver Gillham）的定义是，"蔓延（无论是用来描述城市还是郊区）是一种独特的城市化模式，其独特性在于蛙跳式的开发模式、商业长廊、密度低下、分离的土地利用模式、汽车的主导地位

[①] Terry S. Szold and Armando Carbonell, *Smart Growth: Form and Consequences*, Toronto: Webcom Ltd., 2002, p. 130.

以及最低限度的公共开放空间。"① 上述两个定义兼顾了低密度性、分离的土地利用模式和对汽车的依赖等特征。而多姆·诺兹（Dom Nozzi）则从 5 个方面概括了蔓延的特征：第一，低密度的住房开发模式，一般情况下每英亩不超过 3 座住宅，由于密度太低而无法支撑公共交通，而步行和骑车又非常不便。第二，居民住房与就业、娱乐、公共活动、商业机构等高度分离，往往相距 3 英里以上，使步行和骑车非常不便。第三，街道宽阔，停车场地充足，便于私人开车，不便于步行、骑车和公共交通。第四，各个地方社区之间没有绿化带或农田相隔离，呈现一种连续的没有界限的发展模式。第五，没有独特的地方特征。② 简单地说，蔓延就是一种蛙跳式的、低密度的、功能分离的和严重依赖私人汽车的城市开发模式。

二 美国学术界的研究概况

美国的大都市区是由城市发展而来的，而大都市区的核心结构包括中心城市和郊区两部分，因此有关美国大都市区蔓延的研究概况要从对城市的研究开始。进入 20 世纪以后，随着城市在社会生活中重要性的日益凸显，美国学术界开始将目光转向城市。美国学术界以其敏锐的目光和迅捷的反应，紧紧跟随美国城市的发展进程，对其进行了及时、广泛而深入的研究，并针对不同城市发展阶段的各种问题，提出了各种城市发展政策和破解之道。简言之，根据美国城市的不同发展阶段，美国学术界的研究也呈现出明显的阶段性特征。

在 20 世纪前期，美国学术界所关注的主要是城市化的一些基本问题和宏观概况，其关键词往往是"城市"（city）、"城市的"（urban）或"城市化"（urbanization）等。二战以后，随着郊区的爆炸式发展，郊区问题受到了广泛关注，以郊区为视角的学术成果不断

---

① Oliver Gillham, *The Limitless City: A Primer on the Urban Sprawl Debate*, Washington, D. C.: Island Press, 2002, pp. 4, 8.

② Dom Nozzi, *Road to Ruin: An Introduction to Sprawl and How to Cure It*, Westport, Connecticut: Praeger Publishers, 2003, p. 14.

问世，其关键词往往是"郊区"（suburb）、"郊区的"（suburban）、"郊区生活方式"（suburbia）和"郊区化"（suburbanization）等。随着郊区的独立性日益增强，大都市区的整体性受到了威胁，因此以大都市区为视角的著作纷纷涌现，其关键词往往是"大都市区的"（metropolitan）和"大都市"（metropolis）等。到了90年代以后，大都市区蔓延所产生的一系列社会、经济和环境问题充分地暴露出来，许多学者将目光集中于蔓延所产生的各类问题，并提出了各种政策措施加以应对，于是许多以蔓延为视角的论著纷纷面世，其关键词往往是"蔓延"（sprawl）、"城市蔓延"（urban sprawl）、"郊区蔓延"（suburban sprawl）、"大都市区蔓延"（metropolitan sprawl）等。当然这种划分并非十分严谨，事实上，许多相关论著的主题往往是交叉的。此外，在20世纪后期还涌现了众多专题研究，比如关于种族隔离、政治碎化、交通拥堵、城市复兴、生态环境、城市规划、增长管理和精明增长等方面的著作。

（一）城市和城市化视角的研究

社会学界首开城市研究的先河。以芝加哥大学的社会学家罗伯特·E. 帕克（Robert E. Park）、欧内斯特·W. 伯吉斯（Ernest W. Burgess）和罗德里克·D. 麦肯齐（Roderick D. McKenzie）为代表的"芝加哥学派"，在1915—1940年间撰写了一系列有关城市研究的论文，将生态学研究的理论和方法引入城市社区研究，提出了"人类生态学"这一概念，创立了城市社会学，并于1925年出版了论文集《城市》（*The City*）一书，系统地阐明了城市社会学的性质、研究目的、理论方法，奠定了城市社会学的理论基础。帕克在该论文集的开篇之作中写道："在城市社区的范围内——事实上，在人类居住区的任何自然区域的范围内——存在着诸多力量在发生作用，它们会使其居民人口和社会机构形成某种有序而典型的布局。"一句话简明扼要地概括了芝加哥学派的学术观点，即城市的空间布局不是随机的和偶然的，而是在各种力量的支配下而不断发展演变，最终会形成某种井然有序的典型结构。在该理论的指导下，伯吉斯提出了著名的城市空间结构的同心圆模式,在城市学界产生了极大的影响。①

在美国史学界,老阿瑟·施莱辛格于1933年出版了《美国城市的兴起》一书,强调了城市在19世纪后期工业化中的关键作用,提出了美国历史的城市解释,"它打破了社会学家一统天下的局面,开启了史学家研究城市史的先河",随后老施莱辛格又于1940年发表了《美国历史上的城市》一文,重申了美国历史的城市解释,因此他被美国学者称为"当代美国城市史的奠基人"②。到20世纪六七十年代,"新城市史"学派名噪一时,塞恩斯特罗姆(Stephan Thernstrom)概括了该学派的三个基本特征:第一,主张将历史与现实联系起来,将社会学理论与史料结合起来,进行跨学科研究;第二,扩大城市史研究的视野,关注普通城市居民的社会经历,进而考察城市化与人口和社会结构的关系;第三,充分运用计量史学的分析方法。③ 此外,1974年《城市史杂志》(Journal of Urban History)的创刊,1988年美国城市史协会(the Urban History Association)的成立,既是城市史发展的重要标志,又进一步促进了美国的城市史研究。总之,自20世纪60年代以来,城市史已经成为一个独立的学科门类,形成了自己的研究队伍,建立了完善的学术体系,研究视角逐渐拓宽,内容层次日趋深入,理论方法不断更新,史学新著频频问世,从而形成了一个城市史研究的热潮。

在早期的美国城市史著作中,理查德·C.韦德的《城市的边疆:1790—1830年间西部城市的兴起》是一部反响巨大的著作,对特纳的边疆学说构成了严峻的挑战。特纳认为,在19世纪前期,西部完全是一个农业的边疆,进入西部的依次是猎手和毛皮商、牧场主、矿场主和农场主,农业开发完成了西部从野蛮到文明的转化,美国的民主产生于西部森林。而韦德在开篇的第一句话就开宗明义地宣布:"城镇是边疆的先导",韦德认为,特纳的解释忽视了城市在边疆开

---

① Robert E. Park, Ernest W. Burgess, Roderick D. McKenzie, *The City*, Chicago: The University of Chicago Press, 1925, 1967, pp. 1, 51.
② 黄柯可:《美国城市史的产生与发展》,《史学理论研究》1997年第4期。
③ 王旭:《美国城市史研究概述》,《东北师大学报》1986年第1期。

发中的作用。韦德考察了中西部5个城市——匹兹堡、辛辛那提、莱克星敦、路易斯维尔和圣路易斯——的创建和发展历程，在铁路到来之前，是城市推动了西部由蛮荒走向了文明和地区多样化，到1830年，"西部已经产生了两种类型的社会——其一为乡村社会，其二为城市社会。每个社会都发展了自身的制度、习惯和生活方式……但城市代表了更富进取和充满活力的力量。"①

赞恩·米勒和帕特里夏·M.梅尔文的《现代美国城市化简史》一书是一部关于美国城市发展的通史之作。他们认为，从殖民地时期以来，城市是塑造美国社会的一个重要力量。根据城市与产业结构之间关系的演变，他们将美国城市的发展分为四个时期：从16世纪后期到1840年左右的前工业时代的城市；19世纪中后期工业化进程中的城市；19世纪后期到20世纪前期的工业城市；20世纪中后期的后工业城市。该著比较全面地探讨了美国城市的兴衰历程，以及城市与经济、社会、政治和文化之间的互动关系，比较全面地描述了美国城市发展的概貌。②

霍华德·P.胡达考夫的《美国城市社会的演进》探讨了从殖民地时代到20世纪70年代城市的发展历程，是另一部综合性的通史著作。该著分析了人口增长、交通运输、商业活动、制造业的发展以及城市竞争在城市发展中的作用，探讨了城市化对美国社会提出的挑战，比如对饮水、消防、治安和公园等方面的需求。作者认为，在提供这些公共服务方面，私人部门发挥了更大的作用，并特别强调公共交通在大都市区形成中的重要作用。该著还对城市老板、市政改革、罗斯福新政以及后来的联邦城市政策进行了分析与评价。③

萨姆·B.沃纳的《城市荒野——美国城市史》是一部见解独特

---

① Richard C. Wade, *The Urban Frontier: The Rise of Western Cities, 1790 – 1830*, Cambridge, Mass.: Harvard University Press, 1959, p.341.

② Zane L. Miller and Patricia M. Melvin, *The Urbanization of Modern America: A Brief History*, New York: Harcourt Brace Jovanovich, Inc., 1973.

③ Howard P. Chudacoff, *The Evolution of American Urban Society*, Englewood Cliffs, N.J.: Prentice-Hall, Inc., 1975.

和影响广泛的名著。该著并不是一部全面探讨美国城市史的综合性著作，而是选取了3个具有代表性的城市分阶段地加以探讨，将1820年以后的城市发展分为三个时期：1820—1870年，以纽约为代表探讨了美国城市体系的形成与发展；1870—1920年，以芝加哥为代表考察了工业城市的发展，这一时期形成了放射状单中心结构的城市形态；1920年至70年代初则以洛杉矶为代表，考察了当代大都市区的发展，分析了大都市区低密度蔓延和多中心结构的优势与缺陷。沃纳之所以称美国城市为"城市荒野"，是因为其发展进程不是受内在的城市伦理所支配，而是受外在的思想和事件所推动，受资本主义土地私有制的支配，与私人财产密切相关的个人决策主导着城市的发展，从而导致了城市建设的混乱以及阶级分异和种族隔离等非人道主义特征，而这些特征是恰恰与城市共同体（community）和城市主义（urbanism）背道而驰的，城市居民似乎"生活在时空的荒野"之中。他认为，二战后的美国城市是文明世界中最恶劣的城市，要解决美国城市的诸多弊端，政府应该发挥主导作用，同时还要实行民主的规划并通过公众的参与才能实现。[1]

埃里克·H. 门克宁的《美国城市化：1780—1980年间美国城镇发展史》是另一部具有重大影响的城市史著作。沃纳等学者认为，美国城市是消极被动的，其发展是由经济和技术等外部因素所决定的；而门克宁则提出了截然相反的观点，认为政府在城市发展中发挥了更为重要的作用，正是各级政府的行为促进了经济发展和技术变革。该著将美国城市的发展划分为3个时期，第一个时期为前现代时期，大致在1790—1830年间，美国城市确实是一种被动的非制度化的自愿性组织。但到了第二个时期，即在1830—1930年间，美国城市逐渐摆脱了消极状态，积极提供各类城市服务，对于经济发展和社会进步具有决定性的影响。第三个时期为大萧条以后，由于城市建立了更加有效的政府机构，其发展更加具有了持续性，正是地方政府的积极行

---

[1] Sam Bass Warner, Jr., *The Urban Wilderness: A History of the American City*, New York: Harper & Row, Publishers, 1972.

动"创造了经济和法律环境,在这种环境中孕育了新技术及其应用"①。他还以洛杉矶的城市形态为例,批驳了经济决定论和技术决定论,指出洛杉矶的低密度蔓延不是由汽车造成的,早在汽车流行之前,洛杉矶就已表现出这种发展形态。与此同时,联邦政府也对城市的发展进行了积极的干预,公民的政治行动和政府决策在城市的发展中发挥了主导作用,而不是由外在的经济和技术力量所支配。门克宁的这种积极的城市观使他对美国城市充满了乐观精神。另外,当美国学者对城市老板(city boss)进行抨击,对自由主义改革推崇备至之时,他却认为政党机器发挥了积极作用,城市老板扮演了一个社会整合的角色。总之,门克宁的著作提出了一系列新颖独到的见解。

乔恩·C.蒂福特的《20世纪的美国城市——问题、希望与现实》,探讨了20世纪美国城市的发展进程和大都市区的碎化。该著按时间顺序考察大都市区的发展进程:进步主义时期的城市改革、20年代城市模式的变化、新政与二战时期联邦政府的干预、1945—1964年间郊区的胜利、1964—1979年间的城市危机等。作者认为,早在20世纪初期,美国城市就已经在社会、经济和族裔方面出现了碎化的现象,只有中央商务区发挥着整合作用,"将大都市区各种不同的碎片联系起来"。进步主义时代的改革家试图将美国城市融合为一个统一的社区,然而其乌托邦式的理想只留下了一个"改革的残渣"。进入20年代以后,随着汽车的普及和郊区化的发展,中心城市开始走向严重的衰退。二战以后,大都市区丧失了共同的中心,六七十年代的种族骚乱和城市危机,使大都市区在社会、经济和政治方面进一步走向碎化。"碎化"乃是该著的核心词。②

20世纪70年代,美国的人口分布出现了异常现象,即非都市区的发展速度超过了大都市区。于是一些学者提出了所谓的"逆城市化"论,最著名的代表是布赖恩·J.贝里,他在其主编的《城市化

---

① Eric H. Monkkonen, *America Becomes Urban: The Development of U. S. Cities and Towns, 1789 - 1980*, Berkeley: University of California Press, 1988, p. 164.

② Jon C. Teaford, *The Twentieth Century American City: Problem, Promise, and Reality*, Baltimore, Md.: Johns Hopkins University Press, 1986.

与逆城市化》一书中认为,70年代美国非都市区人口的加速发展和大都市区人口的减少,预示着美国城市时代的终结,城市行将解体,其人口的分布模式将由城市化转向逆城市化乃至乡村化。他写道,70年代"美国城市化历程中的一个转折点已经来临,逆城市化已经取代城市化而成为塑造这个国家居住模式主导力量"[①]。

A.G.钱皮恩主编的《逆城市化——人口扩散的速度与性质的变迁》,再次重复了贝里的论调,并且指出逆城市化是一种国际现象,该论文集分别考察了美国、澳大利亚、英国、挪威、丹麦、联邦德国、法国、意大利和日本的逆城市化现象及其一般原因和特殊原因。最后,钱皮恩在结论中指出,城市化是工业化时代的现象,随着后工业社会的来临,这种城市化现象开始走向终结。[②]

(二) 郊区和郊区化视角的研究

最早有关郊区化的学术研究是阿德纳·韦伯(Adna Weber)于1899年出版的《19世纪的城市发展》(*The Growth of Cities in the Nineteenth Century*),但直到20世纪20年代才出现有关郊区化的专门研究,比如哈伦·道格拉斯(Harlan Douglass)于1925年出版了《郊区发展趋势》(*The Suburban Trend*),探讨了各种类型的郊区,认为规划良好的郊区是解决城市拥挤的有效出路。二战以后,美国郊区化发展势头迅猛,从而引起了有关学者的关注,而1970年美国人口普查显示,郊区人口已经分别超过中心城市人口和乡村人口,美国成为一个郊区化的国家,因此郊区化研究成为美国城市研究的一个热点话题。

在郊区研究方面,社会学界再次捷足先登。1958年,威廉·多布林纳主编的论文集《郊区社区》问世,从社会学的角度对郊区进行了较为全面的探讨,如郊区化的动力、发展进程、社会影响、人口

---

① Brian J. L. Berry, ed., *Urbanization and Counterurbanization*, London: Sage Publishers, 1976, pp. 17 – 29.

② A. G. Champion, ed., *Counterurbanization: The Changing Pace and Nature of Population Deconcentration*, New York: Edward Arnold, 1989.

特征、家庭和阶级结构以及经济政治组织等。① 该著的问世表明对郊区问题的关注已经超越了报刊记者的跟踪报道和描述阶段，正式跨入了学术研究的殿堂。多布林纳的另一部著作《郊区中的阶级》探讨了郊区的同质性问题。二战以后，在美国社会学界流行着一种"郊区神话"（suburban myth），其中最主要的一个观点就是郊区阶级的同质性，认为郊区居民主要由中产阶级构成。多布林纳虽然同意郊区确实存在着某种程度的同质性特征，但他也提醒人们："郊区的形式是复杂多样的，因此用'同质性'来描述郊区会使人产生误解。郊区在其建设环境、地产价格和用途、时间的延续性、规模和制度的复杂性，及其居民的收入、生活方式、职业和教育水平等方面都是千差万别的。"多布林纳以长岛上的一个郊区社区莱维敦的阶级构成及其变化证明了郊区阶级的多样性。②

贝内特·M. 伯杰于1960年出版了《工人阶级郊区：郊区汽车工人研究》，对加州圣何塞一个郊区米尔皮塔斯（Milpitas）的100名福特汽车公司的工人进行了考察，这些工人是从大约100英里以外的里士满（Richmond）迁移到此地的。该著的研究目的是考察移居郊区对这些工人及其家庭会产生怎样的影响。贝内特在第一章中首先对郊区神话进行了分析，比如人口特征、住房类型、向上流动、年轻家庭、较高水平的教育、积极参与社会交往、虔诚的宗教活动、政治保守倾向等。但贝内特的研究发现，这些工人的学历很低，大多数没有获得中学学历，没有向上流动的机遇，他们并不参加教会活动和社交活动，并没有由民主党转变为共和党，从而对早期研究中的郊区神话形成了挑战。③

社会学家赫伯特·甘斯曾在费城的一个郊区小镇莱维敦定居两

---

① William M. Dobriner, ed., *The Suburban Community*, New York: G. P. Putnam's Sons, 1958.
② William M. Dobriner, *Class in Suburbia*, Westport, Connecticut: Greenwood Press, Publishers, 1963, p. 13.
③ Bennett M. Berger, *Working-Class Suburb: A Study of Auto Workers in Suburbia*, Los Angeles: University of California Press, 1960.

年，并对其居民生活进行了深入的调查研究。1967年，甘斯出版了其名著《莱维敦居民——一个新型郊区社区中的生活方式与政治》，分析了该镇居民的年龄结构、阶级地位、种族成分、宗教信仰、生活方式、政治活动等，得出了与多布林纳相似的结论，证明了郊区在种族、阶级和生活方式等方面的多样性，认为尽管郊区同样存在着一系列问题，但郊区居民生活得很满足，作者最后建议郊区能够向穷人和少数族裔开放。① 1969年，斯科特·唐纳森也以郊区神话为题，对郊区的同质性神话或意象进行了批评，他评价道："大多数郊区评论家在写作时是出于一套固有的意象，这种意象已经成为美国思想的基础，这种意象一直延续下来，而不管其是否有用或准确。这种意象是受到浸染的神话。""这种意象的形成过程已经达到了如此地步，以至于郊区已经模式化了。"但与此同时他也提醒人们："在郊区社区中，许多郊区具有相当明显的同质性。"②

如果说社会学家大多关注郊区静态的现实特征和生活方式，那么历史学家则更加注重郊区动态的发展历程。起初，郊区史学者大多从个案研究着手，特别注重探讨郊区化的起源及其发展动因。萨姆·B.沃纳于1962年出版了其名著《轨道街车的郊区：1870—1900年间波士顿的成长历程》，在学术界产生了巨大影响，成为史学界研究郊区化问题的第一座里程碑。沃纳认为，美国的郊区化起源于内战后轨道街车（streetcar）的发展。城市交通对于城市乃至郊区的发展具有决定性的影响，随着城市交通的向外延伸，郊区呈波浪式一环一环地向外推进。在这一过程中，下层阶级不断涌入上层阶级的郊区，导致其社区特征和阶级结构的巨大变化，郊区的城市性特征日益增强，乃至最后被合并于中心城市波士顿，完成了从郊区向城市的转变。这样，

---

① Herbert J. Gans, *The Levittowners: Ways of Life and Politics in a New Suburban Community*, New York: Columbia University Press, 1967, 1982, p. vi.

② Scott Donaldson, *The Suburban Myth*, New York: Columbia University Press, 1969, pp. 2 – 5, 103 – 104.

沃纳就揭示出郊区发展与中心城市成长之间的辩证关系。[①]

1985年，亨利·C.宾福德出版了《第一批郊区：1815—1860年间波士顿边缘的居民社区》一书，将波士顿郊区的发展追溯到19世纪初期。该著考察了波士顿西北部的坎布里奇（Cambridge）和萨默维尔（Somerville）由乡村小镇演变为波士顿郊区的历程。作者将这一过程划分为三个彼此交叠的时期，第一个时期为1815—1837年，道路交通的改善加强了它们与波士顿的联系，为后来郊区的扩展奠定了基础；第二个时期为1820—1860年，出现了所谓的"流动性革命"，即蒸汽火车和公共马车的发展，使上述两个小镇的农业功能减退，而工业职能和居住职能增强，居民成分发生了相应的变化，形成了"新型社区"，这两个郊区与波士顿的关系也发生了显著变化，即通勤联系得到加强；第三个时期为1842—1860年，坎布里奇和萨默维尔由乡村小镇演变为郊区社区，它们的自我意识或政治意识增强，成功地抵制了波士顿的兼并。这些最早的居民郊区已经具有了当代郊区的某些特征，比如通勤就业、公共服务和政治独立等。[②]

1985年，肯尼思·杰克逊的《马唐草边疆：美国郊区化》一书出版，成为美国第一部有关郊区化研究的通史著作。作者为了撰写该著走遍了美国46个州和欧洲大部分国家，获取了大量第一手材料。关于郊区化的起源，作者提出了一个非常新颖而言之有据的观点，即美国的郊区化起源于1815年曼哈顿与布鲁克林之间蒸汽渡船的开通，布鲁克林成为美国第一个通勤郊区。作者分析了从19世纪初到80年代经济与技术变革、联邦政策以及社会文化因素在推动郊区化进程中的作用。作者还通过与欧洲国家郊区的比较研究，总结了美国郊区的四个显著特点：人口密度低；拥有私人住房；郊区居民的社会经济地

---

① Sam B. Warner Jr., *Streetcar Suburbs: The Process of Growth in Boston, 1870-1900*, Cambridge, Massachusetts: Harvard University Press and The M. I. T. Press, 1962.

② Henry C. Binford, *The First Suburbs: Residential Communities on the Boston Periphery, 1815-1860*, Chicago: The University of Chicago Press, 1985.

位较高；通勤就业。① 该著产生了巨大影响，好评如潮，仅笔者见到的书评就达十几篇，并先后获得了班克罗夫特奖和帕克曼奖，被美国学者赞为"城市史和美国史的里程碑"②，"第一部真正综合性的令人满意的郊区史著作……它将成为该领域长期内的标准著作"③。

罗伯特·菲什曼（Robert Fishman）于1987年出版的《布尔乔亚的乌托邦——郊区的兴衰》是一部见解新颖、匠心独运的著作，作者进行了国际比较研究，探讨了英国、美国和法国郊区的发展。菲什曼的郊区定义非常独特，特别强调郊区的中产阶级性质。他认为："郊区首先可以由它所包含的内容来定义——中产阶级居住区——以及其次（也许更为重要）由它所排除的内容来定义：所有的工业、大多数商业（服务于一个特定的居民社区的商业企业除外）以及所有下层阶级居民（仆役除外）。"关于郊区化的发展动力，杰克逊等多数学者认为，郊区化是经济技术发展的结果，而菲什曼则认为，郊区是中产阶级有意识的创造，是中产阶级用以与下层阶级分离的手段。"郊区不仅仅是一群住房建筑，它还表达了如此深切地植根于中产阶级文化之中的价值观念，这一文化也许可以称之为布尔乔亚的乌托邦。"他进一步论述道："郊区事实上是一种文化创造，一种有意识的选择，这一创造和选择奠基于经济结构和英美中产阶级的文化观念之上。郊区化不是'成熟的工业城市'内中产阶级自然而然的命运，或者是一种对工业革命或所谓交通革命的不可避免的反应。"④ 关于郊区化的起源，杰克逊认为郊区化首先出现于1815年美国的布鲁克林，而菲什曼则认为："郊区是18世纪后期伦敦中产阶级精英的集体

---

① Kenneth T. Jackson, *Crabgrass Frontier: The Suburbanization of the United States*, New York: Oxford University Press, 1985.
② David R. Goldfield, "Review", *The New England Quarterly*, Vol. 59, No. 4 (Dec., 1986), p. 612.
③ Joseph L. Arnold, "Review", *The Public Historian*, Vol. 8, No. 2 (Spring, 1986), p. 149.
④ Robert Fishman, *Bourgeois Utopias: The Rise and Fall of Suburbia*, New York: Basic Books, Inc., Publishers, 1987, pp. 6, 8 - 9.

创造。"① 最后，菲什曼得出了一个出人意料的结论，即二战后美国大都市区的发展"不是代表了200年来郊区化发展的巅峰，而是代表了郊区的终结。确实，这种巨大的变化根本不是郊区化，而是一种新型城市的创造，其原则与真正的郊区是背道而驰的"。由于独户住房不再仅仅限于富裕阶层和中产阶级，而且新的工业、办公和购物中心也在城市的边缘兴起，郊区不再是富裕阶层和中产阶级的世外桃源。菲什曼称这种新的郊区发展模式为"技术城市"②。

玛格丽特·马什于1990年主编了《郊区生活》一书，该书所关注的不是美国郊区化的发展历程，而是关于郊区家庭生活的一个理论探讨，它涉及的人口群体是白人中产阶级及其生活，是要理解人们的价值观念与其所创造的社区之间的联系。该著共包括三个部分，分别探讨了维多利亚时代波士顿的郊区莫尔登（Malden）和杰梅卡普雷音（Jamaica Plain）、世纪之交费城的郊区哈登菲尔德（Haddonfield）和欧弗布鲁克农场（Overbrook Farms）、20世纪二三十年代洛杉矶的郊区帕洛斯弗迪斯（Palos Verdes）的郊区家庭生活。马什认为，家庭生活（domesticity）或家庭主义（familism）"是郊区家庭的一个主要特征"。"毋庸置疑，郊区是一些物质空间，但它们也是心灵的所在。"郊区理想与家庭生活理念大致是于19世纪最后25年间同时形成的，都是对城市化和工商业经济发展的调整与反应。③

到20世纪80年代后期和进入21世纪以后，由于郊区的低密度蔓延所产生的问题越来越明显，大都市区的发展面临着各种各样的挑战，所以美国的郊区化研究越来越深入到专题研究和政策策略研究，而且相关研究成果骤然增多。比如马克·巴尔达萨雷所著《天堂里的烦恼——美国郊区的嬗变》的第一章，就考察了郊区的一系列变化及其面临的六大挑战：郊区的住房危机、关于增长的争论、对地方政府的不信任、税收反抗与财政紧张、对特殊服务的需求、人口的多样化

---

① Robert Fishman, *Bourgeois Utopias: The Rise and Fall of Suburbia*, p. 9.
② Robert Fishman, *Bourgeois Utopias: The Rise and Fall of Suburbia*, pp. 183 – 185.
③ Margaret Marsh, *Suburban Lives*, New Brunswick: Rutgers University Press, 1990, pp. xi – xiv.

和社会异质性的增强。在随后的六章里分别对这些问题进行了深入的考察。最后一章提出了一些解决方案并对未来郊区的发展进行了一些预测。[1] 关于专题研究还可参见下文。

（三）大都市区和大都市区化视角的研究

如果说郊区化视角的研究仅仅着眼于大都市区的外围地区，那么大都市区视角的研究就是对大都市区的整体考察。虽然大都市区与郊区视角的研究在内容方面没有多少区别，但大都市区视角的研究有更强的问题意识，特别是关于城市衰退、阶级分异、种族隔离、政治碎化、环境危害及其治理问题等。

最早关于大都市区研究的著作之一是社会学家阿莫斯·H. 霍利的一项研究报告《1920年以来美国大都市区的形态变迁》，作者根据大都市区的规模及各种社区到中心城市的距离，按照年代分析了1900—1950年从中心城市到郊区的人口分布变化。研究发现，在此期间中心城市的人口增长趋缓，外围地区增长加快，甚至在距离市中心35英里的地方都出现了高速增长，然而增长最快的地区是距离市中心5—10英里的地方。南部大都市区的扩散比其他地区要晚，而西部则在20世纪之初就已经出现了大都市区的爆炸式扩散。[2]

一部较早的有关大都市区研究的著作是1958年《财富》杂志编辑部出版的《膨胀的大都市》一书，探讨了美国大都市区的迅速膨胀，尤其是大都市连绵带的发展，比如"波士华士"（Bos-Wash）和"芝匹茨"（Chi-Pitts），以及与这些大都市连绵带相关的一系列问题，引起了学术界的广泛关注。[3]

卢瑟·H. 古立克的《大都市区问题与美国理想》是另一部较早的大都市区著作，探讨了美国大都市区所面临的一系列问题，比如贫

---

[1] Mark Baldassare, *Trouble in Paradise*, *The Suburban Transformation in America*, New York: Columbia University Press, 1986.

[2] Amos H. Hawley, *The Changing Shape of Metropolitan America*: *Deconcentration since 1920*, Glencoe, Illinois: The Free Press, 1956.

[3] William H. Whyte, etc., *The Exploding Metropolis*, New York: Fortune Magazine, 1958.

民窟清理、城市复兴、土地利用、公共交通、交通拥堵、空气污染、污水处理、学校教育等。作者发现，传统的以市场机制和地方行动为主的解决措施不但没有奏效，反而使这些问题更加糟糕，这是因为上述诸多问题是跨越地方界限的，大多数地方政府没有足够的财政力量和政治手段加以解决。另外，美国的民主自治等政治理念对于大都市区问题的解决也产生了阻碍作用。因此，古立克主张由联邦政府和州政府承担地方政府的某些责任，实现政府之间的合作，成立联邦制的大都市区政府。①

约翰·C. 博伦斯、亨利·J. 施曼特的《大都市——人口、政治和经济生活》是一部综合性的鸿篇巨制，分析了大都市区的人口变化、经济结构、政府形式、权力分配、政府间关系、城市规划、政府财政、住房和犯罪、服务的提供、政府改组等。该著对大都市区的碎化和政府改革倾注了更多的笔墨，将大都市区政府体制改革分为两个时期，即综合性的结构改革时期和渐进主义的改革时期。②

杰弗里·K. 哈登等人主编的《大都市危机——社会与政治视角》从社会和政治的角度分析了大都市区所面临的危机及其解决方略。该著开宗明义地指出，郊区并不像某些学者所宣称的那样结合了城市与乡村的优点，而是结合了两者的缺点，丧失了两者的优点。随后该著分析了美国的反城市主义意识形态，指出美国之所以在解决城市问题方面屡受挫折，一个根本原因就是美国存在反城市主义。作者逐一考察了城市危机的各个方面，比如种族、住房、贫困、教育、犯罪、交通、污染和财政等。最后，作者探讨了城市危机的破解之道，比如权力的分配与行使、政府机构的改革与重组、政府间关系的调整，尤其分析了联邦政府与州政府的作用等。③

---

① Luther Halsey Gulick, *The Metropolitan Problem and American Ideas*, New York: Alfred A. Knopf, Inc., 1962.

② John C. Bollens, Henry J. Schmandt, *The Metropolis, Its People, Politics and Economic Life*, New York: Harper & Row, Publishers, 1965, 1982.

③ Jeffrey K. Hadden, et al., eds., *Metropolis in Crisis: Social and Political Perspectives*, Itasca, Illinois: F. E. Peacock Publishers, Inc., 1967.

查尔斯·L.利文主编的《成熟的大都市》分析了大都市区的衰退及其危害。所谓大都市区的成熟，是指大型大都市区作为一个整体人口增长的停滞、中心城市的衰退和大都市区的蔓延。作者考察了大都市成熟的原因，其中包括经济、人口和社会目标等方面的变化。在经济方面，随着交通通信技术的进步、经济结构的变化和后工业经济的兴起，产业布局已经越来越灵活，经济活动已经不必局限于城市地区的核心地带，甚至不必位于大都市区内。就人口因素而言，从20世纪60年代开始，迁离大都市区的人口超过了迁入人口，而大型大都市区早在战后初期就出现了这种现象，同时，70年代以后大都市区人口的出生率急剧下降，从而导致了大都市区人口增长率的下降甚至绝对减少。在社会价值方面，中心城市出现了许多负面问题，比如犯罪率上升和种族矛盾加剧等。作者发现，大都市的成熟是一种普遍化的国际现象，比如英国、波兰等欧洲国家也都出现大都市区的成熟问题。最后，作者们提出了一些针对公共和私人部门的政策建议，以缓解大都市成熟所产生的问题。[1]

肯尼斯·福克斯的《美国的大都市区化：1940—1980年美国的城市生活与城市政策》是一部影响广泛的佳作，探讨了美国大都市区的发展、中产阶级革命和黑人革命，并指出政府政策对于城市发展具有重要影响。由于中产阶级在郊区的主导地位和郊区生活方式的形成，郊区与中产阶级已经成为同义语，从而出现了所谓的中产阶级革命，"更确切地说，正是大都市区内郊区中产阶级生活方式的发明和传播构成了中产阶级革命的本质"[2]。中产阶级革命宣告了郊区社区在大都市区中的突出地位。与此同时，由于黑人社区在大都市区受到严重歧视，于是黑人于60年代掀起了反抗运动，福克斯则称之为黑人革命。他认为，黑人革命是对美国大都市区空间结构的一种反抗，"我们应该将这次反抗视为对战后正在出现的大都市区社区结构的一

---

[1] Charles L. Leven, *The Mature Metropolis*, Lexington, Massachusetts: D. C. Heath and Company, 1978.

[2] Kenneth Fox, *Metropolitan America: Urban Life and Urban Policy in the United States, 1940–1980*, Jackson: University Press of Mississippi, 1986, pp. 5–6.

次冲击。雄心勃勃的中产阶级利用郊区社区来稳固地确立了其在全国社会中的崭新地位。同样，中心城市的黑人则试图通过暴乱的方式，将他们的社区提高到与白人中产阶级郊区、白人工人阶级郊区以及中心城市的富人、中产阶级、工人阶级社区的平等地位，使其成为大都市社区中同等重要的组成部分"①。中产阶级革命与黑人革命又被福克斯统称为"大都市革命"。这一观点在美国学术界可谓新颖别致，独树一帜。

　　安东尼·唐斯是美国影响广泛的著名的城市史学者之一，他的《美国大都市区的新观念》一书，分析了有关大都市区发展的主流观念及其危害。所谓主流观念可以简单地概括为"低密度的无序蔓延"，包括五个方面：大地块的独户住房、对私人汽车的依赖、低层的建筑环境、地方政府决策权、社会隔离。低密度的无序蔓延产生了诸多社会问题，比如长途通勤、住房价格昂贵、基础设施的浪费、土地利用争端、开放空间的丧失等。作者探讨了中心城市与郊区之间的关系，强调了城市与郊区的关联性，如果郊区忽视了中心城市问题，将会对自身以及整个大都市区造成损害。随后，提出了大都市区发展的新观念：比如提高郊区的密度，限制郊区的蔓延，减少对私人汽车的依赖，将就业集中于大型就业中心，将土地利用控制权置于大都市区政府手中，等等。最后，作者探讨了将新观念付诸实施的政策措施，指出地方政府的增长管理不但不能解决增长所产生的诸多问题，反而会使其进一步恶化，因此应该抵制分散的土地利用控制权，成立大都市区政府，同时州政府和联邦政府也要发挥积极作用。②该著在学术界产生了极大的反响，一位美国学者称赞道："安东尼·唐斯撰写了一部切中肯綮且卓有见地的著作，及时地满足了现实需求，实谓可敬可叹。他成功地使大都市区增长管理的区域方法变得容易理解而

---

① Kenneth Fox, *Metropolitan America: Urban Life and Urban Policy in the United States, 1940–1980*, Jackson: University Press of Mississippi, 1986, p. 138.

② Anthony Downs, *New Visions for Metropolitan America*, Washington D. C.: The Brookings Institution, 1994.

又切实可行。他的研究对于美国大都市区的未来是至关重要的。"①

珍妮特·R. 帕克的《美国大都市区的增长和聚集》是一部观点新颖、见解独特的著作。帕克考察了美国277个大都市区1960—1990年的人均收入、贫困率、失业率、教育水平等，发现大都市区的内部发展与区域经济的兴衰紧密相关，大都市区的兴衰是由区域差别造成的，因此州政府和地方政府的政策无能为力，必须通过联邦政策来缩小区域差别，以改善大都市区的发展状况。②

（四）蔓延视角的研究

大都市区的发展或大都市区化不等于大都市区的蔓延，蔓延是美国大都市区发展的一种空间特征，是指大都市区的一种低密度的发展模式，"蔓延"一词是一个带有贬义的词语，往往与蔓延所产生的危害相联系。城市蔓延、郊区蔓延或大都市区蔓延没有实质区别，只是着眼点或称呼方面的差别而已。以蔓延为视角的论著具有更强的问题意识和政策导向，往往对蔓延所产生的一种或多种危害进行深入的考察，并提出某些规划建议和政策主张。

格雷戈里·D. 斯夸尔斯主编的《城市蔓延：原因、结果与政策应对》的标题开门见山地表明了该论文集的内容。斯夸尔斯对蔓延的定义是："蔓延可以定义为在一个日益衰败的城市建成区周围边缘地带的密度低下、依赖汽车和排他性的新开发这样一种城市和大都市区的发展模式。"作者分析了城市蔓延所产生的各种危害，比如中心城市的衰落、种族隔离、交通拥堵、环境污染等，该著还专辟章节对亚特兰大、波特兰、明尼阿波利斯—圣保罗、芝加哥和马里兰州的蔓延式发展进行了个案研究。作者认为，为了限制城市的蔓延，州政府和区域机构可以发挥重要作用，其中马里兰州基于激励机制的"精明增长"政策有望提高城市的开发密度，而最为成功的则是俄勒冈州波特

---

① Gerald F. Vaughn, "Review", *Land Economics*, Vol. 72, No. 1 (Feb., 1996), p. 136.
② Janet Rothenberg Pack, *Growth and Convergence in Metropolitan America*, Washingtn, D. C.: Brookings Institution Press, 2002.

兰大都市区的城市增长边界。①

奥利弗·吉勒姆的《漫无边际的城市：城市蔓延争论初探》是一部探讨城市蔓延的综合性著作。在第一部分，作者给出的蔓延定义是："蔓延——无论是用来描述城市还是郊区——是一种独特的城市化模式，其独特性在于蛙跳式的开发模式、商业长廊、密度低下、分离的土地利用模式、汽车的主导地位以及最低限度的公共开放空间。"随后，该著探讨了城市蔓延的内容、起源及公众的反应。第二部分概述了支持蔓延与反对蔓延两个派别的争论，涉及的问题主要包括土地资源、野生动物栖息地、交通和能源、污染和健康、经济和社会平等、美学和社区等诸多方面，论述了蔓延式开发在这些方面所产生的危害。第三部分探讨了蔓延的替代发展战略，比如实行增长管理和精明增长（smart growth）政策，保护开放空间，改变发展模式，发展公共交通，实行区域主义等，并分析了这些策略的优劣得失。第四部分对上述政策的实施进行了预测。该著资料翔实，论证充分，观点鲜明，是一部比较全面且深入研究性论著。②

亚当·罗姆的《乡村里的推土机——郊区蔓延与美国环保主义的兴起》是一部城市史与环境史相结合的跨学科研究的名著，该著的主标题形象直观地反映了所要探讨的主题，即无坚不摧、所向披靡的推土机为郊区开发而扫除一切障碍；而副标题则直接告诉读者，该著的核心论题是郊区蔓延与美国环保主义的兴起之间的关系。该著按章节分别考察了郊区蔓延的环境危害，比如能源浪费、水体污染、土地吞噬、景观破坏、水土流失、洪涝灾害和野生动物栖息地的破坏等，最后一章探讨了美国人土地伦理的变化，即"静悄悄的土地利用管制革命"，但同时兴起的财产权运动对于土地利用管制形成了有力的牵制，并导致了《全国土地利用政策法》流产。③

---

① Gregory D. Squires, ed., *Urban Sprawl*: *Causes*, *Consequences & Policy Responses*, Washington, D. C.: The Urban Institute Press, 2002, p. 2.
② Oliver Gillham, *The Limitless City*: *A Primer on the Urban Sprawl Debate*, p. 8.
③ Adam Rome, *The Bulldozer in the Countryside*: *Suburban Sprawl and the Rise of American Environmentalism*, Cambridge: the University of Cambridge, 2001.

多姆·诺兹的《通向毁灭之路——蔓延评析及其治理》主要分析了城市街道和公路设计对蔓延的影响及其危害。诺兹是一位城市规划师，他主要从城市规划的角度分析了美国大都市区的蔓延特征、危害及其治理。诺兹指出，二战以前，美国社区设计的核心是人——行人、骑车人和儿童，社区街道是人们步行、交往以及儿童游玩和骑车的场所。但二战以后，美国的街道设计转变为以汽车为尺度，这一点与巴黎、佛罗伦萨、罗马等欧洲城市大相径庭。汽车统御的美国城市及其引发的蔓延造成了一系列危害，他分析道："通过仅仅为汽车旅行而进行的设计——巨型公路、宽阔的停车场地和巨额的补贴——城市将自己盲目地置于蔓延性开发模式的锁链之中。""正是我们的街道设计方式——而不是规则、分区制、土地利用规划，或者当选官员——决定了这些街道的性质及其周围的土地利用模式。""汽车、蔓延和拓宽的公路是相伴而生的三元凶。"[①] 诺兹还探讨了限制城市蔓延的各类政策措施，特别强调了街道设计及其对汽车的限制。

欧文·D. 古特弗罗因德的《21世纪的蔓延——公路与美国景观的重塑》，专门探讨了美国联邦公路援助政策与郊区蔓延之间的关系。作者认为，美国公路的延伸、对汽车的依赖以及郊区的蔓延，不仅是技术发明和文化倾向的结果，而且是政府政策的结果，"公路联邦主义"（highway federalism）使美国城市景观发生了剧烈变化，并导致大都市区一系列危机的出现。作者通过三个案例对其观点加以说明：科罗拉多州的丹佛、佛蒙特州的米德尔伯里（Middlebury）和田纳西州的士麦拿（Smyrna）。作者强调，联邦公路政策的倡导者和工程师的活动导致了蔓延式的郊区生活方式，而将技术发明和文化因素排除在分析之外。[②] 然而，乔恩·C. 蒂福特认为，将责任完全推给联邦政府未免失之偏颇，事实上，早在20世纪20年代，美国选民就积极支持政府投资于公路建设，开车人也愿意政府征收汽油税来修建公路，

[①] Dom Nozzi, *Road to Ruin: An Introduction to Sprawl and How to Cure It*, Westport, Connecticut: Praeger Publishers, 2003, pp. 16 – 17, 19, 20.

[②] Owen D. Gutfreund, *Twentieth-Century Sprawl: Highways and the Reshaping of the American Landscape*, Oxford University Press, 2004.

联邦政府仅仅是公众意见的追随者而非引导者。①

杰里·韦茨的《遏制蔓延——指导增长的诸州计划》是作者向美国规划协会提交的一份篇幅巨大的政策研究报告，考察了1969—1997年，佛罗里达、佐治亚、俄勒冈和华盛顿四个州的增长管理计划。他认为，由州政府发起的土地利用规划应该包括三个方面的要素：其一，政府间关系和规划程序，比如地方政府、区域政府和州政府的法律地位和角色；其二，州政府对地方政府土地利用规划所规定的要求；其三，州政府对地方政府土地利用规划的支持功能，比如资金、技术和教育援助以及数据资料的提供等。韦茨将这些州增长管理计划的发展分为三个时期：1969—1976年的"静悄悄的革命"时期、1980—1988年的第二波、1989—1997年的第三波。作者最后对这些州的增长管理计划进行了分析与评价。②

道格拉斯·E. 莫里斯的《终究是一个蔓延的世界——无序增长的人文代价和对美好未来的憧憬》，专注于郊区蔓延对社会生活所产生的恶劣影响。作者指出，郊区蔓延已将美国梦扭曲为一场噩梦，"郊区蔓延毁灭了我们生活所需的一切——源自真正社区生活的安全、归属感和生活质量"。由于缺乏统一的全国、区域甚至城市开发规划，城市发展呈现出一片混乱的局面，迫使人们在高度碎化的环境中生活、工作和购物，将大量时间消耗在汽车里，从而加重了美国人的孤独感、疏离感和恐惧感，"蔓延使邻居变成陌生人，而陌生人则成为威胁"。美国成为发达国家单位人口强奸、暴力和杀人案件最多的国家。作者警告说："如果我们继续忽视蔓延的影响，忽视明智的城市规划，那么每位美国人的安全和生活质量都将受到威胁。"③ 因此，他呼吁美国人要创造更加充实的生活，建立真正的社区，重视对增长

---

① Jon C. Teaford, "Review", *Technology and Culture*, Vol. 46, No. 3 (Jul., 2005), p. 677.

② Jerry Weitz, *Sprawl Busting: State Programs to Guide Growth*, Washington, D.C.: APA Planners Press, 1999.

③ Douglas E. Morris, *It's a Sprawl World After All: The Human Cost of Unplanned Growth and Visions of a Better Future*, Gabriola Island, Canada: New Society Publishers, 2005, pp. 1, 4, 13.

的管制，从汽车里走出来，发展多样化的交通模式，修改分区制和税收立法，创造一个更加和谐健康的社会。

（五）专题研究

随着郊区化和大都市区化的深入发展及其所产生的各类问题日益凸显，美国学术界越来越从专业化的角度对这些问题进行专题性的研究并提出破解之道，由于这些问题的广泛性和复杂性，相关研究成果更加纷繁多样，研究水准也更加深入透彻。

阶级分异和种族隔离是美国大都市区人口分布的一个显著特征，由于住房市场的过滤机制、地产开发商的限制性契约和郊区排他性的分区制法规的影响，低收入群体和少数族裔往往被迫蜗居于中心城市，而白人中产阶级和富裕阶层则大多迁移到环境优雅的郊区社区。这种贫困的聚集给中心城市乃至整个大都市区造成了极大的危害，因而成为备受学术界关注的问题之一。

罗伯特·福格尔森的《布尔乔亚的噩梦：1870—1930年的郊区》分析了郊区限制性契约及其产生的社会影响。郊区寄托了居民的梦想和希望，也反映了他们的噩梦和恐惧。19世纪以后，随着城市的发展和社会问题的增加，中产阶级（布尔乔亚）需要在郊区寻求自己的世外桃源，于是，郊区居民采用限制性契约来抵制穷人和少数族裔的侵入，这种契约成为一种"规则而不是例外"。限制性契约几乎对郊区社区的一切改变都进行了抵制，不仅房屋的造型、颜色和用途不得随意改变，不得出现工商业机构，甚至不得饲养鸡兔等小型动物，但最重要的排斥对象是"不受欢迎的人"，不得将房屋出租或出售给黑人和亚裔美国人。虽然这种契约违反了联邦宪法第十四条修正案的平等保护条款，但地产开发商却在一系列的诉讼案件中屡屡获胜，从而导致了限制性契约的普遍流行，成为城市郊区之间阶级种族隔离的最早最有效的工具之一。[①]

[①] Robert M. Fogelson, *Bourgeois Nightmares: Suburbia, 1870 – 1930*, New Haven and London: Yale University Press. 2005.

绪　论

　　排斥性分区制法规是继限制性契约之后另一个导致阶级分异和种族隔离的重要原因。查尔斯·M.哈尔的《身陷重围的郊区——种族、空间与勇于作为的法官》探讨了新泽西州最高法院对该州一个郊区——芒特劳雷尔乡——分区制诉讼案的判决。哈尔分析了郊区排斥性分区制法规导致的穷人和少数族裔在中心城市的聚集，比较了中心城市的贫困和绝望与郊区的富足和机遇之间的差别。该诉讼案持续了20年之久，在判决中，新泽西州最高法院的法官们对地方政府的土地利用控制权进行了大胆的挑战，勇敢地宣布该乡的分区制法规违反了州宪法，并要求该州地方政府取消排斥性分区制，允许低收入群体和少数族裔进入郊区社区，甚至要求在新泽西州的各个区域实行低收入群体住房的公平份额制度。哈尔认为该判决案是"我们这个时代最重要的司法判决之一"，堪与"布朗诉教育局"案的判决相媲美。①

　　进入20世纪70年代，黑人的空间分布发生了很大变化，开始由以城市化为主转变为以郊区化为主，黑人的郊区化速度甚至超过了白人，从而引起了学术界的广泛关注。哈罗德·M.罗斯的《黑人郊区化——生活质量的提高还是维持现状？》是一部较早探讨黑人郊区化的著作，该著比较了南部与西部和北部黑人郊区化的不同特点，在20世纪初期，南部郊区黑人比例远远高于其他地区，因为南部城市周围的郊区和乡村分布着大量的黑人农业人口。作者还分析了北部黑人郊区化的三种模式，城市黑人社区的外溢（spillover）、郊区黑人飞地和郊区社区的种族流变。就阶级地位而言，20世纪五六十年代的郊区黑人以蓝领工人为主，60年代以后郊区黑人开始以中产阶级为主，郊区黑人社区存在高度的种族隔离。②

　　罗伯特·W.莱克的《新郊区居民——郊区中的种族与住房》探讨了黑人的郊区化与种族隔离问题。该著的第一部分考察了全国范围的黑人郊区化、黑人住房自有率、住房价格的种族差别以及地产经纪

---

①　Charles M. Haar, *Suburbs under Siege: Race, Space, and Audacious Judges*, Princeton: Princeton University Press, 1996, p. 10.

②　Harold M. Rose, *Black Suburbanization: Access to Improved Quality of Life or Maintenance of the Status Quo?* Cambridge, Mass.: Balling Publishing Company, 1976.

人的歧视行为。第二部分根据对1004位黑人和白人郊区购房者以及对新泽西州6个郊区社区的地产经纪人的调查，探讨了黑人在郊区化过程中遭遇的种族歧视与种族隔离，分析了阻碍黑人获得住房所有权的制度因素和个人障碍。作者在结论中对美国现有住房政策进行了批评，要求联邦政府采取公平住房政策与措施，地方政府成立相关机构，发布当地住房空置信息，帮助黑人获得住房信息，以实现郊区的种族融合。①

安东尼·唐斯的名著《开放郊区——美国城市发展战略》分析了中心城市与郊区的社会分裂所造成的消极影响。由于穷人和少数族裔在中心城市的聚集，中心城市承担了主要的社会福利负担，因而造成了中心城市的贫困化，从而违背了美国机会均等的立国原则。唐斯为美国政府设计的城市发展战略就是"开放郊区"，即"在所有的郊区范围内为低收入家庭增加住房机会，以及在新开发的郊区内为偏低收入家庭增加住房机会"②，使中下层居民和少数族裔能够比较均匀地分布于整个大都市区，从而减轻中心城的福利负担，缓解大都市区财政不平衡的状况，以达到均衡发展的目的。

与安东尼·唐斯的策略相似，对于郊区的种族隔离，丹尼斯·基廷的处方同样是开放郊区住房。他在《郊区种族困境——住房与邻里》一书中，分析了郊区的种族隔离及其困境。基廷认为，不同种族的相处可以增进彼此了解和减少种族冲突，社区种族的多样性不能依赖于私人住房市场，必须通过公共政策加以规范和管制。基廷比较了克利夫兰几个郊区在取消种族隔离方面的成败得失，表明了不同的政策效果不同，因此他极力主张采取肯定性措施，而且这种肯定性措施还必须以区域为基础，而不是以单个的郊区社区为基础。③

金融机构的种族歧视是导致黑人居住隔离、低度郊区化和住房自

---

① Robert W. Lake, *The New Suburbanites: Race and Housing in the Suburbs*, New Brunswick, N. J.: Center for Urban Policy Research, Rutgers University, 1981.
② Anthony Downs, *Opening up the Suburbs: An Urban Strategy for America*, p. vii.
③ W. Dennis Keating, *The Suburban Racial Dilemma: Housing and Neighborhoods*, Philadelphia: Temple University Press, 1994.

有率低的一个重要因素。由于金融机构的种族和族裔歧视比限制性契约和排斥性分区制更加隐蔽，因此直到20世纪八九十年代才受到学术界的广泛关注，1988年在《亚特兰大杂志——宪法》上发表了一个系列性研究"钱的颜色"，揭露了亚特兰大金融机构对黑人邻里（指黑人住区）的贷款歧视。随后，1989年国会修改了1975年《住房抵押贷款公示法》（HMDA），制定了《金融机构改革、复兴和实施法》（FIRREA），要求贷款机构公布贷款申请人的种族和族裔身份。随后涌现了一批影响深远的研究论著。

约翰·戈林、罗恩·温克主编的《抵押贷款、种族歧视与联邦政策》回顾了有关抵押贷款种族歧视的研究成果，进一步考察了住房抵押贷款市场上的种族歧视，分析了联邦政策在私人抵押贷款市场种族歧视中的作用，探讨了联邦公平信贷政策的执行及其存在的问题，并提出了一系列甄别抵押贷款种族歧视的方法和执行公平抵押贷款政策的策略措施。[①]

斯蒂芬·罗斯和约翰·英格的《信贷的颜色——抵押贷款歧视、研究方法与公平信贷的实施》也对金融的机构的贷款歧视进行了分析。该著对于现有关于金融机构种族歧视的研究成果进行了深入的分析与评价，指出金融机构贷款歧视的主要依据乃是种族或族裔，而不能归结为数据错误、资料不足或贷款条件等。作者的一个重要贡献就是提出了对贷款歧视的一种新的甄别方法，即对"差异影响歧视"（disparate-impact discrimination）的分析，作者认为，现有的对贷款歧视的甄别存在巨大缺陷，即只注重"区别对待歧视"（disparate-treatment discrimination）的考察，而忽视了"差异影响歧视"这种更加隐蔽的歧视手段。最后，作者分析了联邦金融监管机构在执行监督职责时的纵容包庇现象，并提出了一些监管执行方面的补救措施。[②]

大都市区蔓延的另一个严重后果就是大都市区政治的巴尔干化或

[①] John Goering, Ron Wienk, eds., *Mortgage Lending, Racial Discrimination, and Federal Policy*, Washington, D. C.: The Urban Institute Press, 1996.

[②] Stephen Ross and John Yinger, *The Color of Credit: Mortgage Discrimination, Research Methodology, and Fair-Lending Enforcement*, Cambridge, Mass: The MIT Press, 2002.

碎化，而政治的碎化又往往是社会碎化的反映，所谓社会的碎化就是指前文的阶级分异和种族隔离。大都市区政治的碎化为大都市区的治理造成了极大的障碍，因而成为学术界关注的重要问题之一，而且这方面的论著更是层出不穷，硕果累累。

约翰·J. 哈里根的《大都市区的政治变迁》探讨了大都市区政治的碎化及其改革运动。作者指出，在大都市区中存在着双向移民，即相对贫困的人口涌入中心城市，而中产阶级和富裕人口则不断向郊区迁移。于是在中心城市与郊区之间出现了社会的两极分化，中心城市日益贫困，而郊区则相对富足，中心城市没有能力解决由于贫困人口的增加而导致的各种社会问题。随后作者考察了美国大都市区的政府体制改革，比如进行市县合并，成立城市县和政府间议事会等，并进行了一些具体的案例研究，比如迈阿密大都市区双层政府体制的建立、圣路易斯和克利夫兰大都市区政府改革的失败、明尼阿波利斯—圣保罗大都市区的税收分享计划等。但大都市区政府体制改革困难重重，改革成功者屈指可数。[①]

乔恩·C. 蒂福特的《城市与郊区：1850—1970 年间美国大都市区政治的碎化》一书，探讨了 19 世纪中期以来大都市区政治的碎化及其治理问题。蒂福特首先考察了 1850—1910 年大都市区政治的碎化，追溯了各州成立市镇法人的宽松法律。作者指出，这些法律仅仅是大都市区政治碎化的手段而已，真正的深层原因在于社会经济因素，社会中上阶层为了逃避下层群体，竭力在郊区建立独立的市镇法人，政治上的碎化反映了文化和经济的分裂。"这种碎化的结果就是低效、权威的混乱，以及大都市区内财政负担的不均衡……它们还是走向平等的难以逾越的障碍，是大都市区协调合作的绊脚石。"为了解决政治碎化所导致的混乱，美国大都市区的官员曾寻求英国经验。蒂福特考察了伦敦县议会（London County Council）的联邦制双层政府体制，他写道：这种联邦制方案"既实现了大都市区的某种统一，

[①] John J. Harrigan, *Political Change in the Metropolis*, Boston, Little, Brown and Company, 1976.

又没有损害郊区政府的存在"①。美国的大都市区也曾试图建立这种体制，比如在20世纪二三十年代，匹兹堡、克利夫兰和圣路易斯等大都市区尝试，但无一不以惨败告终。

格雷戈里·R. 韦伊尔的《支离破碎的大都市——政治碎化与大都市区种族隔离》探讨了大都市区政治的碎化与种族隔离之间的关系。作者发现，在大都市区中，种族边界与政治边界往往是重合的，这种重合恰恰是种族隔离的结果，而政治边界又支撑了种族隔离。这样，"政治边界可以演变为社会碎片"②。白人中产阶级通过政治边界就可以独享郊区富裕的社会资源，而且通过政治边界实行的种族隔离更加具有保障，最高法院在大多数判决中认为，政治边界间的种族隔离无须矫正。

迈伦·奥菲尔德的《美国大都市区政治——新郊区的现实境况》是一部资料翔实、观点鲜明、说服力强的著作，其核心论点是通过区域治理来解决大都市区的土地利用和社会隔离问题，而区域治理包括三个要素：财政平衡、土地利用改革和大都市区合作。该著分为大都市区模式、大都市区政策和大都市区政治三部分。作者在第一部分运用了大量图表，对美国25个顶级大都市区的财政资源、阶级分异和种族隔离进行了分析，指出城市衰败和郊区繁荣的情况已经发生了变化，过去中心城市所独有的一些社会问题，比如贫困居民的聚集和财政资源的匮乏等也在向郊区扩散。第二部分批评了现有公共政策不足，指出"美国大都市区所面临的种种挑战，只有通过协调的区域性措施才能得到有效的解决"③。第三部分提出了具体的治理战略，比如将区域性改革纳入政党纲领；成立民间组织对选民进行教育，使其了解大都市区蔓延和社会隔离的危害；促进环保运动，敦促州政府改

---

① Jon C. Teaford, *City and Suburb: The Political Fragmentation of Metropolitan America, 1850–1970*, Baltimore: The Johns Hopkins University Press, 1979, pp. 1–2, 10, 106.

② Gregory R. Weiher, *The Fractured Metropolis: Politics Fragmentation and Metropolitan Segregation*, State University of New York Press, 1991, p. xi.

③ Myron Orfield, *American Metropolitics: The New Suburban Reality*, Washington, D. C.: Brookings Institution Press, 2002, p. 67.

革土地利用法规；发起新的民权运动，解决住房歧视问题。

戴维·腊斯克是美国著名的城市问题专家，他曾在60个大都市区中担任城市问题顾问，还曾出任新墨西哥州阿尔伯克基市的市长，有丰富的市政管理经验。他的名著《没有郊区的城市》在学术界和政界引起了极大的反响。腊斯克指出，一个城市的"弹性""构成了美国城市问题的核心"。所谓城市的弹性是指其兼并郊区的能力。弹性高的城市由于能够兼并周围富裕的郊区，在一定程度上缓解了中心城市的财政困难，因而使中心城市乃至整个大都市区都呈现出强劲的发展势头，而弹性低的城市和大都市区则呈现出萎靡或衰退的迹象。美国城市和郊区财政不平衡的根源在于种族和阶级的隔离，"美国真正的城市问题是种族和经济的隔离问题，这种隔离在美国许多主要城市地区制造了一个下等阶级"，因此只有将郊区合并于中心城市，创造出"没有郊区的城市"，才能够从根本上扭转中心城市衰落的局面，并使美国城市社会再现生机。[①]

一个妇孺皆知的常识是，随着城市密度的降低，交通拥堵会有所缓和。然而，美国却出现了一个怪异的现象，即随着大都市区的低密度蔓延和就业的分散化，却出现了严重的交通拥堵，成为"郊区的锁链"（Suburban Gridlock）。针对这一奇怪现象，美国学术界撰写了大量论著进行了探索，并提出了诸多破解之策。

罗伯特·塞维罗是美国著名的交通问题专家，他的名著《郊区的锁链》就是这方面的佳作之一。该著首先介绍了20世纪70年代的"郊区办公室繁荣"，虽然郊区之间的通勤数量在急剧增加，但大都市区的公路系统却是由中央商务区呈辐射状向郊区延伸，因而没有能力负担郊区之间非向心性的通勤需求。而且郊区办公园区的容积率（FARs）非常低，仅仅相当于中央商务区的1/25，致使公共交通和共同乘车非常不便。此外，就业与住房的失衡是导致交通拥堵的根本原因。作者在第四章提出了一些解决交通拥堵的政策措施，比如成立交

---

① David Rusk, *Cities without Suburbs*, Washington D. C.: The Woodrow Wilson Center Press, 1995, pp. xiv, 1-3.

通管理协会，鼓励共同乘车，发展公共交通，实行灵活的工作时间，制定交通影响法规等。随后，塞维罗还分别用一章的篇幅对洛杉矶和旧金山大都市区进行了个案研究。① 塞维罗的另一部著作《美国郊区中心——土地利用与交通的关联性》，专门探讨了郊区就业中心的开发模式与大都市区交通拥堵之间的关系，郊区就业中心的开发模式包括就业密度、场地设计、土地利用构成、就业与住房的失衡、土地的划分和所有权模式、停车场地等6个方面。塞维罗指出，郊区就业中心的低密度、单一用途和非连续的特征导致了大都市区的交通拥堵。②

罗伯特·T. 邓菲的《挣脱锁链——交通与开发》也探讨了大都市区的交通拥堵问题。该著将交通问题置于整个大都市区的土地利用和开发决策的大背景之中，并对交通规划人员、社区规划师和开发商提出了一些指导性措施。该著第一部分从几个角度探讨了大都市区的交通拥堵问题，比如交通拥堵的性质、原因、责任等。第二部分考察了一些大都市区的交通拥堵状况及其经验教训，比如波特兰、圣迭戈和多伦多的区域协调与公共交通政策等。③

吉姆·莫特瓦利的《打碎锁链——通往交通畅行之路》分析了美国大都市区独特的土地利用模式与交通拥堵之间的关系，考察了美国5个公交城市的交通状况，包括纽约、波士顿、洛杉矶、波特兰和加州的阿克塔（Arcata）。该著的重要特点是对美国和欧洲城市的交通模式进行了比较研究，美国主要依赖私人汽车，而欧洲的经验则是限制私人汽车，大力发展公共交通，因此作者极力倡导发展公共交通，改善交通状况。由于作者预期美国不会在近期摆脱对汽车的依赖，所以主张改进汽车，减少污染。④

---

① Robert Cervero：*Suburban Gridlock*，New Brunswick，N. J.：The Center for Urban Research，1986.

② Robert Cervero，*America's Suburban Centers：The Land Use-Transportation Link*，Boston：Unwin Hyman Inc.，1989.

③ Robert T. Dunphy，*Moving beyond Gridlock：Traffic and Development*，Washington，D. C.：the Urban Land Institute，1997.

④ Jim Motavalli，*Breaking Gridlock：Moving toward Transportation That Works*，San Francisco，Sierra Club Books，2001.

美国城市的郊区化、低密度蔓延和产业结构的变化，导致了中心城市乃至整个大都市区衰落，从而引起了学术界的广泛关注。乔治·斯滕里布和詹姆斯·W.休斯主编的《后工业化的美国——大都市的衰落与区域就业流动》，分析了20世纪70年代初期美国传统工业区大都市区的衰落及其原因。该著首先分析了全国各区域间就业与人口的流动、城市的衰败和大都市区的衰落，特别是以纽约大都市区和纽约州为例，分析了东北地区的经济衰退。作者指出，东北部和中西部大都市区衰落的原因主要包括：居民向郊区和非都市区的迁移、生育率的下降、欧洲移民的锐减、工业结构单一等。最后作者提出了一些阻止中心城市衰落的规划和政策建议。①

布拉德伯里、唐斯和斯莫尔撰写的《城市的衰落与美国城市的未来》是一部探讨美国城市衰落及其原因的综合性著作。作者们首先对各种有关城市衰落的理论进行了归纳和分类，并考察了美国121个城市的发展状况，发现城市的衰落主要集中于东北部和中西部。城市衰落的原因主要包括居民收入的增加、对郊区生活的向往、郊区的住房开发、汽车的普及和郊区就业的增加等。作者指出，城市自身无法解决收入的再分配和中心城市的复兴问题，必须由联邦和州政府对中心城市进行财政援助，实行整笔拨款和税收分享计划，减少对郊区公路和基础设施的投资，在大都市区范围内实行税基分享计划等。②

对城市社区和少数族裔的贷款歧视是导致中心城市衰败的一个重要原因。格雷戈里·D.斯夸尔斯主编的《从红线政策到再投资：社区对城市撤资的反应》，通过一些案例研究，分析了金融机构的贷款歧视和社区再投资运动。由于严重的种族歧视和空间歧视，黑人等少数族裔和城市社区很难获得金融机构的贷款。作者评论道：

---

① George Sternlieb, James W. Hughes, eds., *Post-Industrial America: Metropolitan Decline & Inter-Regional Job Shifts*, New Brunswick, NJ: Transaction Books, 1975.

② Katharine L. Bradbury, Anthony Downs, Kenneth A. Small, *Urban Decline and the Future of American Cities*, Washington, DC: The Brookings Institution, 1982.

"一句话，问题就是红线政策，而解决办法就是再投资。"① 在社区再投资运动的推动下，国会于 1975 年和 1977 年分别通过了《住房抵押贷款公示法》（HMDA）和《社区再投资法》（CRA），要求金融机构采取积极措施满足所在社区的信贷需求。作者还对波士顿、匹兹堡、底特律、芝加哥、密尔沃基、亚特兰大和加州的社区再投资运动进行了个案分析。研究表明，由于金融机构的消极抵制和联邦金融监管机构的懈怠，社区再投资运动并没有取得理想的成效。

美国大都市区的空间蔓延还造成了一系列环境问题。事实上，早在 20 世纪 70 年代，一些学者和研究机构就已经意识到这一问题，比如，美国环保局的研究报告《蔓延的代价》就是这方面最早的研究成果之一。该研究报告指出："就经济开支、环境代价、自然资源的消耗，以及许多类型的个人开支而言，'蔓延'形式的住房开发是最为昂贵的。"② 该报告分析了蔓延的各类环境危害，比如环境污染、土壤流失、物种灭绝、景观破坏、能源浪费以及对公众健康和安全的威胁等。

20 世纪 90 年代以来，随着生态环境的恶化和人们环保意识的增强，有关大都市区蔓延与环境问题的研究纷纷涌现出来。比如，F. 凯德·本菲尔德等人撰写的《曾经拥有的绿地——城市蔓延对美国环境、经济和社会机体的危害》比较全面地探讨了蔓延的危害，其中包括环境危害。最后，作者对精明增长战略进行了深入的剖析，比如中心城市的再开发、嵌入式开发（infill development，在已有的社区内进行更高密度的开发）、公交导向的开发、农田和开放空间的保护等，并探讨了波特兰大都市区、马里兰州和欧洲城市的发展经验。③

---

① Gregory D. Squires, ed., *From Redlining to Reinvestment: Community Responses to Urban Disinvestment*, Philadelphia: Temple University Press, 1992, p. 2.

② U. S. Department of Housing and Urban Development, Environmental Protection Agency, *The Costs of Sprawl: Environmental and Economic Costs of Alternative Residential Development Patterns at the Urban Fringe*, Washington, D. C.: U. S. Governmental Printing Office, April 1974, p. 7.

③ F. Kaid Benfield, et al., *Once There Were Greenfields: How Urban Sprawl Is Undermining America's Environment, Economy and Social Fabric*, New York: Natural Resources Defense Council, 1999.

霍华德·弗兰坎等人的《城市蔓延和公众健康——健康社区的设计、规划和开发》一书，探讨了美国城市的土地利用、交通方式和社区设计对公众健康、公众参与和生活质量所产生的负面影响。由于大都市区的低密度、功能分割和道路设计，使步行和骑车出行非常不便，形成了对私人汽车的严重依赖，从导致了空气和水体污染，引发了各类疾病；长时间开车还导致了肥胖症及各种相关疾病；车流的增加导致了交通事故和人员伤亡，阻碍了社会交往，诱发了各种心理疾病；蔓延式开发尤其对妇女、儿童、老年人、残疾人、穷人和少数族裔的出行、交往、就业和社会活动造成了更大的不便。最后，作者主张城市开发应该实施精明增长战略，并提出了城市开发的社区原则（Community Principles）和区域原则（Regional Principles）。[1]

随着大都市区蔓延及其产生的各类问题不断受到学术界的关注，人们对其产生的根源及其解决方案进行了深刻的思考，特别是对现代主义的城市规划进行了反思，于是在20世纪80年代末和90年代初，在美国城市规划学界兴起了新城市主义规划思潮，其中最著名的新城市主义的倡导者和规划师有三位，即安德烈斯·杜安伊（Andres Duany）、伊丽莎白·普拉特—兹波克（Elizabeth Plater-Zyberk）和彼得·卡尔索普（Peter Calthorpe）。

安德烈斯·杜安伊等人的《郊区化的国家——蔓延的兴起与美国梦的衰落》，分析了美国大都市区蔓延的根源、危害及其治理措施。作者认为，蔓延的根本原因在于单一功能的分区制、对汽车和公路的补贴、对区域规划的抵制以及道路设计得不合理。蔓延不仅导致了景观破坏和环境危机，而且还导致了社会危机，公民缺乏公共空间和社会互动。作者所提出的抵制蔓延方法就是进行"传统邻里开发"（TND），以步行社区代替以汽车为核心的开发模式，而要做到这一点，就必须依靠地方、区域、州和联邦政府政策的调整，同时还要发

---

[1] Howard Frumkin, Lawrence Frank, Richard Jackson, *Urban Sprawl and Public Health: Designing, Planning, and Building for Healthy Communities*, Washington, D.C.: Island Press, 2004.

挥设计师的作用，而居民的影响力也不容忽视。该著被奉为新城市主义的"圣经"①。

彼得·卡尔索普的《未来美国大都市——生态、社区和美国梦》是美国新城市主义思潮的另一代表作。作者考察了社区发展与美国梦之间的关系，他写道："美国梦是一个不断演化的概念，而美国大都市就是这一梦想持续变化的体现。"从生态学的角度看，大都市区是由城市、郊区及其周围的自然环境构成的，这三者是密不可分的，割裂它们的关系就会导致各种城市弊病，然而，战后大都市的蔓延导致了社区的支离破碎。"显然，我们需要一个新的发展模式，一个新的美国大都市观念，一个新的美国梦意象。"② 而某些传统的价值观念应该成为美国梦和大都市区发展的基石，其中包括步行友好和公交导向的开发（TOD）。作者分析了公交导向的开发的一系列指导方针和重要原则，随后考察了一系列设计案例。卡尔索普指出，多样化和包容性的环境在根本上优于由汽车统御的私有空间世界，社区设计必须是多学科的，应该将各种要素之间的联系统筹考虑，改变郊区功能的专门化和分离化，创造一个新的美国梦和一种新的美国大都市。

对新城市主义进行分析的著作在20世纪90年代以后也纷纷涌现出来。吉尔·格兰特的《良好社区的规划——新城市主义社区理论与实践》是一部对新城市主义理论与实践进行全面分析的著作。作者首先追溯了新城市主义的兴起，着重分析了新城市主义的理论原则、类型及其评价；随后考察了美国、欧洲、亚洲和加拿大的新城市主义实践；最后展望了新城市主义的发展前景。作者对新城市主义的缺陷进行了批评，指出新城市主义具有强烈的环境决定论或空间决定论色彩；像田园城市一样，新城市主义也在以同一模式复制的方式制造着老套的郊区；新城市主义信奉普遍的原则，低估了多样性的意义；虽然新城市主义是对现代主义规划极端理性主义的一种反叛，但在某种

---

① Andres Duany, Elizabeth Plater-Zyberk and Jeff Speck, *Suburban Nation: The Rise of Sprawl and the Decline of the American Dream*, New York: North Point Press, 2000.

② Peter Calthorpe, *The Next American Metropolis: Ecology, Community, and the American Dream*, New York: Princeton Architectural Press, 1993, p.15.

程度上却继承了现代主义的某些特征，尤其强调专家的重要性。[1]

为了遏制美国大都市区的空间蔓延，20世纪90年代美国还兴起了精明增长运动，1996年，相关组织还提出了精明增长的"十项原则"，这些原则在一些开发活动中发挥了指导作用。精明增长与新城市主义在发展原则上有许多共同之处，比如都主张提高密度、混合开发、步行取向和嵌入式开发等。但新城市主义主要限于城市规划学界，而精明增长则主要体现于政府政策当中。

城市土地研究院的《精明增长——经济、社区、环境》是一部论文集，该著回顾了精明增长的概念和产生背景，分析了"精明交通"在精明增长中的作用，主张在依靠汽车交通的同时，鼓励多种交通方式，减少对自然环境的危害，指出高密度的住房开发是精明增长的关键内容，州议会的立法对于精明增长具有关键作用，区域合作则是实现精明增长的重要手段，最后作者指出，中心城市的复兴是精明增长的关键所在。[2]

F. 凯德·本菲尔德等人的《克服蔓延——美国社区精明增长范例》，回顾了美国大都市区蔓延的历史与现状，介绍了精明增长的基本原则；介绍了14个中心城市和11个郊区的精明增长开发项目；考察了10个资源保护方面的精明增长案例。作者认为，精明增长可以有效地遏制大都市区的空间蔓延。[3]

兰德尔·G. 霍尔库姆和塞缪尔·R. 斯坦利主编的《精明增长——21世纪土地利用规划的市场战略》提出了与主流观点截然不同的见解。主流观点认为，大都市区的蔓延及其各类问题是由市场机制导致的，因而解决之道就是由政府对市场进行控制，将土地利用决策从市场力量中分离出来。而该著的作者们却认为，由于在大都市区

---

[1] Jill Grant: *Planning the Good Community: New Urbanism in Theory and Practice*, New York: Routledge, 2006.

[2] Urban Land Institute, *Smart Growth: Economy, Community, Environment*, Washington, D. C.: Urban Land Institute, 1998.

[3] F. Kaid Benfield, Jutka Terris and Nancy Vorsanger, *Solving Sprawl: Models of Smart Growth in Communities across America*, New York: The Natural Resource Defense Council, 2001.

绪　论

的蔓延所引起的各种问题及其破解之道方面存在政治冲突，因此政府主导的精明增长战略难以实施，而"市场战略"则提供了一条走出政治困境和学术界纠缠的道路，理由包括：其一，人们所说的问题其实正是人们所期望的福利，比如大地块的独户住宅；其二，市场对于没有得到认可的需求不会作出反应，政府也是如此；其三，城市蔓延引起的某些问题是由政府的规划不当造成的；其四，政府规划不能解决土地利用模式存在的问题。"与政治解决的办法相反，市场机制提供了一种动力，可以产生一种财产价值最大化的结果。"[1]

总体来说，由于城市已经成为美国社会生活的主体，城市问题已经涉及美国社会生活的方方面面。与此同时，郊区化、大都市区化和大都市区蔓延既为美国社会的发展创造了无限的机遇，同时也对其发展提出了严峻的挑战，因而引起了美国学术界的极大兴趣与关注，一个多世纪以来，相关研究成果可谓汗牛充栋，不胜枚举，本书仅择其要者对一些著作分门别类地进行了概述与评介，除此之外还有浩如烟海、不计其数的相关论文。总之，美国学术界在城市化研究方面已经取得了辉煌的成就，城市史已经成为美国学术界的热点和显学。

三　我国学术界的研究概况

中国的美国城市史研究肇始于20世纪80年代中期，90年代呈加速发展的趋势，而进入21世纪以后则"呈井喷式发展局面"，到2011年为止，发表学术研究论文共389篇，专著10余部，成为中国美国史研究的一个亮点。[2]

王旭教授是我国的美国城市史这一崭新研究领域的开拓者和领路人。早在1985年，王旭教授还在东北师范大学攻读博士学位之时，

---

[1] Randall G. Holcombe and Samuel R. Stanley, eds., *Smarter Growth: Market-Based Strategies for Land-Use Planning in the 21st Century*, Westport, Connecticut: Greenwood Press, 2001, p.9.

[2] 王旭、王洋：《中国的美国城市史研究述评》，《史学理论研究》2011年第1期。

就发表了我国第一篇美国城市史研究的论文。① 经过十余年的深入研究和深厚积累，王旭教授于2000年出版了我国第一部有关美国城市发展的通史著作《美国城市史》一书。② 在此基础之上，他又于2006年出版了前著的修订版《美国城市发展模式——从城市化到大都市区化》，该著在副标题中就已经开门见山地表明了美国城市发展模式的转型，即从城市化阶段向大都市区化阶段的转变。相应地，该著的内容分为上下两篇，上篇为"殖民地时期至1920年——美国成为城市化国家"，下篇为"1920年至今——美国成为大都市区化国家"。这两版通史著作广泛而深入地探讨了美国城市的兴起、发展条件、发展进程、区域差别、政府体制、联邦政策、郊区蔓延、城市改造、科技革命、城市模式、区域经济和大都市区治理等众多方面的内容，在很大程度上弥补了我国的美国城市史研究的不足，奠定了我国的美国城市史研究的基础。③

王旭教授的另一部力作是与其弟子罗思东合著的《美国新城市化时期的地方政府——区域统筹与地方自治的博弈》，该著也是王旭教授主编的"新城市化丛书"的第一部。该著体现了作者对新城市化时期美国地方政府体制改革研究的深厚功底和理论高度。第一章简要概述了美国城市发展的两大阶段，即城市化阶段和新型城市化或大都市区化阶段；第二章论述了大都市区的蔓延与地方政府的零碎化；第三章介绍了市政体制改革；第四章考察了大都市区政府体制的传统改革方式，即建构大都市区政府的尝试；第五章分析了公共选择学派的治理方式；第六章研究了新区域主义与大都市区的治理。④ 该著线条清晰，逻辑严密，分析透彻，结论鲜明，理论性强，使读者能够迅速地把握美国大都市区政治的演进脉络和相关理论的发展进程，对于我

---

① 王旭：《美国城市史研究概述》，《东北师范大学学报》1985年第1期。
② 王旭：《美国城市史》，中国社会科学出版社2000年版。
③ 王旭：《美国城市发展模式——从城市化到大都市区化》，清华大学出版社2006年版。
④ 王旭、《美国新城市化时期的地方政府：区域统筹与地方自治的博弈》，厦门大学出版社2010年版。

国的市政体制改革具有重要的借鉴意义。

除了上述多部专著以外,王旭教授还出版了一些论文集和译著,并在《历史研究》《世界历史》《美国研究》等众多权威刊物上发表论文数十篇。由于篇幅所限,这里只能对其中一两篇加以粗略的介绍。比如,《富有生机的美国城市经理制》一文探讨了美国城市经理制的发展进程,该文首先分析了城市老板把持市政的腐败和市政体制改革,随后分析了市长暨市议会制、城市委员会制、城市经理制三种主要市政体制的优劣,随后分析了城市经理制的发展和普及的原因。[①]在《对美国大都市区化历史地位的再认识》一文中,王旭教授指出,大都市区化是美国城市发展的新阶段,大都市区为经济发展提供了基本的经济、社会和体制等方面的条件和基础设施,其综合性和整体性优势明显;随后该文概括了大都市区化的理论,比如城市化的阶段理论,并纠正了我国学者的一些认识误区,强调了中心城市在大都市区中的核心地位,批判了逆城市化论调。[②]

王旭教授论著的特点是视野宽阔,内容宏富,高屋建瓴,理论性强,能够娴熟地运用城市地理学中的中心地理论、施坚雅模式、非均衡发展理论、城市化发展阶段论等;在涉及城市空间结构的发展演变时,对芝加哥学派和洛杉矶学派的理论进行了深入的分析和熟练地运用;在论证美国经济重心西南移时运用了区域经济理论和工业城市发展周期理论等。由于王旭教授的论著内容丰富,涉及面广,笔者无法一一列举评述。

东北师范大学的梁茂信教授是我国的美国城市史研究中成就突出的另一位学者,他的《都市化时代——20世纪美国人口流动与城市社会问题》,首先考察了美国人口的流动性与城市化发展之间的关系,比如向心性人口流动与城市化社会的形成、分散性人口流动与中心城市的兴衰、离心性人口流动与后郊区化社会的形成等;随后,该著分析了城市化社会所面临的诸多问题,比如贫民窟与贫困人口的隔都化

---

① 王旭:《富有生机的美国城市经理制》,《历史研究》1989年第3期。
② 王旭:《对美国大都市区化历史地位的再认识》,《历史研究》2002年第3期。

(ghettoization)、种族暴力冲突与城市骚乱、城市暴力犯罪;最后几章探讨了各级政府干预城市问题的尝试,比如城市政治的结构性改革、联邦对贫民窟的改造、联邦政府的住房政策、城市更新、交通政策、种族政策、职业培训等。这是一部较为全面分析美国城市发展和社会问题的佳作,论据充分,论述精湛,使笔者深受启发。①

此外,梁茂信教授还发表了一系列高水准的城市史论文,比如在《1860—1920年外来移民对美国城市化的影响》一文中,作者分析了外来移民对区域城市化水平、城市功能、产业结构和文化构成等方面的影响,最后得出对移民与美国城市化关系的总体评价,认为外来移民对美国社会的积极贡献远远超过了他们的负面影响。② 在《战后美国城市贫困人口的特征分析》一文中,梁茂信教授指出,战后美国城市贫困人口的恶化状况达到前所未有的严重程度,这是因为大量农村贫困人口流入城市的同时,各种就业机会却流向郊区,加大了贫困人口的就业难度,而政府的一些政策却起了雪上加霜的作用。③ 在《当代美国大都市区中心城市的困境》一文中,梁教授认为,在20世纪后半期,美国大都市区人口和资本的离心性流动导致了富裕人口、产业和政治权力重心转向郊区,中心城市问题丛生,陷入积重难返的困境,并分析了导致中心城市困境的诸多原因,比如生产、交通和通信技术的飞速发展、城市居民的居住选择、企业的激烈竞争、联邦政府的政策、种族歧视和种族隔离等。④ 在《略论美国政府解决城市社会问题的效用有限性》一文中,梁教授指出,美国城市问题之所以难以根除,既与美国的社会经济发展密切相关,也与美国政府中的效率低下密切相关。⑤ 这几篇论文的着眼点由城市问题到政策举措逐级递进,

---

① 梁茂信:《都市化时代——20世纪美国人口流动与城市社会问题》,东北师范大学出版社2002年版。
② 梁茂信:《1860—1920年外来移民对美国城市化的影响》,《东北师大学报》1997年第5期。
③ 梁茂信:《战后美国城市贫困人口的特征分析》,《东北师大学报》2000年第1期。
④ 梁茂信:《当代美国大都市区中心城市的困境》,《历史研究》2001年第6期。
⑤ 梁茂信:《略论美国政府解决城市社会问题的效用有限性》,《美国研究》2002年第4期。

渐次提高，解决了城市史研究中几个方面的重大问题。

中国社会科学院的黄柯可研究员是我国美国城市史研究的元老之一，她发表的一系列论文奠定了我国美国城市史研究的基础。在《试论近代美国城市化特点》一文中，黄柯可研究员指出，美国城市化的特点在于以工矿业和铁路建设带动了一大批城市，从而极大地加速了美国城市化的进程。此外，美国西部工矿城市和铁路城市还具有以下明显特点：新建城市包袱少，不必像东部老城那样需要改造旧城；属于速成式城市，竞争激烈、淘汰率高；人口增长依赖于不断涌入的新移民；在城市化过程中分化明显，形成了各种类型。① 在《关于美国城市化研究若干问题的思考——兼评我国的研究情况》一文中，黄柯可研究员指出，美国城市化的历史呈现出相当明显的特征，其城市化过程不是循序渐进式的，而是"突发式""高潮型"的，其中两次高潮无疑起了决定性作用，其一是19世纪后期大规模铁路建设带动了城市的兴起，其二则是一战后汽车的广泛使用推动了城市化的发展。"高潮型"和"突发式"给美国城市化带来发展势头猛、淘汰率高的特点。② 在《人口流动与美国城市化》一文中，作者认为，美国的工业革命促进了人口向城市的流动；美国人口流动的一个特征，是由只限于本地区从农村向城市的移动逐渐扩大到跨地区流动；而人口的跨地区流动则推动了地区经济趋于平衡。③ 在《美国农业劳动力向城市转移的特点》一文中，作者指出，美国农业人口的转移相当平稳和顺利，而且速度越来越快，这与美国农业劳动力转移的特点密切相关，主要表现在：其一，农业人口外流受到的阻力小，障碍少；其二，外来移民不断形成新的农民，使农业劳动力转化的过程较短；其三，农村人口转移与全国人口流动同步、同向。④ 黄柯可研究员的研究成果解决了19世纪美国城市化研究方面的若干问题。

---

① 黄柯可：《试论近代美国城市化特点》，《世界历史》1994年第5期。
② 黄柯可：《关于美国城市化研究若干问题的思考——兼评我国的研究情况》，《世界历史》1995年第6期。
③ 黄柯可：《人口流动与美国城市化》，《世界历史》1996年第6期。
④ 黄柯可：《美国农业劳动力向城市转移的特点》，《世界历史》2000年第3期。

华东师范大学的林广教授长期以来从事移民与纽约城市的发展研究，其博士学位论文就以此为主题，[①] 在此基础上推出其力作《移民与纽约城市发展研究》，该著从移民的角度探讨了纽约市发展演变的历史，主要内容包括纽约市的建立、发展和繁荣的历史过程；纽约移民人口结构、地域分布、职业构成及其产生的深刻影响；各移民群体间的矛盾、冲突、犯罪和政府管理失误等问题；华人移民对纽约城市发展的贡献；纽约移民管理和不同民族文化的冲突与融合。[②] 另外，林广教授在美国的城市规划理论方面还有深入的研究，比如，在《新城市主义与美国城市规划》一文中，林广教授探讨了战后美国大都市区的蔓延、新城市主义的兴起、发展及其对美国城市规划的影响。林教授指出，新城市主义强调传统邻里和步行街区等城市设计理念，关心人类生活的终极目标，是一种控制大都市区蔓延、恢复邻里关系、保持城市健康发展的尝试，在美国城市规划中发挥了积极作用，却很难扭转汽车导向的城市规划趋势。[③]

厦门大学的韩宇教授多年来从事美国高技术城市的研究工作，他的《美国高技术城市研究》是这方面的一个全面考察和重要成果，全书分为上中下三篇，上篇"美国高技术城市的发展背景"分析了高技术产业的定义、区域发展的相关理论、高技术产业的发展概况和空间分布，以及大都市区高技术产业发展的整体状况。中篇"美国高技术城市的成长道路"是该著的重点，主要探讨了美国高技术城市的发展道路，比如硅谷、波士顿128公路、北卡罗来纳研究三角地区、奥斯丁、圣迭戈和华盛顿的高技术产业发展。下篇"美国高技术城市的成功因素"分析了大学的研发、风险资本、联邦政府和州政府政策等方面的推动作用。[④] 此外，韩宇教授还发表了一系列相关论文，在《战后美国东北部高技术产业发展探源》一文中，作者指出，战后美国东北部高技术产业的发展主要得益于该地区得天独厚的智力资源优

[①] 林广：《移民与纽约城市发展》，博士学位论文，华东师范大学，1998年。
[②] 林广：《移民与纽约城市发展研究》，华东师范大学出版社2008年版。
[③] 林广：《新城市主义与美国城市规划》，《美国研究》2007年第4期。
[④] 韩宇：《美国高技术城市研究》，清华大学出版社2009年版。

势，此外，联邦政府的巨额军事开支、东北部各州政府的相应措施、雄厚的风险资本等也发挥了重要作用。① 在《美国"冰雪带"现象成因探析》一文中，韩宇教授指出，传统制造业的衰退是冰雪带衰落的根本原因，同时，联邦财政政策、投资环境、国际竞争和保守的文化氛围等因素也加剧了冰雪带的衰落。②

厦门大学的胡锦山教授长期以来从事美国黑人城市化问题研究，发表了一系列相关论文。《1940—1970年美国黑人大迁徙概论》一文探讨了黑人的大迁徙、城市化与种族聚居区发展的历史渊源与特点，并对60年代城市黑人暴乱的原因进行了扼要的论述。③ 在《20世纪美国城市黑人问题》一文中，胡锦山教授指出，黑人是美国各族裔中城市化程度最高的，黑人的城市化引发了一系列城市问题，比如居住区隔离、黑人教育落后、就业困难等。虽然黑人进行了多次斗争，联邦政府也曾试图加以解决，但在根深蒂固的种族歧视的情况下难以奏效。④ 在《美国黑人城市化与五六十年代黑人民权运动》一文中，胡锦山教授指出，从20世纪初开始，美国黑人开始了城市化进程，黑人的城市化对黑人工人阶级的壮大、思想觉悟的提高、民族意识的增强及其民族领袖的出现都产生了极大的影响，并最终促成了轰轰烈烈的黑人民权运动。⑤ 在《美国城市种族居住隔离与黑人贫困化》一文中，胡锦山教授认为，对于黑人聚居区的产生和发展，居住隔离发挥了直接的作用。居住隔离使大多数黑人处于主流社会的边缘，并使黑人的贫困持久化，使许多黑人陷入贫困的隔离居住环境中而不能自拔。⑥

厦门大学罗思东教授的研究专长是美国大都市区的政府体制改革问题，其博士学位论文《美国大都市地区的政府与治理——地方政府

---

① 韩宇：《战后美国东北部高技术产业发展探源》，《东北师大学报》2000年第1期。
② 韩宇：《美国"冰雪带"现象成因探析》，《世界历史》2002年第5期。
③ 胡锦山：《1940—1970年美国黑人大迁徙概论》，《美国研究》1995年第4期。
④ 胡锦山：《20世纪美国城市黑人问题》，《东北师大学报》1997年第5期。
⑤ 胡锦山：《美国黑人城市化与五六十年代黑人民权运动》，《厦门大学学报》1998年第2期。
⑥ 胡锦山：《美国城市种族居住隔离与黑人贫困化》，《史学月刊》2004年第1期。

间关系与区域主义改革》专门探讨了大都市区的政府与治理问题。他首先分析了美国地方政府的类型及其与州政府之间的关系，随后考察了大都市区化背景下地方政府的碎片化及其危害，最后探讨了大都市区政府体制改革及其治理。① 他在《美国大都市区政府理论的缘起》一文中，分析了大都市区地方政府结构性改革的主要形式，即中心城市的兼并和市县合并，指出这两种改革的主要原则源自于20世纪初工业化、城市化的历史背景和市政改革的相关理论，它们是解释战后大都市区政府改革的实践及其得失的重要线索。② 在《城市区域理论及其政策导向》一文中，罗思东教授指出，城市区域理论是全球化时代城市化的主流理论，反映了当代城市化理论在跨学科领域研究的最新进展。在全球化因素的作用下，城市区域正在进行着产业结构和地域空间的重构，城市区域内的政治和社会关系面临着新的挑战，治理框架和政策过程也需要作出相应的调整和变革。③

河南大学的王金虎教授是我国较早从事美国城市史研究的学者之一，他在《19世纪后期美国城市"老板"兴起原因探析》一文中认为，19世纪后期美国城市老板兴起的原因包括：其一，城市政府软弱涣散，无力承担解决城市问题的责任，城市老板承担起了当时政府所不能承担的社会责任。其二，当时的城市社会状况为城市老板的兴起提供了历史机遇，一方面是城市传统的统治集团将其创业活动集中到经济领域，放弃了其传统的城市政治领导地位；另一方面是大批新移民为生活问题所困扰，而城市老板由于对他们的帮助而获得了他们选票的支持。其三，城市老板拥有特殊的政治才能。④ 王金虎教授在《19世纪后期至20世纪初期美国城市政治改革》一文中探讨了美国的市政体制改革，他认为，19世纪后期美国城市的迅猛发展和市政

---

① 罗思东：《美国大都市地区的政府与治理——地方政府间关系与区域主义改革》，博士学位论文，厦门大学，2005年。
② 罗思东：《美国大都市区政府理论的缘起》，《厦门大学学报》2004年第5期。
③ 罗思东：《城市区域理论及其政策导向》，《厦门大学学报》2011年第3期。
④ 王金虎：《19世纪后期美国城市"老板"兴起原因探析》，《河南大学学报》1996年第2期。

体制的缺陷导致了社会形势的严重恶化和政府腐败，城市政治改革实现了城市政治体制的重大发展，增强了城市政府的效率，政治腐败也受到一定程度的遏制。① 此外，他还对美国 19 世纪的城市化、进步主义运动时期的城市社会改良运动等进行了深入的研究。②

此外，其他学者也进行了一定程度的研究工作。徐和平教授是我国较早进行美国郊区化问题研究的学者之一，探讨了美国郊区化的发展、大都市区的产业和空间结构的变化，以及美国郊区化的经验教训等。③ 李艳玲的《美国城市更新运动与内城改造》一书，探讨了美国城市更新运动的背景、序幕、初步展开和运动高潮，并对城市更新运动进行了总体分析和评价。④ 李壮松博士专门考察了美国城市经理制的发展，⑤ 洪文迁博士对纽约城市规划进行了深入的研究，⑥ 苏宁博士对美国的房地产开发与城市更新运动进行了深入研究，⑦ 李莉博士主要探讨了美国公共住房政策的发展演变，⑧ 杨长云博士主要探讨了美国市民社会与公共空间问题，⑨ 李文硕博士主要探讨了罗伯特·摩西对纽约城市发展的影响，⑩ 石光宇博士主要研究了纽约全球城市的

---

① 王金虎：《19 世纪后期至 20 世纪初期美国城市政治改革》，《史学月刊》2001 年第 3 期。

② 王金虎：《论十九世纪后期美国社会城市化发展》，《史学月刊》1997 年第 4 期；《论美国城市的定居救助之家运动》，《河南大学学报》2000 年第 3 期；《论美国城市政治集团的兴衰》，《史学月刊》2000 年第 3 期。

③ 徐和平、李秀明、李庆余：《公共政策与当代发达国家城市化模式——美国郊区化的经验与教训研究》，人民出版社 2006 年版。徐和平：《美国郊区化的启示——郊区发展在我国城市化中的作用》，《贵州大学学报》1996 年第 2 期；《美国郊区化的经验与教训》，《开发研究》2007 年第 3 期；《郊区化与美国大都市区产业及空间结构的演变》，《中国名城》2013 年第 5 期。

④ 李艳玲：《美国城市更新运动与内城改造》，上海大学出版社 2002 年版。

⑤ 李壮松：《美国城市经理制——历史到显示的综合考察》，博士学位论文，厦门大学，2002 年；《美国市政体制的确立及其成因》，《城市规划》2002 年第 6 期。

⑥ 洪文迁：《纽约城市规划的历史与实践》，博士学位论文，厦门大学，2006 年。

⑦ 苏宁：《从城市更新运动看企业在中心城市改造中的作用》，《经济师》2005 年第 6 期；《美国房地产开发商与城市更新运动》，博士学位论文，厦门大学，2006 年。

⑧ 李莉：《美国公共住房政策的演变》，博士学位论文，厦门大学，2008 年。

⑨ 杨长云：《公众的声音——19 世纪末 20 世纪初美国的市民社会与公共空间》，博士学位论文，厦门大学，2009 年。

⑩ 李文硕：《罗伯特·摩西与纽约城市发展》，博士学位论文，厦门大学，2014 年。

发展及其特征。①

笔者自20世纪90年代初期师从于恩师丁则民教授攻读研究生以来即从事美国城市史的学习与研究。笔者2001年的博士学位论文《美国城市郊区化的演进及其影响》探讨了美国郊区化的起源、动因、进程和社会影响；本人于2003年在南京大学历史系的博士后出站报告《美国城市郊区化》对这一课题进行了进一步的研究，并在此基础上出版了《美国城市郊区化研究》一书，该著正文分为上中下三编。上编对美国近代郊区化进行了探讨，包括郊区化的概念、起源、动因、发展进程和大都市区的形成。中编对美国现代郊区化进行了考察，包括现代郊区化的动因、进程、特点、大都市区空间结构的变迁。下编分析了郊区化对美国社会的影响，包括大都市区政治的巴尔干化、政府体制改革、阶级和种族关系、中心城市的贫困化、交通拥挤和生态环境等问题，最后得出结论，美国城市的郊区化危害了人类的可持续发展。②

此外，笔者还在《历史研究》《世界历史》《史学理论研究》和《美国研究》等刊物上发表论文60余篇，研究内容主要包括如下几个方面：

其一，美国郊区化的起源与发展动因。在《试析美国城市郊区化的起源》一文中，笔者认为，郊区化是工业化、城市化和城市交通发展的产物，同时又是城市化的一种方式，是城市生态组织演进的一种方式，所以美国城市的郊区化早在19世纪初就已经出现。③《美国大都市区生态组织结构的形成及其成因》一文认为，19世纪的郊区化过程就是大都市区生态组织结构的形成过程。城市交通的改进、城市区位级差地租、房地产公司的投资方向、城市环境的恶化、美国的乡村理想和反城市主义、城市社会的异质性等因素都促进了郊区化的发

---

① 石光宇：《纽约全球城市地位的确立及特征分析》，博士学位论文，东北师范大学，2013年；《美国全球城市形成初探》，《杭州师范大学学报》2011年第5期；《简析全球城市的成因——以纽约为例》，《都市文化研究》第10辑，2014年。
② 孙群郎：《美国城市郊区化研究》，商务印书馆2005年版。
③ 孙群郎：《试析美国城市郊区化的起源》，《史学理论研究》2004年第3期。

展和大都市区的形成。①《美国现代城市郊区化原因初探》一文分析了美国现代郊区化的原因，包括交通和通信技术的进步、经济结构的变化、联邦政府的住房政策、黑人的城市化和种族歧视等。②

其二，美国城市的郊区化进程与大都市区空间结构的变迁。《美国现代城市的郊区化及其特点》一文，将美国现代郊区化的发展进程分为波动式加速发展、爆炸式发展和后郊区化时代三个阶段，并总结了美国与欧洲国家郊区化的不同特点。③《20世纪70年代美国的"逆城市化"现象及其实质》一文，批驳了美国学者的"逆城市化"理论，指出"逆城市化"的实质是城市扩张即郊区化进程的继续，是大都市区进一步膨胀的结果。④《美国内城街区的绅士化运动与城市空间的重构》一文分析了绅士化运动产生的原因，包括"地租差额"的产生、城市规划理念的转变、城市功能的变化、美国人口和家庭结构的变化以及生活方式和消费观念的转变等；指出绅士化运动导致了美国城市乃至整个大都市区空间结构的变化，对于阻止中心城市的进一步衰落发挥了积极作用。⑤

其三，郊区化和大都市区蔓延所产生的社会影响和生态危害。《郊区化对美国社会的影响》一文认为，郊区化对美国社会的影响包括大都市区的多中心化、中产阶级的扩大、大都市区政治的巴尔干化、中心城市的衰落和联邦城市更新计划的失败等。⑥《美国郊区化进程中的黑人种族隔离》一文认为，低度郊区化和高度隔离化是大都市区黑人空间分布的两个主要特征，导致这种分布模式的原因主要包括：黑人的社会经济地位、白人的种族歧视，以及私人部门、地方政

---

① 孙群郎：《美国大都市区生态组织结构的形成及其成因》，《世界历史》2000年第2期。
② 孙群郎：《美国现代城市郊区化原因初探》，《世界历史》2003年第1期。
③ 孙群郎：《美国现代城市的郊区化及其特点》，《社会科学战线》2002年第6期。
④ 孙群郎：《20世纪70年代美国的"逆城市化"现象及其实质》，《世界历史》2005年第1期。
⑤ 孙群郎、常丹丹：《美国内城街区的绅士化运动与城市空间的重构》，《历史研究》2007年第2期。
⑥ 孙群郎：《郊区化对美国社会的影响》，《美国研究》1999年第3期。

府和联邦政府的歧视性政策等。为了改变这一状况,黑人和民权组织展开了开放郊区和住房市场的运动,各级政府和法院也采取了相关措施,但黑人的低度郊区化和高度隔离化的现象仍然没有消除。①《当代美国郊区的蔓延对生态环境的危害》一文指出,美国郊区的蔓延导致了空气和水体污染,破坏了开放空间和野生动物栖息地,导致了洪涝灾害的加剧。②《当代美国大都市区的空间结构特征与交通困境》一文认为,美国大都市区交通拥堵的根源在于大都市区的空间结构特征,其中包括郊区的低密度蔓延、住房和就业的失衡、土地利用模式的单一性、郊区社区的空间设计和道路系统等。由于这些结构性原因十分难以克服,因此美国大都市区的交通拥堵陷于困境之中。③

其四,大都市区的治理。《当代美国大都市区交通拥堵的治理措施》一文分析了美国各级政府、民间团体和私人企业等采取的一系列治理交通拥堵的措施,比如扩建公路、发展公共交通、推行共同乘车计划、进行高密度混合的开发、建立公交友好和步行友好的社区,等等。然而,这些措施没有能够有效地缓解交通拥堵,其根本症结在于汽车、公路和低密度蔓延这三者间的互动关系没有得到根本的改变。④《美国新城市主义运动的兴起及其面临的困境》分析了20世纪80年代新城市主义运动的兴起,指出这一运动对于克服郊区的蔓延和中心城市的衰败发挥了积极的作用。但是由于各种主客观原因,新城市主义运动并没有达到预期的效果,因而同样遭到了学术界的质疑与批评。⑤《当代美国增长伦理的转变与城市增长管理运动》分析了美国"增长伦理"的转变和增长管理运动的兴起,该运动对于克服大都市区的蔓延及其危害在一定程度上发挥了积极作用。然而,由于美国各州及其人民对增长管理的认识和态度不同,其采取的措施及其效果也

---

① 孙群郎:《美国郊区化进程中的黑人种族隔离》,《历史研究》2012年第6期。
② 孙群郎:《当代美国郊区的蔓延对生态环境的危害》,《世界历史》2006年第5期。
③ 孙群郎:《当代美国大都市区的空间结构特征与交通困境》,《世界历史》2009年第5期。
④ 孙群郎:《当代美国大都市区交通拥堵的治理措施》,《世界历史》2011年第3期。
⑤ 孙群郎:《美国新城市主义运动的兴起及其面临的困境》,《史学理论研究》2013年第1期。

迥然有别。①《当代美国的精明增长运动及其评价》分析了美国精明增长运动的兴起和发展过程,该运动对于遏制大都市区的蔓延及其危害发挥了积极作用。然而,由于不同利益集团的冲突、学术界的歧见、草根阶层的抵制以及最高法院的司法判决,精明增长运动也面临着严峻的挑战。②《美国马里兰州的精明增长政策》专门探讨了马里兰州的精明增长政策,该政策包括五项单独的立法,其中以"优先资助区法"和"乡村遗产法"为核心。马里兰州精明增长计划的一个最大特点就是以激励机制为主,缺乏强制性的管制机制。这一特点的优点在于减少了地方政府的抵制,但其缺点是不能得到有力的贯彻执行,因而其效果也就大打折扣。③《新世纪呼唤新的城市空间理论模型》一文对西方学者的城市空间周期论进行了批驳,并提出了一种新的城市空间发展理论,即聚集扩散论,认为在城市发展过程中始终存在着聚集与扩散两种相反相成、对立统一的运动,它们共同推动了城市空间的发展演进。④

总体而言,在短短的二三十年间,我国的美国城市史研究已经取得了不菲的成就,诚如王旭教授所评价的那样,我国的美国城市史研究已经"成为中国美国史研究中的一个亮点,在世界城市史研究中更是一枝独秀,引人注目"⑤。然而,由于篇幅所限,笔者不能对国内所有的相关研究成果进行一一的评述,大有管窥蠡测,以偏概全之嫌,还请国内学界同仁予以谅解和海涵。

四 研究内容与理论创新

本书系统地探讨了美国大都市区空间蔓延的原因、进程、危害、

---

① 孙群郎:《当代美国增长伦理的转变与城市增长管理运动》,《世界历史》2013年第6期。
② 孙群郎:《当代美国的精明增长运动及其评价》,《史学理论研究》2015年第4期。
③ 孙群郎:《美国马里兰州的精明增长政策》,《世界历史》2015年第2期。
④ 孙群郎:《新世纪呼唤新的城市空间理论模型》,《史学理论研究》2014年第3期。
⑤ 王旭、王洋:《中国的美国城市史研究述评》,《史学理论研究》2011年第1期。

治理措施，以及相关的城市发展理论与实践，并大胆地进行了理论创新，提出了自己的城市空间发展理论，即聚集扩散论。

（一）研究内容

除绪论外，本书的正文分为八章，第一章"美国大都市区的孕育与形成"探讨了美国大都市区孕育与形成的原因及其过程。大都市区是当代美国城市发展的主导模式，但其孕育与形成，则是从19世纪初期到20世纪初期，经过了百年左右的漫长历程。大都市区的形成是城市聚集与扩散，或者说是城市化与郊区化交错发展、对立统一运动的结果。本章首先考察了美国近代城市化的发展历程，随后着重分析了美国近代郊区化的原因与过程。在城市化和郊区化的共同作用下，美国城市的空间结构发生了巨大变化，于20世纪初期形成了单中心结构的大都市区。

第二章"美国大都市区的空间蔓延"探讨了当代美国城市郊区化的原因、进程和大都市区的空间蔓延；考察了当代美国大都市区空间结构的变迁，即由单中心结构演变为多中心结构的大都市区，甚至形成了硕大无朋、跨州越县的大都市连绵带；在此基础上，笔者对城市空间周期论进行了系统的批驳，并提出了自己的城市空间发展理论——聚集扩散论，认为在城市发展的过程中始终存在着聚集与扩散两种相反相成、对立统一的运动，它们共同推动了城市空间的发展演进。

第三章"美国大都市区的阶级分异与种族隔离"考察了大都市区的空间蔓延对阶级和种族关系的影响及其治理。该章首先考察了大都市区的人口分布模式，包括阶级分异和种族隔离，于是在大都市区中形成了两个世界，一个是以中产阶级和富裕阶层为主的郊区世界，他们在郊区享受着一种富足、稳定和优雅的生活方式，另一个是以下层阶级和少数族裔为主的中心城市，他们遭受着失业、贫困、疾病、衰败和混乱的悲惨的境遇，在一个恶性循环的怪圈中不能自拔。随后分析了美国大都市区人口分布的理论模型，探讨了大都市区人口分布模式的成因，包括普通白人民众与私人部门的种族歧视行为和各级政府政策的作用；分析了大都市区人口分布模式的危害，主要是中心城市下层阶级和少数族裔的困境；考察了为克服阶级分异和种族隔离所展开的社会运动与政府改革，包括黑人民权运动的展开、民权组织的开放郊区和住房市场运动、法院对种族限制性契约和分区制法规的判决，以及各级政府特别是联邦政府的改革措施。最后，本章考察了20世纪70年代以后黑人的空间分布特征，并得出结论认为，美国大都市区居住空间方面的种族融合仍然任重道远。

第四章"大都市区的政治碎化与区域治理"探讨了美国大都市区的地方政府体制改革问题。本章首先考察了美国地方政府自治的发展进程，以及地方政府的类型、职能及其相互关系；随后分析了大都市区政治的巴尔干化及其危害。大都市区政府体制改革是本章的重点，20世纪60年代以前为传统改革时期，强调地方政府之间的合并，即成立高度集权的综合性的大都市政府；60年代公共选择学派兴起，运用经济学的理论和方法来研究政治问题，但仍然存在许多弊端；90年代以来进入"新区域主义"改革时期，对大都市区的治理，从一元走向多元，从单一维度走向多维度。然而，到目前为止，美国仍然未能克服大都市区空间蔓延所造成的各种危害。

第五章"中心城市的衰落与复兴"探讨了大都市区蔓延所导致的中心城市的衰落及其治理。郊区化是导致中心城市衰落的原因之一，由于中产阶级和富裕阶层不断向郊区迁移，而将大多数贫困阶层和少数民族抛在中心城市，导致中心城市税收的减少和福利负担的加重，从而导致中心城市的贫困化；另外，就业的郊区化则如同釜底抽薪，更加削弱了中心城市的经济活力。去工业化是导致美国城市衰落的另一个重要原因。美国的去工业化主要是一种区域性现象，即主要发生在东北部和中西部地区，而南部和西部则主要表现为工业化的发展。去工业化导致了大批工厂企业的倒闭，造成了大批工人的结构性失业和贫困化，并严重地削弱了中心城市的经济基础。最后，金融机构的红线政策是中心城市衰落的又一个重要原因，红线政策使中心城市的储蓄资金未能作为房贷资金或发展资金投入到中心城市本身，而是流失到郊区、其他地区甚至国外，从而导致中心城市资金的短缺和衰败。为了摆脱中心城市的困境，各级政府采取了一系列举措，试图恢复中心城市的生机与活力，比如城市更新计划的实施、社区再投资法的制定等，与此同时，民间团体、私人部门还在内城街区展开了绅士化运动，对中心城市的复兴发挥了积极作用。

第六章"大都市区的交通问题及其治理"探讨了美国大都市区的交通拥堵及其治理问题。本章首先考察了美国大都市区交通拥堵的恶化及其危害，随后分析了导致交通拥堵的原因，包括大都市区的低密度蔓延、就业与住房的失衡、土地利用模式的单一性、社区空间设计和道路体系以及其他社会经济因素，并考察了美国各级政府、私人企业和个人采取的一系列克服交通拥堵的措施及其效果，比如扩建公路，发展公共交通，实施共同乘车计划，进行高密度混合功用的开发，建立公交友好和步行友好的社区，以及其他交通治理措施等。然而，由于美国大都市区交通拥堵的根源存在于大都市区的空间结构之中，因此交通拥堵的治理一时之间难以奏效。

第七章"生态环境与土地资源保护"探讨了美国大都市区的空间蔓延对生态环境的危害及其治理。大都市区的空间蔓延导致了对私人汽车的依赖，而汽车的普及使汽车尾气成为主要的空气污染源之一；郊区化粪池的使用和公路等硬化面积的增加，导致了地下水和地表水的污染；大都市区蔓延侵占了大量的开放空间和耕地，减少了野外活动空间，破坏了野生动物的栖息地，导致了严重的水土流失，加剧了洪涝灾害。美国地方、州和联邦政府采取了一系列政策措施，以便对生态环境和土地资源加以保护。

第八章"大都市区问题的综合治理"探讨了美国城市规划和增长理念与实践的转变，以期达到大都市区综合治理的目标。本章首先分析了欧美主流城市规划理论及其弊端，包括霍华德的田园城市理论、欧洲现代主义城市规划理论、美国本土的城市规划理论与实践；考察了欧美学术界对主流城市规划理论的批判，探讨了新城市主义理论的产生、内容和实践活动，包括"传统邻里开发"(TND)和"公交导向开发"(TOD)，分析了新城市主义理论与实践的局限性。随后，本章考察了美国"增长伦理"的转变和增长管理运动的兴起，分析了地方、州和联邦政府的增长管理措施，并对加州和波特兰地区增长管理的实践进行了个案研究。最后，本章考察了精明增长运动及其面临的挑战。20世纪90年代"增长管理"转向"精明增长"，笔者分析了精明增长的概念、原则和精明增长运动的发展历程，并对马里兰州的精明增长政策进行了个案研究。然而，美国的精明增长运动面临着严峻的挑战，比如部分学者的反对、来自草根的邻避主义、最高法院的司法判决等。美国大都市区的蔓延不会得到迅速的治理，同时精明增长和新城市主义也总是使人充满期待。

（二）理论创新

笔者在本书中提出了自己的理论创新，即城市空间发展的聚集扩散论。长期以来，城市空间周期论（spatial cycles）一直统治着各国学术界的城市空间研究。该理论是由荷兰学者利奥·H. 克拉森（Leo H. Klaasen）等人于20世纪80年代初提出来的。他们根据城市中心与外围地区人口的相对变化，将城市的发展分为四个阶段，即城市化、郊区化、逆城市化和再城市化，从而形成一个城市空间的发展周期，并将这一周期在一个数学坐标的图示中表示出来。这种城市空间周期论看似十分精巧，但却是一种形而上学的思维方式，它用研究物质世界的方法来研究人类社会，用数学模式来阉割人类社会的发展进程，来裁剪千变万化的城市发展道路。该理论似乎在说，人类的聚集或扩散是由某种超越时空的意念在操纵，人是在茫然地、被动地、宿命地听命于它的安排，该理论完全忽视了人的自由意志、主观能动性和不同国家不同民族的文化差别，也忽视了历史时代、交通条件、经济状况、资源环境、人口变化、收入水平、生活情趣等方面的差别。因此，这种城市空间周期论是唯心主义的，不仅在理论上是荒谬的，而且在实践上也是禁不住检验的。

笔者经过多年的城市史研究，发现城市空间周期论不仅不能运用于美国的城市发展，即使是针对该理论的参照对象欧洲城市，也存在诸多假设和谬误，根本不能作为城市空间发展的指导理论。有鉴于此，笔者建议学术界应该将其彻底抛弃，并提出了一种新的城市空间理论——聚集扩散论。这种新理论的优点在于，它不是出于主观臆想，而是奠基于城市空间发展的客观事实之上。聚集扩散论的内容可以表述为如下几个方面：

第一，聚集与扩散是城市空间发展中对立统一的运动，是同步发展和交叉进行的。城市聚集的根本动力在于聚集经济效益和人的社会属性，分散的根本动力在于聚集不经济的产生和人们对于环境质量的追求。城市的这种聚集与扩散贯穿于城市化发展的始终。

城市化起源于近代工业化，工业化加速了人口、产业和社会机构在空间上的聚集，从而产生了聚集效益。与之相对立的一种运动即扩散化，就是人口、产业和社会机构由中心区向外围地区的扩散过程，也称之为郊区化。有的学者认为，只有当某国的城市化率超过50%之时，郊区化进程才会启动。但事实上，郊区化的启动与城市化率没有关系，而与城市交通，尤其是规模化的公共交通的发展具有直接的关系，因为交通线路构成了城市的骨架，而人口和物资的流动速度决定了其分布模式。此外，郊区化的发展进程还与城市环境、人们的富裕程度、能源类型、情趣爱好等有着莫大的关系。早在19世纪初期随着工业化、城市化的加速发展和城市公交的出现，美国城市人口的郊区化进程就已悄然启动了，布鲁克林是美国最早的近代郊区。郊区化与城市化几乎是同时启动，而又交叉进行的。城市在聚集的同时又在进行着扩散，而扩散又为在更大空间上的聚集创造了条件。当城市化导致城市环境恶化的时候，富裕阶层和中产阶级便纷纷向郊区迁移；与此同时，初来乍到的移民、乡村人口和穷人却源源不断地进入前者抛弃的旧社区和旧房屋；当某些工业向外搬迁的时候，某些具有中心性的商业机构和服务部门却向中心区聚集，即出现了所谓退二进三。可见，聚集与扩散的交叉对流在城市化初期就已经开始，而到20世纪后期乃至进入新世纪，当人们惊呼所谓逆城市化和大都市区的空间蔓延之时，城市的聚集并没有停止，这在后文有所论述。

第二，聚集与扩散推动了城市规模的扩大。人们往往把聚集与城市化相联系，而把扩散与郊区化相联系，而又把郊区化看作城市化的反向运动，从而将两者对立起来，割裂了两者的辩证关系。毋庸置疑，没有城市化就不可能出现郊区化，城市化是郊区化的前提。反过来，郊区化也推动了城市化的发展，是城市化的一种方式或一个基本途径。随着城市化的空间聚集，城市环境开始恶化，城市地价不断上升，推动一部分人口向城市附近的乡村地区迁移，随着这些乡村地区人口的增加和密度的提高，基础设施不断改进，原来的乡村地区就转变为半乡村半城市化的区域（即郊区），从而将其纳入城市化的发展轨道，然后随着其城市特征的进一步提高，郊区就发展为成熟的城市建成区，最后甚至被城市兼并。在美国城市发展史上，那些规模巨大、人口众多的城市无一不是通过对郊区的兼并而形成的，甚至直到今日，美国南部和西部的许多城市仍然在通过兼并推动着自身规模的扩大。

第三，聚集与扩散推动了城市空间结构的演进。历史的发展并不是单线挺进，而是多维并举的。城市的发展也是多种因素在多个空间维度上同时并举、共同作用的结果，这些因素包括人口、工业、商业、服务业、社会机构等，在不同的城市发展阶段它们的区位选择不同，聚集或扩散的流向也不同。在多个空间维度上交叉性聚集与扩散的流动中，城市的空间结构就发生了不断的演进，形成了不同的空间结构模式。

这一演进包括多种对流过程，这是城市空间多维发展的一个有力证明。其一是产业的对流。随着城市的扩大和地价的上升，产值较低的第二产业便被迫向郊区地区迁移，取而代之的是产值较高的商业、服务业和管理机构，即所谓的"退二进三"，于是在郊区出现了众多的工业卫星城，而在城市中心则形成了中央商务区。其二是人口的对流。随着城市环境的恶化，城市中的富裕阶层和中产阶级便向郊区扩散，形成环境优雅的郊区居民区，而穷人和外来移民则不断向中央商务区周围的旧住宅区聚集，久而久之形成破败的贫民窟。其三是产业与人口的混合对流，即从中央商务区退出去的不仅仅是第二产业，还有人口，代之以商业机构，笔者称之为"退人进商"。除了这种向心流动和离心流动以外，还存在其他各种方向的交叉流动，从而形成了不同族裔的聚居区和产业功能区。中央商务区和郊区居民区的出现，标志着单中心结构大都市区的形成。到 19 世纪末 20 世纪初，美国出现了单中心结构的大都市区。

可见，城市空间结构的演进是多种因素在多个空间维度上交叉流动的结果，如果仅仅从人口因素的聚集和扩散角度衡量城市化水平的涨落，必然会造成结论上的谬误。而城市空间周期论的一个关键错误，就在于单纯以人口的流动来考察城市的发展，从而形成单因素的、单线的、循环的城市空间发展观，从而导致错误的结论。

第四，聚集与扩散的交叉对流进一步推动了中央商务区高端功能的强化和大都市区的多中心化。在后工业时代，由于交通、通信技术的进步、产业结构的变迁、丰裕社会的形成等因素，人口、产业和社会机构的空间分布拥有了更大的自由度和灵活性，扩散成为城市空间布局的主流，人口、产业和社会机构以空前的规模向郊区迁移，形成了蔓延式的发展模式。于是，人们为城市空间的蔓延及其所导致的各类问题惊慌失措，却忽视了与这一扩散趋势相对立的聚集过程，即那些具有全球性影响的大公司的总部、生产服务业和高档精品店等不断向中央商务区及其周围聚集，使中央商务区的服务、管理和指挥功能越来越明显，其功能和作用不但没有下降，反而有所加强，成为整合和统御全球经济的中心，形成全球城市。即使那些没有达到全球城市规模的国际化城市和区域性城市，其中央商务区的功能层次也在提高。而那些功能层次较低的工业生产、办公机构和日用商业等则迁往郊区的工业园区、办公园区、购物中心，形成众多的郊区次级中心，形成大都市区的多中心结构。笔者将这种多因素多维度的交叉式对流称为"退低进高"。如果仅以人口因素的流向来判断城市的集散，势必使人们只看到中心城市人口的流失，而看不到中央商务区高层功能机构的聚集，从而得出"逆城市化"的错误结论。在后工业时代，虽然扩散已经成为城市发展的主导趋势，但聚集与扩散的对流运动仍然存在，这是在新的经济、技术和观念时代城市空间结构的又一次大调整，因而这种聚集与分散的对流运动也更加扑朔迷离，大都市区的空间结构也更加纷繁复杂。

聚集扩散论不仅在理论上比城市空间周期论具有更强的合理性，

同时在实践上也具有更强的实用性。由于聚集扩散论认识到,聚集与扩散几乎是同时启动、交叉进行的,它贯穿城市发展的始终,因而该理论能令人及早地看到城市发展的扩散过程,从而对扩散及其产生的影响做出及早规划,以便未雨绸缪、得心应手。同时,这种聚集扩散论也会使人在扩散过程占主导地位时不致忽视城市的聚集过程,不会像某些学者那样得出大城市行将消亡的悲观结论,从而做到胸有成竹、从容应对。笔者希望这一新的城市空间发展理论能够得到学术界的广泛验证,对城市空间发展的研究做出贡献。

总而言之,虽然我国学术界对美国大都市区的空间蔓延所产生的某些社会问题已经作出了一定的研究,但仍然存在进一步深入挖掘的空间,因此,本书的完成将具有某种程度的学术价值。同时,由于我国当前已经进入了城市化和大都市区化加速发展的时期,产生了与美国大都市区发展进程中相似的问题。借鉴美国大都市区发展的经验和教训,对于我国城市和大都市区的合理发展具有重大的现实意义。

第一章 美国大都市区的孕育与形成

所谓大都市区,就是一个大型的人口中心以及与之有着较高的社会经济整合程度的邻近社区组成的整体。大都市区是随着美国的工业化、城市化和郊区化的发展而逐步孕育形成和发展演变的。工业化是城市化的起点,工业革命和产业聚集推动了新城市的产生和原有城市的加速扩展,它打破了农业社会城市发展停滞不前的稳定状态,使城市数量迅速增加,城市规模急剧扩大,城市人口比例不断上升,即所谓的城市化。在城市空间聚集的同时,城市扩散即郊区化也悄然启动。所谓的郊区化,可以概括为一种与城市化(聚集)相对立的扩散化运动,是人口、产业和社会机构由中心区向外围地区的离心扩散过程。在这两种运动的推动下,美国城市的规模、形态、组织结构和功能也都发生了很大变化,最终促成了大都市区的形成。早期的城市化与中心城市的发展为大都市区的形成提供了一个可以依附的内核,而郊区化与郊区社区的建立则使城市结构日趋复杂化,使简单紧凑的城市结构向着松散但联系密切的城市复合体演变,于19世纪末20世纪初形成了单中心结构的大都市区。

一 美国近代城市化的发展进程

美国的工业革命早在18世纪末即已展开。1790年,英国青年塞缪尔·斯莱特将制造棉纺织机的技术从英国带到美国,并在新英格兰办起了棉纺织厂,从而揭开了美国工业革命的序幕,从此,棉纺织业在新英格兰和大西洋中部地区首先发展起来。但由于当时的棉纺织厂主要是以水力为动力的，因而限制了工业在城市中的聚集。1804年，美国发明家奥利佛·埃文斯发明了高压蒸汽机，为工业在城市中的聚集和城市化的加速发展创造了条件。同时，由于欧洲的战争和杰斐逊的禁运政策，以及1812—1814年的第二次反英独立战争，使美国的航运业和海外贸易遭受到沉重的打击，但这却恰恰成为推动美国制造业发展的契机。随着工业化的加速发展，工厂制在美国也出现并盛行起来。第一次工业革命的主要产业是棉纺织业，1831年全国棉纺织厂为801个，1840年猛增到1240个。纱锭的数量从1831年的124.7万枚增加到1860年的523.6万枚，跃居世界第二位。在棉纺织业发展的同时，其他工业也有一定的发展，尤其是机器制造业发展起来。到19世纪60年代初期，美国的机器制造业已经初具规模，成为一个独立的较为完整的工业部门，标志着美国北部第一次工业革命的基本完成。[①]

在制造业发展的同时，美国交通运输业也在迅速发展。美国交通运输的改进是从收费公路开始的，1792—1794年修筑了从费城到兰开斯特的第一条收费公路。1806年杰斐逊总统批准修建通往西部的"国道"计划，1811年开始修筑"坎伯兰大道"，从马里兰州的坎伯兰延伸到伊利诺伊州的范达利亚，到19世纪中期完成，全长591英里，它打通了东西部的联系。1825年竣工的伊利运河连接了哈得孙河和伊利湖，从而将大湖区和大西洋联系起来，便利了中西部与东部的交通联系，使纽约成为美国的第一大港，为纽约的飞跃性发展创造了条件。然而，最重要的交通革新莫过于铁路的发展，1830年美国开始修建铁路，到1850年，美国的铁路里程总长达9021英里，1860年达30626英里，铁路网已经由东部延伸到密西西比河以西，铁路已经负担了全国货运量的2/3。[②]

工业和交通运输业的发展为城市的增长创造了条件。首先是城市人口的迅速增加，尤其是大城市人口的增长速度更加迅猛（见表1.1）。

---

① 韩毅：《美国工业现代化的历史进程》，经济科学出版社2007年版，第58、69页。
② 韩毅：《美国工业现代化的历史进程》，第62页。

表 1.1　　1800—1860 年美国部分主要城市人口增长

城市	1800 年	1820 年	1840 年	1860 年	1800—1860 年间的增长率
纽约	60515	123706	312700	813600	1244.5%
费城	41220	63802	220400	565529	1272.0%
巴尔的摩	26514	62738	102300	212418	701.1%
波士顿	24937	43298	93380	177840	613.2%
新奥尔良	9000	27176	102190	168675	1774.2%
辛辛那提	750	9642	46338	161044	21372.5%

资料来源：Blake McKelvey, *American Urbanization: A Comparative History*, Glenview, Illinois: Scott, Foresman and Company, 1973, pp. 24, 37. 表中的百分比为笔者计算所得。

表 1.1 显示，1800—1860 年，纽约人口增加了 12.4 倍，费城增加了 12.7 倍，新奥尔良增加了 17.7 倍，而辛辛那提则增加了 213.7 倍。当然，后两者的人口增长率之所以比前几座城市更高，是由于其人口基数较低造成的。

从全国城市人口数量来看，1790—1860 年由 201655 人增加到 6216518 人，即增长到原来的 30.8 倍。[①] 从全国城市人口比例来看，同期由 5.1% 上升到 19.8%。东北部城市化水平最高，同期由 8.1% 上升到 35.7%；南部城市化水平最低，只从 2.1% 上升到 9.6%（见表 1.2）。

19 世纪 70 年代到 20 世纪初期，美国进入了第二次工业革命时期，以电力、钢铁、机械、汽车等工业为代表的重工业在中西部迅速崛起，到 20 世纪初期第二次工业革命基本完成，美国形成了第二个经济核心区，即中西部重工业核心区。随着工业化水平的迅速提高，工业城市在美国各个地区都涌现出来，甚至远西部和南部地区也涌现了大批工业和商业城市，而尤以中西部最为引人注目，芝加哥、底特律、辛辛那提、圣路易斯等一大批工业城市迅速崛起。与此同时，由

---

① U. S. Department of Commerce, Bureau of the Census, *Statistical Abstracts of the United States: 1954*, 75th Edition, Washington D. C., 1954, p. 27.

表 1.2　　　　　　1790—1920 年间美国城市人口比例　　　　　　（%）

年代	美国	东北部	中北部	南部	西部
1790	5.1	8.1	—	2.1	—
1800	6.1	9.3	—	3.0	—
1810	7.3	10.9	0.9	4.1	—
1820	7.2	11.0	1.1	4.6	—
1830	8.8	14.2	2.6	5.3	—
1840	10.8	18.5	3.9	6.7	—
1850	15.3	26.5	9.2	8.3	6.5
1860	19.8	35.7	13.9	9.6	16.0
1870	25.7	44.3	20.8	12.2	25.8
1880	28.2	50.8	24.2	12.2	30.2
1890	35.1	59.0	33.1	16.3	37.0
1900	39.6	66.1	38.6	18.0	39.9
1910	45.6	71.8	45.1	22.5	47.9
1920	51.2	75.5	52.3	28.1	51.8

资料来源：U. S. Department of Commerce, Social and Economic Statistics Administration, Bureau of the Census, 1970 *Census of Population*, *Volume I*, *Characteristics of the Population*, *Part 1*: *United States Summary*, *Section* 1, Washington, D. C.: U. S. Government Printing Office, June 1973, p. 1 - 62.

于农业机械化程度和生产力水平的提高而释放出的大量农村人口涌入城市谋生，到 1910 年，美国城市人口中有近 20% 来自农村。[①] 除此以外，大批外来移民也成为美国城市发展的生力军，1860—1920 年，大约有 2859.3 万外来移民进入美国，其中大多数进入城市，为美国城市的发展提供了充足的后备军。[②] 1920 年，外国出生的人口中有

[①] 王章辉、黄柯可主编：《欧美农村劳动力的转移与城市化》，社会科学文献出版社 1999 年版，第 68 页。

[②] U. S. Department of Commerce, Bureau of the Census, *Statistical Abstracts of the United States*: *1966*, 87th Edition, Washington D. C., 1966, p. 93.

75%为城市居民，美国城市总人口的48%为外来移民及其子女，而在10万人以上的城市中，外来移民及其子女占58%。[1] 另外，美国还修建了5条横贯大陆的铁路和众多的铁路支线，形成了密密麻麻的铁路网，将远西部和南部与东部和北部经济核心区连接起来，从而促进了这些地区的工业化和城市化。

在上述因素的推动下，1870—1920年，城市人口的增长更加迅猛，美国总人口从3855.8万人增加到1.05亿，增长了1.7倍，而同一时期城市总人口却由990.2万增加到5415.8万，增长了4.5倍，远远高于全国人口的增长速度。同时，美国的城市数量迅速增加，由663个城市增加到2722个，增长率为310.5%，10万人以上的城市数量由14个增加到68个，增长率为385.7%。[2] 从全国城市人口比例来看，1870年为25.7%，1900年增加到39.6%，1920年再增加到51.2%，也就是说，城市人口已经超过了乡村人口，美国成为一个初步城市化的国家。当然，各个地区之间存在着巨大差别，东北部仍然是城市化水平最高的地区，1870—1920年，该地区的城市化率由44.3%上升到75.5%，远远高于其他地区；同期中北部由20.8%上升到52.3%，西部由25.8%上升到51.8%，基本与全国水平相当；最低的仍然是南部，仅从12.2%上升到28.1%（见表1.2）。

从某些大城市的人口增长来看，这一增长速度是异乎寻常的（见表1.3）。表1.3显示，这一时期美国大城市的人口增长十分迅猛，在短短的30年间，纽约人口由250.7万增加到562.0万人，增长了一倍以上；芝加哥由110.0万增加到270.2万，增长了近1.5倍；洛杉矶由区区5万余人增加到57.7万人，增长速度达10倍以上。

---

[1] David Ward, *Cities and Immigrants: A Geography of Change in Nineteenth Century America*, Oxford University Press, Inc., 1971, p. 52.

[2] U.S. Department of Commerce, Bureau of the Census, *Historical Statistics of the United States, Colonial Times to 1970*, Washington D.C.: U.S. Government Printing Office, 1975, pp. 11-12.

表1.3　　　　1890—1920年美国部分主要城市人口增长

城市	1890年	1900年	1910年	1920年	1890—1920年的增长率
纽约	2507414	3437202	4766883	5620048	124.1%
芝加哥	1099850	1698575	2185283	2701705	145.6%
费城	1046964	1293697	1549008	1823779	74.2%
圣路易斯	451770	575238	687029	772897	71.1%
波士顿	448477	560892	670585	748060	66.8%
克利夫兰	261353	381768	56066	796841	204.9%
巴尔的摩	434439	508957	558485	733826	68.9%
底特律	205876	285704	465766	993678	382.7%
洛杉矶	50395	102479	319198	576673	1044.3%

资料来源：U. S. Department of Commerce, Bureau of the Census, *Statistical Abstracts of the United States: 1954*, 75th Edition, Washington D. C., 1954, pp. 23 – 25. 表中百分比为笔者计算所得。

美国城市的发展是大都市区孕育的一个重要方面，它为大都市区的形成提供了一个内核。在城市化即聚集发展的同时，郊区化即扩散化也悄然启动，在城市化和郊区化交错发展、对立统一的运动中，最终促成了大都市区的形成。然而，学术界关于郊区化的起源众说纷纭，莫衷一是。关于郊区化的起源问题，其意义不仅仅是郊区化的启动时间问题，而是关乎城市发展的重大理论问题。

二　美国城市郊区化的起源

城市学界一般认为，城市化和郊区化是城市发展进程中两个不同的发展阶段，但事实证明，郊区化（扩散）与城市化（聚集）几乎是同时启动而又交叉进行的，是贯穿于城市发展过程始终的一个相反相成、对立统一的发展过程，这种同步交叉的运动推动了城市规模的扩展和空间结构的演进。[①]

要了解美国郊区化的起源，首先必须了解郊区和郊区化的概念，因为概念是任何一种学科研究的基石。而学术界在界定郊区的概念时，一般都是从本学科的视角出发，比如，经济学家往往根据中心城市与周围地区的经济关系来确定郊区的概念，而人口学家则根据人口密度和通勤方式，建筑学家根据社区的建筑模式，社会学家根据人们的行为和生活方式等等，来确定郊区的概念。因而，学术界关于郊区的概念可说是林林总总，五花八门。

（一）郊区的概念

第一种定义是从郊区与中心城市的空间关系来进行界定。比如，我国学者顾朝林等人认为："郊区原意是指城市外围地区，它既是一个地理上的概念，又是一个相对城区的概念……更具体地说，它是指城市周围在政治、经济、文化和国防事业的发展上与市区有密切联系的区域。"[②]《中国大百科全书》对郊区的定义为：城市市区以外，市界以内的环状地区。郊区的景观与市区不同，人口密度和建筑密度低，大部分地区为田园、绿化带和一些工业区。[③] 美国城市史专家肯尼思·杰克逊（Kenneth T. Jackson）则认为："郊区是一种居民社区，是散布于城墙以外的居民点和商业点，其历史与人类文明一样古老，是古代、中世纪和近代早期传统城市的重要组成部分。"[④]

第二种定义强调郊区的社会特征，以罗伯特·菲什曼（Robert Fishman）的定义最为典型，他尤其强调郊区的中产阶级性质。他认为："郊区首先可以由它所包含的内容来定义，即中产阶级居住区，以及其次（也许更为重要）由它所排除的内容来定义，即所有的工

[①] 关于美国郊区化的起源的详细论述，参见孙群郎《美国城市郊区化研究》，商务印书馆2005年版。
[②] 顾朝林、甄峰、张京祥：《集聚与扩散——城市空间结构新论》，东南大学出版社2000年版，第138页。
[③] 《中国大百科全书·地理学》，中国大百科全书出版社1990年版，第244页。
[④] Kenneth T. Jackson, *Crabgrass Frontier: The Suburbanization of the United States*, p. 13.

业、大多数商业（服务于一个特定居民区的商业企业除外）以及所有下层阶级居民（仆役除外）。"① 换言之，郊区应该是纯粹的中产阶级居住区，这里既不能有工商业，也不能有下层阶级居民，否则，其异质性就会大大加强，而异质性则是城市的一个主要特征，因此就不能再称为郊区。

第三种定义突出了郊区独立的政治和法律地位，比如，《大美百科全书》对郊区的定义是，郊区是指某个大城市附近、拥有或者没有法人地位的，并且已经城市化或部分城市化的地区，这一地区与该大城市拥有密切的社会和经济联系，但它与该大城市在政治上却是分立的。② 这里的关键词语是："它与该大城市在政治上却是分立的。"如果该郊区在政治上被中心城市所兼并，不管它是否具有郊区的其他特征，都不是或不再是郊区。又如，安东尼·唐斯（Anthony Downs）认为："'郊区'一词是指所有大都市区以内中心城市以外的所有部分。因此，它既包括没有法人地位的地区，也包括郊区市镇法人。"③

第四种定义就是将地理的、政治的、经济的、阶级的和生活方式的内容综合起来。比如，法瓦（S. F. Fava）认为，郊区是指"位于城市的法定界限以外而又在通勤范围以内的区域"，并进一步补充道，郊区"特指那些在就业以及各种特定种类的商品和文化娱乐方面依赖于城市的居住区"。他除了强调郊区的地理、政治、经济特征以外，也很注重郊区的社会特征和心理特征，社会特征主要包括三个方面：其一，郊区拥有较高比例的带子女的年轻夫妇家庭，这意味着这些家庭很注重子女的培养。其二，他们大多数属于中产阶级。其三，郊区拥有某些显著的物质特征：这里的房屋多数是新建的，户主拥有所有权，建筑密度低等。郊区的社会心理特征表现为"郊区是一种生活方

---

① Robert Fishman, *Bourgeois Utopias: The Rise and Fall of Suburbia*, New York: Basic Books, Inc., Publishers, 1987, p. 6.
② *The Encyclopedia Americana*, international edition, Americana Corporation, 1980, Vol. 25, p. 829.
③ Anthony Downs, *Opening up the Suburbs: An Urban Strategy for America*, New Haven: Yale University Press, 1973, p. viii.

式"，其特征就是郊区居民注重和睦的邻里关系，而不像城市居民那样邻里关系淡漠，居民的匿名性强。① 沃尔特·T. 马丁（Walter T. Martin）区分了郊区的本质性特征和派生性特征。本质性特征主要有：其一，生态区位：郊区比城市社区距市中心更远，而比周围的乡村社区距离市中心更近，它们处于中心城市的界限以外，但在必要的商品和服务方面却对中心城拥有很强的依赖性。其二，通勤：郊区居民一般要通勤到中心城市或其他地方就业。那些邻近大城市却能为本地居民和其他人口提供就业的社区，则被称为卫星城。其三，规模与密度：郊区规模较小且密度较低。关于郊区的派生性特征，马丁将其归结为四点：其一，人口特征：由年轻夫妇和子女组成的核心家庭占主导地位。其二，社会经济特征：郊区人口多为中产阶级。其三，社会心理特征：郊区居民对居住环境和邻里活动一般有着共同的态度和价值观念。其四，同质性特征较强。②

  上述郊区的概念突出了郊区的不同特征，或者将这些不同特征综合起来，尤其是第四种定义。这种概念的复杂性往往在具体的研究中会造成许多不便。为了便于学术研究，美国学术界往往突出郊区的地理和政治特征，即郊区必须处于中心城市的边界以外，在政治上独立于中心城市，也就是上述第三种定义，因为根据这一定义，就能够利用联邦人口普查局的统计资料，以便于学术研究。联邦人口普查局于1910 年首次对大都市区的概念进行了界定，规定人口达到10 万以上的城市以及与该城市有着密切的社会经济关系，并且具有某些城市特征的邻近地区为大都市区。联邦人口普查局一般将大都市区范围以内而又处于中心城的行政界限以外的地区作为郊区进行统计。美国学者大多数采用了这一郊区概念，出于同样的原因，笔者在本书中也采用这一郊区概念。

---

① David C. Thorns, *Suburbia*, Paladin: Granada Publishing Limited, 1972, pp. 30 – 31.
② William M. Dobriner, *The Suburban Community*, New York: G. P. Putnam's Sons, 1958, pp. 97 – 103.

(二) 郊区化的概念

关于郊区化的概念也同样见仁见智，众说纷纭。《中国大百科全书》的定义是：郊区化就是郊区的城市化，主要发生在特大城市周围，城乡交错地带的土地利用性质发生了变化，一般经历作物的商品化、劳动力的商品化和土地的商品化三个阶段，有时可形成卫星城镇。① 笔者认为这一定义是从城市化视角进行考察，实际上是说明乡村地区向城市地区转变的过程，即城市化的向心运动，而没有表明郊区化是一种离心运动。因此该定义更像是一个城市化的定义，而非郊区化的定义。

美国学者约翰·卡萨达（John D. Kasarda）等人认为，总体而言，郊区化是一个在功能上整合的人口群体在一个不断膨胀的地域上的扩大和分散。② 这一定义在一定程度上反映了郊区化的离心运动的本质。而下述两个定义更鲜明地突出了郊区化的这一本质特征。我国城市地理学家周一星的定义则反映了郊区化的这种离心运动。他认为，城市市区在总体上集聚扩张的同时，城市的人口、工业、商业先后从城市由内向外作离心运动，这样一个过程叫作郊区化。③ 顾朝林等学者也指出，郊区化是指由于城市中心区地租昂贵、人口稠密、交通拥挤、环境恶劣，形成巨大的推动力，促使城市中心区人口和产业外迁，形成相对于中心区而言的城市离心化现象。郊区化代表了人口、就业岗位和服务业向郊区的迁移，各种城市功能向郊区流出，中心城市的人口增长相对低于人口迁出的一种离心分散化过程。④

肯尼思·杰克逊对郊区化进行了比较全面的界定。他认为："郊区化就是（城市的）边缘地区系统和常规的增长，其速度超过了中

---

① 《中国大百科全书·地理学》，第 37 页。
② John D. Kasarda, George V. Redfearn, "Differential Patterns and Suburban Growth in the United States", Neil Larry Shumsky, ed., *Urbanization and the Growth of Cities*, New York: Garland Publishing, Inc., 1996, p. 407.
③ 周一星：《对城市郊区化要因势利导》，《城市规划》1999 年第 4 期。
④ 顾朝林、甄峰、张京祥：《集聚与扩散——城市空间结构新论》，第 139 页。

心城市。""在某种程度上,郊区化曾经是而且现在仍然是城市增长的一种功能。"① 他在另一篇文章中,把郊区化(suburbanization)看作一种人口的扩散化(deconcentration)过程,并且从五个方面进行了界定:定义一:"城市的扩散是一个人口重新分布的过程,其结果就是生活于中心城市以外某个特定地区的人口比例的上升。"定义二:"城市的扩散是一个人口重新分布的过程,其结果就是某个城市化地区内居住密度的下降。"定义三:"城市的扩散是一个人口重新分布的过程,在这一过程中,中心地带会出现人口的绝对流失和居住密度的下降。"定义四:"城市的扩散是一个人口重新分布的过程,其结果就是其居住区距离中央商务区的距离与其社会经济地位的提高之间呈正相关和直接关系。"定义五:"城市的扩散是一个人口重新分布的过程,其结果就是工作地与居住地之间空间距离的延长。"② 杰克逊的郊区化定义抓住了郊区化的实质,即城市的离心扩散运动。

笔者认为,郊区化的定义可以参照城市化的定义来给出。尽管城市化的定义多种多样,但其本质内容都是指人口、产业和社会机构在空间上的聚集,从而推动城市规模的扩大或新城市的产生。与此相对,郊区化可以概括为一种与城市化(聚集)相对立的扩散化运动,是人口、产业和社会机构由中心区向外围地区的离心扩散过程。

(三)关于美国城市郊区化起源的争论

关于美国城市郊区化的起源,中美学者的观点主要包括如下几种:

第一,美国的郊区化早在19世纪前期即已启动。肯尼思·杰克逊是这一观点最主要的代表。杰克逊认为,郊区化就是城市的扩散化,是城市的边缘地带稳定有序的发展,其发展速度超过了中心城

---

① Kenneth T. Jackson, "The Crabgrass Frontier: 150 Years of Suburban Growth in America", Raymond A. Mohl and James F. Richardson, eds., *The Urban Experience: Themes in American History*, Belmont, California: Wadsmorth Publishing Co., 1973, p. 197, 200.

② Kenneth T. Jackson, "Urban Deconcentration in the Nineteenth Century: A Statistical Inquiry", in Leo F. Schnore, ed., *The New Urban History: Quantitative Explorations by American Historians*, Princeton University Press, 1975, pp. 113–140.

市；郊区化作为一种生活方式，就是郊区人口每天要通勤到中心城市就业。根据这一概念，他认为美国的郊区化首先发轫于1815年前后纽约的郊区布鲁克林，因为随着当年曼哈顿和布鲁克林之间蒸汽渡船的开通，在曼哈顿上班的中产阶级和富裕阶层就在当时的郊区布鲁克林购置房产，每天通勤到曼哈顿上班。由于有了蒸汽渡船这一公共交通，布鲁克林的人口增长速度超过了曼哈顿。① 还有其他一些学者也认为美国的郊区化起源于19世纪前期。比如，乔尔·施瓦茨（Joel Schwartz）认为，在19世纪20年代，蒸汽渡船使布鲁克林变成了曼哈顿的居住郊区。② 亨利·C. 宾福德（Henry C. Binford）认为，"第一个郊区时代"早在内战以前很久就已经开始了。③ 彼得·马勒（Peter O. Muller）在1976年也指出："城市边缘的发展可以上溯到城市化的开端，而当代美国的郊区化进程——城市边缘区的发展速度超过中心区的持续发展过程——已经持续了125年了。"④

第二，美国的郊区化起源于19世纪后期。持这一观点的学者有美国著名城市史学家萨姆·B. 沃纳（Sam B. Warner Jr.），他认为，美国城市的郊区化始于内战之后，郊区随着美国各大城市轨道街车的铺设而伸展开来。⑤ 玛格丽特·M. 马什（Margaret S. Marsh）认为："事实上，大规模的郊区化趋势的最初表现就是19世纪最后1/3时期城市外围地区居民社区的发展。"⑥ 马修·埃德尔（Matthew Edel）等学者认为美国的郊区化始于19世纪末。⑦ 我国学者梁茂信教授认为，

---

① Kenneth T. Jackson, *Crabgrass Frontier: The Suburbanization of the United States*, p. 13.
② Joel Schwartz, "Evolution of the Suburbs", Philip C. Dolce, ed., *Suburbia: The American Dream and Dilemma*, New York: Anchor Press, 1976, p. 1 & p. 5.
③ Carol A. O'Connor, "The Rise and Fall of Suburbia", *Journal of Urban History*, Vol. 13, No. 3, May 1987, p. 355.
④ Peter O. Muller, "The Evolution of American Suburbs: A Geographical Interpretation", Neil Larry Shumsky, ed., *Urbanization and the Growth of Cities*, p. 395.
⑤ Sam B. Warner Jr., *Streetcar Suburbs: The Process of Growth in Boston, 1870 – 1900*, Cambridge, Massachusetts: Harvard University Press and The M. I. T. Press, 1962.
⑥ Neil Larry Shumsky, ed., *Urbanization and the Growth of Cities*, p. 486.
⑦ Carol A. O'Connor, "The Rise and Fall of Suburbia", *Journal of Urban History*, Vol. 13, No. 3, May 1987, p. 354.

在内战以前,"在整体上,郊区作为城市的附庸,其发展速度和规模不仅滞后,而且,对城市结构和功能的质量变化并没有产生历史性的影响。在这个意义上,内战前的郊区发展只是揭开了郊区化的序幕,而真正能够使城市结构发生质变的郊区化开始于内战结束之后"①。郝克路认为,美国的郊区化进程始于城市边缘的人口增长速度高于城市中心区的时期,电车时代开启了郊区化的进程。②

第三,美国的郊区化起源于 20 世纪 20 年代。持这一观点的美国学者几乎绝无仅有,笔者只发现阿莫斯·H. 霍利(Amos H. Hawley)持此观点,他认为,美国城市在 1920 年以前为聚集阶段,此后为人口扩散阶段。③而我国学者持这一观点者则不乏其人。我国著名的美国城市史专家王旭教授认为,只有城市人口达到 50% 以上,即实现了城市化以后,"开始出现向郊区扩展的现象",而"进入 20 世纪 20 年代,美国城市人口超过农村人口,大城市人口开始逐渐向郊区迁移"④。笔者认为,城市的扩散即郊区化与一个国家的城市化率没有直接关系,而与社会的经济发展、城市环境、交通通信技术的发展密切相关。当人们从城市向郊区搬迁时,与人口统计数字并无必然联系。另外,如果从地域角度来看,新英格兰地区早在 19 世纪后期,其城市化率就已经达到了 50% 以上,按照王旭教授的观点,新英格兰地区应该(而且也确实)在 19 世纪后期就开始了郊区化进程。那么,新英格兰地区郊区化的启动是否可以算作美国郊区化的起点呢?笔者认为,王旭教授的"百分之五十说"缺乏说服力。此外,我国城市地理学家顾朝林也认为美国的郊区化始于 20 世纪 20 年代。⑤ 杨艳萍也持相同观点,认为"美

---

① 梁茂信:《都市化时代——20 世纪美国人口流动与城市社会问题》,东北师范大学出版社 2002 年版,第 176—177 页。

② 郝克路:《战后美国郊区化的趋势和原因》,中国美国史研究会编:《美国现代化历史经验》,东方出版社 1994 年版,第 192 页。

③ Kenneth T. Jackson, "Urban Deconcentration in the Nineteenth Century: A Statistical Inquiry", in Leo F. Schnore, ed., *The New Urban History: Quantitative Explorations by American Historians*, Princeton University Press, 1975, p. 113.

④ 王旭:《美国城市史》,中国社会科学出版社 2000 年版,第 3、175 页。

⑤ 顾朝林:《经济全球化与中国城市发展——跨世纪中国城市发展战略研究》,商务印书馆 1999 年版,第 200 页。

国城郊化……早在20世纪20年代已初露端倪"①。

第四，有些学者甚至认为美国郊区化的启动迟至二战以后。比如戴维·腊斯克（David Rusk）认为直到二战结束，"向郊区的迁移运动才刚刚开始"②。弗雷德里克·M. 沃特（Frederick M. Wirt）等人也认为美国城市居民向郊区的大规模迁徙运动始于二战以后。③ 这种观点无视此前美国显著的郊区化进程，因此不足为据。

（四）蒸汽渡船与美国郊区化的起源

笔者认为，在上述关于美国城市郊区化的争论中，肯尼斯·杰克逊的观点更具有说服力，即曼哈顿和布鲁克林之间蒸汽渡船的开通拉开了美国城市郊区化的序幕。

1814年，皮尔庞特（H. B. Pierrepont）与汽船的发明者罗伯特·富尔敦在曼哈顿（即当时的纽约市）和布鲁克林之间的东河（East River）之上开辟了世界上第一个汽船渡口，使曼哈顿与布鲁克林之间的通勤状况大为改善。当时的布鲁克林还只是曼哈顿的一个居住郊区，这里的居民有相当一部分要通勤到对岸的曼哈顿就业，而蒸汽渡船的开设使通勤更为方便，通勤人口不断增加。沃尔特·惠特曼对当时的通勤景象描述道："清晨，络绎不绝的人流——那些在纽约企业中就业的人们——涌向渡口……他们向前冲去，仿佛奔命一般……"在随后的年代里，渡船航线不断增多，到1854年，"联合渡船公司"兼并了12条渡船航线，渡船每天往返达1250次，单程票价只有2美分。到1860年，往返于东河上的渡船每年运送乘客达3284.5万人次，大约每个工作日运送10万人次，该年布鲁克林有40%的工资劳动者在曼哈顿就业。④

---

① 杨艳萍：《浅析美国城郊化及其影响》，《辽宁大学学报》1999年第1期。
② David Rusk, *Cities without Suburbs*, Washington D. C.: The Woodrow Wilson Center Press, 1995, p. 5.
③ Frederick M. Wirt, et al., *On the City's Rim: Politics and Policy in Suburbia*, Lexington, Mass.: D. C. Heath and Company, 1972, p. 3.
④ Frederick M. Wirt, et al., *On the City's Rim: Politics and Policy in Suburbia*, p. 8.

在渡船航线开辟以后，布鲁克林的人口就开始迅速地增加起来，甚至超过了纽约市。比如，在1790—1800年间，纽约市人口从33131人增加到60489人，增长率为83%，同期布鲁克林人口从1,603人增加到2378人，增长率为48%；而1810—1820年间，即蒸汽渡船开通以后，纽约市的人口增长率下降到28%，而布鲁克林的增长率上升到63%；此后，布鲁克林的人口增长率一直远远高于纽约市，1850—1860年，纽约市的人口增长率只有58%，而布鲁克林的增长率则高达175%，后者比前者高出117个百分点。① 由此可见，蒸汽渡船的开通推动了纽约郊区布鲁克林人口的迅速增加，甚至超过了纽约市的增长速度，布鲁克林成为美国的第一个通勤郊区。

更重要的是，布鲁克林这一"渡船郊区"（ferry suburbs）不只是一个孤立现象，除了布鲁克林以外，当时纽约市还开辟了横渡哈得孙河的渡船，到19世纪50年代，在曼哈顿和泽西城之间，每15分钟就有一班渡船。此外，美国还出现了许多其他的渡船郊区，如费城的郊区卡姆登（Camden）、辛辛那提的郊区纽波特（Newport）、匹兹堡的郊区阿勒格尼城（Allegheny）、旧金山的郊区奥克兰和阿拉梅达（Alameda）、波士顿的郊区东波士顿等等。更为重要的是，渡船郊区不是历史上一个偶然或暂时的现象，而是郊区化发展史上的一个起点和一个环节。蒸汽渡船和渡船郊区出现以后，随着19世纪30年代美国陆路城市交通，如公共马车、有轨马车、蒸汽火车、有轨电车的出现和广泛使用，美国的郊区在各个大城市周围普遍发展起来，郊区化成为一个持续不断的发展链条。

既然美国城市的郊区化早在工业化和城市化初期即已展开，那么为什么一些中外学者还主张美国的郊区化只有在1920年城市化初步完成以后才开始呢？笔者认为这主要与美国郊区社区的法律地位的不稳有关。美国学者通常认为，郊区除了具有特定的地理、经济、社会和文化等方面的特征以外，还必须在政治上独立于中心城市，如果某郊区

---

① Kenneth T. Jackson, *Crabgrass Frontier: The Suburbanization of the United States*, p. 27. 其中的增长率为笔者计算所得。

被中心城市所兼并，即使它拥有上述诸多郊区特征，它也不再被视为郊区，而只能被看作中心城市的一部分。在 19 世纪，美国中心城市对郊区的兼并十分普遍，因此，郊区化的许多"成果"纷纷被"抹煞"了。比如，1854 年费城市与其所在的县费拉德尔菲亚县合并以后，费城市的面积就由 2 平方英里扩大到 130 平方英里，虽然许多被合并的地区在特征上属于郊区乃至乡村，但由于它们已经被合并到中心城的行政界限以内，所以法律上和统计上却被作为市区对待。简单地说，近代中心城市的大举兼并掩盖了郊区的发展进程。因此，杰克逊精辟地论述道："如果没有发生兼并或合并，那么现在美国就不会有政治意义上的大城市。"而"从另一个角度来看，如果没有 19 世纪成功的兼并，那么早在内战以前许多大城市就已经处于郊区的团团包围之中了"①。

郊区化起源于工业化和城市化初期，其蕴意是什么呢？笔者认为，郊区化并非城市化的一个阶段，而是与城市化同步启动，交错进行的。郊区化是工业化和城市化发展的产物，是由城市的聚集而产生的一种外延性的张力而导致的结果，只要这种张力存在，这种扩散趋势就会出现。而公共交通的出现则为这种扩散提供了技术条件。历史不是单线发展的，而是多维演进的。关于历史的多维发展，汤因比有过精彩的论述，他写道："那种图式只是借助于万流归宗的手法，使人自以为历史是沿着单一的路线运行的，而历史的单线式是不符合实际的，只有多线式才是适合我们所发现的历史现象的唯一图式。"② 城市的发展也是如此，在城市化、郊区化的关系中，并不是城市化完成以后，即某个国家或地区的人口在聚集完成以后再扩散，呈现一种线性的发展模式，而是在聚集的同时就已经在进行着扩散，而扩散又为更大规模的聚集创造了条件。因此，聚集与扩散是交错进行，同时并举的，城市化与郊区化的发展呈现出多维发展模式。

---

① Kenneth T. Jackson, "The Effect of Suburbanization on the Cities", in Philip C. Dolce, ed., *Suburbia*, pp. 96 – 97.

② [英] 阿诺德·汤因比：《历史研究》，刘北成、郭小凌译，上海人民出版社 2005 年版，第 30 页。

三 美国近代郊区化的动力因素

美国城市的郊区化在 19 世纪初启动以后,在各种技术、经济、环境和社会文化等因素的推动下,开始持续不断地加速发展起来,并且随着城市由东向西的推进而渐次在全国各大城市周围展开。随着郊区化的展开和郊区的发展变化,美国城市的规模、形态、结构和功能也都发生了巨大变化。

(一) 美国城市交通和通信技术的发展

城市交通是形塑城市空间的最为强有力的动力之一,可以说,有怎样的城市交通,就有怎样的城市形态和结构。正如阿朗索(Alonso)所指出的,"交通是一种克服空间摩擦的手段,交通越发达,摩擦力越小"[1]。由于交通技术的进步,城市内部以及城郊之间就可以出现巨大而快捷的人流和物流,城市的区位功能就可以进行调整和改进,某些中心性较强的产业和社会机构就可以向中心区聚集,而中心性较弱的产业和社会机构就可以从中心区撤离而安置在边缘区位,与此同时,城市居民也可以离开城市而到郊区定居。可见,城市交通是人口、产业和社会机构郊区化的最重要的条件。在汽车出现以前,对美国城市结构产生最大影响的交通技术就是城市轨道交通的发展。

1832 年,纽约市首次出现了有轨马车,即在铁轨上运行的公共马车。有轨马车不仅比普通的公共马车运行平稳,而且速度更快,每小时可达 6—8 英里,同时客运量也大为增加,一匹马就可运载 30—40 名乘客。1853 年,纽约市有轨马车的总客运量达到 700 万人次,1860 年又猛增到 3600 万人次,平均每天运送乘客达 10 万人次。[2] 1858 年 1 月,在费城的第 5 和第 6 大道之间也出现了有轨马车,两年

---

[1] Gary A. Tobin, "Suburbanization and the Development of Motor Transportation: Transportation Technology and the Suburbanization Process", Barry Schwartz, ed., *The Changing Face of the Suburbs*, Chicago: The University of Chicago Press, 1976, p. 96.

[2] Kenneth T. Jackson, *Crabgrass Frontier: The Suburbanization of the United States*, p. 41.

后就发展到 12 条线路。当时，一位名叫悉尼·费希尔（Sidney Fisher）的人赞叹道，有轨马车改变了城市和郊区的面貌，"它能让每一个人拥有一座郊区别墅或乡村家园，使城市扩展到如此广阔的空间，既有紧凑的优点又兼具清洁的空气、花园和乡村娱乐之益"①。到 19 世纪 80 年代中期，美国共有 415 个有轨马车公司，线路里程总长达到 6000 英里，每年客运总量达 1.88 亿人次。当时一位人士指出："当代有轨马车是大都市发展最为不可或缺的条件之一，这样说并不十分过分……有轨马车实际上决定着郊区发展的最终界限。"②

图 1.1　1875 年纽约市的有轨马车

资料来源：Sam Bass Warner, Jr. , *The Urban Wilderness*: *A History of the American City*, New York: Harper & Row, Publishers, 1972.

城郊通勤火车是推进郊区化发展的另一种重要交通工具。从 19 世纪 30 年代开始，纽约、波士顿等东部大城市出现了专门为郊区提供通勤服务的蒸汽火车。比如 1834 年，波士顿至郊区布鲁克莱恩的

---

① John R. Stilgoe, *Borderland*: *Origins of the American Suburbs*, New Haven: Yale University Press, 1988, p. 132.
② Kenneth T. Jackson, *Crabgrass Frontier*: *The Suburbanization of the United States*, pp. 41 - 42.

通勤火车开通。到 1849 年，波士顿每天有 59 次通勤火车从 15 英里以内的各个郊区驶入波士顿，此外还有 45 次城际火车驶入该市。1859 年，费城每天有 40 多趟通勤火车为它西北部的郊区日尔曼敦提供通勤服务。快捷的通勤服务使波士顿和费城的郊区蓬勃发展起来。[①]

然而，对美国近代城市郊区化产生最大影响的交通工具乃是有轨电车。1888 年，朱利安·斯普拉格（Julian Sprague）发明了有轨电车。电车不仅清洁卫生，灵活方便，客运量大，造价低廉，而且速度更快，平均时速为 10—15 英里，最高时速可达 20 英里。因此，电车的采用十分迅速，到 1903 年，美国有轨电车里程长达 3 万英里，其中 98% 实现了电气化。[②] 美国学者乔治·W. 希尔顿（George W. Hillton）指出，有轨电车"是科技发展史上被采用最为迅速的技术发明之一"[③]。

图 1.2　1906 年芝加哥市的有轨电车

资料来源：Sam Bass Warner, Jr., *The Urban Wilderness: A History of the American City*, New York: Harper & Row, Publishers, 1972.

[①]　John R. Stilgoe, *Borderland*, p. 142.
[②]　U. S. Department of Transportation, *The New Suburb*, Final Report, Washington, D. C., July 1991, p. 6.
[③]　Raymond A. Mohl, *The New City: Urban America in the Industrial Age, 1860 – 1920*, Arlington Heights, Illinois: Harlan Davidson, Inc., 1985, p. 35.

第一章　美国大都市区的孕育与形成

在有轨电车的建设中，尤以加州电车大王亨利·E.亨廷顿（Henry E. Huntington）的活动最具代表性。1890—1910年，亨廷顿将几条主要的电车线路合并起来，成立了"太平洋有轨电车公司"（Pacific Electric Railway Company），在洛杉矶盆地铺设了大量的线路，比如，从圣莫尼卡（Santa Monica）到圣贝纳迪诺（San Bernardino）、从帕萨迪纳（Pasadena）到鲍尔博（Balboa）等多条线路，总计1000多英里，这些电车线路最终交汇于洛杉矶市中心，成为世界上最发达的电车系统。该公司从1901年建立以后的20年里，该公司每天用4000节车厢，运送25万名乘客。①

当时，电车公司采取的两项措施加快了人口的郊区化：其一，这些电车公司的老板往往在电车线路两旁进行地产投资，建筑民宅进行出售，这样既可以通过地产开发赚取丰厚的利润，还可以增加电车公司的客运量，达到一箭双雕的效果。因此，电车公司竭力将线路向郊外延伸，即使电车运行暂时亏本也在所不惜，从而将大量的乡村土地纳入郊区开发的范围以内。其二就是实行一票制和免费转车制度，花5美分就可以完成一次单程通勤。低廉的票价和免费转车制度使许多中等收入的郊区居民也能够乘坐电车通勤，因而郊区以更快的速度发展起来。由于从19世纪末到20世纪20年代，电车在城市交通系统中占据主导地位，所以被称为电车时代。

通信技术的发展也为郊区化的进一步加速创造了条件。自1876年亚历山大·贝尔发明电话以来，美国电话数量就不断增加。1900年，美国拥有电话135.6万部，平均每1000人拥有电话17.6部。而到1920年，美国电话数量激增到1327.3万部，每1000人拥有电话的数量也达到123.4部，35%的美国家庭拥有了电话。② 电话的广泛使用，加快了信息的流动，使郊区和中心城市

---

① Robert Fishman, *Bourgeois Utopias*: *The Rise and Fall of Suburbia*, p.159.
② U. S. Department of Commerce, Bureau of the Census, *Historical Statistics of the United States*, *Colonial Times to 1970*, pp. 783 – 784.

之间的联系更加紧密，郊区居民能够及时获得中心城市的各种经济和文化信息，在一定程度上消除了郊区的隔离感，从而加速了人口的郊区化。就企业布局而言，企业最初将工厂设在市区，除了接近劳动力、市场和交通枢纽（火车站）以外，另一个重要目的就是接近信息，以便于企业的经营管理。电话的广泛使用，促进了企业的管理部门与生产部门的分离，一些企业在将工厂设置在或搬迁到郊区的同时，可以将总部设于中心城市的商业区，以便及时获取各种信息，而对工厂的生产过程进行遥控指挥。由此可见，通信技术的进步是郊区化的又一技术条件。

（二）城市地价的飞涨与税收的增加

城市中心区地价的飙升是推动美国城市郊区化的另一重要原因。随着工业化的发展、城市规模的扩大和交通技术的改进，城市的中心区越来越显示出其重要意义，于是，城市内部的向心力和离心力开始发挥作用。这种向心力和离心力主要是由不同土地利用模式的区位竞争而产生的。由于交通工具的改进，城市人口和物资的流动加快，使中心区的可达性增强，辐射域扩大，城市的中心区成为商家必争之地，于是中心区的地价和地租飞涨，产生高额的级差地租。根据美国经济学家霍默·霍伊特（Homer Hoyt）的研究，1877年芝加哥市中心区临街的土地价格为每英尺500美元，到1891年上涨到每英尺4000美元，而某些黄金地段竟高达每英尺1.8万美元。[①] 由于不同产业单位面积的产出率不同，其支付地租的能力也就不同。根据经济家的研究，用于第一、二、三产业的土地，单位面积的产值之比为1∶100∶1000。[②] 同时，不同的产业对于城市区位的要求也不同，第三产业如商业、服务业、金融机构、信息行业等要面向大众服务，具有较强的向心性，所以在区位选择上倾向

---

① Raymond A. Mohl, *The New City: Urban America in the Industrial Age, 1860–1920*, p. 41.
② 谢文蕙、邓卫编：《城市经济学》，清华大学出版社1996年版，第237页。

于中心区。而第二产业占地较广，支付地租的能力较低，而且第二产业为生产性而非服务性行业，向心性不是很强。于是在第三产业的竞争与排挤之下，城市中心区的许多工业企业纷纷迁移到城市的外围地区或郊区，而许多大企业在建立新的工业企业时，干脆直接把资本投向郊区，建立工业卫星城。这种工业卫星城在19世纪末和20世纪初就已经十分普遍。比如1880年在芝加哥以南8英里处建立的普尔曼车厢厂便是其中一例。同样，城市中心区的居民也不堪地价的飞涨而从中心区迁离出来，一些有能力的社会上层和中产阶级居民纷纷迁移到山清水秀、环境幽雅的郊区，而那些无力向郊区迁移的穷人只好蜗居在商业区周围的旧街区，久而久之形成贫民窟。

税收也是影响郊区化的一个重要因素。由于许多工业企业和社会中上层人士向郊区的迁移，使中心城市税收大为减少，而城市贫民和外来移民却在不断增加，福利负担日重，基础设施开支越来越大。市政府为了扩大税源，一方面采取兼并郊区的办法，另一办法就是提高地方税税率。许多大企业和有钱人为了逃避日益提高的地方税，进一步加快向郊区迁移的步伐。这种恶性循环在19世纪末和20世纪初虽然尚未造成中心城市的衰落，但其影响已初露端倪。

（三）城市环境的恶化

城市环境的恶化是推动城市人口向郊区迁移的第三个重要因素。19世纪前半期，美国完成了以轻工业为主的第一次工业革命，形成了以新英格兰为中心的第一个经济核心区。19世纪后期到20世纪初期，美国又完成了以重工业为主的第二次工业革命，形成了以中西部为中心的第二个经济核心区。由于工业化与城市化的迅猛发展，人口与工业迅速向城市集中。城市规模的急剧扩大，势必出现住房紧缺、环境恶化、疫病流行、犯罪猖獗等一系列城市问题，从而推动了城市居民源源不断地向郊区迁移。

首先是居住条件的恶化。如前文所述，速成性是美国城市发展的重要特点之一。就人口的增长而言，美国人口在1800年从530.8万增长到1900年的7599.5万人，增长了13倍，而城市人口同期则从

32.3万增长到3016.0万人，则增长了92.4倍。① 由于乡村人口和外来移民潮水般涌进了美国城市，城市住房日益紧缺，供不应求。那些"唯利是图的房主"为了获取更高的利润，一再分割本已十分狭小的房间，"用尽各种手段，尽其所能地把最多的人口塞进最小的空间里"，因此，"从地下室到阁楼，从门厅到盥洗室，在所有可资利用的地方"，都立即住满了房客。即使如此，还是不能满足人们对住房的需求。当时，一种十分简易的"寄宿房屋"（boarding house）流行起来。据沃尔特·惠特曼于1856年的估计，纽约大概有7/10的住房为寄宿房屋，即使那些社会中上层，也有3/4居住在这种房屋里。② 这种寄宿房屋不仅拥挤肮脏，危害着人们的身体健康，而且也不能使人们拥有自己独立的家庭生活，更谈不上家庭隐私与个人隐私，从而损害了人的心灵与自尊。

由于城市人口的迅速增加和住房的极度紧缺，在美国城市中兴起了一种结构简陋的廉租公寓（tenement house）。这种廉租公寓空间狭小，许多房间没有窗户，通风不良，空气污浊，光线黯淡，甚至终年不见阳光。另外，室内设备极其简陋，没有厕所、下水管道和取暖设备，户外公用厕所肮脏污秽，臭气熏天。就是这样简陋狭小的公寓，也常常要几家分享，以节省租金。1890年，纽约市平均每套住房居住18.52人，辛辛那提8.87人，芝加哥8.6人，波士顿8.52人，哈特福德8.12人等。③ 随着岁月的流逝，那些质量低劣的廉租公寓往往变得破烂不堪，很快沦为贫民窟。当时的社会工作者和城市规划家作了大量工作，试图阻止贫民窟的蔓延和改善贫民窟的状况，然而，他们的希望很快化为泡影，于是他们便把分散化视为解决贫民窟问题的一剂良方。美国城市规划史学家约瑟夫·L. 阿诺德（Joseph L. Arnold）写

---

① U. S. Department of Commerce, Bureau of the Census, *Statistical Abstracts of the United States*: 1954, p. 27.

② Gunther Barth, *City People*: *The Rise of Modern City Culture in Nineteenth-Century America*, Oxford: Oxford University Press, 1980, pp. 42–44.

③ 丁则民主编：《美国内战与镀金时代》，人民出版社1990年版，第298页。

道:"在所有清除贫民窟的方案中,分散化在当时似乎提供了最美好的前景。"①

图 1.3 拥挤肮脏的居住环境

资料来源:Jacob A. Riis, *How the Other Half Lives*, New York: The McGraw-Hill Companies, Inc., 2002, p. 95.

其次是城市环境卫生的恶化。第一,城市街道肮脏污秽。由于美国城市的急剧膨胀和政府管理不善,城市的基础设施远远跟不上城市发展的步伐。这一时期,美国的城市街道大多是没有经过铺设的土路,晴日里蒸尘滚滚,阴雨时泥泞不堪。而且美国绝大多数城市没有地下排水系统,城市污水处理不当,许多街区污水横流,露天阴沟臭气弥漫,蚊蝇滋生。值得注意的是,由于有轨马车是当时美国城市的主要运输工具,城市马匹数量巨大,成为一个重要的污染源。1907年有人估算过,如果每匹马每天排放10磅马粪,那么密尔沃基的

---

① Raymond A. Mohl, *The New City: Urban America in the Industrial Age, 1860 – 1920*, p. 178.

1.25万马匹每天可排放马粪133吨。1900年，罗切斯特（Rochester）市的卫生官员估计，如果把该市1.5万马匹全年排放的马粪堆放在一起，可以在一英亩大的地面上堆起一座高达175英尺的小山，滋生苍蝇160亿只。① 第二，城市饮水也经常受到污染。1880年，纽约市曾对85口水井进行检测，结果发现只有一口井未受污染。② 第三，由于工业在城市中的聚集，噪声污染和空气污染也十分严重，工厂周围是人们最不愿意选择的住房区。

图1.4 肮脏污秽的街道

资料来源：Sam Bass Warner, Jr., *The Urban Wilderness: A History of the American City*, New York: Harper & Row, Publishers, 1972.

由于城市环境卫生的恶化，霍乱、伤寒、白喉等瘟疫时常袭击着人们。1832年、1849年和1866年是美国城市瘟疫流行最为严重的年代，

---

① Kenneth T. Jackson, *Crabgrass Frontier: The Suburbanization of the United States*, pp. 106 – 107.
② 丁则民主编：《美国内战与镀金时代》，第299页。

尤其在纽约市引起了极大恐慌，人们纷纷仓皇逃离城市。1878年，田纳西州的孟菲斯市暴发了一场瘟疫，在短短的两个月里，黄热病使5000人丧生，1.2万人患病，2.5万人逃离该市，该市人口由5万人锐减到不足2万。① 美国学者马丁·V. 梅洛西（Martin V. Melosi）评价道，这一时期的"美国工业城市正经历着前所未有的环境危机"②。

再次，美国近代城市景观单调乏味，缺乏审美艺术的感染力。欧洲城市主要是在古代和中世纪发展起来的，具有丰富的文化内涵和美学底蕴，刘易斯·芒福德对欧洲中世纪城市赞叹道："从美学上看，中世纪的城市像一个中世纪的挂毯：人们来到一个城市，面对错综纷繁的设计，来回漫游于整个挂毯的图案之中，时常被美丽的景观所迷惑：这儿是一丛鲜花，那儿是一个动物、一个头塑像，哪里喜欢，就在哪里多停留一会儿，然后再循原路而回；你不能凭一眼就能俯瞰设计之全貌，只有在彻底了解图案中的一笔一勾，才能对整个设计融会贯通。"而美国城市主要是在19世纪工业化时期兴起的城市，其设计布局无处不显示出功利主义的倾向而忽视了人文因素。对此，芒福德也深刻地指出，"至于在19世纪工业技术时期对城市的生长发展有任何有意识的政治法则的话，那就是，它得按照功利主义的基本原则办事。"③ 伊利尔·沙里宁也论述道："在中世纪的城镇中，洋溢着一种强烈的艺术创造的精神。""但是一俟实利主义的思想扎根到土壤里面，一俟工业开始影响艺术———般的艺术和民间艺术——则审美力就下降了。"④ 美国城市设计中功利主义倾向的一个重要表现就是街道的网格状布局，因为网格状的布局最节省土地和便于城市功能的运行。詹姆斯·布赖斯勋爵（Lord James Bryce）在参观了许多美国城市之后，抱

---

① John J. Harrigan, *Political Change in the Metropolis*, Boston: Little Brown and Company, 1976, p. 26.

② Raymond A. Mohl, *The New City: Urban America in the Industrial Age, 1860 – 1920*, p. 174.

③ ［美］刘易斯·芒福德：《城市发展史：起源、演变和前景》，宋俊岭、倪文彦译，中国建筑工业出版社2005年版，第325、466页。

④ ［美］伊利尔·沙里宁：《城市——它的发展、衰败与未来》，顾启源译，中国建筑工业出版社1986年版，第80页。

怨网格状街道"简直像梦魇一样缠绕着你"①。相比之下，欧洲城市更为历史悠久，更富于文化底蕴，更多一些浪漫温馨的格调。

图 1.5 远离大自然的城市：1870 年纽约工人阶级的住区

资料来源：Sam Bass Warner, Jr., *The Urban Wilderness*: *A History of the American City*, New York: Harper & Row, Publishers, 1972.

复次，美国城市又是远离大自然的城市。芒福德不无揶揄地写道："资本主义经济认为，城市发展的规律意味着坚决无情地扫清日常生活中能提高人类情操，给人以美好愉快的一切自然景色和特点。"由于土地的弥足珍贵和压倒一切的商业意识，许多曾经供人休憩的花园、草坪和广场逐渐被侵占殆尽。比如，当威廉·宾在设计费城时，曾经拥有充足的绿地和空间，但是后来随着费城的迅速发展，"其结果是把住房压缩得像鸽子棚那样，绿地也相应地减少到只有像豆腐干那样的小块"②。纽约市的人口和面积在 1800—1850 年间增长了几倍，但其公共空间却减少了 50%。③ 因此，那些在城市里为追求事业

---

① Kenneth T. Jackson, *Crabgrass Frontier*: *The Suburbanization of the United States*, p. 74.
② [美] 刘易斯·芒福德：《城市发展史：起源、演变和前景》，第 442、347 页。
③ Howard P. Chudacoff, *The Evolution of American Urban Society*, Englewood Cliffs, New Jersey: Prentice-Hall, Inc., 1981, p. 48.

而拼搏的人们,在繁重的工作之余,不能从喧嚣的人群和压抑的景观中解脱出来,难以获得体力的恢复和心灵的抚慰。因此,许多城市的中产阶级和上层人士为了保持身心健康,纷纷迁移到山清水秀,景色宜人的郊区,建立自己的世外桃源。

最后,城市交通状况的恶化。前文指出,19世纪初期以来,美国的城市交通取得了巨大进步,由最初的蒸汽渡船,到30年代的公共马车,再到19世纪中期的有轨马车和蒸汽火车,最后到19世纪后期的有轨电车,城市交通的发展为居民生活和经济发展创造了优越的条件。然而,轨道交通的一个弱点是,它们大多交会于城市中心地区,随着众多轨道和车辆的集中,便产生了难以破解的交通拥堵问题(见图1.6),从而严重地影响了居民生活和经济发展,因此,疏散人口和经济活动已经成为不可逆转的选择。

图1.6 20世纪初期芝加哥市轨道交通的拥堵

资料来源:David Ward, *Cities and Immigrants: A Geography of Change in Nineteenth Century America*, Oxford University Press, Inc., 1971, p.98. 该照片拍摄于1910年,反映了芝加哥市中心伦道夫(Randolph)和迪尔伯恩(Dearborn)两条街道交叉路口的交通死结。

(四) 反城市传统和乡村理想

在美国的文化中存在着一种根深蒂固的反城市传统(anti-urban

tradition)和"乡村理想"(rural ideal),这是美国城市居民移居郊区最为深层的文化原因。美国人认为,城市是藏污纳垢之所,是社会动荡的策源地,而乡村则代表了安稳与美德。这一思想最杰出的代表当属第三任总统杰斐逊,他主张将美国建设成为一个农业民主主义的共和国,反对汉密尔顿工商立国的建国方略。他认为,新世界是人类的庇护所,为了保持它的纯洁性,必须发展农业,因为只有农民才能保持传统道德的纯洁性。他曾在《弗吉尼亚纪事》中盛赞"在土地上劳作的人们是上帝的选民……上帝有意使上帝这样选民的胸怀成为特别贮藏他那丰富纯真的道德的地方"。相反,他却把工业和城市看作罪恶的渊薮,甚至说:"大城市的暴民之于纯洁的政府,正如脓疮之于健康的身体。"[①] 杰斐逊作为美国杰出的政治家、思想家和开国元勋,其思想在美国历史上产生了重大影响。

在美国历史上,歌颂田园而贬抑城市的思想家不乏其人,比如,伊利·贝茨(Ely Bates)在1804年的《乡村哲学》(*Rural Philosophy*)一书中写道:"大城市的虚饰与挥霍"可以使人精疲力竭,而移居郊区则有益于人的身心健康,"正是在这种静谧与安宁的隐退之中,我们的全部力量——身体的和精神的——才得以焕发和充沛,从而使我们能够迅速地做出更多的服务工作"[②]。美国超验主义哲学家拉尔夫·沃尔多·爱默生更加激进,他深受欧洲浪漫主义思潮的影响,多次抨击制造业、艺术和城市,而用哲学家深邃的思想与文学家美妙的语言赞颂大自然的健康与美丽,他在《美国学者》中写道:"大自然之于人类心灵的影响,具有首位的重要性。""自然之美正是人类心灵之美。自然法则也就是人类心灵的法则。"[③] 而在《论自然》一文中,爱默生以更加热情洋溢的笔触表达了他对大自然的热爱与赞美,他写道:"当我们如此谈论自然时,我们心中就会油然而

---

① [美]梅利尔·彼得森编:《杰斐逊集》,刘祚昌、邓红风译,上海三联书店1993年版,第311—312页。

② John R. Stilgoe, *Borderland: Origins of the American Suburbs*, p. 39.

③ [美]拉尔夫·爱默生:《美国学者》,范圣宇主编:《爱默生集》,范圣宇译,花城出版社2008年版,第5—6页。

生一种清晰而又富有诗意的感觉。""对于被囿于令人厌恶的工作与同伴之中的身心来说，自然是一剂良方，它能恢复人已遭损害的健康。"① 与杰斐逊在常识的基础上贬斥城市而讴歌自然不同，爱默生是在超验主义哲学的基础上对城市进行攻击，因而这一时期的反城市主义可以称为"超验主义时期的反城市主义"②。美国另一超验主义大师亨利·梭罗比爱默生走得更远，他发表的《瓦尔登湖》可以说是反城市主义的经典之作，他不仅抨击文明与城市，甚至还包括了村社与农庄，他主张人应该独处于大自然而脱离任何社会机构。他不仅是一个反对城市与文明的宣讲者，更是一个热爱大自然的践行者，他为了投身自然，领悟大自然的美感与启迪，曾在康科德镇外的瓦尔登湖畔离群索居达两年之久。③

如果说美国建国初期到19世纪前期，杰斐逊、爱默生和梭罗等人是出于理想主义而对城市进行抨击的话，那么，随着19世纪中期以来城市化水平的提高，城市社会的种种弊端开始暴露出来，社会各界对城市的抨击则越来越奠基于现实主义的基础之上。比如，纽约市的牧师 E. H. 蔡平（E. H. Chapin）于1853年出版的《城市生活的精神面貌》(*Moral Aspects of City Life*) 一书，抨击了城市生活的种种罪恶，比如淫乱、酗酒、赌博等，却热情地讴歌了乡村的美丽和快乐，称赞乡村为"大自然辉煌的舞台"，这里的工作是轻松的，生活是愉悦的。④ 在美国历史上，抨击城市而讴歌大自然的人士不胜枚举，他们的思想言论无疑对美国社会产生了巨大影响。

然而，工业化和城市化毕竟是不可逆转的潮流，越来越多的美国人从乡村步入城市，因为城市是现代文明的中心，是新的机遇之乡，这里不仅有就业和发财的机会，更有受教育的机会和丰富多彩的文化生活。虽然人们对昔日优美宁静的乡村生活仍然满怀柔情，但不再像

---

① [美] 拉尔夫·爱默生:《论自然》，范圣宇主编:《爱默生集》，第35—44页。
② Alexander B. Callow, Jr. ed., *American Urban History: An Interpretive Reader with Commentaries*, Third Edition, New York: Oxford University Press, 1982, pp. 334–335.
③ [美] 梭罗:《瓦尔登湖》，徐迟译，上海译文出版社2006年版。
④ John R. Stilgoe, *Borderland: Origins of the American Suburbs*, p. 43.

杰斐逊、爱默生和梭罗等人那样企图远离城市而回归自然，而是主张将城市和乡村的优点结合起来。于是，郊区便作为一种城乡混合体而成为人们一种折中的选择。正如某位学者所说的那样："郊区融合了城市和乡村的福祉……即乡村的自然环境和城市的社会环境。"[①] 这样，乡村理想就逐步演化为"郊区理想"（suburban ideal）。由乡村理想向郊区理想的演变始自19世纪中期，一些知识分子和园林设计师的论著和郊区规划活动推动了这一转变。他们仍然抨击城市的罪恶，但他们不再主张割裂与城市的联系；他们依旧赞美乡村生活，但他们心目中的乡村已不再是农业社会的乡村，而是具有乡村特征的郊区。

（五）美国城市的异质性

美国城市的高度异质性是推动城市郊区化和城市空间结构演进的另一重要因素。这种异质性包括种族、民族、文化和阶级等几个方面。城市社会本来就是异质性较强的社会，而美国城市由于民族文化的多元性而使这种异质性达到了无与伦比的地步。美国是一个移民国家，外来移民构成了城市人口的一个重要来源。1860—1920年间是美国工业化和城市化迅速发展的时期，同时也是外来移民纷至沓来的时期，在这60年间，外来移民达2895.2万。[②] 在19世纪80年代以前，以西欧和北欧移民为主，而在19世纪80年代以后则以东欧和南欧移民为主，世界其他地区，如亚洲、拉美等地的移民也不断增多。由于他们大多缺少开办农场的必要资金，所以他们一般进入城市谋生。1900年外来移民的2/3定居在城市，1920年上升到3/4，[③] 因而城市人口中外来移民的比例极高，1920年全国城市人口中有48%为

---

① David R. Goldfield, Blaine A. Brownell, *Urban America: From Downtown to No Town*, Dallas Geneva, Illinois: Houghton Mifflin Company, 1979, p. 203.

② U. S. Department of Commerce, Bureau of the Census, *Statistical Abstracts of the United States: 1954*, p. 101.

③ Raymond A. Mohl, *The New City: Urban America in the Industrial Age, 1860 – 1920*, p. 24.

外来移民，而在 10 万人以上的城市中，这一比例为 58%。①

为了谋生，这些背井离乡的移民往往聚族而居，从而形成了小聚居，大杂居的局面，他们在种族、民族、语言文化、宗教信仰、风俗习惯、经济背景等方面千差万别，矛盾重重。雅各布·里斯称美国城市是一个"由各种异质成分汇聚而成的稀奇古怪的大杂烩"，是一个"混杂的群体"②。这种异质性导致了美国城市的动荡性，流血冲突屡见不鲜。同时，风起云涌的劳工运动使美国城市更加动荡不安。1886 年劳工运动席卷美国之时，社会福音运动的一位领袖发出了疑问："这是和平时期还是战争年代？"因此，美国城市史学家 G. 巴斯（Gunther Barth）总结说："最明确无误的是，冲突的根源在于居民们文化的多元性。而更广泛的个人自由又为这种冲突火上浇油。同时，存在已久的社会对立、经济冲突、政治分歧互相交织，也使城市居民四分五裂。"③ 美国城市社会的高度异质性和城市生活的动荡性产生了一种推力，促使白人上层和中产阶级绵绵不断地向郊区迁移，去寻求自己的安乐窝。

总之，美国近代城市的郊区化是各种因素合力作用的结果。交通和通信技术的进步为郊区化提供了必要的前提条件；城市经济的强大选择作用在吸引商业和服务业做向心流动的同时，也推动着某些工业和人口作离心运动；城市生活环境的恶化和郊区宁静幽雅的环境产生的推力和拉力同时并举；美国人的反城市传统、乡村理想和郊区理想、城市的高度异质性和动荡性，以及郊区的同质性和稳定性更加增强了郊区的魅力。在这些因素的共同作用下，美国近代城市的郊区化就持续加速地发展起来。

---

① Zane L. Miller, *The Urbanization of Modern America, A Brief History*, New York: Harcourt Brace Jovanovich, Inc., 1973, p. 75.
② Gunther Barth, *City People: The Rise of Modern City Culture in Nineteenth-Century America*, p. 8.
③ Gunther Barth, *City People: The Rise of Modern City Culture in Nineteenth-Century America*, pp. 21, 8.

四　美国近代郊区的发展进程

　　由于城市交通对郊区的发展具有决定性的影响，所以根据不同历史时期城市交通的不同特点以及由此而造成的郊区的不同特征，美国城市的郊区化大致可分为两个时期。从19世纪初到1920年前后为近代城市郊区化时期，1920年至今为现代城市郊区化时期。美国近代城市的郊区化以公共交通为主要通勤工具，如蒸汽渡船、蒸汽火车、有轨马车、有轨电车等。而到1920年以后，私人交通工具即汽车则越来越成为主要的通勤手段。

　　美国近代城市的郊区化又可大致分为三个阶段，第一，蒸汽渡船时代，从1814年曼哈顿和布鲁克林之间开设蒸汽渡船到19世纪30年代。这一时期为美国近代郊区化的启动阶段，其范围仅限于为数不多的几个港口城市和河岸城市；第二，蒸汽火车和有轨马车时代，从19世纪30年代到1888年有轨电车的发明。这一时期郊区化在美国各大城市周围普遍展开，轨道交通奠定了近代郊区化的格局，决定了近代郊区化的基本特征。第三，电车时代，从1888年有轨电车的发明使用到1920年左右私人汽车的初步普及。由于有轨电车的速度快，灵活方便，因而得以迅速地普及，郊区化的速度明显加快，郊区的发展领域更加广阔。

　　伴随着城市交通的发展，美国各大城市的不动产集团纷纷在郊区掀起了地产投机和郊区筹建的热潮，对于城市居民向郊区的迁移发挥了巨大的引导作用。几乎每一次城市交通的改进，从蒸汽渡船到有轨电车，都会伴随着一次土地投机热潮的出现。城市交通公司与地产投机商往往互为利用或两位一体，在轨道交通沿线或即将到达之处大量购买土地，然后进行郊区社区的规划和筹建活动。他们首先按照网状结构划出各条街道，辟出公园用地，然后再把各个街区分割为小块宅地出售。那些厌恶拥挤喧嚣的城市生活的中上层人士，受到郊区宽敞住房和幽雅环境的吸引，络绎不绝地到郊区购置地产修造宅院并安家落户。所以，地产集团的投机活动就是郊区的创建过程。

第一章　美国大都市区的孕育与形成

　　前文指出，美国的第一个通勤郊区乃是布鲁克林。在19世纪初期，布鲁克林还是一个只有2000余人的居民点，尚无行政建制。蒸汽渡船的开创者和地产投机商皮尔庞特在布鲁克林海茨（Brooklyn Heights）购置了60英亩的地皮，并在曼哈顿和布鲁克林之间开通了通勤汽船，随后便开始在自己的地产上筹建高级住房。为了确保自己的地产能不断升值，在他的积极活动下，布鲁克林于1816年取得了村（village）的建制，1834年又取得了市（city）的建制。在皮尔庞特等地产商的努力之下，布鲁克林的人口猛增，1800年还只有2378人，1830年人口增加到15394人，1860年增加到266661人。① 迁移到郊区的居民主要是社会的中上层阶级，1850年，纽约的报纸、官员和地产开发商惊呼，由于布鲁克林的竞争，"该市被它的那些拥有财富的人们所抛弃"。同时，"贫民状况改善协会"（The Association for the Improvement of the Condition of the Poor）也感叹道："许多富裕和成功的人士正在抛弃这个城市，而那些穷人却不断涌入。"②

　　蒸汽火车、有轨马车和有轨电车向郊外的长驱直入，将广大的乡村地区纳入郊区的开发范围，于是郊区社区如雨后春笋，遍地开花，郊区人口，迅速增加。在费城10英里范围以内的轨道交通线路两侧，地产商投入大量资本，兴建了众多的郊区住房。1810年，费城人口增长最快的地方是在北部郊区，比如，北利伯蒂斯（Northern Liberties）、斯普林加登（Spring Garden）；1830—1850年，增长最快的地方向外推移到莫亚门辛（Moyamensing）、彭区（Penn District）、里士满（Richmond）、肯辛顿（Kensington）等地；而到19世纪中期，费城商会则不无喜悦地夸耀说，"郊区空旷的荒野和公共土地在大步挺进的企业和建筑面前正在迅速消失"③。到19世纪八九十年代，费

---

① Kenneth T. Jackson, *Crabgrass Frontier*: *The Suburbanization of the United States*, pp. 29 - 32.

② Kenneth T. Jackson, *Crabgrass Frontier*: *The Suburbanization of the United States*, p. 29.

③ Kenneth T. Jackson, "Urban Deconcentration in the Nineteenth Century: A Statistical Inquiry", in Leo F. Schnore, ed., *The New Urban History*: *Quantitative Explorations by American Historians*, pp. 116 - 117.

城的郊区化进程进一步加快，比如该市北部的一个郊区哈丁顿（Haddington），1885 年只有不足 250 栋房屋，而到 1895 年则增加到近 1000 栋；该市西部的另一个郊区米尔克里克（Mill Creek），1885 年只有 91 栋房屋，而到 1895 年则增加到 550 栋。①

纽约郊区的发展速度更加迅速，由于蒸汽渡船和各种轨道交通的共同使用，郊区社区迅速拓展开来，甚至跨过哈得孙河，跨越州界，将新泽西州的大片领土纳入郊区开发的范围。1861 年，新泽西州的开发商承认，"纽瓦克和它的近邻——包括泽西城、霍博肯（Hoboken）、哈得孙（Hudson）和伊丽沙白（Elizabeth）等城市，以及贝尔维尔（Belleville）、奥兰治（Orange）和布卢姆菲尔德（Bloomfield）等村庄——都纷纷成为纽约这个伟大城市的郊区。"② 1871 年 10 月，纽约市的郊县韦斯特切斯特县大中央火车站（Grand Central Terminal）投入使用，使该县郊区发展异常迅猛，涌现了一系列上层阶级的郊区小镇，如斯卡斯代尔（Scarsdale）、新罗谢尔（New Rochelle）、拉伊（Rye）、芒特弗农（Mount Vernon）等十几个郊区村镇。到 1898 年，多达 3 条主要的铁路干线和一些支线为该县提供通勤服务，每天进入大中央火车站的通勤人口达 11.8 万人，该县人口在 1870—1910 年间翻了两番，达到 28.3 万人。③ 纽约的这种人口分散趋势甚至引起了联邦人口普查局的关注，1880 年，人口普查局宣布把纽约、布鲁克林、泽西城、纽瓦克、霍博肯等视为"一个大都市社区"④。

关于 19 世纪前期美国部分城市的郊区化情况，可参见表 1.4。

---

① Neil Larry Shumsky, ed., *Urbanization and the Growth of Cities*, p. 497.
② Kenneth T. Jackson, "The Crabgrass Frontier: 150 Years of Suburban Growth in America", Raymond A. Mohl and James F. Richardson, eds., *The Urban Experience: Themes in American History*, Belmont, California: Wadsmorth Publishing Co., 1973, p. 199.
③ Kenneth T. Jackson, *Crabgrass Frontier: The Suburbanization of the United States*, p. 95.
④ Kenneth T. Jackson, "The Crabgrass Frontier: 150 Years of Suburban Growth in America", Raymond A. Mohl and James F. Richardson, eds., *The Urban Experience: Themes in American History*, Belmont, California: Wadsmorth Publishing Co., 1973, p. 200.

表1.4　1800—1860年间美国5个城市及其郊区的人口增长率

大都市区		1790—1800	1800—1810	1810—1820	1820—1830	1830—1840	1840—1850	1850—1860
纽约	市区	82.7	59.3	28.4	63.8	54.4	64.9	57.8
	郊区	48.3	85.1	63.0	114.6	135.4	67.3	88.5
波士顿	市区	36.1	35.5	28.1	41.8	38.5	61.0	29.9
	郊区	36.8	34.8	25.7	35.2	44.8	84.7	53.8
费城	市区	44.5	30.0	18.8	26.0	16.4	29.6	11.0
	郊区	53.8	47.0	25.3	47.8	51.7	74.8	48.8
圣路易斯	市区	—	—	187.4	27.3	181.4	51.8	20.0
	郊区			33.3	52.6	135.9	309.9	100.7
克利夫兰	市区	—	—	—	—	393.7	50.4	10.8
	郊区					128.0	89.2	72.4

资料来源：Kenneth T. Jackson, "Urban Deconcentration in the Nineteenth Century: A Statistical Inquiry", Leo F. Schnore, ed., *The New Urban History: Quantitative Explorations by American Historians*, Princeton University Press, 1975, p. 115.

在芝加哥，西北铁路的通行为郊区的发展创造了条件。芝加哥西北部的杰斐逊乡（Jefferson Township）由于西北铁路的穿过，人口增长开始加速，从1850年的744人增加到1870年的1813人，再到1880年的4876人。有轨马车的运营更加便利了市民的通勤活动，从而引起了更大的变化，1874年，当第一条有轨马车线路抵达杰斐逊乡时，土地价格猛增，1865年1英亩价值不足100美元的土地到19世纪70年代初期售价达到3000美元。① 土地价格的上涨招徕了大量的地产投机，仅1880—1882短短的两三年内，地产开发商塞缪尔·格罗斯（Samuel E. Gross）就创建了16个郊区小镇，规划了4万个住房地基，建造并出售了7000套住房。1890—1920年，芝加哥市边缘

---

① John R. Stilgoe, *Borderland*, p. 143. Neil Larry Shumsky, ed., *Urbanization and the Growth of Cities*, pp. 448-449.

地带的宅地增加了 25 万块，市界以外增加了 55 万块。① 尽管中心城市不断兼并郊区社区和土地，但郊区的发展速度仍然超过了中心城市。1900—1910 年，芝加哥和郊区的人口增长率分别为 29% 和 88%；而接下来的 10 年，两者分别为 23% 和 79%。②

在大陆另一端的太平洋沿岸，洛杉矶最大的开发商哈里·钱德勒（Harry Chandler）是电车大王亨利·E. 亨廷顿的合作者之一，在 20 世纪的头 10 年内，他在圣费尔南多谷地（San Fernando Valley）购买了 4.75 万英亩的土地，相当于当时巴尔的摩市的面积。为了开发这一地区，太平洋电车公司将其线路延伸到这一谷地，洛杉矶市还出资 2500 万美元修建了庞大的供水系统，钱德勒的岳父，洛杉矶的出版巨头哈林顿·G. 奥蒂斯（Harrington Grey Otis）为这一供水系统的建立展开了一场声势浩大的宣传活动。后来，钱德勒又在洛杉矶县和克恩县（Kern County）购买了面积达 30 万英亩（468 平方英里）的土地，建立起众多的郊区城镇和村庄。③

其他城市郊区的发展也相当迅速，1850 年，波士顿地区 26% 的人口居住在距市中心 3—10 英里的铁路和有轨马车沿线的郊区内，到 1900 年，这一比例上升到 39%。1900 年，波士顿市区人口比 1850 年增加了 3 倍，而郊区则增加了 5 倍。1900—1910 年，巴尔的摩市区人口增加了 10%，而郊区人口增加了 46%；同期洛杉矶市区增加了 2 倍以上，而郊区增加了 5.3 倍。1910—1920 年，匹兹堡市区人口增加了 10%，而郊区增加了 24%；圣路易斯市区增加了 12%，而郊区增加了 26%。④

除了居民郊区的普遍建立以外，在 19 世纪后期和 20 世纪初期，随着重工业的发展和城市环境的恶化，以及企业为了节省地租，同时

---

① Howard P. Chudacoff, *The Evolution of American Urban Society*, p. 85. David R. Goldfield, Blaine A. Brownell, *Urban America: From Downtown to No Town*, p. 203.
② Gary A. Tobin, "Suburbanization and the Development of Motor Transportation", Barry Schwartz ed., *The Changing Face of the Suburbs*, p. 100.
③ U. S. Department of Transportation, *The New Suburb*, p. 7.
④ Gary A. Tobin, "Suburbanization and the Development of Motor Transportation", Barry Schwartz ed., *The Changing Face of the Suburbs*, pp. 99 – 100.

为了在更广阔的空间里安排生产,工业企业也在不断向郊区迁移,于是在许多重工业城市周围涌现了大量的工业卫星城。所谓"卫星城"是与居民郊区相对而言的,在美国学术界,一般将中心城市以外的以居住为主要目的的社区称为住房郊区(residential suburbs)或简称郊区,而将以提供就业为主要目的的社区则称为就业郊区(employment suburbs)或卫星城。阿德纳·韦伯(Adna Weber)于 1899 年写道:"另一个令人鼓舞的有利于郊区发展的倾向已经引起人们的注意,即制造业向郊区的转移。人们已经指出了郊区城镇的地方优势,它们不仅包括大量节省租金和保险费用,而且还包括节省运输和储存物资方面的资金。通过建立铁路支线直通工厂而不必再使用马车转运;通过将机器安放于一楼固定的平台上,机器生产可以节省劳动。充足的可利用的空间可以用来储存燃料和原料,以便于在市场提供最有利的价格时将其出售。"[1]

新英格兰是美国的工业革命之乡,卫星城的出现和发展也最早,比如在波士顿周围兴起了大量的纺织城镇,其中波士顿的街车郊区(streetcar suburb)坎布里奇(Cambridge)1910 年的工业产值已经相当于波士顿的 1/5,而且有望成为新英格兰的第四大城市。[2] 芝加哥的卫星城更具有代表性,其中普尔曼车厢厂是一个典型,它是 1880 年由乔治·W. 普尔曼(George W. Pullman)在芝加哥以南 8 英里的地方建立的。厂方对卫星城和工人实行家长式管理,为工人建造了廉租公寓,并设立了商店等服务机构。1906 年由美国钢铁公司在印第安纳州西北部建立的钢铁城市加里(Gary)成为芝加哥的另一个重要的卫星城。到 1910 年,芝加哥的南面和西面布满了各种工业卫星城市,比如西塞罗(Cicero)、哈维(Harvey)、布卢艾兰(Blue Island)、芝加哥海茨(Chicago Heights),以及印第安纳州境内的哈蒙德(Hammond)和加里。匹兹堡的钢铁工业也不断向城市外围地区扩

---

[1] Gary A. Tobin, "Suburbanization and the Development of Motor Transportation", Barry Schwartz ed., *The Changing Face of the Suburbs*, p. 100.
[2] Joel Schwartz, "Evolution of the Suburbs", Philip C. Dolce, ed., *Suburbia*, p. 22.

展，沿阿勒格尼河（Allegheny）与莫农格希拉河（Monongahela）沿岸，出现了一系列钢铁卫星城，如麦基斯波特（Mckeesport）、霍姆斯特德（Homestead）、阿勒格尼等。底特律的汽车工业也在向外迁移，建立了哈姆特拉米克（Hamtramck）、海兰帕克（Highland Park）、迪尔伯恩（Dearborn）、庞蒂亚克（Pontiac）等。在洛杉矶周围涌现了许多石油工业卫星城，比如埃尔塞贡多（El Segundo）、长滩（Long Beach）、冶金城镇托兰斯（Torrance）等。甚至经济比较落后的美国南部也出现了工业卫星城，比如亚拉巴马州的钢铁城市伯明翰，于19世纪后期在城市周边建立了大量的钢铁工厂。[1] 19世纪末20世纪初，由于许多城市进行了综合规划和实行了分区制，陆续将许多重工业有计划地向郊区迁移，从而促使更多的工业企业到郊区建立卫星城。1910年美国人口普查局调查发现，在过去的10年里，美国郊区工厂的就业增长速度超过了中心城市。[2]

在美国郊区的发展过程中，还出现了一种惹人注目的浪漫郊区（romantic suburbs）。这种浪漫郊区是18世纪后期和19世纪初期浪漫主义思潮在城市设计上的一种反应，是对卢梭回归自然、返璞归真的呼吁的一种回应，因此，它在设计上更加强调浪漫主义格调和自然主义手法。19世纪美国普通郊区的设计和建造十分简单，地产商往往只进行最粗略的街道划分，没有专业的规划师和建筑公司对社区进行整体规划、设计和建造，地产商只向居民个体出售房屋地块，许多房屋由居民自己聘请建筑公司修建，甚至由居民自己付出"血汗成本"亲自动手修建，因而郊区的住房建筑没有严格的标准，其布局和建筑表现出一定的随意性和凌乱性。与此相反，浪漫郊区是一种经过周密规划的郊区，其一草一木，一砖一瓦都由规划师进行严格的规划设计，并由一个建筑公司负责整体建造，然后向人们出售。浪漫郊区的发展受到了19世纪浪漫主义运动的影响，在社区环境的设计上体现了一种古典主义和自然主义的温馨浪漫的格调，比如屈曲迂回的街

---

[1] Raymond A. Mohl, *The New City*, p. 63.
[2] Joel Schwartz, "Evolution of the Suburbs", Philip C. Dolce, ed., *Suburbia*, p. 22.

巷、新颖别致的建筑、依山傍溪的选址，其间点缀着各式各样的绿地花园，具有浓郁的乡村气息。浪漫郊区的住房主要是大型别墅，居民大多为社会上层或中产阶级，禁止商店和制造业的出现。浪漫郊区首先于19世纪20年代出现于英国，到50年代以后传入美国并发扬光大，比如1851年宾夕法尼亚州的埃弗格林哈姆雷特（Evergreen Hamlet）、1851年俄亥俄州的格伦代尔（Glendale）、1853年新泽西州纽瓦克附近的卢埃林帕克（Llewellyn Park）、1857年伊利诺伊州的莱克福里斯特（Lake Forest）、1857年纽约斯塔滕岛上的希尔帕克伊斯塔特（Hill Park Estate）、1868年芝加哥西南的里弗赛德（Riverside）、19世纪70年代纽约长岛上的加登城（Garden City）、1891年巴尔的摩的罗兰帕克（Roland Park）、1909年纽约的福里斯特希尔斯（Forest Hills）等等。

然而，浪漫郊区是中产阶级和富裕阶层逃离城市和隔离下层阶级的一个高妙的手法，是对中心城市的抛弃和对公民责任的逃避。正如芒福德所指出的，"早期浪漫主义的郊区是中产阶级为私下解决大城市的混乱和沮丧而作出的一种努力，是浪漫主义情趣的一种抒发，但也是逃避公民责任的和对城市作出预判的预见"。"如果人们不能征服城市，人们至少可以逃离城市。郊区至少是对不可避免的命运的一种抗议。"正是中产阶级的这种抗议和逃避，预示了未来中心城市堕落和衰败的命运。[①]

五　城市空间结构的变迁

城市化是人口、产业和社会机构在空间上的聚集，而郊区化则是人口、产业和社会机构由中心区向外围地区的扩散。从定义来看，城市化（聚集）与郊区化（扩散）似乎是相互对立、彼此冲突的两种运动过程，但事实上它们又是相辅相成、相互转化的运动过程，缺少任何一方，另一方就会成为无源之水，无本之木。聚集与扩散的这种

[①] ［美］刘易斯·芒福德：《城市发展史：起源、演变和前景》，第504—505页。

对立统一运动共同推动了城市规模的扩大、城市生态组织的变迁与单中心结构大都市区的形成。

(一) 郊区的波浪式推移与生态特征的演变

郊区化的进程是有层次性和时序性的，人口的郊区化比工业、商业、办公业等要早得多。就人口的郊区化而言，最早由中心城市向郊区迁移的是社会的富裕阶层，他们的生活的郊区一般分布在最外层。中产阶级的郊区化起步稍晚，由于他们的经济力量较弱，他们一般接手富人所抛弃的社区和二手住房。而下层居民的郊区化最晚，他们的社区处于内层郊区或中心城市，其住房和社区环境也最为陈旧破败。由于近代郊区受交通手段的制约，其特点之一就是与中心城市的邻近性，所以很容易受到中心城市下层阶级的侵入和接替，尤其是当中心城市人口迅速膨胀的时候。每当下一个阶层侵入上一个阶层的郊区社区时，就会推动原有阶层的居民向更远的郊区迁移，依此类推，从而使郊区的发展呈现出一种波浪式的推移过程。同时，郊区的生态环境也随之发生了很大变化，逐步由富裕阶层的具有浓郁乡村气息的同质性社区，演变为中下阶层的城市性特征较强的异质性社区。下面仅以波士顿郊区的发展来说明这一演变过程。

萨姆·B. 沃纳（Sam B. Warner Jr.）对19世纪中后期波士顿以南的三个郊区小镇罗克斯伯里（Roxbury）、多切斯特（Dorchester）和西罗克斯伯里（West Roxbury）的研究，明晰地勾勒了这三个郊区在发展过程中推移和演替的发展轨迹，具有一定的代表性。根据沃纳的研究，决定大都市区人口分布模式的因素主要有三个：家庭收入、对通勤工具的依赖程度和社区环境，后者是指各阶层居民一般倾向于选择与自己的社会经济地位相同的群体为邻，即选择同质性社区居住。沃纳将中产阶级以上的人口分为三个阶层：

第一个阶层是富裕阶层和上层中产阶级，包括大商店老板、大制造商、经纪人、批发商、高级律师等，大约占波士顿大都市区人口的5%。由于他们具有较高的经济地位，他们可以在市内建造高级住房，也可以在郊外建造乡间别墅，或者两者兼而有之。由于他们是"有闲阶层"，不必为生活所迫而疲于奔波，可以在远离市区的郊区过上一种清闲宁静的生活，因而对于通勤工具的依赖性不是很强，只要乘坐运行次数较少的通勤火车就可以了。同时，他们又是最早到郊区定居的阶层，其社区一般也总是处于郊区的最外层。由于交通线路一般呈放射状向外延伸，越是向外延伸，地域空间就越广阔，地价也就越便宜。而他们的人口却相对较少，因此他们的社区一般规模很小，街道整洁，住房宽敞，精巧雅致的别墅掩映于葱茏茂盛的花草树木之间，具有浓郁苍翠的田园风貌。

第二个阶层为中层中产阶级，他们主要包括在市中心就业的小店主、推销员、律师、教师等，大约占大都市区人口的15%。他们虽不像上层阶级那样富足，但有能力在郊区购置独户住房或有独自院落的双户住房（doble house），过上一种具有一定独立性和隐私性的家庭生活。由于他们要经常往返于市内工作地与郊区生活地之间，所以他们对于通勤线路的依赖性比上层阶级要强。但他们的工作又比较稳定，工作地点也比较固定，所以他们只要有服务较好的线状街车线路（Linear streetcar）就可以了。他们的社区一般处于上层阶级郊区的内层，其住房和社区还比较宽敞，也具有一定的田园风貌。

第三个阶层属于下层中产阶级，主要包括技术工人、办公室人员、售货员、裁缝、印刷工人、木匠等，大约占大都市区人口的20%—30%。由于他们的经济地位比较低，所以一般居住在供三家居住的三层式楼房中（three deckers），即使建造了独户住房，也相对矮小简陋。由于他们的工作不像中层中产阶级那样稳定，需要经常变换工作地点，或者在通勤时需要经常转换线路和车辆，因而他们对于通勤线路的依赖性最强，线状街车线路已不能满足他们的要求，而是需要网状布局、四通八达的"穿越市区的服务"（crosstown service），以便于转换工作。因此，他们只能居住在交通线路稠密、街车运行频繁的内层郊区或市区。由于交通线路的放射性特点，内层郊区空间比较狭小，而下层中产阶级人口所占比重却较大，再加上内层郊区各种服务设施的建立，因此地价上涨很快。比如，在19世纪最后30年，罗克斯伯里、多切斯特和西罗克斯伯里三个郊区小镇的内部地区比外部地区的地价要高出50%—100%。[①] 因此,下层中产阶级的住房一般为多户住房,建筑日益拥挤、绿地不断减少,田园风貌被侵蚀殆尽,成为最具城市化特征的郊区。可见,富裕阶层、中层中产阶级和下层中产阶级的郊区社区呈现出外、中、内三个层次的分布模式。

在19世纪中后期,波士顿的上述三层郊区呈现出明显的波浪式推移的特点。1852—1873年,由于波士顿有轨马车的发展,波士顿的人口密集区向外扩展了半英里,即扩展到距市政厅2.5英里的范围内。随着城市交通的发展,波士顿市区和郊区的范围都不断扩大。1873—1887年,有轨马车又向外伸展了1.5英里。19世纪八九十年代,由于有轨电车的使用,城市的通勤范围扩大到距离市政厅6英里的范围内。同时,通勤车辆的运行频率也不断提高,起初大约每隔一个小时才有一辆街车通过,随后增加到每10分钟便有一辆街车通过。另外,通勤线路不断增加,除了主要干线外,还有许多支线交错其间,即所谓的"穿越市区的服务"。由于有轨马车和有轨电车的不断发展,郊区人口不断增加,1870年,罗克斯伯里、多切斯特和西罗克斯伯里的人口为6万人,到1900年增加到22.7万人,这30年间有2.25万套新住房建立起来,这三个郊区的面积扩大了25.25平方英里。随着通勤服务水平的提高和人口的增加,各阶层的郊区也呈波浪式向外推移。1870年,波士顿下层中产阶级主要在步行城市的范围内营建他们的新住房,如在波士顿西区、东区和南区等地。中层中产阶级的新住房主要分布于距离市政厅2.5—3.5英里的范围内,而上层中产阶级的乡间别墅主要散布于距离市政厅3.5—10英里的广大地区。到1900年,由于波士顿市区居住环境的恶化和有轨电车的延伸,下层中产阶级纷纷向外迁移到距离市政厅2.5—3.5英里的范围内,即原中层中产阶级的郊区以内,他们的三层式楼房不断排挤着中层中产阶级的住房。而中层中产阶级则向外扩展到距离市政厅3.5—6英里的范围内营建他们的新住房,上层中产阶级则进一步向外扩展

[①] Sam B. Warner Jr., *Streetcar Suburbs*, pp. 55–57.

到距离市政厅5—15英里的、更为遥远的郊区定居。①

在郊区社区呈波浪式向外推移的同时，郊区的社区环境和人口构成也发生了很大变化。由于下层中产阶级不断向中层中产阶级社区的涌入，使原中层中产阶级社区的住房建筑模式发生了很大变化。这里既有旧的独户和双户住房，又有在原来的空地上建造起来的三层式楼房和排屋（row house），甚至还出现了廉租公寓，原来的绿色空间和田园风貌消失殆尽，社区环境在日益恶化。同样，中层中产阶级也不断涌入上层中产阶级的社区，其社区环境发生了类似的变化。同时，郊区的人口构成也发生了很大变化，比如在罗克斯伯里，在19世纪七八十年代，其居民的主体是爱尔兰人，而到90年代又有一批犹太人和加拿大人迁入。在另一个郊区多切斯特，1880年外来移民及其子女占该郊区人口的46.3%，其中爱尔兰人占30%。到1905年，外来移民及其子女所占的比例提高到57.3%，其中爱尔兰人的比例降到25%，而加拿大人以及来自俄国和法国的犹太人占了很大的比重。② 由此可见，近代郊区在发展进程中，无论在住房模式、阶级结构、民族构成和宗教文化等方面都经历了一个由同质性向异质性的转化过程，其生态特征和社会特征越来越城市化了。

（二）中心城市对郊区的兼并与城市的扩展

近代郊区不仅在生态特征和社会特征上越来越城市化了，而且由于中心城市对郊区的兼并，在政治上和法律上成为中心城市的法定组成部分，最终完成了由郊区向城市的转变。由于中心城市对郊区的兼并，其地域规模空前扩大，由只有几平方英里的小城市膨胀为跨越上百乃至数百平方英里的巨型城市。

由于美国近代城市交通主要是公共交通，它们按固定线路从市中心呈放射状向外延伸，越向外延伸，通勤人数越少，利润率越低，因此，这种延伸受到了一定的限制，所以，美国近代郊区主要是近郊。

① Sam B. Warner Jr., *Streetcar Suburbs*, pp. 22, 35, 58–64.
② Sam B. Warner Jr., *Streetcar Suburbs*, pp. 79–80.

近郊在空间上与中心城市的邻近性以及对中心城市在服务和就业上的依赖性，使其很容易受到中心城市的影响乃至兼并。这种兼并扩大了城市的空间规模和人口规模，成为美国城市化的主要模式之一。19世纪后期，美国各主要中心城市都进行了大规模的兼并活动。1854年费城市与费拉德尔菲亚县的合并，使费城市的面积由2平方英里扩大到130平方英里，合并后的费城市囊括了原来的郊区市镇法人斯普林加登（Spring Garden）、北利伯蒂斯（Northern Liberties）、肯辛顿（Kensington）、南瓦克（Southwark）、莫亚门辛（Moyamensing）等，它们分别是居于美国的第9、第11、第12、第20、第28位的城市。1868—1873年，波士顿的街车郊区罗克斯伯里、多切斯特和西罗克斯伯里被合并于波士顿，使波士顿市的面积增加了20多平方英里。1868—1873年匹兹堡的兼并活动使其面积从2平方英里增加到27平方英里，人口增加了7.5万人。1889年，芝加哥兼并了133平方英里的郊区，其中包括海德帕克、肯特伍德、伍德朗、南芝加哥和普尔曼等，使其人口增加了20万，这是芝加哥跃升为美国第二大城市的主要秘诀，而且跃跃欲试要超越纽约问鼎美国第一大城市的宝座。面对芝加哥的疯狂竞争和步步进逼，纽约市迅速做出反应，于1898年1月，与其周围的县区合并，新的纽约市包括5个部分，除了原来的曼哈顿岛以外，又增加了布鲁克林（金斯县）、昆斯（昆斯县）、里士满（斯塔滕岛）和布朗克斯4个区等，使纽约市的面积由44平方英里增加到299平方英里，人口几乎增加了200万，使其稳居美国第一大城市的宝座。1890—1920年，洛杉矶通过对22个郊区的兼并，使其面积由29平方英里增加到364平方英里。[1] 其他许多城市也通过兼并扩大了规模。见表1.5：

---

[1] Robert Lewis, "The Changing Fortunes of American Central-City Manufacturing, 1870 – 1950", *Journal of Urban History*, Vol. 28 No. 5, July 2002, p. 573. Raymond A. Mohl, *The New City: Urban America in the Industrial Age, 1860 – 1920*, pp. 36 – 37. Ira Rosenwaike, *Population History of New York City*, Syracuse, N. Y.: Syracuse University Press, 1972, p. 57. Kenneth T. Jackson, "Metropolitan Government Versus Suburban Autonomy: Politics on the Crabgrass Frontier", Kenneth T. Jackson and Stanley K. Schultz, eds., *Cities in American History*, New York: Alfred A. Knopf, 1972, p. 446.

表1.5　1860—1920年美国部分城市的市区面积（平方英里）

城市	1860	1890	1920
巴尔的摩	13	30	79
波士顿	5	39	44
芝加哥	17	178	199
底特律	13	28	80
堪萨斯城	4	13	60
洛杉矶	29	29	364
新奥尔良	162	196	196
纽约	22	44	299
费城	130	130	130
波特兰	2	6	66
西雅图	11	13	68

资料来源：Raymond A. Mohl, *The New City: Urban America in the Industrial Age, 1860-1920*, Arlington Heights, Illinois: Harlan Davidson, Inc., 1985, p.38.

美国城市对郊区的兼并过程十分相似，但也存在一定的地区差别。东北部和中西部城市的兼并活动主要发生在1920年以前，而南部和西部城市的兼并活动则主要发生于1920年以后。这种时间上的差别与城市发展的阶段、人口增长速度和经济发展水平相关。由于东部和中西部城市在这几个方面领先一步，其兼并活动也就必然先行一步。这种兼并的盛行与成功，反映了19世纪后期和20世纪前期，中心城市在大都市区内的主导地位和巨大影响。19世纪末20世纪初，许多城市的兼并带有很大的强制性，因为中心城市对郊区的兼并，往往遭到被兼并的郊区居民的反对。但当时盛行的一个原则缓和了兼并的阻力，即一个社区的命运应该由最大多数人的最大利益来决定，少数人的利益不能阻碍大都市区的发展。1917年，当马里兰州法院的法官哈伦（Harlan）在否决巴尔的摩郊区居民反对兼并的意见时宣布："那些居住在城市边界附近的人们应当知道，州议会扩大该市的疆界，从而将他们容纳在内的时刻来临了。正当、公平或合理的原则使他们无权阻碍该市的进步与发展，尤其应该注意的是这样一个事实，即他们之中绝大多数人的住所与该市十分接近，以便经营商业、保障就业或从事职业。"①

中心城市通过对郊区的兼并，扩大了市区的地域面积、增加了市区的人口和财产，从而扩大了市区的财政税收，对于解决中心城市的许多社会问题，如福利开支、基础设施的维修和改善等都发挥了重要作用。另外，由于市区对郊区的兼并，把原来在政治上分立的郊区置于市区的统一管辖之下，在一定程度上克服了城市和郊区各自为政的混乱现象，从而便于进行城市发展的综合规划与管理，并可以产生规模效益。同时，郊区也在这种兼并中得到了好处。因为郊区规模小，财政基础薄弱，许多基础设施都无法建立，如饮水、地下管道、消防、学校等。而在中心城市兼并郊区以后，可以为它们提供各种基础设施。基础设施的建立，不仅便利了居民的生活，而且有利于地产价格的上涨和商业机构的经营活动，因而早期的兼并活动比较顺利。但随着郊区中产阶级和富裕人口的增加，郊区有能力为自己的居民提供各种服务设施，更有效地管理自己的政府，因而对于兼并活动的抵制越来越强烈和坚决。更为重要的是，中心城市的兼并和公共交通等服务设施的改善，便利了中心城市社会下层向中上阶层郊区社区的侵入，危害了郊区中上阶层居民的利益，因而遭到了他们的坚决反对。同时，由于中心城市下层居民的增多和福利负担的加重，合并于中心城市就意味着税收的提高。因此，中心城市的兼并活动面临的阻力越来越大。1873年，波士顿的郊区布鲁克莱恩最早成功地阻止了中心城市的兼并，此后，其他郊区社区也纷起效尤，为后来美国大都市区的巴尔干化埋下了伏笔。但总体而言，美国近代城市的兼并活动还是比较成功的，尤其是发展较早的东北部和中西部更是如此。

从美国城市的郊区化和中心城市对郊区的兼并过程可以看出，郊区化是美国城市发展的主要模式或途径之一。这一模式不同于独立城镇的创立和发展，而是创立与中心城市有着紧密的就业和通勤关系的

---

① Kenneth T. Jackson, *Crabgrass Frontier: The Suburbanization of the United States*, pp. 147–148.

郊区居民区，或相对独立的工业卫星城，最终合并于中心城市。同时，新的郊区社区仍在不断创立与兼并，周而复始，从而逐步扩大了中心城市的规模，提高了美国的城市化水平。所以，这一城市化模式就是：城市化（中心城市的建立和发展）——郊区化（郊区的建立和发展）——城市化（兼并或合并）——郊区化……可见，郊区化并不是美国城市在进入20世纪20年代以后才有的新现象，而是在城市化的早期即已出现，并且与城市化进程交错发展，相互转化，从而推动了中心城市空间规模的扩大和人口的增加，同时提高了整个美国的城市化水平。

（三）单中心结构大都市区的形成

由于近代郊区的发展，美国城市不仅扩大了规模，而且其形态、结构和功能都发生了巨大变化，由早期"步行城市"的生态组织结构逐步演变为大都市区的生态组织结构。

美国芝加哥学派城市社会学家罗伯特·E. 帕克（Robert E. Park）曾经指出："在城市社区这个范畴内有各种力在发挥作用……这些力会逐渐把城市的人口和社会机构组合为一种特有的秩序。""由于城市拥有自身的生活秩序，因此人们就不能随心所欲地改变它的物质结构和道德秩序。"[①] 而按照该学派另一学者 L. 沃思（Louis Wirth）的定义，城市的生态组织"是指城市的人口和机构的空间布局，以及城市结构和功能的时间变化，这种空间布局和时间变化是受城市内部的各种选择、分配和竞争力的支配而发生的。由于这些力的支配作用，城市的结构和功能会逐渐形成各种典型结果"[②]。也就是说，城市的生态组织结构是在各种力的推动下而逐步形成并不断演进的。

一般地讲，大都市区的生态组织包括一个具有一定规模的中心城市以及一系列与之有着较高的社会经济整合程度的郊区社区。在城市

---

① Robert E. Park, et al., *The City*, Chicago: The University of Chicago Press, 1967, pp. 1–4.

② Robert E. Park, et al., *The City*, p. 187.

发展演变的过程中，存在着聚集与扩散两种趋势。聚集使城市的规模不断扩大，是大都市区形成的第一个必要条件；而扩散即郊区化则使城市的结构得以调整与分化，是大都市区形成的第二个必要条件。值得注意的是，这种扩散是在聚集前提下的扩散。如果只有聚集而没有扩散，那就是大城市化而不是大都市区化。大都市区就是城市在发展过程中既聚集又扩散，城市化与郊区化交错进行，发展到一定阶段的产物。大都市区的概念早在19世纪末美国市政改革运动中即已提出，提出这一概念的目的是强调城市和郊区的整体性，从而推动大都市区的市政改革。后来，学术界把人类历史上各个时期的城市和郊区所构成的共同体都泛称为大都市区（metropolis）。然而，古代的大都市区与近现代的大都市区的一个根本区别是，古代大都市区的中心城市与郊区的关系一般仅限于政治隶属关系和商业关系，社会的整合程度不高。而近现代大都市区的中心城市和郊区除了商业联系以外，还有就业和通勤关系，社会的整合程度要高得多。本文所讲的大都市区是后者意义上大都市区。

　　早期的美国城市，由于城市交通比较落后，除少数富人拥有马车以外，绝大多数人的通勤方式是步行，人们安步当车，步行半小时乃至一小时从居住地到工作地去上班。这种城市被称作"步行城市"。即使在建立了城市交通系统以后，很多城市还保留着这种步行城市的特点。比如1850—1880年，费城仍有80%以上的市民是步行去上班的。[①] 正是由于这种落后的通勤方式的限制，使"步行城市"的生态组织呈现出某种原始特征。首先，城市的规模受到了限制。直到1850年，纽约、费城、波士顿等大城市的半径也不超过2英里。[②] 其次，没有明确的区位功能的分化。由于城市交通的落后性，不可能出现巨大而快捷的人流和物流，为了方便起见，住房、作坊、工厂、商店等一般都交错分布，虽然城市中心的商业性机构相对多一些，但还

[①] Eric H. Monkkonen, *America Becomes Urban: The Development of U. S. Cities & Towns, 1789–1980*, Los Angeles: University of California Press, 1988, p.161.

[②] Raymond A. Mohl, *The New City: Urban America in the Industrial Age, 1860–1920*, p.28.

没有出现后来的中央商务区，城市的内部结构还没有出现明确的功能区位的分化。再次，就人口的分布模式而言，有钱人一般生活于城市的中心区，因为这里既安全又方便，而穷人则居住在城市的边缘。比如1811年的费城就是如此，富人生活于市中心，而它的第一个郊区南瓦克（Southwark）的居民主要是一些工匠、水手、渔民等，而且这里还有一些污染较严重的行业，如屠宰业、制革业等。直到1849年，一个叫作乔治·G. 福斯特（George G. Foster）的人还写道，"那些劣迹斑斑，令费城蒙羞的人们，有9/10生活于郊区的贼窟和陋屋之内"。他还把郊区那些暗门子描绘为人类社会最为堕落的所在。而在南部的某些城市，如萨凡纳和新奥尔良等，白人生活于市中心，而黑人则居住在郊外简陋的棚屋里。① 最后，步行城市的布局比较紧凑，人口密度较大，城乡界限比较分明。但随着美国近代郊区化的持续发展，步行城市的形态、结构和功能都发生了重大变化，到20世纪初，单中心结构的大都市区初步形成。

首先，步行城市的形态发生了变化。由于近代城市有轨交通的一大特点是由城市中心向外辐射，这就决定了郊区的分布也必然是呈放射状向外延伸。正如1902年美国人口普查局在一份报告中所描述的：许多城市"是由从更加密集的城市中心伸展出来的修长的手指或触须构成的，其发展（模式）决定于呈放射状的街车轨道"②。由于越远离城市中心，交通线路越稀疏，通勤车辆的运行频率越低。相反，越靠近城市中心，交通线路越稠密，通勤车的运行频率越高。所以在人口分布上，越靠近城市中心，人口密度越高。这样，美国城市的形态逐步由早期的近似圆形逐渐演变为星状（见图1.7）。由于郊区的密度较低，尤其是富裕阶层的外层郊区，具有浓郁的田园风貌，美国早期步行城市那种泾渭分明的城乡界限也变得越来越模糊不清。

其次，步行城市的结构和功能也发生了很大变化。郊区化的过程也

---

① Kenneth T. Jackson, *Crabgrass Frontier: The Suburbanization of the United States*, pp. 17-18.

② Alexander B. Callow, Jr. ed., *American Urban History: An Interpretive Reader with Commentaries*, p. 499.

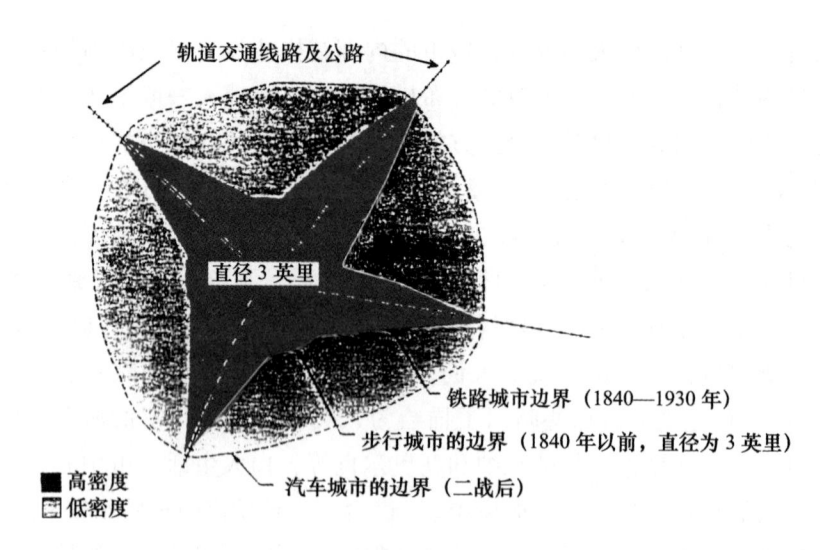

图 1.7 美国城市形态的演变

资料来源：Eric H. Monkkonen, *America Becomes Urban*, *The Development of U. S. Cities &Towns*, *1789 - 1980*, Los Angeles: University of California Press, 1988, p. 178.

同时是城市的生态组织进行调整和演变的过程。这一调整包括两种对流过程。就产业的空间布局而言，在各种作用力（尤其是地价）的影响下，那些单位面积产值高，具有服务和控制功能的商业机构、金融机构、生产服务业以及企业总部等具有强烈的向心性的机构不断向城市中心聚集，逐渐形成了中央商务区；而那些单位面积产值低，同时又不具有向心性的第二产业，尤其是大型的工业企业却不断向郊区迁移，逐渐形成了众多的工业卫星城。这就是所谓的"退二进三"。就人口的空间分布而言，穷人和外来移民不断向中央商务区周围的旧街区聚集，久而久之就形成了贫民窟和少数族裔聚居区，而中产阶级和富裕人士则络绎不绝地迁离中心城市，到环境优雅的郊区去建造自己的世外桃源，从而形成了郊区居民区。这样，以中央商务区为中心的单中心结构的大都市区就逐步形成了（见图1.8）。严格意义上的大都市区包括两个基本要素，其一为郊区，没有郊区就无所谓大都市区；其二为中央商务区，如果没有中央商务区，就没有将整个大都市区紧密联系在一起的纽带，大都市区就会成为一盘散沙，就不能成为一个共同体。

第一章 美国大都市区的孕育与形成

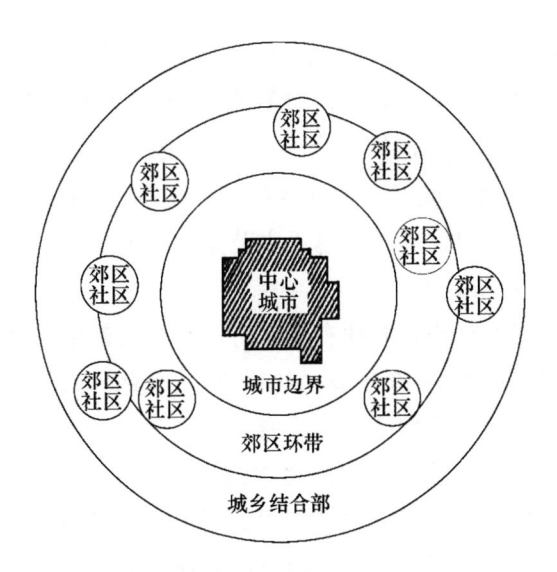

图1.8 单中心结构的大都市区

资料来源：William M. Dobriner, *The Suburban Community*, New York: G. P. Putnam's Sons, 1958, p. xviii.

广义的大都市区虽然在美国早期即已存在，但作为严格意义上的大都市区，作为工业时代一种独特的城市结构，则出现于19世纪末20世纪初。1909年，美国人口普查局提出了"工业区"（Industrial District）这样一个概念，包括中心城市及其周围的郊区。人口普查局对这一概念的提出进行了解释，指出"由于电话、有轨电车以及其他交通和通信技术的发展，在很大程度上已经使工业企业不必在空间上相互接近。因此，我国城市人口和工业的增长在很多情况下是由于城市周围郊区的发展，而非城市本身的发展。在这种情况下，仅仅对城市行政界限以内的人口和工业进行统计公布，常常会错误地反映该城市所在地区的重要性"。其实，"工业区"这一概念就是大都市区概念的前身。1911年美国人口普查局针对1910年的人口统计正式提出了大都市区（Metropolitan District）的概念，并指出："美国所有大城市已经远远越过了城市的行政界限，而且存在人口相对稠密的郊区地带与城市的边界相邻；而且这些郊区地带依靠不计其数的有轨电车和街车线路与城市的中央商务区紧密相连，因而成为城市的一个特殊的

— 113 —

组成部分。那些居住在郊区的工资收入者在城里就业，但由于城市界限的限制，却没有被人口普查局计算在城市人口之内。"根据人口普查局的定义，大都市区包括一个人口10万以上的中心城市及其周围10英里以内的地区，或者某些地区虽然超过10英里，但却与中心城市连绵不断，且人口密度达到每平方英里150人以上的，也应包括于该大都市区范围之内。①

后来，美国人口普查局和有关部门多次对大都市区和郊区之间的关系进行解释，比如1930年该局解释道："郊区从许多方面来看都是中心城市的一部分，就如同该市政府所辖的区域一样。郊区居民参与了城市的经济和社会活动，他们之中的许多人在城市中开业或受雇，同时在较弱的程度上，居住在城市中的居民也在郊区就业。" 1942年联邦住房管理局也分析指出，大都市区的划定不是根据一个城市的政治界线划定的，而是包括了所有的拥有城市特征的外围地区。因为当今城市的增长主要出现在城市的外围地区而非城市内部，事实上，这些郊区和城市的外围地区除了在法律意义上以外，在每一种意义上都是中心城市的一部分。因此，这些外围地区和中心城市的居民在社会经济意义上构成了一个统一的更大的社区。② 简单地说，大都市区就是中心城市及其行政界限以外，与中心城市有着密切的社会经济联系的郊区，它们在生态上构成一个统一体。从大都市区的概念可以看出，大都市区的基本生态组织结构是由中心城市和郊区两部分构成的。

第一，中心城市的生态组织结构：中心城市是大都市区的政治、经济和文化中心，在大都市区内居于主导地位，对郊区乃至广大腹地都具有强大的吸引力和辐射力。按照芝加哥学派城市社会学家伯吉斯的模型，中心城市的基本生态组织结构是由几个同心圆所构成的（见图

---

① Kenneth Fox, *Metropolitan America: Urban Life Urban Policy in the United States, 1940 – 1980*, Jackson: University Press of Mississippi, 1986, pp. 28 – 29.

② U. S. Federal Housing Administration, *FHA Homes in Metropolitan Districts: Characteristics of Mortgages, Homes, Borrowers Under the FHA Plan, 1934 – 1940*, Washington, D. C.: U. S. Government Printing Office, 1942, p. 1.

1.9）。第一环内为中央商务区（CBD），它是整个城市生态体系的核心。由于它处于中心区，是商业活动的理想位置，因而集中了大商店、大银行、影剧院、邮电局、企业总部、政府部门等商业性、服务性和管理性机构。第二环内为过渡地带，是城市的生态组织进化过程的遗产，是生态上最为复杂的地区，这里既有工厂、商店、仓库，也有贫民窟、妓院、赌场、舞厅、少数族裔聚居区，这里是下层社会居住活动的场所，是社会秩序最为混乱的地区。第三环内为工人居住区。这一地区主要居住着工厂工人和商店职员，一般为移民的第二代，他们从贫民窟中逃离出来，到此安家落户，标志着他们社会地位的上升。第四环之内为高级住房区，分布着白领工人、职员和小商人等中产阶级居住的独户住房、高级公寓等。第五环就是郊区带，已经越过了城市的行政界限，郊区居民主要为社会的上层和中产阶级。伯吉斯的这一城市生态模型虽然受到后来学者的挑战，但基本上反映了 20 世纪初至 40 年代美国大都市区的生态组织结构，具有很强的代表性。

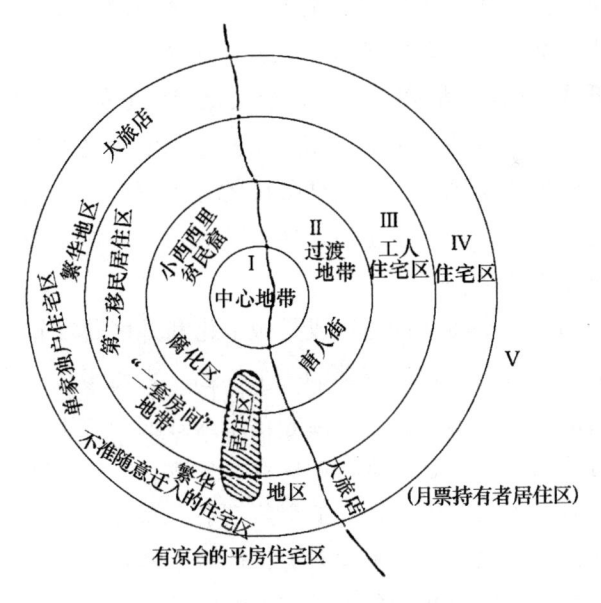

图 1.9　中心城市的空间结构

资料来源：［美］R. E. 帕克等：《城市社会学》，华夏出版社 1987 年版，第 56 页。

第二，郊区的生态组织结构：郊区是指那些位于中心城市的行政界限以外，但在社会经济上又与中心城市有着密切联系的社区。按照功能的差异，郊区可分为居住郊区和卫星城两种。居住郊区的主要功能是为人们提供住房，因而又被称为卧城；而卫星城则是工厂所在地，其主要功能是提供就业，因而又被称为就业郊区。按照美国学者利奥·F. 施努尔（Leo F. Schnore）的说法，"居住郊区是劳动力的供应地和商品的消费地"。而"卫星城则是劳动力的消费地和商品的供应地"。由于居住郊区和卫星城的功能不同，其生态特征和社会文化特征也存在很大的差别。居住郊区的居民一般要通勤到中心城市或卫星城去就业，而卫星城的居民大多在本地就业。居住郊区的居民一般为社会的中上层，人口的同质性较强，居民的素质较高，生活环境良好，社会较为稳定。而卫星城的居民则较为混杂，居民素质和生活环境较差，社会秩序也较为混乱。根据美国学者多恩布什（Dornbush）对芝加哥卫星城的研究，发现其居民的平均教育水平偏低，外国出生的人口比例较高，年轻人较多，婴儿的出生率较高，2/3的就业人员为蓝领工人，而居住郊区的蓝领工人只有1/3。而且卫星城的住房拥挤，租金低廉。[①] 卫星城在生态和社会文化特征上更类似于中心城市。从地域分布来看，卫星城主要分布于工业化程度较高的东北部和中西部规模较小的大都市区内，而居住郊区的分布较广，全国各地的大都市区内普遍存在。另外，卫星城比居住郊区距中心城市更远，规模也较大，历史也较悠久。

美国大都市区空间结构的形成是城市化和郊区化交错发展的一个结果，是城市生态组织走向成熟的一个标志。它比步行城市的结构更为复杂，功能分化更为明确，土地利用更为合理。而中央商务区的形成则具有特殊的意义，它将众多的商业、金融、服务机构以及企业总部聚集在一起，不仅产生了巨大的聚集效益，而且由于上述机构的集中，还释放出巨大的影响力和辐射力，使城市的发展显示出强大的活力和后劲，有助于城市在竞争中处于不败的地位。在现代社会，一个

[①] William M. Dobriner, *The Suburban Community*, pp. 111–114.

有活力的城市必然是一个有着强大的中央商务区的城市。如果一个城市的中央商务区发育不良，那么其影响力和竞争力将是绵软乏力、微不足道的，而其发展前景也将是后劲不足、前途渺茫的。美国大都市区就是在城市化和郊区化的交错发展、对流运动中形成的，它也将随着城市化和郊区化的进一步发展而不断发展演变。

小　结

美国大都市区是在19世纪末20世纪初形成的，但其孕育形成却经历了一个漫长的历史过程。首先是工业化的发展为城市的聚集创造条件。18世纪末19世纪初，美国东北部发生了以棉纺织工业为主的第一次工业革命，到19世纪中期，机器制造业已经形成一个独立的工业部门，标志着美国第一次工业革命的基本完成，从而形成了美国第一个以轻工业为主的经济核心区。在第一次工业革命中，机器生产代替了手工劳作，蒸汽机的广泛使用，使工业生产摆脱了水力能源的限制，从而使工厂的空间分布摆脱了江河溪流的束缚，得以在城市中集中，从而开启了美国的城市化进程。从19世纪70年代开始，美国展开了轰轰烈烈的第二次工业革命，以电力、钢铁、机械、汽车等工业为代表的重工业在中西部迅速崛起。到20世纪初期，美国的第二次工业革命基本完成，美国的第二个经济核心区，即中西部重工业核心区形成。中西部兴起了一批以重工业为主的专业化较强的制造业城市。随着西进运动和南部重建的进行，以及以铁路建设为主导的交通运输网络的形成，美国的远西部和南部也进入了工业化和城市化的进程。

美国城市的发展是大都市区孕育的一个重要方面，它为大都市区的形成提供了一个内核。在城市化即聚集发展的同时，郊区化即扩散化发展也悄然启动。美国的近代郊区是随着公共交通的发展而出现并发展起来的。美国最早的公共交通是1815年在曼哈顿与布鲁克林之间的蒸汽渡船，在渡船航线开辟以后，布鲁克林的人口就开始迅速地增加起来，甚至超过了纽约市，布鲁克林成为美国的第一个近代通勤郊区。蒸汽渡船和渡船郊区出现以后，美国城市陆路交通，如公共马车、有轨马车、蒸汽火车、有轨电车等也迅速发展起来，推动着美国城市向周围地区扩展开来，并在周围建立了众多在法律上和政治独立于中心城市的郊区社区，郊区化成为一个普遍的现象。

如果说城市化是人口、产业和社会机构在空间上的聚集，而郊区化则是人口、产业和社会机构由中心区向外围地区的扩散。从定义来看，城市化与郊区化似乎是相互对立、彼此冲突的两种运动过程，但事实上它们又是相辅相成、相互转化的运动过程。因为通过城市的聚集和规模的扩大，在城市内部就会形成一种张力，迫使城市内部的人口、产业和社会机构向外迁移，从而在大城市周围形成众多住宅郊区和就业郊区，出现郊区化现象。而随着郊区规模的扩大、密度的提高和异质化的增强，郊区的城市性特征就会增强，发展为郊区城镇。而大城市通过兼并郊区没有法人资格的郊区社区或合并郊区拥有法人资格的市镇，可以扩大中心城市的规模。这就是新一轮的城市化过程。城市化和郊区化就是这样呈波浪式地向前发展，与此同时，城市的生态组织结构也发生了重大变化，由过去结构简单、规模狭小的步行城市，形成由中央商务区统辖起来的结构复杂的单中心结构的大都市区。一般地讲，大都市区的生态组织包括一个具有一定规模的中心城市以及一系列与之有着较高的社会经济整合程度的郊区社区。

第二章　美国大都市区的空间蔓延

大都市区化是当代美国城市发展的主导趋势，所谓大都市区化，是指在城市化和郊区化交错发展的过程中，人口、经济和社会机构向着中心城市及其周围的郊区不断聚集，从而推动原有大都市区的规模不断扩大，新的大都市区不断形成，使大都市区的发展在美国城市发展中居于主导地位的过程。在城市发展过程中，在聚集与扩散这两种相反相成、对立统一的运动之下，城市的空间结构不断发展演变，首先于20世纪初形成了单中心结构的大都市区，随后又逐渐向着多中心结构的大都市区演变，甚至大都市区之间彼此交叉，相互连接，从而形成了硕大无朋、漫无边际的大都市连绵带。由于交通通信技术的发展、经济结构的变迁、种族矛盾的激化、阶级结构的变化、规划思想的嬗变等，美国大都市区的郊区空前膨胀，横向扩张，呈现出一种低密度蔓延式乃至蛙跳式的发展模式。低密度蔓延是美国大都市区最主要的空间结构特征，也是造成美国大都市区一系列社会、经济和生态危害的根源。

一　美国郊区化和大都市区蔓延的动因

20世纪20年代以后，美国的郊区化进入了现代发展阶段。由于当代美国大都市区的发展主要来自郊区的发展，而中心城市却处于停滞甚至衰落的状态，因此，在某种程度上可以说，郊区化就是大都市区化，郊区的蔓延就是大都市区的蔓延。事实上，美国学者往往将"城市蔓延"（urban sprawl）、"郊区蔓延"（suburban sprawl）和"大都市区蔓延"（metropolitan sprawl）互用，或者干脆简单地称之为"蔓延"

(sprawl)。造成当代美国郊区和大都市区蔓延的动因可谓多种多样、不一而足，其中最主要的因素包括交通通信技术的飞跃、经济结构的变革、种族矛盾的激化、阶级结构的变化、规划思想的变迁等等。

（一）交通和信息技术的变革

对城市空间布局影响最大的技术就是交通和信息技术，尤其是交通技术，可以毫不夸张地说，有怎样的交通技术，就有怎样的城市布局。在近代，虽然轨道交通在一定程度上促进了城市的扩展和郊区的延伸，但这些轨道交通毕竟受固定线路的束缚，对于人口和产业在更广泛空间上的扩散具有一定的限制作用；同时，它们以市中心为结点，具有强烈的向心性，即所谓"条条大路通市中心"，因而它们像无数条纽带一样，将众多的郊区和卫星城与中心城市紧密地联系在一起。同样，虽然1876年电话的发明便利了信息的交流与传输，但主要的交流手段仍然是以面对面的交谈为主，这种相对落后的信息交流手段，对城市人口、产业和社会机构的扩散同样具有一定的制约作用。然而，进入现代社会以后，随着交通和信息技术的重大突破，城市人口、产业和社会机构在空间分布方面的束缚进一步被打破，成为城市布局的巨大解放力量，与此同时，在其他因素的共同推动下，美国城市以空前的速度和规模迅速蔓延开来。

1. 公路网的形成与汽车的广泛普及

四通八达、无所不至的公路网的形成与各类汽车的广泛普及是美国大都市区空间蔓延最主要的技术前提。美国学者多姆·诺兹（Dom Nozzi）指出："土地利用模式和城市空间结构……基本上是由各种交通的优先次序所塑造的……一个城市的土地利用的本质特征取决于它如何安排其交通。""在20世纪的美国城市中，没有任何一种单独的力量比公路对土地开发模式的影响更大……公路交通的改进助长了其他市场力量，从而鼓励越来越多的家庭和公司到郊区落户。"[①]

[①] Dom Nozzi, *Road to Ruin: An Introduction to Sprawl and How to Cure It*, Westport, Connecticut: Praeger Publishers, 2003, p. 15.

第二章 美国大都市区的空间蔓延

在20世纪以前,美国的公路主要是由私人和地方政府修建和维护的,而且这些公路的质量很差,车辆行驶非常不便。根据1904年联邦政府的"公路调查办公室"(Office of Road Inquiry)公布的第一份全国公路调查报告,全国只有7%的公路是经过铺设的,而其中大多数是用砂石铺砌而成,不是供汽车使用,而是供马车使用。①

为了改善公路状况,早在19世纪80年代美国就掀起一场全国性的"良好公路运动"(good road movement),改革者们组成了"美国车手联盟"(League of American Wheelsmen),并于1892年发行了《良好公路》(Good Roads)杂志。其他改革组织也如雨后春笋般地涌现出来,如1900年成立的"全国良好公路协会"、1902年成立的"美国汽车协会"(AAA)、1903年成立的"美国公路建设者协会"、1914年成立的"美国良好公路协会"等等,地方性的公路改良组织更是不胜枚举。这些机构的主要目标就是推进州和联邦政府为公路的改进提供资金。

在良好公路运动的推动下,一些地方政府展开了筑路热潮,其中以纽约市最具有代表性。1906—1911年威廉·范德比尔特(William K. Vanderbilt)修建了世界上第一条只通行轿车的公路,即长岛汽车林荫大道,随后,他又于1906—1923年设计修建了16英里长的布朗克斯河林荫大道。与此同时,其他主要的林荫大道也相继建成通车,比如哈钦森河林荫大道、索密尔林荫大道、亨利·哈得孙林荫大道等等。纽约州的参议员罗伯特·摩西(Robert Moses)是修建公路的最有力倡导者和支持者。早在20世纪20年代,摩西就宣布了一个全州性的公园和林荫大道建设计划。30年代他又宣布了一项关于纽约市桥梁、主体公路和公园系统的建设计划,作为一个整体系统,"它使任何一个现代城市的,也许还有任何古代城市的,任何公共工程或公共工程系统都相形见绌,黯然失色"②。这些道路、桥梁和隧道的

---

① Owen D. Gutfreund, *Twentieth-Century Sprawl*: *Highways and the Reshaping of the American Landscape*, Oxford University Press, 2004, pp. 14 – 15.

② Robert A. Cato, *The Power Broker*: *Robert Moses and the Fall of New York*, New York: Vintage Books, 1974, p. 896.

修建，使纽约市的交通条件得到极大的改善。一些州政府也采取了积极行动，比如1891年新泽西州议会通过了一项州公路援助法，授权州政府制定计划对县级公路进行资金援助，援助额达县级公路费用的1/3。随后，马萨诸塞州也通过相似的立法，但增加了一项限制性条款，即援助资金只能用于州政府设计的乡村公路，而将城市公路排除在援助之外。到20世纪初期，东部其他五个州也相继通过了类似的公路援助法案，使对公路修建进行援助的州达到了七个。①

然而，对美国公路发展起决定作用的乃是联邦政府。1912年国会制定了第一个实验性的公路援助计划，拨款50万美元用于乡村公路的建设。② 1916年国会通过了《联邦公路援建法》，正式确立了联邦与州合作修建公路的原则，并规定在五年内向各州提供7500万美元的援助。③ 1921年国会再次通过公路法，授权各州设计州际公路和县际公路，并对其修建予以援助。但联邦援助仅仅限于乡村公路而不包括城市道路，且其援助份额只占当时修建的乡村公路里程的7%。④ 然而，从1944年开始，联邦资助扩大到城市道路，而且援助份额也提高到公路费用的50%。⑤ 而具有里程碑意义的是1956年国会通过的《联邦公路援建法》，该法计划修筑4.1万英里的州际高速公路，并且把资助的份额提高到全部费用的90%。⑥ 艾森豪威尔总统在一份国情咨文中称之为美国"历史上最伟大的公共工程计划"⑦。在联邦政府的大力资助下，美国的公路里程迅速增长（见表2.1）。

---

① Owen D. Gutfreund, *Twentieth-Century Sprawl*, p. 11.
② U. S. Department of Commerce, Bureau of the Census, *Historical Statistics of the United States, Colonial Times to 1950*, Washington D. C., 1957, p. 456.
③ George B. Tindall, *The Emergence of the New South, 1913–1945*, Baton Rouge: Louisiana State University Press, 1967, p. 16.
④ U. S. Department of Commerce, Bureau of the Census, *Historical Statistics of the United States, Colonial Times to 1950*, p. 456.
⑤ 陈宝森：《美国经济与政府政策——从罗斯福到里根》，世界知识出版社1988年版，第452页。
⑥ U. S. Department of Commerce, Bureau of the Census, *Historical Statistics of the United States, Colonial Times to 1970*, Washington D. C.: U. S. Government Printing Office, 1975, p. 704.
⑦ 陈宝森：《美国经济与政府政策——从罗斯福到里根》，第453页。

第二章 美国大都市区的空间蔓延

表2.1　　1950—1974年间美国城乡公路里程（万英里）

		1950年	1960年	1970年	1974年	年均增长率
	联邦控制	7.3	11.2	18.7	22.4	206.8%
	州控制	58.1	65.9	70.7	70.6	21.5%
	地方控制	233.6	234.5	227.5	224.8	-3.8%
乡村公路里程		299.0	311.6	316.9	317.8	6.3%
	州控制	3.6	5.0	7.4	8.4	133.3%
	地方控制	28.7	38.0	48.7	55.4	93.0%
城市公路里程		32.3	43.0	56.1	63.8	97.5%
城乡公路总里程		331.3	354.6	373.0	381.6	15.2%

资料来源：U.S. Department of Commerce, Bureau of the Census, *Statistical Abstracts of the United States*: *1976*, 97th Edition, Washington D.C., 1976, p.586. 其中百分比为笔者计算所得。

表2.1显示，1950年美国城乡公路总长为331.3万英里，1974年增长到381.6万英里，增长率只有15.2%；而同期联邦政府控制的公路里程从7.3万英里增长到22.4万英里，增长率高达206.8%，显示了联邦政府在公路修建中的重要作用。另一组引人注目的数字是城市公路里程的增长，在这一时期，美国乡村公路里程只增长了6.3%，而城市公路里程则增长了97.5%，这说同期美国各级政府对城市公路的投资力度大为增加。这些联邦、州和地方三级公路像蛛网一样密布全国，使美国的城乡交通大为改善，便利了城市与郊区之间的通勤，为大都市区的空间蔓延创造了条件。

在美国公路日益改善的同时，汽车也开始应用并逐步普及开来。在美国汽车的发展中，具有重要意义的是1908年亨利·福特发明的T型汽车。T型汽车的优点是底盘较高，即使在崎岖不平的乡间道路上也能行驶，而且T型汽车结构简单，便于操作和维修。更为重要的是T型汽车价格低廉，第一年T型汽车的销售量为10607辆，每辆售价为870美元。1914年福特公司采用装配线生产技术，产量猛增到248307辆，售价只有260美元，福特称之为"这是一辆让世界坐在

图 2.1 联邦补助的发达的高速路导致了郊区蔓延

资料来源：F. Kaid Benfield, et al., *Once There Were Greenfields: How Urban Sprawl Is Undermining America's Environment, Economy and Social Fabric*, New York: Natural Resources Defense Council, 1999, p. 28.

车轮上的汽车"①。此后，美国成为世界上人均拥有汽车最多的国家，1940年，美国人口为1.32亿，轿车、卡车和公共汽车的数量为3252.5万辆，即每4人拥有一辆汽车；而到1970年，美国人口增加到2.03亿，轿车、卡车和公共汽车的数量上升到1.1亿辆，即每1.8人就拥有一辆汽车。②

随着交通技术的进步，人口和物资流动的时间在缩短，而空间距离在延长，人们在有限的时间内跨越的空间越来越远，空间距离已不足为虑，时间跨度才具有真正的意义。简单地说，就是空间摩擦力在日益减小，或者说是时间战胜了空间。正如英国历史学家汤因比所评价的，"我们时代的一个特点是由于现代技术的惊人进步，

---

① [美] 米歇尔·波劳德：《亨利·福特与福特公司》，陈必庆译，世界图书出版公司1997年版，第65、77、63页。

② U. S. Department of Commerce, Bureau of the Census, *Statistical Abstracts of the United States: 1976*, 97th Edition, Washington D. C., 1976, p. 5, 593. 其中人均拥有汽车数量为笔者计算所得。

导致'距离消除',致使变化以空前的速度加快进行"①。既然空间摩擦力已大为减小,空间距离已经不足为虑,那么居民人口、社会机构和经济活动又何必局限于空间狭小、问题丛生的中心城市呢?于是,在现代交通技术空前发达的情况下,居民人口、社会机构和经济活动便以空前的速度和规模向郊区分散开来,从而出现了大都市区的低密度蔓延的发展模式,大都市区的扩散已经失去了地理空间上的限制。

2. 信息技术的发展

信息技术的发展对于人口、产业与社会机构的空间分布也具有重大影响。正如刘易斯·芒福德所指出的:"一座城市的许可规模在一定意义上是随其通信联络的速度和有效范围而变化的。"② 在工业化初期,报纸、信件和口头传递等缓慢的信息交流方式,是迫使人口、社会机构和工业企业向城市聚集的原因之一。企业为了及时获取信息,不得不互相接近。同样,由于信息流通的缓慢,企业的经营部门还不能与生产部门分离,工厂的郊区化和企业总部向中央商务区的聚集受到了限制。但随着信息技术的发展和信息流动的加快,企业获取信息在一定程度上已不受时间和空间的限制,企业之间、企业的经营部门与生产部门之间可以在空间上相互分离。这样就造成了两种趋势,即企业的高层经理部门日益向中央商务区聚集,以便及时获取市场信息和进行各种需要面对面的活动,而生产部门和那些事务性的办公机构则可以分散到郊区进行生产和经营,以节约地租。

电话的发展最早为企业的经营部门和生产部门的分离创造了条件。1920—1970年,美国电话机的数量由13273部增加到120218部,每千人拥有电话机的数量由123.4部增加到583.4部,拥有电话家庭的百分比由35.0%上升到90.5%。③ 而60年代以来,"一场具有历史意义的

---

① [英]阿诺德·汤因比:《历史研究》,第3页。
② [美]刘易斯·芒福德:《城市发展史:起源、演变和前景》,第69页。
③ U. S. Department of Commerce, Bureau of Census, *Historical Statistics of the United States, Colonial Times to 1970*, pp. 783 – 784.

技术革命正在改变着人类生活的基本范畴：时间和空间。新的科学发现和技术革命不仅日益提高着生产效率，而且逐渐消除社会生活各领域的空间距离。信息革命日渐展现出来的前景开拓了创新精神和通讯业的无限发展空间，从而诱使我们不断探索人类自身和宇宙的新领域，向社会提出结构变革的挑战。"[1] 在信息技术革命中诞生的通信手段，主要包括通信卫星、微波传输系统、同轴光缆、蜂窝电话、电子计算机和网络数字化等等，从而使信息传输速度和容量激增。在美国甚至出现了一个专门从事信息的创造、处理和传播的信息产业部门，美国乃至其他国家迅速迈入"信息社会"。根据美国人口普查局的统计，美国拥有电视的家庭比例1950年只占9%，1960年骤增到87%，1970年为95.3%，1980年为97.9%，1990年为98.2%。[2] 美国拥有电脑的家庭比例，1998年为42.1%，2001年上升到56.5%；拥有网络的家庭，1998年为26.2%，2001年上升到50.5%。[3] 在信息技术进步的前提下，不同企业、不同市场、不同产业、不同组织之间原有的隔绝状态已经被打破，信息的获取已不再是限制产业分布的一个重要因素。同时，人们的工作地点和生活地点的选择也更加灵活。人们即使独处乡间，也能在一定程度上享受现代文明的乐趣，而不再有与世隔绝的感觉，因此，信息技术的进步成为城市人口、产业和社会机构分布的又一个重要解放力量，城市布局从此失去了在空间方面的束缚。美国城市学者刘易斯·芒福德形象地写道："技术方面的这种爆炸性发展，也引发了城市本身发生极其类似的爆炸：城市开始炸裂开来，并将其繁杂的机构、组织等散布到整个大地上。"[4]

---

[1] [美] 曼纽尔·卡斯泰尔：《信息化城市》，崔保国等译，江苏人民出版社2001年版，第1页。

[2] U. S. Department of Commerce, Bureau of the Census, *Statistical Abstracts of the United States*: *1987*, 107th Edition, Washington D. C., 1986, p. 531. U. S. Department of Commerce, Bureau of the Census, *Statistical Abstracts of the United States*: *2002*, 122nd Edition, Washington D. C., 2001, p. 699.

[3] U. S. Department of Commerce, Bureau of the Census, *Statistical Abstracts of the United States*: *2002*, p. 714.

[4] [美] 刘易斯·芒福德：《城市发展史：起源、演变和前景》，第36页。

（二）美国经济结构的演变

聚集经济效益是城市产生和发展的根本经济动因。美国经济向郊区一定程度的扩散，并非违背了聚集经济效益这一原则，而是城市经济向更广阔的空间聚集的反映，也是美国经济结构演变的一种反映。这种经济结构的变化主要包括三个方面：规模结构、地区结构和部门结构的变化。

1. 美国工业规模结构的变化

19世纪中后期以来，美国的工业化水平不断提高，工业企业的数量不断增多，并且迅速向城市聚集。同时，企业的规模也在日益膨胀。进入20世纪以来，美国重工业的发展在工业结构中占据了主导地位。重工业的一个重要特点就是资本的有机构成高，投资规模大，单个企业的占地空间日益扩大。比如，坎布里亚钢铁铸件公司（Cambria Iron Works）在宾夕法尼亚州的约翰斯敦（Johnstown）的工厂，在1860年雇佣人数为1000人，1880年增加到4200人，1900年增加到1万人，1910年增加到2.2万人。通用电器公司1910年在斯克内克塔迪（Schenectady）的工厂雇佣1.5万人。1920年，福特汽车公司和古德伊尔公司（Goodyear）的各个工厂雇佣人数都在3.3万人以上。1924年，福特汽车公司在里弗鲁日（River Rouge）的工厂雇佣工人超过6.8万人，成为当时世界上最大的工厂。[1]

美国工业不仅企业的规模在扩大，而且由于装配线的使用和自动化程度的提高，工厂平均每个工人的占地面积也在扩大。根据埃德加·胡佛（Edgar Hoover）和雷蒙德·弗农（Raymond Vernon）的研究，在纽约大都市区，1922年以前建于中心城市和旧卫星城以外的工厂，每个工人的占地面积平均为1040平方英尺，而在1922—1945年为2000平方英尺，1945年以后竟高达4550平方英尺。[2] 在底特

---

[1] Raymond A. Mohl: *The New City: Urban America in the Industrial Age, 1860 – 1920*, Arlington Heights, Illinois: Harlan Davidson, Inc., 1985, p. 59.

[2] James Heilbrun, *Urban Economics and Public Policy*, New York: ST. Martin's Press, 1981, p. 44.

律，福特汽车公司在产业链上的纵向兼并使其成为一个集生产焦炭、生铁、钢材、铸件、锻造、汽车零部件、装配，以及运输、销售和金融等环节于一体的联合大企业，占地面积达1000多英亩，拥有7.5万工人，厂内拥有轨道运输线达93英里。① 如此庞大的企业不仅在拥挤的中心城市找不到足够的空间，而且更难以支付昂贵的地租。因此，亨利·福特把许多工厂设置在底特律的郊区，如海兰帕克（Highland Park）、诺斯维尔（Northville）、弗拉特罗克（Flat Rock）、里弗鲁日（River Rouge）等。可见，企业规模的扩大和工厂向郊外的迁移，推动了大都市区经济空间布局的重构，导致了大都市区的空间膨胀与蔓延。

2. 美国经济区域结构的变化

美国经济地区结构的变化对美国各个地区的城市结构产生了巨大影响。整个19世纪和20世纪初期，美国的东北部和中西部一直是美国的经济中心，其工业化和城市化水平都远远高于南部和西部。直到1950年，东北部和中西部工业区仍然拥有全国人口的55.7%，就业人员的57.5%，个人收入的63.1%，西部和南部对东部依然存在着严重的依赖关系。②

然而，自二战开始，美国的经济重心迅速向西部和南部转移。二战期间，联邦政府在西部和南部投入巨资，建立了众多的军事基地，创办了许多军工企业。这样，大量的资本、技术和人才流入西部和南部，为西部和南部的经济繁荣创造了条件。冷战时期，美国出于国家安全的考虑，在西部和南部建立了一系列国防基地，大规模创办国防工业。与国防工业密切相关的高科技产业也在西部和南部普遍兴起。与此同时，传统制造业也不断向西部和南部转移，使其区域经济体系日臻完善。"从前的'殖民地'现在也许拥有同样规模和便利的市场，以及不断更新的工业技术，并藉此不断促进自我发展，就如同一

---

① 冯泽峰：《美国工业与政府政策》，经济科学出版社1992年版，第317—318页。
② U. S. Department of Commerce, Bureau of the Census, *Statistical Abstracts of the United States*: *1954*, pp. 18, 198, 304.

个世纪以前的东北部工业区一样。"①

西部和南部城市发展较晚,当代交通和信息技术的发展,为其空间布局的灵活性提供了一个更高的起点。与此同时,在产业的地区转移过程中,投资商以东北部和中西部工业城市的高度集中而产生的种种弊端为前车之鉴,直接将工厂设置在城市的外围和郊区,以便获得充足的发展空间,笔者称之为"跨地区的郊区化"。这种郊区化的特点是,由于西部和南部城市是后起的城市,其发展最为迅速的时期是在20世纪的汽车时代和信息时代,城市布局一开始就力图避免东部城市高密度的发展模式,而是以低密度布局为主要特征,同时,也使西部和南部城市的郊区化具有自身的特点,即产业与人口的同步郊区化,而东北部和中西部城市的郊区化则选择了一条人口的郊区化在先、产业的郊区化在后的道路。这种产业的地区转移使东北部和中西部的城市受到猛烈的冲击,而西部和南部郊区受益匪浅。

3. 美国经济部门结构的变化

二战以后,美国经济的部门结构也发生了巨大变化,由于工农业劳动生产率的不断提高,第一和第二产业在整个国民经济中所占的比重不断缩小,而第三产业所占的比重日益扩大。在20世纪五六十年代之间,美国经济从制造业经济逐步发展到服务业经济,而到了七八十年代,又从服务业经济发展到信息经济。由于城市是现代经济的主要载体,所以经济结构的变动必然对城市的职能、结构和形态产生巨大影响。

服务经济和信息经济处理的主要是信息,而非笨重的工业产品,而高技术产业的产品日益小型化,附加值高,运输十分方便,在区位选择方面更加"灵活自如"(footloose)。另外,无论是服务部门、办公机构还是高技术产业,都对环境质量的要求很高,与此同时,这些行业的就业人员在战后已经大多迁移到环境幽雅、空气清新的郊区,

---

① Gerald D. Nash and Richard W. Etulain, eds., *The Twentieth-Century West: Historical Interpretations*, Albuquerque, 1989, p. 90.

所有上述因素都推动着这些经济部门向郊区的迁移。因此，六七十年代以来，郊区出现了不计其数的办公园区和工业园区，被称为美国学术界称为郊区"办公室繁荣"。

服务经济和信息产业的发展对于城市布局来说并不总是推动了分散化或郊区化，事实上，在这一过程中同时存在聚集与扩散两种趋势。根据美国学者的研究，服务经济对城市结构的影响主要表现在以下几个方面：其一，生产服务业日益集中于中心性的大都市区，如纽约、芝加哥、洛杉矶等；其二，生产服务业日益集中于大都市区的中央商务区；其三，这两种趋势由于"发达的企业服务"而得到加强；其四，大公司的分部出现了郊区化趋势，同时，那些小企业由于无力在中央商务区与大公司夺取地盘也迁往郊区；其五，消费服务业大体上尾随中产阶级而郊区化；其六，地方服务业，尤其医疗、教育等，倾向于尾随其服务对象而分布。但是某些大型服务机构（如大医院），一般仍然集中于中心城市。①

由此可见，服务经济对城市空间结构的影响是双重的，即聚集与扩散两种趋势同时并存。生产服务业之所以日益集中于大都市区的中央商务区，是因为它属于高层管理部门，在现代经济中居于核心地位，具有极强的中心性，而中央商务区又是通信设施和其他基础设施最为集中的地方，所以向中心区的聚集势在必然。而向郊区迁移的只是一些消费服务业、地方服务业、大企业的分部和小企业，以及信息产业中的制造业。值得注意的是，生产服务业的聚集为其他产业的扩散创造了条件，从而促进了产业的分散化和郊区化。

（三）联邦政府住房政策的引导作用

一个国家的方针政策是影响该国发展的最有力的杠杆之一。可以说，美国大都市区的蔓延在很大程度上是联邦政府政策的产物，其中主要包括交通政策和住房政策。交通政策在前文已经有所交代，这里

---

① Mattei Dogan, John D. Kasarda, eds., *The Metropolis Era*, Volume 1, *A World of Giant Cities*, London: Sage Publications, 1988, p. 94.

只对住房政策加以论述。

1. 优惠的住房抵押贷款政策

一战以前,联邦政府虔诚地恪守着市场调节的自由放任政策,几乎从不插手私人住房市场。20世纪30年代大危机是一个重要的转折点,在危机期间,美国住房市场受到猛烈的冲击,私人非农住房建设投资从1925年的55.2亿美元下降到1930年的20.8亿美元,1935年再次下降到10.1亿美元,仅相当于10年前的18.3%。非农新住房建筑数量从1925年的93.7万套下降到1930年的33.0万套,1935年再次下降到22.1万套,相当于10年前的23.6%。① 与此同时,许多抵押住房被取消了赎回权,1926年大约有6.8万套,1930年猛增到15万套,1933年竟高达25万套,美国住房抵押市场陷于崩溃。② 因此,甚至连极力推崇自由放任政策的胡佛政府也不得不进行干预,1932年7月胡佛总统签署了《联邦住房贷款银行法》,建立了住房抵押贷款担保制度,但对抵押贷款规定了种种苛刻条件。

罗斯福执政以后,便大刀阔斧地改革联邦住房政策。1933年4月成立了房主贷款公司(HOLC),为面临取消抵押住房赎回权的家庭提供贷款,并延长抵押贷款偿还的期限。1934年国会通过了住房法,成立了联邦住房管理局(FHA),不仅对私人住房抵押贷款进行担保,而且还实行了更为优惠的住房抵押政策,将首付金额下调到住房价格的10%,偿还期延长到25—30年,利率降到2%—3%。而在此以前,偿还期限一般只有5—10年,年利率高达6%—7%,而且首付金额往往达到房价的1/3至1/2。③ 1935—1940年,在美国所有新建的非农住房中,有1/4得到了联邦住房管理局的抵押担保。仅在这5年间,获得担保的新建独户住房就达457673套,其中位于

---

① U. S. Department of Commerce, Bureau of the Census, *Statistical Abstracts of the United States: 1954*, pp. 775, 777.

② Kenneth T. Jackson, *Crabgrass Frontier: The Suburbanization of the United States*, pp. 192–193.

③ Peter Hall, *Cities of Tomorrow: An Intellectual History of Urban Planning and Design in the Twentieth Century*, Cambridge, Massachusetts: Blackwell Publishers, Inc., 1988, p. 293.

大都市区内的达到 358587 套,约占 78.4%。①

二战结束后,美国有 1600 万联邦军人退伍,大量退伍军人组建新家,生儿育女,出现了"婴儿繁荣",因此,战后初期住房极度紧缺。为了安置这些退伍军人,1944 年国会制定了《退伍军人再安置法》(Servicemen's Readjustment Act),成立了退伍军人管理局(VA)。该法提供了更加优惠的条件,不仅为退伍军人提供抵押贷款担保,而且无须交纳首付。联邦住房管理局和退伍军人管理局为大批的私人住房进行了抵押贷款的担保,比如在 1960 年的 125.2 万套新建私人住房中,获得两局担保的比例达 26.8%;而在 1970 年,这两个数字分别上升到 143.4 万套和 33.6%。② 可见两局对于美国住房建设的重要意义。

联邦政府还成立了几个二级抵押贷款机构,以增加住房抵押贷款投资。1938 年成立了"联邦全国抵押贷款协会"(FNMA),即房利美(Fannie Mae),该机构有权收购联邦住房管理局发放的抵押贷款,以便加快贷款机构资金的周转,从而增加住房市场的资本。1968 年,由于银行利率的上涨,私人抵押贷款减少,于是联邦政府又成立了"政府全国抵押贷款协会"(GNMA),即吉利美(Ginnie Mae),其主要目的是阻止住房建筑和抵押贷款的下降,鼓励住房抵押贷款机构扩大抵押贷款投资,吸引其他非住房投资转向住房抵押贷款。吉利美的"双轮马车计划"(Tandem Plan)对贷款机构进行了利息补贴,使抵押贷款机构可以在低于市场利率的情况下发放贷款。在 1975—1976 年间,受吉利美补贴的住房有 80% 位于郊区,16% 位于中心城市,4% 位于乡村地区。③ 1970 年联邦政府又成立了"联邦住房抵押贷款

---

① U. S. Federal Housing Administration, *FHA Homes in Metropolitan Districts: Characteristics of Mortgages, Homes, Borrowers Under the FHA Plan, 1934 – 1940*, Washington, D. C.: U. S. Government Printing Office, 1942, pp. 2, 8.

② U. S. Department of Commerce, Bureau of the Census, *Statistical Abstracts of the United States: 1976*, p. 737.

③ Joe T. Darden, "Lending Practices and Policies Affecting the American Metropolitan System", Stanley D. Brunn and James O. Wheeler, eds., *The American Metropolitan System: Present and Future*, Toronto: V. H. Winston & Sons, 1980, p. 101.

公司"（FHLMC），即房地美（Freddie Mac），有权购买未受联邦住房管理局和退伍军人管理局担保的抵押贷款。七八十年代银行利率再次上升，这三个二级抵押贷款机构每年都向住房抵押市场投入大量资金。1977年，吉利美、房利美和房地美发放的抵押贷款额分别为280亿、329亿和33亿美元。① 到1986年，这三个机构提供了私人独户住房抵押贷款4420亿美元中的3000亿美元，即占私人独户住房贷款总额的67.8%。②

由于联邦政府调动了私人公司的住房投资热情，战后美国的住房建筑有了迅速的发展（见表2.2）。表2.2显示，战后初期是美国住房建筑业迅速发展的时期，1945—1950年，私人部门的新建住房投资增长了10倍以上，住房建筑量增长了5倍以上。1960—1970年，虽然涨幅有所放慢，但绝对数值仍然很大。

表2.2　　美国私人部门新建住房年投资额和年住房建筑量

	1945	1950	增长率	1960	1970	增长率
投资额（亿美元）	12.0	133.6	1013.3%	172.8	318.6	84.5%
新建住房（万套）	18.5	115.1	522.2%	125.2	143.4	14.5%

资料来源：U. S. Department of Commerce, Bureau of the Census, *Statistical Abstracts of the United States: 1954*, 75th Edition, Washington D. C., 1954, pp. 775, 778. U. S. Department of Commerce, Bureau of the Census, *Statistical Abstracts of the United States: 1976*, 97th Edition, Washington D. C., 1976, pp. 728, 737.

2. 对独户住房和自有住房的倾斜

毫无疑问，联邦政府的住房抵押贷款保险政策和优惠政策刺激了住房建筑业的发展，从而推动了大都市区的扩展。除此之外，该政策

---

① Joe T. Darden, "Lending Practices and Policies Affecting the American Metropolitan System", Stanley D. Brunn and James O. Wheeler, eds., *The American Metropolitan System: Present and Future*, Toronto: V. H. Winston & Sons, 1980, p. 105.

② Brian G. O'Connell, "The Federal Role in the Suburban Boom", Kelly, Barbara M., ed., *Suburbia Re-examined*, New York: Greenwood Press, 1989, pp. 186 – 187.

还严重地倾向于独户住房，对两户以上的多户住房则另眼相看，由于独户住房主要位于空间充裕的郊区，从而进一步推动了郊区的蔓延。比如，20世纪40年代联邦住房管理局对独户住房和多户住房的保险比率为4∶1，20世纪50年代这一比率上升到7∶1。① 因此，独户住房的发展远远快于多户住房，比如，1935年美国城市化地区新建独户住房的数量为18.3万套，而新建两户以上的多户住房的数量只有3.8万套，后者仅相当于前者的20.8%；1950年这三个数字分别为115.4万套、24.2万套和21.0%。② 此外，联邦政府还倾向于鼓励居民购买私人住房，对私人购买住房给予长期低息贷款，而对于维修旧宅和出租住房的贷款则给予苛刻的条件。另外，还对住房的面积、住房距街道的远近、建筑密度等都规定了严格的限制，所有这些规定都不利于中心城市而利于郊区，从而把大量私人投资引向郊区，从而助长了大都市区的低密度蔓延。

美国政府很重视公民住房自有率的提高，比如，1931年，胡佛总统在一次"住房建设和自有率会议"上，强调了提高住房自有率的重要意义，他说道："拥有自己的住房是个人主义、进取心、独立自主和精神自由的一种物质表现，这一愿望已成为国家福祉的核心内容……人们无须畏惧住房所有者的民主或自治、自由或自主，无论这些所有者或许是多么卑微。"③ 因此，联邦政府采取各种措施积极促进公民住房自有率的提高，其中之一就是联邦政府的自有住房税收补贴政策。

早在1913年的《安德伍德—西蒙斯关税法》就规定债务利息和其他税收应该从公民应纳税的总收入中扣除。后来的《国产税条例》（Internal Revenue Code）允许纳税人将抵押贷款利息和地产税从房主

---

① Kenneth T. Jackson, *Crabgrass Frontier*: *The Suburbanization of the United States*, pp. 200 – 206.
② U. S. Department of Commerce, Bureau of the Census, *Statistical Abstracts of the United States*: *1954*, p. 777.
③ ［美］亚当·罗姆：《乡村里的推土机——郊区住房开发与美国环保主义的兴起》，高国荣、孙群郎等译，中国环境科学出版社2011年版，第16、19页。

应纳税的总收入中扣除，然而，房租并不从租户的总收入中扣除，这是对房主的优待和对租户的歧视，是一种明显的劫贫济富的政策。美国学者肯尼斯·杰克逊对此进行了深入的分析，杰克逊假定某人租住了一套公寓住房，他必须用他的税后收入交纳房租，没有任何种类的折扣。如果某人的所得税率是25%，那么每月600美元的租金就要从其每月的税前收入中拿出800美元。如果其所得税率是50%，那么每月900美元的房租就要从其税前收入中拿出1800美元。而通过住房贷款购买自有住房的房主则要划算得多，他可以从其税前收入中扣除抵押贷款的利息。假如一位年收入25万美元的公民居住在郊区一座40万美元的豪宅中，他的3.8万美元的房贷利息可以全部从其税前收入中扣除，此外他还可以从其税前收入中全部扣除其7000美元的房产税。这4.5万美元的收入折扣可以节省大约2.25万美元的税款。因此在郊区购买住房比在城市中租房更划算，尤其对于高收入阶层青睐的高档住房更是如此。[1] 1958年联邦政府对抵押贷款的利息税和私人住房财产税的补贴额为32亿美元，1986年的补贴猛增到626亿美元，其中273亿美元是对抵押贷款利息的减税额。[2] 因此，美国学者杰克逊评价说："郊区化并不是由于地理、技术和文化等因素而产生的一种历史的必然结果，而是政府政策的产物。事实上，低密度居住模式的社会成本是由普通纳税人来负担的，而不仅仅是郊区居民。"[3]

3. 联邦政府和金融机构的红线政策

在联邦政府的各项住房政策中，对郊区的扩展和中心城市衰落产生最大影响的莫过于"红线政策"（redlining）。所谓"红线政策"，就是贷款机构"特别针对某一特定地理区域的地产拒绝给予抵押贷款，或以更加歧视的方式改变贷款条件"[4]。红线社区往往具有如下

---

[1] Kenneth T. Jackson, *Crabgrass Frontier: The Suburbanization of the United States*, pp. 293-294.

[2] Brian G. O'Connell, "The Federal Role in the Suburban Boom", Kelly, Barbara M., ed., *Suburbia Re-examined*, pp. 186-187.

[3] Kenneth T. Jackson, *Crabgrass Frontier: The Suburbanization of the United States*, p. 293.

[4] Mortgage Bankers Association of America, *Redlining Solution Requires United Approach*, June 1975, p. 4.

特征：住房和街区比较陈旧，拥有较多的中下层阶级群体，种族或族裔成分比较复杂，在空间上接近贫困社区等。贷款机构实行红线政策具有一定的经济理性，因为红线社区的住房价值十分不稳定，对其发放贷款面临巨大的风险。因此，贷款机构要么拒绝对红线社区进行贷款，要么增加更加苛刻的条件，比如更高的首付和利息、更短的还贷期限等等。

更关键的是，红线政策得到了联邦政府有关机构的默许、鼓励乃至引导，因此产生的危害更大，更难以根除。一位联邦政府官员指出："也许红线政策最令人惊异和最具危害性影响的地方，在于它在真正的意义上是由政府所倡导的。"[①] 比如，1938年联邦住房管理局在《信贷手册》（Underwriting Manual）中忠告："应该对某一地区周围的环境进行调查，以便确定是否存在不和谐的种族和社会群体，以便预测该地区是否可能遭到这些群体的侵入。如果一个社区要保持稳定，财产就应该继续由相同的社会阶级和种族集团来占有，这一点是十分必要的。居民在社会阶级和种族群体方面的变化，往往会导致不稳定的状况和财产价值的下降。"[②] 联邦住房管理局之所以提出这种忠告，是为了减少住房贷款中的坏账，以减少联邦政府和信贷机构的损失。

最为明目张胆地实施红线政策的联邦机构就是"联邦住房银行委员会"。1940年，该委员会为抵押贷款机构提供了一些统计资料，将美国城市的各种社区分为"高风险"和"低风险"社区，那些被划分为"高风险"的社区主要是位于中心城市的黑人社区，建议不要对这些地区发放贷款。另一联邦机构房主贷款公司（HOLC）为加州的奥克兰和伯克利提供了一个更为详细的调查报告，按照抵押贷款的风险程度将城市社区分为4个等级，分别用A、B、C、D表示，分别用绿、蓝、黄、红4种颜色标出，用以表示其偿还贷款的安全系数，

[①] U. S. Department of Housing and Urban Development, *Redlining and Disinvestment as a Discriminatory Practice in Residential Mortgage Loans*, Part I, Washington, D. C.: U. S. Government Printing Office, July 1976, p. 15.

[②] Gregory D. Squires, ed., *From Redlining to Reinvestment: Community Responses to Urban Disinvestment*, Philadelphia: Temple University Press, 1992, p. 5.

第二章 美国大都市区的空间蔓延

被称为"住房安全图"①。由于郊区一般为新建的中产阶级和富裕阶层的同质性社区,住房和环境状况比较优越,A类和B类社区自然较多,而中心城市比较陈旧,且穷人和少数族裔较多数,C类和D类社区也自然较多。由于联邦政府对中心城市的衰败社区不愿进行风险担保,因而私人贷款机构为了确保投资安全,在投资方向上往往偏向郊区而回避中心城市。比如对芝加哥大都市区的统计区(census tracts)的分析表明,1945—1954年,23%的城市统计区没有得到保险公司的贷款。1955—1964年这一比例上升到38%,1966—1967年则高达67.7%。②

中心城市不仅得不到信贷机构的住房贷款,而且即使是中心城市住户自己的储蓄资金,也不能应用于中心城市的住房贷款,而是被投入郊区、其他地区乃至国外,从而导致了中心城市资金大规模的流失,导致了中心城市的衰落和郊区的繁荣。根据全国培训和信息中心(the National Training and Information Center)的一项报告,芝加哥市的两个最大的贷款机构"芝加哥大陆伊利诺伊国家银行和信托公司"和"芝加哥第一国民银行"在郊区进行了大规模的投资,而对芝加哥市投资很少。比如在1974年,前者只将在芝加哥市获得储蓄资金的8%投入芝加哥市的房贷,后者同期也只有24%。同样,在波士顿大都市区,马萨诸塞银行委员会的官员哈里特·T.塔格特(Harriet T. Taggart)在作证时说,波士顿市民每一美元储蓄中只有9美分投入波士顿市区1—4户的房贷中;而在波士顿的郊区,其居民的每一美元储蓄则有31美分投入郊区1—4户的房贷中。③

由此可见,美国联邦政府的住房政策及与之相关的所得税政策和红

---

① Joe T. Darden, "Lending Practices and Policies Affecting the American Metropolitan System", Stanley D. Brunn and James O. Wheeler, eds., *The American Metropolitan System: Present and Future*, Toronto: V. H. Winston & Sons, 1980, p. 5.

② Thomas W. Hanchett: "Financing Suburbia: Prudential Insurance and the Post-World War Ⅱ Transformation of the American City", *Journal of Urban History*, Vol. 26 No. 3, March 2000, p. 318.

③ U. S. Department of Housing and Urban Development, *Redlining and Disinvestment as a Discriminatory Practice in Residential Mortgage Loans*, Part I, p. 38.

线政策，对居民的郊区化和大都市区的蔓延起了推波助澜的作用。美国学者 H. V. 萨维奇（H. V. Savitch）评价道："无论一个人如何评价城市蔓延，它都不是自发产生的，也不纯粹是市场力量的产物。华盛顿通过抵押贷款、住房、税收、国防和交通政策呼应乃至鼓励了地方上的蔓延机器（sprawl machine）。有些人也许会对联邦政府的这一角色欢呼雀跃，认为它给美国人带来了更多的自由、流动和繁荣。"[①]

（四）种族矛盾的激化与白人逃逸

美国城市与西欧及其他发达国家城市的一个重要区别是，美国城市中存在着一个庞大的黑人种族群体，历史悠久而根深蒂固的黑人与白人之间的种族矛盾造成了美国城市的动荡性。白人中产阶级和富裕阶层为了寻求安稳的社会环境，被迫从中心城市中逃逸出来，在郊区同质性较强的白人社区中安家落户。可见，中心城市的黑白种族矛盾是推动白人不断向郊区迁移的一个重要因素，同时也是造成美国郊区化和大都市区蔓延程度遥遥超越于其他发达国家的一个重要社会原因。

1. 黑人大迁徙与种族隔离制度的确立

内战之后，获得解放的黑人奴隶并没有获得人身自由，而是长期作为分成制雇农和分成制佃农，被牢牢地束缚在南部白人的种植园上，继续遭受白人的残酷剥削与压迫，没有迁徙的自由。直到1910年，美国黑人总数的90%分布于南部地区，而且主要居住于乡村。[②] 然而，20世纪发生的两次黑人大迁徙使黑人的地区分布发生了剧烈的变化。第一次黑人大迁徙出现于一战和大危机期间，南部以外地区黑人的数量迅速提高，1930年达到了250.9万，1940年达到296.0万，占全国黑人的比例达到23.0%。[③] 二战爆发以后，美国成为"民

[①] H. V. Savitch, "Encourage, Then Cope: Washington and the Sprawl Machine", in Gregory D. Squires, ed., *Urban Sprawl: Causes, Consequences & Policy Responses*, Washington, D. C.: The Urban Institute Press, 2002, p. 159.

[②] Kenneth Fox, *Metropolitan America: Urban Life Urban Policy in the United States, 1940–1980*, Jackson: University Press of Mississippi, 1986, p. 118.

[③] U. S. Department of Commerce, U. S. Census Bureau, *Statistical Abstracts of the United States: 1954*, p. 38. 其中数字和百分比为笔者根据本材料计算所得。

主国家的兵工厂",由于美国有 1600 万男子应征入伍,北部和西部城市的劳动力极为短缺,因而形成了规模更大的第二次黑人大迁徙。在这一迁徙浪潮的影响下,到 1970 年,已有将近一半(47%)的黑人迁移到南部以外的地区。[1] 美国学者尼古拉斯·莱曼(Nicholas Lemann)指出:"黑人大迁徙是(美国)历史上规模最大、速度最快的国内人口流动之一。"[2]

由于迁移到北部和西部的黑人主要是流向城市地区,所以黑人大迁徙的过程就是其城市化的过程,因此黑人的城市化水平迅速提高,到 1974 年,美国大都市区黑人占黑人总数的比例上升到 76%,黑人成为一个高度城市化的种族。[3] 相应地,许多大城市的黑人比例不断上升,甚至达到城市人口的一半以上。比如 1980 年,巴尔的摩的黑人比例为 54.8%,新奥尔良为 55.3%,伯明翰为 55.6%,底特律为 63.1%,亚特兰大为 66.6%,而首都华盛顿竟高达 70.3%。[4]

黑人的大迁徙和城市化遭到了白人的强烈抵制。早在 20 世纪初,美国就曾发生席卷全国的种族骚乱,在随后的年代里,种族骚乱也时有发生。除了白人居民的暴力抵制外,许多城市政府还制定了种族隔离法令,以便在社会、经济和居住空间上对黑人加以限制。第一批这种法令是 1912 年和 1913 年在路易斯维尔、巴尔的摩、里士满、亚特兰大等南部城市通过的。与此同时,白人组织还通过各种私人手段推行居住隔离,比如,全国地产商协会(National Association of Real Estate Boards)于 1909 年制定了种族限制性契约(racial restrictive covenants),禁止其成员将房地产出租或出售给"高加索人种以外的任何人"。1914 年,该协会再次规定,禁止将"明显损害财产价值

---

[1] U. S. Department of Commerce, U. S. Census Bureau, *Statistical Abstracts of the United States*: *1976*, p. 33.
[2] Nicholas Lemann, *The Promised Land: the Great Black Migration and How It Changed America*, New York: Alfred A. Knopf, Inc., 1991, p. 6.
[3] U. S. Department of Commerce, U. S. Census Bureau, *Statistical Abstracts of the United States*: *1976*, p. 33.
[4] U. S. Department of Commerce, U. S. Census Bureau, *Statistical Abstracts of the United States*: *1987*, pp. 31 – 33.

的……种族或民族成员……引入一个社区"①。如此这般，美国城市中的种族居住隔离制度就逐步确立起来。

2. 黑人社会问题的加剧与"白人大逃逸"

然而，黑人通过各种途径不断向白人社区渗透，从而导致了白人地产价值的跌落和种族矛盾的加剧。芝加哥大学的社会学家厄尼斯特·伯吉斯（Ernest Burgess）于1928年写道："黑人进入白人社区会立即导致其地产价值的明显下降……目前，这一现象是非常突出的，即黑人的入住是其确定无疑的衰败的征候——它表明财产价值已经跌落到其（最低）经济水准，同时也推动（该社区）衰落到其最后阶段。"② 白人为了减少自己房产价值损失，当其社区出现黑人居民时，他们就纷纷抛售房产，而那些行动迟缓的白人往往损失最大。

黑人居民的入住不仅使白人的房产价值一落千丈，而且还导致了犯罪率的提高，扰乱了白人的生活秩序，增加了白人的社会负担。从统计数字来看，黑人的犯罪率确实比白人要高得多。比如在底特律，1964年有31541名黑人被捕并受审判，而白人只有16430人；到1975年，黑人被捕者猛增到52890人，而白人却减少到13776人。由于底特律的高犯罪率，白人称之为"世界谋杀首都"。而且白人还有意对此大肆渲染，黑人被捕和受审的人数和情形常常见诸报端、广播和电视节目之中。这更使白人相信，黑人居民的入住使犯罪率大幅度上升，黑人越多，犯罪率就越高。当然，黑人居高不下的犯罪率与白人的种族歧视有着密切的关系。1951年的一项调查表明，该市21%的黑人和4%的白人认为，该市的警察局是应该受到关注的三项重要问题之一。一个接受调查的黑人说：白人警察的种族偏见非常严重，"对于他们而言，所有黑人看起来都是一样的，他们不能区别好的黑人和坏的黑人"③。

---

① Andrew Wiese, *Places of Their Own: African American Suburbanization in the Twentieth Century*, Chicago: The University of Chicago Press, 2004, p. 41.

② Gregory D. Squires, ed., *From Redlining to Reinvestment*, p. 4.

③ Heather Ann Thompson, "Rethinking the Politics of White Flight in the Postwar City: Detroit, 1945–1980", *Journal of Urban History*, Vol. 25, No. 2, January 1999, pp. 176, 181, 171.

由于黑人的到来和社会问题的增加，白人对黑人充满了恐惧、愤怒和仇恨。吉姆·斯利珀（Jim Sleeper）写道，白人"对由于少数族裔依赖性的增强、社会病态、犯罪和对其社区的亵渎而造成的直接后果感到异常痛苦和愤怒"[1]。在白人不能抵制黑人向自己的社区侵入的情况下，他们就怀着恐惧和愤怒，干脆将整个社区抛弃。比如在芝加哥的海德帕克区，1950—1956年，大约有2.3万黑人涌入，有2万白人迁出，在这6年内，海德帕克区的非白人口的比例从6%升到37%。[2] 就整个芝加哥而言，20世纪五六十年代，每星期大约有5个以白人为主的街区转变为以黑人为主的街区。[3] 这种由于黑人的城市化而导致的白人向郊区的搬迁被美国学者称为"白人大逃逸"（white flight）。战后，美国绝大多数中心城市都出现了"白人大逃逸"现象。1972年，美国城市史学家卡萨达（Kasarda）指出："在过去的25年里，（白人）'向郊区的逃逸'在那些经历了最大规模的非白人移民涌入的城市中表现得最为突出。"[4]

3. 黑人社会政治权利的提高与"白人大逃逸"

战后，由于黑人不屈不挠地反对种族歧视和种族隔离的斗争，黑人取得了广泛的社会权利和政治权力。但黑人权利的扩大却进一步推动了城市白人向郊区的迁移，其中影响最为显著的是用校车接送学生就学和取消教育隔离。1954年，最高法院在判决"布朗诉教育局"一案时，宣布在学校中实行种族隔离为非法，并命令各学区着手取消种族隔离。1964年的民权法案规定，司法部有权对任何维持种族隔离的学区提起诉讼，并且扣发联邦政府的任何财政援助。在1968年的一次判决中，联邦最高法院要求（教育机构官员）必须采取"激进、果断、迅速"的行动，消除双轨制残余。1971年，联邦最高法院在"斯

---

[1] Heather Ann Thompson, "Rethinking the Politics of White Flight in the Postwar City: Detroit, 1945-1980", *Journal of Urban History*, Vol. 25, No. 2, January 1999, p. 165.

[2] Kenneth Fox, *Metropolitan America*, p. 143.

[3] Katharine L. Bradbury, Anthony Downs, Kenneth A. Small, *Urban Decline and the Future of American Cities*, Washington, D. C.: The Brookings Institution, 1982, p. 76.

[4] Thomas M. Guterbock, "The Push Hypothesis: Minority Presence, Crime, and Urban Deconcentration", in Barry Schwartz, ed., *The Changing Face of the Suburbs*, p. 138.

旺诉夏洛特—梅克伦堡教育局"（Swann v. Charlotte-Mecklenburg Board of Education）一案中判决，在同一个学区的同一个城市中，可以用校车接送学生就学，以便取消教育领域的种族隔离。于是，许多城市采取了这一措施。由于这一措施的实施，同白人中小学生合校就学的黑人学生所占黑人学生总数的比例，由1960年的不足7%，上升到1966年的26%。[①] 这对黑人来说无疑是一大社会进步，但却引起了白人家长的强烈反对。根据1978年的一项全国性调查，有85%的白人反对用校车接送学生上学。[②] 他们认为自己的孩子与黑人儿童一起上学会沾染不良习气。因此，出于这种偏见，许多白人家长纷纷迁移到郊区定居，以使自己的孩子免受黑人儿童的影响。

此外，黑人还获得了其他方面的许多社会权利，在美国城市里，黑人同白人一样可以平等地在餐馆里就餐，平等地乘坐公共车辆，平等地在公园里游憩，就业计划和受教育的机会也日益扩大，白人的特权不断被蚕食，城市已不再是白人独享的乐园。而且黑人在政治上也获得了很大成功，越来越多的黑人当选为或被任命为联邦、州和地方政府的官员，而许多白人却将此看作他们的灭顶之灾。比如1973年，黑人科尔曼·扬（Coleman Young）以233674票对216933票击败了现任白人市长约翰·尼科尔斯（John Nichols），成为底特律市的第一位黑人市长。在选举投票中，种族界限泾渭分明，科尔曼·扬赢得了90%的黑人选票，而尼科尔斯则赢得了90%的白人选票，这说明底特律市已经以种族为界限发生了巨大分裂。底特律市的白人对黑人当选市长感到非常沮丧，一个白人甚至在观看尼科尔斯作离职演讲时泪流满面地说："现在，这个城市就要下地狱了。"于是，底特律市的白人居民纷纷逃离该市，络绎不绝迁地移到种族更加纯一的郊区社区。仅在1970—1980年的10年间，竟有31万白人从底特律市逃往

---

① [美] 吉尔伯特·C. 菲特、吉姆·E. 里斯：《美国经济史》，司徒淳、方秉译，辽宁人民出版社1981年版，第825页。
② John C. Bollens, Henry J. Schmandt, *The Metropolis, Its People, Politics and Economic Life*, New York: Harper & Row, Publishers, 1982, p. 245.

郊区，底特律市区的黑人比例却从43.7%骤增到67.1%。①

正如爱德华·奥泽（W. Edward Orser）所指出的，"种族和种族恐惧在美国社会中一直拥有强大的解释力量，对这一断语的证明再也没有比二战以后30年间，美国城市种族变迁的规模和速度更为有力了，这种变迁重新描绘了美国城市的人口地图。"② 20世纪以来，尤其是二战以来，黑人的大迁徙和城市化、黑人社会问题的增加乃至黑人民主权利的扩大，都导致了中心城市黑人与白人之间种族矛盾的激化，推动了白人向郊区的大逃逸，从而推动了美国大都市区的空间蔓延。

（五）当代美国大都市区蔓延的其他动因

美国大都市区的空间蔓延是由多种因素促成的，除了上述几个主要动因以外，还有其他一些动因。

1. 白领阶层的扩大和对中产阶级地位的追求

19世纪后期以来，由于科学技术的进步，生产力水平的提高，企业和政府规模的扩大，企业的管理部门和政府部门的科层化，使白领阶层或新中产阶级的队伍迅速扩大，因而造成了白领中产阶级社会地位的相对下降。那些白领阶层的上层，如高级经理、专业人员和技术人员等，被称为企业阶层（business class），由于他们工作的特殊性和重要性，能够通过与企业老板的交往而获得名望，维护自己的社会地位。而下层白领的社会地位却陷入困境，由于他们人数的骤然增加，他们已经不能从企业老板或老式中产阶级那里借用名望；同样，由于教育的普及，职业和教育也不再成为获取名望的稳定基础。因此，下层白领的社会地位日趋降低，"有时甚至把他们和'苦力'等同看待"。于是，下层白领就出现了所谓的"地位危机"③。

---

① Heather Ann Thompson, "Rethinking the Politics of White Flight in the Postwar City: Detroit, 1945-1980", *Journal of Urban History*, Vol. 25, No. 2, January 1999, pp. 189-191, 163.

② W. Edward Orser: "Secondhand Suburbs: Black Pioneers in Baltimore's Edmondson Village, 1955-1980", *Journal of Urban History*, Vol. 16 No. 3, May 1990, p. 227.

③ [美] C. 赖特·米尔斯：《白领——美国的中产阶级》，杨小东等译，浙江人民出版社1987年版，第285、292页。

为了摆脱这种尴尬的局面，于是下层白领积极寻求某种标志，来维护自己的社会地位，比如休闲活动和风雅的仪表等。但这些标志仍然是不稳固的，于是他们选择了一种更能彰显其地位的标志——郊区生活方式。因为到郊区定居，需要一定的经济实力，比如独户住房、私人汽车或公共交通费用等，而这是下层阶级可望而不可即的。安塞尔姆·L. 斯特劳斯（Anselm L. Strauss）论述道，富裕阶层可以居住在城市中，甚至可以与贫民窟比邻而居，因为他们的社会地位与下层阶级是泾渭分明的，没有必要通过某种方式进行区分。而这个地位不稳的白领中产阶级，则需要通过"某种烦琐的仪式将自己与贫穷的邻居们区别开来"，通过空间距离以及其他标志，如住房、花园、美妙的社区名称等，将自己与下层群体区别开来。[1] 于是，下层白领阶层为了维护自己的社会地位和名望，纷纷到环境优雅的郊区安家落户，他们的住房、社区和独立的生活方式就是其社会地位的标志。这时，新中产阶级的判别标准，除了原来的财产、职业、教育以外，家庭收入、生活方式和居住环境也逐渐成为其重要标志，人们越来越注重其生活方式和社区环境的重要性。正如 W. E. 莫勒（W. E. Mowrer）所指出的，郊区意象与中产阶级对地位的追求有着密切的关系，而且这是郊区发展的核心，"再也没有比生活在郊区更能够在文化上成为令人接受的象征，用以表明其优越的社会地位了"。郊区居民可以通过郊区生活方式来表明其不动产所有权和个人成功的自豪感。[2] 由于中产阶级不断向郊区迁移，郊区的社会地位不断上升，而中心城市却由于贫困人口和少数族裔的聚集而逐渐衰落。因此，在美国人的意象中，郊区及其生活方式几乎成为中产阶级的同义语。那些移居郊区的白领阶层也因此获得了社会名望，从而巩固了其中产阶级的社会地位。随着郊区社会地位的上升，郊区神话得到广泛传播，新的白领阶层源源不断地迁往郊区，甚至那些富裕的蓝领工人也纷纷向郊区迁

---

[1] Anselm L. Strauss, *Images of the American City*, New Brunswick, New Jersey: Transaction Books, 1976, pp. 236-237.

[2] David C. Thorns, *Suburbia*, Paladin: Granada Publishing Limited, 1972, p. 114.

移，以寻求中产阶级的生活方式、社会名望和社会地位。比如，在一组研究中，有10%的人承认他们迁往郊区与向上流动的志向有关。①可见，白领阶层的扩大和对中产阶级地位的追求，推动了美国郊区的发展和大都市区的空间蔓延。

2. 家庭主义和儿童中心主义的影响

家庭主义和儿童中心主义是推动美国中产阶级向郊区迁移的另一个重要原因。美国人十分注重家庭生活，家庭主义（familism）是中产阶级移居郊区并支配其日常生活的基本价值观念之一。1954年，弗雷德里克·L. 艾伦兹（Frederick Lewis Allenz）在《哈帕斯》（Harper's）杂志中写道，二战以后的美国郊区"是为非常讲究家庭生活的青年一代所创建的，他们……严肃地履行着为人父母的职责"。郊区与一种特殊的家庭生活的观念和理想有着密切的联系，新的郊区属于"勇敢的二战英雄和他们羞涩的新娘"，以及他们后来的子女。②纽约大都市区的韦斯特切斯特县的一个通勤者说："我们（从城里）来到郊区就是为了家庭生活，我们别无他求。"③ 在贝尔（W. Bell）对芝加哥的两个郊区帕克里奇（Park Ridge）和德斯普兰斯（Des Plains）的调查研究中发现，有82%的迁居郊区的家庭是为了家庭生活的目的。另外，郊区中有75%的中低收入家庭和61%的地位较高的家庭把家庭主义奉为其主要的价值标准。与此相对照，芝加哥市只有55%的中低收入家庭和45%的地位较高的家庭把家庭主义奉为主要的价值标准。④ 郊区之所以成为人们居住生活的理想选择，是因为郊区的住房模式以独户住房为主，为家庭主义的生活方式提供了便利条件。

儿童中心主义主要盛行于20世纪，是随着工业社会的形成和家庭结构的变化而产生的。在19世纪前期，儿童在家庭中居于从属地位，但随着工业社会和城市社会的发展，家庭结构越来越小，核心家

---

① Wendell Bell, "The City, the Suburb and a Theory of Social Choice", Scott Greer, ed., *The New Urbanization*, New York: St. Martin's Press, 1968, p. 156.
② Margaret Marsh, *Suburban Lives*, New Brunswick: Rutgers University Press, 1990, p. xi.
③ Margaret Marsh, *Suburban Lives*, pp. 173 – 174.
④ David C. Thorns, *Suburbia*, p. 112.

庭逐步成为主要的家庭模式,儿童在家庭中的地位逐步上升。进入20世纪以后,儿童中心主义成为家庭生活的一个主要特征。由于儿童在家庭中居于中心地位,因而在选择家庭住址时,儿童的需要就成为首要考虑的因素。随着城市的发展及其负面影响的突显,城市越来越不利于儿童的成长,而郊区则成为儿童身心健康成长的良好环境。比如,芒森(B. E. Munson)1956年对迁入印第安纳波利斯郊区的居民进行的调查发现,人们移居这里的主要原因就是为儿童们提供了一个理想的生活环境。① 更重要的是,由于到郊区定居的人口大多为富裕阶层和中产阶级,税收比较充足,因而可以建立良好的学校。在郊区中,学校被看成最重要的公共设施。家长们普遍认为,教育是确保其后代子孙社会地位升迁的根本手段。因此,家长们极力主张改进学校质量,更新学校设备,聘请优秀教师。家长们力图用中产阶级的价值观念来教育子女,鼓励他们在学校取得良好的成绩,进入重点高校,获得较高的工作职位,从而保持其中产阶级的社会地位。

3. 霍华德"田园城市"理论与实践的影响

霍华德的"田园城市"理论及其实践也有力地推动了美国郊区的发展和大都市区的空间蔓延。1898年,英国城市规划师埃比尼泽·霍华德出版了其影响世界的《明日的田园城市》(*Garden Cities of Tomorrow*)一书,针对当时城市社会的种种弊端,提出了将城市和乡村结合起来,建立田园城市的思想。他写道:"事实并不像通常所说的那样只有两种选择——城市生活和乡村生活,而是有第三种选择。可以把一切最生动活泼的城市生活的优点和美丽、愉快的乡村环境和谐地组合在一起。"② 也就是说,"城镇和乡村必须相结合,从这种愉快的结合中将会迸发出新的希望、新的生活和新的文明"③。在霍华德的影响之下,英国于1899年建立了田园城市协会(Garden City Association),1903年,田园城市协会在莱奇沃斯购买了一块土地,

---

① David C. Thorns, *Suburbia*, p. 112.
② [英]埃比尼泽·霍华德:《明日的田园城市》,金经元译,商务印书馆2000年版,第6页。
③ David C. Thorns, *Suburbia*, p. 17.

开始建设第一座田园城市；1919年，又在韦林购买了另一块土地，建设了第二座田园城市。

在霍华德的田园城市理论和英国田园城市运动的影响下，1907年，布利斯（W. Bliss）领导成立了美国田园城市协会（American Garden City Association），布利斯宣布该组织已经在着手制定十几个规划项目，以便为成千上万的家庭提供住房。这些规划方案呼吁开明的资本家将他们的工厂从中心城市迁移到郊区，建立示范工厂城镇，由公司为工人们提供住房和良好的生活环境。① 然而，以小奥姆斯特德（F. L. Olmsted, Jr.）为代表美国规划人员反对建立乌托邦性质的田园城市，而主张建立美国独特的"花园郊区"（Garden Suburbs）。因为建立英国式的田园城市，就要为下层居民提供住房，从而损害资本家和地产商的利益。美国是实用主义的故乡，而不是激进的改革思想的发源地，因而，英国式的田园城市在美国是行不通的。因此，美国和英国的田园城市运动走了截然不同的两条道路，英国的田园城市是在大城市以外建立独立的小城镇，这里既有居住区，也有工作区，既有穷人，也有富人。而在美国，所谓"田园城市"只有居住区，而没有工作区，只有富人，而没有穷人。因此美国的所谓"田园城市"实质上是"花园郊区"。这样，美国的田园城市运动就嬗变为"花园郊区"运动。

田园城市的思想还影响了联邦政府的城市政策。新政时期，为了解决美国城市的环境问题，联邦政府再安置局（Resettlement Administration）的局长雷克斯福德·特格韦尔曾提出要建立3000个"绿带城镇"，而在该局提交国会的报告中减少为25个，而国会只批准了3个。② 最后这三个绿带城镇建立起来，它们分别是位于华盛顿市附近马里兰州的格林贝尔特（Greenbelt），辛辛那提附近的格林希尔斯（Greenhills）和密尔沃基附近的格林代尔（Greendale）。由于这一计划遭到私人企业的反对，被迫于1939年终止。虽然这一计

---

① Stanley Buder, *Visionaries and Planners: The Garden City Movement and the Modern Community*, Oxford: Oxford University Press, 1990, pp. 158–159.

② Margaret S. Mash and Samuel Kaplan, "The Lure of the Suburbs", in Philip C. Dolce, ed., *Suburbia: The American Dream and Dilemma*, New York: Anchor Press, 1976, p. 40.

划失败了，但田园城市思想对美国后来的城市发展政策产生了巨大的影响，分散化成为美国城市发展的指导方针，从而在郊区化和大都市区空间蔓延的发展进程中发挥了巨大的作用。

总之，美国当代城市的郊区化与大都市区的空间蔓延的原因是多方面的。交通和信息技术的革新成为城市布局最伟大的解放力量，为大都市区的蔓延开拓了更广阔的前景；而美国经济结构的巨大变革，是大都市区空间蔓延最为深刻的动因；联邦政府的住房抵押保险政策、税收补贴政策和红线政策，为大都市区的空间蔓延起了推波助澜的作用；而黑人和少数族裔在中心城的聚集，加剧了中心城市的种族矛盾，进一步推动了白人中产阶级的郊区化；白领阶层的扩大和对中产阶级地位的追求等等，都推动了美国郊区的发展和大都市区的蔓延。

二 美国人口与就业的郊区化进程

"郊区化"与"大都市区的空间蔓延"这两个概念既有共性又有区别，其共性就是它们都是一种离心扩散运动，郊区化是大都市区空间蔓延的前提；而大都市区的空间蔓延则是基于郊区的低密度发展模式，它是在美国独特的历史、经济、社会、文化和政治条件下郊区发展的一种独特的模式，与欧洲等发达国家和广大的发展中国家郊区化发展模式存在巨大差别。

（一）美国人口的郊区化进程

当代美国人口的郊区化进程具有明显的阶段性特征，第一个阶段从1920年到二战结束，是当代美国郊区化的开端和波动阶段；第二个阶段从战后初期到1970年，是郊区的爆炸式发展和美国初步形成郊区化社会的阶段；第三个阶段为1970以后的后郊区化时代，郊区人口的异质性不断增强，产业结构更加多样化，郊区政治地位崛起，中心城市的困境暴露无遗，大都市区的经济、社会和环境问题层出不穷。

第二章　美国大都市区的空间蔓延

1. 美国当代郊区化的开端和波动阶段

从中心城市和郊区的人口增长率来看，20 世纪 20 年代是一个转折点（见表 2.3）。进入 20 世纪以后，中心城市的人口增长率不断降低，而郊区的增长率则持续上升。但在 20 年代以前，中心城市的人口增长率仍然高于郊区。比如在 1900—1910 年和 1910—1920 年这两个时间段内，中心城市的人口增长率分别为 35.5% 和 26.7%，分别高于同期郊区的 27.6% 和 22.4%，这说明美国人口仍以向中心城市的聚集为主。然而到 20 年代，中心城市的人口增长率下降到 23.3%，而郊区则上升到 34.2%，后者超过前者近 11 个百分点。此后，郊区的人口增长率一直高于中心城市，而且其差距越来越大，美国人口的分布开始由以聚集为主转变为以扩散为主。所以 20 世纪 20 年代是美国现代城市郊区化的开端。在 30 年代大萧条期间，美国郊区化的速度放慢，但人口的增长率仍然高于中心城市 8.7 个百分点。到了 40 年代，郊区化的速度回升并超过 20 年代。这一阶段美国城市的郊区化呈现出加速发展和波动性两个特征。

表 2.3　1900—1980 年美国大都市区、中心城、郊区人口增长率　　（%）

年代	中心城市	郊区	大都市区
1900—10	35.5	27.6	32.6
1910—20	26.7	22.4	25.2
1920—30	23.3	34.2	27.0
1930—40	5.1	13.8	8.3
1940—50	13.9	34.7	21.8
1950—60	10.7	48.6	26.4
1960—70	6.4	26.8	16.6
1970—80	0.6	17.4	9.4

资料来源：Donald N. Rothblatt and Daniel Garr, *Suburbia: An International Assessment*, London: Groom Helm, 1986), p. 4.

从另一个角度，即从中心城市和郊区占大都市区新增人口的比重来看（见表 2.4）。在 1900—1910 年和 1910—1920 年，中心城市分别占大都市区新增人口的72.1%和71.6%，而郊区只占27.9%和28.4%，即中心城市占去了绝大部分，而郊区所占份额很少。到了20年代，中心城市的份额急剧下降到不足60%，而郊区迅速上升到40%以上。虽然郊区的份额仍然少于中心城市，但从增长速度的角度看却是一个飞跃。而到30年代，郊区所占的份额达到59.2%，远远超过了中心城市的40.8%。由此可见，二三十年代是美国郊区化发展的转折时期，郊区的发展速度超过了中心城市，郊区在大都市区中逐步占据了主导地位，美国在逐步走向一个郊区化的国家。

表2.4　　　　1900—1970年大都市区新增人口的分布　　　　（%）

年代	中心城市	郊区
1900—10	72.1	27.9
1910—20	71.6	28.4
1920—30	59.3	40.7
1930—40	40.8	59.2
1940—50	40.7	59.3
1950—60	23.8	76.2
1960—70	16.0	84.0

资料来源：Anthony Downs, *Opening up the Suburbs: An Urban Strategy for America*, New Haven: Yale University Press, 1973, p.199.

20世纪30年代和40年代初期，由于大萧条和二战的影响，美国的城市化和郊区化速度急剧下降，表现出极大的波动性。30年代中心城市的增长速度下降到5.1%，而郊区也下降到13.8%（见表2.3）。在这一时期，郊区住房的建设几乎是裹足不前，带动郊区发展的主要动力来自工业，尤其是军工生产在郊区的投资，因此表现出与20年代和战后繁荣时期的不同特点，即向郊区迁移的人口以蓝领工人为主，人口的异质性比较强。而在20年代和战后繁荣时期，虽然工业的郊区化也带动了蓝领工人的郊区化，但向郊区迁移的人口主要是白领阶层和富裕人口，他们为逃避城市生活的烦恼，而在郊区建立了自己的世外桃源，因而人口的同质性很强。但由于该阶段郊区化进程的缓慢性，这种异质性对郊区人口的同质性特点并未产生重大影响。

2. 战后初期与五六十年代郊区的爆炸式发展

战后初期与20世纪五六十年代是美国历史上郊区发展速度最为迅速的时期。人们在大萧条和二战期间积累起来的住房需求于战后迸发出来，年轻人要组建家庭，现有的家庭要改善住房条件，住房需求急剧膨胀，于是在郊区出现了美国有史以来最为繁荣的建设热潮，郊区呈爆炸式蔓延开来。从人口增长率的角度看，40年代中心城市的增长率只有13.9%，而且此后一路走低，到70年代的增长率只有0.6%，几乎停滞不前；而郊区的人口增长率则始终远远高于中心城市，而以50年代的增长率为最高，竟高达48.6%（参见表2.3）。从大都市区新增人口在中心城市和郊区的分布来看，40年代中心城市占40.7%，郊区占59.3%，后者比前者高近10个百分点；50年代两者分别占23.8%和76.2%，郊区新增人口是中心城市的3.2倍，60年代两者分别为16.0%和84.0%，郊区是中心城市的5.3倍（参见表2.4）。郊区已经成为大都市区人口增长的主体。

就某些大都市区而言，中心城市甚至出现了人口减少的现象，比如在芝加哥大都市区，中心城市在20世纪五六十年代分别减少了2%和5.2%，而郊区则分别增长了71.5%和35.3%；在底特律大都市区，中心城市同期分别减少了9.7%和9.5%，而郊区人口分别增加了79.3%和28.5%；在克利夫兰大都市区，中心城市同期分别减少了4.2%和14.3%，而郊区人口分别增加了67.3%和27.1%；在波士顿大都市区，中心城市同期分别减少了13.0%和8.1%，而郊区人口分别增加了17.7%和11.3%。与此同时，在许多大都市区中，郊区人口已经占据了大都市区人口的多数，比如，波士顿大都市区的郊区在1960年和1970年分别占大都市区人口的73.1%和76.7%；洛杉矶郊区分别占53.2%和54.9%；费城郊区分别占53.9%和59.6%；底特律郊区分别占55.6%和64.0%；华盛顿郊区分别占63.2%和73.6%；克利夫兰郊区分别占54.1%和63.6%。就全国所有的大都市区而言，这两个数字分别为49.9%和54.2%。① 郊区人口已经成为大都市区人口的主体。

由于20世纪五六十年代郊区的爆炸式发展，郊区在美国人口中所占的百分比持续上升。1910年郊区人口只占全国人口的7.1%，到1930年上升到13.8%，而到1970年，郊区人口比例上升到全国人口总数的37.6%，而中心城市人口下降到31.4%，非都市区人口下降到31%，郊区人口分别超过了中心城市和非都市区人口，成为美国人口分布中的主体。（见图2.2）可以说，美国已经初步成为一个郊区化的国家。

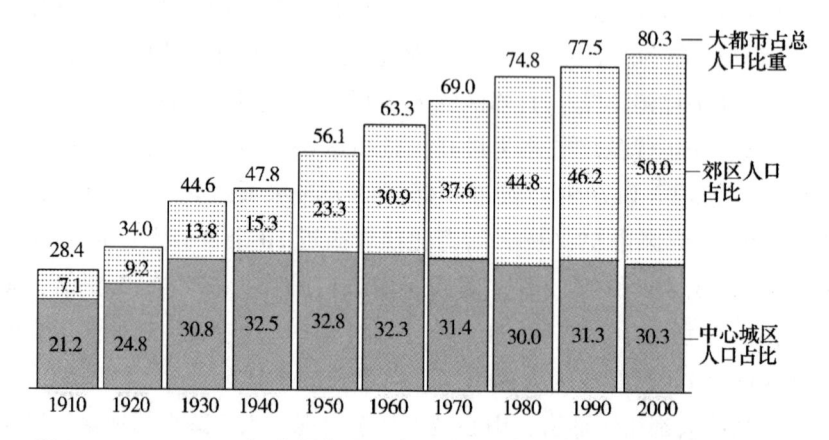

图2.2　1910—2000年大都市区、中心城市和郊区所占美国人口的百分比

资料来源：U. S. Department of Commerce, Economics and Statistics Administration, Bureau of the Census, *Demographic Trends in the 20th Century*, Census 2000 Special Report, Series CENSR-4, Washington, D. C.: U. S. Government Printing Office, 2002, p. 33.

3. 1970年以来的后郊区化时代

"后郊区化时代"是指进入20世纪70年代以后，美国郊区的特征发生了巨大变化。首先，郊区的人口特征发生了很大变化，不仅中产阶级和富裕阶层迁移到郊区，而且越来越多的穷人和少数族裔也迁

---

① U. S. Department of Commerce, Social and Economic Statistics Administration, Bureau of the Census, *1970 Census of Population*, Volume I, *Characteristics of the Population*, Part 1: United States Summary, Section 1, Washington, D. C.: U. S. Government Printing Office, June 1973, pp. 180–186.

移到郊区，郊区人口的异质性越来越明显，尤其是内层郊区，而异质性乃是城市的一个主要特征。其次，各种产业活动也不断向郊区迁移，这些产业活动向郊区迁移不仅体现为19世纪后期20世纪初期工业向郊区的迁移和卫星城市的建立，而且还包括商业、服务业、办公业务乃至企业总部或分部的迁移，从而使郊区表现出更加明显的城市性特征。本节只讨论人口的郊区化和异质性的增强。

进入20世纪70年代以后，美国郊区人口的增长率有所下降。在美国所有的331个大都市区中，1970—1980年的增长率为19.0%，1980—1990年为15.0%，1990—1998年为11.9%。然而，对于西部和南部的某些大都市区的郊区而言，其郊区的增长率仍然很高，比如亚特兰大的郊区在这三个年代的增长率分别为42.8%、41.9%和30.3%；休斯敦的郊区分别为76.4%、47.6%和27.6%；杰克逊维尔的郊区分别为117.4%、49.7%和29.3%；图森的郊区分别为126.4%、30.2%和26.3%，等等。[1]

由于郊区的进一步发展，郊区所占全国人口的百分比仍在进一步提高，1970年这一比例为37.6%，1980年提高到44.8%，1990年提高到46.2%，2000年则是一个历史性和里程碑性的年份，该年美国郊区人口实现了一次质的飞跃，达到全国人口的50.0%，美国由1970年的一个初步郊区化国家成为一个真正的郊区化国家（见图2.2）。而在某些大都市区，郊区人口已占绝对优势，成为大都市区人口的主体。1976年，许多大都市区的郊区人口超过了大都市区人口的一半，其中匹兹堡郊区的人口占该大都市区的80%以上，波士顿郊区占77%，迈阿密郊区占76%，亚特兰大郊区占72%，辛辛那提郊区占70%。[2]

20世纪70年代以来，美国郊区人口的另一个引人注目的现象就是其异质性的不断增强，郊区的城市性特征不断加强。从近代以来，

---

[1] U. S. Department of Housing and Urban Development, *The State of the Cities*, 2000: *Megaforces Shaping the Future of the Nation's Cities*, Washington, D. C., June 2000, pp. 21 - 23.

[2] U. S. Department of Housing and Urban Development, Office of Policy Development and Research, *Changing Conditions in Large Metropolitan Areas*, Urban Data Report, Washington, D. C., November 1980, table 5.

白人中产阶级和富裕阶层持续不断地向郊区迁移，二战以后白人中产阶级核心家庭更是构成了郊区人口的主体，老年人、未婚青年、贫困阶层和少数族裔的人口比例很小。1974年一个由总统任命的郊区问题研究小组（U. S. President Task Force on Suburban Problems）在一份报告中写道："在许多人的心目中，郊区的一个典型意象就是年轻富裕的美国白人所拥有的草坪整齐、屋舍靓丽的居民社区。当然，许多郊区确实如此。"但该研究小组提醒人们，这种陈旧意象是令人误入歧途的。① 确实，随着郊区人口的增多、住房的多样化、产业的增加等，郊区人口在年龄阶段、家庭结构、婚姻状况、族裔成分、就业特征、收入阶层等方面都表现出很强的异质性特征。

就郊区居民的年龄结构而言，根据美国"城市研究院"（Urban Institute）的一项研究报告《郊区的灰化》，1965—1970年，在65岁以上老年家庭的迁移中，只有6%是从郊区迁往中心城市，而高达14%是从中心城市迁往郊区，郊区净增老年家庭27.5万个。而1970—1976年，中心城市65岁以上的老年人家庭由434万个增加到476万个，即只增加了10%，而郊区则由348万个增加到455万个，即增加了31%，远远高于中心城市的增长率。② 这种老年家庭的郊区化趋势一直延续到20世纪末，1970—1999年，65岁以上的老年人居住在郊区的比例由36.1%上升到47%，而同期居住在中心城区的比例则由38.1%下降到27.1%。③

就家庭结构而言，核心家庭已经在郊区丧失了主导地位，婴儿潮以后的生育率大大下降，许多家庭不再生养两个以上的孩子，有的家庭甚至不要孩子。而且郊区的离婚率在持续提高，离婚家庭、女性单亲家庭和单身贵族等日益增多。比如1970—1977年，郊区中没有18岁以下儿童的家庭的比例从39.5%上升到42.8%，女性单亲家庭的

---

① The Urban Institute, Michael Gutowski, Tracey Feild, *The Graying of Suburbia*, Washington, D. C. : The Urban Institute, 1979, p. 1.
② The Urban Institute, Michael Gutowski, Tracey Feild, *The Graying of Suburbia*, pp. 2, 9.
③ U. S. Department of Housing and Urban Development, *The State of the Cities*, 2000, p. 45.

比例从 8.4% 上升到 10.9%。①

从就业情况和家庭收入来看，1980 年在郊区的婚姻家庭中，大约有 52% 是夫妻双方都拥有全日制工作。在大都市区内，夫妻双方都参加工作的家庭中，大约有 2/3 位于郊区。同年大约有 1100 万郊区人口属于蓝领工人，占郊区就业人员的 24%。郊区中的贫困人口为 810 万，占郊区总人口的 8%。②

就种族和族裔成分而言，其异质性也不断增强。20 世纪 70 年代，郊区黑人增加了 184 万，增长率为 59.1%，大大超过了郊区白人的增长率 24.0%，也超过了中心城市黑人的增长率 5.3%。到 80 年代中期，有 1/4 以上的城市黑人生活于城市的边缘地带，而某些郊区甚至成为黑人的飞地。③ 郊区黑人等少数族裔的增加主要有两个方面的原因，其一是由于白人中产阶级不断向外层郊区迁移，使经济地位较低的少数族裔有机会到内层郊区安家落户。其二是由于 50 年代以来城市更新计划的实施，使大批下层居民和少数民族流离失所，在中心城市无处安身，只好迁往由白人中产阶级抛弃的内层郊区安身立命。80 年代以后，郊区的种族和族裔多样性更加明显，1980—1998 年，郊区人口中少数族裔的比例由 13.4% 上升到 21.7%，其中黑人由 6.1% 上升到 7.6%，西班牙裔由 5.3% 上升到 9.6%。④

由于老年人、单亲家庭、穷人和少数族裔向内层郊区的扩散，以及由此导致的郊区异质性的增强，造成了这些内层郊区的日益衰落。因此，从 20 世纪 70 年代初期，美国的郊区出现了城市化（citification）的现象，也有的学者称之为"后郊区时代"⑤。一些内层

---

① Peter O. Muller, *Contemporary Suburban America*, Englewood Cliffs, N. J.: Prentice Hall, Inc., 1981, p. 16.
② Mark Baldasssare, *Trouble in Paradise: The Suburban Transformation in America*, New York: Columbia University Press, 1986, pp. 172–173.
③ Robert Cervero: *Suburban Gridlock*, New Brunswick, N. J.: The Center for Urban Research, 1986, p. 25.
④ U. S. Department of Housing and Urban Development, *The State of the Cities*, 2000, p. vii.
⑤ Jon C. Teaford: *Post-Suburbia: Government and Politics in the Edge Cities*, Baltimore & London: The Jones Hopkins University Press, 1997.

郊区与中心城市在社区面貌和人口特征方面已经差别不大，同时中心城市的许多社会问题也在向郊区泛滥，比如犯罪、失业、衰败、拥挤、污染、沮丧、人口减少等。由于内层郊区这些问题的出现，推动着那些宅地宽敞、环境优雅的中上阶层的郊区进一步向着外层郊区扩展，从而进一步推动了大都市区的空间蔓延。

（二）就业的郊区化进程

自工业化和城市化以来，在聚集经济的作用之下，城市日益成为美国经济活动和社会生活的主要载体。但随着城市规模的扩大、地价的上涨、税收的加重、设施的老化、环境的恶化、交通的拥挤和人口的郊区化，聚集不经济现象越来越明显，于是，美国经济活动的重心也逐步从中心城市向郊区偏移，制造业、商业、服务业乃至企业的办事机构纷纷到郊区安家落户。最先向郊区转移的经济活动是制造业，然后是商业、服务业和企业办事机构等。随着经济活动的郊区化，中心城市的功能和地位都受到了严重的挑战。

1. 工业园区的发展与制造业的郊区化

最早向郊区迁移的产业是制造业。早在19世纪末，传统制造业就已经在郊区建立了众多的工业卫星城，这是制造业郊区化最早的表现形式。进入20世纪以后，郊区工业园区（industrial park）成为制造业郊区化的另一种主要形式。工业园区与传统的工业卫星城存在很大的区别，其一，工业园区的产业主要是高科技产业，对周围环境的污染程度低，而工业卫星城的主要产业为传统重工业。其二，工业卫星城中存在大量的工人住房，而工业园区中一般没有居民住房，就业人员主要依靠通勤上班。最早的工业园区于1908年出现于芝加哥的郊区，但二战之前工业园区的发展十分缓慢，直到1940年，美国的工业园区只有35个。二战以后，随着高科技产业的发展，工业园区大批地涌现出来，到70年代初达到2500个以上，其中芝加哥大都市区数量最多，达到356个。[①]

[①] R. J. Johnston, *The American Urban System: A Geographical Perspective*, New York: St. Martin's Press, 1982, p. 208.

郊区工业园区的发展与战后美国产业结构的转变有关。二战以前的工业主要是传统的重工业，环境污染十分严重，因此郊区居民对工业的发展充满敌意。而战后美国的经济结构发生了巨大变化，服务业和高科技产业越来越成为主要的产业部门，其污染程度大大降低，被郊区居民视为"可征税的清洁企业"[1]。因此，郊区居民对于工业园区的逆反心理大为削弱，郊区政府的产业发展政策也有了很大的转变。比如1951年圣路易斯县的规划委员会在其年度报告中提出："现在的趋势是为郊区工业的发展做出规划，而不是禁止其发展。"1955年，长岛州立公园委员会（Long Island State Park Commission）的主席罗伯特·摩西（Robert Moses）在一次演讲中也鼓励郊区就业的发展，他指出："郊区工业与其他措施一起，可以减少郊区就业者的通勤。"[2]

由于工业向郊区的迁移，郊区的制造业就业人数增长迅速，而中心城市的制造业则日趋衰落，郊区逐渐成为制造业生产的主体。比如在1919—1954年间，在美国16个大都市区新增加的1069554个制造业就业中，中心城市和郊区分别占216029和853525个，即各占20.2%和79.8%，郊区制造业的增长速度远远高于中心城市。[3]

从20世纪初期开始，美国一些大城市的制造业就开始减少，而战后随着美国东北部和中西部制造业的衰落和去工业化，中心城市制造业的下降幅度更加迅猛，比如1947—1972年，在百万人口以上的大都市区中，中心城市共减少了88万个制造业工作职位，而其郊区带内却增加了250万个。而且中心城市越古老，制造业的减少越快。那些在1950年以前形成的大都市区中，中心城市失去了140万个工作职位，而郊区却增加了230万个。[4] 由于这种此消彼长的变化，到

---

[1] Thomas M. Stanback, Jr. and Richard V. Knight, *Suburbanization and the City*, Montclair, N. J.：Allanheld, Osmun & CO. Publishers, Inc., 1976, p. 38.

[2] Jon C. Teaford, *Post-Suburbia*, pp. 50 – 51.

[3] Robert Lewis, "The Changing Fortunes of American Central-City Manufacturing, 1870 – 1950", *Journal of Urban History*, Vol. 28 No. 5, July 2002, p. 587.

[4] R. J. Johnston, *The American Urban System：A Geographical Perspective*, p. 207.

1963年，美国已有一半以上的制造业就业分布于郊区，而到1981年则达到大约2/3。① 制造业的郊区化在80和90年代仍在继续。比如1992—1997年，在美国的114个大都市区中，中心城市的制造业就业下降了5.4%，而郊区则上升了7.0%；从制造业占所有就业的比例来看，在同期中心城市从13.9%下降到12.1%，而郊区1997年的同比则为18%。② 由此可见，工业生产已经不再是美国中心城市的一个主要功能。

2. 购物中心的发展与商业和服务业的郊区化

中心性是商业活动的一个重要特点，所以中央商务区是商业活动最理想的区位。但中央商务区不但地价高昂，交通拥堵，而且竞争激烈，因而产生了强大的推力。除了中心性这一特点以外，商业活动的另一重要特点就是邻近性，即接近于消费者。随着美国富人和中产阶级的不断郊区化，郊区的购买力不断提高，郊区对于商业活动的引力与日俱增。同时，零售业的销售方式也发生了巨大变化，由原来的柜台服务转变为自助服务。自助服务的超市要求更大的空间，而随着汽车购物成为时尚，停车场成为商业机构不可或缺的条件，但中央商务区的空间狭小，无法容纳大型商业机构，所以郊区成为理想的区位选择。

郊区购物中心的出现和普及是商业郊区化的主要形式。20世纪60年代以前，人们一般称之为"购物中心"（shopping center），60年代之后称之为"购物城"（shopping mall）。美国的第一个购物中心是1907年在巴尔的摩的郊区开办的。由于当时汽车还属奢侈用品，该购物中心没有设置停车场地。最早的汽车购物中心是堪萨斯城郊外的"乡村俱乐部广场"，该购物中心是由尼科尔斯（J. C. Nichols）于1925年建成营业的，其目的是为他在该购物中心以南建立的高级居住区提供服务。该购物中心内部的建筑多为两层楼房，一层主要是各种零售商店，二层一般为诊所、律师事务所等服务性机构。这里环境优雅，建筑别致，备受专家的好评。到30年代中期，"购物中心"已

---

① Kenneth T. Jackson, *Crabgrass Frontier: The Suburbanization of the United States*, p. 267.
② U. S. Department of Housing and Urban Development, *The State of the Cities*, 2000, p. 9.

经成为一个妇孺皆知的名词,但二战以前购物中心的增长仍然十分缓慢,直到1946年,整个美国只有8个。①

然而,二战以后购物中心的发展异常迅猛,到60年代中期,其数量猛增到8000多个。这些购物中心按照规模,可分为社区性购物中心和地区性购物中心。一般情况下,社区性购物中心的营业面积为30万平方英尺,占地30英亩左右,而地区性购物中心占地则达80英亩,营业面积可达80万平方英尺,而某些巨型的地区性购物中心占地可达100英亩,营业面积可达100万平方英尺。1962年,芝加哥大都市区拥有62个购物中心,到70年代中期增加到100多个,其中15个为地区性购物中心,全部位于郊区。② 这些购物中心一般都提供便民娱乐设施,比如喷泉、长椅、小公园、公共艺术品、儿童活动场所、小教堂、社区活动室等,购物中心的业主还经常举办一些社区活动和庆典活动,比如圣诞庆典、文化活动、艺术展览、舞会、时装表演等。凯文·马特森(Kevin Mattson)指出:"购物中心是二战以后美国郊区化的一个组成部分。它体现了将许多美国人吸引到郊区的消费主义理想和经济富足。"③

美国著名的购物中心设计师维克托·格伦(Victor Gruen)于1956年在明尼阿波利斯的郊区南代尔(Southdale)设计了美国第一个全封闭的购物城。这种封闭式的购物城不受天气的影响,为公共生活和社区生活创造了一种崭新的形式,成为其他郊区购物中心效法的典范。这些购物城的规模越办越大,到70年代出现了一种规模庞大的地区性超级商城(super regional mall),其典型是弗吉尼亚州的泰森斯科纳商城(Tyson's Corner),1983年其营业额为1.6亿美元,提供就业达1.4万个。长岛的罗斯福菲尔德(Roosevelt Field)购物城的规

---

① Kenneth T. Jackson, *Crabgrass Frontier: The Suburbanization of the United States*, p. 259.

② R. J. Johnston, *The American Urban System: A Geographical Perspective*, p. 219. Robert D. Swartz, "Regional Shopping Malls: Strengths and Weaknesses as Suburban Foci", in Neil Larry Shumsky, Neil Larry Shumsky, eds., *Urbanization and the Growth of Cities*, New York: Garland Publishing, Inc., 1996, p. 365.

③ Kevin Mattson, "Antidotes to Sprawl", in National Endowment for the Art, *Sprawl and Public Space: Redressing the Mall*, New York, NY: Princeton Architectural Press, 2002, p. 37.

模更大，1980年其营业面积达220万平方英尺，拥有180个商店，每周接纳顾客27.5万人，年营业额达2.3亿美元。① 伍德菲尔德购物城（Woodfield）是芝加哥西北24英里的郊区肖姆堡（Schaumburg）的一个商业和办公中心。该中心的商业营业面积达到230万平方英尺，并拥有一个可容纳1万辆汽车的停车场，1982年其零售额为3.83亿美元。此外，一些郊区还出现了规模庞大的商业长廊（corridors），它们往往沿着高速公路发展，绵延达数英里。②

由于郊区购物中心的迅速发展，郊区的商业机构、营业额以及就业人数的发展速度都远远超过了中心城市。首先，从商业机构的数量来看，中心城市，尤其是大城市的商业机构不断减少，而郊区却在迅速增加。比如在300万人以上的大都市区中，1954—1967年，中央商务区的商业机构减少了26%，而其郊区却增加了29.9%。③ 其次，从商业营业额的增长率来看，郊区也同样遥遥领先，比如1962—1972年，亚特兰大市的批发业营业额仅增加了78.5%，而郊区的5个县则增加了296.5%；同一时期，诺福克—朴次茅斯市仅增加70.1%，而郊区的两个县则增加了223.4%。④ 再次，从郊区商业的营业额在大都市区乃至全国所占的份额来看，郊区也逐步夺取优势地位。如亚特兰大的零售业在1963年时还占该大都市区的66%，而到1977年竟下降到28%，即郊区占去了72%。⑤ 1975年，美国的1.5万个郊区购物中心的年销售额占全美销售总额的一半以上。而到1984年，全国2万个郊区购物中心的销售额占全国零售总额的2/3。⑥ 最后，从商业的就业人数来看，郊区也在迅速增加，而中心城市却在

---

① Kenneth T. Jackson, *Crabgrass Frontier: The Suburbanization of the United States*, p. 260.
② Thomas J. Baerwald, "The Evolution of Suburban Downtowns in Midwestern Metropolis", in Kelly Barbara M., ed., *Suburbia Re-examined*, p. 49.
③ R. J. Johnston, *The American Urban System: A Geographical Perspective*, p. 219.
④ Carl Abbott, *The New Urban America: Growth and Politics in Sunbelt Cities*, Chapel Hill: The University of North Carolina Press, 1987, p. 195.
⑤ Carl Abbott, *Urban America in the Modern Age: 1920 to the Present*, Harlan Davidson Inc., 1987, pp. 113–114.
⑥ Mattei Dogan, John D. Kasarda, eds., *The Metropolis Era*, p. 62. Kenneth T. Jackson, *Crabgrass Frontier: The Suburbanization of the United States*, p. 259.

急剧减少。比如1947—1972年，全国总共的33个百万人口以上的大都市区中，中心城市的零售业和批发业工作职位分别减少了56.5万个和30.2万个，而郊区却分别增加了236万个和79.8个。[①] 就全国所有的大都市区来看，1958—1967年，中心城市零售业和批发业的年均就业增长率分别为0.8%和1.1%，而郊区则分别为5.3%和7.4%。（参见表2.5）

表2.5　　1958—1967年大都市区、中心城、郊区就业年增长率　　（%）

	制造业	零售业	批发业	服务业
大都市区	1.8	2.5	2.8	3.5
中心城	0.7	0.8	1.1	2.6
郊区带	3.1	5.3	7.4	6.1

资料来源：David L. Birch, "From Suburb to Urban Place", Neil Larry Shumsky, ed., *Urbanization and the Growth of Cities*, New York: Garland Publishing, Inc., 1996, p. 432.

这些郊区购物中心不仅是商业中心，而且构成了众多的郊区增长极，维克托·格伦称之为郊区的"结晶点"（crystallization point），[②] 因为它们吸引了各类服务机构和文化机构，如银行、律师事务所、餐馆、医院、影剧院、消防站等等，甚至还有夜市。由于娱乐业和服务业向郊区的转移，郊区服务业的就业增长率远远超过了中心城市。1958—1967年，中心城市服务业的年增长率只有2.6%，而郊区为6.1%，是中心城市增长速度的2倍以上（参见表2.5）。此外，甚至许多企业的总部或分部也纷纷到郊区购物中心来经营业务，因此，这些购物中心逐步发展为郊区商务区（suburban downtown）。这些郊区商务区的主要代表有纽约郊区的尤宁代尔（Uniondale）、华盛顿郊区的泰森斯科纳、芝加哥郊区的肖姆堡、费城郊区的"普鲁士王"（King of Prussia）、休斯敦郊区的加勒里亚斯（Gallerias）、洛杉矶郊区的"南海滨都市"

---

① R. J. Johnston, *The American Urban System*, pp. 207–220.
② David Smiley, "Addressing Redress", in National Endowment for the Art, *Sprawl and Public Space*, p. 14.

(South Coast Metro）等，不胜枚举。格尼·布雷肯菲尔德（Gurney Breckenfeld）写道："地区性的购物中心已经转变为微型城市……这些巨型中心的经济引力已经将多数大城市的功能分解得支离破碎……（大都市区）不是只拥有一个单一的核心，而是拥有数个。"①

3. 郊区办公园区的发展与办公业务的郊区化

由于企业的总部是事务性很强的机构，许多重大事项需要高层经理人员当面洽谈，因此中央商务区一直是企业总部的大本营。但由于中央商务区的办公空间租金高昂，迫使一些大公司将一些非决策性的分支机构迁往郊区。同时，由于郊区制造业、商业和服务业的迅速发展，中央商务区的职能受到削弱，吸引力下降。而信息技术的发展使信息的存储与传递异常迅速，企业总部和分部之间可随时进行信息交流，为办公机构的郊区化创造了条件。因此许多企业在郊区建立了分部，有的甚至干脆将总部也迁往郊区，建立了众多的办公园区（office park），从而进一步削弱了中心城市的职能。

美国第一个郊区办公园区于20世纪50年代初出现于亚拉巴马州伯明翰市的郊外，距市中心5英里，占地70英亩，为后来办公园区的建立提供了一个原型。该办公园区呈现出一片园林景观，办公楼一般不超过三层，园内空间开阔、绿草如茵、花木繁茂。该园区的设计人员说，办公园区提供了"一个空旷的场所和一个宁静的园林式的环境，非常适于企业的创业活动，（这里）摆脱了城市的喧嚣、尘埃、交通拥堵和其他令人厌恶的东西，也没有早晚高峰时刻那种令人厌倦的交通拥堵，而且办公楼的门前还有宽敞的免费停车场"②。为了方便雇员的生活，办公园区往往与购物中心为邻。

从20世纪60年代开始，办公园区的发展速度开始加快，比如1964年亚特兰大的郊区只有一个办公园区，而到1974年增加到40个，就业人员达2.5万人。③ 到80年代中期，美国郊区80%的办公

---

① Peter O. Muller, *Contemporary Suburban America*, p. 119.
② Robert Cervero, *Suburban Gridlock*, pp. 43 - 44.
③ Peter O. Muller, *Contemporary Suburban America*, p. 157.

面积是在此前的 15 年间建立起来的。相比之下，中央商务区的办公面积只有 36% 是在同期建立起来的。① 在洛杉矶的郊区奥兰治县，1980—1986 年，办公面积从 1610 万平方英尺增加到 3660 万平方英尺；圣路易斯郊区的增长也十分迅速，仅圣路易斯县的办公面积在 1980—1985 年间就增加了 30%，从 1800 万平方英尺增加到 2300 万平方英尺以上，到 1992 年再次增加到 4500 万平方英尺。② 郊区办公面积的发展速度远远超过了中央商务区，被称为"郊区办公室繁荣"(suburban office boom)。

由于郊区办公业务的迅速发展，其在大都市区所占的比例迅速提高，甚至远远超过了中心城市。从全国范围来看，1970 年美国郊区的办公面积仅占大都市区的 25%，而到 1984 年则上升到 57%。在亚特兰大，虽然人们在努力建立一个以中央商务区为核心的公交系统，以推动经济活动的向心流动，但 70 年代郊区办公面积的增长速度仍然比中央商务区快 30%，中央商务区办公面积占大都市区的比例在 1978—1983 年从 34% 降到 26%。③

随着郊区办公园区的发展，美国许多大公司的分部乃至总部纷纷迁往郊区。从 20 世纪 50 年代开始，这种迁移势头日趋强劲，纽约市大公司的总部数量迅速减少。比如 60 年代，在美国前 500 家大公司中，有 136 家的总部位于纽约的曼哈顿，而到 80 年代中期锐减到 65 家，许多大公司的总部迁移到郊区安家落户，④ 其中不乏一些著名的大公司，如 IBM 公司、施乐公司、海湾石油公司（Gulf Oil）、通用电话公司等。从全国范围来看，郊区企业总部的增加也异常迅速。1965 年，美国《财富》杂志所统计的美国前 500 家大公司中，有 47 家的总部位于郊区，1969 年增加到 56 家，1974 年猛增到 128 家，增加了一倍以上，1978 年再增至 170 家。而在《财富》杂志所统计的美国第 501 至 1000 家大公司中，1974 年总部设在郊区的有 161 家，1978 年增加到 182 家。由

---

① Robert Cervero, *Suburban Gridlock*, pp. 1-6.
② Jon C. Teaford: *Post-Suburbia*, pp. 169-171.
③ Robert Cervero, *Suburban Gridlock*, pp. 1-6.
④ Robert Cervero, *Suburban Gridlock*, p. 7.

此可见，70年代以来，企业总部的郊区化速度加快，这期间在所有企业总部的迁移中，有75%是从中心城市迁往郊区。①

4. 总就业的郊区化与郊区的城市化

由于美国的制造业、商业、服务业乃至办公业务不断向郊区转移，使郊区的总就业不断增加，并最终超过了中心城市，郊区承担了越来越多的城市职能，越来越城市化了。郊区已经不再仅仅是"卧城"，而且也是人们工作和娱乐的场所，郊区居民与中心城市的联系日益削弱。

首先，从中心城市和郊区就业的变化率来看。20世纪60年代在美国的前15位大都市区中，北部和西部9个大都市区中心城市的就业在迅速减少，而其郊区却在迅速增加，其中纽约下降最多，10年间减少了33.9万个工作，而郊区却增加了35.3个；芝加哥—加里次之，减少了23.2万个，郊区增加了50.9万个，增长值最高。只有6个中心城市的就业有所增加，而其中只有南部的中心城市休斯敦和达拉斯分别超过了各自的郊区。从这15个大都市区的总体情况来看，中心城市减少了83.6万个，而郊区增加了308.6万个；如果从变化率来看，中心城市就业下降了6.9%，而郊区却上升了43.6%。② 由此可见，郊区的就业在迅速增加，而中心城市的就业增长缓慢甚至在迅速减少。

这种中心城市与郊区就业的此消彼长一直持续到20世纪末，虽然90年代中心城市的总体就业状况有所改善。在美国住房与城市发展部（HUD）所统计的114个大都市区中，1992—1997年，中心城市的就业增长率为8.5%，而郊区为17.8%，郊区的增长速度仍然远远高于中心城市，所不同的是，90年代美国大多数的中心城市基本扭转了就业减少的趋势。③

---

① Peter O. Muller, *Contemporary Suburban America*, pp. 148 – 149.
② Anthony Downs, *Opening up the Suburbs: An Urban Strategy for America*, New Haven: Yale University Press, 1973, pp. 20 – 21.
③ U. S. Department of Housing and Urban Development, *The State of the Cities*, 2000, pp. 6 – 8.

其次，从郊区占大都市区就业人数的比例来看，郊区也在不断提高。比如，1960—1970年，在美国前15位大都市区中，郊区就业人数的比例从37.0%上升到47.6%，10年间上升了10.6个百分点，几乎达到大都市区就业总数的一半。华盛顿和圣路易斯郊区的上升速度最快，提高了18.7个百分点；其中有8个大都市区郊区所占比例超过了50%，而底特律、波士顿和匹兹堡的郊区竟高达60%以上。①

进入20世纪70年代以后，中心城市就业继续减少，郊区各种就业持续增加。到1980年，在美国前15个大都市区中，只有1/3的就业分布于中心城市，即郊区占去了2/3，而在其后的另外10个大都市区中，中心城市就业也只有36%，即郊区占去了64%。② 就全国范围来说，70年代郊区与中心城市新增就业之比为4∶1。郊区获得了新增零售业就业的95%，服务业的63%，建筑业的99%，金融、保险和房地产业就业的47%。1980年全美就业有将近一半分布在郊区。③ 美国城市地理学家杜鲁门·A.哈茨霍恩（Truman A. Hartshorn）和彼得·O.马勒（Peter O. Muller）于1986年在一份为美国商业部的研究报告中评论道："在过去的两个年代里，随着本国后工业经济和社会的出现和开始成熟，美国大都市区经历了一场结构和功能的深刻变化。工业时代的大都市区——其特征是一个居主导地位的中心城市和一个由居民郊区构成的环带——在这个时代已经变得内外颠倒和四分五裂。在七八十年代，郊区已经以惊人的速度从一种组织松散的'卧室社区'演变成为一种羽翼丰满的'外城'。""无论是在传统的蓝领和白领职业方面，还是在高新技术产业方面，郊区都成为创造新工作岗位的引领者。而到80年代中期，后者几乎成为郊区所独有的特征。在大多数主要大都市区的劳动市场上，郊区的就业数量现在确实已经

---

① Anthony Downs, *Opening up the Suburb*, p. 21.
② John C. Lowe, "Patterns of Spatial Dispersion in Metropolitan Commuting", *Urban Geography*, Vol. 19, No. 3, 1988, p. 237.
③ Rebecca Robertson, "Urban Settlement Patterns in the North American Metropolis", in Ervin Y. Galantay, ed., *The Metropolis in Transition*, New York: Paragon House Publishers, 1987, p. 288.

超过了中心城市的就业总数。"①

由此可见，美国郊区不仅取得了人口优势，人口的异质性日益增强，表现出某些城市性特征，而且在制造业、商业、服务业、办公业乃至整个就业方面也取得了优势地位，因而表现出越来越强烈的城市特征，因此，许多学者对郊区的独立地位发表了诸多颇有启示的评论。比如，美国城市史学者彼得·O. 马勒评价说，战后初期的"卧室"郊区现在已经演化为一种自给自足的城市实体，拥有它自己主要的经济和文化活动，再也不是中心城市的附庸。路易斯·马索蒂（Louis Masotti）等指出了"郊区的经济、文化和政治的日益独立"，并称之为"郊区的城市化"②。乔恩·C. 蒂福特（Jon C. Teaford）也认为："在经济和社会方面，边缘不再是中心的依赖性附属物，所以不再是前缀 sub（次）的适用者。"罗伯特·菲什曼（Robert Fishman）评论道，郊区已经具有"城市所拥有的……所有经济和技术的动力"，"它不是郊区化，而是一种新城市"，郊区已经成为一种"高技术城市"（technoburbs）。③而最著名的则是美国新闻记者乔尔·加罗（Joel Garreau）所给予郊区次中心的名称——"边缘城市"（edge cities）。他认为，到 20 世纪 90 年代之初，美国已经拥有 200 多个边缘城市。成为边缘城市的标准有 5 个：其一，拥有 500 万平方英尺以上的可出租的办公空间；其二，拥有 60 万平方英尺以上的可出租零售空间；其三，就业多于住房；其四，一个区域性的混合功用的目的地；其五，必须是崭新的"城市"，30 年前不曾存在。他以一位新闻记者的浪漫的笔触写道："这就是为什么边缘城市成为形塑美国未来城市的大熔炉。边缘城市已经成为当前大多数美国人居住、学习、工作、购物、娱乐、礼拜和去世的地方，它将成为 21 世纪美国神话般的美国生活方式的锻造者。"④

---

① Thomas M. Stanback, Jr., *The New Suburbanization: Challenge to the Central City*, Boulder: Westview Press, 1991, p. 60.
② Peter O. Muller, *Contemporary Suburban America*, pp. 3-8.
③ Jon C. Teaford, *Post-Suburbia: Government and Politics in the Edge Cities*, p. 1.
④ Joel Garreau, *Edge City: Life on the New Frontier*, New York: Doubleday, 1991, pp. 4-8.

三 美国大都市区的低密度蔓延

低密度蔓延性是当代美国郊区乃至整个大都市区空间结构的一个主要特征。郊区化不等于郊区蔓延和大都市区蔓延,因为人口和就业从中心城市迁移到郊区,可以建立高密度的居住社区和就业场所。但美国的郊区发展没有走高密度开发之路,而是走了一条低密度蔓延的道路,导致这一空间特征的原因是多种多样的,比如国土资源的辽阔、汽车交通的便捷、对个人隐私的重视等,但美国地方政府实施的土地利用分区制(zoning,简称分区制或区划制)则是最直接的原因,甚至可以说分区制本身就是低密度蔓延。19世纪末20世纪初,美国的一些地方政府开始实施土地利用分区制,对土地利用进行规范和管理。这种制度得到了联邦政府的支持和各级法院的庇护,到二战以后成为一种普遍流行的土地利用控制方式,对美国郊区和大都市区的发展模式产生了极大的影响,直接导致了郊区和大都市区空间的低密度蔓延。

(一) 土地利用分区制的内容及其法律地位

根据美国学者罗杰·A. 坎宁安(Roger A. Cunningham)的定义,"分区制(zoning)就是根据建筑开发和土地利用模式进行区域划分的管理法规。典型的分区制法规将其所涵盖的地域(通常是一个市镇法人所辖的全部地域)划分为不同的分区,在每个分区中根据统一的规范,对建筑和土地的利用模式、建筑物的高度、建筑物所占的面积或体积,以及开放空间等进行规范和管理。"[1]

土地利用分区制是属于地方政府的一项权力。分区制法规(zoning ordinances)一般包括文字条款和图纸两部分。文字条款一般对每个土地利用分区的土地利用模式和开发标准等作出描述,而图纸

---

[1] Roger A. Cunningham, "Zoning Law in Michigan and New Jersey: A Comparative Study", *Michigan Law Review*, Vol. 63, No. 7 (May, 1965), p. 1171.

则将各个土地利用分区明确详细地标识出来。土地利用分区的划分存在不同的标准，一般情况下按照4种标准进行分类，即土地利用类型（use districts）、建筑体量（volume districts）、建筑高度（height districts）和占地面积（area districts）。按照土地利用类型分类，就是在特定的城市区域内规定出特定的土地利用模式，比如居住用地、商业用地、轻工业用地、重工业用地等，在分区制图纸上一般用U-1、U-2、U-3、U-4、U-5等标出，也有的地方政府用R代表居住用地，C代表商业用地，M代表制造业用地等等。然后，还可以在各个类别的土地利用模式中再进行更加细致的划分，比如住房用地可再细分为R-1、R-2、R-3等，代表不同类型住房的分布区域。这种不同土地利用类型或功能的划分，是为了避免互不兼容的土地利用模式的混合，从而保护某些土地利用模式，尤其是居民区不受其他土地利用模式的干扰和危害。按照建筑体量划分，就是规定在城市中某些特定的区域内，建筑物的体积（长宽高）不能超过某一标准。按照建筑高度划分，就是规定建筑物的最高限度。按照占地面积进行划分，就是规定建筑物的占地面积不能超过其所在建筑地块（lot）的某一比例，对于前庭、后院、屋旁空地的尺寸进行了明确的规定。后三种分类方式的目的，都是为了限制土地的承载量，保护相邻建筑物的通风透光，还可以避免自然景观的破坏。

在分区制发展的早期，对土地利用模式的限制往往不是十分严格，一般采用"累进分区制"（cumulative zoning），即低级的土地利用模式不能出现于高级的土地利用模式的分区中，而高级的土地利用模式则可以出现于低级的土地利用模式的分区中。住房用地属于开发的最高类型，随后是商业用地、轻工业用地和重工业用地；而在住房用地中，依次是大地块的独户住房、小地块的独户住房、双户住房、排屋、公寓住房和移动房屋等。但是，"累进分区制"仍然会导致土地利用模式和住房类型的混合，从而导致利益冲突和诉讼纠纷，于是越来越多的城市实行了更加严格的分区制，不同的土地利用类型之间和不同的住房类型之间互不混合，这种更加严格的分区制称为"排斥性分区制"（exclusive zoning）。这种严格的土地利用类型的分区，再加上根据建筑物的体量、高度和占地面积而进行的分区，使地方政府的分区制体系十分复杂。一个小城镇或乡村县可能有 5—10 个分区类型，而一个典型城市的分区制体系可能拥有多达 20—30 个分区类型。[①]

在采取土地利用分区制以前，不同的土地利用模式互相混合，社区居民往往受到邻居不兼容土地利用模式的危害。由于没有分区制的保障，受害居民往往只有根据普通法中的妨害法（nuisance laws）通过诉讼来保护自己的权益。然而，这种单一、分散和事后的诉讼方式，不能有效地协调城市的土地利用和适应城市的快速发展，于是土地利用分区制思想便应运而生，即预先将市镇法人的辖区划分为不同的分区，令其物以类聚，人以群分，彼此协调，相互融洽。

在 19 世纪末 20 世纪初，三种情况的出现促进了分区制思想的产生，其一是工业革命的发展与完成，大量的工厂向城市及其周围聚集，严重地危害着人们的生活和健康，同时也使居民的地产价值大为贬值，因此实行土地利用模式的分离乃是必要之举。其二是建筑物高度的提升。1852 年，美国人伊莱莎·奥蒂斯（Elisha Otis）发明了电梯，电梯和钢筋混凝土的使用，使建筑物在高度上的限制被克服，纽约、芝加哥等大城市的摩天大厦拔地而起，严重地影响了周围建筑的采光和通风，从而对周围居民和就业人员的健康产生了极大危害，同时周围地产的财产价值也大打折扣，因此人们要求对高层建筑进行规范。其三是随着乡村人口的城市化、外来移民的涌入、黑人的大迁徙，不同阶级、民族和种族的居民混合在一起，社会矛盾迅速激化，社会动荡加剧，尤其是社会下层群体和低等住房向高等住房区的侵入，导致了高级住房的贬值。通过将不同的住房类型分离布局，可以在一定程度上减少不同阶级、民族和种族之间的社会摩擦与冲突，同时保护高级住房的市场价值。总之，分区制可以减少未来不同土地利用模式的冲突，保护居民的身体健康和房地产的市场价值，确保城市和社区发展的确定性和稳定性。

[①] David W. Owens, *Introduction to Zoning*, Second Edition, Chapel Hill: The University of North Carolina, 2001, p. 28.

从法律上讲，分区制权力是一种治安权（police power），其目的是保护居民的健康、安全、道德和普遍的福利，该权隶属于州议会，一般由州议会制定的授权法授予市镇法人和县政府行使，也可通过州宪法的自治条款和城市宪章来进行授权。地方政府一般由规划委员会或分区制委员会草拟分区制法规，在拟定草案的过程中，该委员会一般要对相关地区进行调查研究，在相关地区召开会议或听证会，最后分区制草案必须经过城市议会的批准才能成为正式的法规。[1]

分区制的原则来自妨害法（nuisance laws）的原则，妨害法的原则同样依据的是治安权，即保护公民的健康、安全、道德和普遍福利。在妨害法之下，一位地产主在不妨害他人利益的情况下，可以任意处置其地产，否则就要根据妨害法受到法院的制裁。但两者存在较大的区别，其一，妨害法一般包含在普通法律的福利条款之中，而分区制法规则是根据州议会的明确授权而制定的专门法规。其二，两者的管辖范围不同，妨害法的解释必须具有合理性，即某一地产的使用确实对邻里造成了伤害，比如居民区中的屠宰场或工厂等。而分区制法规不必具有这种合理性解释，只要该法不违反宪法即可得到法院的支持，其管辖权要广泛得多。比如，在妨害法之下，不能说一套公寓住房对独户住房构成了妨害，所以法院不能禁止公寓的建筑。而在分区制法规之下，公寓住房不能建造于独户住房区，这里不存在合理性解释的问题，而只存在武断的规定性。其三，分区制法规和妨害法虽然都强调保护公民的健康、安全、道德和普遍福利，但分区制更强调保护业主的地产价值，尤其是保护独户住房区，因而往往实行"累进分区制"，而妨害法则没有这种区分。其四，从实施过程和效果来看，妨害法相关事件往往通过事后的和个案的诉讼方式由司法部门审理执行，这种方式既劳民伤财又耗费时日，不能适应对快速发展的城市和郊区的管理需要。而分区制的实施则是预先地总体性地将不兼容的土地利用模式分类布局，

---

[1] W. L. Pollard, "Analysis of Zoning Ordinances", *Annals of the American Academy of Political and Social Science*, Vol. 155, Part 2: Zoning in the United States (May, 1931), p. 62.

能够适应对城市和郊区快速发展的管理需要。

(二) 地方土地利用分区制的产生与初步发展

美国第一个公认的分区制法规是1885年由加州的莫德斯托市（Modesto）制定的，该法规规定："任何人在莫德斯托市区内建立、维持或经营公共洗衣店，受雇洗涤或清洁物件，均属非法行为，只有位于铁路轨道以西或G大街以南的城区除外。"[1] 随后，其他一些城市也制定了类似的分区制法规。这些早期的分区制法规仅仅是对城市的某些特定区域和某些特定的土地利用模式进行规范和限制，属于专项分区制法规，而不是综合性分区制法规。所谓综合性分区制法规就是某一市镇法人对其辖区内所有地区的所有土地利用模式、建筑物的体量、高度、面积等进行全面分类和规范的法规。

1916年，纽约市制定了美国第一个综合性的分区制法规。19世纪末20世纪初，纽约的第五大道和第23大街的交汇处逐渐成为该市的零售业中心，高档的服装商店和百货大楼汇集于此，呈现出一派繁荣的商业气象。然而，许多裁缝店为了接近服装商店，把握市场行情，减少运输成本，也向这些地方聚集。在这些裁缝店就业的外来移民和下层工人在午休时间无所事事，满街游荡，对于附近高档服装商店的顾客构成了潜在的威胁，影响了这里的商业氛围和营业活动。于是这些服装商店被迫沿第五大道向北迁移，但裁缝店也尾随而至，成为挥之不去阴影。与此相似，第34大街以北的新商业区也面临着同样的威胁。于是，这些服装商店和百货商店的老板组成了"第五大道协会"（the Fifth Avenue Association），向纽约市政府施加压力，要求对裁缝店进行规范管理，限制商业区内工厂的数量。这就产生了土地利用功能分区的要求。

与此同时，中央商务区摩天大楼的崛起也是推动纽约市分区制出现的一个重要原因。到1913年，在曼哈顿已经有50多座建筑超过了20

---

[1] Gordon Whitnall, "History of Zoning", *Annals of the American Academy of Political and Social Science*, *Vol. 155*, *Part 2*: *Zoning in the United States* (May, 1931), p. 9.

层，9座超过30层，最高的一座达到55层。摩天大厦的集中使许多老建筑不能获得充足的阳光和空气，威胁着人们的身体健康。此外，过高的土地利用强度和建筑体量，对于消防、交通、用水、居住拥挤和地产价值都会产生不利的影响。因此，限制纽约市建筑物的体量、高度和占地面积也成为必要之举。于是，该市的改革者于1913年组织了"建筑物高度委员会"，并在当年公布了一项研究报告，要求该市采取分区制度。该市的"建筑分区与限制委员会"于1916年也在其报告中指出："纽约市已经……处于这样一个时刻，如果任由无序的增长持续下去，将会导致社会和经济灾难。由于相关利益的重要性，所以不能允许从前那种自由放任的做法继续存在。由于有太多居民的利益受到了威胁，所以不能允许下述思想习惯继续存在，即私人财产权可以阻碍市政规划的制定，须知这种规划对于整个城市的健康、秩序和福利是至关重要的，对于地产价值的保护也是至关重要的。"①

在上述改革组织和有关机构的倡导之下，纽约市于1916年通过了美国第一个具有里程碑意义的综合性分区制法规，对土地利用类型和建筑物的体量、高度和占地比例进行了全方位的规范和限制，正如该法规的前言所指出的，其目的是"规范和限制此后建筑物的高度和体量，确定前庭、后院和其他开放空间的面积，规范和限制商业和工业的位置，以及一些特殊用途的建筑物的位置，确定用于上述目的的区域之间的边界。"② 纽约市的综合性分区制法规产生了深远的影响，它很快成为美国其他地方政府制定分区制法规的样板，甚至成为美国商业部制定分区制授权法的主要蓝本。到1926年，美国已有564个城镇制定了分区制法规。③

---

① Randall W. Scott, ed., *Management & Control of Growth: Issues, Techniques, Problems, Trends*, Volume I, Washington, D. C.: The Urban Land Institute, 1975, p. 214.

② Chad Emerson, *The SmartCode Solution to Sprawl*, Washington DC: Environmental Law Institute, 2007, p. 22.

③ William B. Honachefsky, P. P., P. L. S., Q. E. P., *Ecologically Based Municipal Land Use Planning*, Washington, D. C.: Lewis Publishers, 2000, p. 23.

（三）联邦政府的鼓励与分区制的普及

为了满足地方政府制定分区制法规的需求，1922年联邦政府商业部部长赫伯特·胡佛成立了一个"分区制咨询委员会"，在该委员会的努力之下，商业部于1924年制定了一个《州分区制授权法范本》，指导各州议会制定授权法，授予地方政府制定分区制法规的权力。根据该范本，州议会将治安权授予地方政府，地方政府有权制定分区制法规，对本辖区的土地利用模式和建筑物进行规范和管理，该范本写道："城市和行政村的立法机构根据本法的授权，可以对下列内容进行规范和限制：即建筑物和其他构造物的高度、楼层的数量和建筑物的规模；建筑地块被建筑物所占用的比例；前庭、后院和其他开放空间的尺度；人口的密度；建筑物和构造物的位置和用途；以及用于商业、工业、居住和其他目的土地。"[1] 该范本要求分区制法规必须符合本辖区的综合规划，指出分区制法规仅仅是实施社区发展综合规划的一个手段。1926年，商务部对《州分区制授权法范本》进行了修订，新版范本再次强调了分区制必须符合综合性规划这一点，并指出："这有助于防止混乱的或零碎的分区制。没有这样的综合性规划，（地方政府）就不能制定分区制法规。"[2]

为了帮助地方政府制定综合性规划，1926年，商业部将"分区制咨询委员会"改组为"城市规划与分区制咨询委员会"，并于1928年制定了一个《城市规划授权法范本》。该范本规定，各城市规划委员会的功能和职责是制定和采用一项总体规划（master plan），以指导该市的总体发展，此外还要对分区制作出规定，包括建筑物的高度、面积、位置和使用等进行规范与控制。然而，令人遗憾的是，这一范本规定城市规划只具有选择性而不具有强制性，没有特别强调分

---

[1] Paul E. King, "Exclusionary Zoning and Open Housing: A Brief Judicial History", *Geographical Review*, Vol. 68, No. 4 (Oct., 1978), pp. 460–461.

[2] Randall W. Scott, ed., *Management & Control of Growth*, pp. 220, 216.

— 173 —

区制法规必须与综合规划协调一致。这一缺陷对各州和地方政府的分区制法规和综合规划产生了恶劣的影响。比如,新泽西州制定的《城市土地利用法》虽然要求该州的市镇法人制定总体规划,但它并没有说明总体规划的制定具有强制性,而是规定地方政府的规划委员会"可以采纳……一项总体规划"[1]。因此,各地方政府十分重视分区制法规,而综合性总体规划的制定却往往不了了之,到20世纪70年代,美国大约有一半城市在没有制定综合性总体规划的情况下制定了分区制法令。即使那些制定了综合性规划的地方政府,在大多数情况下,也是先制定分区制法规,然后才制定总体规划来装点门面,根本不能体现总体规划对分区制的制约。[2]

在分区制与城市总体规划的关系中,分区制仅仅是城市规划的一个组成部分或辅助性工具,分区制只是将一个市镇法人的辖区划分成若干功能区域,对土地利用模式和建筑物进行规范;而城市规划涉及的范围则要广泛得多,它是对一个城市的未来发展作出总体性的时空规划。因此,城市总体规划的法律地位应该远远高于分区制,分区制必须与总体规划相协调,否则城市的发展就会出现混乱。但是,在地方政府处理总体规划和分区制的关系中,却往往出现本末倒置,轻重错位。分区制一般以地方法规的形式出现,具有强制性的法律效力,而总体规划却不是以法律文本的形式出现,并不具有强制性和法律地位,从而出现了总体规划不能制约分区制的情形。而且更严重的是,许多地方政府甚至长期没有制定综合性的总体规划,分区制畸形发展,往往成为地产投机、保护地产价值、排斥穷人和少数族裔的工具,对大都市区的发展造成极大的危害。因此,美国参议院的一个委员会于1973年在关于《土地利用政策与规划援助法》(the Land Use Policy and Planning Assistance Act)的报告中写道:"由于缺少州政府的关心或指导,在城市(还包括法院)中逐

---

[1] William B. Honachefsky, P. P., P. L. S., Q. E. P., *Ecologically Based Municipal Land Use Planning*, p. 23.

[2] Randall W. Scott, ed., *Management & Control of Growth*, p. 220.

渐形成了一种否定性的地方土地利用管理规范，就仿佛这些否定性的规范体现了任何必要的规划一般。因此，这些土地利用控制（指分区制——笔者注）不是有规划地指导开发活动，而是保护了无规划的开发。其结果是，土地利用决策要么是完全交给了市场，要么是任由地方政府进行无规划基础的管理，无论是哪种情况，都形成了低效的、没有远见的，而且往往还是浪费性的土地利用模式。"[1] 简单地说，分区制仅仅是一种否定性的法规，旨在排除不相容的土地利用和建筑模式，它需要总体规划的正面引导，否则城市的发展就会出现紊乱无序的局面。

对地方政府分区制发展发挥更大作用的是联邦法院和各州法院对有关分区制诉讼案件的裁决。在这些案件中，影响最大的莫过于1926年联邦最高法院对"欧几里得村诉安布勒地产公司案"（Village of Euclid v. Ambler Realty Co.）的判决。

欧几里得村是俄亥俄州克利夫兰市的一个郊区小镇，该镇于1922年11月制定了一项综合性的分区制法规。原告安布勒地产公司认为，该镇的分区制法规使其地产价值下降了75%，从而使该公司蒙受了巨大的经济损失，于是该公司提起诉讼。[2] 该公司还认为，欧几里得村的分区制法规违反了联邦宪法第14条修正案，在没有正当的法定程序的情况下，侵犯了原告的自由和财产权，同时也违反了俄亥俄州宪法的相关条款；该公司还认为，该分区制法规"试图限制和控制原告对这片地产的合法使用权，从而构成了对该地产的征用"。因此，该公司恳请法院发布命令禁止该法规的实施。[3] 几经周折，案件上诉到联邦最高法院，1926年10月，联邦最高法院作出终审判决，支持了欧几里得镇的分区制法规。乔治·萨瑟兰（George Sutherland）大法官首先论证了政府的限制性措施拥有合理性和必要性，随后对该镇分区制的合法性进行了论证，指出该法规的合法性在于，它们保护了

---

[1] Randall W. Scott, ed., *Management & Control of Growth*, p. 221.
[2] Eric T. Freyfogle, "The Zoning of America: Euclid v. Ambler Realty by Michael Allan Wolf", *Law and History Review*, Vol. 28, No. 1 (February, 2010), p. 287.
[3] Chad Emerson, *The SmartCode Solution to Sprawl*, p. 26.

公共健康、安全、道德和普遍的福利，属于州政府赋予地方政府的治安权。因此，萨瑟兰大法官预先赋予了地方政府的分区制法规以"合法性预设"（presumption of legality），即预先假定地方分区制法规是合法的，反对地方分区制法规的人有责任提供证据来证明其非法性。[①]萨瑟兰大法官写道："在该分区制法规能够被宣布违宪之前，原告必须说明，这种条款显然是专横的和不合理的，与公共健康、安全、道德或普遍福利没有多大关系。"[②] 如果原告不能证明这一点，就说明该种法规是符合宪法的。这样，联邦最高法院的判决最终确立了地方分区制法规的合宪性，从而为地方政府制定分区制法规提供了宪法保障，推动了分区制法规的普及。

（四）分区制与大都市区的低密度蔓延

自从20世纪20年代以来，分区制逐渐成为美国地方政府土地利用管理的主要手段，分区制将居住区、商业区和工厂区等不同的土地利用模式分开布局。此外，分区制还对住房建筑模式、住房地块的面积、建筑物的体量和高度等进行了规范和限制。分区制法规行使的是一种治安权，其合法目的是维护公民的健康、安全、道德和普遍福利，然而，这一合法权利却被郊区地方政府加以巧妙利用，成为维护私利的一种手段。这种私利的目标包括：其一，排斥穷人和少数族裔，保持本社区的郊区特征和居民构成的同质性，保护地产的价值，使分区制法规成为一道难以逾越的藩篱，这种分区制被称为"排他性分区制"（exclusionary zoning）或"谄媚性分区制"（snob zoning）。其手法是限制乃至禁止多户住房、公寓住房和移动房屋的开发，鼓励独户住房的开发，扩大独户住房的地块面积，限制建筑物的高度，预留更多的公共开放空间，从而限制廉价住房的供应，提高独户住房的成本，使低收入阶层和少数族裔难以负担昂贵的住房费用，从而将其排斥在本社区以外。其二，维护地

---

① Mark Schneider, *Suburban Growth: Policy and Process*, p. 130.
② Randall W. Scott, ed., *Management & Control of Growth*, p. 218.

方财政平衡，只鼓励那些税收大于服务开支的开发活动。这种分区制被称为"财政性分区制"（fiscal zoning）。财政性分区制与排他性分区制的手法相似，都鼓励大地块独户住房的开发，因为这种住房价格昂贵，所提供的地产税往往大于为其提供基础设施和市政服务所需要的财政开支，而廉价住房的地产税往往不能抵偿这些开支。此外，财政性分区制更趋向于吸引商业、办公、轻工业、研发机构的开发，因为这种开发比住房开发能够产生更多的财政税收。

然而，排他性分区制和财政性分区制在无意间都直接鼓励了郊区的低密度开发，推动了大都市区的空间蔓延。这是因为：首先，鼓励独户住房开发，禁止多户住房和公寓住房，降低了住房密度，浪费了土地资源。假如分别在1英亩的地块上各自建造一套独户住房和一座20套住房的公寓楼房，那么前者的住房密度就是后者的1/20，换言之，前者浪费的土地就是后者的20倍。其次，扩大独户住房的地块同样导致了低密度开发和土地浪费，比如分别在2英亩和1/4英亩的地块上各自建造一套独户住房，前者的密度就是后者的1/8。再次，限制住房和建筑物的体量、高度、占地面积，预留更多的房前屋后空地面积和公共开放空间，无疑会导致低密度开发。最后，财政性分区制往往为商业、办公和研发预留过多的用地。比如，根据一项研究，在洛杉矶的分区制规划中，预留的商业用地足以满足整个美国的商业活动；明尼苏达州德卢斯市预留的商业用地足以支撑2000万人的商业活动；纽约市预留的商业用地足以支撑3.44亿人的商业活动。[1] 这种对商业用地的过多预留和投机活动，导致了大面积土地的长期闲置与浪费，同时将现有的和未来的住房开发推向更远的郊区乃至乡村，从而推动了大都市区的蔓延。

遗憾的是，在美国的分区制发展史上，大地块的独户住房开发和排斥多户住房的现象司空见惯，屡见不鲜，而且日益严重，难以遏制。比如，1960年在新泽西州8个县的分区制规划中，包括双户住房在内

---

[1] Avi Friedman, et al. eds., *Planning the New Suburbia: Flexibility by Design*, Vancouver: UBC Press, 2002, pp. 15–17.

的多户住房用地只占全部住房用地的1.4%，独户住房占地比例则高达98.6%，而其中超过1英亩的大型住房地块占53.9%，在1英亩以下的住房地块只占44.7%；而到1970年，多户住房的占地比例进一步降低，下降到0.8%，独户住房的占地比例则上升到99.2%，1英亩以上的大型地块的比例则进一步提高，上升到73.4%。[1]

公寓住房等多户住房所占比例很低，而独户住房的地块不断扩大，这是一种全国性现象。比如，根据全国建筑商协会（NAHB）的调查，在其成员所进行的住房开发中，平均地块面积从1950年的7558平方英尺增加到1969年的12839平方英尺，后者是前者的1.7倍。[2] 又如，全国城市问题委员会（NCUP）1968年在其调查报告中指出，"大地块分区制在许多主要大都市区中是一种常规的和普遍的行为"[3]。根据该报告，在纽约大都市区，该年城市规划中的住房用地，高达99.2%的面积用于独户住房的开发，公寓住房的占地比例只有0.2%。[4] 而且，美国许多郊区社区规定的地块面积十分庞大，1英亩和2英亩的地块司空见惯，比如，在费城的郊区，多达1/3的住房规划用地规定，每套独户住房占地为2英亩。[5] 在康涅狄格州，全州规划为住房用地的土地中，有一半以上规划为1—2英亩的地块。在俄亥俄州克利夫兰市所在的凯霍加县（Cuyahoga County）的85200英亩的独户住房用地中，只有33%允许住房地块小于半英亩，而17%规划为2英亩以上的住房地块。[6] 事实上，3—6英亩的住房地块也并非罕见，6英亩折合我国36市亩以上，这些独户住房的地块上有森林、池塘、溪流、游泳池、草坪、苗圃、马厩等，邻里之间鸡犬

---

[1] Lynne B. Sagalyn, George Sternlieb, *Zoning and Housing Costs: The Impact of Land-Use Controls on Housing Price*, Center for Urban Policy Research, January 1973, p. 18.

[2] Lynne B. Sagalyn, George Sternlieb, *Zoning and Housing Costs*, p. 29.

[3] "Constitutional Law: Equal Protection: Zoning: Snob Zoning: Must a Man's Home Be a Castle?", *Law Review*, Vol. 69, No. 2 (Dec., 1970), p. 341.

[4] Anthony Downs, *Opening up the Suburbs*, p. 49.

[5] R. J. Johnston, *The American Urban System: A Geographical Perspective*, p. 233.

[6] "Constitutional Law: Equal Protection: Zoning: Snob Zoning: Must a Man's Home Be a Castle?", *Law Review*, Vol. 69, No. 2 (Dec., 1970), p. 341.

之声不能相闻。林恩·B. 萨加林（Lynne B. Sagalyn）和乔治·斯腾里布（George Sternlieb）叹息道："在历史上曾经存在以 1/4 英亩或更小的住房地块为特征的社区，而今已经很难在分区制中找到连片的小于 1 英亩的住房地块了。"①

图 2.3　典型的低密度开发

资料来源：D. E. Pettry, et al., "Soil Pollution and Environmental Health", *Health Services Reports*, Vol. 88, No. 4（Apr., 1973）, p. 324.

低密度开发不仅是居民社区的特点，而且也是郊区就业中心的开发特点。为了保护郊区优美的自然环境，郊区政府制定的分区制法规对就业中心的密度也进行了严格的限制，比如建筑高度、人均面积、建筑距离等。20 世纪 80 年代罗伯特·塞维罗对 6 种郊区就业中心（SEC）进行了调查研究，在地方政府的分区制法规中，对办公园区规定的建筑面积与土地面积之比率——即容积率（floor area ratio, FAR）——的上限只有 0.61，这已经是非常低的密度了，而在实际开发中这一比率更低，平均只有 0.33。办公园区的平均楼层数只有 2.9

---

① Lynne B. Sagalyn, George Sternlieb, *Zoning and Housing Costs*, p. 2.

层，几乎完全呈平面式发展。在这些郊区就业中心内，平均每位职员占用的土地为1.12万平方英尺，而在密度最低的开发区，每位职员竟占地9.45万平方英尺；平均每位职员所占建筑面积平均为492平方英尺，而在密度最低的开发区，每位职员竟占2150平方英尺。[1]

（五）美国与西欧郊区和大都市区的不同特点

美国郊区与欧洲国家郊区存在着诸多不同的特点，首先，最主要的差别是密度方面的不同，美国郊区的密度远远低于欧洲国家的郊区。根据一项研究，欧洲大都市区的人口密度是美国的3—4倍，郊区也是如此，欧洲郊区的密度是美国郊区的4倍。[2] 其次，美国各个郊区社区的土地利用模式比较单一，在郊区居民区一般只有住房，除了少数社区商店，而很少提供就业，而在一些就业场所，比如工业园区和办公园区则很少配置住房区域，就业与住房严格分离；而欧洲国家的郊区社区中往往既有住房，也有就业，彼此混合或接近。再次，美国郊区社区的人口同质性较强，在阶级、族裔、年龄和家庭结构方面存在较强的同质性；而欧洲国家郊区的人口异质性较强。最后，美国郊区社区的规模一般较小，而欧洲国家的郊区一般规模较大，往往是综合性的较大的城镇。根据芝加哥学派的观点，城市的主要特征在于较大的密度、规模和异质性这三个方面，由于美国郊区在这三个方面都比较低，所以美国郊区是真正的社会学意义上的郊区；而欧洲国家的郊区在这三个方面的表现都很显著，因此欧洲国家的郊区毋宁说是郊区城镇。

欧美郊区之所以存在这些重大差别，是因为欧美在土地资源、文化传统、社会关系、政治制度和规划传统等方面的差别造成的。首先，从土地资源的角度来看，美国土地辽阔，人口稀少，而西欧国土

---

[1] Robert Cervero, *America's Suburban Centers: The Land Use-Transportation Link*, Boston: Unwin Hyman, Inc., 1989, pp. 34, 108.

[2] F. Kaid Benfield, et al., *Once There Were Greenfields: How Urban Sprawl Is Undermining America's Environment, Economy and Social Fabric*, New York: Natural Resources Defense Council, 1999, p. 13.

狭小，人口密集，土地是最为稀缺而珍贵的资源，他们浪费不起。这一点从表2.6就可一目了然。

表2.6 美国与部分欧洲国家的人口密度对比（人/平方英里）

国家	1860年	1920年	1980年
美国	11	36	63
荷兰	263	589	1003
比利时	385	670	842
西德	221	343	643
英国	260	469	593
意大利	242	335	491
法国	179	192	256
瑞典	24	38	48

资料来源：Kenneth T. Jackson, *Crabgrass Frontier: The Suburbanization of the United States*, New York: Oxford University Press, 1985, p. 291.

由于美国和西欧国土资源方面的差别，他们对待土地的态度和国家关于土地开发的政策也就迥然有别。美国城市学者安东尼·唐斯（Anthony Downs）精辟地总结道："由于美国人认为土地是异常丰富的，因此他们在历史上一直愿意赋予私人土地的所有者以广泛的使用权。与此相反，西欧人认为土地是极其稀缺而至关重要的资源，因此他们在历史上一直希望必须由政府机构对土地的利用加以严格的管制，以便确保共同利益而不是土地所有者的个人利益。"[①]

其次，从文化传统的角度来看，美国存在着一种深厚而久远的乡村理想和反城市主义文化传统，认为城市是罪恶的渊薮，而乡村则是美德的所在，因此，人们一旦有机会就逃离城市而迁往郊区。而欧洲却不存在反城市主义文化传统，相反，欧洲人认为城市是文

[①] Anthony Downs, "Contrasting Strategies for the Economic Development of Metropolitan Areas in the United States and Western Europe", in Anita A. Summers, Paul C. Cheshire, and Lanfranco Senn, eds., *Urban Change in the United States and Western Europe: Comparative Analysis and Policy*, Second Edition, Washington D. C.: The Urban Institute Press, 1999, p. 17.

明的中心和自由的所在，欧洲流行着一条古老的谚语："城市的空气使人自由。"因此，欧洲社会精英不像美国中产阶级那样会轻易地抛弃城市而前往郊区。另外，从社会关系的角度看，美国人宣称本国是一个没有阶级差别的国家，在20世纪50年代，这种论调喧嚣一时，巴巴拉·艾伦雷奇（Barbara Ehrenreich）写道：美国已经"不存在明显的社会阶级——只存在一个广泛的中产阶级，彼此之间没有公认的界限"。万斯·帕卡德（Vance Packard）于1959年在一份报告中指出："一些权威人士告诫我们，不管我们曾经拥有何种类型的社会阶级，但它们确实都在逐渐消失……美国最近已经实现了'在历史上最为真实意义上的无阶级社会。'"[1] 然而，美国确实存在阶级分野，而且比欧洲人更在意自己的阶级地位和社会名望，一旦中产阶级发现阶级差别的确存在，同时自己的阶级地位受到威胁时，他们就会竭力通过某种方式宣示自己的阶级地位和社会名望，于是，他们极力逃避下层阶级社区，投入代表中产阶级和富裕阶层地位和名望的郊区生活方式，以此来昭示自己的个人成就、阶级地位和社会名望。而"在老式的城市里，特别是在欧洲大陆，富人和穷人，高贵者和贫贱者，常常混合居住在同一个社区，例如在巴黎，他们长久以来，一直共同住在同一座楼里，较富有的人住在底层，最穷的人住在五六层以上的屋顶小屋里"。在"一些优美房子的后面是棚户陋屋……你可找到贫民窟"[2]，这是因为欧洲曾拥有一个漫长的封建贵族时代，他们对阶级差别习以为常，中产阶级和上层人士并不因与下层居民比邻而居而感到羞耻。因此，他们没有逃离中心城市的冲动，也没有通过城市规划或分区制将下层阶级排除在外的必要。

再次，从政治制度的角度讲，西欧为单一制的中央集权制国家，有权对国土利用实施直接而有力的控制，而且欧洲国家往往赋

---

[1] Barbara Ehrenreich, *Fear of Falling: The Inner Life of the Middle Class*, New York: Pantheon Books, 1989, pp. 18, 25.

[2] ［美］刘易斯·芒福德：《城市发展史：起源、演变和前景》，第412、416页。

予大都市区政府或中心城市政府以广泛的土地利用权力,它们能够制定和实施整个大都市区的土地利用规划,因而在一定程度上能够控制郊区的低密度蔓延式开发。而美国为二元主义的联邦制国家,联邦政府无权对各州的土地利用实施直接的管辖,这一权力属于各州,因而联邦政府没有制定任何有关土地利用的法律和政策。虽然20世纪70年代尼克松政府期间曾一度试图制定全国性的土地利用法规,但由于各州、各地方政府以及普通公民的反对而付之东流。另外,虽然各州政府拥有对土地利用的直接管辖权,但遗憾的是各州议会通过授权法将这一权力赋予地方政府,尤其是分区规划权力。在美国的300多个大都市区中,虽然在联邦政府的资助下推动了区域规划机构的成立,但这些机构一般只具有咨询性质,对地方政府的土地利用不能发挥实质性的管控,因此,大多数大都市区的土地利用政策是由众多地方政府分散制定和实施的,严重地缺乏统一性,因而被称为"零零碎碎"(piecemeal)的规划,因而不能有力地控制郊区和大都市区的空间蔓延。

最后,欧美规划传统的差别也是造成郊区发展不同特点的重要原因。西欧国家对郊区的发展进行了严密的控制,综合性的高密度郊区城镇是西欧郊区发展的主要模式。以英国为例,由于霍华德的田园城市思想在英国产生了很大影响,英国政府决定限制大城市蔓延性的扩张。1933年,"大伦敦区域规划委员会"的报告提出了英国最早的区域规划方案,建议在大伦敦的建成区周围设立一条绿带,以限制城市的无序蔓延,在绿带以外对开发进行严格的限制。该方案还建议,新的工业发展应该限制在距离伦敦市中心12英里以内的自给自足的卫星城市中,或者在12—25英里范围内的田园城市中。[1] 于是,1938年英国议会通过了一个"绿带法案"(Green Belt Act),在伦敦周围建立了一条宽5英里的绿带,从而限制了伦敦的扩张。1943年,英国城镇与乡村规划部成立,该部有权控制国土的使用和对地方政府行使司法权。1946年,英国的新镇法案生效,1947年又通过了"城乡规划法",规

---

[1] Peter Hall, *Cities of Tomorrow*, p. 181.

定由国家垄断土地的开发权,从而保障了国家对土地开发利用的有效控制。该法还设立了地方规划机构,负责地方规划的制定和开发控制。更重要的是,这些负责规划的地方政府都是现有的最大地方政府,即郡和郡级市,使英格兰和威尔士的规划机构就由1441个减少到145个。地方政府的规划方案要提交中央政府的规划大臣审查批准,而开发商的开发活动,又必须取得地方规划当局的批准。如果开发商与地方规划发生冲突,地方当局就可以拒绝批准开发商的申请。该开发商只能向中央规划大臣提出申诉,由该大臣进行调查处理,而不是像美国那样由法院裁决。[1] 这种规划制度就保障了中央政府对地方政府,以及地方规划当局对于开发商的权威,保障了整体性和宏观性的城市规划和区域规划的有效实施。在这种完善的城市规划体制的保证下,英国的新镇计划得以顺利地进行,从1946年到70年代中期,英国共建立了28座新城,并且还扩建了一系列乡村小城镇。英国新城的特点是综合性的大型城镇,既有住房,也有就业,并且融合了各个阶级的居民。西欧其他国家在战后也实施了新城计划。新城计划的实施,从区域范围内对城市的发展进行了协调,既疏散了大城市的人口,又限制了郊区的低密度蔓延,避免了城市功能的分离和阶级分异。相形之下,美国虽然也受到了霍华德田园城市理论的影响,但在美国,田园城市嬗变为"花园郊区",走上了一条低密度蔓延、城市功能分离、阶级种族隔离的郊区化道路。这种郊区化模式被称为"美国模式"[2]。

四 美国大都市区空间结构的变迁

前文指出,美国近代城市化和郊区化的交错发展推动了单中心结构大都市区的形成,而当代美国城市化和郊区化的互动则进一步推动了大都市区空间结构的变迁。在大都市区发展演进的过程中,在聚集

---

[1] Peter Hall, *Urban and Regional Planning*, London: David and Charles Ltd, 2002, p. 72.
[2] Frank J. Coppa, "Cities and Suburbs in Europe and the United States", in Philip C. Dolce, ed., *Suburbia*, p. 169.

与扩散这两种相反相成、对立统一的运动之下，美国大都市区的空间结构继续发展演变，逐步由单中心结构的大都市区演变为多中心结构的大都市区，甚至一些大都市区彼此交叉，相互连接，从而形成了无比庞大、漫无边际的大都市连绵带。

(一) 美国大都市区化的发展进程

所谓大都市区化，是指在城市化和郊区化交错发展的过程中，人口与经济向着中心城市及其周围的郊区不断聚集，从而推动原有大都市区的规模不断扩大，新的大都市区不断形成，使大都市区的发展在美国城市发展中居于主导地位的过程。美国大都市区的发展可以分为三个阶段，第一个阶段为近代大都市区的孕育和单中心结构大都市区形成阶段。第二个阶段从20世纪之初到1940年，为大都市区在全国的普遍发展并逐步成为城市发展的主导模式的阶段。第三个阶段从1940年到90年代，为大都市区迅速膨胀和多中心化阶段。

前文指出，早在20世纪初期，美国就形成了单中心结构的大都市区，而且1911年美国人口普查局正式提出了大都市区（Metropolitan District）的概念，即大都市区包括一个10万人口以上的中心城市及其周围10英里以内的地区，或者超过10英里，但却与中心城市连绵不断，且人口密度达到每平方英里150人以上的地区。由于大都市区在全国的普遍发展和规模的扩大，人口普查局曾多次修改大都市区的概念。1940年，人口普查局将Metropolitan District的概念修改为Metropolitan Area，并将中心城市的人口标准降低到5万人，而且一个大都市区中可以拥有两个以上的中心城市。[①] 为了行文的统一性，笔者将Metropolitan District和Metropolitan Area都译为大都市区。

大都市区形成以后，大都市区的数量和占美国人口的比例迅速提高。按照1911年大都市区的概念，该年美国大都市区的数量为58个，占全国人口的比例为31%；而到1940年，这两个数字分别上升到140

---

① U. S. Department of Commerce, Bureau of the Census, *Census of Population: 1950, Volume I, Number of Inhabitants*, Washington, D. C.: U. S. Government Printing Office, 1952, p. XXXV.

和48%。也就是说，到1940年，美国人口中有接近一半居住在大都市区中，美国基本上成为一个大都市区化的国家，这是继1920年美国成为一个城市化国家之后的又一历史性转折，因此某些学者称美国1940年以后的时代为大都市区时代。而在某些地区，大都市区化的程度更高。比如，在大西洋中部诸州，大都市区的发展遥遥领先，早在1910年该地区大都市区人口的比例就高达60%，新英格兰各州也达到55%。而到1940年，这两个地区的大都市区人口比例已分别达到77%和68%，人口的大都市区化程度已相当高。[①]

进入20世纪50年代以后，大都市区的发展速度更快。到1950年大都市区的数量由1940年的140个增加到168个，而到1980年则增加到318个。就大都市区的人口增长率而言，1940—1950年的增长率为22.0%，而1950—1960年的增长率则高达33.0%，为战后最高纪录，这与郊区化在50年代发展最快是一致的。从大都市区人口占全国人口的比例来看，1940年为52.8%，而到1980年达到74.8%，美国成为一个名副其实的大都市区化国家（见表2.7）。

表2.7　1940—1980年间大都市区和非都市区的人口变化

	1940	1950	1960	1970	1980
大都市区的数量	168*	168	212	243	318
大都市区人口（万）	6953.5	8485.4	11288.5	13941.9	16940.5
前10年的人口增长率	—	22.0	33.0	23.6	21.5
占美国人口的比例	52.8*	56.1	63.0	68.6	74.8
占美国总面积的百分比	7.0	7.0	8.7	11.0	16.0
非都市区人口（万）	6213.5	6647.2	6643.8	6379.3	5710.0

资料来源：U. S. Department of Commerce, Bureau of the Census, *Statistical Abstracts of the United States: 1981*, 102th Edition, Washington D. C., 1981, p. 14.

* 1940年大都市区的数量和占全国人口的比例与前文有出入，是由于大都市区的概念不同所致。

[①] Kenneth Fox, *Metropolitan America*, p. 35.

20世纪八九十年代以后，大都市区的人口继续增加（参见图2.4），在全国总人口中的比例也继续提高，1990年这一比例提高到79.8%，而2000年则提高到80.3%，美国成为一个高度大都市区化的国家。① 此外，另一个引人注目的现象就是大型大都市区呈现出优先增长的趋势，比如，1940年百万人口以上的大都市区只有11个，1980年增加到38个，1990年增加到47个，1996年又增加到59个。② 另外，从百万人口以上的大型大都市区占美国总人口的比例来看，1950年为29.5%，尚不足全国人口的1/3，但此后这一比例持续提高，到1990年和2000年分别达到50.1%和57.4%，即美国人口总数的一半以上居住在人口超过百万的大型大都市区中（参见图2.5）。因此，1990年是美国大都市区的发展中继1940年的又一个标志性年代，从此美国成为一个大型大都市区化的国家。

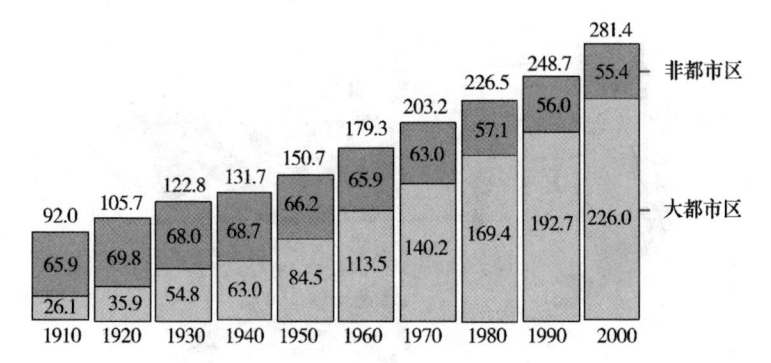

图2.4 1910—2000年间美国大都市区和非都市区的人口数量（单位：百万）

资料来源：U. S. Department of Commerce, Economics and Statistics Administration, Bureau of the Census, *Demographic Trends in the 20th Century*, Census 2000 Special Report, Series CENSR-4, Washington, D. C.：U. S. Government Printing Office, 2002, p. 32.

---

① U. S. Department of Commerce, Bureau of the Census, *Statistical Abstracts of the United States*：2002, p. 31.

② U. S. Department of Commerce, Bureau of the Census, *Statistical Abstract of the United States*, 1982 – 1983, p.15. Carl Abbott, *Urban America in the Modern Age*, pp.113 – 114. U. S. Department of Commerce, Bureau of the Census, *Statistical Abstract of the United States*, 1998, Washington, D. C.：U. S. Government Printing Office, 1998, p. 39.

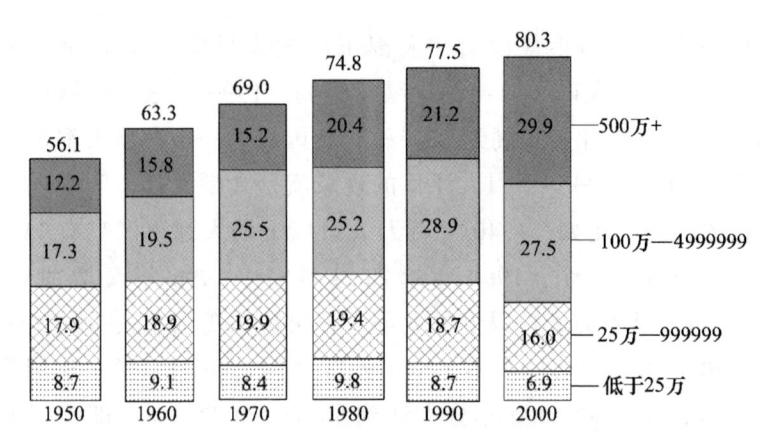

图 2.5　1950—2000 年间各种规模的大都市区占美国总人口的百分比

资料来源：U. S. Department of Commerce, Economics and Statistics Administration, Bureau of the Census, *Demographic Trends in the 20th Century*, Census 2000 Special Report, Series CENSR-4, Washington, D. C. : U. S. Government Printing Office, 2002, p. 35.

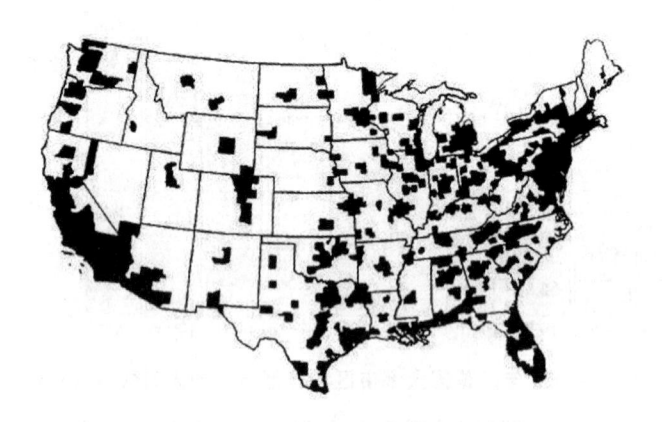

图 2.6　1990 年美国大都市区的分布

资料来源：Tom Daniels, Deborah Bowers, *Holding Our Ground: Protecting America's Farms and Farmland*, Washington, D. C. : Island Press, 1997, p. 11.

由于大都市区发展态势的不断变化，联邦政府有关部门不断修改大都市区的概念。1950 年，大都市区的概念得到了较大的调整，该年联邦预算局（Bureau of the Budget）提出了一个全新的大都市区概念，即"标准大都市区"（Standard Metropolitan Areas, SMA）。在新英格兰以外的地区，标准大都市区由一个或多个中心县（central county or counties）、附近的邻县（adjacent counties）以及周围的外围县（outlying counties）组成。中心县就是拥有一个或多个5万以上人口城市的县，这样的城市被称为中心城市。邻县的标准包括：第一，该县至少有10%的非农业就业人员在该大都市区就业；或者第二，该县至少有一半人口位于人口密度达到每平方英里150人以上的地方，且必须与中心城市连绵不断；或者第三，非农业就业人员占该县全部就业人员的2/3以上。外围县的标准主要是关于它与中心县在社会经济方面的联系程度，其标准包括：第一，居住在该县的就业人员中有15%就业于该大都市区内拥有最大城市的那个中心县；第二，该县的就业人员中有25%居住在该大都市区内拥有最大城市的那个中心县；第三，每月从该县向该大都市区内拥有最大城市的那个中心县的电话拨打次数，是该县向其他地区拨打次数的4倍以上。在新英格兰地区，大都市区的范围是根据城镇而不是根据县来划分的。[1] 1950年大都市区的概念十分烦琐，简单地讲，标准大都市区就是由拥有5万以上人口的中心城市及与之有着密切经济社会联系的各县组成的共同体。1940年大都市区的概念主要根据人口密度来划定，而1950年大都市区的划分则是以县为单位，因此后者的密度要低得多。新的大都市区概念之所以以县为单位，是由于汽车的广泛使用，与中心城市有着密切社会经济联系的地区越来越广泛。1959年，美国行政管理和预算局（OMB）又提出了"标准大都市统计区"（SMSA）的概念，与"标准大都市区"（SMA）的差别不大。

由于大都市区的空间蔓延与膨胀，其规模变得异常巨大，相邻的大都市区往往彼此交叉，相互连接，形成大都市区的复合结构。为了反映这一发展状况，1960年行政管理和预算局（OMB）又提出了"标准联合区"（Standard Consolidated Area，SCA）这一概念，并划定了两个这样的"标准联合区"，即"纽约—东北新泽西标准联

---

[1] U. S. Department of Commerce, Bureau of the Census, *Census of Population: 1950, Volume I, Number of Inhabitants*, p. XXXIII.

合区"(New York, N. Y. -Northeastern New Jersey SCA)和"芝加哥—西北印第安纳标准联合区"(Chicago, ILI-Northwestern Indiana SCA)。1975年该局将"标准联合区"改称为"标准联合统计区"(Standard Consolidated Statistical Area, SCSA),其标准与"标准联合区"差别不大。到1974年,这种标准联合统计区(标准联合区)增加到13个,1980年增加到17个。[①]

1983年该局将"标准大都市统计区"(SMSA)改称为"大都市统计区"(Metropolitan Statistical Area, MSA),同时还规定,在人口达到百万以上的大都市统计区(MSA)中,如果某些组成部分达到某种标准,这些部分就可以单独组成"基本大都市统计区"(Primary Metropolitan Statistical Area, PMSA),而包含基本大都市统计区(PMSA)的大都市复合体则被称为"联合大都市统计区"(Consolidated Metropolitan Statistical Area, CMSA)。1990年美国这种联合大都市统计区共有18个。联合大都市统计区(CMSA)的规模异常巨大,往往包括几个乃至十几个基本大都市统计区(PMSA),比如,芝加哥—加里—基诺沙联合大都市统计区(Chicago-Gary-Kenosha, IL-IN-WI CMSA)就囊括4个基本大都市统计区(PMSA),即芝加哥PMSA、加里PMSA、基诺沙PMSA和坎卡基PMSA(Kankakee, IL PMSA)等;洛杉矶—里弗赛德—奥兰治县联合大都市统计区也囊括了4个PMSA;而纽约—北新泽西—长岛联合大都市统计区(CMSA)则囊括了8个PMSA。[②] 随着大都市区概念的变更,其统计范畴都稍有调整,但总的趋势是大都市区的规模在不断扩大。

(二)大都市区空间结构的变迁

随着当代美国郊区的空间蔓延,美国大都市区的空间结构和空间

[①] U. S. Department of Commerce, Bureau of the Census, *Statistical Abstracts of the United States*: *1976*, p. 21. U. S. Department of Commerce, Bureau of the Census, *Statistical Abstracts of the United States*: *1981*, 102th Edition, Washington D. C., 1981, p. 20.

[②] U. S. Department of Commerce, Bureau of the Census, *Statistical Abstracts of the United States*: *1993*, 113th Edition, Washington D. C., 1993, pp. 37 – 39.

规模发生了巨大变化,主要表现为空间规模的空前膨胀、组织结构的多中心化和外观形态的星云化三个方面。

1. 大都市区空间规模的空前膨胀

笔者在前文指出,美国近代郊区的发展由于受到轨道交通的影响,大都市区的空间形态呈放射状分布。但随着汽车交通的普及,在二战以前,轨道交通线路之间的空地也得到了开发,大都市区的形态又呈现出近似圆形的形态。然而,在汽车和公路交通下的大都市区不会这样循规蹈矩,墨守成规,而是沿着高速公路无限延伸,大都市区的空间形态已经没有了形状可言。与此同时,推土机的出现更使郊区的开发突破了地形条件的限制,推土机以其无坚不摧、所向披靡的力量削平山岗,填塞溪流,推倒森林,消除一切有形障碍,为郊区的发展开辟道路。因此,大都市区以前所未有的姿态摧毁一切,阔步前进,从而形成了庞大且松散的大都市区、联合大都市统计区,甚至大都市区连绵带。

图 2.7 对土地的蹂躏

资料来源:Adam Rome, *The Bulldozer in the Countryside: Suburban Sprawl and the Rise of American Environmentalism*, Cambridge:the University of Cambridge, 2001.

小型的大都市区一般只包括一个县，普通的大都市区一般拥有几个县，而联合大都市统计区（CMSA）则往往跨州越县，硕大无比。比如，芝加哥—加里—基诺沙 CMSA 跨越了伊利诺伊、印第安纳和威斯康星三个州；波士顿—伍斯特—劳伦斯 CMSA 跨越了马萨诸塞、新罕布什尔、缅因和康涅狄格四个州；而纽约—北新泽西—长岛 CMSA 则跨越了纽约、新泽西、康涅狄格和宾夕法尼亚四个州。由于大都市区空间规模的空前膨胀，其人口规模也史无前例地扩大，比如，1950 年纽约大都市区的人口规模达到 1291.1 万，到 2000 年，纽约—北新泽西—长岛联合大都市统计区的人口达到 2120.0 万，洛杉矶—里弗赛德—奥兰治县联合大都市统计区的人口也达到 1637.4 万（见表 2.8）。

表 2.8　1950 年和 2000 年前 10 位大都市区或联合大都市统计区的人口规模

1950 年		2000 年	
大都市区	人口	大都市区	人口
纽约—东北新泽西 SMA	12911994	纽约—北新泽西—长岛 CMSA	21199865
芝加哥 SMA	5495364	洛杉矶—里弗赛德—奥兰治县 CMSA	16373645
洛杉矶 SMA	4367911	芝加哥—加里—基诺沙 CMSA	9157540
费城 SMA	3671048	华盛顿—巴尔的摩 CMSA	7608070
底特律 SMA	3016197	旧金山—奥克兰—圣何塞 CMSA	7039362
波士顿 SMA	2369986	费城—威尔明顿—大西洋城 CMSA	6188463
旧金山—奥克兰 SMA	2240767	波士顿—伍斯特—劳伦斯 CMSA	5819100
匹兹堡 SMA	2213236	底特律—安阿伯—弗林特 CMSA	5456428
圣路易斯 SMA	1681281	达拉斯—沃斯堡 CMSA	5221801
克利夫兰 SMA	1465511	休斯敦—加尔维斯顿—布拉佐里亚 CMSA	4669571

资料来源：U. S. Department of Commerce, Economics and Statistics Administration, Bureau of the Census, *Demographic Trends in the 20th Century*, Census 2000 Special Report, Series CENSR - 4, Washington, D. C.: U. S. Government Printing Office, 2002, p. 37.

第二章　美国大都市区的空间蔓延

这些大都市区呈现出一种四处延伸,漫无边际的发展态势,一位记者对洛杉矶大都市区的膨胀进行了形象的描述,它是"无顶、无底、无形、无际……随机的、迷乱的、没有渊源、未加计划的";它的郊区是"不定形的";它是一个强烈进取的有机体,但没有模式,有的只是手忙脚乱的贪长而已;像菲尼克斯和休斯敦一样,它也经常被冠以"虚幻之城""漫无边际之城"之类的绰号。① 美国城市史学者肯尼斯·杰克逊形象地使用"螃蟹草"(Crabgrass)一词来形容美国郊区和大都市区的延伸,其寓意就是美国的郊区和大都市区像螃蟹一样左冲右突,横行无忌。②

然而,无论是大都市区还是联合大都市统计区(CMSA),如果与"大都市连绵带"(megalopolis)相比那就相形见绌、自惭形秽了。1960年,法国地理学家吉恩·戈特曼(Jean Gottmann)借用一古老名词 Megalopolis,来描述从新罕布什尔州南部至弗吉尼亚州的北部这个长达600英里、宽30—100英里、容纳人口3700万的大都市连绵带。他写道:"当今美国东北沿海地带呈现出一种令人瞠目的发展形态——从新罕布什尔州的南部到弗吉尼亚州的北部,从大西洋海岸到阿巴拉契亚山麓,城市与郊区地带以一种近乎绵延不绝的姿态迤逦延伸……美国任何其他地区都没有如此巨大的人口聚集,没有以如此稠密的平均密度,并在如此广阔的地域上分布开来。任何其他地区在国内所发挥的作用和在世界上的重要性都不能与之分庭抗礼,相提并论。"由于这一大都市连绵带在美国的社会经济生活中所发挥的重要作用,戈特曼称之为美国的"大街"和"十字路口"③。它跨越了10个州和哥伦比亚特区,囊括了117个县和32个人口在5万以上的主要

---

① [美]卡尔·艾博特:《大都市边疆——当代美国西部城市》,王旭等译,商务印书馆1988年版,第135页。

② Kenneth T. Jackson, *Crabgrass Frontier*: *The Suburbanization of the United States*, New York: Oxford University Press, 1985, 1985.

③ Jean Gottmann, *Megalopolis*: *The Urbanized Northeastern Seaboard of the United States*, New York: The Twentieth Century Fund, Inc., 1961, pp. 3–7.

城市,① 其中包括美国5个一流的大型大都市区——波士顿、纽约、费城、巴尔的摩和华盛顿——它们中的每一个在1950年的人口就超过了100万。而在它们之间以及在这条主轴以西部的内陆地区,还拥有十几个其他的大都市区,每一个人口都在20万—80万之间。② 赫尔曼·卡恩(Herman-Kahn)和安东尼·J. 威纳(Anthony J. Wiener)等学者称之为"波士华士"(Boswash)。③

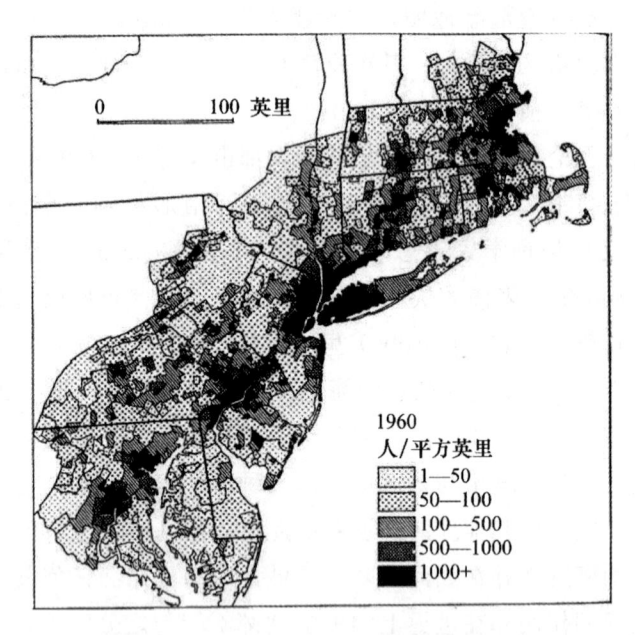

图2.8 1960年的波士华士大都市连绵带

资料来源：Jean Gottmann, *Megalopolis*: *The Urbanized Northeastern Seaboard of the United States*, New York: The Twentieth Century Fund, Inc. , 1961, p. 6.

戈特曼论证了从波士顿到华盛顿这一大都市连绵带是一个紧密联系的整体,他首先对这一区域进行了形象的描述:当某人沿着主体公

---

① Delbert C. Miller, *Leadership and Power in the Bos-Wash Megalopolis*: *Environment, Ecology, and Urban Organization*, New York: John Wiley & Sons, 1975, p. 8.

② Jean Gottmann, *Megalopolis*, p. 17.

③ Jean Gottmann, *Megalopolis Revisited*: *25 Years Later*, College Park: Maryland: Institute for Urban Studies, The University of Maryland, 1987, pp. 18 – 19.

路或铁路在波士顿和华盛顿之间旅行时，他会看到城市建成区、郊区居民区和制造业厂房等紧密交织，绵绵不绝。虽然其间也遍布农田、林地和荒野，但它们之间散布着居民社区和工业厂房，它们虽然看似乡村地区，但它们是从属于某个城市中央商务区的郊区。这些所谓"乡村地区"的人们虽然在人口统计中被划定为"乡村人口"，但他们与农业生产没有任何联系，根据他们的职业和兴趣，他们实际上是城市人口。每个城市都拥有广阔的延伸地带，它与乡村和郊区交织混合，而许多郊区社区往往属于多个中心城市，很难分清哪些郊区属于费城、纽约、纽瓦克、新不伦瑞克（New Brunswick）或是特伦顿（Trenton），而后三个城市本身就已经成为纽约的郊区，而特伦顿同时又是费城的郊区。① 1967年，他在另一部著作中再次进行了论证，他指出，"大都市连绵带就是一个区域"，"大都市连绵带不仅仅是一个地方，它还是一个区域，一个城市区域"。"我们地理学家并不简单地将任何一个研究空间称之为区域，之所以称之为一个区域，我们必须感到它拥有高度的内在统一性和凝聚力，而且在它与周围的地区之间必须存在空间上的非连续性。""大都市连绵带由于两个方面的原因而成为一个区域，第一，在一个统一区域的意义上来说它是一个区域，即一个地区的各处拥有强烈的相似性。第二，在一个功能区域的意义上它是一个区域，即一个地区由内在的流量和联系紧密地整合在一起。"② 其他学者也对此进行了论证，比如，德尔伯特·C.米勒（Delbert C. Miller）论证道，这一大都市连绵带中的五个主要城市彼此十分接近，从华盛顿到巴尔的摩只有39英里，从巴尔的摩到费城只有98英里，从费城到纽约只有87英里，从纽约到波士顿稍远，有231英里。驾驶汽车沿高速公路行驶，最远的两个城市只需一天即可到达，而如果乘坐飞机就更快捷了。任何两个城市之间只需1小时左右。③ 由于拥有便捷的交通和广泛而紧密的社会经济联系，"波士华

---

① Jean Gottmann, *Megalopolis*, p. 5.
② Jean Gottmann and Robert A. Harper, *Megalopolis on the Move: Geographers Look at Urban Sprawl*, New York: John Wiley & Sons, Inc., 1967, p. 181.
③ Delbert C. Miller, *Leadership and Power in the Bos-Wash Megalopolis*, pp. 10 – 12.

士"大都市连绵带确实构成了一个严格意义上区域。

除了"波士华士"这一大都市连绵带以外,美国还出现其他一些大都市连绵带,比如,中西部从芝加哥绵延至匹兹堡的大都市连绵带,被称为"芝匹兹"(Chipitts),这一大都市连绵带囊括了中西部的主要城市,如芝加哥、底特律、托莱多、克利夫兰、阿克伦、布法罗、罗切斯特等;另如,西部太平洋沿岸从圣迭哥绵延至旧金山的大都市连绵带,被称作"圣圣"(SanSan),这一大都市连绵带囊括了加州的主要城市,如圣迭哥、洛杉矶、旧金山等。[①] 如果说单个大都市区的形态如同一个个"太阳系"或"星云"的话,那么整个大都市连绵带就如同银河系一般了。

从全国范围来看,由于美国大都市区数量的增加和规模的扩大,其面积所占全国土地面积的比例也在迅速提高。1940年,大都市区占美国土地面积的5.9%,1960年上升到8.7%,1970年上升到10.9%,而1980年竟骤增到16.0%。[②]

2. 大都市区空间结构的多中心化

美国近代郊区化的结果之一就是单中心结构大都市区的形成,而战后美国人口、产业和社会机构向郊区的扩散和在新的增长极周围的聚集,使大都市区的空间结构再次发生了重大变化,即逐步由单中心结构向着多中心结构的转变。

首先,郊区商业区的形成使大都市区呈现出多中心结构。在二战以前,美国大都市区的结构为一个中心城市加上周围众多的居民郊区和工业卫星城,整个大都市区一般只有一个中央商务区。中央商务区是就业、购物和文化活动的中心,是整个大都市区的核心,它依靠自己强大的吸引力和辐射力,像纽带一样将众多的郊区社区与中心城市紧密地联结起来,从而形成单中心的结构模式。二战以后,不仅人口和工业以空前的速度向郊区迁移,而且那些具有中心性的商业、服务

[①] James W. Hughes, ed., *Suburbanization Dynamics and the Future of the City*, New Brunswick, N.J.: Rutgers University, 1974, p.65.

[②] U.S. Department of Commerce, Bureau of the Census, *Statistical Abstract of the United States, 1985*, 105th Edition, Washington D.C.: U.S. Government Printing Office, 1984, p.17.

业乃至办公业都迅速向郊区的某些增长极聚集，从而形成了众多的郊区商业区，这些郊区商业区如同众星捧月一般拱卫在中心城市周围，分担了中央商务区的许多功能，从而形成了多中心的大都市区结构。美国大都市区的多中心化，使郊区与中心城市的联系日益松弛，而其独立性越来越明显。

其次，在中心城市的周围还涌现了许多堪与中心城市相抗衡的次级人口中心，即所谓的"超级郊区"（supersuburbs），从而使大都市区呈现出多中心结构。由于近代郊区化的速度相对较慢，郊区的规模一般都比较小。更重要的是，中心城市还不断通过兼并活动扩大自己的规模，因此郊区的人口规模和地域规模都不能与中心城市同日而语。然而，在20世纪20年代以后，一方面，人口的郊区化速度空前迅猛，郊区城镇人口迅速增加，另一方面，郊区社区能够比较成功地抵制中心城市的兼并活动，尤其是在美国的东北部和中西部，中心城市地域面积的扩展受到了遏制，而郊区社区却在进行着大肆的兼并活动，因而许多郊区城镇的规模迅速扩大，形成所谓的"超级郊区"。有的超级郊区周围还衍生出自己的郊区社区，就像植物分蘖一样，这些超级郊区逐渐发展成为能够与中心城市分庭抗礼的次中心，使大都市区内部呈现出一种多中心的结构模式。到1980年，美国超过10万人口的超级郊区城镇达到35个，其中29个在西南部和大西洋沿岸南部，而5万人口以上的超级郊区城镇更是不可胜数。这些超级郊区不仅数量众多，而且在大都市区中的人口比例也在提高，比如1980年，菲尼克斯大都市区中的梅萨（Mesa）、坦佩（Tempe）、格伦代尔（Glendale）、斯科茨代尔（Scottsdale）等超级郊区城镇的人口占该大都市区人口的30%；丹佛大都市区中的5个超级郊区城镇的人口也达到了该大都市区人口的30%；而旧金山大都市区的17个超级郊区城镇的人口达到135.3万，与该大都市区的3个中心城市旧金山、奥克兰、圣何塞的164.8万人口相去不远，难分伯仲。[1]

---

[1] Carl Abbott, "The Suburban Sunbelt", *Journal of Urban History*, Vol. 13, No. 3, May 1987, p. 292.

再次，由于大都市区的空间规模不断膨胀，相邻的大都市区彼此交叉，相互连接，形成结构复杂的大都市区复合结构，从而在更大的空间规模上形成多中心结构。比如前文指出，美国行政管理和预算局为了表明大都市区的这种复合结构，先后提出了"标准联合区"（SCA）、"标准联合统计区"（SCSA）和"联合大都市统计区"（CMSA）等这样的概念。就CMSA而论，每个CMSA往往包括几个乃至十几个"基本大都市统计区"（PMSA），比如，1990年，芝加哥—加里—基诺沙CMSA和洛杉矶—里弗赛德—奥兰治县CMSA各自拥有了4个PMSA，纽约—北新泽西—长岛CMSA囊括了8个PMSA，每个PMSA都拥有自己的中心城市，所以每个CMSA就自然成为多中心结构，而每个中心城市除了拥有自己的中央商务区外，还拥有众多郊区商务区，因此就形成了更复杂的多中心结构。而到2000年，波士顿—伍斯特—劳伦斯CMSA（Boston-Worcester-Lawrence, MA-NH-ME-CT CMSA）拥有10个PMSA，纽约—北新泽西—长岛CMSA的PMSA增加到15个。[1]

如果CMSA就已经是复杂的多中心结构，那么，大都市连绵带的多中心结构就达到了登峰造极、无以复加的地步了。吉恩·戈特曼（Jean Gottmann）和罗伯特·A.哈珀（Robert A. Harper）写道："大都市连绵带是一种多中心结构，不仅仅因为最近以来郊区次中心的发展，而且还因为它一开始就是大西洋沿岸一线上的独立而特殊的城市——波士顿、哈特福德、纽约、特伦顿（Trenton）、费城、巴尔的摩、华盛顿等等。随着时间的推移，这些中心城市逐渐向外伸展——不像过去步行城市那样形成简单的环带，而是沿着触角伸展，沿着交通线路生长，起初是沿着铁路，随后沿着高速公路。在纽约市中心的摩天大厦耸入云霄之时，它也在沿着轨道线路向外伸展……"[2] 它们彼此交织和相互连接，从而形成高度复杂的多中心结构的大都市连

---

[1] U. S. Department of Commerce, Bureau of the Census, *Statistical Abstracts of the United States*: 2002, pp. 32 – 33.

[2] Jean Gottmann and Robert A. Harper, *Megalopolis on the Move*, p. 180.

绵带。

3. 大都市区形态的星云化

从形态的角度看，由于郊区次中心的形成，大都市区确实在走向多中心化，用一个形象的说法，就是这时的大都市区如同一个太阳系，既有光芒四射的太阳，即中心城市或中央商务区，也有众多的行星即郊区次中心环绕在它的周围。但这种描述不能真实地反映大都市区的空间形态，一个更加准确的描述就是大都市区的星云化或类似星云化。在这一过程中，中心城市的人口在日益减少，人口密度在逐渐降低，经济功能和社会活动的容量在下降，其"亮度"越来越低；而郊区的人口在持续增加，人口密度在不断提高，经济功能和社会活动的容量却在提升，其"亮度"在不断增强。这就如同恒星爆炸，形成体积庞大、密度均衡的星云一般。

从表2.9中我们可以看到，大多数中心城市的密度在降低，其中下降幅度最大的是圣路易斯，由1960年的每平方英里12255人下降到1990年的每平方英里6405人，下降了47.7%；同期，克利夫兰由每平方英里11542人下降到6565人，下降了43.1%，匹兹堡由11171人下降到6649人，下降了40.5%。当然，也有一些城市的密度得到了提高，但这些城市一般都是西部和南部的城市，而且其密度一开始就很低，尽管其密度得到了一些提高，但其密度仍然无法与东北部和中西部的老城市相提并论。比如，休斯敦的密度在1960年只有每平方英里2923人，到1990年提高到3021人。又如，洛杉矶和迈阿密的密度在1960—1990年间分别提高了36.3%和72.8%，但到1990年，其密度仍然远远低于纽约和芝加哥的密度。

从表2.10我们可以看出，1930—1970年，纽约市在长岛的郊区县萨福克县和拿骚县的人口密度分别提高了592.0%和346.8%，即分别提高了近6倍和3.5倍；同期圣路易斯市的郊区县奥克兰县提高了339.9%；芝加哥市的郊区县杜培奇县提高了441.6%；圣路易斯市的郊区县圣路易斯县提高了338.4%，洛杉矶市的郊区县奥兰治县提高了1118.8%，即提高了11倍以上。在1970—1990年间，这些郊区县的人口密度仍然在提高，只是速度大不如前。

表2.9　　　1960—1990年间美国部分中心城市的人口密度
（人/平方英里）变化

中心城市	1960年	1970年	1984年	1990年	1960—90年变化率（%）
亚特兰大	3587	5006	3248	2990	-16.6
巴尔的摩	12520	11568	9509	9108	-27.3
波士顿	14586	13936	12092	11860	-18.7
芝加哥	16138	15126	13119	12251	-24.1
克利夫兰	11542	9893	6918	6565	-43.1
底特律	11964	10953	8031	7410	-38.1
休斯敦	2923	2841	3018	3021	+3.4
洛杉矶	5447	6069	6647	7426	+36.3
迈阿密	5829	9763	10864	10074	+72.8
纽约	24697	26343	23764	23701	-4.0
费城	15743	15164	12108	11734	-25.5
匹兹堡	11171	9422	7267	6649	-40.5
圣路易斯	12255	10167	6992	6405	-47.7
旧金山	16307	15764	15361	15502	-4.9
华盛顿	12442	12361	9933	9883	-19.8

资料来源：U. S. Department of Commerce, Bureau of the Census, *Statistical Abstracts of the United States：1966*, 87th Edition, Washington D. C., *1966*, pp. 20 – 21. U. S. Department of Commerce, Bureau of the Census, *Statistical Abstracts of the United States：1971*, 92nd Edition, Washington D. C., 1971, pp. 21 – 23. U. S. Department of Commerce, Bureau of the Census, *Statistical Abstracts of the United States：1987*, 107th Edition, Washington D. C., 1986, pp. 31 – 33. U. S. Department of Commerce, Bureau of the Census, *Statistical Abstracts of the United States：1993*, 113th Edition, Washington D. C., 1993, pp. 42 – 44.

表2.10　1930—1990年间美国6个郊区县的人口密度（人/平方英里）的变化

	1930年	1940年	1970年	1980年	1990年	1930—70年变化率（%）	1970—90年变化率（%）
萨福克县	175	214	1211	1409	1451	592.0	19.8
拿骚县	1106	1356	4942	4609	4489	346.8	-9.2
奥克兰县	238	290	1047	1159	1242	339.9	18.6
杜培奇县	267	313	1446	1970	2337	441.6	61.6
圣路易斯县	435	552	1907	1919	1957	338.4	2.6
奥兰治县	149	167	1816	2448	3053	1118.8	68.1

资料来源：Jon C. Teaford, *Post-Suburbia*: *Government and Politics in the Edge Cities*, Baltimore & London: The Jones Hopkins University Press, 1997, pp. 12, 95, 163.

虽然在很多大都市区中，郊区的密度与中心城市的密度不可同日而语，但毫无疑问，整个大都市区的密度在朝着均衡的方向发展，大都市区的中心城市与郊区之间的分界线越来越模糊，其形态如同星云一般。而且许多大都市区没有中心城市，比如纽约—北新泽西—长岛 CMSA 中的拿骚—萨福克 PMSA 和达奇斯县 PMSA，就是由县构成的大都市区，没有中心城市。[①] 这种大都市区人口分布的均质性特征更强，更具有星云的特征。

五　城市空间周期论与聚集扩散论

20世纪80年代初期，荷兰学者利奥·H. 克拉森（Leo H. Klaasen）和 L. 范登伯格（L. van den Berg）等人根据欧洲的城市发展提出了城市空间周期论，认为城市的空间发展进程分为城市化、郊区化、逆城市化和再城市化四个阶段，这四个阶段形成一个封闭的周期。该理论一俟提出就备受学术界的推崇，用于研究欧美城市乃至包括中国在内的发展中国家的城市空间的发展历程。但该

[①] U. S. Department of Commerce, Bureau of the Census, *Statistical Abstracts of the United States*: 2002, p. 33.

理论的周期是通过数学模式推导出来的,在方法论上存在着严重的形而上学宿命论的弊病。针对该理论的弊端,笔者提出了一种新的城市空间发展理论,即聚集扩散论,认为在城市发展的过程中始终存在着聚集与扩散两种相反相成、对立统一的运动,它们共同推动了城市空间的发展演进。聚集扩散论是对于城市发展历程的经验总结,因此具有一定的科学性和实践指导意义。

(一) 城市空间周期论及其谬误性

城市空间周期论(spatial cycles theory)是荷兰学者克拉森和范登伯格等人于20世纪80年代初在一系列著作中提出并论证的一种城市空间发展理论。[1] 克拉森等人认为,在城市聚合体(urban agglomerations)中,在不同的时期其各个部分的发展模式不同,这一点可以从城市中心与外围地区的人口发展表现出来。城市中心就是原始的历史上存在的城市区域,而外围地区就是那些至少有15%的就业人口通勤到中心城市就业的城镇。[2] 根据城市中心与外围地区人口的相对变化,克拉森等学者将城市的发展模式分为八种类型四个阶段。

在图2.9的坐标模型中,横轴向右表示城市中心的人口增长,纵轴向上表示外围地区(郊区)的人口增长,而横轴和纵轴与两条虚线一起将数轴分割为八个部分,每个部分代表一种发展类型。在第一种类型(第四象限上半部)中,城市中心的人口增加,而外围地区的人口减少,但中心人口增长的速度比外围人口减少的速度快,整个大都市区人口呈增长趋势,即绝对聚集(absolute centralization);第二种类型为中心人口继续增加,外围人口也开始增加,但外围的增速

---

[1] Leo H. Klaassen, Jan A. Bourdrez, Jacques Volmuller, *Transport and Reurbanisation*, Gower, 1981; L. H. Klaassen, W. T. M. Molle and J. H. P. Paelinck eds., *Dynamics of Urban Development*, New York: St. Martin's Press, 1981; L. van den Berg, R. Drewett, L. H. Klaasssen, A. Rossi, C. H. T. Vijverberg, *Urban Europe Volume I: A Study of Growth and Decline*, Pergamon: Oxford, 1982; L. van den Berg, L. Burns, and L. H. Klaassen, eds., *Spatial Cycles*, U.K.: Gower, Aldershot, 1986.

[2] Leo H. Klaassen, Jan A. Bourdrez, Jacques Volmuller, *Transport and Reurbanisation*, p. 13.

第二章 美国大都市区的空间蔓延

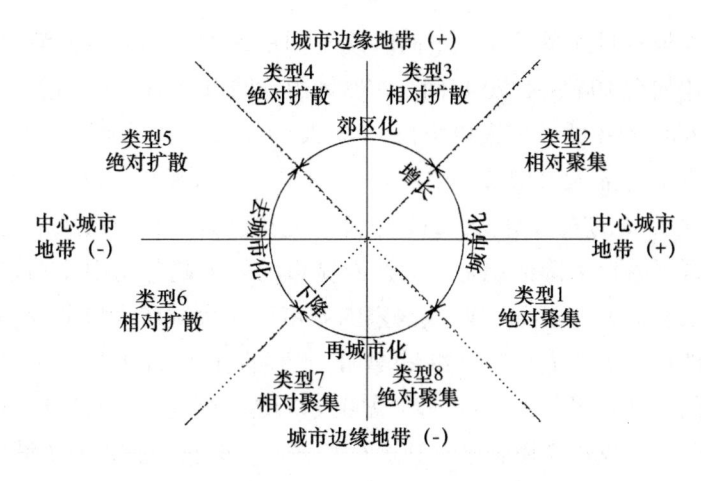

图 2.9 城市空间周期论的数学模型

资料来源：Leo H. Klaassen, Jan A. Bourdrez, Jacques Volmuller, *Transport and Reurbanisation*, Gower, 1981, p.14.

低于中心，即相对聚集（relative centralization）；这两种类型或阶段构成城市化阶段（urbanization）。第三种类型为外围地区的人口增速超过了中心，即相对扩散（relative decentralization）；第四种类型为中心人口减少而外围人口继续增加，即绝对扩散（absolute decentralization）；这两种类型构成郊区化阶段（suburbanization）。第五种类型为中心人口下降的速度加快，外围人口增加但增幅放慢，即绝对扩散（absolute decentralization）；第六种类型为中心和外围人口都在减少，但中心减少的速度快于外围，即相对扩散（relative decentralization）；这两种类型构成逆城市化阶段（disurbanization）。第七种类型为中心和外围人口都在减少，但外围减少的速度快于中心，即相对聚集（relative centralization）；第八种类型为中心人口增加，外围人口减少，但中心增加的速度慢于外围减少的速度，即绝对聚集（absolute centralization）；第七第八两种类型构成再城市化阶段（reurbanization）。城市化、郊区化、逆城市化和再城市化四个阶段构成了一个完整的城市空间发展的周期。

克拉森的城市空间发展模型是根据欧洲城市的发展总结出来的。克

— 203 —

拉森用大量资料列举了欧洲不同时期不同地区的城市人口此消彼长的状况，比如在1960—1970年间，东欧和中欧城市全部呈人口增长态势，北欧和西欧92%的城市人口增长，8%人口下降；在1970—1975年间，东欧城市中全部人口增长，中欧87%的城市人口增长，13%下降，北欧和西欧75%的人口增长，25%下降。克拉森认为，西欧越来越多的城市出现了人口下降的趋势，而西欧城市的发展趋势是中欧和东欧城市未来的发展趋势；而在西欧国家的城市中，大城市人口减少，而中等规模的城市虽然人口仍在继续增加，但大城市的发展趋势是未来中等城市的发展趋势。为了进一步说明人口增长和减少的欧洲城市所处的发展阶段，克拉森用表格对其进行了分类，即它们分别处于城市化、郊区化、逆城市化和再城市化四个不同阶段。前三个阶段都有具体的城市，而唯独第四个阶段即再城市化的情况几乎不存在。可见再城市化是作者的一种主观预测，而不是立足于现实情况。克拉森等学者指出，前三阶段的发展是自由力量所导致的自然结果，而且还一直在发挥作用。而第四阶段的再城市化却需要政府政策的全力支持，因为再城市化可能会危害某些集团的私利。[1] 言外之意，再城市化不是一种"自然"的发展历程，而是政府人为的政策推动的结果。

克拉森和范登伯格的城市空间周期论一俟提出，就产生了广泛的影响，西方学者纷纷发表论著，模仿引用者有之，论证辨析者有之，商榷批驳者有之。[2] 比如，日本学者山田浩之亦步亦趋地效法此说，

---

[1] Leo H. Klaassen, Jan A. Bourdrez, Jacques Volmuller, *Transport and Reurbanisation*, pp. 9, 15, 38.

[2] 参见：R. Drewett and U. Schubert, "The Macro-Dynamics of Urban Population Change and the Micro-Decision Background", in C. Wichmann Mathiessen, ed., *Bygeografisk Skriftserie*, 1983; Jan Nystrom, "The Cyclical Urbanization Model: A Critical Analysis", *Geografiska Annaler, Series B, Human Geography*, Vol. 74, No. 2 (1992); Robert J. Bennett, "Spatial Cycles by Leo van den Berg, Leland S. Burns, Leo H. Klaassen", in *Transactions of the Institute of British Geographers*, New Series, Vol. 13, No. 1 (1988); Sonis, M., "Space and Time in the Geography of Aging", *Dynamic Spatial Models*, Edited by D. Griffith and R., MacKinnon, Netherlands: Martinus Nijhoff, Dordrecht, 1981; Peter Nijkamp and Michael Sonis, "Qualitative Impact Analysis for Dynamic Spatial Systems", *Economic Geography*, Vol. 64, No. 3 (Jul., 1988); A. Champion, "Urbanization, Suburbanization, Counterurbanization and Re-urbanization", in R. Padison, *Handbook of Urban Studies*, London: SAGE Publication, 2001. 等等。

认为欧洲的城市分别处于初期城市化、郊区化、逆城市化和再城市化四个阶段或类型,并且危言耸听地采用了"威胁城市文明的新危机"这样的标题。① 我国学者也采用了这一理论,比如许学强、周一星、宁越敏等学者写道:二战以后,外国大都市区出现了人口负增长,人们迁往远离城市的农村和小城镇,即所谓的"逆城市化"现象。美国东北部一些城市在80年代积极调整产业结构,积极开发城市中心的衰败区,以吸引年轻的专业人员回归城市,再加上国内外移民的影响,于是纽约、波士顿、费城、芝加哥等大城市出现了人口增长的现象,即所谓的"再城市化"。与此类似,英国大伦敦的人口在连续30年下降后,于1985年开始微弱增长,也出现了"再城市化"现象。② 直到近期,我国的一些学者还在采用这一理论对西方国家乃至我国的城市化进程进行类似的论述。③

笔者认为,城市空间周期论看似十分精巧,但却存在着严重的方法论缺陷。它是用研究物质世界的方法来研究人类社会,将城市这个活生生的有思想的社会生命体物质化。近现代科学的一个惯用手法就是将物体分解与还原,即使是研究生命体也是如此,将生命体还原为分子、原子、离子以及PH值,剥夺了生物体的生命特征,生命体成为一团没有生命特征的物质在运行,导致了"自然之死"④,使自然丧失了生命的奥秘和活力,自然成为死气沉沉的一团物质或一堆积木。在无生命的物质世界,两种元素的原子相结合总是能够生成性状完全相同的两个分子,即使重复千百次都是如此。星球之间的运动也

---

① [日]山田浩之:《威胁城市文明的新危机——从欧洲经验中学习什么》,李公绰译,《国际经济评论》1983年第12期。
② 许学强、周一星、宁越敏编:《城市地理学》,高等教育出版社1997年版,第80页。
③ 参见吴兵、王铮《城市生命周期及其理论模型》,《地理与地理信息科学》2003年第1期;谢守红:《当代西方国家城市化的特点与趋势》,《山西师范大学学报》(自然科学版)2003年第4期;郑春荣、夏晓文:《德国的再城市化》,《城市问题》2013年第9期;毛新雅、彭希哲:《伦敦都市区与城市群人口城市化的空间路径及其启示》,《北京社会科学》2013年第4期,等。
④ [美]卡洛琳·麦茜特:《自然之死——妇女、生态和科学革命》,吴国盛等译,吉林人民出版社1999年版。

是如此，可以通过数学计算得出精确的结果。但是，一旦涉及生命个体和比生命个体更加高级的社会文化，数学方法和物理方法就失去了其严密的科学性和可靠性。比如，同一父母的精子与卵子结合，每次都会生出性情禀赋完全不同的儿女，而社会活动的场合情境及其结果更是不能复制的，其条件和结果可能是千变万化的。城市空间周期论不仅剥夺了自然的生命，而且也剥夺了社会机体的生命，导致"社会之死"，将研究物质世界的这种方法推向极致，甚至将人类社会也物质化和机械化，将城市这个由活的、有思想的人构成的富有个性的社会机体置于机械力量的支配之下，使不同经济发展水平和不同文化传统的城市沿着一条拥有四个发展阶段的固定不变的道路发展。对于这种思维方式，汤因比曾给予辛辣的讽刺与批评，他写道："在防止凭借想象赋予无生命之物以生命的所谓'可怜谬误'方面，我们做得很充分。而我们现在却沦为相反的'可怜谬误'的牺牲品，将生动的人类这个创造物似乎当成了无生命之物。"①

城市空间周期论用数学模式来阉割人类社会的发展进程，来裁剪千变万化的城市发展模式，结果必然导致荒谬的结论。诚然，在研究无机物世界时，数学是一个不可或缺的分析工具，古希腊哲学家毕达哥拉斯及其学派认识到了存在于物质世界的数的规定性、数学知识的可靠性、演绎性及其应用的规范性，从而对于推动自然科学的发展具有根本性的重要意义。近代的开普勒和笛卡尔等哲学家和科学家应用数学方法，对于推动近现代科学的发展也做出了不可磨灭的贡献。然而，数学方法一旦应用于存在意志的生命世界，就需要格外小心，否则就会碰得头破血流。比如，动物的行为（如候鸟迁徙）是否遵守数学模式？如果动物的行为尚且不能完全用数学模式表示出来，那么人这种有理性且有重大文化差别的高级生命就更加值得怀疑了。正如汤因比在探讨不同文明的个性时所论述的那样："我们只有在用科学的术语思考诸如无生命的力量所起的作用之类的问题时，我们才能有权这样做。我们现在准备承认一个前提：即使我们正确地掌握了所有

---

① [英]阿诺德·汤因比：《历史研究》，第7页。

种族、环境或其他能够提供科学阐释所需的资料，我们仍然不能预测出这些资料所代表的各种力量交互作用的结果。我们之所以不能这样做，是因为在这类活动中的'各个力量'乃是一个个的人。"①

最后，城市空间周期论的数学方式是一种形而上学的思维方式，按照这种理论，人类的聚集或扩散是由某种超越时空的意念在操纵，人是在无意识地、被动地、宿命地听命于它的安排，从而陷于宿命论乃至"轮回论"。汤因比对轮回论进行了深入的剖析与批判，他写道："把'轮回论'应用于人类世界，乃是出于对人类绝望的一种劝诫，因为这种理论否定了人类有能力不断地改变自己的状况，因此教导人们忍受这种无意义的生存轮回。""如果以这种观察为依据而断言，必然而永恒的轮回论完全适用于人类历史，那就大错特错了。"②城市空间周期论完全忽视了人的自由意志、主观能动性和不同国家不同民族的文化差别，也忽视了历史时代、交通技术、经济周期、人口变化、收入水平、政府政策、资源条件乃至统计口径等诸多方面的影响。因此，该理论是形而上学唯心主义的，不仅在理论上是荒谬的，而且在实践上也是站不住脚的。

总之，还原论的研究方法是将研究对象的某些内容抽掉，使其变得更加简单，但往往抽掉了其实质内容。比如，社会达尔文主义者将社会学问题还原为生物学问题，抽掉了其社会文化内涵；而医生通过解剖和化验将生物学或医学问题还原为物理化学问题，抽掉了生物体中的生命内涵；而物理学家和化学家则将物理化学问题还原为数学问题，抽掉了自然物体或物质中的质料内涵；而数学家则从来就是在纯形式的、没有质料的基础上探讨宇宙自然，即在不存在时间的、静止的、死寂的、想象的空间形式中探讨宇宙自然问题。每一次还原都是对研究对象的一次贬低，使其降低一个存在层次，从而丧失其原有的更加本质的内容，从而不可能达到对认识对象的充分的和根本的认识。即使是牛顿的定鼎近代科学的"自然科学的数学原理"，也终于

---

① ［英］阿诺德·汤因比：《历史研究》，第86页。
② ［英］阿诺德·汤因比：《历史研究》，第427页。

不得不面临着爱因斯坦相对论和当代量子力学的巨大挑战。而克拉森和范登伯格等学者的城市空间周期论将城市发展这一变量因子上亿的高端的社会文化问题直接还原为抽象的变量因子几乎抽空的数学问题，抽掉了城市发展中的文化的、意识形态的、社会历史的、经济的、政治的、生物的、生态的、物理化学的等等丰富多彩的内涵，而在数轴上简单地按逆时针旋转一周，就得出了城市发展要经历城市化—郊区化—逆城市化—再城市化这样一个极度简单的周期，而且也没有告诉读者这个周期之后，是否还有第二个周期，或是循环往复下去。所以，笔者认为，克拉森和范登伯格的城市空间周期论既是不科学的，也是不完整的。

因此，笔者将以美国的城市空间发展历程为主线，间或参考其他国家的城市发展历程，对城市空间周期论进行深入的剖析与批驳。之所以以美国城市的发展历程为主线，是因为美国城市"很少外来偶然或不确定因素的干扰，市场经济影响直接而强烈，因此发展脉络清晰，带有一定'原型'特征，据此可更准确地认识城市化的一般规律"[①]。

前文第一章已经论证，美国城市的郊区化并不是于1920年完成城市化之后才出现的现象，而是早在19世纪初期伴随着城市化的启动和加速发展而同时启动并发展起来的。这说明郊区化（扩散）与城市化（聚集）并不是城市发展进程中两个不同的发展阶段，而是几乎同时启动而又交叉进行的，是贯穿于城市发展过程始终的一个相反相成、对立统一的发展过程，这种同步交叉的运动推动了城市空间结构的演进与发展。下文只需论证逆城市化和再城市化理论的谬误，即可证明城市空间周期论的虚妄性和非科学性。

（二）美国的"逆城市化"现象及其实质

城市空间周期论的提出不是一蹴而就的，而是逐步形成的。早在

---

① 王旭：《美国城市发展模式——从城市化到大都市区化》，清华大学出版社2006年版，第3页。

克拉森和范登伯格提出该理论之前，美国学者布赖恩·贝里（Brian J. Berry）就已于1976年提出了"逆城市化"（counter-urbanization）这一概念，并且预言城市化即人口的聚集过程，已经被逆城市化即人口的扩散过程所取代，美国的城市时代即将结束。

20世纪以来，美国大都市区的人口增长率一直高于非都市地区，但到70年代，人口的发展出现了异常现象，即非都市地区的发展速度超过了大都市区。针对这一现象，美国学者提出了五花八门的名词和解释，联邦农业部的人口学专家卡尔文·比尔（Calvin Beale）认为，70年代美国人口的分布出现了新的模式，肯尼思·福克斯（Kenneth Fox）将1980年以后的时期称为"后都市时代"（post-metropolitan era），[1] 莫里森（Morrison）和惠勒（Wheeler）称之为"乡村的复兴"，而布赖恩·贝里的"逆城市化"更加简洁明了，影响更加广泛。

贝里的"逆城市化"这一概念是根据霍普·蒂斯代尔（Hope Tisdale）的城市化定义作逆向推理而提出来的。蒂斯代尔写道"城市化是一种人口聚集的过程"，"它意味着从一种不太集中的状态到一种比较集中的状态的运动"。贝里作出反向的推理，"如果模仿蒂斯代尔的定义，逆城市化就是一种人口的扩散过程；它意味着从一种比较集中的状态到一种不太集中的状态的运动"。根据20世纪70年代初期人口分布的新动向，他得出结论说："美国城市化历程中的转折点已经来临。逆城市化已经取代城市化而成为塑造这个国家居住模式的主导力量。"贝里甚至认为，从更广泛的角度来看，逆城市化"并不是什么新生事物，而是某种传统的东西——美国基本文化取向的复苏，由于这些基本的文化取向与城市的聚集是相对立的，所以近几十年来，它们已经导致了诸多矛盾和冲突"。他所列举的基本文化取向包括：喜爱新奇、接近自然、迁移自由、个人主义、城市暴力、熔炉文化、天定命运等。[2] 在后来的一篇文章中，贝里还列举了其他一系

---

[1] Kenneth Fox, *Metropolitan America*, pp. 221–223.

[2] Brian J. L. Berry, "The Counterurbanization Process: Urban America Since 1970", in Brian J. L. Berry, ed., *Urbanization and Counterurbanization*, London: Sage Publishers, 1976, pp. 17–29.

列原因，比如人口出生率的降低、外来移民的减少、就业的流失，以及区域之间收入的变化等。①

随后，"逆城市化"论喧嚣一时，许多欧美学者一哄而上，纷纷撰文论证欧美城市进入逆城市化阶段，甚至包括日本和澳大利亚的诸多城市。② 英国兰开斯特大学地理系的科林·G. 普利（Colin G. Pooley）和琼·特恩布尔（Jean Turnbull）甚至认为，逆城市化在英国早在19世纪即已出现，虽然不像20世纪后期那样居于主导地位，但已经具有了一定的声势，"这表明逆城市化进程并非一种崭新现象，20世纪后期的经历只不过是一种非常古老的趋势的扩大而已。"③

然而，也有一些冷静的学者对逆城市化论进行了考察与反驳，其中以美国学者威廉·H. 弗雷（William H. Frey）为代表。弗雷认为，20世纪70年代所谓的"逆城市化"是由于特殊事件的影响，主要是经济和人口因素。经济衰退和结构调整导致了严重的去工业化现象，使大型的传统工业城市受到严重的冲击，导致人口的急剧减少。同时，战后婴儿潮时期出生的人口到70年代已经达到上大学的年龄，因此位于非都市地区的那些州立大学和社区大学迅速膨胀。而那些出生于20世纪头20年的人们也达到了退休的年龄，对非都市地区的疗养地的需求急剧增加。因此，70年代的所谓"逆城市化"是一种反常现象，当短期的经济衰退和人口激增过后，城市的发展自然会步入正轨。④ 弗雷在后来的一篇文章中用大量数据表格进一步证明，美国70年代的逆城市化主要是一种区域现象，即主要发生在美国东北部和中北部，南部和西部就没有出现逆城市化现象；而进入80年代，美国所有地区的大都市区人口增长都远远超过非都市区，城市发展确

---

① Brian J. L. Berry, "Urbanization and Counterurbanization in the United States", in *Annals of the American Academy of Political and Social Science*, Vol. 451（Sep., 1980）, pp. 15–16.

② 参见论文集：A. G. Champion, ed., *Counterurbanization: The Changing Pace and Nature of Population Deconcentraton*, New York: Edward Arnold, 1989.

③ Colin G. Pooley and Jean Turnbull, "Counterurbanization: The Nineteenth Century Origins of a Late-Twentieth Century Phenomenon", *Area*, Vol. 28, No. 4（Dec., 1996）, p. 514.

④ William H. Frey, "United States: Counterurbanization and Metropolis Depopulation", A. G. Champion, ed., *Counterurbanization*, p. 35.

实恢复到传统的发展模式。①

王旭教授对"逆城市化"论进行了深刻的剖析和批驳。他在一篇文章中写道:"与其他时期相比,70年代大都市区增长确实一度趋缓……应该说,在这种现象背后的主要原因在于美国经济结构的调整。"逆城市化只是个别现象,"如果把视角扩大至整个美国,就会发现人口并没有分散,而是完成了一种新的集中,集中到西部和南部新兴地区的大都市区,尤其是大型大都市区"。"所谓'逆'或'反'并不是由城市向农村分散和城市人口农村化,更不是指城市文明和生活方式的农村化。逆城市化不是城市化的反向运动,不是对城市化的否定,而是城市化发展的一个过渡性现象,是城市文明的普及和城市生活方式的扩散。"②

笔者认为,如果我们对战后美国郊区、大都市区和非都市区的人口增长率进行深入的比较分析,就会发现所谓"逆城市化"乃是郊区化发展的外溢造成的,即郊区的空间扩散越过大都市区的统计边界所导致的,只要重新调整大都市区的界线,就会发现,大都市区的发展速度仍然很快,城市的时代和大都市区的时代并没有结束。

根据美国学者约翰斯顿（R. J. Johnston）的研究,20世纪50年代,非都市地区内增长最快的居民社区是那些距大都市区最近的居民社区。比如,那些与邻近的大都市区相距不足50英里的居民社区的人口增长率为22.7%,而那些与邻近的大都市区距离分别为50—100、100—150和150英里以上的地区,其增长率分别只有10.7%、10.9%和10.7%,远远低于50英里以内的居民社区的增长率。③ 笔者认为,这是由于在50年代,与大都市区相邻的非都市区受到大都市区和郊区的辐射作用,人口已经开始加速发展,但人口增长尚未超过大都市区。

---

① William H. Frey and Alden Speare, Jr., "The Revival of Metropolitan Population Growth in the United States: An Assessment of Findings from the 1990 Census", *Population and Development Review*, Vol. 18, No. 1 (Mar., 1992), p. 133.
② 王旭:《"逆城市化"论质疑》,《史学理论研究》2002年第2期。
③ R. J. Johnston, *The American Urban System*, p. 126.

如果将约翰斯顿与托马斯·M. 斯坦贝克（Thomas M. Stanback）的研究结合起来考察就会发现，20世纪70年代非都市区的发展是五六十年代大都市区空间扩展的继续。根据后者的研究，从总体上来看，70年代非都市区比大都市区的年均人口增长率高，两者分别为1.34%和1.00%。但是，如果将大都市区分解为中心城市和郊区两部分，那么，大都市区内郊区的年均人口增长率为1.74%，仍然快于非都市区的1.34%。而且，在非都市区各县中，那些距大都市区越近，通勤到大都市区上班的就业人口占该县就业人口比例越高的县，其人口的年增长率就越高。比如，这一通勤比例达到15%的非都市区各县，其人口年均增长率为1.80%，甚至超过了郊区的人口增长率。[1] 这说明在五六十年代，人口增长的波峰还处于大都市区内的郊区，而到70年代，这一波峰已经推进到大都市区的外围地区。因此，这不是所谓的"非都市化"或"逆城市化"，而是大都市区和郊区扩散的延续。此时只要调整大都市区的边界，就能真实反映人口的增长趋势。

历史事实证明了这一结论的正确性。1981年美国人口普查局重新调整了大都市区的边界，并且还划定了75个新的大都市区，使大都市区的数量从1970年的243个增加到1980年的318个。重新划定大都市区的边界以后，大都市区的人口从1970年的13948.0万增加到1980年的16943.1万人，增长率为21.5%；非都市区的人口同期从6382.2万人减少到5711.5万人。这样，大都市区人口占美国总人口的百分比从1970年的68.6%上升到1980年的74.8%，1990年和1996年同比又分别上升到79.7%和79.8%。[2] 一些学者对欧洲大都市区的研究也得出了相似的结论，80年代欧洲大都市区人口开始回升，乡村人口再次减少，所谓"逆城市化"只是70年代初期一个非常短暂的不规律的现象。[3] 这样，

---

[1] Thomas M. Stanback, Jr., *The New Suburbanization*, p. 7.
[2] U. S. Department of Commerce, Bureau of the Census, *Statistical Abstract of the United States, 1998*, p. 39.
[3] A. G. Champion, ed., *Counterurbanization*, p. 12.

贝里等人的"逆城市化"论不攻自破了。[①]

贝里等人之所以得出"逆城市化"的错误结论，是因为他们混淆了"逆城市化"和郊区化的概念以及两者之间的关系。贝里对"逆城市化"的定义"就是人口的扩散过程"，是"从一种比较集中的状态到一种不太集中的状态的运动"，按照这一概念，美国岂不是在19世纪就已出现了"逆城市化"吗？显然这是不可能的。贝里"逆城市化"的概念在实质上仍是郊区化的概念，20世纪70年代"逆城市化"或"非都市区化"的实质仍然是郊区化。笔者在前文指出，郊区化（扩散）是城市化（聚集）的一种方式，是城市在聚集前提下的扩散，如果没有扩散，大规模的城市化和大都市区化也就无法进行。如果郊区化是城市化的一种方式，而逆城市化的实质又是郊区化，那么所谓的"逆城市化"就是城市化或大都市区化的延续，而不是它的逆变。因此，"逆城市化论"也是站不住脚的。

（三）子虚乌有的"再城市化"

就像20世纪70年代欧美大城市周围地区的人口增长率暂时超过中心城市，从而诱使一些学者惊呼"逆城市化"时代来临一样，80年代欧美一些大城市出现了人口回升的现象，一些学者又欢呼欧美大城市由"逆城市化"进入了"再城市化"阶段。但统计数字表明，欧美人口的流向仍然是以郊区的延伸为主导趋势，尤其是在美国，郊区呈低密度蔓延式发展，中心城市的人口增长乃是个别的暂时现象，并非主流。

正如简·奈斯特龙（Jan Nystrom）所提醒的那样，人们往往将绅士化与再城市化混为一谈。[②] 确实，欧美内城街区的绅士化往往给人一种"重返城市"（back to the city）或"再城市化"的印象。简单地说，绅士化是指中产阶级不断向中心城市内城的某些衰败街区迁移，

[①] 关于美国逆城市化的详细论述，参见孙群郎《20世纪70年代美国的"逆城市化"现象及其实质》，《世界历史》2005年第1期。

[②] Jan Nystrom, "The Cyclical Urbanization Model: A Critical Analysis", *Geografiska Annaler*, *Series B*, *Human Geography*, Vol. 74, No. 2 (1992), p. 136. 另外，关于绅士化问题，还可参见笔者在后文的详细论述。

并对这里衰败的住房和街区环境进行修缮和改造，使其物质景观和商业环境逐步改善，房产价格和各项生活费用相应上涨，迫使较为贫困的原住居民向其他街区迁移，从而导致该街区居民的社会经济地位不断提升。绅士化于20世纪60年代首先出现于伦敦，随后美国中心城市也出现了绅士化现象，从80年代至今，绅士化更为深入与广泛，其影响遍及美国绝大多数城市。绅士化现象主要出现在东北部和中西部的全国性或地区性中心城市。绅士化街区多位于中央商务区附近的衰败街区。纽约苏荷区的绅士化最具代表性，因此有的学者往往将绅士化称为"苏荷化"（Sohoization）。

  绅士化现象出现的最主要原因在于城市功能的转型。二战后美国经济逐渐由工业经济向后工业经济转变，这一转变在城市上的反映就是后工业城市的形成。工业城市的产业结构以传统制造业为主，后工业城市则以服务业，尤其是生产服务业为主，城市的功能由工业生产转向职能更高的管理和服务行业，从而使城市成为控制、决策和服务中心。而经济全球化更使大城市成为全球经济网络的节点，成为全球经济运行的指挥部。随着生产服务业和企业高层管理部门在中央商务区的聚集，那些在此类部门中就业的知识精英和白领雇员，为了接近工作岗位并节省居住成本，一般选择在中央商务区周围的衰败街区居住，并在这里进行住房修缮和街区改造活动，从而导致了绅士化现象的发生。绅士化出现的另一个主要原因就是"地租差额"（rent gap）的产生。当内城地区的衰落达到极点时，其地价也会达到最低点，于是就出现了所谓的"地租差额"，即在当前衰败的土地利用条件下所得到的实际地租与在更好的土地利用模式下所可能得到的更高地租之间的差额。地租差额的出现，为地产集团投资于衰败街区以获取高额利润创造了条件，从而出现了绅士化现象和城市复兴的迹象。此外，绅士化还与城市更新计划的实施、城市规划理念、家庭结构、生活方式、价值取向和消费观念等方面的转变有着密切的关系。[①] 但到目前

[①] 参见孙群郎、常丹丹《美国内城街区的绅士化运动与城市空间的重构》，《历史研究》2007年第2期。

为止，绅士化所带来的复兴在影响范围与程度上是有限的，即主要限于一些大城市中央商务区周围的某些街区。

中心城市的衰落和郊区的蔓延是当今美国城市发展中相生相伴的两个主要内容，与此相应，如何振兴中心城市和遏制郊区蔓延是美国有关方面努力的两个主要目标。绅士化不仅是民间资本对中心城市的复兴改造活动之一，此外，20世纪70年代末以来，在美国又兴起了两个交错发展的运动，即新城市主义运动和增长管理运动，90年代增长管理又发展为精明增长运动。这两个运动都将中心城市的复兴作为核心目标之一。在这些运动的推动之下，美国各大城市、各州和联邦政府都采取了积极措施振兴中心城市，并且取得了一系列积极成果。然而，这些努力并没有从根本上扭转中心城市的衰落，郊区化仍然是美国城市发展的主流。根据美国人口普查局的统计，1990年美国大都市区人口占美国总人口的比例为77.5%，其中中心城市占31.3%，郊区占46.2%；2000年这三个数字分别为80.3%、30.3%和50.0%，郊区的增幅仍然高于中心城市，如果排除中心城市对郊区社区的兼并，中心城市所占的比例就会更低。而且在20世纪后半期，中心城市的密度一直下降，从1950年的最高密度每平方英里7517人猛跌到2000年的2716人。[1] 因此，即使出现某些中心城市人口增长的情形，也很难说美国出现了再城市化现象。

许多中外学者不断论证欧洲中心城市人口的增长，从而断言欧洲出现了"再城市化"现象。比如，莱比锡区域地理研究所的君特·赫费特就在其论著中明确地断言德国出现了再城市化的趋势；多特蒙德地区城市发展研究所的弗兰克·奥斯特哈格在分析了德国的主要城市地区在1999—2009年的人口发展趋势之后，也认为德国已经出现了普遍的再城市化的趋势。而我国学者郑春荣和夏晓文更是言之凿凿

---

[1] U. S. Department of Commerce, Bureau of the Census, *Demographic Trends in the 20th Century: Census 2000 Special Reports*, Washington, D. C.: U. S. Government Printing Office, November 2002, pp. 33, 38.

地断定"德国的再城市化是一个确凿的事实"①。毛新雅、彭希哲对伦敦大都市区的研究也得出了相同的结论,认为"目前英国都市区与城市群区域大多处于人口逆城市化阶段,但伦敦都市区已经历了城市化—郊区化—逆城市化—再城市化的空间路径循环"②。笔者认为,即使欧洲某些城市确实出现了人口增加的情况,也不能断定就是"再城市化",因为从逆城市化到再城市化的过渡过于短暂,仅仅经历了短短10年的时间,很难断定这是一个规律性的现象。城市人口的起伏往往受多方面因素的影响,比如经济波动、人口变化和政府政策等等,因此城市人口的起伏具有很强的偶然性和不确定性。匪夷所思的是,我国的一些学者还将城市空间周期论应用到我国城市的研究中,认为当前我国一些城市出现了所谓"再城市化"现象,比如朱喜钢等学者不仅将绅士化与再城市化混为一谈,而且还将再城市化理论生搬硬套在中国城市的发展上面,认为南京出现了绅士化和再城市化。③而陈以昕、翁恺宁则认为上海已经具备的再城市化的条件。④笔者认为,我国城市的发展历程与欧美城市迥然有别,不能套用欧洲城市的发展模型,且不论这种模型是否科学。但这种生搬硬套西方理论的做法在我国学术界也较为常见。

前文指出,克拉森在其著作中强调,再城市化的出现需要政府的支持,也就是说再城市化不是一个自然历史进程,它的出现不是必然的。事实上,就连克拉森和范登伯格等也在其1982年的著作中再次作出了一个保留:"关于再城市化阶段还不具有确定性。再城市化是否只有通过地方政府或区域机构才可能实现,还是它是紧

---

① 郑春荣、夏晓文:《德国的再城市化》,《城市问题》2013年第9期。还可参见黄发红、郑红《德国城市化和再城市化的经验与启示》,《中国改革报》2013年5月7日。
② 毛新雅、彭希哲:《伦敦都市区与城市群人口城市化的空间路径及其启示》,《北京社会科学》2013年第4期。
③ 朱喜钢、周强、金俭:《城市绅士化与城市更新——以南京为例》,《城市发展研究》2004年第4期。
④ 陈以昕、翁恺宁:《上海再城市化研究》,《上海经济》2000年第1期。

随逆城市化阶段以后的一个'自然'的阶段呢?"①虽然该理论的提出者自己很慎重,但后来的诸多学者却很匆忙加以肯定和"论证",这种做法有些操之过急。

由于城市空间周期论及其后来在"论证"方面的缺陷,所以遭到了学术界的质疑和反驳。比如简·奈斯特龙问道:"一个关键的问题是,当某人声称城市的发展是一个规律性的过程时,是否可以得到验证。"他最后得出结论说:"用一个概括性的周期性城市化理论来描述一个城市地区的发展进程似乎有点令人误入歧途。"②彼得·尼杰坎普(Peter Nijkamp)和迈克尔·桑尼斯(Michael Sonis)则提示道:"显然,这种单线演进的假说不能作为城市空间体系演变动力的唯一基石。"③我国学者郑卫也对该理论提出了反驳:"无论从整体或是个体的大都市区空间人口变化特征分析,四阶段的城市化进程空间周期理论都是站不住脚的。""迄今为止,世界各国的城市化历程只向我们展现了两个特征明显的发展阶段:向心城市化发展阶段和离心郊区化发展阶段。"④笔者十分赞同上述学者们的反驳,因为假如城市空间周期论成立的话,那么再城市化之后则又是郊区化和逆城市化,一个新的循环又要开始了,从而陷入了单线循环论,而历史的发展不是单线的,而是多维的,不是循环的,而是开放的。城市空间周期论是历史循环论在城市研究中的反映。

城市处于何种发展阶段或类型,这是一个经验问题而非数理模型问题。贝里、克拉森和范登伯格等人根据城市人口短暂的起伏波动,就草率地得出"逆城市化"和"再城市化"的结论,甚至利用数理模型推导出一个完美的封闭的城市空间发展周期模型,在方法论上犯了形而上学唯心主义的严重错误,不仅在理论上是荒谬的,而且在实

---

① Jan Nystrom, "The Cyclical Urbanization Model: A Critical Analysis", *Geografiska Annaler*, Series B, *Human Geography*, Vol. 74, No. 2 (1992), p. 135.

② Jan Nystrom, "The Cyclical Urbanization Model: A Critical Analysis", *Geografiska Annaler*, Series B, *Human Geography*, Vol. 74, No. 2 (1992), pp. 134, 142.

③ Peter Nijkamp and Michael Sonis, "Qualitative Impact Analysis for Dynamic Spatial Systems", *Economic Geography*, Vol. 64, No. 3 (Jul., 1988), p. 240.

④ 郑卫:《城市化进程空间周期理论质疑》,《城市发展研》2010年第10期。

践上也是经不起检验的。

（四）聚集扩散论及其实践意义

城市空间周期论存在着严重的伪科学性和误导性，因此笔者提出了一种新的城市发展空间理论——聚集扩散论。① 该理论是笔者基于多年对美国城市发展研究的基础上提出来的，具有一定的科学性和实践性。城市空间周期论的发展观是单线循环的，认为城市首先进行空间聚集，等聚集达到某一数值之后再行扩散，等扩散达到某一程度之后再行聚集，城市的空间发展呈现出城市化、郊区化、逆城市化和再城市化这样一个线性周期。而笔者认为，城市在发展进程中始终存在着两种相反相成、对立统一的运动，即聚集与扩散。前文已经论证，早在城市化（聚集）初期郊区化（扩散）就已经启动，下文还将论证，即使在以大都市区扩散为主导趋势的今天，某些机构的空间聚集也在悄然进行之中。正是这种同步发展交叉进行的聚集与扩散运动，共同推动了城市空间结构的不断发展演进。具体而言，聚集与扩散在城市的发展过程中发挥了如下作用。

首先，聚集与扩散的同步发展和交叉进行推动了城市规模的扩大。毫无疑问，没有聚集就不会有城市的产生与发展，同样，没有扩散城市的空间规模就无法扩展。人们往往把郊区化与城市化对立起来，认为郊区化是城市化的反向运动。但事实上，郊区化是城市化的一种方式，其一是指郊区化使城市周围的乡村地区逐渐由乡村特征向城市特征转变，最后完成城市化，其二是指中心城通过对郊区的政治兼并，使郊区成为中心城市的法定组成部分，使中心城市的规模不断扩大。肯尼思·杰克逊曾精辟地指出："在某种程度上，郊区化曾经是而且现在仍然是城市增长的一种功能。"②

---

① 参见孙群郎《新世纪呼吁新的城市空间理论模型》，《史学理论研究》2014 年第 3 期。

② Kenneth T. Jackson, "The Crabgrass Frontier: 150 Years of Suburban Growth in America", Raymond A. Mohl and James F. Richardson, eds., *The Urban Experience: Themes in American History*, Belmont, Calfornia: Wadsmorth Publishing Co., 1973, p. 200.

其次，聚集与扩散的同步发展和交叉进行推动了城市空间结构的演进，即单中心结构大都市区的形成。城市的空间发展不是单线演进的，是多维并举的，这一演进包括多种对流过程。最早进行的是人口的对流。前文指出，早在城市化初期，随着城市交通的改善和城市环境的恶化，城市中的富裕阶层和中产阶级便开始向郊区扩散，形成环境优雅的郊区居民区，而他们所迁离的旧街区和住房就被穷人和外来移民所占据，这一接替过程被称为"向下传递"（filter down），久而久之形成了破败的贫民窟。直至今日，在美国等西方城市中，除了绅士化这一少见的人口接替现象以外，大都市区的人口接替现象往往是以"向下传递"的方式进行的。这种人口对流方式笔者称之为"退富进穷"。随之而来的是产业的对流，随着城市的扩大和地价的上升，产值较低的第二产业便被迫向外围地区迁移，取而代之的是产值较高的商业、服务业和管理机构，即所谓的"退二进三"，中央商务区逐渐形成。然后是产业与人口的交叉对流，即从中央商务区退出去的不仅仅是第二产业，还有人口，代之以商业机构，笔者称之为"退人进商"。正是在这种人口、产业、机构多种对流的交错发展之下，到19世纪末20世纪初，欧美都出现了单中心结构的大都市区。

再次，后工业时代与全球化时代的聚集与扩散进一步促进了中央商务区功能的高端化。在后工业时代，由于交通通信技术的进步和产业结构的变迁，产业与人口的空间分布具有更大的自由度，扩散成为城市空间布局的主导力量，人口和产业以空前的速度向郊区迁移。但与此同时，那些具有全球性影响的大公司的总部、生产服务业、高档精品店和各种社会文化机构等则不断向中央商务区及其周围聚集，使其服务、管理和指挥功能越来越明显，其功能不但没有下降，反而有所加强，成为整合和统御全球经济的中心。继19世纪末20世纪初的"退二进三"之后又出现了"退低进高"，从而实现了中央商务区功能的进一步提高。许多学者认为后工业化时代中央商务区在衰退，事实上，这是产业结构调整和中央商务区功能转换过渡时期的暂时现象，随着各发达国家经济结构的提升和中央商务区的再开发，中央商务区会焕发出新的勃勃生机，而且某些大城市的中央商务区已经显示出这种趋势。学术界常常以居民人口的聚散而非社会活动强度来衡量城市的集散，势必得出错误的判断，因为虽然中央商务区的居民人口在日益减少，但高端的社会经济功能却在日益聚集，其白天的活动强度也在日益提升。与此对应，虽然某些郊区居民区的人口在增加，但其白天的社会经济活动的强度非常低，只有夜间人们才返回过夜，成为十足的"卧城"。笔者不能因为卧城比中央商务区的居民人口密度高而认为前者比后者更具有城市性。

最后，多维度的聚集与扩散导致了大都市区结构的多中心化。有的学者把城市的聚集（城市化）和扩散（郊区化）简单地概括为向心运动和离心运动，这是忽视了聚集的多维度性和多方向性。在高端功能向中央商务区聚集的同时，那些功能层次较低的工业生产、办公机构、日用商业和娱乐服务等功能则向中心城市周围的工业园区、办公园区、购物中心聚集，这种聚集同时也是一种扩散，从而形成众多的郊区次中心，大都市区形成多中心结构。

在扩散成为城市空间发展主流的今天，有的学者预言扩散将导致城市文化的终结。这种杞人忧天的看法是完全不必要的，因为形塑城市的力量之一，即聚集的力量永远不会消失，这是由人的社会性所决定的，而规模经济与聚集效应则更是难以抗拒的经济力量。如果单从大都市区的内在结构看，城市确实是在扩散，但如果放眼于区域乃至全国范围，则会发现人口、经济和社会活动则在朝着大都市区聚集，尤其是大型大都市区。因此，扩散是相对的，而聚集则是绝对的，扩散是聚集前提下的扩散。

聚集扩散论具有重要的实践意义，可以矫正城市空间周期论的理论误导和实践偏差。比如，受逆城市化论的影响，发展小城市曾是我国城市发展战略的主导方针，1978年的全国城市工作会议确定了"控制大城市规模，多搞小城镇"的战略。而在1980年全国城市规划会议上再次确定了"控制大城市规模，合理发展中等城市，积极发展小城市"的战略。小城市当然要发展，但如果将其作为城市发展的主导战略，未免失之偏颇。城市规模过于庞大，固然会产生一些城市病，但过度强调发展小城镇有违规模经济和聚集效益，势必会对社会经济的发展造成更大的危害。大城市的发展仍然是必要的，尤其是大城市中央商务区的聚集更是必要的。中央商务区将众多的商业、金融和服务部门聚集在一起，可以形成强大的辐射力和影响力，为城市的发展获得强大的活力和后劲，从而能够在全球化的城市竞争中立于不败之地。我国城市空间结构的一个弱点就是中央商务区发育不良，势必会影响我国城市的竞争力。因此，根据聚集扩散论，正确的城市发展战略应该是发展大都市区，它将大城市的聚集与小城镇的分散性有机地结合了起来，是城市的聚集与扩散发展到成熟阶段必然出现的一种更加合理的城市空间结构。

　　总而言之，城市空间周期论在实践上不能解释欧美大城市在20世纪七八十年代"逆城市化"和"再城市化"的短期波动，在理论上带有浓重的形而上学唯心主义的色彩，是历史循环论在城市研究领域的反映。而聚集扩散论则是对美国等西方国家城市发展历程的经验总结，其科学性是毋庸置疑的。该理论认识到，聚集与扩散是城市发展进程中两种相反相成对立统一的过程，它们贯穿于城市发展过程的始终，并且共同推动了城市空间结构的发展演变，最终形成当今美国等西方发达国家多中心结构的大都市区。聚集扩散论的实践意义也是十分明显的，它能令人在城市化初期预见城市的扩散过程，从而对扩散及其产生的影响做出及早的规划，以便未雨绸缪，得心应手。同时，聚集扩散论也会使人在扩散过程占主导地位时不致忽视城市的聚集过程，不会像某些学者那样得出大城市行将消亡的悲观结论，从而做到胸有成竹，从容应对。城市空间周期论是一种封闭的循环的模型，而聚集扩散论则是一种多维的开放的理论。聚集扩散论虽然看似朴素，但真理往往包含在朴素之中。

小　　结

　　美国单中心结构的大都市区形成以后，大都市区的发展就成为当代美国城市发展的主导趋势。所谓大都市区化，是指在城市化和郊区化交错发展的过程中，人口、经济和社会机构向着中心城市及其周围的郊区不断聚集，从而推动原有大都市区的规模不断扩大，新的大都市区不断形成，使大都市区的发展在美国城市发展中居于主导地位的过程。

推动美国郊区化和大都市区空间蔓延的动力，包括交通和信息技术的发展、美国经济结构的演变、联邦政府的住宅政策和种族矛盾的激化与白人逃逸。除此之外，美国郊区化和大都市区蔓延的原因还包括其他一些因素。在上述因素的影响下，美国的人口、就业不断向郊区迁移，郊区不仅取得了人口优势，人口的异质性日益增强，表现出某些城市性特征，而且在制造业、商业、服务业、办公业乃至整体就业方面也取得了优势地位，因而表现出越来越强烈的城市性特征，甚至出现了所谓的"边缘城市"（edge cities）。然而，美国郊区乃至整个大都市区空间结构的一个最主要特征乃是其低密度蔓延性，这种蔓延式发展模式被称为"美国模式"。形成这种特征的因素，除了上述郊区化的因素以外，一个更重要的因素就是地方政府实施的土地利用分区制（zoning）。笔者认为，在城市发展过程中，存在着聚集与扩散这两种相反相成、对立统一的运动，在这一运动的作用下，美国城市的空间结构继续发展演变，逐渐 20 世纪初单中心结构的大都市区，向着多中心结构的大都市区演变，甚至大都市区之间彼此交叉，相互连接，从而形成了硕大无朋、漫无边际的大都市连绵带。笔者在本章最后城市空间周期论进行了批驳，这种理论认为，城市的空间发展进程分为城市化、郊区化、逆城市化和再城市化四个阶段，这四个阶段形成一个封闭的周期。笔者在对该理论进行了理论和实践方面的批判以后，提出了一种新的城市空间发展理论，即聚集扩散论，认为在城市发展的过程中始终存在着聚集与扩散两种相反相成、对立统一的运动，它们共同推动了城市空间的发展演进。

第三章　美国大都市区的阶级分异与种族隔离

居住隔离可以说是美国大都市区人口分布的最大特点。可以说，种族或族裔之间的居住隔离已经是家喻户晓，尽人皆知的事情了。然而，居住隔离不仅存在于不同的种族或族裔之间，而且也存在于不同的阶级或阶层之间，这种阶级或阶层之间的居住隔离，笔者称之为"阶级分异"。美国学者指出，美国城市"街区或多或少地有统一的阶级特征的倾向"[①]。然而，美国城市与郊区之间以及郊区彼此之间的种族隔离和阶级分异就更加严重了。美国学者利奥·F. 施努尔（Leo F. Schnore）分析道："城市—郊区的分异仅仅是三项隔离原则的另一种表现形式，正是根据这些隔离原则，美国城市人口才长期以来在空间上进行'过滤和分类'。这三项原则是：肤色或族裔，社会阶级，以及家庭类型。"[②]

美国大都市区的阶级分异与种族隔离对白人下层阶级和贫困人口以及黑人等少数族裔造成了极大的危害，并由此引发了广泛的社会改革运动。经过改革运动的冲击，大都市区中阶级分异的状况出现了较为显著的改观，但种族隔离的现象却依然十分严重。由于种族隔离比阶级分异更加纷繁复杂，也更受学术界、社会人士和政府部门的关

　　[①]　[美]丹尼斯·吉尔伯特、约瑟夫·A. 卡尔：《美国阶级结构》，中国社会科学出版社1992年版，第170页。
　　[②]　Harry H. Long and Paul C. Glick, "Family Pattern in Suburban Areas: Recent Trends", in Barry Schwartz, ed., *The Changing Face of the Suburbs*, Chicago: The University of Chicago Press, 1976, p. 39.

注，改革运动也更加轰轰烈烈，声势浩大，因此本章以探讨种族隔离为主，阶级分异为辅；而在种族隔离之中，由于黑人隔离最具典型性，因而，以探讨黑人的种族隔离为主。

一 美国大都市区的人口分布模式

简单地说，美国大都市区的人口分布模式就是在中心城市和郊区之间、中心城市的社区之间和郊区社区之间的阶级分异和种族隔离。所谓阶级分异，就是下层阶级和贫困人口主要集中在中心城市，而郊区则以中产阶级和富裕阶层为主，这是最主要的阶级分布模式；此外，在中心城市内部和郊区内部也存在着不同社区之间的经济地位的差别。而黑人的种族隔离则表现为三个方面，即高度城市化、高度隔离化和低度郊区化，即"三化"或"二高一低"的分布模式。黑人这种空间分布模式的形成，固然与其经济地位有关，但更是种族歧视和种族隔离政策的结果。由于白人下层阶级和贫困人口以及黑人等少数族裔主要分布在中心城市，而郊区则以白人中产阶级和富裕人口为主，使中心城市与郊区之间形成两个迥然相异的世界。

（一）大都市区的阶级分布模式

美国大都市区空间上的阶级分异主要是郊区居民的阶级地位高于中心城市的阶级地位，这表现在下述几个方面：

首先，在美国大都市区内，郊区的平均家庭收入远远高于中心城市，中产阶级和富裕阶层成为郊区居民的主体。表 3.1 显示，在美国所有的大都市区中，无论是家庭收入还是人均收入，中心城市都远远低于郊区，这表明郊区人口的阶级地位要高于中心城市。而且其差距与日俱增。比如在 1959 年，中心城市的平均家庭收入仅仅是郊区的 88.6%，以后逐年降低，到 1977 年，这一比例下降到 79.0%，下降了近 10 个百分点。从人均收入来看，1969 年中心城市人均收入是郊区的 91.9%，而 1977 年同比下降到 88.8%。在此期间，中心城市与郊区之间的差距明显扩大，中心城市相对于郊区而言在日益贫困化。

第三章 美国大都市区的阶级分异与种族隔离

表 3.1 1959—1977 年间美国中心城市和郊区平均家庭收入和人均收入状况

		1959 年	1969 年	1976 年	1977 年
平均家庭收入（美元）	中心城市	5940	9507	13952	14933
	郊区	6707	11411	17440	18900
	市郊比例	88.6%	83.3%	80.0%	79.0%
人均收入（美元）	中心城市	—	3267	5236	5771
	郊区	—	3554	5921	6496
	市郊比例	—	91.9%	88.4%	88.8%

资料来源：U. S. Department of Commerce, Bureau of the Census, *The City-Suburb Income Gap: Is It Being Narrowed by a Back-to-the-City Movement*? Washington D. C.: U. S. Government Printing Office, 1980, p. 5.

如果从单个的大都市区来看，中心城市与郊区之间的人均收入差距就更大了。表3.2显示，这些大都市区的中心城市和郊区之间的人均收入差别是非常明显的，比如，在康涅狄格州的哈特福德大都市区，中心城市的人均收入只有5589美元，而郊区则高达9136美元，两者相差3547美元，前者仅仅是后者的61%；在俄亥俄州的克利夫兰大都市区，中心城市与郊区的人均收入分别为5770美元和8700美元，前者比后者低2930美元，前者仅仅是后者的66%；在佛罗里达州的迈阿密大都市区，中心城市与郊区的人均收入分别为6084美元和9472美元，前者比后者低3388美元，前者是后者的64%；差距最大的莫过于新泽西州的纽瓦克，中心城市和郊区的人均收入分别为4525美元和9112美元，前者竟然比后者低4587美元，前者仅仅是后者的50%。

中心城市与郊区居民在收入方面的差距存在着明显的地区差异。表3.3显示，在1980年的85个最大的大都市区中，无论哪个地区，中心城市收入都远远低于郊区，但以东部地区差距最大，该地区中心城市人均收入仅仅是郊区的75.2%，南部地区差别最小，同比为99.0%，城郊差别不大；就家庭收入而言，东部地区中心城市仅仅是郊区的61.4%，西部地区差距最小，同比为86.3%，两者相差近25个百分点。这表明东部地区中心城市和郊区之间的阶级分异程度最严重。

表 3.2　美国 15 个大都市区中心城市与郊区的人均收入差别

大都市区	中心城市（美元）	郊区（美元）	中心城市与郊区之间的百分比	中心城市与郊区的差额（美元）
哈特福德	5589	9136	61%	-3547
华盛顿	8960	10469	86%	-1509
巴尔的摩	5877	8422	70%	-2545
波士顿	6555	8385	78%	-1830
纽瓦克	4525	9112	50%	-4587
纽约	7311	9252	79%	-1941
费城	6067	8383	72%	-2316
芝加哥	6945	8831	79%	-1886
底特律	6222	9068	69%	-2846
圣路易斯	5880	7906	74%	2026
克利夫兰	5770	8700	66%	-2930
密尔沃基	7104	9411	75%	-2307
伯明翰	5833	7548	77%	-1715
迈阿密	6084	9472	64%	-3388
亚特兰大	6539	8778	74%	-2239

资料来源：U. S. Advisory Commission on Intergovernmental Relations, *Fiscal Disparities*: *Central Cities & Suburbs*, 1981, Washington D. C., 1984, pp. 52 - 53.

表 3.3　1980 年不同地区 85 个最大的大都市区人均收入和家庭收入状况

	人均收入（美元）			家庭收入（美元）		
	中心城市	郊区	市郊比例	中心城市	郊区	市郊比例
东部	6251	8407	75.2%	东部 12837	20911	61.4%
中西部	6954	8322	84.0%	中西部 14099	19802	71.2%
南部	6945	7275	99.0%	南部 14664	19474	75.3%
西部	7754	8239	95.3%	西部 17176	19896	86.3%
合计	6972	7989	89.0%	合计 14601	20270	72.0%

资料来源：U. S. Advisory Commission on Intergovernmental Relations, *Fiscal Disparities*: *Central Cities & Suburbs*, 1981, Washington D. C., 1984, p. 10.

中心城市与郊区之间的收入差别还与城市规模存在着密切的关系。表3.4显示，在各种规模的城市化地区中，中心城市与郊区的家庭收入差别是不同的。人口规模在5万—10万的53个小型城市化地区中，郊区收入高于中心城市的有30个，比例为56.7%；人口规模在10万—50万的109个中等城市化地区中，郊区收入高于中心城市的有80个，比例为73.4%；人口规模在50万以上的38个大型城市化地区中，全部是郊区收入高于中心城市。由此可以发现，城市化地区或大都市区的规模越大，城郊之间的收入越不平衡。此外，中心城市和郊区之间的教育水平和职业特征也有类似的变化趋势，即城市化地区的规模越大，中心城市的状况越糟，郊区的状况越好。

表3.4　1960年各种规模的城市化地区内中心城市与郊区的差别

城市化地区的 人口规模	各种规模城市化 地区的数量	郊区高于中心城市的城市化地区的数量		
		年均家庭收入	高中毕业比例	白领工人比例
5万—10万	53	30	26%	16%
10万—50万	109	80	73%	52%
50万以上	38	38	38%	33%

资料来源：Frederick M. Wirt, et al: *On the City's Rim: Politics and Policy in Suburbia*, Lexington, Massachusetts: D. C. Heath and Company, 1972, p. 26.

另外，中心城市形成的年代对城郊家庭收入的差别也有深远的影响。表3.5显示，那些中心城市在1800—1860年间和1870—1880年间达到5万人口的城市化地区，全部是郊区家庭收入高于中心城市。随着中心城市形成年代的推移，郊区家庭收入高于中心城市的数量和比例越低。比例最低的是那些中心城市1950—1960年间达到5万人的城市化地区，在53个这样的城市化地区中，只有27个出现了郊区家庭收入高于中心城市的情况，其比例只有50%。简单地说，就是城市越老，越可能出现郊区家庭收入高于中心城市的情况。此外，中心城市和郊区之间的教育水平和职业特征也有类似的变化趋势，即城市化地区的年代越老，中心城市的状况越糟，郊区的状况越好。

表3.5 1960年各种年龄的城市化地区内中心城市与郊区的差别

中心城市达到5万人的年代	各种城市化地区的数量	郊区高于中心城市的城市化地区的数量		
		年均家庭收入	高中毕业比例	白领工人比例
1800—1860	14	14	14%	14%
1870—1880	17	17	17%	17%
1890—1900	36	31	27%	21%
1910—1920	48	36	36%	26%
1930—1940	32	23	18%	10%
1950—1960	53	27	25%	13%

资料来源：Frederick M. Wirt, et al: *On the City's Rim: Politics and Policy in Suburbia*, Lexington, Massachusetts: D. C. Heath and Company, 1972, p. 27.

其次，在郊区与中心城市之间，平均每个家庭的房产价值也存在着明显的差别，而且这一差距越来越悬殊。表3.6显示，中心城市与郊区之间的房产价值存在巨大的差别，就美国前72位大都市区的总体情况来看，中心城市平均每个家庭的房产价值为16700美元，而郊区为19800美元，中心城市仅为郊区的84%。而且这种差距在60年代越来越大，中心城市的房产价值在60年代只上升了31%，而郊区则上升47%。差距最悬殊的是东北部，该区中心城市平均每个家庭的房产价值为16200美元，而郊区为21400美元，中心城市仅为郊区的76%。同期中心城市的房产价值只上升了27%，而郊区则上升43%。而某些个别的大都市区的差别更大，仅以巴尔的摩大都市区为例，中心城市平均每个家庭的房产价值只有10000美元，而郊区为18900美元，中心城市仅为郊区的53%，即一半稍强。同期中心城市的房产价值只上升了11%，而郊区则上升51%。[1]

---

[1] U. S. Advisory Commission on Intergovernmental Relations, *City Financial Emergencies: The Intergovernmental Dimension*, A Commission Report, Washington, D. C., July 1973, p. 116.

表3.6　美国前72位大都市区中心城市与郊区的平均房产价值（美元）

地区	中心城市	郊区	城郊比例	1960—70年的增长率 中心城市	1960—70年的增长率 郊区	城郊增长率的比例
东北部	16200	21400	76%	27%	43%	60%
中西部	15800	19300	82%	23%	37%	62%
南部	14500	15900	91%	36%	54%	67%
西部	21400	22600	95%	43%	53%	81%
合计	16700	19800	84%	31%	47%	66%

资料来源: U. S. Advisory Commission on Intergovernmental Relations, *City Financial Emergencies: The Intergovernmental Dimension*, A Commission Report, Washington, D. C., July 1973, pp. 116 – 117.

再次，低收入阶层和贫困人口高度集中于中心城市，与郊区形成鲜明对照，而且中心城市穷人的比例不断提高，而郊区的同比则在不断下降。比如在1976年，美国中心城市贫困人口的总数达到950万穷人，占中心城市人口的15.8%，高于1969的14.9%；相比之下，1976年郊区只有穷人570万，仅占其人口的6.9%，而且比1969年的8.1%还有所降低。换言之，中心城市贫困人口的比例远远高于郊区，1976年中心城市贫困人口的比例与郊区相比竟高出近9个百分点。[1] 在某些大都市区中，中心城市与郊区的低收入阶层所占人口的比例相差悬殊。比如1980年，亚特兰大市下层劳工的人口比例为58.0%，比郊区的36.8%高21.2个百分点；首都华盛顿的同比为64.6%，比郊区的41.1%高23.5个百分点；波士顿为55.6%，比郊区的25.9%高29.8个百分点，圣路易斯为63.3%，比郊区的23.4%高39.9个百分点。[2]

最后，郊区内部的各个社区之间也表现出强烈的阶级特征。在郊

---

[1] Katharine L. Bradbury, et al., *Urban Decline and the Future of American Cities*, Washington, D. C.: The Brookings Institution, 1982, p. 172.

[2] Thomas M. Stanback, Jr., *The New Suburbanization: Challenge to the Central City*, Boulder: Westview Press, 1991, p. 12.

区内部，各阶级和阶层之间的空间分异程度丝毫不亚于中心城市与郊区之间的阶级分异。这主要是由于郊区住房分区制和住房法规将不同类型和规模的住房分区布局的结果。当"屋以类聚"之时，其居民也就"人以群分"了。

布赖恩·贝里于1973年描述了美国大都市区社会阶级的分布模式：富裕阶层的社区一般分布于那些在空间上比较隔绝而环境相对优雅的地方；中等收入阶层力图接近富裕阶层的社区；偏低收入（moderate-income）的阶层主要居住在从中心城市辐射出来的轨道交通沿线或沿河流发展起来的工业城镇的陈旧住房中；低收入阶层（low-income）和穷人则聚集在中心城市衰败的贫民窟中。这种分布模式被称为社会经济的巴尔干化（socioeconomic balkanization）或"马赛克文化"[①]。

（二）大都市区的黑人分布模式

前文第二章曾经指出，黑人的大迁徙过程就是一个城市化的过程，到20世纪70年代，黑人成为一个高度城市化的种族。但黑人在郊区的人口数量很少，所占比例也很低。如果说白人各族裔集团通过经济地位的提高和文化适应，尚可融入主流社会，从而跻身于郊区化行列的话，那么肤色界限却是难以逾越的鸿沟，对于黑人来说更是如此。白人民众、私人部门和各级政府总是处心积虑地将黑人排斥在郊区和白人社区之外，从而导致了黑人的高度城市化、高度隔离化和低度郊区化，即"二高一低"的空间分布模式。

1. 黑人的低度郊区化

根据黑人郊区化的速度和分布特点，可以以1970年为界分为两个时期，1970年以前主要是黑人的城市化时期，城市化的速度高于郊区化的速度，即以城市化为主，以郊区化为辅。1970年以后，中

---

① Peter O. Muller, *Contemporary Suburban America*, Englewood Cliffs, N. J.: Prentice Hall, Inc., 1981, pp. 63 – 64. Gregory R. Weiher, *The Fractured Metropolis: Politics Fragmentation and Metropolitan Segregation*, State University of New York Press, 1991, pp. 9 – 10. John C. Lowe, "Patterns of Spatial Dispersion in Metropolitan Commuting", *Urban Geography*, Vol. 19, No. 3, 1998, p. 233.

心城市黑人的增长速度下降，而郊区黑人的增长速度加快。从黑人的人口分布特点来看，1970年以前黑人的居住隔离异常严重，这种隔离不仅存在于中心城市的黑人和白人社区之间，更存在于中心城市和郊区之间，也存在于郊区社区之间。因此，黑人在20世纪五六十年代展开了声势浩大的民权运动和种族骚乱，迫使联邦政府于60年代通过了一系列民权立法，取消了种族隔离制度，并采取了肯定性行动，对黑人开放郊区白人社区和住房市场，黑人的种族隔离状况有了一定程度的改善。

郊区黑人首先出现于南部地区。早在内战以后，南部郊区就居住着大批黑人，但他们属于乡村农业人口。随着南部城市黑人的增加，开发商便在城市边缘的黑人社区划分住房地块并出售给黑人，由黑人自己进行住房建筑。到1900年，黑人占南部郊区人口的30%左右。[1]社会学家查尔斯·S.约翰逊（Charles S. Johnson）于20世纪40年代报道说，在南部的小城镇，"事实上所有的黑人社区……都位于城镇的边缘"，"在它们的外围地区一般没有白人居住区"[2]。

二战以前，南部黑人的郊区化与其他地区黑人的郊区化存在一个明显的不同特点，就是其他地区黑人的郊区化是零散进行的，即在原有的白人郊区内零散地进行住房开发，或由黑人侵入和接替白人社区。而南部黑人的郊区化则具有一定的规划性和整体性。在南部，为了共同解决黑人的住房紧缺问题，黑人领袖与白人官员达成协议，在城市的边缘或郊区设立"黑人扩展区"（Negro expansion areas），由开发商为黑人成批地建造住房。南部地区之所以采取这种方式为黑人提供住房，是因为一些黑人家庭曾越过种族界限，到白人社区居住，从而引起了暴力冲突。到20世纪40年代，许多白人官员认识到妥协的必要性，亚特兰大一位规划人员指出，"这座

---

[1] Reynolds Farley, "The Changing Distribution of Negroes within Metropolitan Areas: The Emergence of Black Suburbs", *The American Journal of Sociology*, Vol. 75, No. 4 (Jan., 1970), p. 512.

[2] Andrew Wiese, *Places of Their Own: African American Suburbanization in the Twentieth Century*, Chicago: The University of Chicago Press, 2004, p. 18.

城市有两个选择，要么努力解决（黑人住房）这一问题本身，要么解决其后果"①。因此，为了避免黑人侵入白人社区，保持种族隔离和避免种族冲突，白人宁可作出某种妥协来解决黑人的住房危机。而黑人之所以接受这种种族隔离的社区，也是为了解决其住房紧缺的燃眉之急。南部黑人郊区化的另一不同特点是，其他地区的郊区黑人，不管是蓝领工人还是中产阶级，其住房均以独户住房为主，而南部黑人由于其收入较低，其住房以多户住房为主。南部黑人郊区化的第三个特点是，在南部的郊区化过程中，确实出现了侵入与接替现象，但不像北部那样由黑人接替白人社区，而是白人接替黑人社区，将黑人从某些位置优越的郊区排除出去。②

随着黑人大迁徙的出现，北部黑人的郊区化也逐渐展开。1916年以后，北部已有的黑人郊区迅速扩大，此外还建立了众多新的黑人郊区。比如，在纽约州的北阿米蒂维尔（North Amityville），地产公司在20世纪头20年建立了十几个黑人社区。③ 总体而言，在1910—1940年间，北部和西部各州的郊区黑人总共增加了28.5万人，占这两个地区大都市区黑人新增人口的15%。到1940年，美国有100多万黑人生活在郊区，占大都市区黑人数量的1/5。④

在二战以前，郊区黑人居民的主体是工人阶级。由于在20世纪40年代以前，美国大多数郊区尚未制定分区制法规，而那些制定了分区制法规的市镇也干涉不到其辖区以外的土地，这为黑人工人阶级向郊区的迁移减少了障碍。根据地理学家理查德·哈里斯（Richard Harris）的研究，1940年，在美国最大的6个大都市区中，有3个大都市区的黑人技术工人比白领职业阶层更倾向于到郊区定居。黑人工人阶级之所以到郊区定居，是为了接近郊区的蓝领工作和白人的家政

---

① Andrew Wiese, *Places of Their Own*, p. 172.
② John R. Logan, Mark Schneider, "Racial Segregation and Racial Change in American Suburbs, 1970 – 1980", *The American Journal of Sociology*, Vol. 89, No. 4, (Jan., 1984), p. 881.
③ Andrew Wiese, "The Other Suburbanites: African American Suburbanization in the North Before 1950", *The Journal of American History*, Vol. 85, No. 4 (Mar., 1999), p. 1501.
④ Andrew Wiese, *Places of Their Own*, pp. 15, 5.

服务。同时，在郊区拥有地产可以使他们进行某些家庭生产，比如种植蔬菜，饲养禽畜，出租房屋，以补贴工资收入的不足，而且郊区地产还是失业、生病、退休时的保障。另外，当时的郊区地产十分便宜，即使不太富裕的黑人也能承担得起。比如，在克利夫兰的郊区查格林福尔斯公园（Chagrin Falls Park），在20世纪20年代，只需60—200美元就可以买到一块地产，只相当于两个星期或两个月的工资。到了30年代中期，弗洛伦斯·布劳（Florence Brow）地产公司在该社区的宅基地售价只有25美元，对黑人来说也没有多大压力。黑人购买了宅地以后便付出血汗资本自建住房。到1950年，该社区黑人的自有住房率高达70%。[1] 然而，郊区黑人住房破旧，设施不良，交通不便，学校质量恶劣。为了维持生计和共渡难关，郊区黑人往往存在着复杂的亲缘关系，迁徙而来的黑人往往是大家庭。因此，二战以前的黑人工人阶级创造了一种拥有紧密亲属关系的郊区化模式，这与白人郊区居民和后来的黑人中产阶级郊区居民以核心家庭为主的生活方式截然不同。

　　二战期间及二战以后，黑人郊区化的速度进一步加快。1940年，为了给军工生产工人提供住房，联邦政府通过了《拉纳姆法》（Lanham Act），规定实施"紧急国防住房计划"（Emergency Defense Housing），到1950年，该项目为黑人家庭提供了15万套住房，其中许多住房位于郊区或城市边缘地带。20世纪四五十年代有300万黑人离开南部农村，迁往全国各地的大都市区，特别是大型大都市区。北部各州郊区新增黑人的近60%集中于前四位大都市区的郊区：纽约、费城、芝加哥、底特律，而前十位大都市区的郊区几乎占85%。西部郊区的黑人更加集中，郊区黑人的3/4集中在洛杉矶和旧金山—奥克兰两大都市区的郊区。由于黑人向北部和西部郊区的迁移，许多郊区出现了"侵入与接替"现象，由白人郊区转变为黑人郊区。哈罗德·康诺利（Harold Connolly）写道："1960年那些黑人不足100

---

[1] Andrew Wiese, "The Other Suburbanites: African American Suburbanization in the North Before 1950", *The Journal of American History*, Vol. 85, No. 4 (Mar., 1999), pp. 1499–1507.

人的地方，到 1970 年迅速成拥有几千黑人的居住区。在某些情况下，由于黑人数量成倍、两倍，甚至更快地增加，到 1970 年，黑人构成了（这些郊区）人口的大多数。"①

虽然二战后黑人的郊区化速度有所加快，但与白人郊区化的速度相比却相形见绌，大为逊色。首先，从郊区和中心城市黑人和白人的人口增长率来看，1950—1970 年，郊区白人增加了 85.6%，而郊区黑人只增加了 63.6%，比白人低 22 个百分点，如果再考虑到郊区白人和黑人的人口基数，这一差距就更大了。同期，中心城市白人减少了 40.6%，而黑人却增加了 98.5%，后者几乎增加了 1 倍。② 由此可见，白人与黑人的人口分布模式呈相反的方向发展，在此期间，白人日益向郊区分散，而黑人则日益向中心城市集中。

然而，20 世纪 60 年代黑人的郊区化速度明显加快，50 年代郊区黑人的增长率只有 23.1%，中心城市同比则高达 50.6%；而到 60 年代，郊区黑人的增长率上升到 33.7%，超过了中心城市的 31.6%，虽然差别不大，但黑人的流动方向开始转变为以郊区化为主；而到 70 年代，郊区黑人的增长率骤然上升到 72.2%，而中心城市同比则进一步下降到 16.8%，黑人郊区化的速度远远超过了城市化的速度。③ 因此，可以将 1970 年作为黑人城市化和郊区化进程的转折点。

其次，从郊区黑人和白人各自占全国黑人和白人的比例来看，1950 年，郊区白人所占全国白人的比例为 28.3%，1960 年上升到 35.1%，1970 年上升到 40.3%，比 1950 年提高了 12 个百分点；相比之下，1950 年，郊区黑人所占全国黑人的比例为 15.0%，1960 年下降到 14.7%，1970 年又回升到 16.3%，比 1950 年仅仅

---

① Andrew Wiese, *Places of Their Own*, pp. 114 – 135, 217.
② U. S. Department of Commerce, Bureau of the Census, *Statistical Abstract of the United States*, *1976*, Washington D. C., 1976, p. 17.
③ U. S. Department of Commerce, Bureau of the Census, *Statistical Abstracts of the United States*, *1971*, Washington D. C., 1971, p. 16. U. S. Department of Commerce, Bureau of the Census, *Statistical Abstracts of the United States*：*1981*, Washington D. C., 1981, p. 16.

提高了1.3个百分点（见表3.7）。可见，分布于郊区的黑人比例和上升速度远远低于白人。

表3.7　　1950—1970年间美国黑人和白人的空间分布　　　　（%）

种族	居住地点	1950年	1960年	1970年
黑人	居住在大都市区的百分比	59.1	67.6	74.0
	（居住在中心城市的百分比）	(44.1)	(52.9)	(57.8)
	（居住在郊区的百分比）	(15.0)	(14.7)	(16.3)
	居住在非都市区的百分比	40.9	32.4	26.0
白人	居住在大都市区的百分比	63.0	66.2	67.8
	（居住在中心城市的百分比）	(34.6)	(31.1)	(27.5)
	（居住在郊区的百分比）	(28.3)	(35.1)	(40.3)
	居住在非都市区的百分比	37.0	33.8	32.2

资料来源：U. S. Department of Commerce, Bureau of the Census, *Statistical Abstract of the United States*, 1971, Washington D. C.：U. S. Government Printing Office, 1971, p. 16。

再次，从黑人和白人分别占全国总人口、中心城市人口和郊区人口的百分比来看，1950年，黑人占全国总人口的比例为9.9%，但中心城市黑人占中心城市人口的比例却高达12.3%，而郊区黑人占郊区人口的比例只有5.5%。相比之下，该年白人的三个比例分别为89.3%、86.9%和94.0%。到1970年，黑人的三个比例分别为11.2%、20.5%和4.9%；白人的三个比例分别为87.4%、76.5%和94.8%。（参见表3.8）也就是说，1950年，黑人郊区人口的比例远远低于其全国人口的比例，而其中心城市人口的比例又远远高于全国人口的比例，而到1970年，黑人的这一分布模式更加突出，可见黑人的人口分布模式仍然以城市化为主。而白人的人口分布模式与发展趋势与黑人正好相反。

表 3.8　　1950—1970 年美国白人和黑人的城市黑人郊区人口　　（%）

种族	居住地点	1950 年	1960 年	1970 年
黑人	占美国总人口百分比	9.9	10.5	11.2
	占中心城市人口百分比	12.3	16.6	20.5
	占郊区人口百分比	5.5	4.6	4.9
白人	占美国总人口百分比	89.3	88.6	87.4
	占中心城市人口百分比	86.9	82.4	76.5
	占郊区人口百分比	94.0	93.5	94.8

资料来源：U. S. Department of Commerce, Bureau of the Census, *Statistical Abstract of the United States, 1971*, Washington D. C. : U. S. Government Printing Office, 1971, p. 16。

最后，从各个地区的角度来看，在某些地区黑人郊区人口的比例就更低了。表 3.9 显示，在美国的 4 个区域之间存在明显的不平衡，南部郊区黑人的比例自进入 20 世纪以来持续下降，到 1960 年和 1970 年分别下降到 12.6% 和 10.3%，但仍然远远高于全国平均水平，而其他三个地区的同比与南部相比则不可相提并论，东北部同期分别只有 3.0% 和 3.6%，中西部分别只有 2.5% 和 2.8%，西部分别只有 2.4% 和 3.2%。

表 3.9　　1960 年和 1970 年美国各地区郊区白人和黑人人口百分比　　（%）

地区	1960 白人	1960 黑人	1970 白人	1970 黑人
美国	94.6	4.8	94.1	4.8
东北部	96.6	3.0	96.0	3.6
中北部	97.4	2.5	96.8	2.8
西部	95.2	2.4	93.3	3.2
南部	87.2	12.6	89.0	10.3

资料来源：William G. Colman, *Cities, Suburbs, and States: Governing and Financing Urban America*, New York: The Free Press, 1975, p. 64。

值得注意的是，黑人的郊区化水平不仅低于白人，甚至低于其他少数族裔。1970年，郊区黑人人口比例与其全国人口比例之间的比率为0.43；而其他少数族裔的比率为0.79，前者远远低于后者，黑人的郊区化水平在各个族裔中是最低的。[1] 由于郊区白人居民占据了绝对优势，而郊区黑人等少数族裔的人口很少，因此，有的美国学者称美国郊区为"百合花般的洁白"和"白色的套圈"[2]。

2. 黑人社区的高度隔离化

美国学者史蒂文·R. 霍洛韦（Steven R. Holloway）尖锐地指出："种族和族裔之间的居住隔离是北美城市的最引人注目的特征之一。"[3] 前文指出，黑人的空间分布特点是高度城市化、高度隔离化和低度郊区化，即"二高一低"的分布特征。事实上，"二高一低"的核心是种族隔离，高度城市化和低度郊区化的实质就是黑人和白人在中心城市和郊区之间的"宏观种族隔离"。当黑人通过大迁徙进入北部和西部城市之时，白人出于种族歧视而逃离中心城市迁往郊区，形成颇具声势的"白人大逃逸"，既然白人已经从中心城市逃离出来，岂能容忍黑人等少数族裔和下层阶级再次侵入他们的郊区乐土呢？于是他们通过分区制和住房法规将黑人等少数族裔隔离于中心城市，从而形成了"宏观种族隔离"。此外，无论是在中心城市还是郊区，白人还采取各种措施将黑人等少数族裔隔离于白人社区之外，形成了中心城市内部和郊区内部的"微观种族隔离"，即社区之间的种族隔离。

笔者在第二章已经谈到，黑人通过大迁徙进入中心城市，白人通过暴力和法律手段将黑人禁锢在某些社区之内，当这种禁锢不能奏效之时，白人便一走了之，从而形成了"侵入"与"接替"的过程，

---

[1] U. S. Department of Commerce, Bureau of the Census, *Statistical Abstracts of the United States*: *1971*, p. 16. U. S. Department of Commerce, Bureau of the Census, *Statistical Abstracts of the United States*: *1981*, p. 16.

[2] Peter O. Muller, *Contemporary Suburban America*, p. 82.

[3] Steven R. Holloway, "Exploring the Neighborhood Contingency of Race Discrimination in Mortgage Lending in Columbus, Ohio", *Annals of the Association of American Geographers*, Vol. 88, No. 2 (Jun., 1998), p. 252.

中心城市的白人社区就逐渐转变为黑人社区，即所谓的"黑人隔都区"（ghettos）。根据一项研究，在美国最大的 207 个城市中，1940 年黑人的平均隔离指数为 85.2%，1950 年上升到 87.3%，1960 年稍有回落，仍然高达 86.2%，这就意味着必须有 86.2% 的黑人迁移住址才能达到种族平衡。就地区差别而言，南部城市的种族隔离最严重，平均隔离指数高达 90.9%，东北部城市为 79.2%，中北部为 87.7%，西部为 79.3%。只有 8 个城市的指数低于 70%，而 50 个以上的城市的指数超过 91.7%。[1]"侵入"与"接替"是中心城市种族隔离形成的主要方式，而郊区黑人社区的形成则要复杂得多，种族隔离的程度也高得多。

美国学者对郊区黑人社区的种类和形成方式进行了五花八门的分类，要么过于简单，要么过于烦琐，因此笔者将其归纳为三种模式，最主要的一种就是由中心城市的黑人社区外溢到郊区而形成的黑人郊区社区。第二种是郊区的黑人飞地，这种黑人飞地先是由早期黑人的小型居住区提供一个发展核，随后逐渐扩大而成，由于这些飞地内部或周围地区拥有较为广阔的开放空间，而白人又不愿意与黑人为邻，于是黑人不断迁入并进行住房建筑活动，从而使原来较小的黑人居民点成长为规模较大的黑人社区。第三种是通过侵入与接替的方式，实现了种族转变（transition）而由白人社区转化为黑人社区，可称为"侵入—接替"模式。

无论通过哪种方式形成的郊区黑人社区，都与白人社区存在着严重的种族隔离。比如在芝加哥大都市区，1960 年，该市黑人比例为 23.6%，郊区只有 3.1%。在该大都市区的 147 个人口超过 2500 人的郊区中，有 19 个社区中没有一个黑人，有 97 个社区中的黑人比例不足 1%，另外 21 个社区的黑人比例在 1%—11% 之间，即低于全国黑人人口的比例；只有 10 个社区的黑人比例超过了全国黑人人口 11%

---

[1] U. S. National Advisory Commission on Civil Disorders, *Report of the National Advisory Commission on Civil Disorders*, Washington, D. C.：U. S. Government Printing Office, March 1968, p. 120.

的比例，其中又有 4 个社区的黑人比例超过 60%，而罗宾斯（Robbins）的黑人比例竟高达 99% 以上。也就是说，在芝加哥大都市区的这 147 个郊区社区中，黑人主要集中于 10 个社区中，而其中 4 个社区更是高度集中。正如一位美国学者所描述的："在以白人为主的郊区的团团包围之下，这些黑人郊区飞地就如同雪地上的片片煤渣。"[1]

圣路易斯大都市区的种族隔离也同样十分严重。20 世纪 60 年代有几千个黑人家庭离开圣路易斯市的西区（West End），迁移到附近的郊区定居，从而形成了郊区黑人社区。金洛克（Kinloch）是圣路易斯郊区一个典型的黑人飞地。"它是由富裕白人的社区所包围的一个异常贫困的社区。金洛克的独户住房正处于衰败的不同阶段；其街道大多没有铺设；同时它在该县的教育税收是最高的，税收基础是最薄弱的，学校是最差的。金洛克作为一个社区之所以能够幸存下来，仅仅因为没有其他的地方辖区愿意兼并它并承担其困难。同时，（白人）尽其一切所能将这个黑人郊区与其富裕的邻居隔绝开来。"[2]

在费城大都市区，许多黑人家庭居住在城市边缘的飞地中。社会学家伦纳德·布隆伯格（Leonard Blumberg）和迈克尔·莱利（Michael Lalli）报道说，在郊区的 60 个"小型隔都区"（little ghettoes）内，早期郊区黑人的居住模式仍然依稀可见。"它们往往被铁路、沼泽或公路所隔断。在一个黑人居住区，一堵两条街区长的石墙耸立起来……它们是由没有社会价值的人所拥有的地段。"[3]

上述大都市区的郊区种族隔离反映了全国的一般情形。1960 年，美国拥有 800 个人口超过 1 万的郊区社区，其中 313 个（39%）社区的黑人比例不超过 1/500，另外 390 个（49%）社区的黑人比例在 1%—10% 之间。也就是说，在这些郊区社区中，接近 90% 的社区其黑人比例低于其在全国的人口比例；而另外 52 个

---

[1] Frederick M. Wirt, et al., *On the City's Rim: Politics and Policy in Suburbia*, Lexington, Massachusetts: D. C. Heath and Company, 1972, pp. 39–40.

[2] Peter O. Muller, *Contemporary Suburban America*, p. 85.

[3] Andrew Wiese, *Places of Their Own*, p. 21.

又走向了另一个极端,即黑人比例超过15%。①

值得注意的是,在美国的各个少数族裔中,黑人的种族隔离程度是最高的。表3.10显示,1970年和1980年,芝加哥的黑人种族隔离指数是最高的,高达91.9%和87.8%,而西班牙裔的隔离指数只有58.4%和55.8%,亚裔隔离指数最低,只有55.8%和43.9%,黑人的隔离指数比其他少数族裔更加严重。而且其他大都市区也存在类似的情形。

表3.10　1970—1980年间美国10个大都市区的白人与少数族裔的隔离指数

大都市区	黑人		西班牙裔		亚裔	
	1970	1980	1970	1980	1970	1980
芝加哥	91.9	87.8	58.4	63.5	55.8	43.9
纽约	81.0	82.0	64.9	65.6	56.1	48.1
亚特兰大	82.1	78.5	35.9	32.9	45.8	29.1
克利夫兰	90.8	87.5	52.3	55.4	45.0	35.8
巴尔的摩	81.9	74.7	44.2	38.1	47.3	38.9
辛辛那提	76.8	72.3	37.8	30.3	43.3	33.0
底特律	88.4	86.7	47.9	45.1	46.1	37.5
印第安纳波利斯	81.7	76.2	38.3	33.2	40.2	36.0
纽瓦克	81.4	81.6	60.4	65.6	50.2	34.4
费城	79.5	78.8	54.0	62.9	49.1	43.7

资料来源:Norman Krumholz, "The Kerner Commission Twenty Years Later", George C. Galster and Edward W. Hill, eds., *The Metropolis in black & White*: *Place*, *Power and Polarization*, New Brunswick, NJ: Center for Urban Policy Research, 1992, p. 24.

由于白人主体民族严重的种族偏见和种族歧视,在美国的大都市区中形成了壁垒森严的种族隔离,这种种族隔离的目的与阶级分异的目的如出一辙,都是为了维护白人中产阶级社区的同质性和稳定性,维护其良好的生活环境和地产价值。由于这种根本利益的冲突,美国

① Frederick M. Wirt, et al., *On the City's Rim*: *Politics and Policy in Suburbia*, p. 39.

的种族隔离表现出相当严重的顽固性，因此，美国学者道格拉斯·S.马西和南希·A.登顿评价道："总的来说，从城市到郊区，黑人的种族隔离表现出相当的顽固性。"①

二 美国大都市区两个世界的形成

1968年，美国民事动乱咨询委员会［U. S. National Advisory Commission on Civil Disorders，主席为奥托·克纳（Otto Kerner），故又称克纳委员会］写道："这个国家正在迅速地朝着两个日益分离的美国运动。20年以后，这种分裂将会如此深刻，甚至统一将是几乎不可能的：一个是白人社会，主要位于郊区、小型中心城市和大型中心城市的边缘部分；一个是黑人社会，主要集中于大型中心城市。黑人社会将会永远陷于当前的困境，即使我们花费更多的资金和努力为聚居区'镀金'也将无济于事。从长远来看，如果这种永久性的分裂继续加深的话，那么就会有两种危险威胁到我们。第一个危险就是我们的城市中持续不断的暴力……第二个危险就是最终摒弃个人尊严、自由和机会均等这些美国的传统理想。"②

事实上，克纳委员会的预言在当时已基本成为不可否认的现实。由于美国大都市区的中心城市与郊区之间存在着严重的阶级分异和种族隔离，到20世纪60年代末和70年代初，郊区和中心城市已经形成了迥然不同的两个世界，一个位于郊区，中产阶级和富裕阶层在这里享受着一种富足、稳定和优雅的生活方式，他们被这种生活方式所陶醉，无论是在生活中还是在心理上，他们与中心城市的距离越来越遥远，越来越不相干；另一个位于中心城市，下层阶级和少数族裔遭受着失业、贫困、疾病、衰败和混乱的悲惨的境遇，他们在一个恶性循环的怪圈中不能自拔。

---

① Douglas S. Massey and Nancy A. Denton, "Suburbanization and Segregation in U. S. Metropolitan Areas", *American Journal of Sociology*, Vol. 149, No. 3, 1988, p. 622.

② U. S. National Advisory Commission on Civil Disorders, *Report of the National Advisory Commission on Civil Disorders*, pp. 225–226.

从 20 世纪 50 年代开始，美国学术界一直流行着一种"郊区神话"（suburban myth），即对郊区社会特征的一种意象性的描述。然而，对这种郊区神话的批评也同样不绝于耳。事实上，在社会问题上，几乎任何一个命题都可以找出与之相反的证据加以反驳。美国学者斯科特·唐纳森（Scott Donaldson）评价道："大多数郊区评论家在写作时是出于一套固有的意象，这种意象已经成为美国思想的基础，这种意象一直延续下来，而不管其是否有用或准确。它们是受到浸染的神话。""这种意象的形成过程已经达到了这种地步，以至于郊区已经模式化了。"[①] 但笔者认为，唐纳森的评价并不正确，因为美国的郊区神话并非空穴来风，而是具有一定的事实依据。综合美国一些学者对郊区神话的论述，笔者将其概括为以下几个方面：

第一，社会的同质性特征。郊区神话认为，郊区居民具有强烈的同质性特征，即在种族或族裔、阶级地位、职业特征、生活方式和年龄特征等方面具有较强的一致性。郊区居民大多数是白人中产阶级和富裕阶层，低收入家庭和贫困人口较少；白领职业人员居多，蓝领职业人员较少；住房多数是独户住房，公寓住房和排屋等城市类型的住房很少；年轻的核心家庭居多，老年人、单身汉和单亲家庭较少。

第二，儿童中心主义。郊区家庭大多数是由年轻夫妇和子女构成的核心家庭，家长一般在 25—35 岁之间，受到过良好的教育。由于白天男子大多数去上班，郊区几乎成为一个女性社会，受过良好教育的年轻母亲们，在不受传统习俗的干扰之下，可以根据最先进的现代理念来抚养他们的子女，儿童的教育是比较成功的。

第三，在社会关系和交往方面，郊区存在广泛的正式和非正式的社会活动，非正式的活动采取的形式是由妇女在白天举行的座谈会，话题主要是围绕子女的培养和家庭的完善。在夜晚，郊区则会举行各种各样的晚会，或由夫妻拜访邻友，郊区成为广泛社会活动的场所。正式的社会活动主要是各种活跃的组织生活。

---

① Scott Donaldson, *The Suburban Myth*, New York: Columbia University Press, 1969, pp. 2–5.

第四，宗教的复兴。郊区出现了宗教的复兴，教会在郊区社区中既履行严格的宗教职能，也涉足于各类社会事务，比如婚姻咨询和家庭事务。

第五，通勤就业。郊区就业者的绝大多数需要通勤，他们在中心城市或其他就业郊区上班。通勤对于郊区家庭产生了很大影响。对于父亲而言，通勤意味着离开家庭的时间多了一两个小时，从而疏远了与子女之间的关系，有时在子女醒来之前已经离家上班，而晚上回家以后子女已经入睡。由于通勤时间占用了一两个小时，妻子的家务自然更加繁重，从而也影响了夫妻之间的关系。

第六，党派关系的变化。向郊区迁移改变了人们的社会生活方式，其居民的政治观念和意识形态也会相应地变得保守，往往从原来倾向于自由主义的民主党选民，转变为倾向于保守主义的共和党选民。

第七，郊区被视为美国社会的第二个"大熔炉"，在这里，那些向上流动的人们可以学习中产阶级的行为模式，行为的判断标准是怎样在该社区行动，而不是根据原来的社会背景进行判断。①

对郊区同质性阐发最充分且最常被引用的是威廉·M.多布林纳（William M. Dobriner），他写道：郊区的一系列特征表现在如下诸多方面："处于上升过程中的年轻官员的乐园，普通的中产阶级、'同质性'、积极参与的热土，以儿童为中心和妇女主导、临时性、户外生活的泉源、协调的地带、回归宗教信仰的比乌拉乐土，由民主党转变为共和党的理想国。"②

归纳法的研究方式存在一个根本的弱点，就是其结论往往是全称命题，而其支撑依据却总是有限的，随时会出现相反的例证推翻这一命题。所以，任何经验主义的命题都存在巨大的风险。对于郊区神话也

---

① 关于郊区神话的总结，参见 Bennett M. Berger, *Working-Class Suburb: A Study of Auto Workers in Suburbia*, Los Angeles: University of California Press, 1960, pp. 4–7. David C. Thorns, *Suburbia*, Paladin: Granada Publishing Limited, 1972, pp. 147–148.

② William M. Dobriner, *Class in Suburbia*, Westport, Connecticut: Greenwood Press, Publishers, 1963, p. 6.

是如此，虽然这些神话并非空穴来风，而是有一定依据和正确性，但总有许多例外或少数相反的情形存在，因此，美国学术界在郊区神话方面出现了许多争论。对于郊区神话争论最多最激烈的就是同质性问题。许多学者认为郊区具有强烈的同质性，而有些学者就慎重得多。即使是对郊区同质性这一命题最出色的阐发者多布林纳，也提请人们注意："对郊区典型的描述就是相当'同质化'（homogenized）的地区，然而，这种对郊区的描述总的来说过于简单化，忽视了它们之间关键的和重要的差别。""郊区的形式是复杂多样的，因此用'同质性'来描述郊区会使人产生误解。郊区在其建设环境、地产的价格和用途、时间上的延续性、规模和制度的复杂性，及其居民的收入、生活方式、职业和教育水平上都是千差万别的。"[1] 美国学者贝内特·M. 伯杰（Bennett M. Berger）根据郊区的某些异质性现象，也对郊区的同质性特征进行了反驳，他写道："郊区的发展本身就是一种异质性的现象。""那么显然，一个郊区总是不同于另一个郊区，不仅在其住房的价格范围、居民的收入水平、职业构成、工资收入者的家庭、就业的通勤模式等方面，而且还表现在其教育水平、地区特征、郊区的规模、居民的社会—地理背景，以及不计其数、更加繁多的种种指标方面——可以设想，所有这些都可以导致'生活方式'的差别。"[2] 玛丽·科尔宾·西斯（Mary Corbin Sies）也对下述观念进行了批评："至少从20世纪之交以来，在美国普通大众的意象当中，郊区生活蕴涵了中产阶级社会、经济和家庭成功的精髓。在城市边缘一个同质性的、由地方控制的邻里当中，一个拥有私人花园和充分开放空间的独门独户的家园，已经日渐成为美国梦本身梦想成真的标志。而另一方面，在过去百年来的大部分时间里，城市生活则与贫民窟住房、种族—民族的多样性、社会病态和潜在的社会动荡紧密相连。"西斯认为，这种观念仅仅是长期以来人们形成的一种模式化的意识形态，而不是真正的历史实际。"自19世纪后期以来，在关于城市和郊区的这两大主题中，大多数北

---

[1] William M. Dobriner, *Class in Suburbia*, pp. 12 – 13.
[2] Bennett M. Berger, *Working-Class Suburb*, pp. 7 – 10.

美人的思想已经被两种文化隐喻所统治,这就是纠结不清的郊区理想和城市贫民窟。""郊区理想和城市贫民窟都已融入我们文化的价值观念当中,通过社会和文化制度而合法化,并且是作为一种经验现象而不是作为意识形态或思维模式被人们所感受。"[1]

尽管总是存在着对郊区同质性命题的批驳,但仍然有许多学者支持郊区同质性特征的观点。比如,斯科特·唐纳森虽然也对郊区同质性的命题进行了一些温和的批评,但他仍然承认,郊区"确实存在着经济地位的同质性,但不一定是教育或社会的同质性,除非以金钱作为社会阶级的衡量依据。大学教授与管子工比邻而居,工厂工头与高级律师互为街坊。一般而言,当评论家谈论同质性的时候,他们所谓的同质性就是可支付的收入和子女的平均数量,虽然这些数字可能与某些行为模式息息相关,但它们并不决定人们的生活方式、行为方式和思维方式。换言之,同质性并不意味着同质化"。同时他也提醒人们,"但是,在郊区社区内部,许多郊区具有相当明显的同质性"[2]。

肯尼思·福克斯(Kenneth Fox)是宣扬郊区同质性特征的一位著名学者,他甚至提出了郊区"中产阶级革命"这样的命题,将郊区等同于中产阶级。他认为,大多数生活于郊区的家庭接受了这种新的郊区文化,这种郊区于是就获得了中产阶级社区的声誉;反过来,通过在一个中产阶级的郊区社区定居生活,那些家庭也取得了稳定的中产阶级地位。"建造中产阶级社区成为构筑新中产阶级最为重要手段。到20世纪50年代,大都市区的发展已经遍及全国所有地区,为人口中大多数希望实现中产阶级愿望的人们提供了一个可以进入的郊区环境。"到20世纪60年代,郊区中产阶级革命已经取得成功,郊区社区及其居民的社会地位甚至由到达中心城市的空间距离来计算,越是远离中心城市,其社会地位就越高。虽然郊区有1/3以上的居民从职业和自我认知方面仍然属于工人阶级,但是"郊区"已经与"中产阶级"成为同

---

[1] Mary Corbin Sies, "North American Suburbs, 1880–1950: Culture and Social Reconsiderations", *Journal of Urban History*, Vol. 27 No. 3, March 2001, pp. 318–319.

[2] Scott Donaldson, *The Suburban Myth*, pp. 103–104.

义语。① 罗伯特·菲什曼也写道："如果你要寻求中产阶级的丰碑，就到郊区去看看。""郊区首先可以由它所包含的内容来定义——中产阶级居住区——以及其次（也许更为重要）由它所排除的内容来定义：所有的工业、大多数商业（服务于一个特定的居民社区的商业除外）以及所有的下层阶级居民（仆役除外）。""郊区事实上是一种文化创造，一种有意识的选择，这一创造和选择奠基于经济结构和英美中产阶级的文化观念之上。"②

笔者认为，尽管上述所谓的郊区神话与社会现实有些出入，但总体而言是有一定道理的。比如，以郊区的同质性为例，前文指出，中心城市与郊区之间的收入存在巨大差别，郊区居民以中产阶级和富裕阶层为主，阶级和种族的同质性远远高于中心城市。造成中心城市收入低于郊区的一个重要原因，就是郊区地方政府实施的分区制法规和住房法规，将低收入群体和贫困人口截流在中心城市。另外，由于各个郊区地方政府实施的分区制法规和住房法规存在一定的差别，所以在住房地块、建筑面积和建筑材料等方面的要求也存在一定的差别，从而导致了房产价格存在一定的差别，不同社区之间居民的阶级地位存在一定的差别，郊区各个社区之间的居民存在一定程度的异质性，但在同一个社区中，由于"屋以类聚，人以群分"，居民的同质性程度还是很高的。简言之，从整体上来说，郊区的同质性高于中心城市，个别地看，某些郊区社区的同质性更高。

既然郊区在物质环境、住房类型、种族成分、阶级地位、家庭结构、教育水平、兴趣爱好等诸多方面与中心城市存在巨大的差别，那么，它们之间的生活方式也必然存在一定的差别。笔者认为，白人中产阶级和富裕阶层在郊区的汇集与融合，就是为了追求一种理想的生活方式，其中包括稳定的同质性的社区、独门独户的自有住房、注重个人和家庭隐私、注重家庭生活、拥有培养子女的良好环境、通勤就业等方面。

---

① Kenneth Fox, *Metropolitan America: Urban Life and Urban Policy in the United States 1940-1980*, Jackson: University Press of Mississippi, 1986, p. 78.

② Robert Fishman, *Bourgeois Utopias: The Rise and Fall of Suburbia*, New York: Basic Books, Inc., Publishers, 1987, pp. 4-9.

第三章　美国大都市区的阶级分异与种族隔离

由于郊区居民注重家庭生活、注重个人和家庭隐私，所以郊区家庭与城市家庭、郊区住房与城市住房存在很大的差别。就家庭结构而言，郊区家庭以核心家庭为主，大家庭、单身和离婚家庭较少，尤其是战后建立起来的白领中产阶级的新郊区更是如此（见表3.11）。战后，许多青年倦于与父母亲友生活在一起，希望能够拥有自己的生活，"拥有你自己的住房"成为推动他们向郊区迁移的一个响亮的口号，于是他们纷纷到郊区购买独户住房，组建核心家庭。50年代，一些美国学者对白领中产阶级的郊区进行了研究，发现这种核心家庭占主导地位。比如，在新泽西的一个1.2万人的新郊区社区"莱维敦"中，几乎所有的家庭都是由一对夫妇和两个平均年龄在18岁以下的子女构成的，三代同堂者不过1/6，几乎每个家庭都拥有自己的房产。而同时对20世纪初建立的一个企业阶层的郊区社区奥克帕克（Oak Park）的研究却发现，大约有一半家庭三代同堂或有其他亲属。[①] 因此，战后新郊区与旧郊区相比，其家庭结构更加单一，核心家庭是主要的家庭模式。

表3.11　　　　1970和1960年中心城市和郊区婚姻状况

性别与婚姻状况	中心城市		郊区	
	1970年	1960年	1970年	1960年
男子结婚者的比例	60.1	65.1	67.1	72.9
男子独身者的比例	36.5	30.8	30.6	24.3
女子结婚者的比例	52.4	58.3	62.1	67.9
女子独身者的比例	33.7	27.8	27.6	21.8

资料来源：Harry H. Long and Paul C. Glick, "Family Pattern in Suburban Areas: Recent Trends", in Barry Schwartz, ed., *The Changing Face of the Suburbs*, Chicago: The University of Chicago Press, 1976, p. 42.

就住房模式而言，由于郊区拥有广阔的空间，同时，在地方政府和联邦政府政策的引导之下，郊区住房以独户住房为主，而城市则以

[①] Kenneth Fox, *Metropolitan America*, p. 63.

公寓楼房为主。另外，郊区居民的住房自有率高于中心城市，1970年，郊区白人这一比例为73.5%，黑人和其他少数族裔为51.8%，而中心城市白人只有50.3%，黑人和其他少数族裔只有30.9%。[1] 战后建立起来的白领阶层的新郊区的住房结构也发生了很大变化，由于注重核心家庭的生活，过去旧郊区住房中那些为年老双亲或其他亲友准备的居室被取消，大家庭所使用的餐厅也消失了，而是把厨房加以扩大兼作餐厅。由于注重个人隐私，每个房间的面积缩小而数量增加了，除了夫妻的居室以外，每个儿童都有自己的居室、浴室和厕所。由于强调家庭集体生活，各种为全家一起活动的家庭起居室增多。这种郊区住房风格既强调了家庭的团结与和睦，又不忽视个性与隐私。

由于郊区生活环境良好，接近大自然，远离城市的喧嚣、污染和犯罪，儿童在郊区可以健康成长。尤其重要的是，郊区居民的社会经济地位较高，拥有雄厚的经济力量，可以在教育方面投入较多的资金，从而能够建立设施良好的学校，聘请优秀的教师，使儿童受到良好的教育，从而在将来在生存竞争中占据有利地位。表3.12反映了1970年、1977年和1981年美国68个大都市区中心城市和郊区的教育开支，其中，郊区的教育开支普遍高于中心城市，因此，郊区学校一般优于中心城市学校，尤其是优于少数族裔社区的学校。

郊区的政治生活也与中心城市存在很大的差别。一般而言，中产阶级和富裕阶层在政治上一般属于保守的共和党，而穷人和少数族裔则一般倾向于自由主义的民主党，所以随着中产阶级和富裕阶层向郊区的迁移，穷人和少数族裔向中心城市的集中，郊区就越来越成为共和党的天下，而中心城市则日益成为民主党的势力范围。比如，1947年，芝加哥拥有17个共和党市政官员，而到1959年却下降为3个。1947年，费城市议会完全由共和党所包揽，而到50年代末，该议会中只剩两位共和党议员了。[2]

---

[1] Anthony Downs, *Opening up the Suburbs: An Urban Strategy for America*, New Haven: Yale University Press, 1973, p. 191.

[2] G. Scott Thomas, *The United States of Suburbia*, New York: Prometheus Books, 1998, p. 47.

第三章 美国大都市区的阶级分异与种族隔离

表3.12　1970年、1977年和1981年美国各地区68个最大的
大都市区的教育开支　　　　　　　　　　　（单位：美元）

地区	1970年 中心城市	1970年 郊区	1970年 市郊比例(%)	1977年 中心城市	1977年 郊区	1977年 市郊比例(%)	1981年 中心城市	1981年 郊区	1981年 市郊比例(%)
美国	171	205	87	336	362	96	408	461	92
东部	179	224	84	375	396	97	438	515	87
中西部	173	200	89	348	366	97	450	466	97
南部	154	165	94	262	280	95	345	381	92
西部	183	245	81	376	428	95	404	498	89

资料来源：U. S. Advisory Commission on Intergovernmental Relations, *Fiscal Disparities: Central Cities & Suburbs, 1981*, Washington D. C., 1984, p. 16.

在全国范围内，城市与郊区的党派政治同样如此，这从共和党与民主党总统选票的来源可见一斑。共和党的总统候选人托马斯·E.杜威（Thomas E. Dewey）在1948年获得了南方以外12个最大城市的郊区中56%的选票；艾森豪威尔于1952年在这些郊区获得了61%的选票，1956年同比上升到63%；在1972年，尼克松获得了郊区70%的选票。在1948—1972年间的总统竞选中，除1964年以外，共和党在郊区都获得了多数票。国会选举也存在类似的情况。根据1965年弗雷德里克·沃特（Frederick Wirt）的研究，从1932—1960年间，除了1958—1960年以外，共和党在历次国会选举中都获得了郊区的多数选票。在20世纪六七十年代，美国重新划分了国会选区并调整了选区议席，由于郊区化的飞速发展，郊区在这次调整中获得了更多的席位，从1962—1973年，国会众议院中农村席位从181席减为130席，内城席位减少到103席，而郊区席位则增加到131席。由于郊区选民主要是共和党选民，这次选区划分和席位分配对共和党更为有利。1972年，在共和党新增加的24名国会议员中，有17名是在重新划分的选区中获得的，而在民主党新增加的14名国会议员中，只有8名是在重新划分的选区中获得的。在1972年选举的第93届国会中，

— 249 —

共和党大约囊括了 2/3 的郊区席位。①

随着郊区政治力量的崛起，郊区也就越来越成为两党大选讨好的对象。民主党的自由主义传统和倾向城市的竞选纲领使其丧失了郊区选民的支持，从而一再与总统职位失之交臂。比如吉米·卡特 1980 年以 19 万张选票之差丧失了底特律郊区的选票，1984 年沃尔特·蒙代尔以 44.9 万张选票、1988 年杜卡基斯以 23.4 万张选票之差在该市郊区的竞选中败北。为了争夺郊区选民，民主党不得不改变策略，对过去的自由主义的政策纲领作出调整，于是卡特政府开始削减联邦政府对中心城市的援助，宣布"政府不能消除贫困，或者提供充裕的经济，或者降低通货膨胀，或者拯救我们的城市"。克林顿总统竞选的获胜主要归功于郊区的选票，1992 年，他在郊区占主导的州内赢得了 258 张选举人票，而布什在这些州仅仅获得了 62 张选举人票。因此，克林顿为了笼络郊区中产阶级，签署了一项福利政策改革法，削减了对中心城市贫民的救济。在 1996 年的大选中，克林顿更是将竞选目标对准郊区居民，仅仅在郊区占优势的那些州，克林顿就获得了 237 张选举人票。克林顿的竞选代理人安·刘易斯（Ann Lewis）解释说，"郊区选民是美国总统选举的决定性力量，这是一个算术问题；这里是选民的所在"②。

总之，美国大都市区内中心城市和郊区之间的种族隔离和阶级分异，保护了白人中上阶层的利益，使其可以获得一个稳定的同质性的生活空间，形成了一种新型的郊区中产阶级生活方式。菲什曼评价道："最重要的是，郊区体现了一种家庭生活的崭新理想，这一理想是如此令人神往，因此，对于中产阶级来说，家比任何崇拜之所都更加神圣。""郊区不仅仅是一群住房建筑，它还表达了如此深切地植根于中产阶级文化之中的价值观念，这一文化也许还可以被称为中产

---

① Pierce B. Wilkinson: "The Impact of Suburbanization on Government and Politics in Contemporary America", Philip C. Dolce, ed., *Suburbia, The American Dream and Dilemma*, New York: Anchor Press, 1976, pp. 63 - 74.

② G. Scott Thomas, *The United States of Suburbia*, pp. 16 - 89.

第三章 美国大都市区的阶级分异与种族隔离

阶级的乌托邦。"① 与此同时,随着中产阶级和富裕阶层向郊区的迁移,郊区越来越成为共和党的天下,民主党不得不在政策上作出调整,以适应新的郊区化时代。郊区与中心城市之间不仅在社会生活上越来越成为两个世界,而且在政治上也越来越对立,越来越趋向二元化。

美国大都市区人口分布中的阶级分异和种族隔离,以及中心城市与郊区两个世界的形成,导致了美国社会的分裂和政治的碎化,使美国公民群体彼此之间产生了深刻的疏离感和冷漠感,严重地损害了美国公民的团队精神或共同体意识,削弱了美国人共同面对社会问题的责任感,因此许多美国学者惊呼"社区感的丧失"或"共同体意识的丧失"(lost of community)。比如,美国学者雷·苏亚雷斯(Ray Suarez)尖锐地指出,"我们越是在空间距离、种族隔离、阶级分层等方面彼此远离,我们各自相异的美国人就越是变得更加彼此不同。到了20世纪80年代,随着共同文化的逐步侵蚀,出现了一种归属感的丧失,以及对那些与我们没有共同观念的人们的淡漠。""当我们彼此不再一起生活和工作的时候,我们就不再认识相同的事物。一旦我们不再认识相同的事物,我们就不再需要文化上的凝聚力。一旦我们不再拥有文化凝聚力,我们就会越来越易于围绕自家的门厅而谋划越来越狭小的利益圆圈。"②

幸运的是,美国从来都不缺乏拥有社会责任感和正义感的人士,他们一旦敏锐地察觉到社会问题的症状,就会进行深入的考察与研究,并提出相关的理论和对策,就会奔走呼号,唤醒民众,呼吁政府,求得改进。于是,20世纪中后期美国学者就对大都市区人口分布的阶级分异和种族隔离进行了探讨与争鸣,提出了各自的理论与对策。

---

① Robert Fishman, *Bourgeois Utopias: The Rise and Fall of Suburbia*, p. 4.
② Ray Suarez, *The Old Neighborhood: What We Lost in the Great Suburban Migration, 1966 - 1999*, New York: A Division of Simon & Schuster Inc. , 1999, p. 15.

三 美国学术界关于人口空间分布的理论模型

美国大都市区独特的人口空间分布模式引起了美国学术界的广泛关注，他们从不同的视角得出了不同的理论模型。其中20世纪七八十年代比较流行的两个对立的理论为生态扩张理论（ecological expansion theory）和双轨住房市场理论（the dual housing market model），在这两个理论模型的基础之上，到90年代以后，又出现另外两个对立的理论模型，即空间融合理论（spatial assimilation model）和分层理论（stratification model）。这些理论模型对于解释黑人的空间分布模式具有一定的适用性，但又都存在一定的片面性。

上述生态扩张理论的渊源都可以追溯到芝加哥学派的人类生态学理论。20世纪20年代，以研究城市空间结构及其成因为主要内容的芝加哥学派提出了人类生态学理论，该理论认为，城市的生态组织结构是在各种作用力的推动之下而逐步形成并不断演进的。而在这些力量当中，经济竞争力是一个最主要的因素，由于各种社会机构和人口群体的经济竞争力各不相同，在地价杠杆的作用之下，城市的各个区位就会对其进行选择和分配，使其获得一个与自己的竞争力相适应的生态区位，从而形成某种特定的空间分布模式或生态组织结构。这一人类生态学理论形成以后，对城市社会学的发展产生了重大影响，并成为城市空间结构发展演变的主要解释模式之一。[1]

生态扩张理论就试图以人类生态学为依据来对美国大都市区的人口空间分布进行解释。生态扩张理论产生于20世纪七八十年代，该理论认为，由于白人下层阶级和黑人等少数族裔与白人中产阶级和富裕阶层的经济实力不同，其个人偏好也可能存在差别，他们在对居住地点和生活环境进行竞争的过程中，经济力量对其空间区位进行了分配，白人中产阶级和富裕阶层自然选择环境优雅的郊区，而白人下层

---

[1] Robert E. Park, et al., *The City*, Chicago: The University of Chicago Press, 1967, p. 187.

第三章　美国大都市区的阶级分异与种族隔离

阶级和黑人等少数族裔则大多数选取了中心城市的衰败社区，从而形成了美国大都市区独特的人口空间分布模式。从这种观点来看，随着时间的推移，各个经济阶层和族裔群体就会自然而然地产生一种分离倾向，即阶级分异和种族隔离。这种分异和隔离是大都市区正常生活秩序的一部分，是一种在自由市场上经济实力和个体亲和力的表达。[1] 由于大都市区人口的空间分布模式是区位竞争的结果，所以影响人口空间分布的主要因素是各个阶层和族裔团体的经济竞争力。

然而，越来越多的城市问题专家对这种生态扩张理论提出了挑战，他们认为，美国大都市区的人口分布模式不仅仅是由于市场机制以及不同阶级和种族之间的经济能力决定的，而是在美国的住房市场上存在着一个双轨住房市场，在这个市场上，白人下层阶级和黑人等少数族裔受到了歧视和排斥，他们不能进入中产阶级和富裕阶层的社区，从而形成了人口分布中的阶级分异和种族隔离。当然，这个双轨住房市场对于白人下层阶级和黑人等少数族裔的歧视和排斥是有差别的，对于前者还可能网开一面，留有余地，而对于后者，则严防死守，不留缝隙。因此，郊区中存在大量的低收入白人群体，而黑人等少数族裔的人口比例却往往低于其全国人口比例，形成低度郊区化。比如，在20世纪50年代后期，全国城市问题委员会（National Commission on Urban Problems）指出，虽然低收入黑人主要居住在中心城市，"但是，郊区却拥有大都市区将近一半的贫穷白人——这一数字表明，郊区的歧视更是以种族为基础，而不是以经济地位为基础"。又如根据另一项研究，1969年，美国大都市区中的贫困黑人只有1/8居住在郊区，而大都市区中的贫困白人却有将近1/3居住在郊区。[2] 这说明在经济杠杆或阶级尺度的背后还存在某种主观因素，这种主观因素就是种族歧视。于是，这些学者便提出了一种与生态扩张理论相对立的理论模型，即双轨住房市场理论，并用这种理论来解释

---

[1] Linda Brewster Stearns, John R. Logan, "The Racial Structuring of the Housing Market and Segregation in Suburban Areas", *Social Forces*, Vol. 65, No. 1 (Sep., 1986), p. 29.

[2] William G. Colman, *Cities, Suburbs, and States: Governing and Financing Urban America*, New York: The Free Press, 1975, pp. 66 – 68.

黑人的种族隔离。这种理论认为，住房开发公司和地产经纪人给黑人和白人提供了两个不同的住房市场，从而导致了黑人的种族隔离。1975年，美国著名的城市学家布赖恩·贝里（Brian J. Berry）指出，黑人和白人在一个不平等的双轨市场上进行竞争。在这一双轨住房市场上，一系列的机构在发挥作用，比如地产开发公司和经纪人运用引导或控制等办法，将黑人和白人分别引向不同的住房社区；金融机构则拒绝在白人社区向黑人发放贷款和进行保险；而地方政府则通过排斥性分区制法规将黑人等少数族裔排斥在外。[①]

生态扩张理论存在一定的道理，因为以经济实力为基础的对生存空间的竞争，在一定程度上决定了各个社会集团的空间分布，黑人"二高一低"的空间分布模式在一定程度上也是由其自身的经济能力决定的。但单用空间竞争并不能作出全面的解释，因为黑人的"二高一低"并不仅仅是竞争能力不足的结果，更是由种族歧视造成的，从这一角度来看，双轨住房市场理论就具有更强的说服力，但不能据此而否定生态扩张理论的合理性，两者都从不同的角度解释了黑人空间分布的原因。

到了20世纪80年代末90年代初，对于城市人口的空间分布又出现了另外两个理论模型，即空间融合理论和社会分层理论。空间融合理论同样衍生于芝加哥学派的人类生态学理论。空间融合理论认为，居住地点的移动是随着个人的文化融入和社会流动而出现的；居住空间的移动是朝着更加彻底融合的一个中间环节。对于20世纪初期以来的欧洲移民群体而言，居住地点的向外移动表明了民族融合的关键一步。由于在美国大都市区的空间结构中，郊区的社会经济地位高于中心城市，因此，少数族裔向郊区的迁移就成为融入美国社会的一个主要表现。随着少数族裔的文化适应和职业地位的提高，他们力图离开自己族裔群体中不太成功的人们，通过空间区位和居住模式的转换来实现其社会经济地位的提高和文化融入。

---

① Linda Brewster Stearns, John R. Logan, "The Racial Structuring of the Housing Market and Segregation in Suburban Areas", *Social Forces*, Vol. 65, No. 1 (Sep., 1986), p. 30.

而实现这种转换的方式之一就是离开中心城市的少数族裔飞地,到环境更加优美和基础设施更加良好的郊区购买住房。这一过程意味着,少数族裔群体的成员有一种分散居住的倾向,这为他们与主体民族的接触开辟了道路,也为其下一代的生活机遇创造了条件。[1] 美国学者乔治·利普希茨(George Lipshitz)也指出,"郊区有助于将欧洲裔美国人转变成'白人',他们可以相对容易地比邻而居并相互通婚。但是,白人的这种'统一'奠基于居住隔离和共同分享住房和生活机遇,而这种机遇很大程度上是有色人种群体所不能奢望的。"[2]

在空间融合理论中,向郊区的迁移在融入主流社会的过程中占据着关键的地位,它将空间融合与社会流动和其他方面的融合联系起来。当少数族裔的个体获得了人文资本并产生了文化适应,与主流群体的社会交往能力得到提高以后,他们在郊区取得一席之地的可能性就会提高。这一理论意味着各个族裔群体在郊区化过程中的差别在不断缩小,但唯独黑人群体是一个例外。研究证明,大都市区西裔和亚裔的郊区化与其收入水平非常一致,其郊区社区的种族隔离程度较轻,与白人主体民族的交往也比较频繁。但黑人的郊区化与黑人的收入水平联系不大,而且黑人的郊区化并没有导致黑人与其他种族群体接触的增多。黑人的郊区化不是民族融合,而是一再出现的隔都化,这表明空间融合理论并不能解释黑人的空间分布模式。

有鉴于此,理查德·D. 阿尔巴(Richard D. Alba)和约翰·R. 洛根(John R. Logan)认为,既然空间融合理论不能解释黑人郊区人口的分布特征,于是他们便采用了社会分层理论来解释黑人的空间分布模式。该理论认为,在住房市场上存在着阻碍少数族裔自由移动的行为,比如地产商的引导、住房贷款的不平等、分区制的排

---

[1] Richard D. Alba, John R. Logan, "Variations on Two Themes: Racial and Ethnic Patterns in the Attainment of Suburban Residence", *Demography*, Vol. 28, No. 3 (Aug., 1991), p. 433.

[2] Andrew Wiese, *Places of Their Own*, pp. 98–99.

斥以及白人邻居的敌意等。其结果就是某些族裔和种族群体的成员，不会由于其社会经济地位的提高和文化适应而获得良好的居住环境。或者这些少数族裔群体的成员要有更高的经济收入才能进入郊区。同样的原因，某些少数族裔群体虽然拥有同样的家庭结构和同样的需求和偏好，但向郊区迁移的可能性却更小。[1] 上述两位学者通过详细的数据证明，黑人的空间分布表明他们更适合于社会分层理论。美国学者安德鲁·威斯的研究也得出相同的结论，他论述道："在20世纪的美国，种族和阶级的构成也同时基本上是一个空间过程。""城市和郊区的空间打上了种族和阶级的印记。就社会资源而言，居住地点并不是中立的。相反，它们反映了在大都市空间中鲜明的社会分层……非洲裔美国人面临着持续的空间不平等。种族主义不仅限制了黑人在就业、信贷和公共设施方面的权益，而且它还确保了大多数非洲裔美国人生活于一个种族隔离和物质不平等的世界里。"[2] 显然，分层理论与前述的双轨住房市场理论有着某些传承关系。

笔者认为，导致美国大都市区阶级分异和种族隔离的原因是多方面的，主要可以划分为普通白人和私人部门的歧视行为、地方政府的排斥政策、联邦政府的住房政策和金融政策等。下文将一一进行论述。

四 普通白人民众与私人部门的种族歧视行为

普通白人民众的种族歧视是种族隔离最为深层的心理因素和根本的动力，每当黑人侵入一个白人社区之时，白人居民都会采取各种措施加以抵制，甚至不惜采取暴力手段。而当这种抵制不能奏效之时，白人就毅然撤离出去，把自己曾经珍爱的社区丢给黑人。而一旦一个

---

[1] Richard D. Alba, John R. Logan, "Variations on Two Themes", *Demography*, Vol. 28, No. 3 (Aug., 1991), p. 433.

[2] Andrew Wiese, *Places of Their Own*, p. 7.

白人社区出现了黑人迁入和白人撤离的现象，即出现了种族转变的情形，该社区的地产价值就会急剧下降，使白人地产主蒙受巨大损失。正是由于普通白人的种族歧视和地产价值的下降，迫使私人金融部门和地产集团采取种族歧视行为，竭力维持黑人与白人的种族隔离，以避免自己的地产投资蒙受损失。

（一）白人居民的种族偏见和种族歧视

对于大都市区黑人种族隔离的原因，美国人权委员会认为有两个，其一是过去和现在的住房出售和出租中的种族歧视；其二是黑人等少数族裔的收入较低。[①] 其中第二个原因显而易见，无须多着笔墨。由于黑人的经济地位确实远远低于白人，即使没有种族歧视，黑人的郊区化水平也会远远低于白人，正如白人下层阶级的郊区化水平低于白人中产阶级和富裕阶层一样。黑人的"二高一低"的分布模式首先是一个经济地位或经济实力问题，是阶级分异在黑人群体中的反映。然而，黑人"二高一低"的分布模式不仅仅是一个经济地位问题，更是一个种族问题。因为在同等的经济水平上，白人比黑人更容易移居郊区。

比如，根据美国人权委员会的研究，在 1970 年，美国大都市区收入在 4000 美元以下的黑人家庭中，有 85.5% 居住在中心城市，白人同比只有 46.4%；年收入在 4000—10000 美元的家庭中，居住在中心城市的黑人家庭的比例为 82.5%，而白人同比只有 41.6%；年收入在 1 万美元以上的家庭中，居住在中心城市的黑人家庭的比例为 76.8%，白人同比只有 30.9%。[②] 上述数据表明，随着黑人家庭经济地位的提高，居住在中心城市的比例就会下降，即居住在郊区的比例就会提高，可见，经济地位确实在黑人的郊区化过程中发挥了一定的影响。然而，在经济地位相同的情况下，白人居住在中心城市的家庭

[①] U. S. Commission on Civil Rights, *Equal Opportunity in Suburbia*, A Report of the United States Commission on Civil Rights, Washington, D. C.：July 1974, p. 4.

[②] U. S. Commission on Civil Rights, *Equal Opportunity in Suburbia*, p. 4.

比例远远低于黑人，即白人的郊区化水平远远高于黑人。可见，种族因素是郊区化进程中一个重要的因素。郊区白人的种族偏见和种族歧视对黑人的郊区化产生了极大的影响。

又如，马特森（Matteson）是芝加哥环线以南20英里的一个白领阶层的郊区，从20世纪90年代初期到中期，黑人中产阶级家庭开始移入，他们的社会经济地位与该郊区的白人居民相当，甚至比后者更加富裕。但是，当黑人家庭达到一个关键的比例时，白人家庭就开始逃离。白人居民的迁离，对于中产阶级住房的需求量就会急剧下降，因为黑人中产阶级的数量不足以保持这种需求。这样，该郊区的学校不仅黑人学生越来越多，而且也越来越贫困化。[①] 因此，种族歧视与种族隔离仍然是黑人低度郊区化的主要原因。

美国白人对黑人怀有深刻的种族偏见，在普通白人居民看来，对邻里稳定构成最大威胁的因素是黑人的到来。白人居民认为，黑人更加倾向于犯罪、骚乱、肮脏、性侵、降低财产价值、危害白人的社会生活。芝加哥大学进行的一次问卷调查发现，大多数白人认为黑人比白人更具有下述特征：其一，依靠福利生活，不希望自立（78%）；其二，懒惰（62%）；其三，更加倾向暴力（56%）；其四，更加愚蠢（53%）；其五，更不爱国（51%）。[②]

如果说普通白人居民具有如此根深蒂固的种族歧视，那么郊区白人比城市白人的种族偏见则更加强烈，因为白人从中心城市逃逸出来，在某种情况下就是为了躲避黑人，建立种族和阶级同质性的社区。坎贝尔（Campbell）和舒曼（Schumon）进行的一项全国性调查就证实了这一点。表3.13表明，无论哪个阶层的美国人，郊区居民都比中心城市居民表现出更加强烈的种族偏见。比如，对于"联邦政府不应保障黑人的公平就业"这一主张，中心城市的赞成者占46.3%，而郊区则占51.1%，郊区比中心城市高出了4.8个

[①] Myron Orfield, *American Metropolitics: The New Suburban Reality*, Washington, D.C.: Brookings Institution Press, 2002, p. 12.

[②] W. Dennis Keating, *The Suburban Racial Dilemma: Housing and Neighborhoods*, Philadelphia: Temple University Press, 1994, pp. 194–195.

百分点；而且学历越低，种族隔离的态度越鲜明，比如，对于上述主张，那些学历低于中学的居民，中心城市的赞成者占46.0%，而郊区则占57.6%，郊区比中心城市竟高出11.6个百分点，而具有中学和大学学历的居民，中心城市和郊区的差别都在缩小。又如，对于"联邦政府不应保障在学校取消种族隔离"这一主张，中心城市的赞成者占42.1%，而郊区则占48.9%，郊区比中心城市竟高出了6.7个百分点。对于"白人有权将黑人从社区中隔离出去"这一主张，中心城市的赞成者占13.1%，而郊区则占19.2%，郊区比中心城市高出了6.1个百分点。无论是中心城市还是郊区，也无论是学历高低，都有一半以上或接近一半的居民支持"一定程度的种族隔离"，而在低学历的郊区居民中，这一支持率竟高达72.2%。可见，郊区的种族隔离比中心城市更加壁垒森严，难以逾越。

表3.13　　　　中心城市和郊区居民对于种族隔离的支持率　　　　（%）

居民学历 相关问题	低于中学		中学		大学以上		合计	
	城市	郊区	城市	郊区	城市	郊区	城市	郊区
联邦政府不应保障黑人的公平就业	46.0	57.6	50.9	54.1	42.1	43.5	46.3	51.1
联邦政府不应保障学校取消种族隔离	40.4	50.6	50.0	50.9	35.2	45.9	42.1	48.9
白人有权将黑人从社区中隔离出去	18.5	23.0	10.8	18.1	10.5	17.4	13.1	19.2
支持一定程度的种族隔离	68.3	72.2	60.6	65.0	42.1	42.1	57.5	59.1

资料来源：Frederick M. Wirt, et al., *On the City's Rim: Politics and Policy in Suburbia*, Lexington, Massachusetts: D. C. Heath and Company, 1972, p. 110.

郊区白人坚决反对黑人"侵入"其社区，"他们绝对不能将我们挤走，并降低我们的财产价值"①。在纽约长岛的莱维敦，不仅黑人家庭不能迁入，甚至连一些邀请黑人作客的白人家庭也会受到骚扰。

---

① Robert M. Fogelson, *The Fragmented Metropolis: Los Angeles, 1850–1930*, Los Angeles: University of California Press, 1967, p. 147.

所以，直到1960年，在莱维敦的8.2万居民中仍然没有一个黑人。[1]莱维敦的开发商威廉·莱维特（William Levitt）辩解道："我们可以解决住房问题，或者我们可以努力解决种族问题。但我们不能将两者结合起来。"[2]

　　白人对黑人的种族偏见和种族歧视往往并非空穴来风，因为许多郊区白人刚刚在中心城市经历了黑人向自己街区的侵入所导致的心理恐惧、社会混乱、社区衰败和财产损失。这些通过"白人大逃逸"从中心城市撤离出来的郊区白人，决心在郊区建立自己的世外桃源，于是形成了在家庭财产、价值观念、行为方式等方面具有较强同质性的小型社区，因为小型同质的社区象征着邻里的稳定性，有利于保持社会稳定、财产价值和环境质量。他们不想中心城市的旧事在郊区重演，于是对进入郊区的黑人倍加警觉，往往合法抵制和暴力袭击双管齐下，效果明显，所以郊区的白人社区通常比中心城市的白人社区更加稳定，很难出现种族流变的现象。当然，这不是绝对的，当这些抵制手段不能奏效之时，他们就像在中心城市那样抛弃自己的郊区社区，于是再次出现前述的种族转变现象。由于白人对黑人的种族偏见和歧视，迁入白人郊区的黑人哪怕是与该社区白人的经济地位相同甚至更高，白人们也同样进行抵制或者撤离。比如，马特森（Matteson）是芝加哥环线以南20英里的一个白领阶层的郊区，从20世纪90年代初期到中期，黑人中产阶级家庭开始移入，其社会经济地位与该社区的白人居民相当，甚至比后者更加富裕。但是，一旦黑人家庭达到一个关键的比例，白人家庭就开始抛售住房。当白人居民被问及为何迁走时，白人回答说，"因为这里的学校正在变得更加糟糕，犯罪率正在上升。"[3]

　　白人撤离的出现似乎存在一个门槛，或者叫作"转折点"（tipping point），即该社区的黑人比例。关于这一点，美国学术界展开

---

[1] Andrew Weise, "Suburbia: Middle Class to the Last?" *Journal of Urban History*, Vol. 23 No. 6, September 1997, p. 757.
[2] Kenneth T. Jackson, *Crabgrass Frontier: The Suburbanization of the United States*, p. 241.
[3] Myron Orfield, *American Metropolitics*, p. 12.

了争论。有人认为，当黑人比例达到25%—30%时，就可能出现再隔离（resegregation），即种族转变。安德鲁·哈克（Andrew Hacker）甚至认为，当黑人比例达到10%—20%之间时，白人就开始逃离，哪怕黑人邻居们与他们的社会经济地位相当。只有当白人的比例维持在92%或更高水平时，该社区稳定的种族多样性才能得以维持。[1]可见种族偏见和种族歧视对于郊区社区稳定性的重要影响。

上述白人的逃逸和种族转变具有某种消极性，但白人为了避免种族转变所造成的经济损失，维护本社区稳定的社会生活，更多的情况下是采取积极的措施加以抵制，竭力维持种族隔离的局面。在美国这样一个以市场为主导的社会里，消费者的好恶就是私人企业的风向标，因此，一些私人部门积极迎合普通白人这种维持种族隔离的愿望；而美国又是一个草根民主的社会，选民的意愿就是政府官员行动的指针。因此，维持种族隔离的措施既包括私人行为又包括政府政策，但两者往往彼此交织，互为表里。私人行为主要包括种族限制性契约、金融机构的歧视行为和地产商的双轨市场；政府政策主要包括地方政府公开的种族隔离法规、隐蔽的排他性分区制和住房法规，以及联邦政府的各项种族歧视政策。

（二）种族隔离法规与限制性契约

由于黑人向城市的聚集和白人的种族歧视，白人主体民族尽其所能地将黑人局限于狭小的黑人社区之内，其手段之一就是种族限制性契约（racial restrictive covenants），即禁止将房产出售、出租和转让给黑人的私人协议或合同条款。这是一种比排他性分区制、歧视性房贷和地产经纪人的引导更加露骨的种族歧视和居住隔离措施，因而自其产生之日起就遭到了黑人公民和民权组织的反抗，诉讼连绵不断，最终在1948年联邦最高法院的"谢利诉克雷默"（Shelley v. Kraemer）等限制性契约案件的判决中取得了突破性的进展。该判决产生了连锁反应，鼓舞了黑人和民权组织的斗志，促进了联邦、州和地方政府的

---

[1] W. Dennis Keating, *The Suburban Racial Dilemma*, p. 12.

行政、立法和司法部门采取行动，从而促成了种族居住隔离的松动，为进一步消除种族隔离做出了贡献。

在19世纪90年代以前，美国城市黑人数量有限，尚未引起白人的警觉，因而也就没有出现居住隔离现象。然而，黑人大迁徙和向城市的集中引起了白人的憎恶、恐惧和强烈抵制。于是，早在20世纪初，美国就曾爆发了席卷全国的种族暴乱。除了暴力抵制以外，许多南部城市，比如巴尔的摩、里士满、路易斯维尔、亚特兰大等还制定了居住隔离法规，将黑人和白人隔离在不同的街区，既不允许黑人在白人社区居住，也不允许白人在黑人社区居住。这种明目张胆、毫无掩饰的政府行为，严重地违反了联邦宪法第14条修正案的平等法律保护条款，该修正案的第一款规定："任何人，凡在合众国出生或归化合众国并受其管辖者，均为合众国及所居住之州的公民。任何州不得制定或执行任何剥夺合众国公民特权或豁免权的法律。任何州，如未经过适当的法律程序，均不得剥夺任何人的生命、自由或财产；也不得拒绝给予任何其辖下的人以平等的法律保护。"[①] 由于宪法条文的明确限制，上述露骨的种族隔离制度很快就遭到了迎头痛击而归于覆灭，而完成这一历史重任的是1917年的"布坎南诉沃利"（Buchanan v. Warley）判决案。

布坎南案是美国历史上对种族隔离制度产生重大冲击的第一个判决案。像南部其他城市一样，肯塔基州的路易斯维尔市也制定了一项种族隔离法规，既禁止黑人在以白人为主的社区内购买房产，也禁止白人在以黑人为主的社区内购买房产；而在法律生效之前，黑人或白人在对方社区内已经拥有的房产不在此限。如果该法得到实施，黑人社区中的白人就会越来越少，而白人社区中的黑人也会越来越少，其结果就是最终形成严格的种族居住隔离。该法规通过以后，一位白人地产主布坎南将白人居住区的一份地产出售给一位黑人，从而引发了布坎南案。1917年，肯塔基州上诉法院判决该法有效，然而该判决被该州的最高法院所推翻，后者认为，不受限制

---

① 美国驻华大使馆新闻文化处编：《美国历史文献选集》，北京，1985年，第48—49页。

地进行房产交易是宪法所保障的财产权，该法没有经过适当的法律程序而剥夺了公民的财产权，因而无效。① 同年，联邦最高法院在该案的终审判决中宣布，路易斯维尔市的种族隔离法规违反了联邦宪法第 14 条修正案，即没有通过适当的法律程序而剥夺了白人地产主自由地将其地产出售给任何人的财产权，同时，也限制了黑人自由选择居住地的权利，从而剥夺了黑人应该享有的宪法第 14 条修正案平等的法律保护权。②

联邦最高法院对布坎南案的判决，彻底葬送了各州及地方政府根据种族或肤色制定的居住隔离法规，从此，各州和地方政府的立法部门再也不能以官方行为明目张胆地制定和实施种族隔离法规。于是，白人地产主不得不采取更加具有私人性质的手段去实现居住隔离，其中之一就是种族限制性契约。这种限制性契约分为两种，一种是由白人社区的地产协会主持，在房主之间签订的一种私人协议，规定在一定的期限内，禁止将房产出售、出租和转让给黑人；另一种是地产商在新建住房的出售合同中包含的禁止未来白人户主将该地产转售、出租和转让给黑人的条款。

糟糕的是，这种歧视行为不但是个别社区个别地产商的行为，而且还得到了全国地产商协会（NAREB）的大力倡导和支持，该协会在 1909 年举行的第一届全国城市规划会议上制定了一份限制性契约，禁止将地产出售或出租给"高加索人种以外的任何人"。1914 年，该协会再次强调，禁止将"明显有损财产价值的……种族或族裔成员……引入一个社区"③。此外，这种种族限制性契约还得到了联邦住房管理局（FHA）的倡导与支持。全国地产商协会和美国地产评估研究院（the American Institute of Real Estate Appraisers）参与了联邦住

---

① "Constitutional Law: Taking Property without Due Process, Invalidity of a Segregation Ordinance", *The Yale Law Journal*, Vol. 27, No. 3 (Jan., 1918), p. 407.

② John A. Huston, "Constitutional Law: State Court Enforcement of Race Restrictive Covenants as State Action within Scope of Fourteenth Amendment", *Michigan Law Review*, Vol. 45, No. 6 (Apr., 1947), p. 735.

③ Andrew Wiese, *Places of Their Own*, p. 41.

房管理局（FHA）的关于住房保险的《承保手册》（*Underwriting Manual*）的撰写工作。1938 年该手册中写道："必须对居民邻里的各种社会特征加以仔细地考察，并纳入评估之中。""要对一个邻里的周围区域进行考察研究，以确定是否存在不和谐的种族和社会群体，以便预测这种群体是否会侵入该邻里。如果一个社区要保持稳定，这一点是很重要的，即房产应该继续由相同的社会和种族集团所占有。社会种族的诸多变化通常会导致地产价值的不稳或下降。"[1] 更严重的是，种族限制性契约还得到了联邦和州法院的支持，它们普遍认为，宪法第 14 条修正案的限制目标是州政府行为（state action），而不是私人行为。这一点从宪法条文来看并无谬误，这里的关键是如何解释"州政府行为"。在 1948 年谢利案判决之前，各级法院一般认为，所谓的"州政府行为"就是州立法部门和行政部门的行为，而州法院的判决不属于州政府行为，而只是履行私人契约的行为，不受上述宪法条款的限制，因而可以发布司法命令强制执行私人制定的种族限制性契约。

在各级法院的纵容之下，种族限制性契约在 20 世纪前期大行其道，肆意流行。种族限制性契约首先是在一战期间出现于芝加哥，该市的地产开发商弗雷德里克·巴特利特（Frederick Bartlett）和科恩留斯·特宁加（Cornelius Teninga）在其出售合同中加入了一个限制性条款，禁止出售和出租房产给黑人。在 1919 年种族骚乱之后，越来越多的开发商在其地产合同中加入了这种限制性条款。随后，一些旧街区的地产主也在地产协会的组织下签署种族限制性契约，1927 年，芝加哥地产协会甚至还草拟了一份限制性契约范本。这些限制性契约只要获得一定比例的签名就可生效，在市区黑白社区交界的地方，地产主的签名率可高达 80%—95%，有效期一般在 15—20 年之间，任

---

[1] U. S. Department of Housing and Urban Development, Office of Assistant Secretary for Fair Housing and Equal Opportunity, *Redlining and Disinvestment as a Discriminatory Practice in Residential Mortgage Loans*, Part II, Washington, D. C.: U. S. Government Printing Office, July 1977, p. 48.

第三章 美国大都市区的阶级分异与种族隔离

何一位签名者都可以控告另一位违约的签名者。① 在北部的一些城市，尤其是芝加哥、底特律、圣路易斯和密尔沃基等大城市，限制性契约覆盖了城市的很大面积。根据 1940 年一篇题为"住房中的铁箍"（Iron Ring in Housing）的文章估计，芝加哥市有 80% 的住房受到了限制性契约的控制。但根据芝加哥地产协会主席牛顿·C. 法尔（Newton C. Farr）的估计，这一数字不超过 40%。② 而在"托维诉利维"（Tovey v. Levy）一案的审理过程中，一些黑人律师进行了一次调查，在芝加哥的住房规划用地中，大约有 50% 受到了 700 个限制性契约的控制。③ 虽然这些数字有些出入，但毋庸置疑的是，种族限制性契约在当时是相当普遍的。

种族限制性契约对刚刚步入城市的黑人寻找住房造成了极大的困难。他们别无选择，只好挤进本来就十分狭小的黑人社区，从而导致了黑人社区愈发拥挤。比如，在纽约市哈莱姆黑人社区的某一街区中居住了 3871 人，按照这一密度，仅纽约市区一半的面积就能容纳整个美国的所有人口。另据芝加哥大都市区住房委员会主席费德·克雷默（Ferd Kramer）的报告，该市 30 万黑人所居住的住房，按照一般情况只能容纳 10 万人。④ 黑人可获得的房源的短缺导致了租金的上涨，使黑人的经济状况雪上加霜。而且由于房源短缺，即使不加修缮也能顺利出租，于是黑人社区很快衰败下去，久而久之沦为贫民窟。

（三）房产保险和抵押贷款机构的种族歧视

房产保险和抵押贷款等金融机构的种族歧视是导致黑人种族隔离

---

① Wendy Plotkin, "'Hemmed in': The Struggle against Racial Restrictive Covenants and Deed Restrictions in Post-WWW Ⅱ Chicago", *Journal of the Illinois State Historical Society*, Vol. 94, No. 1, Race and Housing in Post WW Ⅱ Chicago (Spring, 2001), p. 41.

② Harold I. Kahen, "Validity of Anti-Negro Restrictive Covenants: A Reconsideration of the Problem", *The University of Chicago Law Review*, Vol. 12, No. 2 (Feb., 1945), p. 204.

③ Wendy Plotkin, "'Hemmed in': The Struggle against Racial Restrictive Covenants and Deed Restrictions in Post-WWW Ⅱ Chicago", *Journal of the Illinois State Historical Society*, Vol. 94, No. 1, Race and Housing in Post WW Ⅱ Chicago (Spring, 2001), p. 45.

④ Harold I. Kahen, "Validity of Anti-Negro Restrictive Covenants: A Reconsideration of the Problem", *The University of Chicago Law Review*, Vol. 12, No. 2 (Feb., 1945), p. 206.

的重要因素之一。它们能够决定下层阶级和少数族裔能否购买房产和在何处购买房产的问题，从而对住房市场和种族分布产生了重大影响。

无论是开发公司进行房产开发，还是普通居民购买住房，都要获得抵押贷款；而要获得抵押贷款，除了具备一定的经济实力以外，还必须得到房产保险公司的保险。如果保险公司拒绝对黑人等少数族裔的房产进行保险，那么黑人就无法获得抵押贷款购买住房，其迁移活动和空间分布就会受到极大的限制；如果保险公司不愿在黑人社区进行保险，黑人社区的房产就无法进行交易，甚至无法得到维修和改善，黑人社区就会衰败下去，白人居民乃至殷实的黑人就会撤离，从而导致种族隔离和阶级分异。保险公司的这种歧视行为被称为"保险红线政策"（Insurance Redlining）。

首先，最简单的歧视行为就是拒绝对中心城市低收入社区和少数族裔社区进行保险。比如1958年，一家房产保险公司报告中描述了芝加哥某些社区的"黑人蚕食"情况，要求对这些社区进行严格的风险评估，而对于黑人住房，一般只有维护良好且由房主本人居住的住房，才有资格获得评估。[1] 1977年纽约保险部的首席保险统计员轻蔑地说："比如哈莱姆，他们不需要任何保险，因为他们没有什么有价值的东西可保。"[2] 而"美国家庭互助保险公司"的地区经理迈克尔·香农（Michael Shannon）更加露骨，他在给该公司的一位职员的书面指示中写道："结束对所有那些黑人的保险销售！他们就是你持续贫困的原因！""说实话，问题仍然是，当心不要向众多黑人销售保险。"[3]

其次，中心城市的贫困社区或黑人社区即使获得了房产保险，也会

---

[1] Uwe Lubken, "Governing Floods and Riots: Insurance, Risk, and Racism in the Postwar United States", *Historical Social Research*, Vol. 35, No. 4 (134), (2010), pp. 278–279.

[2] Gregory D. Squires, ed., *Insurance Redlining: Disinvestment, Reinvestment, and the Evolving Role of Financial Institutions*, Washington, D. C.: The Urban Institute Press, 1997, p. 6.

[3] William H. Lynch, "NAACP v. American Family", in Gregory D. Squires, ed., *Insurance Redlining*, p. 159.

遭受歧视。其一，提供的保单种类不同。比如，在1994年对美国20个州33个大都市区的调查发现，在以白人为主的低收入社区中，由联邦政府承保但收费较高的所谓"公平保险计划"（FAIR Plan）的保单只占2.9%，而在以少数族裔为主的低收入社区中，同比却高达18.2%，而在以白人为主的高收入社区中，同比只有0.6%。可见，社区的收入水平和族裔成分对保单的种类产生了很大影响，低收入社区和少数族裔社区受到了不公平待遇。其二，保险费用的提高。在上述调查中，在低收入的社区内，平均保险费随着少数族裔的增加而提高，由每1000美元的5.53美元上升到7.21美元。[1] 在1992—1994年间，"全国公平住房联盟"（the National Fair Housing Alliance）在美国9个大城市对美国最大的保险公司进行了调查，发现针对黑人和西班牙裔的歧视率平均达到53%，其中歧视率最高的是芝加哥，高达83%，即使最低的孟菲斯也有32%。[2]

住房抵押贷款机构的种族歧视行为比保险公司更加有过之而无不及。如果抵押贷款机构拒绝在郊区和白人社区向黑人家庭发放贷款，黑人很难在郊区和白人社区买到房产；如果它们拒绝在黑人社区或种族混合社区发放贷款，那么这些社区中的白人家庭甚至一些殷实的黑人家庭就会撤离出去，留下来的只有贫困白人和黑人，甚至全部是贫困黑人，从而导致黑人的居住隔离，甚至整个社区的衰败。

研究表明，美国黑人确实遭到了住房贷款机构的歧视。首先，黑人的贷款申请单遭到的拒绝率远远高于白人乃至其他少数族裔。表3.14显示，1977年，在加州的大都市区中，黑人、西班牙裔和其他少数族裔都不同程度地受到了歧视，亚裔的情况稍有波动。在洛杉矶—长滩大都市区，黑人的贷款申请单遭到的拒绝率是白人的1.54倍，旧金山—奥克兰的同比为1.56，圣迭戈为2.47，圣何塞为4.16，而

---

[1] Robert W. Klein, "Availability and Affordability Problems in Urban Homeowners Insurance Markets", in Gregory D. Squires, ed., *Insurance Redlining*, pp. 52 – 53.

[2] Shanna L. Smith and Cathy Cloud, "Documenting Discrimination by Homeowners Insurance Companies through Testing", in Gregory D. Squires, ed., *Insurance Redlining*, pp. 108 – 109.

贝克斯菲尔德和斯托克顿竟分别高达7.82和7.29。另据1991年公布的数据，不同族裔集团的拒绝率相差悬殊，黑人普通贷款的拒绝率是白人的2.5倍，西班牙裔的拒绝率是白人的1.5倍。①

表3.14　1977年加州部分大都市区不同种族的抵押贷款拒绝率

大都市区	白人	黑人	西班牙裔	亚裔	其他少数族裔
贝克斯菲尔德	1.00	7.82	2.14	5.75	5.95
洛杉矶—长滩	1.00	1.54	1.16	0.83	1.31
萨克拉门托	1.00	2.03	1.29	1.19	1.70
圣迭戈	1.00	2.47	1.01	0.87	0.83
旧金山—奥克兰	1.00	1.56	1.01	0.98	1.37
圣何塞	1.00	4.16	1.71	1.64	1.21
斯托克顿	1.00	7.29	2.52	2.44	1.81

资料来源：U. S. Department of Housing and Urban Development, *Equal Credit Opportunity*: *Accessibility to Mortgage Funds By Women and by Minorities*, Volume I, Washington, D. C.: U. S. Government Printing Office, May 1980, chapter 3, p. 45.

再次，抵押贷款机构的种族歧视还表现在，黑人等少数族裔获得抵押贷款的比例远远低于其在美国人口中的比例。比如，在1930—1960年，黑人获得的贷款不足全国抵押贷款的1%。② 这种情况一直持续到90年代，根据1994年拉尔夫·T. 金（Ralph T. King, Jr.）的一项研究，很多贷款机构发放的抵押贷款中，黑人比例不足1%。③ 又如，黑人占密尔沃基大都市区家庭数量的11.5%，但1997年黑人

---

① Stephen Ross and John Yinger, *The Color of Credit*: *Mortgage Discrimination, Research Methodology, and Fair-Lending Enforcement*, Cambridge, Mass: The MIT Press, 2002, p. 3.

② David L. Kirp, John P. Dwyer, and Larry A. Rosenthal, *Our Town*: *Race, Housing, and the Soul of Suburbia*, New Brunswick, NJ: Rutgers University Press, 1995, p. 7.

③ Benjamin F. Bobo, *Locked in and Locked out*: *The Impact of Urban Land Use Policy and Market Forces on African Americans*, Westport, Connecticut: Praeger Publishers, 2001, p. 47.

只占郊区抵押贷款申请单的1.3%，占郊区贷款次数的1.0%，占郊区贷款金额的1.0%；西班牙裔占该大都市区家庭数量的2.3%，但他们只占郊区抵押贷款申请单的1.3%，占郊区贷款次数的1.1%，占郊区贷款金额的1.0%。[1] 由于黑人等少数族裔很难在郊区获得抵押贷款，从而造成黑人等少数族裔的低度郊区化。因此，美国民权委员会在一份报告中指出，抵押贷款机构的种族歧视阻止了社区的种族融合，加强了居住隔离。[2] 美国参议院消费者与管理事务委员会的成员艾伦·迪克逊（Alan J. Dixon）于1990年也作证说："我的结论是，种族歧视是问题的症结之一。"[3]

住房抵押贷款机构的歧视行为不仅针对黑人等少数族裔群体，而且更针对他们所居住的社区。在美国住房与城市发展部（HUD）的一次有关公平住房会议上，沃伦·丹尼斯（Warren Dennis）等人提醒人们关注"种族红线政策"（racial redlining），所谓种族红线政策就是"贷款机构察觉到，造成贷款风险和安全风险的那些负面因素，乃是一个社区居民的种族或族裔构成"，对于该社区住房抵押贷款采取歧视性行为。安·汉隆（Ann Hanlon）也证明道，"毫无疑问，红线政策是随着种族分布模式而发生的，整体而言，撤资与中心城市和变化邻里中的黑人人口密切相关。"[4]

"种族红线政策"在美国十分普遍。比如，1973年，"费城西北社区住房协会"的一项研究，比较了费城西北区和东北区的抵押贷款资金。这两个城区在土地利用类型、住房类型、住房的年代和住房自有率方面都十分相似。1960—1970年，西北区的贷款批准率由73%

---

[1] Gregory D. Squires, Sally O'Connor, *Color and Money: Politics and Prospects for Community Reinvestment in Urban America*, Albany: State University of New York Press, 2001, pp. 71–72.

[2] U. S. Commission on Civil Rights, *Equal Opportunity in Suburbia*, p. 22.

[3] Gregory D. Squires, ed., *From Redlining to Reinvestment: Community Responses to Urban Disinvestment*, Philadelphia: Temple University Press, 1992, p. 1.

[4] U. S. Department of Housing and Urban Development, Office of Assistant Secretary for Fair Housing and Equal Opportunity, *Redlining and Disinvestment as a Discriminatory Practice in Residential Mortgage Loans*, Part I, Washington, D. C.: U. S. Government Printing Office, July 1977, p. 10.

下降到20%，而东北区的同比由70%上升到80%，[1] 这是因为在此期间西北区少数族裔人口的比例由18%上升到46%，而东北区仍然保持着高度的种族隔离，同比仅从0.03%上升到0.16%。"全国反对住房歧视委员会"对奥克兰（Oakland）的一项贷款研究也得出了相似的结论，"在一个人口统计区内，黑人数量越大，金融机构的贷款就越少"[2]。

到了20世纪90年代，这一模式依然如故。表3.15比较了1990年波士顿大都市区白人社区和少数族裔社区贷款申请的拒绝率，所谓少数族裔社区就是少数族裔人口达到30%以上的社区。总体而言，无论是在白人社区还是在少数族裔社区，少数族裔的贷款申请拒绝率都远远高于白人。值得注意的是，白人的贷款申请在白人社区的拒绝率只有10%，而同为白人的贷款申请在少数族裔社区的拒绝率却达到17%，这表明，居住在少数族裔社区的白人也遭到了歧视，这无疑是对白人在少数族裔社区居住的一种打击，势必引起白人的迁离，从而加剧种族隔离。

表3.15 1990年波士顿大都市区不同社区贷款申请遭到拒绝的比例

	白人社区	少数族裔社区	种族合计
白人申请人	10%	17%	10%
少数族裔申请人	24%	33%	28%
社区合计	12%	31%	—

资料来源：Geoffrey M. B. Tootell, "Redlining in Boston: Do Mortgage Lenders Discriminate against Neighborhood?", *The Quarterly Journal of Economics*, Vol. 111, No. 4 (Nov., 1996), p. 1052.

---

[1] U. S. Department of Housing and Urban Development, Office of Assistant Secretary for Fair Housing and Equal Opportunity, *Redlining and Disinvestment as a Discriminatory Practice in Residential Mortgage Loans*, Part II, p. 56.

[2] U. S. Department of Housing and Urban Development, Office of Assistant Secretary for Fair Housing and Equal Opportunity, *Redlining and Disinvestment as a Discriminatory Practice in Residential Mortgage Loans*, Part I, p. 39.

事实上，早在20世纪70年代，有关人士和社会组织就已经认识到贷款歧视对种族隔离的影响，比如，美国有色人种协进会（NAACP）的住房计划主管威廉·莫里斯（William Morris）总结道："那些对黑人开放的社区受到了红线政策的危害，于是资金撤离，对这些所谓的转变中的社区提供的服务也大为削减。黑人与白人混合相处、稳定社区的努力遭受挫折，贷款机构的政策也对此予以抵制，它们拒绝给种族混合的社区提供抵押贷款。"最高法院在一次判决中也指出，由于拒绝在种族混合的邻里中发放贷款，"会对有能力在这种邻里中购买住房的白人和黑人家庭构成打击，其实际效果就是使那些有能力迁移的白人家庭，不再愿意搬进混合邻里中的空房内，从而导致'大规模的种族转变'，最终会导致'白人大逃逸'"①。

（四）双轨住房市场与种族隔离

在美国存在一个"双轨住房市场"（dual housing market），对黑人种族隔离产生了最直接的影响。美国住房与城市发展部（HUD）的部长乔治·罗姆尼（George Romney）在美国人权委员会作证时说："事实上，你们不必通过我来证明在我国存在一个双轨住房市场。我们确实有一个双轨住房市场。事实上，在我国的每一个大都市区都有一个双轨住房市场。"②所谓"双轨住房市场"，按照贝里的定义，就是"一个存在着住房种族隔离的市场，一个白人主体民族预先占有了外层地区的新建住房和现有居住环境优越的地带，而留给黑人等少数族裔的通常是位于中心城市的现有住房，而且通常位于环境最为恶劣的地带"③。造成"双轨住房市场"的原因很多，地产开发商、住房建筑商和地产经纪人等私人部门都发挥了极大的

---

① U. S. Department of Housing and Urban Development, Office of Assistant Secretary for Fair Housing and Equal Opportunity, *Redlining and Disinvestment as a Discriminatory Practice in Residential Mortgage Loans*, Part I, pp. 14, 23, 24.
② U. S. Commission on Civil Rights, *Equal Opportunity in Suburbia*, p. 18.
③ Peter O. Muller, *Contemporary Suburban America*, pp. 89–90.

作用。

　　住房开发商和建筑商为了确保自己的住房开发项目的市场价值，千方百计地阻止黑人住户的入住，其手段之一就是前文所论述的种族限制性契约，禁止将住房出售出租给黑人、犹太人或其他少数族裔。比如洛杉矶的一个郊区小镇南盖特（South Gate）允许白人工人阶级居民入住，却利用种族限制性契约排除了黑人和亚裔人口。1926年该地的报纸报道说："霍姆加登斯（Home Gardens，后来成为南盖特的一部分）显然是一个白人的小镇。除了高加索人种以外，任何人都不能在这里拥有或租赁房产……他们选择居住地点的控制因素之一就是种族限制。"[①] 由于前文对种族限制性契约已经有所论述，此处仅就地产经纪人的种族隔离行为加以论述。

　　在创造"双轨住房市场"、推行大都市区的种族隔离方面，地产经纪人发挥了极其恶劣的影响。从全国范围来看，美国存在着黑人和白人两个全国性的地产经纪人协会，即白人的"全国地产经纪人协会"（The National Association of Real Estate Boards）和"全国黑人地产经纪人协会"（The Black National Association of Real Estate Brokers）。黑人不能成为前者的会员。在地方层次，在1960年以前，"大巴尔的摩地产协会"没有一个黑人会员，而到1970年，在该协会的650名会员中也只有15名黑人。"圣路易斯大都市区地产协会"直到1963年才有第一位黑人经纪人，1970年在该协会的4400名会员中，黑人会员也只有十几人。[②] 分裂的地产经纪人协会自然会导致隔离的地产营销活动。

　　在住房销售市场上，黑人等少数族裔受到了严重的歧视。1977年美国住房与城市发展部（HUD）进行了第一次全国性的住房歧视调查，在对全国40个大都市区的调查中，发现黑人显然受到了歧视，比如，在住房信息的提供方面，出租住房的歧视指数为27％，销售

---

① Andrew Wiese, *Places of Their Own*, pp. 42–43.
② U. S. Commission on Civil Rights, *Equal Opportunity in Suburbia*, p. 19.

住房的歧视指数为15%。① 房源信息对于住房市场来说是至关重要的，因为它决定了有没有住房出售以及住房的位置，但白人地产经纪人掌握着对房源目录的控制（control of listing），即地产公司阻止黑人地产经纪人获得白人社区的房源目录，黑人地产经纪人主要是面向黑人地产市场服务。美国民权委员会在巴尔的摩举行的一次听证会上，黑人地产经纪人宣称，这种方法在该大都市区是一种普遍的做法。一个黑人地产经纪人拉尔夫·约翰逊（Ralph Johnson）解释说："在巴尔的摩县，我认为地产行业主要是由白人地产经纪人所控制。他们控制着这一行业，而且他们控制着房源目录。通过控制房源，他们控制着这一行业，因为房源目录是地产行业的关键所在。"② 当黑人等少数族裔根据广告向白人经纪人询问有关房源信息之时，他们往往遭到拒绝或受到歧视。根据1977年住房与城市发展部的调查，黑人在住房出租和出售的房源信息方面都受到了歧视（见表3.16和表3.17）。

表3.16　　1977年各地区住房出租信息提供方面黑人和白人的差别待遇比例（%）

地区	没有差别	白人受优待	黑人受优待	黑白差别
全国	31	48	21	27
东北部	32	44	24	20
中北部	34	50	17	33
南部	27	52	21	31
西部	34	49	17	32

资料来源：U. S. Department of Housing and Urban Development, Office of Policy Development and Research, *Measuring Racial Discrimination in American Housing Markets*: *The Housing Market Practices Survey*, Washington, D. C., April 1979, p. ES – 8.

---

① U. S. Department of Housing and Urban Development, Office of Policy Development and Research, *Measuring Racial Discrimination in American Housing Markets*: *The Housing Market Practices Survey*, Washington, D. C., April 1979, p. ES – 2.

② U. S. Commission on Civil Rights, *Equal Opportunity in Suburbia*, p. 19.

表3.17　1977年各地区住房出售信息提供方面黑人和白人的差别待遇比例（%）

地区	没有差别	白人受优待	黑人受优待	黑白差别
全国	37	39	24	15
东北部	33	39	29	10
中北部	23	55	22	33
南部	46	33	22	11
西部	34	39	27	12

资料来源：U. S. Department of Housing and Urban Development, Office of Policy Development and Research, *Measuring Racial Discrimination in American Housing Markets: The Housing Market Practices Survey*, Washington, D. C., April 1979, p. ES‑15.

表3.16显示，在住房出租的信息提供方面，从全国范围看，白人受优待的为48%，黑人只有21%，黑人受到的歧视就是两者之差，即27%。中西部两者之差高达33%，黑人受到的歧视最为严重。而在某些大都市区黑人受到的歧视更加严重，比如在洛杉矶—长滩，两者之差高达46%，在印第安纳波利斯高达50%，而在底特律竟高达57%。而3.17显示了住房出售信息方面的提供差别，从全国范围看，黑白差别为15%，同样是中北部差别最高，高达33%。而纽约大都市区则高达38%，哥伦布大都市区高达48%，辛辛那提大都市区则高达50%。[1]

1988年，美国住房与城市发展部进行了第二次全国性住房歧视调查。尽管经过了20年的公平住房法的实施，黑人和西班牙裔仍然不能获得足够房源信息。黑人租房者遭遇的歧视率为39%，西班牙裔同比为35.5%；对于购房者来说，黑人和西班牙裔遭遇的歧视率分别占35.7%和38%。[2]

---

[1] U. S. Department of Housing and Urban Development, Office of Policy Development and Research, *Measuring Racial Discrimination in American Housing Markets*, p. ES‑21.

[2] The Urban Institute, *Housing Discrimination Study: Synthesis*, Washington, D. C.: U. S. Department of Housing and Urban Development, Office of Policy Development and Research, August 1991, p. 13.

垄断了房源信息，白人地产经纪人就可以采取另一种方法即"引导"（steering）来实施种族居住隔离，"引导"就是给白人租房者或购房者在白人社区看房，而给黑人租房者或购房者在黑人社区或正在发生种族转变的社区看房。也就是说，将黑人和白人分别引向不同的住房市场。1977 年美国住房与城市发展部的调查发现，黑人和西班牙裔购房者被引导的可能性都是 21%；介绍到少数族裔社区中的白人人口比例较低，一般至少要低 5 个百分点；介绍到少数族裔社区的平均收入一般低于介绍给白人社区的平均收入，一般至少要低 2500 美元；而介绍到少数族裔社区中的住房价格一般低于介绍给白人社区的住房价格，其住房的平均价值至少要低 5000 美元。[1]

总之，在形成美国大都市区种族隔离的诸多因素中，普通白人的种族偏见和种族歧视是最深层和最根本的因素。而私营企业为了自己的经济利益，往往顺应白人的种族歧视和种族隔离的"民意"，甚至操纵和助长这种种族歧视和种族隔离的行径，从而导致了美国大都市区黑人的高度城市化、高度隔离化和低度郊区化的"二高一低"的空间分布模式。

五 政府政策与阶级分异和种族隔离

对于大都市区的阶级分异和黑人"二高一低"的空间分布模式的形成，美国各级政府都负有不可推卸的责任，甚至发挥了助纣为虐、推波助澜的作用。特别是地方政府的排他性分区制和住房法规发挥了最深刻的影响。美国地方政府打着土地利用分区制的幌子，声称为社区居民创造良好的自然环境和社会环境，而行排斥社会下层阶级和少数族裔之实，从而造成了严重的阶级分异和种族隔离，对大都市区的发展造成了严重的危害。

---

[1] The Urban Institute, *Housing Discrimination Study*, p. v.

（一）郊区地方政府的排他性分区制和住房法规

在美国城市中，越靠近中心区，住房的年代越久远、越陈旧，价格越低廉。因此，社会下层居民总是向着靠近城市中心区的旧宅区汇集，并不断向附近中等收入阶层较好的居住区"侵入"，从而推动这里原有的居民撤出，下层居民最终"接替"这一居住区。而撤出的中产阶级居民往往又会侵入其他富裕阶层的居住区，从而造成新的侵入和接替过程。因此，在美国城市人口的流动中，出现了一种"向下过滤"（filtering 或 trickle down）的过程，城市住房就像一个过滤器一样，将城市居民层层筛选，并按照阶级界限将其在大都市区内的空间分布中区别开来。

从19世纪前期以来，随着城市人口的聚集和城市交通的不断改进，美国城市居民就陆陆续续地向郊区迁移。但是到郊区定居，需要有一定的经济实力以应付各种开销，比如支付公共交通费用，购买汽车，而购置宽敞舒适的郊区独户住房，更是一笔巨大的开支。因此，那些为贫困所迫而初来乍到的第一代移民，以及刚刚从乡村进城寻求机遇的贫穷白人和黑人是无力承担的，他们只好挤进本来就已拥挤不堪的内城贫民窟或本民族的聚居区。而那些白人中上阶层则有能力到环境优美的郊区寻找自己的世外桃源。同样，某些移民的第二代由于受到了较好的教育，实现了美国化，跨入了报酬较高的技术和职业行列，经济上得到了改善，阶级地位得到了提升，也能够络绎不绝地到郊区定居。根据美国社会学家斯坦利·伯利森的研究，1930年，移民的第二代趋向集中居住的比第一代少。而且，1950年外国出生的移民愿意集中居住的比1930年少。不仅如此，新来的移民比老移民的居住更为集中，居住年代较长的群体比居住年代较短的群体更倾向于分散居住。[①] 可见，要迁离本民族的聚居区而到郊区定居，需要经过较长时间的努力来提高自己的社会经济地位。这样，在人口郊区化

[①] [美] 弗·斯卡皮蒂：《美国社会问题》，刘泰星、张世灏译，郭边校，中国社会科学出版社1986年版，第21—22页。

的过程中，也就出现了一种"过滤"现象。

这种过滤机制在经济上是比较有效率的，每一个家庭都可以得到与其经济地位相适宜的居住条件，而且其邻里大都是经济地位相近的人。然而，这种过滤机制对于中产阶级和富裕家庭最为有利，由于将贫困人口排除在外，使他们能够居住在环境良好的同质性社区中，这里犯罪率低下，社会秩序稳定，税收基础雄厚，福利负担较轻，财产税率较低，服务设施优良，教育环境良好。"所以，向下过滤这一过程也许是成功的，它为美国大都市区内大多数家庭提供了'一种在适宜的生活环境中一个体面的家。'"[1]

然而，郊区化过程中的过滤机制，不仅是一个经济问题，更是一个政治问题。前面章节指出，自从20世纪20年代以来，美国城市和郊区为了合理规划城市的发展而普遍采用了分区规划制度，将商业区、工厂区和居住区等不同的功能进行分离布局。然而，这种指导城市布局的分区制却被许多富裕阶层和中产阶级的郊区加以巧妙利用，成为排斥少数族裔和穷人，保护其郊区特征、独户住房和阶级结构的一道难以逾越的藩篱，因此被称为"排他性的分区制"（exclusionary zoning）。其手法就是限制乃至禁止多户住房、公寓住房和移动房屋的开发，从而限制廉价住房的供应，同时鼓励独户住房的开发，扩大独户住房的地块面积，限制建筑物的高度，预留更多的开放空间，提高独户住房的成本，使低收入阶层和少数族裔难以负担昂贵的住房，从而将其排斥在本社区以外。美国学者保罗·E. 金（Paul E. King）一针见血地指出："排他性行为，尤其是分区制，成为限制低收入和偏低收入家庭向郊区分散的主要障碍之一。"[2]

毫无疑问，多户住房、公寓住房和移动房屋占地较少，户型较小，价格低廉，下层阶级和少数族裔也能负担得起，而如果将这些住房类型排除在外，下层阶级和少数族裔自然就难以进入。而在独户住

---

[1] Anthony Downs, *Opening up the Suburbs*, pp. 8-9.
[2] Paul E. King, "Exclusionary Zoning and Open Housing: A Brief Judicial History", *Geographical Review*, Vol. 68, No. 4 (Oct., 1978), p. 459.

房中，如果扩大住房地块和户型，提高住房价格，那么，就能进一步将下层阶级和少数族裔乃至部分中产阶级排斥在外，从而建立起小型、同质、稳定的社区。郊区地方政府正是通过分区制而排除多户住房和扩大住房地块的，结果导致郊区各种多户住房的比例极低，住房地块庞大，1/4 到 1 英亩的地块比比皆是，2—4 英亩的地块司空见惯，甚至 5—6 英亩的地块也并非罕见（前文第二章已经有所论述）。如此庞大的地块极大地提高了住房的成本。比如，根据美国全国建筑商协会（NAHB）的调查，在其成员所进行的住房开发中，平均地块面积从 1950 年的 7558 平方英尺增加到 1969 年的 12839 平方英尺，而同期每块住房地块的价格从 1485 美元增加到 6183 美元。[①] 同样，根据"全国反住房歧视委员会"对纽约大都市区的调查，几乎所有的拥有大量空余土地的郊区市镇法人，都将这些空余土地规划为独户住房用地，排除了各种多户住房，其目标就是通过分区制，不为低收入家庭和少数族裔提供住房。[②]

分区制法规不仅对每套住房的地块作出了严格的规定，而且还规定了每套住房的最低建筑面积（Livable Floor Area, Floarea），而且其标准不断提高。美国每套独户住房的平均室内面积，在 1950 年还略低于 1000 平方英尺，而到 1968 年则超过了 1600 平方英尺。[③] 同年，全国城市问题委员会的研究发现，明尼阿波利斯—圣保罗的一个郊区布鲁明顿规定，一所住房的室内面积不得低于 1700 平方英尺，每平方英尺的建筑费用不得低于 15.82 美元，因此，一所住房的建筑费用至少需要 26894 美元。[④] 又如，在新泽西州的麦迪逊乡，1970 年制定了一个新的分区制法规。大约 55% 的土地规划为 R40 区或 R80 区，在 R40 区，最小地块面积为 1 英亩，最小建筑面积为 1500 平方英尺；

[①] Lynne B. Sagalyn, George Sternlieb, *Zoning and Housing Costs: The Impact of Land-Use Controls on Housing Price*, Center for Urban Policy Research, Rutgers University, The State University of New Jersey, January 1973, p. 29.

[②] U. S. Commission on Civil Rights, *Equal Opportunity in Suburbia*, p. 32.

[③] Thomas M. Stanback, Jr. , *The New Suburbanization*, p. 116.

[④] Philip C. Dolce, ed. , *Suburbia*, p. 147.

第三章 美国大都市区的阶级分异与种族隔离

在 R80 区，最小地块面积为 2 英亩，最小建筑面积为 1600 平方英尺。该分区制法规使每套住房的土地和建筑价格急剧增加，在 R40 区最低房价达到了 4.5 万美元，在 R80 区最低也要 5 万美元。只有收入在全国或全县前 10% 的家庭才有能力在 R40 区购买住房，当然，这一比例在 R80 区就更小了。①

分区制法规对多户住房的限制和大型地块的规定，不仅提高了住房的土地成本，而且还额外增加了其他成本，其一是交通开支的增加。由于大型地块导致了大都市区的低密度蔓延，这不仅延长了出行距离，而且增加了提供公共交通的难度，私人汽车成为出行的必备工具，而这对于中下层居民而言是一笔不小的开支。其二，房产维护费用的增加，比如草坪的修剪、庭院的绿化等。其三，地产税的增加，因为业主要根据地产价格向地方政府缴纳地产税。其四，开发成本增加。大型地块必然会增加街道、人行道、给排水管道的费用。比如在圣路易斯县，地块为 6000 平方英尺的住房在这些方面的开支为 1925 美元，而地块为 1 英亩（一英亩等于 43560 平方英尺）的住房的同类开支则达 4375 美元。② 其五，大型地块还会导致小型地块的土地价格和多户住房价格的提高，因为这类地块和住房类型的供应减少了。根据美国城市研究院 1961 年的一项研究，在此前 20 年里，土地成本占每套住房总价格的比例从 8% 上升到 20%。③

除了分区制法规以外，地方政府的住房法令（housing codes）或建筑法令（building codes）也发挥了限制下层阶级和少数族裔向郊区迁移的作用。住房法令的出现比较晚，直到 1956 年，全美不足 100 个城市出台了住房法令，随后迅速增加，到 1977 年超过 5000 个。住

---

① "The 1971 Case Decision: Oakwood at Madison, Inc. v. Township of Madison, N. J. , 283 A. 2d 353（1971）", in Randall W. Scott, ed. , *Management & Control of Growth: Issues, Techniques, Problems, Trends*, Volume I, Washington, D. C. : The Urban Land Institute, 1975, p. 504.

② "Constitutional Law: Equal Protection: Zoning: Snob Zoning: Must a Man's Home Be a Castle?", *Law Review*, Vol. 69, No. 2（Dec. , 1970）, p. 341.

③ David S. Schoenbrod, "Large Lot Zoning", *The Yale Law Journal*, Vol. 78, No. 8（Jul. , 1969）, p. 1427.

房法令发展的最初动力来自1954年的联邦住房法，该法要求各社区制定"可行的方案"，其中必须包括住房法令，以此作为申请联邦城市更新计划援助资金的条件。① 地方政府的住房法令对住房建设标准进行了严格的规定，如住房的占地面积、建筑规模、内部结构，建筑风格、建筑材料、建筑方法以及与街道的距离等，从而人为地提高了住房的建筑成本。比如，关于建筑材料的规定，根据1967年全国城市问题委员会的调查，在5000人以上的市镇法人或乡镇之中，有80%制定了建筑法令，而在建筑法律中，又有63%禁止使用塑料排水管道；42%禁止浴室中的排水管道使用预制件；46%禁止使用预制的电力装置。"所以，在许多郊区中，法律上要求的建筑面积、地块面积和建筑方法的最低标准导致了相对较高的住房价格。"② 20世纪60年代，美国用于建筑的煤灰砖的标准宽度是8英寸，但许多郊区的建筑法规要求达到10或12英寸。③ 1971年全国城市问题委员会的一项研究报告表明，在弗吉尼亚州的费尔法克斯县，一套价格为2.8万美元的住房，如果把那些不必要的花边费用去掉，可以节省5000美元。④ 由于郊区排他性分区制法规和住房法令的种种限制，低价值住房在中心城市和郊区的分布非常不平衡。根据1970年的调查，价值低于1.25万美元的自有住房，中心城市的比例为31.2%，而郊区只有17.6%；月租金低于80美元的住房，中心城市的比例为23.8%，而郊区只有13.7%。⑤

在美国人权委员会于1970年5月举行的一次听证会上，一位证人描述了马里兰州蒙哥马利县（Montgomery County）的住房情形，"在蒙哥马利县，几乎不存在为联邦政府工作的黑人的住房，总体而言，这是因为，那些为联邦政府工作的人们收入很低。去年蒙哥马利

---

① John C. Bollens, Henry J. Schmandt, *The Metropolis, Its People, Politics and Economic Life*, New York: Harper & Row, Publishers, 1982, p.179.
② Anthony Downs, *Opening up the Suburbs*, p.50.
③ Lynne B. Sagalyn, George Sternlieb, *Zoning and Housing Costs*, p.43.
④ Philip C. Dolce, ed., *Suburbia*, p.149.
⑤ Anthony Downs, *Opening up the Suburbs*, pp.191–192.

县新建的中等收入住房的售价大约为 4 万美元，那些收入在 1.5 万美元或更少的人，现今在蒙哥马利县都买不起房子。而且我知道，黑人的年收入很少达到 1.5 万美元。"①

郊区地方政府制定的分区制法规和住房法令限制了郊区廉价住房的供应，提高了郊区的住房成本，从而将大批低收入家庭和少数族裔排斥在外，而某些富裕阶层的郊区社区甚至将白人中产阶级也排斥在外，从而形成了中心城市与郊区之间、郊区彼此之间的阶级分异和种族隔离。对此，林恩·B. 萨加林（Lynne B. Sagalyn）和乔治·斯腾里比（George Sternlieb）评论道："在美国，由于住房供应因素而导致的阶级分异与种族隔离十分普遍和引人注目；家庭收入是住房选择的一个主要的决定因素。由于郊区的增长区域空余住房的供应不足，再加上越来越高昂的建筑成本和排他性的分区制模式，结果导致了中心城市与郊区之间的种族隔离和阶级分异。低收入和偏低收入的家庭似乎受到排斥，无法进入郊区的新建住房市场。他们必须依靠住房的侵入与接替程序，或者依靠名额极少的公共补贴住房，才能在郊区获得住房。"②

郊区中产阶级和富裕阶层之所以实施具有强烈排他性的分区制法规，首先是因为他们希望本社区的居民在财产水平、价值观念、行为方式等方面保持高度的同质性，因为同质性象征着"邻里的稳定性"，可以减少社会犯罪，维持社区的健康、安全和福利。他们对下层阶级和少数族裔的到来充满了恐惧，戴维·L. 柯普（David L. Kirp）形象地描述了马里兰州一个郊区芒特劳雷尔乡居民的这种恐惧："穷鬼们来了……众多赤贫的依靠福利过活的黑鬼也来了，他们从卡姆登这样的地方来到芒特劳雷尔乡，他们将带来暴力和毒品，他们将毁坏我们的学校，他们将摧毁我们的生活方式。"③ 其次，排他性的分区制法规可以保持地产价值的稳定性。下层阶级和少数族裔的

---

① U. S. Commission on Civil Rights, *Equal Opportunity in Suburbia*, p. 7.
② Lynne B. Sagalyn, George Sternlieb, *Zoning and Housing Costs*, p. 1.
③ David L. Kirp, John P. Dwyer, and Larry A. Rosenthal, *Our Town*, p. 47.

到来，往往造成白人中上阶层的逃逸和地产抛售，从而降低地产的价值。沃克（Walker）指出："分区制主要成为一种试图确定和保持某些邻里特征的惯用手法，以便保持这些地区的地产价值。"① 再次，排他性的分区制可以降低社区的地产税，同时维持社区的财政平衡，追求这种目的的分区制被称为"财政性分区制"（fiscal zoning）。下层阶级和少数族裔的到来，会增加社会福利负担和学校开支，而其地产价值低廉，不能为社区提供多少税收，他们的到来只能加重本社区的税收负担。最后，排他性的分区制和大型地块的开发可以降低开发密度，减少本社区交通流量、空气污染和喧嚣嘈杂，保留更多的开放空间和绿色环境，有利于社区居民的身心健康。因此，无论是郊区官员还是普通公民，他们大多数希望通过排他性的分区制将不受欢迎的居民排除出去。1961年在费城郊区进行的一次抽样调查中，关于"你是否赞成利用分区制法规将那些一般在小型地块上建造廉价住房的人们排斥在你的社区之外"这样一个问题，在116名回答者中，只有14名的回答是否定的，即88%的回答者支持排他性分区制的实施。②

美国郊区地方政府通过这种排他性的分区制和住房法规，来对居民进行阶级和种族方面的甄选。对此，一位评论家辛辣地讽刺道："分区制的基本目标就是将**他者**限制在**他者**所应属的地方——将**他者**排除在外。如果**他者**已经进入的话，那么它的目标就是将**他者**限制在有限的地区内。**他者**的确切身份在全国各地稍有不同。黑人、拉丁裔美洲人和穷人都符合**他者**的条件。在很多地方，天主教徒、犹太人和东方人也是**他者**的目标。甚至老年人也符合**他者**的条件，如果他们是公共住房的居民的话。"③

---

① Peter Hall, *Cities of Tomorrow: An Intellectual History of Urban Planning and Design in the Twentieth Century*, Oxford: Blackwell Publishers Ltd, 2002, p. 62.

② Edward M. Bergman, *Eliminating Exclusionary Zoning: Reconciling Workplace and Residence in Suburban areas*, Cambridge, Mass: Ballinger Publishing Company, 1974, p. 59.

③ Peter Hall, *Cities of Tomorrow*, p. 62. 黑体为原文所加。

（二）联邦政府的住房政策

联邦政府的住房政策也为阶级分异和种族隔离起了助纣为虐的作用。这些政策主要包括住房抵押保险制度、住房补贴制度和公共住房制度等。1938年，一份黑人报纸《洛杉矶前卫报》在一个标题为"隔都区——美国模式"的社论中警告说，那些"至今对希特勒将德国犹太人驱逐到隔都区的卑鄙手法进行抗议的人们将会惊愕地发现，他们自己的政府却在通过联邦住房机构，一直忙于策划美国黑人的隔都区"。"美国的计划虽然不像希特勒的计划那样明目张胆和肆无忌惮，但从长远来看，经过精心策划，其效果却是相同的。"①

就种族歧视这一角度讲，联邦政府的住房政策可分为三个时期，第一个时期为20世纪30年代初到1947年，联邦政府公开实行种族歧视和种族隔离政策。第二个阶段开始于1950年左右，联邦政府采取种族中立态度，但仍然有种族歧视的影响。第三个阶段始于1962年，联邦政府明确反对种族隔离。

笔者曾在第二章指出，联邦政府的住房抵押贷款政策严重地偏向于郊区，而在郊区住房中，又严重地偏向于独户住房。这样，联邦政府的住房政策就不仅是推动了人口的郊区化，而且是推动了中产阶级和富裕阶层的郊区化，因为只有那些拥有一定经济实力的家庭才能满足获得抵押贷款的条件，才有能力到郊区购买独户住房，因而受益者主要是中产阶级和富裕阶层，尤其是中产阶级，而将穷人和少数族裔排斥在外，从而导致了中心城市与郊区之间的阶级分异和种族隔离。1968年，伊利诺伊州的参议员保罗·道格拉斯（Paul Douglas）在"全国城市问题委员会"的一份报告中指出："穷人和那些濒于贫困的人们几乎完全被排除在外。这些人和下层中产阶级加在一起构成了人口的40%，他们的住房需求最为迫切，但却只得到了联邦住房管

---

① Arnold R. Hirsch, "'Containment' on the Home Front: Race and Federal Housing Policy from the New Deal to the Cold War", *Journal of Urban History*, Vol. 26 No. 2, January 2000, p. 158.

理局11%的抵押贷款……即使是中心城市的中产阶级居住区也受到怀疑，因为总是存在这样一种前景：即随着黑人和贫穷白人不断涌入城市，中等和上中等收入的白人将不断迁离，这些居住区也会发生变化。"① 1975年，在通过房利美办理抵押贷款而买到住房的家庭中，大多数的年平均收入为2万美元，9%的年平均家庭收入在3万美元以上。而该年美国所有家庭的平均收入在1.3万—1.4万美元之间。获得房利美抵押贷款的家庭中只有13%收入在1万—1.5万美元之间。② 从种族的角度讲，1940—1960年间，在联邦住房管理局和退伍军人管理局提供的抵押贷款保险中，分别只有2%和3%提供给了非白人居民，而非白人居民却占美国人口的11%。③

另外，那些拥有住房的家庭还获得了联邦政府自有住房房产税的减免和抵押贷款利息的补贴。据美国财政部的估计，1966年，收入在1万美元以上的自有住房家庭从这种补贴中平均获益达1144美元，是中下等收入自有住房家庭平均获益64美元的18倍，是最贫困的自有住房家庭平均获益的381倍。这种补贴的69%面向年收入在1万美元以上的家庭。由于租房家庭不能获得这种补贴，这种不平等就更加严重了，而穷人中租房的比例要高得多。④ 可见，获益者主要是那些能够从中心城市迁移到郊区定居的中产阶级和富裕阶层，从这个意义上讲，联邦政府的住房政策推动了中心城市和郊区之间的阶级分异和种族隔离。因此，美国民权委员会在一份报告中指出："在联邦住房管理局财政的帮助之下，近年来几乎在每一个大城市周围都兴建了完全是白人的郊区。"⑤

---

① Kenneth T. Jackson, *Crabgrass Frontier: The Suburbanization of the United States*, p. 214.
② Joe T. Darden, "Lending Practices and Policies Affecting the American Metropolitan System", Stanley D. Brunn and James O. Wheeler, ed., *The American Metropolitan System: Present and Future*, Toronto: V. H. Winston & Sons, 1980, p. 101.
③ Andrew Wiese, *Places of Their Own*, p. 140.
④ Anthony Downs, *Opening up the Suburbs*, p. 57.
⑤ Arnold R. Hirsch, "'Containment' on the Home Front: Race and Federal Housing Policy from the New Deal to the Cold War", *Journal of Urban History*, Vol. 26 No. 2, January 2000, pp. 158 – 159.

第三章　美国大都市区的阶级分异与种族隔离

联邦住房管理局还积极推行和支持种族限制性契约。在整个20世纪40年代，该局的工作手册都建议住房开发商将种族限制性契约写入销售合同，并在每一手册的附录中加上这种限制性契约的样本。该局还竭力维护种族限制性契约的合法地位，宣称它不能"否认这种限制的正确性，以及私人（使用他们财产的）……权利"[①]。即使最高法院在1948年"谢利诉克雷默"的判决中宣布种族限制性契约违宪之后，该局的工作手册中仍然保留着这样的语句："住房中的种族融合这一点并不受人欢迎，它将导致财产价值的降低。"[②] 对此，开放住房市场的倡议者查尔斯·艾布拉姆斯（Charles Abrams）在其1955年的著作《被禁绝的邻居》（*Forbidden Neighbors*）中总结说，"这一种族政策很可能选自纽伦堡的法律"。"数千个种族隔离的邻里建立了起来，数百万居民依照种族、肤色或阶级进行了分类，这些区别被镶嵌到邻里之中，从一个海岸到另一个海岸。"[③]

前文指出，美国的住房抵押贷款机构的红线政策是导致黑人等少数族裔种族隔离的一个重要因素，而联邦政府一开始就对这一政策发挥了推波助澜的作用。比如，1938年，联邦住房管理局（FHA）在一份文件中指出："如果一个邻里要保持稳定，就必须使其财产继续由相同的社会阶级和种族来占有。财产占有者阶级地位和种族成分的变化通常会导致社会动荡和财产价值的下降。"[④] 1940年，"联邦住房银行委员会"（FHBB）为抵押贷款机构提供了一些统计资料，将美国城市各种社区分为"高风险"社区和"低风险"社区，那些被划分为"高风险"的社区主要位于中心城市的黑人社区，并主张不要对这些社区进行贷款。正是在联邦政府的倡导和支持下，所谓的"红

[①] Arnold R. Hirsch, "'Containment' on the Home Front: Race and Federal Housing Policy from the New Deal to the Cold War", *Journal of Urban History*, Vol. 26 No. 2, January 2000, pp. 163 – 164.

[②] Andrew Wiese, *Places of Their Own*, p. 101.

[③] David L. Kirp, John P. Dwyer, and Larry A. Rosenthal, *Our Town*, p. 26.

[④] William G. Colman, *Cities, Suburbs, and States*, p. 71.

线政策"才流行开来。① 1944 年 10 月,全国有色人种协进会(NAACP)的秘书长沃尔特·怀特(Walter White)向罗斯福总统提交了一份"关于当前联邦住房管理局的歧视政策"的备忘录,指责该局过分强调将"不和谐的种族集团"混合起来的危险。②

因此,由美国住房与城市发展部于 1976 年 7 月召开的一次公平住房会议上,弗朗斯·沃纳(France Werner)在开场发言时一针见血地指出:"也许红线政策最为显著的一个方面及其毁灭性的结果就是,在某种真实的意义上,它是由政府发起的。"事实上,联邦政府的信贷监管机构完全有能力控制抵押贷款的发放,抵制红线政策的发生,因为由这些机构监管的抵押贷款占全部抵押贷款中的绝大部分。比如 1974 年,在所有的尚未清偿的抵押贷款中,高达 75% 的份额是由这些监管机构所管辖的信贷公司所发放的。而在其余的抵押贷款中,还有相当大的一部分是由住房与城市发展部(HUD)所管辖的信贷公司发放的。此外,许多地方性的贷款公司要依靠次级贷款市场的资助才能运行,而这些第二抵押贷款市场是由联邦政府进行控制和管辖的。③ 但是,联邦政府信贷监管机构的消极无为,放纵了金融市场上的贷款歧视和红线政策,从而导致了美国大都市区的阶级分异和种族隔离。

联邦政府的公共住房政策更进一步加重了种族隔离。美国的公共住房政策始于 1937 年住房法,该法授权联邦政府为低收入阶层建造公共住房,并成立了公共住房管理局(PHA),授权该局向地方政府的住房机构提供贷款,以清除贫民窟和建造廉价住房。该局通过两种方式为地方政府提供基金,其一是为地方公共住房项目提供比例高达

---

① Joe T. Darden, "Lending Practices and Policies Affecting the American Metropolitan System", Stanley D. Brunn and James O. Wheeler, eds., *The American Metropolitan System: Present and Future*, p. 97.

② Arnold R. Hirsch, "'Containment' on the Home Front: Race and Federal Housing Policy from the New Deal to the Cold War", *Journal of Urban History*, Vol. 26 No. 2, January 2000, p. 162.

③ U.S. Department of Housing and Urban Development, Office of Assistant Secretary for Fair Housing and Equal Opportunity, *Redlining and Disinvestment as a Discriminatory Practice in Residential Mortgage Loans*, Part I, p. 15.

90%的贷款,其二是为地方公共住房的建造和维修提供补贴。该法规定,任何一个希望建立公共住房的城市,都必须对公共住房项目免税,同时还要成立一个市属的住房管理机构。遗憾的是,联邦公共住房管理局和地方公共住房机构同样执行了种族主义政策。正如住房和家庭财政署(HHFA)的种族关系顾问约瑟夫·雷(Joseph R. Ray)所指出的,"公共住房方案接受了'分离但平等'的原则,而且根据其平等政策,坚持统一执行'平等',然而却允许地方社区去决定'分离'"[①]。

影响最严重的是1949年的联邦住房法,在该法的制定过程中,反对公共住房政策的共和党议员设立了一个圈套,即在该法中增加了一条在公共住房建设中取消种族隔离的原则。如果将这一条款加入该法案,该法案势必遭到共和党的反对而流产;如果将这一条款从该法案中剔除,那么在公共住房建设中就可以合法地实行种族隔离制度。无论结果如何,共和党都能达到其不可告人的目的。结果共和党的阴谋得逞,民主党为了使该法案获得通过,不得不违心地否决了取消种族隔离的条款。另外,1949年的住房法又规定,每一个社区有权决定它是否需要建造公共住房,申请公共住房的联邦补贴必须是自愿的。由于地方政府有权决定是否开发公共住房和开发地点,所以,郊区地方政府只要拒不建立公共住房机构和不申请联邦补贴,就可以避免公共住房的建立,从而排除贫困白人和少数族裔,从而达到阶级分异和种族隔离的目的。比如,马里兰州的蒙哥马利县拥有众多的低收入家庭和少数族裔,但直到1971年6月,该县只有700套公共住房,而当时该县还有1万个家庭需要公共住房。[②] 郊区的抵制使公共住房高度集中于大城市,到1970年,在所有得到该法资助的公共住房中,大约有12%集中于纽约和芝加哥市两个城市。到1972年,在美国的近100万套公共住房中,大约有2/3集中于5万人口以上的城市,只

[①] Arnold R. Hirsch, "'Containment' on the Home Front: Race and Federal Housing Policy from the New Deal to the Cold War", *Journal of Urban History*, Vol. 26 No. 2, January 2000, pp. 161–162.

[②] U. S. Commission on Civil Rights, *Equal Opportunity in Suburbia*, p. 34.

有不足 1/5 位于 1 万人以下的小城镇。① 从公共住房居民的种族构成来看，黑人等少数族裔占据了过高的比例。表 3.18 显示，1950 年 6 月，美国公共住房中非白人居民的比例达到 38%，而其中仅黑人就占去了 36%，远远高于他们在全国人口中的比例。随后少数族裔和黑人的比例迅速上升，到 1969 年 6 月，非白人居民的比例达到 52%，其中仅黑人就占 51%。

表 3.18　美国公共住房中少数族裔居民所占的百分比　　（%）

种族	1950 年 6 月 30 日	1952 年 6 月 30 日	1969 年 6 月 30 日
非白人	38	41	52
黑人	36	38	51

资料来源：William G. Colman, *Cities, Suburbs, and States: Governing and Financing Urban America*, New York: The Free Press, 1975, p. 73.

因此，美国"反对住房歧视全国委员会"分析指出，只要地方政府不作为，就可以排除公共住房。而中心城市又拥有大量的穷人和少数族裔，所以不得不开展公共住房项目。而即使在中心城市，公共住房也从许多中产阶级和富裕白人的社区中排斥出去，只能出现于一些少数族裔和贫困人口集中的社区。而且租户分配政策也导致了种族隔离。这种地点选择的排斥性和租户分配的隔离性却得到了联邦政府的默认和支持。②

六　美国大都市区人口分布模式的危害

正如美国城市问题专家戴维·腊斯克（David Rusk）所指出的，"美国真正的城市问题就是种族和经济地位的隔离问题，这种隔离在

---

① Kenneth Fox: *Metropolitan America*, p. 89.
② U. S. National Committee against Discrimination in Housing and the Urban Land Institute, *Fair Housing & Exclusionary Land Use: Historical Overview, Summary of Litigation & A Comment with Research Bibliography*, Washington, D. C: the Urban Land Institute, March 1974, p. 8.

美国各个主要的城市地区制造了一个下等阶级"[1]。诚然，大都市区中心城市和郊区之间的阶级分异和种族隔离，使郊区中产阶级和富裕阶层在一种优雅的自然环境与和谐的社会环境中享受着一种悠然自得的郊区生活方式，却把下层阶级和少数族裔圈禁于中心城市而弃之不顾，使其身陷困境而无力自拔。

（一）中心城市下层阶级和少数族裔的困境

中心城市与郊区之间的阶级分异与种族隔离对其造成的危害主要表现在以下几个方面：

第一，导致了中心城市与郊区居民收入和财政的不平衡，造成了资源与需求配置方面的失衡，阻碍了社会财富的再分配过程。前文指出，中心城市居民的收入远远低于郊区居民，穷人比例远远高于郊区。这些穷人和少数族裔生活非常困苦，迫切需要政府机构的财政救济。但是，由于白人富裕阶层和中产阶级在郊区建立了独立于中心城市的地方政府，因而不再向中心城市交纳地产税及各种税收，使中心城市的税源日渐枯竭，财政收入捉襟见肘，没有能力拿出更多的资金去救济穷人和少数族裔，改造贫民窟，改进教育设施等。1967年，美国政府间关系咨询委员会在一份报告中指出："大型中心城市正处于不断深陷的财政危机的阵痛之中。一方面，它们正面临着应对急速增长的财政开支的任务，这是由'高负担'居民数量的不断增加而引发的。另一方面，它们的税源却以递减的速率增长着（事实上，在某些情况下正在下降），这是中等和高等收入家庭以及公司企业从中心城市向郊区不断迁移的一种反映。"[2] 虽然联邦政府和州政府对中心城市贫民的社会福利进行了一定程度的援助，但这些援助一方面数额很小，对于极度贫困的穷人和少数族裔家庭如同杯水车薪，无济于事。正如全国公共福利咨询委员会（National Advisory Council on

---

[1] David Rusk, *Cities without Suburbs*, Washington D. C.: The Woodrow Wilson Center Press, 1995, p. 1.

[2] Anthony Downs, *Opening up the Suburbs*, pp. 38 – 39.

Public Welfare）所指出的："全国平均（福利数额）几乎仅仅提供了每个家庭生存所公认的需求量的一半；而在一些收入低微的州内，这种福利供应还不足所需的 1/4。这种微薄的公共救济必然导致贫困和无助延及未来数代，从而使其永久化。"因此，某位评论家对克纳委员会说道："美国的福利制度的目的是省钱，而不是救济，遗憾的是，两者都不能做到。"① 另一方面，各州还对申请福利援助的家庭规定了各种苛刻的条件，比如，接受福利救济的家庭必须是有儿童的单亲家庭，或者需要在该州居住一定的年限等。因此，在缺少外援或援助不足的前提下，中心城市的穷人和少数族裔就如同处于一个贫困的孤岛之中，而郊区白人对此却漠不关心，冷眼旁观。在某种意义上，白人中上阶层的郊区化是对中心城市的抛弃，是对其传统社会职责的推卸和逃避。

第二，导致了中心城市居民教育水平的低下，阻碍了中心城市居民及其后代的发展潜力。首先，居住隔离导致了异常严重的学校种族隔离，根据美国民权委员会对 75 个主要中心城市的一项"公共学校的种族隔离"的调查，75% 的黑人小学生就读于黑人学生占 90% 以上的学校里，几乎 90% 的黑人学生就读于黑人占多数的学校里。同样在这些城市中，83% 的白人学生就读于白人学生占 90%—100% 的学校里。② 其次，中心城市与郊区之间的收入差别导致了两者之间教育投资方面的巨大差别。表 3.19 分析了美国 37 个最大的大都市区中心城市与郊区在 1957 年和 1970 年的人均教育投资情况。在这 37 个大都市区中，1957 年中心城市的人均教育投资只有 61 美元，而郊区则高达 80 美元，中心城市仅仅是郊区的 80%；虽然 1970 年这一比例上升到 86%，但这主要是联邦政府和州政府对中心城市教育援助的结果。差距较大的东部和中西部，1957 年和 1970 年同比分别为 68% 和 73%；1970 年都上升到 84%。就个别城市而言，这种差别就更大

---

① U. S. National Advisory Commission on Civil Disorders, *Report of the National Advisory Commission on Civil Disorders*, p. 252.

② U. S. National Advisory Commission on Civil Disorders, *Report of the National Advisory Commission on Civil Disorders*, p. 237.

了，比如在纽约大都市区，1957年纽约市人均教育投资只有郊区的45%，尚不足郊区的一半，1970年上升到64%。

表3.19 美国37个最大的大都市区中心城市与郊区的人均教育投资（美元）

地区和 大都市区	1957年			1970年		
	中心城市	郊区	市郊比例	中心城市	郊区	市郊比例
美国	61	80	80%	183	211	86%
东部	54	83	68%	186	226	84%
中西部	56	81	73%	182	204	84%
南部	57	70	89%	170	179	95%
西部	84	88	97%	195	233	84%
波士顿	49	68	72%	139	177	78%
布法罗	52	99	52%	165	261	63%
纽约	63	140	45%	215	332	64%
费城	49	72	68%	174	203	85%
匹兹堡	41	64	64%	154	180	85%
芝加哥	48	86	55%	158	199	79%
底特律	62	114	54%	177	261	67%
明尼阿波利斯	55	96	57%	154	284	54%
休斯敦	65	126	51%	140	185	75%
旧金山	65	112	58%	209	264	79%
西雅图	57	87	65%	150	275	54%

资料来源：U. S. Advisory Commission on Intergovernmental Relations, *Fiscal Disparities: Central Cities & Suburbs, 1981*, Washington D. C., 1984, p.58.

由于中心城市的人均教育投资微薄，其教育设施自然也无法与郊区相媲美，尤其是黑人学校与白人学校相比更是相形见绌。在东北部的大都市区中，大约有40%的黑人中学生在40年以上的旧教学楼中上课，而白人中学生的同比只有15%。同时，黑人学生的教室更加拥挤，每个教室平均容纳学生35人，而白人学生每个教室只有28人。① 另外，黑人学校教师的素质也比较差，比如1963年对芝加哥公共学校的一项调查表明，在社会经济地位最低的10所学校中，只有63.2%的教师合格，教师平均教学经验只有3.9年，而其中三所学校教师的平均教学经验只有1年；其中4所学校的黑人学生比例达到100%，3所学校的同比为90%以上。相反，在10所社会经济地位最高的学校中，有8所学校几乎全部是白人学生，另外两所学校白人学生达到75%以上，在这些学校中，90.3%的教师合格，平均教学经验多达12.3年。由于教学条件不同，学生的成绩也相差甚远。比如，根据克纳委员会的调查，在东北部的大都市区中，黑人学生在刚刚入学之时比白人学生的分数稍低，而到六年级之时，黑人学生平均比白人学生低1.6年级，而到12年级之时，黑人学生要比白人学生低3.3年级。就识字水平而言，在1964年6月到1965年12月的测验中，黑人学生的不及格率高达67%，而白人学生只有19%。黑人学生的失学率也远远高于白人，在北部和西部的大都市区中，16—17岁黑人学生的失学率是同龄白人学生的三倍以上。② 另根据麦科恩委员会的一项调查，按照国家规定的8年级学生识字标准，洛杉矶白人中产阶级社区学生阅读单词的正确率为79%，墨西哥裔的居住区博伊尔海茨（Boyle Heights）和东洛杉矶的学生为16%和17%，而以黑人居民为主的瓦茨（Watts）和阿瓦朗（Avalon）区的学生仅为13%和14%。因此，该委员会称黑人的学校处于一种"文化贫困的环境"之中。③

从白人和黑人的学历层次来看，黑人也同样远远低于白人。表3.20显示，在1985年东北部和中西部的中心城市中，没有高中学历的16—64岁白人男子所占比例分别只有29.1%和23.4%，而黑人同比则分别高达43.1%和38.8%；拥有大学学历的白人男子的比例分

---

① David Boesel and Peter H. Rossi, eds., *Cities under Siege: Anatamy of the Ghetto Riots, 1964–1968*, New York: Basic Books, Inc., Publishers, 1971, pp. 315–316.

② U.S. National Advisory Commission on Civil Disorders, *Report of the National Advisory Commission on Civil Disorders*, pp. 237–238.

③ David Boesel and Peter H. Rossi, eds., *Cities under Siege*, p. 213.

别为37.1%和40.7%，而黑人同比分别只有22.2%和28.6%。可见，黑人的学历层次与白人相差悬殊。

表3.20　1985年东北部和中西部中心城市16—64岁白人和黑人的学历层次

种族	教育水平	东北部 数量	百分比（%）	中西部 数量	百分比（%）
白人男子	没有高中学历	944964	29.1	743105	23.4
	只有高中学历	1096986	33.8	1136702	35.8
	一年以上大学学历	1205944	37.1	1291168	40.7
黑人男子	没有高中学历	455349	43.1	479141	38.8
	只有高中学历	366932	34.7	404121	32.7
	一年以上大学学历	234723	22.2	352993	28.6

资料来源：Mattei Dogan and John D. Kasarda, eds., The Metropolis Era, Volume 1, A World of Giant Cities, London: Sage Publications, 1988, p.74.

第三，造成了穷人和少数族裔"工作与住房的失衡"，从而导致了他们的就业困难。前文章节已经指出，美国的就业在不断向郊区迁移，郊区已经成为美国就业的主体。但是，这不等于中心城市功能的丧失，而是在后工业时代实现了功能的转换，即产业结构不断升级，逐步由过去的制造业中心转变为信息和服务中心，那些要求教育水平较高的白领职业不断增加，而那些蓝领工作和非技术性服务业在迅速向郊区迁移。比如在纽约市，制造业所占比例由1951年的35.9%下降到1984年的16.6%，批发—零售业同期由27.1%下降到19.8%，蓝领服务业同期由11.6%下降到9.9%，而白领服务业同期由21.7%上升到49.4%，几乎达到总就业的一半。[①] 而与此同时，穷人和少数族裔却在日益向中心城市集中，所以，穷人和少数族裔的工作地和居住地呈相反的分布趋势，使两者失去平衡，造成就业困难。

---

① Mattei Dogan and John D. Kasarda, eds., The Metropolis Era, Volume 1, A World of Giant Cities, London: Sage Publications, 1988, p.67.

另外，大都市区中就业者通勤方式的变化和通勤距离的延长，也给中心城市穷人和少数族裔的就业制造了困难。由于中心城市穷人和少数族裔就业不足，他们为了获得就业，就需要通勤到郊区就业，即所谓"反向通勤"。前文曾指出，汽车的普及推动了郊区化进程。事实上，两者是互相促进，互为因果的关系，郊区的蔓延和就业的郊区化，使汽车成为必不可少的通勤工具。比如在1977年，在美国最大的20个大都市区中，依靠汽车或者卡车通勤的人员的比例为91%，而乘坐公共交通就业的人员的比例只有7%。[①] 但是，中心城市的许多贫困家庭没有能力购买汽车，从而对其就业构成了严重的障碍。表3.21显示，中心城市少数族裔家庭没有汽车的比例非常高，曼哈顿黑人和西班牙裔家庭没有汽车的比例竟分别高达84.7%和83.5%。

表3.21　　　1980年中心城市没有私人汽车或卡车的少数族裔家庭百分比　　　　　　　　　　（%）

中心城市	黑人家庭	西班牙裔家庭
波士顿	51.3	50.8
纽约	69.3	71.3
布朗克斯	71.1	72.9
布鲁克林	72.2	73.9
曼哈顿	84.7	83.5
昆斯	43.4	49.4
斯塔滕岛	54.2	38.6
费城	50.9	50.8

资料来源：Mattei Dogan and John D. Kasarda, eds., *The Metropolis Era*, Volume 1, *A World of Giant Cities*, London: Sage Publications, 1988, p.75.

[①] U.S. Department of Commerce, Bureau of the Census, *Selected Characteristics of Travel to Work in 20 Metropolitan Areas, 1977*, Washington D.C.: U.S. Government Printing Office, 1981, p.1.

第三章　美国大都市区的阶级分异与种族隔离

由于中心城市的许多贫困居民和少数族裔没有汽车，所以他们主要依靠公共交通上班。而战后以来美国城市公共交通日趋衰落，城郊之间的公共交通更是发展滞后。况且，昂贵的交通费用也使城市贫民无力承担。根据美国劳工部的调查，在20世纪80年代，占美国人口25%的最低收入阶层将其税后收入的33%用于通勤，换言之，通勤支出占其收入的1/3，而所有消费者的同比只有17%。[1]

由此可见，许多蜗居中心城市的贫困人口和少数族裔，既不能在中心城市找到合适的工作，也没有能力到郊区就业，因此，中心城市的失业率远远高于郊区的失业率。在城市贫民和少数族裔就业本来就已经十分困难的情况下，私人公司在就业方面的种族歧视更使黑人等少数族裔雪上加霜。比如，1966年，根据劳工部对某一贫民窟社区的就业调查，该社区16—19岁的非白人男子的失业率高达26.5%，16—24岁的非白人男子的失业率为15.9%，而美国所有人员的总失业率只有3.8%。最棘手的失业问题是中心城市的50万"硬核"（hardcore）失业人员，他们缺少基本的教育，毫无工作技能，整天游手好闲，其中大部分是18—25岁的黑人。[2] 到1975年经济最为萧条的时期，黑人失业人数比白人高1.7倍，而到1980年黑人失业人数比白人高2.3倍。[3] 中心城市的黑人不仅失业率高，而且黑人所从事的职业主要集中在非技术性领域。这些工作不仅报酬低，而且很不稳定，也没有晋升的机会。表3.22显示，工资水平越高的职业，白人所占的比例就越大，而工资水平越低的职业，有色人种所占的比例就越大。比如，白人在年平均工资为7603美元的专业、技术和管理工作中的就业人员占白人就业总人口的27%，而黑人同比只有9%，仅为白人的1/3。白人在年平均工资仅为3436美元的服务业中只占其就业总人口的6%，而黑人

---

[1] Devaiyoti Deka, "Job Decentralization and Central City Well-Bing: An Empirical Study With Sectoral Data", *Urban Affairs Review*, Vol. 34, No. 2, November 1998, p. 267.

[2] U. S. National Advisory Commission on Civil Disorders, *Report of the National Advisory Commission on Civil Disorders*, pp. 231–232.

[3] 艾晓陆摘译：《美国黑人的政治状况》，《民族译丛》1981年第3期。

则多达16%。白人年平均工资仅为2410美元的非农业体力劳动者只占其就业总人口的6%，而黑人则高达20%。

表3.22　　1966年白人和少数民族男子职业和收入分布状况

职业类型	1966年所占百分比（%）白人	1966年所占百分比（%）有色人种	1965年工资水平（美元）
职业、技术、管理人员	27	9	7603
办公人员和售货员	14	9	5532
工匠和工头	20	12	6270
机器操作工	20	27	5046
服务业工人	6	16	3436
非农业体力劳动者	6	20	2410
农场主和农业工人	7	8	1699

资料来源：U. S. Kerner Commission, *The 1968 Report of the Commission on Civil Disorders*, New York: Pantheon Books, 1988, p.254.

由于黑人的高失业率和低工资水平，黑人的贫困现象更加严重。1966年，美国有11.9%的人口生活在贫困线以下，而有色人种的同比却高达40.6%，中心城市有色人种的贫困人口占全国贫困人口的41.7%。在中心城市2人以上的家庭中，有色人种的贫困率为30.7%，而白人只有8.8%。1964年，中心城市抚养6岁以下儿童的有色人种女性单亲家庭，其贫困率竟高达81.0%。[1] 可见，包括黑人在内的有色人种的贫困现象比白人严重得多。就黑人内部来看，中心城市黑人的境况要比郊区黑人更加糟糕。表3.23显示，1970年，收入在3000美元以下的家庭，中心城市和郊区分别为12.8%和12.7%，中心城市只比郊区高0.1个百分点；而到1977年，中心城市和郊区的同比分别下降到9.5%和7.1%，中心城市比例郊区高2.4个百分点。而年收入在2.5万美元以上的家庭，1970年中心城市和郊区分别为6.7%和7.6%，中

---

[1] U. S. Kerner Commission, *The 1968 Report of the Commission on Civil Disorders*, New York: Pantheon Books, 1988, pp. 258-259.

心城市比郊区低0.9个百分点；而到1977年，中心城市和郊区的同比分别上升到6.8%和12.4%，中心城市比郊区低了5.6个百分点。可见，中心城市和郊区黑人家庭的贫富差距在不断加大。

表3.23　　1970和1977年中心城市和郊区黑人家庭收入的分布　　　　（%）

区域 总收入　　年度	郊区		中心城市	
	1970	1977	1970	1977
3000美元以下	12.7	7.1	12.8	9.5
3000—5999美元	14.3	15.3	15.9	22.9
6000—9999美元	19.3	19.6	20.3	20.5
10000—14999美元	21.7	15.3	22.1	14.8
15000—24999美元	24.4	30.3	22.1	25.5
25000美元以上	7.6	12.4	6.7	6.8
总数	100.0	100.0	100.0	100.0

资料来源：Robert W. Lake, *The New Suburbanites, Race and Housing in the Suburbs*, New Brunswick, N. J. : Rutgers University, 1981, P. 24.

根据黑人的高失业率、低层次就业和贫困生活，加州州长帕特·布朗（Pat Brown）任命的一个委员会指出："在我们的社区中，黑人所面临的最为严峻而迫切的问题是就业问题——确保和拥有一份工作，为其提供生计，一个能够使他自己及其家庭能够谋生的机会，一种尊严，以及一种他感到在确切和真实的意义上他是我们社区中一员的感觉。"该委员会呼吁联邦、州和城市政府为黑人等少数族裔创造就业机会，呼吁公司企业和工会结束种族歧视行为，并为黑人等少数族裔举办就业培训班等。①

第四，由于穷人和少数族裔不能向环境良好的郊区迁移，只好在中心城市衰败的社区或贫民窟中聚集，从而产生了一种"危机的聚集效应"（critical mass effect）。任何社会行为都会产生溢出效应，这种

---

① David Boesel and Peter H. Rossi, eds. , *Cities under Siege*, p. 212.

溢出效应会影响周围群体的行为，如果某种行为被人们司空见惯，习以为常，就会形成一种社会风气，从而进一步加重了其影响，这样就形成了聚集效益。社会下层群体和不良行为聚集到一起所产生的溢出效应就是负溢出效应，它产生的影响远远大于这些下层群体和不良行为在分散的情况下所产生的影响，从而对社会造成更大的危害。在美国中心城市的贫困社区中，这种副溢出效应形成了一种恶性循环。当中产阶级家庭从这种社区中撤离以后，那些"主流贫民"（mainstream poor）在收入提高以后也会迅速离去。这些相对富裕家庭的离去导致了更加贫困的人口的聚集。这样，该社区就会被"掉队的贫民"（left-out poor）的副溢出效应所控制。同时，由于该社区破坏行为的增多和合格的就业人员不断减少，许多私人公司也会纷纷迁移出去，从而减少了该社区当地的就业。一些商业机构由于这里购买力的下降也同样会纷纷离去，从而进一步减少了这里的就业和经济活力。这样，一种恶性循环就开始了。居民住房和市政设施迅速衰败，贫困居民的身体和精神状态则不断恶化，社会问题增加。更为严重的是，由于流失了大量的社会精英，而留下和进入的主要是社会底层居民，他们没有能力通过政治渠道获得政府的帮助来改善这里的悲惨状况。所以，这里的居民情绪沮丧，自甘堕落，因而出现了犯罪率提高、家庭破裂、精神病、吸毒、学校质量低劣、公共服务设施不足等问题，使他们的社区成为"危机的隔都区"（crisis ghettos）。美国住房和城市发展部的部长罗伯特·韦弗（Robert Weaver）对这种副溢出效应进行了精辟的论述："某些因素现在已经汇集于贫民窟之中……造成了许多明显而确定的问题。他们包括积习难返的中年酒鬼、不可救药的妓女、不知廉耻的同性恋者、麻木不仁的惯犯以及诸如此类的人们，他们或者拒不悔过自新，或者长期依赖最高级别的救济。他们包括各个族裔，并且构成了真正的'硬核'。此外，那些带有传统问题的、表现出某种形式的反社会行为的家庭，在贫民窟居民之中是非常普遍的。""下述奢望是很不现实的……期待那些被弃绝于中产阶级报偿之外的大多数人们，去努力获取已经为经验所证明他们不可企及的事物……只要我们之中一部分人被贬低到在他们看来是一种制度性的低下地位时,贫民窟和衰败地区的社会反常现象就将会持续下去。"①

虽然"危机的隔都区"中的许多问题应该归咎于这些穷人和少数民族自身,但事实上,"危机的隔都区"中许多无辜的低收入居民和少数族裔是这些破坏行为的主要受害者,因为他们不能像中产阶级和富裕家庭那样逃离这种环境,只能在这里痛苦地忍受煎熬。由于那些中产阶级和富裕的家庭已经在环境较好的其他城区或郊区设立了重重法律障碍,使他们难以逾越。因此,安东尼·唐斯(Anthony Downs)指出,所谓过滤过程及其结果并不是"自由市场力量"的自然结果,"相反,它是由于公共政策和法律创造、维持和推进的,这种公共政策和法律阻碍了自由市场发挥作用。那些政策和法律设计出来就是为了保护城市中多数人的既得利益,而使穷人付出了沉重的代价,这些穷人构成了我们社会中的相对少数。"②

(二) 黑人民权运动的爆发

戴维·腊斯克(David Rusk)不无夸张地写道:"如果美国没有种族问题,那么美国就不会有'城市问题'。"③ 这句话虽然有些夸大其词,但也道出了种族问题在美国城市中的重要性。黑人在美国大都市区独特的分布模式,即高度城市化、高度隔离化和低度郊区化,对于黑人民权运动产生了深刻的影响。

任何事物的发展都是一分为二的,虽然白人中产阶级和产业的郊区化以及黑人在中心城市的聚集与隔离对黑人的就业、教育和社会福利等造成了极为不利的影响,但聚集却壮大了他们的力量,推动了民权运动的发展,使黑人在政治上取得了巨大的成功。

20世纪60年代,美国的许多大城市爆发了黑人骚乱。按照克纳委员会的调查,在全国的128个城市中共发生了164起骚乱,其

---

① Anthony Downs, *Opening up the Suburbs*, pp. 90–92.
② Anthony Downs, *Opening up the Suburbs*, p. 11.
③ David Rusk, "America's Urban Problem/America's Race Problem", *Urban Geography*, Vol. 19, No. 8, 1998, p. 757.

中 8 起为主要骚乱，33 起为严重骚乱，123 起为小规模骚乱。① 对于骚乱发生的原因，人们作出了不同的解释，克纳委员会将其归因于美国的种族歧视与种族隔离。而美国城市史学家肯尼思·福克斯则从大都市区生态组织结构的角度进行了分析，称之为"大都市革命"。福克斯认为，美国黑人骚乱固然是种族歧视与种族隔离的必然结果，但也与美国大都市区的生态组织结构和人口分布模式有着密切的联系。他指出：全国黑人骚乱是"对战后正在出现的大都市区的社区结构的一种反抗"。因为"雄心勃勃的中产阶级利用郊区社区稳固地确立了其在全国社会中的崭新地位。同样，中心城市的黑人则试图通过骚乱的方式，将他们的社区提高到与白人中产阶级郊区、白人工人阶级郊区以及中心城市的富人、中产阶级和工人阶级社区平等的地位，使其成为大都市社区中同等重要的组成部分。中心城市的骚乱比郊区的中产阶级革命更加引人注目和轰轰烈烈，但其目的是相似的"②。福克斯从大都市区生态组织结构和人口分布模式的角度对黑人骚乱进行了分析，具有一定的新意。但笔者认为，"黑人革命"不应仅仅狭隘地理解为 60 年代的黑人骚乱，而应将其看作一个漫长的历史过程。这一革命在很大程度上孕育于黑人大迁徙、黑人城市化和黑人隔都区的形成过程之中，这种聚集为黑人革命积蓄了力量，作好了准备。

首先，黑人的城市化和向黑人隔都区聚集，开阔了黑人的眼界，唤起了黑人的民族意识。在黑人从南部贫困落后的乡村向北部和西部大城市迁徙和汇聚的过程中，他们发现城市是获取财富、权力和地位的"机遇之乡"。但是，由于白人的种族歧视和种族隔离政策，这些机遇与他们只是擦肩而过，只不过是水月镜花，他们只能蜗居在中心城市的贫民窟中，忍受着高失业率和极度贫困，从而使他们产生了一种强烈的幻灭感和失落感，这是身处南方穷乡僻壤、与世隔绝的黑人分成农所无法体味到的。正如一位黑人学者所指出的："种族差异最

---

① Kenneth Fox, *Metropolitan America*, p. 154.
② Kenneth Fox, *Metropolitan America*, p. 138.

大的地方，不是在南部，而是在芝加哥。"①

黑人在城市中的共同遭遇和苦难，使他们认识到他们是同命相连、患难与共的。60年代黑人领袖斯托克利·卡迈克尔在一次演讲中悲愤地控诉道："我们在这些城市中并不掌握我们的资源。我们不掌握土地、房屋和商店。这些都属于住在黑人社区以外的白人。这些地方都是地地道道的殖民地，因为黑人的资金和廉价劳动力受到住在市区以外白人的剥削。白人政权制定了各种法律，并让白人种族主义警察和雇佣的黑人用枪支和警棍来执行这些法律。"② 正是在这种共同的感受中，黑人的民族意识逐渐觉醒。随着民权运动的展开，黑人当中发生了一种"期望革命"（revolution in expectations），他们有了新的自尊和自我形象。卡迈克尔还在一次演讲中首次提出了"黑人力量"这一概念。后来，卡迈克尔和另一黑人查尔斯·汉密尔顿在《黑人力量》一书中解释道，黑人力量就是"对这个国家黑人的一个号召，叫他们团结起来，认识自己的传统，形成一种团体的意识"，"这是对黑人的一个号召，叫他们开始确定自己的目标，起来领导自己的组织，支持这些组织"③。"在政治上，黑人力量意味着独立的行动，黑人要掌握黑人聚居区的政治权力，并用来改进黑人的经济和社会状况。黑人力量可以采取组建黑人政党的形式，或者控制聚居区内的政治机器，而无需白人政客的指导或支持……基本的信念是，只有形成一个组织良好、团结一致的黑人投票集团，才能满足黑人大众的所需所想。""在经济上，黑人力量意味着创建黑人独立的自给自足的企业，不仅鼓励黑人企业家，还要形成聚居区的黑人合作……在教育方面，黑人力量呼吁由地方社区控制黑人聚居区的公共学校。"④ 可见，黑人的聚集及其共同的苦难对于唤醒其民族意识发挥了关键的

---

① 胡锦山：《美国黑人第二次大迁徙及其影响》，博士学位论文，东北师范大学，1995年，第19页。
② 胡锦山：《美国黑人第二次大迁徙及其影响》，第48页。
③ [美] 弗·斯卡皮蒂：《美国社会问题》，第97页。
④ U. S. National Advisory Commission on Civil Disorders, *Report of the National Advisory Commission on Civil Disorders*, pp. 110 – 111.

作用。

其次，黑人的城市化和向黑人隔都区的聚集，壮大了黑人力量。我国美国史学者张友伦先生曾精辟地指出："如果黑人的居住地十分分散，不能互相沟通，那就很难形成共同的认识、共同的斗争策略和共同的奋斗目标，其凝聚力是比较微弱的和不巩固的。在这样的条件下，黑人运动只能是小规模的、地区性的，而且不能持久。"①二战以前，黑人主要分布在南部广大的农村地区，形同一盘散沙，他们无法进行沟通和团结起来，因此黑人力量弱小，任由白人种族主义者欺凌和宰割。而二战以后，黑人的城市化和聚集使分散的黑人"化零为整"，同时，由于黑人空间分布的"二高一低"的特征，黑人很难向郊区分散，因而没有出现"化整为零"的局面，从而进一步提高了黑人在中心城市的汇集。而在中心城市的内部，由于高度的种族隔离，黑人又主要集中于黑人社区。黑人的集中克服了他们过去力量分散的弱点，加强了黑人的团结，为黑人展开声势浩大的民权运动创造了条件。其主要表现在：

第一，黑人组织的大量涌现。黑人为了改善自己的处境，获取政治和社会平等权利，建立了许多黑人组织，创办了大量的报纸杂志，并涌现了许多杰出的黑人领袖。1905年6月，在黑人领袖杜波依斯的领导下，一些黑人在加拿大尼亚加拉瀑布城召开会议，组成了尼亚加拉运动组织。1910年5月，由白人和黑人共同组成的全国有色人种协进会成立，创办了《危机》杂志。1911年成立了全国城市黑人状况联盟（简称全国城市联盟）。马库斯·加维曾于1914年在牙买加组成了"环球黑人进步"组织，1916年来美后又建立了众多的分会，创办了《黑人世界》报。其他黑人组织还有1919年成立的种族间合作委员会、1920年成立的黑人自由之友会、1925年成立的美国黑人劳工大会等等，不胜枚举。战后黑人组织继续发展，黑人报刊继续增

---

① 张友伦、肖军、张聪：《美国社会的悖论——民主、平等与性别、种族歧视》，中国社会科学出版社1999年版，第257页。

第三章　美国大都市区的阶级分异与种族隔离

多，50年代初有15所黑人通讯社、318种黑人报纸和98种杂志。[①] 重要的组织有马丁·路德·金领导的南方基督教领导大会、斯托克利·卡迈克尔领导的黑人学生非暴力协调委员会、马尔克姆·X领导的黑人穆斯林团体——非洲裔美国人团结组织等。黑人组织的建立和报刊的发行，培养了黑人的民族觉悟，增强了黑人的战斗意志，壮大了黑人的力量，为黑人进行反对种族歧视和种族隔离，争取政治和社会平等的斗争奠定了组织基础。

第二，黑人斗争策略的变化和战斗性的增强。在黑人大规模城市化以前，由于黑人的软弱，无论是黑人领袖还是普通黑人，都表现出极大的妥协性和怯懦性。比如，19世纪末20世纪初的黑人领袖、塔斯克基运动的创始人布克·华盛顿，反对进行政治斗争，只主张通过职业教育和体力劳动来改变黑人的社会经济地位。他认为"一个人只要能做一点世界上需要做的事情，终究会腾达起来，不论他属于哪个种族"。他甚至在一次演讲中谦卑地表示：黑人是世界上"最有耐心、最忠诚、最守法令、最守本分的人"。尼亚加拉运动在20世纪初虽然称得上是一个激进的派别，主张进行政治斗争，争取黑人的政治权利，但却反对暴力斗争。就连倡导黑人意识的马库斯·加维也反对暴力斗争，他说："我们组织起来不是为了仇恨别人，而是为了提高我们自己的社会地位，为了要获得全人类的尊重。"[②] 他甚至主张美国黑人迁移到非洲去建立黑人的国家。到50年代，随着黑人民权运动的兴起，马丁·路德·金虽然领导了黑人大规模的群众性政治斗争，但仍然没有脱离非暴力主义的窠臼。但是，随着城市黑人力量的壮大和斗争的发展，以暴抗暴的呼声不断高涨。比如，马尔克姆·X就反对马丁·路德·金的非暴力主义，他指出：美国"是一个讲究暴力的国家，四百年来，黑人一直是暴力的受害者"。美国黑人有权力

[①] 刘绪贻：《二次世界大战后十年美国黑人运动的起伏》，《武汉大学学报》1981年第2期。

[②] 张友伦、肖军、张聪：《美国社会的悖论——民主、平等与性别、种族歧视》，第222、252—254页。

"以暴力对付暴力，以眼还眼，以牙还牙"①。而在加州的奥克兰甚至还出现了按照军队编制组建起来的黑豹党。

不仅黑人领袖的斗争态度越来越激进和坚决，而且备受欺凌的黑人市民也越来越勇于进行反抗。19世纪后期和20世纪初，黑人遭受白人的欺侮、殴打、私刑、纵火乃是司空见惯之事，黑人或是默默地忍受，或是进行被动的分散的反抗。比如，1900年，在纽约种族骚乱中，白人警察和居民任意屠杀和殴打黑人，被称为"狩猎黑鬼"（Nigger Chase）。1917年，在东圣路易斯的骚乱中，白人警察穷凶极恶地向手无寸铁的蜷缩在一起的黑人开枪，逆来顺受的黑人竟没有进行反抗。国会调查委员会指出：白人警察"不仅不是和平卫士，反而成为暴民的成员……为劫掠和屠杀的惨景增添了恐怖的气氛"②。20世纪五六十年代，黑人民权运动是对白人种族歧视的一次大爆发。由于城市黑人数量的增加和力量的壮大，他们为争取自己的政治和社会权利展开了积极的斗争，而且斗争方式也更加灵活多样，不仅限于和平手段，如选民登记运动、静坐运动、自由乘客运动、进军、游行示威等，在必要的情况下也掀起了武装斗争，从而形成了60年代席卷全国的轰轰烈烈的黑人城市骚乱，其规模可谓空前绝后，无与伦比，而且斗争的目标越来越崇高，由取消种族隔离发展到完全的政治和社会平等。由此可见，大都市区中黑人的高度城市化、高度隔离化和低度郊区化，有利于唤醒黑人的民族意识和壮大黑人力量，对黑人民权运动发挥了一定的积极作用。

美国大都市区中的阶级分异与种族隔离、两个世界的形成及其所造成的中心城市贫困居民和少数族裔的困境，引起了越来越多的关注，许多学者、民权组织乃至政府官员纷纷主张取缔各种导致阶级分异和种族隔离的私人行为和政府措施，比如种族限制性契约、郊区地方政府的排他性分区制、抵押贷款歧视和双轨住房市场等。

---

① 南开大学历史系美国史研究室等：《美国黑人解放运动简史》，人民出版社1977年版，第340页。

② David Boesel and Peter H. Rossi, eds., *Cities under Siege*, p. 159.

七 种族限制性契约的司法判决与种族隔离的松动

在20世纪前期，种族限制性契约是美国白人实行种族隔离最主要的制度性措施。在关于种族限制性契约的判决中，对于"州政府行为"的解释是一个关键，因为联邦宪法第14条修正案的制约对象是各州政府，而不是私人行为。在1948年以前，大多数州法院将州法院的司法判决排除在州政府行为之外，从而便利了州法院对种族限制性契约的纵容。在黑人民众、民权组织和某些政府部门的斗争之下，1948年联邦最高法院将州法院的判决也包含在"州政府行为"之中，从而制止了州法院对种族限制性契约的纵容。此后，对"州政府行为"的解释日益扩大，对种族限制性契约的控制更加严格，从而在美国种族隔离的藩篱中打开了一个缺口。

（一）对"州政府行为"的解释与法院的判决

前文指出，如何解释"州政府行为"，对于种族限制性契约案件的判决具有极大的影响。表面看来，判断某一行为是否属于"州政府行为"似乎简单得很，州政府各个部门所采取的行动都属于"州政府行为"，而州政府机构包括立法、行政和司法三个部门，那么州议会的立法、州行政机构的执法以及州法院的判决和司法命令，都应该属于"州政府行为"。然而，问题并没有那么简单，正如一篇文章所指出的那样，"州政府行为"很难界定，因为州政府行为与私人行为是"一个连续谱系的中的两极"，在这两极之间存在着很多中间地带。从极其严格的解释来说，一些法院认为，州法院对私人契约的判决不是州政府行为，因为这种强制执行仅仅是在履行私人契约义务，而不是州政府机构的直接行为，即使其直接结果损害了联邦宪法所保障的公民权，也没有违背联邦宪法对州政府的限制。从宽泛的角度来看，不仅州议会的立法、州行政部门的执法和州法院的判决属于州政府行为，而且某些个人或群体的行为如果得到了州政府的授权或资助，就具有了政府的性质，其行为都应该受到联邦宪法的制约。① 对"州政府行为"的严格解释放松了联邦宪法对州法院判决的制约，便利了其在司法判决中对种族限制性契约的纵容，从而加剧了美国的种族隔离；而宽泛的解释将所有州政府部门的行为都纳入联邦宪法的限制范围，甚至包括某些得到政府授权和资助的个人和组织的行为，从而有利于加强对种族限制性契约的制约。

对州政府行为的宽严解释可以分为这样几个阶段，第一阶段为宽泛解释时期，从19世纪后期到1917年的布坎南判决案。在此期间，由于内战后重建时期刚刚结束，法院对黑人等少数族裔的民权问题比较敏感；与此同时，黑人刚刚开始进入城市，城市黑白种族冲突尚未激化，白人主流民族对法院判决的压力还没有达到后来的程度，因此，法院还比较注意保护黑人的民权。第二阶段为从严解释时期，从1917年的布坎南判决案到1948年的谢利判决案。在此期间，由于黑人的大迁徙和迅速城市化，白人对黑人的种族歧视加剧，黑白种族矛盾激化，造成激烈的种族冲突和社会动荡，同时黑人向白人社区的迁入导致了白人地产价值的下降。为缓解种族冲突和防止地产价值的下降，从地方、州乃至联邦政府，都希望城市社区"黑白分明"，也就是支持一定程度的种族隔离。因此，严格解释州政府行为，将法院的判决和对种族限制性契约的强制执行排除在州政府行为之外，以便建立"黑白分明"的种族隔离社区。第三阶段为1948年联邦最高法院的谢利案判决之后，这一时期再次成为宽泛解释时期。二战以后，由于黑人民族意识的觉醒和民权运动的兴起，民主人士对法院的抨击，自由派法学专家的案例分析，使联邦最高法院不能继续放任州法院对种族限制性契约的纵容，宣布州法院的判决也属于州政府行为，应该受到宪法第14条修正案平等保护条款的制约，种族隔离的藩篱被打开了一个缺口。当然，上

---

① "State Action Reconsidered in the Light of Shelley v. Kreamer", *Columbia Law Review*, Vol. 48, No. 8 (Dec., 1948), pp. 1241 – 1242.

第三章 美国大都市区的阶级分异与种族隔离

述分期不是绝对的,因为任何全称判断都有很大的风险。

第一阶段主要包括如下判例。其一是 19 世纪 80 年代的数起民权案件,联邦最高法院认为,州政府行为包括州政府的立法、行政和司法三个部门的所有行为,其中尤其强调了易被忽视的司法行为。联邦最高法院在判决词中指出,如果私人的歧视行为"得到了州政府的某种支持,或得到了州政府机构的……某种庇护",就违反了宪法第14条修正案。①

其二是 1892 年的"甘多尔福诉哈特曼"(Gandolfo v. Hartman)判决案。在该案件中,某一地产合同禁止将该地产出租给华人,但由于该地产主违约将其出租给华人而引起了诉讼。南加州的巡回法院在判决中认为,该契约违背了联邦宪法第 14 条修正案的平等保护条款,剥夺了华人平等的受法律保护权。并且指出,该修正案条款不仅适用于州立法机构通过的法律,而且也适用于州法院的司法判决;不仅对州政府行为具有约束力,而且对于私人行为也同样具有约束力。② 该法院的法官在判词中指出:"一种观点认为,州和市镇法人的立法机构不得通过立法歧视华人,而本州的公民则可以通过合同合法地对华人加以歧视,法院也可以强制执行该合同。本人认为,这种观点是完全不能认同的。由宪法所禁止的任何行为,既不能通过立法加以实施,也不能由公民私人的合同予以实行,而法院也不能强制实行这种立法与合同。"③ 该判决无疑是非常激进的,超越了联邦宪法的授权,从前文第 14 条修正案的条文可以看出,该条文主要是针对州政府行为的,而不包括私人契约。尽管上述判决和解释具有种族平等的进步精神,但它不符合美国宪法的精神。因此,该判决并没有引起各州法院的重视,而是在后来的审判中被有意无意地忽略或回避了。

---

① "State Action Reconsidered in the Light of Shelley v. Kreamer", *Columbia Law Review*, Vol. 48, No. 8 (Dec., 1948), p. 1243.

② John A. Huston, "Constitutional Law: Equal Protection: Zoning: Snob Zoning: Must a Man's Home Be a Castle?", *Law Review*, Vol. 69, No. 2 (Dec., 1970), p. 738.

③ Harold I. Kahen, "Validity of Anti-Negro Restrictive Covenants: A Reconsideration of the Problem", *The University of Chicago Law Review*, Vol. 12, No. 2 (Feb., 1945), p. 199.

第三个案件就是前文所阐述的1917年的布坎南案。就法理而言，该判决案再次强调了州议会通过的法律不能违背宪法第14条修正案，而州法院也不能强制执行这类法律，同样受该条款的限制。

第二阶段的判决发生了极大的逆转，各级法院一般都把州法院的判决和发布的强制执行令排除在州政府行为之外。比如，在1925年加州的"扬斯投资公司诉沃尔登等人"（Janss Inv. Co. v. Walden et al）一案中，扬斯地产公司在出售地产合同中加入一项种族限制性条款，规定"该地产的任何部分都不得由白人或高加索种族以外的任何人使用或占有"。而且该合同还包含了违约罚款的条目。后来，沃尔登等人违反了该条款，将其地产转售给黑人，于是扬斯公司提起诉讼。加州法院在判决中认为，地产合同中的限制性条款有效，并发布了强制执行令，扬斯地产公司有权将地产收回。[①] 该判决表明，州政府的司法部门可以发布命令强制执行具有种族歧视性质的私人契约，而不受宪法第14条修正案的限制，也就是说，州法院的行为不属于州政府行为。这样的判决还包括1919年加州法院对"洛杉矶投资公司诉加里"（Los Angeles Investment Co. v. Gary）案的判决，1930年科罗拉多州法院对"钱德勒诉齐格勒"（Chandler v. Ziegler）案的判决，马里兰州法院对"米德诉丹尼斯顿"（Meade v. Dennistone）案的判决等等，不胜枚举。州法院之所以将其判决排除在州政府行为之外，是因为它们认为，州法院的强制执行仅仅是执行了私人契约的权利，具有明显的间接性，而不是州政府机构的直接行为，因而不受宪法第14条修正案平等保护条款的限制。[②]

在各州法院判决主流的影响之下，联邦最高法院也作出了类似的判决，比如1926年的"科里根诉巴克利"（Corrigan v. Buckley）判决案、1927年的"哈蒙诉泰勒"（Harmon v. Tyler）判决案、1930年的"里士满诉迪恩斯"（Richmond v. Deans）判决案，等等。

---

① R. D. L. , "Restraints on Alienation: Restrictive Covenants: Racial Discrimination", *Michigan Law Review*, Vol. 24, No. 8 (Jun. , 1926), p. 840.

② "State Action Reconsidered in the Light of Shelley v. Kreamer", *Columbia Law Review*, Vol. 48, No. 8 (Dec. , 1948), p. 1243.

联邦最高法院认为，州政府的行为只包括立法部门的法律和行政部门的行动，而将州法院的判决排除在外，其歧视性判决不受宪法第14条修正案平等保护条款的制约。① 其中影响最大的是对科里根案的判决，它确定了1948年谢利判决案之前州法院对此类案件判决的基调，属于一次地标性的判决。

科里根案发生于哥伦比亚特区，一位白人地产主巴克利试图阻止另一位白人地产主科里根将其地产卖给一位黑人妇女柯蒂斯（Curtis），因为该交易违反了该邻里所有业主所签署的一项种族限制性契约。哥伦比亚特区法院判决该契约有效，并发布了强制执行令。案件上诉到哥伦比亚特区的上诉法院，该法院维持了原判。最后，联邦最高法院作出终审判决，认为地产主可以签订限制性契约，约束自己、继承人和其他签约人，在一定的时期内（本案是21年）不可使地产由黑人购买、租用或占用，并支持特区法院发布的强制执行令；州法院的判决不属于州政府行为，不受宪法第14条修正案的限制。② 此判决一出，各州法院纷起效尤，从而使种族限制性契约成为实行种族居住隔离的一个有力工具。

（二）对"州政府行为"解释的扩大与判决的转变

各州乃至联邦法院对种族限制性契约和种族隔离的纵容，遭到了美国黑人、进步白人、民权组织、法律专家的抨击与反抗。于是，联邦法院的判决开始发生转变，逐渐将州法院的司法判决纳入州政府行为的范畴，其歧视行为应该受到宪法第14条修正案的制约。在联邦最高法院的各项判决中，尤以1948年对"谢利诉克雷默"等案件的判决为代表，从根本上制止了各州法院对种族限制性契约的纵容，使美国反对种族歧视和种族隔离的斗争翻开了新的篇章。

在反对种族限制性契约的诉讼斗争中，众多的民权组织投身其

---

① "Executory Limitation Preventing Sale to Negroes Unenforceable in State Court", *Columbia Law Review*, Vol. 58, No. 4 (Apr., 1958), p. 572.
② R. D. L., "Restraints on Alienation: Restrictive Covenants: Racial Discrimination", *Michigan Law Review*, Vol. 24, No. 8 (Jun., 1926), p. 843.

间，其中尤以全国有色人种协进会（NAACP）最为积极，而其在芝加哥市的分会做得最为出色。1933年，该分会首次涉足于一次限制性契约案件，但归于败诉，于是该分会发表了一份文件对种族限制性契约进行了痛斥。然而，1937年的"汉斯博里诉李"（Hansberry v. Lee）一案取得了初步的胜利。在这次案件的审理过程中，该分会成立了一个"百人委员会"，募集了大笔资金以支持诉讼。卡尔·汉斯博里（Carl Hansberry）是该组织在芝加哥的秘书，也是芝加哥南部黑人地带的一位黑人地产商。1937年，他在白人社区华盛顿公园（Washington Park）购买了一座三层的公寓楼房，引起诉讼。库克县（Cook County）法院和伊利诺伊州最高法院在判决中都支持种族限制性契约的执行，汉斯博里被迫卖掉楼房并搬走。在1940年11月，美国最高法院推翻了低级法院的判决，允许汉斯博里一家搬回该楼，随后，其他黑人也搬进了这一社区。全国黑人和进步人士为之欢欣鼓舞。[①] 联邦最高法院在40年代初期的其他一些案件中，也作出了类似的判决，比如在1940年的"坎特韦尔诉康涅狄格州"（Cantwell v. Connection）案和1941年的"布里奇诉加州"（Bridges v. California）案中，联邦最高法院认为，州法院的判决属于州政府行为，应该受到宪法第14条修正案平等保护条款的限制。[②]

在联邦最高法院的影响之下，一些州法院也作出了进步的判决，比如在1946年的"马什诉亚拉巴马州"（Marsh v. Alabama）一案中，该州法院认为，即使州法院仅仅允许强制执行所谓的个人合法权利，也属于州政府行为，应该受到宪法第14条修正案的限制，但纯粹的私人行为不受此限。[③] 然而，更多的州法院依然我行我素，继续纵容

---

① Wendy Plotkin, "'Hemmed in': The Struggle against Racial Restrictive Covenants and Deed Restrictions in Post-WWW Ⅱ Chicago", *Journal of the Illinois State Historical Society*, Vol. 94, No. 1, Race and Housing in Post WW Ⅱ Chicago (Spring, 2001), pp. 42–43.

② "State Action Reconsidered in the Light of Shelley v. Kreamer", *Columbia Law Review*, Vol. 48, No. 8 (Dec., 1948), p. 1242.

③ Charles B. Blackmar, "Constitutional Law: Equal Protection: Judicial Enforcement of Race Covenants", *Michigan Law Review*, Vol. 46, No. 7 (May, 1948), p. 978.

第三章　美国大都市区的阶级分异与种族隔离

限制性契约对黑人的排斥。比如，在1947年密歇根州的"西北公民协会诉谢尔登"（Northwest Civic Ass'n v. Sheldon）一案中，某一社区地产公司要求法院发布命令，禁止黑人使用或占用该社区的地产。法院的判决认为，种族限制性契约既不违反一般的公共政策，也不违反联邦宪法第14条修正案，并发布了强制执行令。[1] 总之，40年代初期的判决彼此矛盾，相互冲突，进步与保守的趋势相互交织。

公共舆论的转向对法院判决的转变发挥了积极的作用。比如，在1945年，全国有色人种协进会在芝加哥召开的一次会议上，对种族限制性契约进行了严厉的谴责，会议决议指出："当前的限制性契约是迫使黑人蜗居黑人社区最有效的武器。"又如，美国种族关系委员会社区服务处的处长罗伯特·韦弗（Robert Weaver）于1945年9月撰写了一个小册子《围困——种族限制性契约的ABC》，对种族限制性契约进行了痛斥和鞭挞。1946年5月，芝加哥反对种族限制性契约的活动达到高潮，40个社会组织发起了一个"消除限制性契约大会"，并将反对种族限制性契约的行动纳入其政治纲领。[2]

另外，法理学家的理论分析也发挥不容忽视的积极作用。比如，哈罗德·I. 卡亨（Harold I. Kahen）在一篇法学杂志上评论道："司法部门对排斥黑人的限制性条款的强制执行，实际上就是否认了黑人对社区居住地点进行充分合理选择的权利。"[3] 又如约翰·A. 休斯顿（John A. Huston）分析道，如果种族限制性契约仅仅是通过社会压力进行实施，是不存在法律问题的，如果白人地产主仅仅是拒绝出售或出租给黑人，这无疑是其在行使自己不可置疑的权利，即根据他自己的选择来保有或处理其财产的自由。但是，如果为了保护地产价值而将某一特定种族从某一特定区域中排除出去，而且其手段是通过法律

---

[1] "Real Property, Restrictive Covenant, Prohibition against Use or Occupation by Racial Groups", *Virginia Law Review*, Vol. 33, No. 5 (Sep., 1947), p. 658.

[2] Wendy Plotkin, "'Hemmed in': The Struggle against Racial Restrictive Covenants and Deed Restrictions in Post-WWWⅡ Chicago", *Journal of the Illinois State Historical Society*, Vol. 94, No. 1, Race and Housing in Post WWⅡ Chicago (Spring, 2001), pp. 50 – 56.

[3] Harold I. Kahen, "Validity of Anti-Negro Restrictive Covenants: A Reconsideration of the Problem", *The University of Chicago Law Review*, Vol. 12, No. 2 (Feb., 1945), p. 207.

程序迫使人们遵守歧视性规定，那么，这种限制就属于违法行为了。"当歧视性行为试图通过法律的力量来约束个体地产主的时候，严重的法律和宪法问题就出现了。"①

一些州政府和联邦政府也采取了积极行动。早在1930年，黑人检察官莫里斯·伯勒斯（A. Morris Burroughs）就向伊利诺伊州议会提出了禁止种族限制性契约的法案；1939年该州议会的参议员威廉·A.华莱士（William A. Wallace）和众议员查尔斯·詹金斯（Charles Jenkins）等人向州议会提出了一项公平住房法案，要求禁止使用种族限制性契约，但没有获得通过。1941年，这些议员再次提出了此类法案，而且在1943—1946年间，该州议会的黑人议员每年都提出相似的法案。虽然这些法案没有获得成功，但其积极意义是毋庸置疑的。② 1947年联邦政府的"总统民权委员会"（the President's Committee on Civil Rights）在一份报告中，也谴责了司法部门强制执行种族限制性契约的行为。该报告写道："为了加强机会均等的权利，总统委员会建议：各州应该制定法律取缔限制性契约；在美国司法部的干预下，恢复法院对限制性契约的制裁。归根结底，限制性契约的效果依赖于法院颁布的命令和对私人契约的强制执行。因此，州的权力诱导了歧视性行为。本委员会相信，必须采取各项措施阻止这种职权滥用。"③

在司法诉讼、民权组织、法律专家和联邦政府的多重压力之下，联邦最高法院在民权问题上作出了历史性的判决，这就是著名的1948年限制性契约判决案，包括谢利诉克雷默（Shelley v. Kraemer）、麦吉诉赛普斯（McGhee v. Sipes）、赫德诉霍奇（Hurd v. Hodge）、乌尔休洛诉霍奇（Urciolo v. Hodge）四个案件，其中谢利判决案是第一

---

① John A. Huston, "Constitutional Law: Equal Protection: Zoning: Snob Zoning: Must a Man's Home Be a Castle?", *Law Review*, Vol. 69, No. 2 (Dec., 1970), pp. 734–735.

② Wendy Plotkin, "'Hemmed in': The Struggle against Racial Restrictive Covenants and Deed Restrictions in Post-WWW II Chicago", *Journal of the Illinois State Historical Society*, Vol. 94, No. 1, Race and Housing in Post WW II Chicago (Spring, 2001), p. 52.

③ William R. Ming, Jr., "Racial Restrictions and the Fourteenth Amendment: The Restrictive Covenant Cases", *The University of Chicago Law Review*, Vol. 16, No. 2 (Winter, 1949), p. 204.

个也是最著名的一个。

"谢利诉克雷默"案发生于密苏里州的圣路易斯市。1911年，在该市某条街道的39位房主中，有30位签署了一项种族限制性契约，规定50年内其房产不得由黑人或黄种人使用或占用。然而，1945年，一位签约的白人房主将其房产出售给黑人，于是其他签约房主对其提起了诉讼，要求按照种族限制性契约将该黑人住户逐出。密苏里州初审法院拒绝了白人房主的要求，因为按照该契约的规定，只有该街道所有的房主签署才能生效，所以该契约并没有生效。然而，1946年该州最高法院推翻了初审法院的判决，要求该契约得到执行。[①] 与此类似，1947年密歇根州最高法院在"麦吉诉赛普斯"一案中，同年哥伦比亚特区上诉法院在"赫德诉霍奇"案和"乌尔休洛诉霍奇"案中，都判决种族限制性契约有效，并发布了司法命令强制执行。这4个案件最后都上诉到联邦最高法院。

联邦最高法院对这4个案件的调查和审理引起了全国的关注，全国律师指导协会（National Lawyers Guild）、美国公民自由联盟（American Civil Liberties Union）、工业组织大会（Congress of Industrial Organizations）、美国劳联（American Federation of Labor）、美国犹太人大会（American Jewish Congress）、团结反纳粹联盟（Non-Sectarian Anti-Nazi League）等几十个社会组织向最高法院提交了23份法律参考要旨，支持黑人上诉人。1948年1月22日和23日，联邦最高法院针对这4个案件举行了两天的法庭辩论，法庭内外人满为患，全国各大媒体头版头条进行了报道，并发表了诸多社论或专栏文章。

1948年5月3日最高法院首席大法官文森（Vinson C. J.）公布了判决结果，他首先否认了该法院曾经判决州法院对种族限制性契约的强制执行符合联邦宪法，而是长期以来他一直认为州法院的行动就是"州政府行为"，应该受到宪法第14条修正案的制约。实际

---

① William R. Ming, Jr., "Racial Restrictions and the Fourteenth Amendment: The Restrictive Covenant Cases", *The University of Chicago Law Review*, Vol. 16, No. 2 (Winter, 1949), p. 212.

上,最高法院的这种否认并不完全符合事实,前文指出,在1926年的科里根一案判决中,最高法院确曾支持过哥伦比亚特区法院对种族限制性契约的强制执行,认为州法院的判决不属于州政府行为。但是,这种否认恰恰反映了最高法院态度的转变,不失为一种进步的表现。与此同时,这种否认也并非没有根据,因为在40年代初期的"坎特韦尔诉康涅狄格州"案和"布里奇诉加州"等案件中,最高法院确实已经脱离了科里根案的判决轨迹,认为州法院的判决属于"州政府行为",其强制执行违反宪法,只是这些判决没有引起足够的重视。在1948年的判决中,联邦最高法院再次强调,州法院的行动属于州政府行为,应该受到联邦宪法第14条修正案的限制,因此密苏里州、密歇根州和哥伦比亚特区法院的判决,剥夺了上诉人的法律平等保护权,因而无效。而且最高法院还特别提醒各州法院,宪法第14条修正案的基本目标就是要确保"所有的人,无论是有色人种还是白人,在州法律面前地位平等,而且就有色人种而言,该修正案的保护对其而言是首要的设计目标,不会因其肤色而受到法律的歧视"[1]。同时,最高法院还指出,即使不援引联邦宪法,上述州法院的判决也违背了1866年国会所颁布的民权法,该法规定,"在美国的每个州和每个地域,所有的公民都享有平等的权利,就如同那里的白人公民一样享有继承、购买、租用、出售、拥有和赠予地产和个人财产的权利。"[2] 而在赫德案的判决中,不仅州政府,而且联邦政府也不能强制执行种族限制性契约。当然,最高法院也作出了一些保留,认为该修正案的目标仅仅是政府行为,而不是私人行为,首席大法官文森宣布,"只要这些契约的目标是自愿地遵守其条款,显然不存在州政府行为,那么就没有

---

[1] William R. Ming, Jr., "Racial Restrictions and the Fourteenth Amendment: The Restrictive Covenant Cases", *The University of Chicago Law Review*, Vol. 16, No. 2 (Winter, 1949), p. 214.

[2] Alfred E. Cohen, "Racial Restriction in Covenants in Deeds", *The Virginia Law Register*, New Series, Vol. 6, No. 10 (Feb., 1921), p. 740.

违反该修正案的条款"①,"第 14 条修正案不能成为抵制私人行为的堡垒,无论这种行为如何具有歧视性和谬误性"②。但这并不表明最高法院的保守性,因为这是符合宪法原意的。

显然,联邦最高法院 1948 年对"谢利诉克雷默"等案件的判决,彻底扭转了 1926 年对"科里根诉巴克利"案判决的恶劣影响,表明该法院在民权案判决中的巨大进步,在种族隔离的堡垒中打开了一个巨大的缺口,是 20 世纪该法院一系列进步性判决的先声。

(三) 联邦最高法院判决的影响及其遗留问题

1948 年联邦最高法院的判决产生了深远的影响,它不仅影响了联邦、州和地方政府的种族政策,而且还对私人部门和社会组织产生了深远影响,该判决后它们不得不调整各自的政策和行为方式。仅以政府部门而言,联邦住房管理局(FHA)迅速于 1949 年修改了《住房抵押保险的资格》(Eligibility of Properties for Mortgage Insurance),它宣布,"未来的抵押保险不应由于下述原因而遭到拒绝:第一,不应根据不同类型居民的住区而拒绝,而不管是否违反了限制性契约;第二,也不应该由于不同居民的进入可能会影响该地区其他地产的价值,而拒绝对其进行抵押保险"。1950 年联邦住房管理局还对《保险手册》(Underwriting Manual)进行了修订,其中包括这样一条:"第 1242 条,保险条件应该承认(美国公民)机会均等的权利,不管其种族、肤色、信仰或民族来源如何,在获得充分的住房方面,他们都有权获得抵押保险制度的利益。抵押保险的考虑和提供不再基于歧视态度和偏见。"联邦公共住房管理局(PHA)也迅速作出了回应,该局在其政策声明中写道:"要想使低租金住房的开发项目符合公共住房管理局的援助,就必须对各个种族合格的家庭表现出平等的对待,

---

① J. F. Garner, "Racial Restrictive Covenants in England and the United States", *The Modern Law Review*, Vol. 35, No. 5 (Sep., 1972), p. 483 – 484.

② William R. Ming, Jr., "Racial Restrictions and the Fourteenth Amendment: The Restrictive Covenant Cases", *The University of Chicago Law Review*, Vol. 16, No. 2 (Winter, 1949), p. 229.

这取决于它们各自对此类住房大致的需求量和紧迫程度。"而且许多州和城市也制定了禁止在公共住房中实行种族隔离的政策,有些还涉及城市地方政府再开发的住房。①

然而,1948年联邦最高法院判决的最大影响还是对各州法院的影响,该判决成为此后州法院对此类案件判决的依据。对此,美国学者小威廉·R.明(William R. Ming, Jr.)评价道:"虽然这些限制性契约案件的判决不能成为所有居住隔离问题的司法解决良方,但它们确实消除了利用州政府权力维持黑人隔离区做法。""此外,最高法院对美国宪法的这种司法解释表明联邦法院加强了对州法院司法判决的审查。因此,这些判决的重要性远远超过和逾越了对限制性契约本身的影响。"②

但是,最高法院的判决不可能一次性地解决所有关于种族限制性契约的问题,而是存在一些遗留问题,需要在随后的判决中不断地扩大"州政府行为"乃至"政府行为"的解释,将更多的与政府行为相关的私人行为也纳入其中,从而扩大对种族限制性契约的限制范围,进一步消除种族隔离。这一任务是在一次次的州法院和联邦最高法院之间的多次司法交锋中实现的。这样,对"州政府行为"乃至"政府行为"的解释就进入了前文所说的第三阶段,即新的宽泛解释时期。

联邦最高法院在"谢利诉克雷默"等案件的判决中遗留的问题之一就是违约赔偿问题。虽然州法院再也不能强制执行种族限制性契约而将黑人等少数族裔从白人社区中驱逐,但是州法院是否可以发布命令,对违背种族限制性契约的行为进行罚款或勒令赔偿呢?关于这一问题,最高法院在"谢利诉克雷默"等案件中没有发表见解,从而需要在以后的相关案件中加以解决。1948年以前州法院的判决认为,对于违背了种族限制性契约的一方,州法院可以对其发布命令进行赔偿,比如,1926年亚拉巴马州的"怀亚特诉阿代尔"(Wyatt

---

① B. T. McGraw and George B. Nesbitt, "Aftermath of Shelley versus Kreamer on Residential Restriction by Race", *Land Economics*, Vol. 29, No. 3 (Aug., 1953), pp. 282–285.

② William R. Ming, Jr., "Racial Restrictions and the Fourteenth Amendment: The Restrictive Covenant Cases", *The University of Chicago Law Review*, Vol. 16, No. 2 (Winter, 1949), p. 229.

v. Adair）一案、1930 年北卡罗来纳州的"伊森诉布法罗"（Eason v. Buffalo）一案和科罗拉多州的"钱德勒诉齐格勒"（Chandler v. Zeigler）一案的判决就是如此。

1949 年密苏里州的"韦斯诉利昂"（Weiss v. Leon）一案是"谢利诉克雷默"判决案后首次直接面对这一问题。该州最高法院认为，法院可以发布司法命令，要求对违反种族限制性契约而导致的财产损失进行赔偿，法院的这种行为并不违反宪法第 14 条修正案。同年，俄克拉何马州最高法院对"克雷尔诉厄尔利等人"（Correll v. Earley, et al）的判决也是如此。然而，1952 年密歇根州法院对"菲利普斯诉内夫（Phillips v. Naff）一案作出了截然相反的判决，该法院对州政府行为作出了更加宽泛的解释，认为联邦最高法院对"谢利诉克雷默"案的判决，实际上拒绝了对种族限制性契约进行任何类型的司法支持，如果法院发布命令进行赔偿，就间接地执行了种族限制性契约，从而"限制了歧视性（契约）所针对的群体的购买权"。而最著名的一个判决，乃是 1953 年 6 月联邦最高法院对"巴罗斯诉杰克逊"（Barrows v. Jackson）一案的判决。在本案中，洛杉矶某一地产主控告另一地产主违反了种族限制性契约，允许少数族裔搬进和占用了其地产，因而给控方造成了 1.16 万美元的经济损失，要求州法院颁布司法命令进行赔偿，加州初审法院拒绝了原告的要求。案件最后上诉到联邦最高法院，明顿（Minton J.）大法官宣布了判决，认为由州法院发布命令对原告的损失进行赔偿，将会构成州政府行为，从而会违反联邦宪法第 14 条修正案的平等保护条款。[1] 这是对"谢利诉克雷默"案判决原则的扩大，进一步限制了州法院对限制性契约的袒护，进一步抵制了种族限制性契约对种族隔离的效用。

另一遗留问题就是私人企业与公共援助的问题。联邦最高法院在 1948 年的判决中明确宣布，宪法第 14 条修正案的目标仅仅是政府行

---

[1] Raymond R. Trombadore, "Constitutional Law: Equal Protection: Damage Action for Breach of Racial Restrictive Covenant", *Michigan Law Review*, Vol. 52, No. 2 (Dec., 1953), pp. 293 – 294.

为，而不是私人行为。但前文指出，在纯粹的政府行为和纯粹的私人行为之间存在各种各样的关联性行为，比如，得到政府资助的私人项目既是私人企业，也具有部分的公共性质，其行为究竟是私人行为还是政府行为？在1950年的"伯明翰市诉蒙克"（City of Birmingham v. Monk）一案中，亚拉巴马州法院认为，地产的私人所有意味着地产主可以在合法的范围内任意使用、处理和占用该地产，而不受宪法第14条修正案的限制。在1958年的"州政府诉克莱伯恩"（State v. Clyburn）一案中，法院宣布，私人企业主有权进行种族区隔。

但是，在1958年6月的"明诉霍根"（Ming v. Horgan）一案中，加州最高法院判决，得到联邦援助的私人房产应该受到联邦宪法平等保护条款的限制，其销售不得实行种族歧视。在同年的"纽约州反歧视委员会诉佩勒姆·霍尔公寓住房公司"（New York State Comm'n against Discrimination v. Pelham Hall Apartment, Inc）一案中，联邦最高法院宣布，得到政府资助的私人公司的住房项目不得实行种族隔离。而得到联邦、州和地方政府直接资助的公共住房项目，在选择租户时也同样禁止种族歧视。这种进步性的判决不胜枚举，比如，1954年的"琼斯诉哈姆特拉米克市"（Jones v. City of Hamtramck）一案、"泰勒诉伦纳德"（Taylor v. Leonard）和1955年的"底特律住房委员会诉刘易斯"（Detroit Housing Comm'n v. Lewis）一案等。① 到50年代末，这样一个原则已经确立起来，即虽然纯私人行为不受联邦宪法平等保护条款的限制，但与公共机构有关联的私人企业的行为则必须受到该条款的限制。这样，政府行为的解释范围进一步扩大了，它不仅仅涉及州政府行为，而且还涉及联邦政府乃至地方政府的行为。这对于取消种族居住隔离进一步发挥了积极的作用。

第三个遗留问题是，州政府是否可以制定法律采取肯定性行动。1948年联邦最高法院对"谢利诉克雷默"等案件的判决，仅仅强调

---

① "Real Property, Developers of Private Homes Approved for FHA VA Financing May Not Refuse to Sell to Qualified Negro Buyer", *Virginia Law Review*, Vol. 44, No. 7 (Nov., 1958), pp. 1174 – 1175.

了包括州法院在内的州政府不能强制执行种族限制性契约，但没有对州政府是否可以通过法律来取缔种族限制性契约作出说明，也就是说，州政府是否可以采取肯定性行动，这在后来的州法院判决中再次出现了分歧。比如，华盛顿州议会制定了一项法律，禁止任何得到公共援助的住房的所有者仅仅根据种族原因而拒绝出售地产的任何行为。但在1961年的"奥马拉诉华盛顿州反对歧视委员会"（O'Meara v. Washington State Board against Discrimination）一案中，华盛顿州法院宣布该法违反了联邦宪法第14条修正案的平等保护条款，因为该法对地产主而言构成了反向歧视，而这条法律却没有应用于其他地产所有者，因而该法无效。而在1967年的"赖特曼诉马尔基"（Reitman v. Mulkey）一案中，加州法院也得出了相似的结论。加州议会也同样制定了一项反歧视法，加州法院在此案的判决中认为，由于该法否认了公民拥有根据自己的判断而拒绝将其地产出售或出租给某人的权利，即否认了地产主对自己财产的处置权，违反了加州宪法，因而该法无效。然而，联邦最高法院推翻了加州法院的判决，扭转了这一带有歧视性的判决倾向。联邦最高法院在该案的终审判决中认为，不是加州的反歧视法，而是加州宪法本身违反了联邦宪法，因为该州宪法允许根据种族原因进行歧视行为，违背了联邦宪法第14条修正案的平等保护条款，因此，该州的反歧视法不会因为违反该州宪法而无效。该判决的意义在于，即使在私人市场上，州政府也可以通过法律或宪法条款制止种族歧视，即采取肯定性行动。① 这又是对1948年"谢利诉克雷默"等案件判决原则的扩大。

总之，在20世纪前期，种族限制性契约是白人种族主义者实施的最为直接和露骨的种族隔离手段，而1926年联邦最高法院的科里根判决案更是为虎作伥，倒行逆施，从此种族限制性契约大行其道，猖獗一时，从而导致了严重的种族矛盾和居住隔离。于是，黑人公民和民权组织进行了不屈不挠的斗争，尤其是法院的诉讼斗争，迫使联

---

① J. F. Garner, "Racial Restrictive Covenants in England and the United States", *The Modern Law Review*, Vol. 35, No. 5 (Sep., 1972), pp. 485–486.

邦最高法院于 1948 年在"谢利诉克雷默"等案件的判决中,推翻了在科里根一案中的判决,禁止州政府以及联邦政府实行种族隔离制度,并不断扩大对"州政府行为"和"政府行为"的解释范围,极大地制约了州法院对种族限制性契约的袒护,从而给美国种族隔离的藩篱打开了一个缺口。然而,要突破种族隔离的堡垒绝非易事,必须进一步采取更加广泛的措施,取缔其他各种更加隐蔽的种族隔离政策。

八 民权组织的开放郊区和住房市场运动

黑人民权运动和种族骚乱给美国人注入一剂清醒剂,肯尼思·福克斯(Kenneth Fox)评价道:"骚乱使大都市区结构内的种族因素突显出来,并将其置于人们的视野之中,迫使白人接受黑人在大都市区内控制其自己社区的权利。骚乱使(人们)对于两次(黑人)大迁徙有了一个新的认识,同时,对于召唤着几百万黑人离开乡土步入城市的期望也有了新的理解。"[①] 确实,许多学者、民权组织乃至政府官员纷纷认识到,美国大都市区的阶级分异和种族隔离,不仅剥夺了贫困阶层和黑人等少数族裔的生存和发展机遇,而且也使中心城市面临着严重的社会经济问题,从而使整个大都市区的发展受到影响。因此,他们主张将郊区的大门向下层居民和黑人等少数族裔开放,使他们比较均匀地分布于郊区的白人富裕阶层和中产阶级的郊区之中,从而有利于解决由于贫困阶层和少数族裔在中心城市的聚集而产生的各类社会问题。于是,从 20 世纪 60 年代末期开始,一个"开放郊区"(opening up the suburbs)和"开放住房市场"(open housing)的运动就逐渐展开了。

(一)关于开放郊区和住房市场的争论

在民权组织进行开放郊区和开放住房市场运动的过程中,在自由

---

① Kenneth Fox, *Metropolitan America*, p. 138.

派和保守派之间展开了一场"开放郊区"和"为聚居区镀金"（gilding the ghetto）的争论，这一争论与克纳委员会的建议存在密切关系。该委员会在其1968年的著名报告中，针对黑人聚居区的困境提出了三种解决方案，其一是仍然采取现有措施，即示范城市、反贫困计划、医疗、教育投资等，但这些计划的前提是经济的持续增长和联邦税收的增加，"但它们不会增长太快，因而不能阻止，更不必侈谈扭转中心城市聚居区已经糟糕透顶的生活质量"，而且"这是代价最高的一种选择"。其二，在不改变种族隔离现状的情况下，通过联邦计划"为聚居区注资"（ghetto enrichment），这种方法被称为"为聚居区镀金"，需要联邦政府在教育、住房、就业培训和社会服务等方面投入巨资，使贫困黑人和白人摆脱贫困，从而进入美国主流社会的生活。"但是，这一选择至少在很多年里都不会产生明显的效果，而且还会导致黑人在聚居区的高度集中和聚居区外黑人的居住隔离。"该选择也被抛弃了，因为该委员会认为，在存在种族隔离的情况下，不可能拥有平等的机会。其三，就是推进种族融合，扭转美国"分离且不平等的两个社会"的状态，这就要求将大批黑人迁出中心城市的聚居区，扩大黑人在住房、就业和就学方面的选择机会。该委员会倾向于第三种选择。①

在自由派和保守派之间的争论中，自由派主张"开放郊区"，即允许中心城市的黑人和低收入居民移居郊区。而保守派则主张"为聚居区镀金"，由于聚居区的居民既没有能力向郊区迁移，也没有在郊区获得就业的技能，而且他们还会在郊区受到种族歧视。既然如此，还不如把精力和资金花在改造中心城市的贫民窟和聚居区上面，比如修缮住房、救济贫民、发展聚居区的工业、为黑人和贫民举办就业培训班等。这样还可以加强中心城市黑人的政治力量，而不是分散这种力量。黑人领袖尤其反对开放郊区的种族融合政策，他们提倡自助、分离和黑人民族主义的政策。黑人力量的倡导者认为，黑人力量的基

---

① U. S. National Advisory Commission on Civil Disorders, *Report of the National Advisory Commission on Civil Disorders*, pp. 218 – 219.

地位于中心城市，而黑人居民在某些城市甚至处于多数地位，从而已经选出了黑人市长，比如亚特兰大、芝加哥、克利夫兰、丹佛、底特律、洛杉矶、新奥尔良、纽约、费城、西雅图、华盛顿特区等。黑人的郊区化和分散化将使其永远处于少数地位，而且成立大都市政府会使他们在中心城市获得的政治力量受到削弱。①

自由派学者主张开放郊区。1969 年，美国经济学家约翰·卡因（John Kain）和乔·珀斯基（Joe Persky）发表了《为聚居区镀金以外的另类方案》一文。他们认为，开放郊区是"为聚居区镀金"以外的"另类方案"。因为仅仅为中心城市的工人和少数族裔提供职业培训是远远不够的，他们必须能够接近就业。如果就业机会不断向郊区转移，那么要解决他们的就业问题，就必须使他们能够进入郊区，从而接近就业。② 丹尼斯·基廷（W. Dennis Keating）同样主张开放郊区政策，认为联邦、州和郊区政府必须发挥有力的领导作用，支持大都市区的种族融合。基廷认为，仅仅依靠现有的立法来反对住房中的种族歧视，由联邦住房管理局、州政府、地方政府和法院来执行这些法律，远远不能改变居住隔离的基本模式，居民在住房市场上的自由选择将很可能导致郊区的再度隔离（resegregation），因此，必须采取肯定性的带有反向种族意识的住房政策。③

自由派学者中最著名的代表首推安东尼·唐斯（Anthony Downs），他于 1973 年出版了其名著《开放郊区——美国城市发展战略》一书，该书以充分而翔实的资料，论证了中心城市与郊区之间阶级与种族隔离所造成的危害。他指出，美国已经陷入一种深刻的分裂之中，即"中心城市与郊区在法律上和政治上的分裂"。"这种分裂最严重的恶果就是将最贫困、近乎贫困和少数族裔家庭排斥于我们为数众多的郊区之外。由于将克服贫困的负担集中于中心城市，这种排斥使得一系列问题变得永久化了。它也同样阻碍了郊区在其效益和生

---

① W. Dennis Keating, *The Suburban Racial Dilemma*, p. 22.
② Kenneth Fox, *Metropolitan America*, pp. 174–175.
③ W. Dennis Keating, *The Suburban Racial Dilemma*, p. 30.

活质量方面取得某种进步。此外,这种排斥最终将会危害我们在一个基本目标上所获得的成就,即真正的机会均等。"① 他认为,开放郊区是解决大都市区的分裂及其危害的良策,并一一列举了开放郊区的好处,主要包括:① 低收入和偏低收入家庭的工人,尤其是那些失业者,可以接近郊区日益增加的就业机会。② 低收入和偏低收入的家庭可以迁入中等收入的社区,使他们逃离危机的隔都区,从而可以改善他们的状况。③ 低收入家庭的儿童可以进入郊区更好的公立学校。④ 有助于实现官方为低收入和偏低收入家庭提供改善住房的目标。⑤更合理地分布财政和社会负担。⑥ 减少大都市区内两个在空间上分离但不平等的社会的对抗与冲突。⑦ 在不危害邻近社区的前提下,改善"危机的隔都区"的恶劣状况。②

新保守主义的社会学家内森·格莱泽(Nathan Glazer)对唐斯的观点进行了反驳,他首先反对采取强制性措施强迫郊区对黑人和穷人开放,黑人的郊区化已经出现,不需要政府政策的刺激。其次,由于郊区居民强烈反对强制性的阶级或种族融合,唐斯的政策主张不可能实现。③ 经济学家贝内特·哈里森(Bennett Harrison)从经济学的角度反驳了开放郊区的观点。哈里森1975年的研究表明,黑人工人在中心城市可以找到更好的就业机会。非白人居民的失业状况在整个大都市区都很严重,平均而言,居住在中心城市聚居区以外而又在中心城市界限以内的黑人,比居住在聚居区和郊区的黑人的失业率都相对较低,而工资较高,职业地位较高。哈里森的研究表明,郊区的就业歧视比中心城市更加严重,所以开放郊区的观点是不正确的。④

自由主义者倡导种族平衡取向的住房政策,认为必须采取肯定性行动以实现公平住房法所确定的目标。要建立稳定的种族平衡的邻里,就必须把种族问题考虑在内,唯其如此,过去形成的种族歧视和

---

① Anthony Downs, *Opening up the Suburbs*, p. vii.
② Anthony Downs, *Opening up the Suburbs*, p. 26.
③ W. Dennis Keating, *The Suburban Racial Dilemma*, p. 27.
④ Kenneth Fox, *Metropolitan America*, p. 178.

种族隔离才能得以克服。从保守主义的观点来看，用具有种族意识的肯定性的住房政策来推进种族融合，代表了在政治上令人难以接受的"社会工程"（social engineering），这种肯定性的住房政策要求政府对私人住房市场进行干预，对住房所有者、地产商和贷款机构进行规范管制，或提供财政刺激等，而这种政策都违背了保守主义的信条，即住房市场的私人性质。持这种观点的代表人物是 R. A. 斯穆拉（R. A. Smolla），他于 1985 年对这种观点进行了详细的论述。而自由主义学者乔治·格莱斯特（George Glaster）于 1990 年对这种保守主义的观点进行了批驳，认为联邦政府的公平住房政策在推进稳定的种族融合社区时，并没有违背选择自由。格莱斯特还提出了开放郊区和建立种族融合社区的几种办法，比如，联邦对州的资助必须与建立地区性的公平住房组织联系起来，或者通过地区性规划机构的协调，推进整个地区内各个市镇稳定的种族融合。A. J. 戈尔（A. J. Goel）于 1990 年也对保守主义的观点进行了批驳，他认为应该遵循"反对征服"（anti-subjugation）的原则，而不是通过种族色盲（color blindness）来实现种族融合，种族中立或种族色盲的政策只能导致社区的种族转变，从而导致种族隔离或再隔离。[1]

自由主义者所倡导的种族意识的政策之一，就是居民配额制度。这种推进种族融合的配额制度被称为"善意的"份额制度。一种配额制度就是试图在一个社区中确保少数族裔的最低份额（access quotas）。另一种份额制度就是最高份额（ceiling quotas），这一限额的目的是防止某一少数族裔在某一住房项目的过度集中而导致白人逃逸，从而导致住房开发中的种族转变和再隔离。而保守派学者 R. A. 斯穆拉则称这种最高限额制度"在道德上和法律上都是错误的"[2]。

（二）开放郊区和住房市场的直接行动

最直接的行动就是某些黑人越过种族界限到白人社区定居，这些

---

[1] W. Dennis Keating, *The Suburban Racial Dilemma*, pp. 28 – 29, 222.
[2] W. Dennis Keating, *The Suburban Racial Dilemma*, p. 224 – 225.

第三章　美国大都市区的阶级分异与种族隔离

黑人家庭被称为"先锋"（pioneers）。这些先锋一般都是经济条件较好的职业精英，受过良好的教育，熟悉白人的规则。多萝西·杰恩（Dorothy Jayne）对费城大都市区"黑人先锋家庭"的研究表明，在黑人先锋中有一半以上的男性和1/3的女性是"就职于专业领域"，55%的男性先锋受过大学教育。黑人先锋宣称，他们在住房市场上拥有享受"全部机遇和平等对待"的权利，他们的行动不仅为其他黑人开辟了道路，而且还使住房歧视问题引起公众的注意。① 种族主义者常常对黑人先锋进行暴力的袭击，比如纵火、破坏、投掷炸弹等。

黑人还成立了自己的地产公司，为黑人在郊区提供住房市场。在20世纪40年代后期，黑人开发商、地产经纪人和金融机构建立了全国性组织，比如"全国黑人地产经纪人协会"（the National Association of Real Estate Brokers，简称为 Realtists），该协会提出了"住房民主"的口号，而实现这一目标的手段就是为黑人打开白人社区。该组织的一位建立者说道，"将白人的住房出售给黑人……是我们的苹果馅饼"。加州帕萨迪纳（Pasadena）的一位黑人地产经纪人西奥多·巴特利特（Theodore Bartlett）自豪地说，"在将纯白人社区的住房出售给黑人方面，我做了许多事情。我对此一直倍感自豪"②。

然而，最有力的斗争方式是通过众多的民权组织进行广泛的形式多样的斗争。早在20世纪40年代后期和50年代初期，一些黑人和白人民权组织，如全国有色人种协进会（NAACP）、全国城市联盟（National Urban League）、全国反对住房歧视委员会、郊区行动协会（Suburban Action）、美国劳联—产联（AFL-CIO）、美国公民自由联盟（the American Civil Liberties Union）、美国犹太人大会（the American Jewish Congress）、美国之友服务委员会（the American Friends Service Committee）等，就投入到反对"双轨住房市场"的斗争中，积极倡导"自由和民主的住房市场"。1945年7月，全国有色人种协进会为了实现"住房民主"而发起了一项公民行动，在芝加哥召开了专家

---

① Andrew Wiese, *Places of Their Own*, p.130.
② Andrew Wiese, *Places of Their Own*, p.133.

会议，制定了一项战略计划，以反对"种族隔离和种族限制性契约的罪恶"。在随后的3年中，全国有色人种协进会的法律专家和律师们在许多城市的有关种族限制性契约的诉讼中，代表黑人向联邦最高法院提起上诉。在反对地产商的种族限制性契约的同时，开放住房的倡导者还抨击了地方住房当局、州住房委员会和联邦政府的种族歧视政策。在"谢利诉克雷默"判决案以后，开放住房的倡导者联合成立了一个专门组织，即全国反对住房歧视委员会（the National Committee against Discrimination in Housing）。到20世纪50年代，该组织及其附属机构联合向北部和西部城市当局施加压力，要求在公共住房中取消种族隔离。此外，到1960年，在17个州和几十个城市中，他们还推动了有关立法的通过，禁止在由政府资助的私人住房中实行种族隔离。①

在开放郊区和住房市场的民权运动中，最活跃的组织之一是种族平等大会（Congress of Racial Equality）。1962年，种族平等大会在北部和西部的分支机构掀起了一场反对住房歧视的运动，鼓励黑人群众到地产公司的办公机构或住房建筑工地进行抗议活动。该年3月，洛杉矶分会的会员还采取了静坐的方式表示不满，在蒙特雷帕克（Monterey Park）的一个住房建筑工地举行了33天的静坐活动，起因是该住房开发区的开发商拒绝向一位黑人出售住房。到1963年8月向华盛顿进军之时，种族平等大会的活动家已经在全国各地的十几个郊区举行了类似的抗议活动。在马里兰州的小镇鲍伊（Bowie），种族平等大会揭露了联邦政府的郊区住房歧视政策。由于建筑商威廉·莱维特（William Levitt）拒绝将其在贝莱尔（Belair）开发的住房向黑人出售，种族平等大会向联邦住房管理局（FHA）提出申诉，要求禁止在接受公共援助的住房中实行种族歧视，并停止对该开发商的经济优惠措施。当该要求遭到拒绝以后，种族平等大会组织了在该开发项目的静坐运动，以推动群众向该开发公司和联邦住房管理局施加压力。1963年夏，种族平等大会领导的抗议活动达到了高潮。该组织

---

① Andrew Wiese, *Places of Their Own*, pp. 128-129.

在洛杉矶一个纯白人的郊区社区托兰斯（Torrance）领导了一系列游行示威活动，以配合该州正在举行的一个公平住房法案的争论。1963年的七八月间，上千名群众唱着歌，挥动着标语牌，对"百合花般洁白"（lily white）的南伍德里维拉（Southwood Riviera）居民区的开发活动举行了纠察活动，阻止该住房开发项目的进行，以迫使开发商唐·威尔逊（Don Wilson）将一套3万美元的住房出售给一对职业黑人夫妇。托兰斯市的城市委员会制定了一项反纠察法令，并命令警察逮捕了200多名抗议者。但抗议活动得到了回报，加州议会通过了一项新的公平住房法律。①

（三）开放郊区和住房市场的诉讼斗争

民权组织开放郊区和住房市场的最有力的斗争形式是法院的诉讼斗争，通过地方、州和联邦法院的判决，对私人地产行业、地方政府、州政府乃至联邦政府的种族歧视和种族隔离政策进行矫正，推动了郊区和住房市场的开放。

在黑人骚乱的熊熊烈焰之中，国会于1964年通过了《民权法》，该法的第六条禁止在所有联邦资助的项目或活动中实行种族歧视，其中包括住房计划。1968年《公平住房法》禁止在所有的住房中实行种族歧视。同年6月，最高法院在"琼斯诉迈耶"（Jones v. Mayer）一案中支持并扩大了这一原则。在这一案件中，在圣路易斯的郊区，一对黑人夫妇在购买住房时遭到拒绝，最高法院宣布，重建时期的一项长期被人遗忘的法律，即1866年的民权法确保，"所有公民都拥有相同的权利……来购买不动产"。最高法院宣布，住房中的种族歧视代表了"奴隶制的残余"，该判决案宣布在所有的住房（包括公共住房和私人住房）中种族歧视行为违法。于是，住房中的种族歧视和隔离的法律基础被扫除了。②

到了20世纪70年代，一些州法院和联邦低级法院的判决有力地

---

① Andrew Wiese, *Places of Their Own*, pp. 220–221.
② Andrew Wiese, *Places of Their Own*, p. 223.

推动了郊区和住房市场的开放。比如，美国第九巡回上诉法院于1970年在"南阿拉梅达西班牙语组织诉尤宁城"（Southern Alameda Spanish Speaking Organization v. City of Union）一案的判决中认为，"某一城市及其规划官员有责任遵守这一点，即在该市规划的提出或制定过程中，要满足其范围内低收入家庭的需要，这些家庭通常是——如果不总是——少数民族裔群体的成员"[1]。又如，1970年纽约州发生了"肯尼迪公园住房协会诉拉克万纳市"（Kennedy Park Homes Association v. City of Lackawanna, New York）一案，拉克万纳市禁止一个服务于偏低收入人群的住房项目的建设。原告根据1968年《公平住房法》的平等保护条款对该市进行了起诉。地区法院判决白人官员有意限制黑人社区的发展，并命令该市签发开发执照。第二巡回区（Second Circuit）的上诉法院驳回了该市的上诉。汤姆·克拉克（Tom Clark）法官宣布："原告在努力行使其宪法权利，即'消除美国在享有财产权方面的歧视'……拉克万纳的行为不可避免地对该权利的享受造成了负面影响。在这种情况下，该市必须证明出于迫切的政府利益，才能表明其行为没有违背宪法。但该市没有能够证明这种政府利益的迫切性。"[2] 1971年美国最高法院拒绝接受上诉，原告胜诉。另一次较有影响的诉讼是密苏里州的"帕克维尤高地公司诉布莱克杰克市案"（Park View Heights Corp. v. City of Black Jack，简称布莱克杰克案）。1970年6月5日，联邦住房管理局授权在该市建立由联邦资助的公寓住房，该市立即成立了一个分区制委员会，将该市所有的空地都规划为独户住房，以阻止公寓住房的开发，于是双方展开了旷日持久的诉讼活动。1974年，美国第八巡回上诉法院裁决，布莱克杰克的分区制法规导致了种族歧视的结果，因而是违法的。1975年6月，美国最高法院维持了这一判决。

在开放郊区运动的著名案件中，"希尔斯诉高特里克斯"（Hills

---

[1] U. S. Commission on Civil Rights, *Equal Opportunity in Suburbia*, p. 55.

[2] U. S. National Committee against Discrimination in Housing and the Urban Land Institute, *Fair Housing & Exclusionary Land Use*, p. 23.

v. Gautreaux）一案是一个典型案例。1950年以后，芝加哥住房管理局（Chicago Housing Authority）负责开发的公共住房几乎全部集中在中心城市的黑人社区，在60个公共住房项目的2.9万套住房中，99.5%的住户为黑人家庭，而在1950年以前建造的4个公共住房项目中，95%的住户为白人家庭。[①] 1966年，一些黑人将美国住房与城市发展部（HUD）和芝加哥住房管理局一起告上法庭，指责它们在公共住房项目中执行了种族隔离政策。这场官司持续了10年之久，1976年联邦最高法院作出裁决，认为该部违反了黑人的宪法权利，命令该部在白人郊区开发由政府资助的低价住房，以便缓和城市地区的种族隔离。然而该部认为自己无权干涉地方政府的事务，尤其是当后者没有明确执行种族和阶级隔离政策时。但最高法院则认为，郊区市镇法人通过分区制贯彻了排斥少数族裔的目的，所以该部有权进行干涉。[②] 但另一方面，最高法院又强调这一判决"既不强迫郊区向住房与城市发展部呈交公共住房开发计划，也不剥夺联邦或州住房法规或现存土地利用法规所授予地方政府的权利和权力"。因此，最高法院的判决是自相矛盾的，因为它既要求联邦政府进行干预，又不肯触及郊区市镇法人的自治权。虽然住房与城市发展部可以对不合作的地方政府扣留联邦社区发展法的整笔拨款，但该部无权强制地方政府开发公共住房，地方政府是否提交有关计划也完全自行决定，因此，该部根本没有能力迫使地方政府开发廉价住房以开放郊区。迫于这样一个事实，该部于1980年底宣布，它将允许大城市在主要是黑人居民的社区中开发公共住房。[③]

最著名的一次判决案是新泽西州最高法院对芒特劳雷尔乡（Mt. Laurel Township）分区制法规的判决。该法院试图通过该判决案在全州范围内强制推行公平份额制（fair share）。1970年10月，芒特劳雷尔乡宣布要对一片32英亩的原本可以开发36幢公寓住房的土地

[①] John C. Bollens, Henry J. Schmandt: *The Metropolis*, p. 244.
[②] Peter O. Muller, *Contemporary Suburban America*, p. 101.
[③] John C. Bollens, Henry J. Schmandt: *The Metropolis*, p. 244.

进行重新规划，修改后的规划方案禁止开发公寓住房，以期达到驱逐该乡穷人和黑人家庭的目的。① 1971年，全国有色人种协进会（NAACP）控告该乡利用排他性分区制限制低收入和少数族裔群体。1975年新泽西州最高法院裁决，芒特劳雷尔乡的规划为歧视性规划，因为该规划禁止开发公寓住房和地块不足1/4英亩的独户住房。该法院在判决中指出："对于每一个市镇法人而言，它们都负有一个义不容辞的责任，即通过其土地利用法规，规划并提供一个合理的机遇，一个使人们能够在多样的住房类型中进行选择的机遇，当然，其中包括低档和中低档住房，从而满足那些希望生活在其边界以内的各阶层人们的需求、愿望及其经济能力。"② 为了达到这一目的，该法院明确宣布要在该州的住房市场中实行公平份额制度，即确定每个区域内贫困阶层的住房需求，然后该区域内的各个地方政府要按比例提供足够的低价值住房。③ 低价值住房的开发商将会得到州政府的补贴，并按照份额在每个地方政府辖区内开发低价值住房，如果开发活动遭到地方政府的拒绝，开发商可以对该地方政府提出诉讼，这一措施被称为"开发商矫正法"（builder's remedy），即通过开发商的开发活动来矫正地方政府辖区内的阶级分异和种族隔离。

芒特劳雷尔乡迫于压力，提交了一份修改过的分区制法规。但修改过的分区制法规只是做了象征性的修改。新法规规定在3个地点可以开发廉价住房，面积总共只有20英亩，只能开发103套低价住房。但由于地点的选择，使这些廉价住房的开发要么无法完成，要么非常不便。④ 1983年1月，新泽西州最高法院再次就芒特劳雷尔乡诉讼案作出判决，被称为芒特劳雷尔乡第二判决案（Mount Laurel Ⅱ）。它宣判芒特劳雷尔乡的"分区制法令的核心内容确实没有别的，仅仅是

---

① David L. Kirp, John P. Dwyer, and Larry A. Rosenthal, *Our Town*, p. 1.
② Charles M. Haar, *Suburbs under Siege: Race, Space, and Audacious Judges*, Princeton: Princeton University Press, 1996, p. 26.
③ W. Dennis Keating, *The Suburban Racial Dilemma*, p. 38.
④ David L. Kirp, John P. Dwyer, and Larry A. Rosenthal, *Our Town*, p. 87.

该乡决心要驱除穷人而已"①。该判决再次重申了地方政府必须提供多样的住房类型，州政府必须确定每个区域内地方政府的低价值住房的份额，地方政府必须采取肯定性政策和计划，以提供更加廉价的住房。开发商仍然有权对地方政府的抵制行为进行控告。

芒特劳雷尔乡第二判决案引起了地方政府的联合反对，结果双方达成妥协，于1985年6月新泽西州议会通过了《公平住房法》(the Fair Housing Act)，将区域性的公平份额（即地方政府按其在该州的黑人比例提供相同比例的住房）分配给该州的567个地方政府。州政府还同意提供额外的财政援助，帮助地方政府开发低于市场价格的住房。该法的一个关键的妥协条款就是允许郊区地方政府参加所谓的"区域分担协议"(regional contribution agreements, RCAs)，在这一条款下，郊区地方政府可以将其公平份额的一半转移给"接受的社区"，接受该份额的社区可以得到转出社区的资金补贴。其实，这是一种变相的排斥廉价住房和少数族裔的手段，从而加强了阶级分异和种族隔离。该法还授权成立了"廉价住房委员会"(the Council on Affordable Housing, COAH)，有权确定每个社区的转出份额。该委员会确立的目标是到1993年开发14.5万套低价值住房。但到1992年，大约只有2.5万套得到了批准，而只有不足1万套开始动工或建成。②1986年2月该州最高法院对"希尔斯开发公司诉伯纳兹乡"(Hills Development v. Bernards Township)一案作出判决，称为"芒特劳雷尔乡第三判决案"(Mount Laurel Ⅲ)，该判决案是对芒特劳雷尔乡第二判决案的一个重大补充，法官们一致裁决支持该州通过的《公平住房法》。尽管芒特劳雷尔乡判决案最终不得不作出妥协，但区域住房公平份额的原则，以及对穷人和少数族裔开放郊区和住房市场的原则得到了该州法院、州议会乃至地方政府的认可，而且该原则也得到了部分的实施。

但是，正当开放郊区运动取得重大进展的时候，联邦各级法院，

---

① David L. Kirp, John P. Dwyer, and Larry A. Rosenthal, *Our Town*, p. 100.
② W. Dennis Keating, *The Suburban Racial Dilemma*, pp. 39–40.

尤其是最高法院的左右摇摆乃至退缩态度，对于开放郊区和住房市场运动产生了消极影响。比如，对旧金山郊区社区佩塔卢马（Petaluma）一案的判决就是如此。该案的核心问题是市镇法人是否有权决定限制其自身的发展速度，并以此来限制居民的住房供应。1972年，佩塔卢马的一个规划法规定，在随后的5年内，每年的新建住房不得超过500套，以"形成有序的发展"，并确保该社区的"小城镇特色"。一个开发商协会对该法提起了诉讼，1974年，旧金山联邦地区法院裁决该法规违宪，因为它剥夺了公民"在他们希望的任何地方旅行和定居"的权利，因而违反了宪法第14条修正案的关于平等法律保护权的条款。1975年联邦上诉法院推翻了这一裁决，1976年联邦最高法院维持了上诉法院的判决，从而使市镇法人可以利用分区制法规限制新住房开发的作法得以合法化。[①] 最高法院对该案的判决是对芒特劳雷尔乡判决案的一次大倒退，因为它使郊区社区排斥黑人和其他群体的行为成为可能。

芝加哥大都市区的阿灵顿海茨判决案产生了同样消极的影响。阿灵顿海茨（Arlington Heights）是芝加哥的一个郊区小镇，当地一个宗教团体邀请一位开发商在自己的土地上开发中低收入的公寓住房，但阿灵顿海茨地方政府拒绝修改原有的分区制法规，拒绝将独户住房用地改变为多户住房用地。于是该开发商和两位黑人提出诉讼，指责该镇实行了种族歧视政策，并侵犯了该开发商以合理的方式利用其财产的权利。地区法院作出判决："原告没有能够证明被告对少数族裔的歧视与对普通贫困阶层限制的区别。""有充分的证据表明，被告的动机是对有关地产的尊重，即保护地产价值的合法愿望和该镇分区制规划的有效性。这并非一种侵犯原告第14条修正案权利的专横而任性的行为。"[②] 1977年1月联邦最高法院维持了地区法院的判决，认为不应该仅仅根据该分区制法规导致了种族比例的不平衡就认为其违

[①] Peter O. Muller, *Contemporary Suburban America*, pp. 99 – 100.
[②] U. S. National Committee against Discrimination in Housing and the Urban Land Institute, *Fair Housing & Exclusionary Land Use*, p. 25.

宪，还必须证明其存在种族歧视的意图，只有如此才能改变原有的规划。① 该判决是对开放郊区和住房市场的又一次重击，它在宪法上认可了大都市区内的阶级分异和种族隔离，虽然这种分异与隔离的机制是隐性的以经济为基础的。

在民权组织和普通公民的多次斗争之下，种族主义的气焰受到了遏制，到20世纪70年代后期，种族主义的排斥性语言在城市规划中已经基本销声匿迹了，而不得不采取更隐蔽的手法，比如，保护财产价值、历史古迹、自然环境或增长管理等。对此，美国学者安德鲁·威斯（Andrew Wiese）一针见血地指出，在美国司法部门的支持下，种族歧视有了一个更加广泛的基础，确立起了更加中立的经济壁垒，从而更加有效地阻止了大批黑人向众多郊区的迁移，开放郊区和住房市场运动遭到了一定的挫折。②

九　美国各级政府的改革措施

法院的诉讼虽然确立了住房市场上各种族和族裔平等的原则，但其弱点是只能个案地和间接地解决问题，而要普遍而直接地解决，则需要立法机关普遍的法律规定和行政部门的有力执行。因而，美国各级政府的立法部门和行政部门的政策和执行具有关键作用。然而，这些政府在解决大都市区的阶级分异和种族隔离的问题上却总是瞻前顾后，裹足不前。

（一）联邦政府的改革措施

在1947年以前，联邦政府公开执行住房种族歧视政策。民权组织对此不断向联邦政府有关部门施加压力，同年民权组织说服联邦住房管理局（FHA）修改了其《保险手册》（Underwriter's Manual），取消了以种族作为财产价值评估的标准之一。该年联邦住房管理局还任

---

① Peter O. Muller, Contemporary Suburban America, pp. 101 – 102.
② Andrew Wiese, Places of Their Own, p. 228.

命了5位"种族关系顾问",以"对地方社区和建筑行业提供帮助,从而推动为少数族裔集团的住房生产"。这些顾问都是黑人,他们分别被任命到该局的5个地区办事处,其职责是为开发商提供技术帮助,为建筑商和金融机构牵线搭桥,执行例行的现场视察,为少数族裔的住房确定恰当的选址,收集和散发资料,在白人占主导的住房建筑行业中克服抵制情绪等。种族关系顾问还在该局内部进行游说,为增加黑人等少数族裔的住房项目提供支持。根据1951年该局的一个报告,在全国众多的城市和郊区中,该局资助了大约20多个黑人住房项目。因此,到20世纪50年代中期,有些黑人民权领袖确信,"全国住房计划在平等对待(黑人)的机构中拥有最好的纪录,而这必须在很大程度上要归功于……该项计划中的明智之举,即设立了种族关系顾问"①。

　　种族平等大会等民权组织还向肯尼迪总统施加压力,迫使其发布了行政命令禁止种族歧视行为。肯尼迪在总统竞选时曾向民权领袖许诺,如果他当选,他将"大笔一挥",在所有联邦资助的住房项目中扫除种族歧视行为。然而,在他上任后却迟迟没有采取行动。詹姆斯·法默(James Farmer)等民权领袖揶揄地说道,"总统的钢笔肯定是没有墨水了"。于是,全国反对住房歧视委员会发起了一场"杰克的墨水"运动(Ink for Jack),白宫收到了成千上万支圆珠笔。在民权组织的压力下,1962年11月,肯尼迪总统发布了第11063号行政命令,责令联邦住房管理局和退役军人管理局等联邦机构,在得到联邦资助的住房项目中,住房的出售和出租必须"采取所有必要且适当的行动禁止种族歧视"。虽然该行政命令仅仅涉及新建住房的20%以下,但这是联邦政府行政部门第一次明确地表示反对住房种族歧视。②该总统命令还试图将联邦资助的范围加以扩大,不仅涵盖上述两局所发放的抵押贷款,而且还要包括由联邦住房贷款银行委员会(FHLBB)和联邦储蓄贷款保险公司

---

① Andrew Wiese, *Places of Their Own*, pp. 138–139.
② Andrew Wiese, *Places of Their Own*, p. 222.

(FSLIC)所发放的预付款、贷款和资助等,并要求这些机构制定相应的条例和规章,但遗憾的是,"联邦金融监管机构从来就没有制定什么实施条例和规章"①。

20世纪60年代的黑人民权运动对黑人与白人的种族关系产生了极大的冲击,迫使美国民众和政府不得不重新审视黑人民权问题,于是国会通过了一系列民权立法。1964年《民权法》的第六条禁止在所有联邦资助的计划或活动中实行种族歧视,其中包括住房计划。1965年的《住房与城市发展法》的702条款(Section 702)规定,联邦住房与城市发展部(HUD)对地方政府的给排水设施提供援助。该部制定了一个评分制度,在评估地方政府的援助申请时,对收入较低的地方政府、没有实行种族歧视并接受低收入和偏低收入家庭的地方政府给予高分。1954年住房法的701条款项目(Section 701 Program)曾规定,对地方政府综合规划的制定进行援助,被称为701综合规划援助,以支持大都市区稳定有序的发展,该条款的内容之一就是消除过去基于种族、肤色、宗教或民族来源的住房歧视的影响,并确保将来的平等发展。1966年住房法和随后的住房与城市发展部的指南要求,所有接受701条款援助的开发商必须拟定一个方案,对其开发区内的住房问题和解决策略进行陈述。该住房方案必须特别考虑"低收入和少数族裔群体的需要和愿望"。然而,701条款项目虽然鼓励制定综合规划,却不具有强制性,而是只具有咨询性质。②

60年代影响最大的住房立法莫过于1968年的《民权法》的第八条,即《公平住房法》,该法禁止在出售和出租住房时实行基于种族、肤色、宗教信仰、性别、民族来源的歧视行为。该法的限制对象既包括公共机构,也包括私人部门,比如地产经纪人、开发商、住房出售者和出租者等。这是联邦政府唯一的一个专门公开的消除住房歧

---

① U. S. Department of Housing and Urban Development, Office of Assistant Secretary for Fair Housing and Equal Opportunity, *Redlining and Disinvestment as a Discriminatory Practice in Residential Mortgage Loans*, Part I, p. 20.

② U. S. Commission on Civil Rights, *Equal Opportunity in Suburbia*, p. 60.

视的法律，也是第一次将私人行为包括在内的法律。该法的目标之一就是实现住房方面的种族融合，规定联邦政府内拥有住房方面的权力、职能或责任的部门，"应当行使该法或任何其他法律所授予的权力、职能和责任……以实现本法所确立的国家住房目标，应当采取措施鼓励和支持……规划良好、种族融合的居民邻里的开发"。该法还第一次给予了联邦政府采取肯定性行动的权力，规定"在实施有关住房和城市开发的计划和行动之时，联邦政府所有各行政部和司局都应当采取肯定性的方式推进本法的目标，都应当与住房与城市发展部的部长积极配合，以实现这一目标"①。该法还授权对低收入家庭的购房和租房进行补贴，比如，该法的第235条要求对低收入家庭住房的所有权进行直接的补贴，第236条要求对低收入家庭的房租进行补贴。

但是，1968年的公平住房法存在严重缺陷。由于该法在制定过程中存在尖锐的分歧，该法的支持者不得不作出妥协，使某些类型房屋的出售和出租不包括在该法的实施范围之内，从而使该法所覆盖的住房减少了80%。然而，该法最主要的缺陷是缺乏有效的执行机制。该法将执行权授予了住房与城市发展部和司法部，但取消了原草案中给予住房与城市发展部的"用以鉴定和根除私有住房市场歧视的行政管理权"，取消了该部"举行听证会、听取申诉和公布终止令"的权力，因此，即使该部发现了歧视行为，也只能进行协调，而不能强制执行。所以美国学者评论道："在法案被通过前系统地移除其执行机制意味着它的崇高目标将最终将无法实现。"同时，该法把惩罚性罚款限定为1000美元，而且要求原告支付所有的法院及代理人费用，除非法院裁定原告没有能力承担该费用。另外，该法还要求受害人自己取证，而且只给受害者180天的时间向住房与城市发展部提出申诉

---

① U. S. Department of Housing and Urban Development, Office of Assistant Secretary for Fair Housing and Equal Opportunity, *Redlining and Disinvestment as a Discriminatory Practice in Residential Mortgage Loans*, Part II, pp. 12 – 14.

第三章 美国大都市区的阶级分异与种族隔离

或发起民事诉讼。这一时间限制迫使很多受害者被迫放弃采取法律行为。① 由于该法的这些缺陷，导致了联邦有关部门的消极无为。根据美国人权委员会的调查，虽然联邦住房管理局的官员们私下里非常清楚235项目中的种族隔离和不平等销售行为确实存在，但他们很少对其进行关注或干预，更不愿意采取肯定性行动去阻止此类事情发生。② 此外，住房与城市发展部的经费还常常受到削减。从1978—1994年间，住房与城市发展部的经费削减是各部中最多的，该部所占联邦拨款的比例由1978年的7.5%下降到1990年的1.3%。1988年的《公平住房法修正案》使情况有所好转，该修正案授予了住房与城市发展部进行自主调查活动的权力，而不必等候申诉，该部还获得了采取强制性矫正行为的权力，而不再仅仅是进行协调。此外，修正案还授权司法部干预"对普通公众具有重要性"的私人案件，还可以采取民事惩罚行为，勒令对歧视行为所导致的实际损失和诉讼费用进行赔偿，罚款金额可高达10万美元。③

联邦政府也曾试图通过建立郊区新镇的方法，进行开放郊区的尝试。1968年，国会通过了《住房与城市发展法》，其中第四条规定实施大规模的新镇开发项目，模仿欧洲国家的新城开发，将住房与就业、穷人和富人的住房结合起来，从而解决老中心城市和下层居民所面临的困境。民主党参议员在制定该法时曾提议为新镇项目提供5亿美元的援助，而反对派议员将其削减了一半。在这一条款的支持下，明尼苏达州的乔纳森（Jonathan）和伊利诺伊州的南帕克福雷斯特（Park Forest South）两个新镇项目开始启动。但大多数开发商对这一法案的财政援助不感兴趣。1970年，国会通过了"城市增长和新社区发展法"，该法的新镇条款即第七条授权在联邦住房与城市发展部之下成立了一个"新社区开发公司"，负责执行新镇开发

---

① ［美］阿列克斯·施瓦兹：《美国住房政策》，黄瑛译，中信出版社2008年版，第247—248页。
② U. S. Commission on Civil Rights, *Equal Opportunity in Suburbia*, p. 38.
③ Mara S. Sidney, *Unfair Housing: How National Policy Shapes Community Action*, Lawrence: University Press of Kansas, 2003, pp. 57 – 58.

计划。该法拨款5亿美元为私人的新镇计划的债券进行保险，但每一个项目的保险金额不得超过5000万美元。该法第七条雄心勃勃地宣称，其目标是使新镇开发"发展成为一个国家性的城市增长政策，鼓励理性、有序、高效而经济的增长"。该法要求新镇"应该大量地提供下层和中下层收入的人们负担得起的住房，这种住房应该在社区的住房供应中构成一个恰当的比例"；"为所有人，尤其是少数族裔成员，增加选择居住和就业地点的机会，从而鼓励一个更加公平的经济和社会环境"。然而，该法规定，新镇的开发不是由联邦政府直接投资，而是"最大限度地依赖于私人企业"[1]。这样做一方面是为了节省资金，另一方面也是为了在一个保守的时代避免遭到社会主义和大政府的指责。该法的另一个缺陷就是没有一个专门机构来负责新镇计划的实施，虽然在住房与城市发展部之下成立了一个"新社区开发公司"，但它并不直接负责新镇的开发，甚至并不对这些新镇方案进行严格的监督。其职能仅仅限于财政和行政方面，仅仅对各个新镇项目进行评估。每一个新镇项目必须雇佣它自己的规划和行政人员来制定和实施各自的计划。

1970—1973年，"新社区开发公司"批准了16个新镇项目，但由于没有得到各级政府的有力援助，其发展十分缓慢，许多新镇项目甚至纷纷破产。比如，北卡罗来纳州的苏尔城（Soul City）原计划容纳人口4.6万人，但到1980年只有160位居民；明尼苏达州的乔纳森原计划容纳居民5万人，但到1982年只有居民3000人；纽约州的里弗顿（Riverton），即使在政府投资2400万美元以后，到1980年才拥有1200位居民，而且该项目的开发公司最后宣布破产。破产的原因是多方面的，比如经济衰退的打击、开发商缺乏经验，财政支持不力、项目发展过快、地方政府消极无为等，但最主要的原因是美国公民，即中产阶级公民不愿意在新镇购买住房，因为新镇中不仅拥有住房，而且还有工业园区，环境质量较差，更为重要的是，新镇的住房密度高，拥

---

[1] Nicholas Bloom, "The Federal Icarus: The Public Rejection of 1970s National Suburban Planning", *Journal of Urban History*, Vol. 28 No. 1, November 2001, pp. 59–61.

有政府补贴的公共住房及下层阶级和少数族裔居民,这些都使潜在的中产阶级居民望而却步。比如苏尔城给人留下"一个少数族裔的印象"。佐治亚州的新镇谢南多厄(Shenandoah)被看作"一个'低收入阶层的项目,'因为几乎一半住房是某种形式的补贴住房"①。联邦政府通过新镇开发实现阶级和种族融合的计划最终失败。

联邦政府还对金融机构的贷款歧视问题进行了规范。1968年《公平住房法》的第805款对金融机构的行为作出了规定,如果某公民为了"购买、建造、改进、修缮或维护住房"而提出了贷款申请,但某金融机构却"拒绝给予贷款或其他金融帮助",其理由仅仅是基于种族、肤色、宗教信仰、性别或民族来源,那么,这种行为就属违法。该条款还专门对住房贷款的"数额、利率、期限或其他条款"作出了专门规定,以防止各种形式的歧视行为。② 1974年国会通过了《公平贷款机会法》(ECOA),其中第701款规定:住房信贷机构"在信贷交易的任何方面……不得根据种族、肤色、宗教信仰、民族来源、性别、婚姻状况或年龄,而对任何申请者采取歧视性行为,任何信贷机构的这种行为都属违法行为。"③ 1975年国会又通过了《住房抵押贷款公示法》(HMDA),要求大型金融机构(比如资金在1000万美元以上的银行、信贷联盟、储蓄贷款公司)公布对每个人口统计区的贷款次数和额度,以便提供金融机构贷款行为的第一手资料,以使有关学者和社区组织能够监督它们是否存在歧视行为或红线政策。由于大多数根据公示法资料的研究发现,确实存在贷款活动的地理差别。因此,1977年国会又通过了《住房与城市发展法》,其中第八条又称为《社区再投资法》(CRA),该法命令信贷机构负责满足其所在社区的信贷需求,并授权联邦金融监管机构对投资纪录不良

---

① Nicholas Bloom, "The Federal Icarus: The Public Rejection of 1970s National Suburban Planning", *Journal of Urban History*, Vol. 28 No. 1, November 2001, pp. 62 – 64.

② Benjamin Howell, "Exploiting Race and Space: Concentrated Subprime Lending as Housing Discrimination", *California Law Review*, Vol. 94, No. 1 (Jan., 2006), p. 114.

③ U. S. Department of Housing and Urban Development, *Equal Credit Opportunity: Accessibility to Mortgage Funds By Women and by Minorities*, Volume I, Washington, D. C.: U. S. Government Printing Office, May 1980, chapter 1, p. 1.

的信贷机构进行制裁。该法的主要目的不是为了解决阶级分异和种族隔离问题,而是为了阻止中心城市和贫困社区的衰败问题,但其效果却有利于阻止阶级分异和种族隔离,因为贫困社区或黑人社区贷款的增加,可以阻止白人中产阶级的撤离。1989年,国会又通过了《金融机构改革、复兴与执行法》(FIRREA),要求金融机构不仅公布其贷款发放的地理位置,而且还要报告对每项贷款申请单的处理情况,其中包括有关申请人的种族、性别和收入情况,从而加强了对贷款行为的阶级和种族歧视的监督。到2004年,该法的公示范围进一步扩大到抵押贷款的利率方面,以便监督抵押贷款机构对不同阶层和族裔贷款利率的差别。①

然而,虽然上述各项法律的目标是崇高的,但其执行却是绵软无力的,因为相关立法对联邦金融监管机构授予的制裁权太小。比如,《社区再投资法》实行了一种对银行贷款行为的评估制度,评估结果分为优良、满意、需要改进和不合格四种,评估的依据主要是银行在中低收入邻里的贷款纪录。但是,上述监管机构对评估较差的银行并没有直接的制裁权,只能根据评估结果对其未来的业务申请作出裁决,比如颁发执照、储蓄保险、业务兼并、地点分布等,但这些制裁对于贷款机构违法行为是力度不够的,更何况监管机构很少根据评估结果进行制裁。与此同时监管机构的消极无为也助长了差别对待。联邦政府并没有成立新的专门的监管机构,而是依靠现有的四个监管机构,即"美国货币监理署"(OCC)、"美国联邦储备委员会"(the Fed)、"联邦储蓄保险公司"(FDIC)和"储蓄机构监理局"(OTS)等。这无疑增加了这四个机构的工作量,但上述立法并没有为新任务增加新的拨款。当然,尽管这种评估制度的制裁力度有限,但也并非完全无效,因为社区组织可以利用评估制度作为与银行谈判的筹码。银行为了尽快得到监管机构的有关审批,避免造成经济损失,往往不得不与社区组织达成妥协,增加贫困社区和少数族裔社区的投资,这

---

① [美]阿列克斯·施瓦兹:《美国住房政策》,第249—250页。

种方法被称为"非正式的争端解决方式"①。

然而,90年代出现了一个新的趋势,就是很多抵押贷款的公示资料省略了申请人的种族或族裔身份。由于联邦政府规定将西班牙裔作为一个单一的族裔对待,从而将种族与族裔并列起来;由于西班牙裔包含不同的种族成分,从而就造成了种族身份的混乱。当贷款机构在不了解贷款申请人的族裔身份时,就在贷款申请表中使用了"情况不明"和"不适合"两种分类,因此90年代种族身份信息缺失的情况迅速增加(见表3.24)。如果种族或族裔信息缺失,无疑造成了纠正抵押贷款种族歧视的困难。

表3.24　1997—2000年抵押贷款公示材料中种族和族裔信息的缺失情况

贷款种类	1997	1998	1999	2000
普通购房贷款	6.5%	9.8%	10.6%	15.7%
政府担保的购房贷款	4.5%	5.1%	7.0%	8.9%
再次贷款	27.3%	24.9%	30.9%	41.2%
住房修缮贷款	29.0%	34.9%	33.7%	38.9%

资料来源:Elvin K. Wyly and Steven R. Holloway, "The Disappearance of Race in Mortgage Lending", *Economic Geography*, Vol. 78, No. 2 (Apr., 2002), p. 133.

(二) 州与地方政府的改革措施

在开放郊区和住房市场,推进郊区阶级和种族的融合问题上,大多数州和地方政府比联邦政府更加消极。由于很多州实行地方自治原则,地方政府可以有效地抵制州政府的监督和干预。虽然有些州制定了开放郊区的住房补贴计划,但地方政府有权选择是否参与这些计划。然而,在民权组织的推动和法院判决的压力下,许多州和地方政府也制定和实施了一些开放郊区和住房市场的法律和举措。到1959年,南部以外的14个州通过了在某些住房市场中禁止实行种族歧视的法律,主要是公共住房和城市更新计划住房。4个少数族裔较少的

---

① Mara S. Sidney, *Unfair Housing*, p. 65.

州,即华盛顿州、俄勒冈州、科罗拉多州和马萨诸塞州,还制定了法律,在部分私人住房市场禁止种族歧视。① 到1974年,已经有33个州和400多个地方政府制定了相关法律或法规。②

地方政府排斥穷人和黑人等少数族裔的主要手段是"排他性分区制"法规,因此,制定"包容性分区制"(inclusive zoning)法规,以提供廉价住房就成为开放郊区和住房市场的一个主要举措。马萨诸塞州一马当先,于1969年通过了一个"反谄媚"(anti-snob)分区制法规,规定开发商在新的住房开发中要包括10%的低价值住房,这些低价值住房可以得到州政府的补贴。如果地方政府拒绝修改分区制法规,即拒绝接受低价值住房的开发,该开发商可以向州申诉委员会提出申诉,该委员会可以依法推翻地方政府的否决,并命令其发放开发许可证。该法在1971年得到了进一步的修正。然而,该法同样存在漏洞,即地方政府可以根据低价值住房是否"符合地方需要",以决定是否加以拒绝,这些所谓"地方需要"包括"保护拟建住房的住户或该市镇居民的健康和安全","改善布局和设计与周围环境的关系",或"保护开放空间"等等,从而削弱了该法的实施力度。③但该法仍然取得了一定的效果,20年以后,该州宣称该政策已经使开发商赢得了大部分上诉,从而在郊区建造了2万套左右的低租金住房。④

纽约州政府为了疏散低收入家庭和少数族裔而采取了直接的行动,大规模地开发低于市场价格的住房。1968年,纽约州建立了一个城市开发公司,它既是一个州政府机构,又是一个公共福利公司,它被特别授权超越地方政府的分区制法规和建筑法规,为低收入和偏低收入的家庭开发住房项目。但该公司在运用其权力时却十分克制,一位观察家认为,该公司"举止谨慎,尽量将其项目置于能够被地方政府更容易接受的地方,而不是置于那些能够大幅度推进经济(阶

---

① Andrew Wiese, *Places of Their Own*, p. 222.
② U. S. Commission on Civil Rights, *Equal Opportunity in Suburbia*, p. 51.
③ U. S. Commission on Civil Rights, *Equal Opportunity in Suburbia*, p. 54.
④ W. Dennis Keating, *The Suburban Racial Dilemma*, pp. 36 – 37.

级）融合的地方。它更注重住房的开发，而非战斗"。尽管如此，该措施仍然遭到了郊区的反对，尤其是韦斯特切斯特县（Westchester County）的反对最为激烈。迫于郊区地方政府的压力，1973年5月州议会通过了一项修正案，使该公司的权力大为削弱，它授权任何一个城镇或行政村，都可以否决该公司在本社区的住房开发项目。尽管如此，该项目还是取得了某些进展，到1974年，该公司拥有州政府授予的15亿美元的借贷权力，大约90%的开发项目得到了地方政府的批准，已经完成了13个住房项目，为7000人提供了住房。此外，到1974年，已经破土动工的项目有52个，规划中的项目有51个。偏低收入的住房、低收入和老年人住房的开发比例为70∶20∶10。该公司的章程要求采取"肯定性的市场销售方法"，以确保少数族裔能够平等地购买其提供的住房。结果，在该公司开发的住房中，黑人占有30%，西班牙裔和其他少数族裔占有10%。但一个严重的问题是，该公司开发的住房有95%位于城市，不仅没有达到分散低收入家庭和少数族裔的目的，反而加重了他们在城市的集中。[1] 更加严重的是，该公司于1975年宣告破产，纽约州的开放郊区政策最终失败。

大都市区公平份额计划是开放郊区和住房市场的肯定性措施，即在大都市区内，每个地方政府都应提供一定比例的低价值住房，从而达到分散穷人和少数族裔的目的。丹尼斯·基廷认为，"民权运动时期及随后年代的教训是，我们不能指望大多数单个的郊区社区——它们的主体居民是白人——自愿采取肯定性行动来提高种族的多样性……只有在大都市区范围内才有这种可能性，即强迫或说服所有的郊区而不是一些郊区，去消除障碍，创造一个更加开放的住房市场和社会"[2]。这种计划最初出现于20世纪70年代初期，推动其出现的原因包括芒特劳雷尔乡判决案、联邦政府的资助计划（比如701条款计划）、联邦政府A-95援助项目的审查权和开放住房运动等。

最著名的大都市区公平份额计划是俄亥俄州的"代顿计划"和

---

[1] U. S. Commission on Civil Rights, *Equal Opportunity in Suburbia*, p. 53.
[2] W. Dennis Keating, *The Suburban Racial Dilemma*, p. 5.

新泽西州的《公平住房法》（后者前文已有论述）。20世纪70年代初，代顿市作为一个传统的工业城市已经处于衰落之中，其人口为24.4万，占大都市区5个县85万人口的29%。代顿市人口的30%为黑人，而郊区的黑人比例不足3%。该大都市区的3350套津贴住房全部集中在代顿市。① 1970年，代顿大都市区的规划机构"迈阿密河谷区域规划委员会"（The Miami Valley Regional Planning Commission，MVRPC）制定了一项住房公平份额计划，准备开发1.4万套以上的低收入家庭住房，并将其分布于整个大都市区。该大都市区的5个县被划分为53个"规划单元"，将低价值住房分配到这些单元中。该计划的首席制定者和执行主席戴尔·伯奇（Dale Bertsch）在华盛顿举行的听证会上认为，该计划的独特性在于它建立了一种制度，将低收入和偏低收入的住房均匀地分布于整个区域。② 但是，该计划立即遭到了郊区官员和学校代表的强烈反对，有些具有乡村特征的县甚至威胁要退出代顿计划，它们认为自己的利益被忽视。虽然联邦住房与城市发展部的部长罗姆尼（Romney）支持该项计划，但尼克松总统本人却反对，而且罗姆尼没有权力为该计划的1.4万套住房提供津贴，尤其是1973年尼克松延缓了联邦住房津贴计划以后。③ 尽管如此，代顿计划还是得到了执行并收到了一定的成效，自该计划生效到1974年，该大都市区开发了1400套以上联邦补贴住房，其中大约850套即60.7%位于郊区。此外还有3950套联邦补贴住房得到了批准，其中大约3700套即93.7%位于郊区。④ 然而，该计划虽然使低收入群体能够进入郊区，但黑人等少数族裔进入郊区仍然十分困难，因为这些建于郊区的津贴住房的住户大多数是低收入白人，而非中心城市低收入的黑人。⑤ 之所以出现这种情况，是因为每个社区仍然保持着相当大的控制

---

① W. Dennis Keating, *The Suburban Racial Dilemma*, pp. 41 – 42.
② U. S. Commission on Civil Rights, *Equal Opportunity in Suburbia*, pp. 57 – 58.
③ W. Dennis Keating, *The Suburban Racial Dilemma*, p. 42.
④ U. S. Commission on Civil Rights, *Equal Opportunity in Suburbia*, p. 58.
⑤ W. Dennis Keating, *The Suburban Racial Dilemma*, p. 43.

权，正如美国民权委员会的一位官员伯奇所说："我还诚恳地认为……我们确实没有立法权力，无论如何，最终的决定权仍然在于地方社区。"①

加州的开放郊区和住房市场的改革比较曲折。1963 年，加州通过了《拉姆福德公平住房法》，以推进黑人的郊区化。但该法立即导致了白人的反弹。"加州地产协会"发起了一次全民公决运动，提出了"第十四条公民提案"（Proposition 14），要求修改该州的宪法，以保护加州公民将其房屋"出售、出租或租赁"给任何人的"权利"。该公民提案的支持者宣称，这是一场"业主权利"与"强制性住房"之间的斗争。该提案于 1964 年 11 月在公投中以 2∶1 的优势通过。然而，加州最高法院宣布该提案违反州宪法而无效。尽管如此，白人业主仍然采取各种措施阻挠种族融合。② 在开放郊区和住房市场运动的推动下，加州也在某种程度实施了公平份额计划。1975 年，加州通过了一项法律，要求地方社区"为社区现在和未来的居民提供足够的住房"，1980 年该法的修正案要求地方政府制定政策并实施低价值住房项目，以满足地方政府所应承担的区域低价值住房的"公平份额"③。每个城市和县都必须向州政府提交报告，阐明其执行区域公平份额计划的进展。虽然该州提供了一些住房补贴，但事实证明该计划的实施效果不佳。④

州与地方政府还通过对金融机构的管制来推进种族融合。加州、马萨诸塞、纽约、伊利诺伊等州试图通过抵押贷款公示和贷款审查制度禁止贷款歧视和红线政策。比如，从 1964 年开始，由加州政府颁发执照的储蓄与贷款公司必须向"加州储蓄贷款委员"提交各种相关资料，以便杜绝贷款歧视行为。加州还进一步鼓励贷款公司采取肯定性行动，对以前受到贷款歧视的群体和社区发放贷款。加州还成立

---

① U. S. Commission on Civil Rights, *Equal Opportunity in Suburbia*, p. 58.
② Andrew Wiese, *Places of Their Own*, p. 225.
③ ［美］阿列克斯·施瓦兹：《美国住房政策》，第 199 页。
④ W. Dennis Keating, *The Suburban Racial Dilemma*, p. 37.

了一个调查委员会，负责处理有关抵押贷款方面的申诉。[1]

又如，在伊利诺伊州，芝加哥的"公民行动计划"（Citizen's Action Program）组织领导数十个社区组织，于1972年发起了声势浩大的反红线政策的运动，他们发行小册子，进行调查活动，在媒体上大造舆论，举行集会和会议，向州长请愿，与银行官员洽谈，起草反红线政策的立法，号召红线社区的居民将存款转移到不实行红线政策的银行，后者被称为"绿线制度"。于是，该州于1974年1月通过了美国第一个反红线政策的法规，规定每个贷款机构必须保留被拒贷款申请者的信息和理由，保留期至少为24个月，以便于政府和社区组织的检查和监督。该法的第二部分明确规定，禁止根据种族、肤色、性别、宗教信仰、民族来源、年龄、婚姻状况等特征实行红线政策和歧视行为。[2] 1975年8月，伊利诺伊州议会又制定了《金融公示法》（Financial Disclosure Act），要求所有储蓄贷款机构公开抵押贷款信息。到70年代末，密苏里、马里兰、密歇根、明尼苏达等州也通过了反红线政策立法，而华盛顿、印第安纳和俄亥俄等州也采取了相关行动。

就地方政府而言，芝加哥市议会于1974年6月通过了美国地方政府中第一个抵押贷款信息公开法规，它要求芝加哥的所有银行都要签订协议，保证不实行红线政策，并且按照人口统计区公开其贷款的地点和存款人的地点。克利夫兰市议会也通过了与芝加哥相似的贷款公示法，明尼阿波利斯的民权法规禁止实行红线政策，洛杉矶县则对实行红线政策的银行进行了抵制，拒绝将县政府的资金存入这些

---

[1] U. S. Department of Housing and Urban Development, Office of Assistant Secretary for Fair Housing and Equal Opportunity, *Redlining and Disinvestment as a Discriminatory Practice in Residential Mortgage Loans*, Part I, pp. 51 – 52.

[2] Illinois Legislative Investigating Commission, *Redlining*: *Discrimination in Residential Mortgage Loans*: *A Report to the Illinois General Assembly*, Chicago: the Authority of the State of Illinois, May 1975, pp. 7 – 19.

银行。①

上述州和地方政府的开放郊区和住房市场、反对贷款歧视和红线政策的举措，要么绵软无力，要么漏洞百出，从而使这些举措难以贯彻，效果不佳。正如某些学者所指出的，州和地方政府反对住房种族歧视的法律"主要是象征性的和装点门面的：它们高擎住房机会均等的鲜明旗帜，向我们所有人肯定了这一美国信条；但是，那些通过这种法律的人们却心照不宣地知道，它的条款不会从根本上威胁白人社区，因而得以贯彻。"② 正因为如此，尽管20世纪中后期美国黑人民众、民权组织、知识分子、各级法院和政府部门展开了开放郊区和住房市场的运动，实施了各项改革措施，但美国大都市区的阶级分异与种族隔离的状况并没有得到根本的改善。

十 20世纪70年代以后黑人的空间分布特征

经过开放郊区和住房市场的运动，尤其是公平份额制度的实施，郊区出现了越来越多的下层阶级的廉价住房，从而使越来越多的低收入和偏低收入的群体迁入郊区，美国大都市区阶级分异的状况有了较大程度的改善。即使那些没有迁入郊区的下层阶级，在改善自己的社会经济地位以后，也能顺利地融入郊区中产阶级和富裕阶层的社区，实现自己的美国梦。然而，肤色界限却是一道难以逾越的鸿沟。虽然民权运动、开放郊区和住房市场运动的斗争目标主要是取缔黑人的种族隔离，但恰恰是黑人的种族融合成就不大，效果不佳。因此，本部分主要考察黑人在大都市区空间分布方面的变化以及成效不佳的原因。

前文指出，在20世纪70年代以前，黑人的空间分布特征是"二高一低"，即高度城市化、高度隔离化和低度郊区化，这种分布特征

---

① U. S. Department of Housing and Urban Development, Office of Assistant Secretary for Fair Housing and Equal Opportunity, *Redlining and Disinvestment as a Discriminatory Practice in Residential Mortgage Loans*, Part I, p. 50.
② Frederick M. Wirt, et al., *On the City's Rim: Politics and Policy in Suburbia*, p. 44.

给黑人的生活、就业、教育等造成了极大的危害。经过声势浩大的民权运动、开放郊区和住房市场运动，70年代以后，黑人的郊区化程度有所提高，种族隔离程度有所降低，但总体而言，这种变化仍然微不足道，无足轻重，大都市区黑人的空间分布依然维持着严重的"二高一低"的局面。

（一）黑人郊区化水平的有限提高

20世纪70年代以后，经过民权运动的冲击和各级政府的改革，黑人的郊区化速度有所加快。从郊区黑人的增长率来看，50年代郊区黑人的增长率为23.1%，中心城市为50.6%，黑人的人口流动仍然以城市化为主。然而60年代郊区黑人的增长率上升到33.7%，超过了中心城市黑人增长率的31.6%，黑人的流动方向转变为以郊区化为主。到70年代，郊区黑人的增长率骤然上升到72.2%，中心城市黑人的增长率则进一步下降到16.8%，黑人郊区化的速度远远超过城市化的速度。[1] 80年代以后，郊区黑人的增长速度更快，在20世纪的最后20年，郊区新增黑人的数量与此前70年的数量相当，郊区黑人从610万增加到近1200万，在20年间增长了近一倍。1980年，美国有33个大都市区的郊区黑人超过5万，而到2000年则上升到57个。[2] 从黑人占郊区人口的比例来看，1960、1980和1998年分别为4.9%、6.1%和7.6%。[3]

黑人郊区化速度的提高，固然与开放郊区和住房市场运动相关，但也与黑人经济地位的提高密切相关。1960年，美国白人家庭的中等收入为5835美元，而黑人等少数族裔只有3233美元，后者为前者

---

[1] U. S. Department of Commerce, Bureau of the Census, *Statistical Abstracts of the United States*: 1971, p. 16. U. S. Department of Commerce, Bureau of the Census, *Statistical Abstracts of the United States*: 1981, p. 16.

[2] Andrew Wiese, *Places of Their Own*, p. 255.

[3] U. S. Department of Commerce, Bureau of the Census, *Statistical Abstracts of the United States*: 1971, p. 16. U. S. Department of Commerce, Bureau of the Census, *Statistical Abstracts of the United States*: 1981, p. 16. U. S. Department of Housing and Urban Development, *The State of the Cities, 2000: Megaforces Shaping the Future of the Nation's Cities*, Washington, D. C., June 2000, p. vii.

的 55.4%。到 1980 年，白人家庭的中等收入为 43538 美元，黑人为 25218 美元，后者为前者的 57.9%，到 2000 年，白人和黑人家庭的中等收入分别为 53256 和 34192 美元，后者为前者的 64.2%。[1] 黑人收入的增加与其教育水准和职业地位的提高密切相关。1970—1980 年，黑人大学生的数量增加了一倍，从 52.2 万增加到 100 万以上。60 年代，白领黑人的比例由 13% 上升到 25%，到 1980 年，黑人专业技术和管理人员的数量增加了两倍，黑人销售人员和办公室人员的数量增加了 4 倍。正如社会学家巴特·兰德里（Bart Landry）所说，美国出现了一个"新黑人中产阶级"。中产阶级黑人的郊区化成为一个主要的现象，美国社会学家威廉·J. 威尔逊（William J. Wilson）评论道，阶级地位已经取代种族身份成为决定黑人生活机遇的决定性因素。此言虽然不无夸张，但也道出了黑人郊区化的某种转变。美国记者乔尔·加里尤（Joel Garreau）也评价说，中产阶级黑人郊区的扩大是"美国历史上黑人事务最大的变化之一"，它表明在美国生活中种族重要性的下降和阶级重要性的增加，"按照占主导地位的白人文化的标准，（黑人中产阶级）取得了成功"[2]。

关于新黑人中产阶级的崛起及其郊区化之间的关系，美国学者安德鲁·威斯（Andrew Wiese）指出，新黑人中产阶级的收入和地位在不断上升，但其地位尚不稳固，于是，迁居郊区就成为巩固其新社会地位的手段。"对于那些受到高等教育、拥有高薪职位、奋力拼搏以谋求中产阶级地位的非洲裔美国人来说，郊区住房代表着一种获取空间利益的努力，而这种空间利益是可以用其经济地位去换取的。许多新黑人中产阶级将居住空间看作是保护其辛劳所得的手段。"[3] 这与 20 世纪初期白人中产阶级利用郊区来巩固自己的社会地位大有异曲同工之妙。

---

[1] U. S. Department of Commerce, Bureau of the Census, *Statistical Abstracts of the United States*: *1971*, p. 316. U. S. Department of Commerce, Bureau of the Census, *Statistical Abstracts of the United States*: *2002*, 122nd Edition, Washington D. C., 2001, p. 436.

[2] Andrew Wiese, *Places of Their Own*, pp. 218 – 261.

[3] Andrew Wiese, *Places of Their Own*, p. 262.

尽管黑人的郊区化速度和水平都有所提高，但不容乐观的是，黑人的郊区化速度和水平不仅低于白人主体民族，甚至还远远低于其他少数族裔。从郊区化的速度来看，在20世纪70年代，黑人的郊区人口增长率为72.2%，但与其他少数族裔的437.5%不可同日而语，而且1980年郊区黑人占全国黑人的比例为23.3%，与其他少数族裔的36.6%同样不可相提并论。从占郊区人口的比例来看，在1960年、1970年和1980年，黑人占郊区人口的比例只有4.9%、4.8%和6.1%，在这3个年份，黑人占全国人口的比例分别为10.5%、11.1%和11.7%。可见，黑人占郊区人口的比例仍然远远低于其占全国的人口比例，此即低度郊区化。而其他少数族裔在这3个年份占郊区的人口比例分别为0.5%、1.1%和4.2%，而其占全国人口的比例分别为0.9%、1.4%和5.2%，其郊区人口比例同样低于其全国人口比例，但不像黑人那样相差悬殊。如果换一个角度看就更清楚了，即从各自郊区人口比例与其全国人口比例之间的比率来看，在这3个年份，黑人的比率分别为0.47、0.43和0.52；而其他少数族裔的比率分别为0.56、0.79和0.81，黑人同样远远低于其他少数族裔。可见，黑人的郊区化水平在各族裔中是最低的。[1] 到20世纪末，这一情况依然没有改变，1980—1998年，黑人占郊区人口比例从6.1%上升到7.6%，但同期其他少数族裔的同比则从13.4%上升到21.7%，黑人同样远远低于其他少数族裔。[2]

（二）黑人种族隔离的持续存在

黑人低度郊区化的实质就是黑人与白人在中心城市与郊区之间的"宏观种族隔离"或曰"大尺度空间上的种族隔离"，黑人主要集中于中心城市，而白人则主要分布于郊区。随着黑人郊区化的加速和郊区黑人比例的提高，这种"宏观种族隔离"的状况自然有所改善。

---

[1] U. S. Department of Commerce, Bureau of the Census, *Statistical Abstracts of the United States*: 1971, p. 16. U. S. Department of Commerce, Bureau of the Census, *Statistical Abstracts of the United States*: 1981, p. 16.

[2] U. S. Department of Housing and Urban Development, *The State of the Cities*, 2000, p. vii.

第三章　美国大都市区的阶级分异与种族隔离

与此同时，在郊区内部，黑人社区与白人社区之间的"微观种族隔离"的状况也有所改善。

比如，根据美国学者迈伦·奥菲尔德（Myron Orfield）的研究，在美国的 25 个大都市区中，种族之间的差异指数（Dissimilarity indexes）在 1990—2000 年间出现了明显的下降，其平均差异指数由 71 下降到 67，下降额度为 4。其中某些大都市区的差异指数下降更加明显，比如坦帕由 71 下降到 64，下降额度为 7；西雅图从 58 下降到 50，下降额度为 8；华盛顿特区从 66 下降到 57，下降额度为 9；波特兰由 66 下降到 48，下降额度为 18。[1] 大都市区种族差异指数的下降，表明了某种程度的种族融合。

又如，在马克·施奈德（Mark Schneider）和托马斯·费伦（Thomas Phelan）所考察的郊区中，1980 年，10.76% 的社区没有黑人或少得可以忽略不计，而到 1990 年，这样的郊区就不再存在了。也就是说，在作者们调查的郊区中，几乎每个社区都有一定数量的黑人居民，这表明郊区出现了某种程度的种族融合。然而也不能过于乐观，在 1990 年，仍然有 1/3 以上的郊区社区中黑人比例低于 1%，70% 的郊区社区黑人比例低于 5%。从另一个极端来看，越来越多的郊区变成了黑人占多数的郊区，即发生了种族转变。1980 年，在上述两位学者调查的郊区中，在 3.13% 的郊区社区中，黑人居民占 50% 以上，1990 年，这一比例上升到 4.5%。1980 年，在 0.81% 的郊区社区中，黑人居民占 90% 以上，而 1990 年这样的郊区社区上升到 1.21%。[2]

根据另一学者的研究，1990 年，在芝加哥大都市区，多达 40% 的郊区黑人集中在 14 个郊区社区中，而这 14 个郊区社区都位于大迁徙以来形成的黑人社区的附近。该年在纽约郊区拿骚县和萨福克县，有 2/3 的社区黑人居民不足 1%，一半社区中根本没有黑人。[3] 这些数字说明郊区黑人仍然存在着较为严重的种族隔离现象。纽约州立大

---

[1] Myron Orfield, *American Metropolitics*, p. 52.
[2] Mark Schneider, Thomas Phelan, "Black Suburbanization in the 1980s", *Demography*, Vol. 30, No. 2 (May, 1993), p. 271.
[3] Andrew Wiese, *Places of Their Own*, p. 268.

学的刘易斯·芒福德研究中心对2000年人口统计的分析得出结论："尽管有大量的少数族裔从城市迁移到郊区，但这些群体并没有能够融入以白人为主的社区。居住隔离，尤其是黑人和白人之间的种族隔离，在全国的城市和郊区之中仍然十分严重。"[①]

道格拉斯·S. 马西（Douglas S. Massey）和南希·A. 登顿（Nancy A. Denton）在一项研究中，将居住隔离指数分为3组，指数在0—0.300之间为低度隔离，0.300—0.600为中度隔离，0.600以上为高度隔离。他们的研究表明，与其他少数族裔相比，黑人与白人的种族隔离程度要高得多（见表3.25）。

表3.25 1980年美国59个大都市区各少数族裔与白人的居住隔离指数

地区	黑人			西班牙裔			亚裔		
	城市	郊区	差别	城市	郊区	差别	城市	郊区	差别
东北部	0.737	0.614	-0.12	0.554	0.474	-0.08	0.491	0.431	-0.06
中北部	0.758	0.694	-0.06	0.436	0.344	-0.09	0.455	0.387	-0.07
南部	0.694	0.541	-0.15	0.412	0.347	-0.07	0.406	0.382	-0.02
西部	0.606	0.493	-0.11	0.437	0.381	-0.06	0.338	0.323	-0.01
合计	0.691	0.573	-0.12	0.450	0.379	-0.07	0.413	0.376	-0.04

资料来源：Douglas S. Massey, Nancy A. Denton, "Suburbanization and Segregation in U.S. Metropolitan Area", *The American Journal of Sociology*, Vol. 94, No. 3 (Nov., 1988), p. 604.

表3.25显示，黑人在大多数中心城市与白人高度隔离，在59个大都市区中，平均隔离指数为0.691；东北部和中北部中心城市的黑人种族隔离指数最高，分别为0.737和0.758。郊区黑人的种族隔离指数稍低，这59个大都市区郊区的隔离指数为0.573；仍然是东北部和中北部郊区的黑人隔离指数最高，分别为0.614和0.694，都属于高度隔离。相比之下，西班牙裔和亚裔的隔离指数要低得多，都属于

---

① Oliver Gillham, *The Limitless City: A Primer on the Urban Sprawl Debate*, Washington, D. C.: Island Press, 2002, pp. 137-138.

中度隔离。而某些大都市区的隔离指数更高，比如在芝加哥大都市区，中心城市的隔离指数为 0.906，郊区为 0.754；洛杉矶大都市区的中心城市为 0.830，郊区为 0.789；纽约大都市区的中心城市为 0.826，郊区为 0.704；迈阿密大都市区的中心城市为 0.775，郊区为 0.754 等。[1] 一个奇怪的现象是，既然郊区白人居民对黑人的郊区化抵制十分顽固，为什么郊区的种族隔离指数反而低于中心城市呢？其实道理很简单，因为郊区黑人数量有限，很少形成大规模的郊区黑人社区，所以从数字上看，隔离指数就显得偏低，给人一种郊区隔离程度低的印象。事实上，许多郊区正处于种族转变的过程中，当种族转变完成之后，其隔离指数自然会升高。

不仅黑人的郊区化水平低和种族隔离指数高，而且郊区黑人社区与中心城市的黑人社区一样，出现了破败的趋势。到 1990 年，多数郊区黑人仍然生活在内层郊区，它们财政捉襟见肘，税率居高不下，服务水准下降，学校质量恶劣，商业投资减少，财产估价偏低。甚至一些黑人中产阶级郊区也出现了衰败的局面。比如，马里兰州的乔治王县（Prince George's County）就是一个中产阶级黑人社区。尽管其社会经济地位在不断上升，但白人开发商却不愿在该县投资。而且在该县的环路（Beltway）以内，出现了商业撤离和去投资化现象。由于该县缺少商业和工业机构，使该县税收不足，税收主要落到地产主头上。由于该县缺少银行和其他金融机构，人们开设银行账户或申请购房抵押贷款都很困难。而且黑人工人阶级和贫穷居民不断增多，其福利需求日益增加。该县的公共学校表现不佳。1995 年，该县学校 40% 的学生来自贫困线以下的家庭并接受就餐补贴，到 2000 年这一比例上升到 45%，在该州的 24 个学区中，其学校质量滑至倒数第二，仅比巴尔的摩市一个低收入的学区稍强。而且贫困和社会问题接踵而至，在八九十年代，环路附近的内层郊区，比如卡皮特尔海茨

---

[1] Douglas S. Massey, Nancy A. Denton, "Suburbanization and Segregation in U. S. Metropolitan Area", *The American Journal of Sociology*, Vol. 94, No. 3 (Nov., 1988), p. 602.

（Capitol Heights）、拉纳姆（Lanham）、兰多弗（Landover）、肯特兰兹（Kentlands）等社区，构成了一个毒品交易和暴力犯罪的长廊。[1]

朱利叶斯·威尔逊（Julius Wilson）于1987年出版了《真正的弱势群体》（*The Truly Disadvantaged*），认为黑人社区的社会恶化是由于中产阶级的撤离，使黑人社区丧失了黑人中产阶级的良性影响，他写道："中产阶级和工人阶级家庭从许多黑人聚居区中撤离出来，剥夺了其重要的'社会缓冲器'，而这种'社会缓冲器'可以缓解……日益增长的失业的影响幅度。"专栏作家托尼·布朗（Tony Brown）也指出："黑人中产阶级在种族融合的名义下，从本族民众中迁移出来，从而将所有的社会、财政和人力资本随身一起带走。"[2] 然而，尼古拉斯·莱曼（Nicholas Lemann）却提出了不同的看法，他认为，虽然内层郊区的黑人社区衰败了，但中产阶级黑人却从中逃离出来，迁移到环境良好的新郊区，甚至是白人郊区。"确实，黑人社区在过去的30年里严重地衰落了，但是一个重要的解释是，有数百万黑人居民逃离了此地并在其他地方找到了更好的安乐窝。"[3]

（三）黑人种族隔离持续存在的原因

虽然经过民权运动以及开放郊区和住房市场运动的冲击，黑人的种族隔离状况有所改善，但这种改变如同牛步蜗行，进展缓慢，黑人"二高一低"的分布特征依然如故，究其原因，就是开放郊区和住房市场的运动既不广泛，也不深入，联邦政府的监管机构存在消极无为的情形，而采取行动的州和地方政府为数屈指可数，范围有限，更重要的是，美国郊区居民的种族歧视和私人部门的抵制依然存在，难以根除。

首先是联邦政府的消极无为和地方政府的积极抵制。前文指出，国会在制定1968年《公平住房法》时并没有制定执行机制，

---

[1] Andrew Wiese, *Places of Their Own*, pp. 279–281.

[2] Andrew Wiese, *Places of Their Own*, p. 287.

[3] Nicholas Lemann, *The Promised Land: The Great Black Migration and How It Changed America*, New York: Alfred A. Knopf, Inc., 1991, p. 344.

第三章　美国大都市区的阶级分异与种族隔离

从而使该法的有效性大打折扣。事实上，这是国会制定某些法律的惯常伎俩，对此，美国副总统阿尔·戈尔有过精彩的论述。他写道："现有的体制是浮士德式的交易——牺牲长远利益，获得近期利益……重要的是，我们继承的是这样的系统：法律与漏洞共存、执行与推迟同在，并在表面上牵强地掩盖全方位的政策性失败。"①消除郊区种族隔离同样如此，除了前文提到了法律漏洞以外，联邦政府的执行也缺乏力度。直到1971年，住房与城市发展部都没有对其住房计划的种族和族裔资料进行收集，直到1974年7月，仍然没有对已经收集的资料进行分析。而后来对1971年资料的初步分析表明，住房与城市发展部的住房项目中存在高度的种族隔离。该部主要的住房抵押贷款保险项目即203（b）条款项目的住房中，只有3.5%的新住房是由黑人家庭购买的。这一比例与1967年联邦住房管理局对其保险的住房项目的调查结果完全一致。同样，对235条款（Section 235）项目的调查发现，建于衰败社区的所有新住房全部由黑人家庭购买，而建于衰败社区之外住房的70%则由非少数族裔白人（white non-minority）购买。对236条款出租项目的调查资料表明，2/3的住房是由非少数民族白人租用的。在所有389个开发项目中，有120个（约30%）完全按照种族和族裔界限进行隔离，其中80个项目完全是白人，38个项目完全是黑人，2个项目完全是西班牙裔；在其余的269个项目中，只有100个项目的种族混合率超过25%，142个项目85%以上的居民为白人，27个项目85%以上的居民是黑人。②可见，城市与住房发展部的消极无为使住房中的种族和族裔隔离没有发生根本的改变。

　　1971年的下半年，住房与城市发展部制定了肯定性的市场销售指南，并规定适用于联邦住房管理局资助的所有住房项目，该指南要求该局的新项目、多户住房项目、移动房屋项目的开发商制定肯定性

---

① ［美］蕾切尔·卡逊：《寂静的春天》，吕瑞兰、李长生译，吉林人民出版社1997年版，前言，第15页。
② U. S. Commission on Civil Rights, *Equal Opportunity in Suburbia*, pp. 38–39.

行动计划，以确保这些住房的销售能够对所有种族和族裔开放。开发商必须提交肯定性的销售计划，该计划"应该通过项目申请者（即开发商）习惯使用的媒体，包括少数族裔的出版物，或住房市场中其他少数族裔的媒体，采用标准的方法向少数族裔的人们公布住房机会"。项目申请者还要在招募销售或出租经纪人时，对少数族裔和白人主体民族实行非歧视性的雇佣政策。[①] 然而，尽管制定了这些肯定性的行动计划，如前文所指出的，联邦政府有关部门和官员没有采取积极行动去贯彻这些计划。

其次，住房开发商对种族融合进行了消极抵制，美国仍然存在一个双轨市场。"全国地产商协会"（NAREB）曾积极进行游说，反对1968年公平住房法的通过。"全国住房建筑商协会"（NAHB）虽然支持该法的通过，但却没有采取肯定性行动去推动住房开发项目中的种族融合。该法通过后，联邦政府对低价值住房的开发进行了补贴，使开发商原本不能营利的低价值住房市场有利可图，扩大了住房开发市场。然而，人权委员会在四个大都市区对235条款计划下的住房产权的调查发现，受到联邦补贴的新住房开发项目同样存在种族隔离。该计划下的郊区开发项目的住房全部或几乎全部由白人购买，而城市开发项目的住房一般由黑人占据。有些开发商消极地实施种族歧视，任由社区决定其开发项目的种族构成。开发商埃利奥特·M.奥尔波特（Eliot M. Alport）认为，地产经纪人在销售其开发的住房时存在种族歧视，他在圣路易斯县和弗洛里森特（Florissant）开发的价格在1.5万到2万美元的住房，在200套中只有4套或5套卖给了黑人。"全国住房建筑商协会"的主席约翰·A.斯塔斯特尼（John A. Stastny）在华盛顿举行的听证会上对人权委员会说，多年来该协会在其成员中倡导开放住房，但该协会并没有采取肯定性的行动克服种族隔离。事实上，该协会一直反对住房与城市发展部肯定性行动的销售管制，认为这种行动将会使"联邦住房管理局保险的住房处于明显

---

① U. S. Commission on Civil Rights, *Equal Opportunity in Suburbia*, p. 39.

不利的竞争地位"①。

美国私人部门的种族歧视直到20世纪90年代依然如故，流弊难除，仅仅在1992—1993年，美国地方、州和联邦住房机构就收到了1万多次申诉。1991年，联邦住房与城市发展部的一项全国性调查发现，"有一半以上的黑人在购买和租赁房屋时遭到某种歧视"。1989年对抵押贷款的全国性调查发现，黑人贷款的拒绝率是同等收入白人的两倍。在所调查的大都市区中，竟有85%的高收入黑人比低收入白人的抵押贷款申请更可能遭到拒绝。②

再次，普通白人居民的种族歧视态度没有明显的转变，可以说这是最为深层的原因。60年代后期以来，白人对黑人的态度出现了一些变化，比如在一次民意调查中，白人一般同意"黑人有权居住在他们负担得起的任何地方"，而且"如果一个收入和教育程度相同的黑人搬进他们的街区，不会产生什么影响"③。但白人的这种宽容态度是有限度的，即黑人在其社区内必须居于少数地位，不致威胁其生活方式和地产价值。然而，一旦黑人数量达到一定比例时，其态度就会幡然扭转，毫不犹豫。简单地说，白人态度的变化仅仅是不再坚持绝对的种族隔离，但绝对不是接受完全的种族融合。④

新泽西州地方政府对"公平份额"计划的抵制，明白无误地反映了白人对黑人郊区化和种族融合的态度。1983年新泽西州最高法院作出芒特劳雷尔乡第二判决案后，要求该州地方政府实施"公平份额"计划。该判决立即掀起了轩然大波，1984年9月，来自40个城镇的市长召开会议，主张向联邦法院提起上诉，宣称该州最高法院的法官已经变成了独裁者，侵害该州公民由联邦宪法所保障的"共和制政体"的权利。1985年在该州的221个乡镇和5个县进行了公民投票，要求州议会制定一条州宪法修正案，"限制法院的权力，以使法

---

① U. S. Commission on Civil Rights, *Equal Opportunity in Suburbia*, pp. 23 – 24.

② Andrew Wiese, *Places of Their Own*, p. 267.

③ Harvey Marshall, "Black and White Upper-Middle-Class Suburban Selection: A Causal Analysis", *The Pacific Sociological Review*, Vol. 25, No. 1, (Jan., 1982) p. 30.

④ W. Dennis Keating, *The Suburban Racial Dilemma*, p. 198 – 199.

院不能强迫地方市镇修改分区制法令，提供芒特劳雷尔判决案的住房"。每个社区都在公民投票中通过了该修正案，赞成票与反对票之比高达2∶1。在民众的压力之下，1986年，新泽西州最高法院通过了芒特劳雷尔乡第三判决案，不得不承认地方政府将其低价值住房的一半转移到其他社区。[①] 可见，民意难违，即使新泽西州最高法院如此开明的法官，在普通白人浓厚的种族歧视的氛围之下也不得不做出妥协。

总之，无论是美国各级政府和私人部门，还是普通白人民众，仍然存在着根深蒂固的种族偏见和种族歧视，都对黑人的郊区化和种族融合存在着消极情绪和抵制行为，从而使大都市区黑人"二高一低"的空间分布模式一直延续下来，虽然程度有所减轻，但这种现象始终不能根除。正如美国安德鲁·威斯（Andrew Wiese）所指出的，"尽管在种族、阶级和空间之间的关系有所转变，但很少有证据表明非洲裔美国人的种族或阶级身份正在郊区中消失……虽然种族方面的尊卑贵贱正在减弱，但它仍然在美国生活中占据中心地位"[②]。

小　　结

居住隔离可以说是美国大都市区人口分布的最大特点，这种隔离不仅存在于不同的种族或族裔之间，也存在于白人主体民族的不同阶级之间。种族或族裔之间的居住隔离除了经济因素以外，最主要的原因是种族歧视。而白人主体民族不同阶级之间的居住隔离，最主要的原因是经济地位的差别，是住房市场规律的结果，属于社会分层问题，笔者称之为"阶级分异"。

就阶级分异而言，不同的阶级在美国大都市区中的分布具有不同特点。首先，在美国大都市区内，郊区居民的阶级地位高于中心城市居民，郊区居民无论是在人均收入和家庭财产方面都远远高于中心城

[①] David L. Kirp, John P. Dwyer, and Larry A. Rosenthal, *Our Town*, pp. 110–138.

[②] Andrew Wiese, *Places of Their Own*, p. 258.

市，郊区居民的主体为中产阶级和富裕阶层，低收入阶层和贫困人口高度集中于中心城市，与郊区形成鲜明对照，而且中心城市穷人的比例不断提高，而郊区的同比则在不断下降。当然，郊区内部的各个社区之间也表现出强烈的阶级特征，但这是"屋以类聚"，"人以群分"的结果。如果白人主体民族的下层阶级在经济取得成功，他们是可以通过住房市场的选择进入中产阶级和富裕阶层的郊区的。

少数族裔的空间分布及其原因就没有那么简单了。本章主要探讨了黑人的空间分布模式，其特点主要表现为三个方面，即高度城市化、高度隔离化和低度郊区化，即"三化"或"二高一低"的分布模式。黑人这种空间分布模式的形成，固然与其经济地位有关，但更是种族歧视和种族隔离政策的结果。由于白人下层阶级和贫困人口以及黑人等少数族裔主要分布在中心城市，而郊区则以白人中产阶级和富裕人口为主，使中心城市与郊区之间形成了迥然相异的两个世界。关于黑人和白人的居住隔离，普通白人民众的种族歧视是最为深层的心理因素和根本的动力，每当黑人搬进一个白人社区之时，白人居民都会采取各种措施加以抵制，包括采取暴力手段。而当这种抵制不能奏效之时，白人就毅然地从中心城市这一黑人的海洋撤离出去，到白人同质性较强的郊区定居，这就是所谓的"白人逃逸"现象。除了"白人逃逸"以外，地产公司的种族限制性契约、房产保险和抵押贷款等金融机构的红线政策则是导致黑人居住隔离的组织方面的因素，它们的政策导致一个"双轨住房市场"（dual housing market），对黑人居住隔离产生了最直接的影响。与此同时，美国各级政府也负有不可推卸的责任，特别是地方政府的排他性分区制和住房法规发挥了最深刻的影响。

中心城市与郊区之间的阶级分异与种族隔离，对下层阶级和少数族裔造成了严重的危害。其一，导致了中心城市与郊区居民收入和财政的不平衡，造成了资源与需求配置方面的失衡，阻碍了社会财富的再分配过程。其二，导致了中心城市居民教育水平的低下，阻碍了中心城市居民及其后代的发展潜力。其三，造成了穷人和少数族裔"工作与住房的失衡"，从而导致了他们的就业困难。其四，穷人和少数族裔在中心城市衰败社区的聚集,产生了一种"危机的聚集效应"。美国大都市区两个世界的形成及其危害,引起了学术界、社会人士和政府部门的广泛关注,并展开一场轰轰烈烈的改革运动,包括司法诉讼斗争、各级政府改革和民间组织的开发郊区和住宅市场的运动。斗争的结果是黑人郊区化水平有所提高,但不明显,种族隔离持续存在,大都市区黑人"二高一低"的空间分布模式一直延续下来,由此可见,美国大都市区居住空间方面的种族融合仍然任重道远。

第四章 大都市区的政治碎化与区域治理

有三种因素对美国大都市区的治理产生了巨大影响，其一是大都市区的空间蔓延，其二是地方政府自治地位的加强，其三是地方政府的加速成立和数量的增多。由于20世纪以来美国大都市区的空间蔓延，大都市区覆盖的空间范围越来越广大，囊括的地方政府的数量越来越多。而这些地方政府单位在政治上和法律上并不隶属于中心城市，而是与之拥有平等的政治和法律地位，中心城市并不能对它们发号施令，不能代表大都市区进行统筹规划和综合治理。另外，美国的地方政府经过百年来的两次地方自治运动高潮，获得了越来越多的自治权，相对于中心城市乃至州政府拥有了越来越多的行动自由。而且市镇法人的成立越来越简单容易，更增加了大都市区内地方政府的数量，它们在地方事务中各自为政，各行其是，从而使大都市区的治理更加缺乏一个区域性机构或政府进行统一的治理。这种情况十分类似于欧洲巴尔干半岛上小国林立，彼此纷争的状况，因此，被美国学者形象地称为"巴尔干化"（balkanization）或"碎化"（fragmentation）。为了解决大都市区的"巴尔干化"或"碎化"问题，美国学术界曾提出五花八门的改革理论和解决方案，各级政府也采取了多种改革措施，但由于问题的复杂性，并没有收到预期的效果。

一 美国地方政府自治的发展进程

美国地方政府种类繁多，形式多样。地方政府是美国民主政治的训练场，公民道德和自主意识的培养基地，也是各种公共服务和公共物品的提供者，在美国公民的社会生活中发挥着巨大作用。然而，在美国的联邦制体系中，地方政府却没有明确的地位可言。联邦政府和各州政府之间存在着明确的主权分割，两者都属于二元制联邦体系中的主权单位，联邦政府不能任意侵犯州政府的权力。但就州政府和地方政府之间的关系而言，州政府体系则是一种典型的单一制政府体制，地方政府是州议会的创造物，地方政府的一切权力均来自于州议会的授权，地方政府在组织结构、政府职能、财政收支、人事制度等方面都受到州政府的重重干预和限制。19世纪末20世纪初期以来，美国地方政府开始了地方自治改革运动。地方政府的自治问题实质上就是州政府与地方政府的权力分配问题。至今这一问题仍然处于缓慢的改革之中。一个总的发展趋势是，地方政府的自治权力在逐步提高，对于自己辖区之内的事务有越来越多的发言权，州议会对地方事务的干预受到了一定程度的制约。地方政府自治权力的扩大对于地方政府自身问题的解决带来了一定程度的利益，但对于整个大都市区的"巴尔干化"或"碎化"、地方政府关系的协调和大都市区内部各类问题的解决，却产生了一定的负面影响。

（一）托克维尔的误导或对托克维尔的误读

在美国地方政府与州政府的关系中，托克维尔的误导或对托克维尔的误读一直影响着人们对两者关系的正确理解。托克维尔在《论美国的民主》一书中对新英格兰的乡镇自治推崇备至，他一再用浪漫主义的笔调对其进行论述与褒扬，他写道："在欧洲大多数国家，政治生活都始于社会的上层，然后逐渐地而且是不完整地扩及社会的其余不同部分。"而"在美国，可以说完全相反，那里是乡镇成立于县之前，县又成立于州之前，而州又成立于联邦之前"。"建立君主政体和创造共和政体的是人，而乡镇却似乎直接出于上帝之手。"他由此推断，美国的政治生活始于基层地方政府，始于草根民主。他还论述道："乡镇却是自由人民的力量所在。乡镇组织之于自由，犹如小学之于授课。""新英格兰的乡镇是独立的，不受任何上级机关的监护。"① 按照托克维尔的论述，美国当时俨然成为地方自治的天堂。但后世严肃的历史学者的考察证明，托克维尔的描述与评论似有夸大之嫌。

由于托克维尔崇高的学术地位，以及他作为美国自由制度目击者的权威性，后世学者往往不假思索地全盘接受了他的论断，比如，美国公共选择学派的代表之一文森特·奥斯特罗姆在其《美国联邦主义》一书中，就专辟一节"托克维尔对美国实验的分析"，对托克维尔的论述推崇备至。② 我国学者也发文论述了托克维尔的《论美国的民主》与当代美国地方自治之间的关系，文中指出："托克维尔论述美国民主的时候，都是和地方自治互为表里的，换句话说，地方自治，是民主的保证。"该文引用了托克维尔的"乡镇成立于县之前，县又成立于州之前，而州又成立于联邦之前"这一论述，来作为美国地方政府高度自治的依据，并断言："这在一定程度上决定了地方自治（home rule）原则以及地方自治的特征。"并最后得出结论说："地方自治是美利坚民主得以维系和弘扬的根基之一，有其悠久的历史，不可撼动。"③ 我国另一学者在一篇文章中，同样多次引用托克维尔的有关论述，来论证美国地方政府高度分散化的治理模式，并分析了美国这种治理模式的政治哲学基础，其中包括人民主权原则和自主治理原则。④

然而，正如孟子所云："尽信书，则不如无书。"作为后世学人，我们不应该对某些学术前辈的论断顶礼膜拜，照单全收，而是应该对其写作背景、目的及其局限性进行认真的分析与批判，否则难免谬种流传，贻害无穷。托克维尔对美国的考察发生在1831年，其名著《论美国的民主》出版于1835年，当时法国正处于高度集权的七月王

---

① ［法］托克维尔：《论美国的民主》上卷，董果良译，商务印书馆2002年版，第44—79页。
② ［美］文森特·奥斯特罗姆：《美国联邦主义》，王建勋译，上海三联书店2003年版，第10—14页。
③ 王旭：《〈论美国的民主〉与当代美国地方自治》，《社会科学战线》2011年第2期。
④ 张智新：《美国地方政府的结构及其政治哲学基础》，《理论与改革》2005年第1期。

朝的统治时期，欧洲也处于神圣同盟专制王朝的统治时期，没有多少民主可言，地方自治也无从谈起，因此，托克维尔大有托古讽今，借题发挥之嫌。

托克维尔强调："美国的乡镇自由来源于人民主权学说。"但民主与自治并非并行不悖、如影随形的，自治不一定意味着民主，而民主又不等于自治，因为在专制政体之下，往往存在一定的地方自治，而在民主政体下却无地方自治可言。起初，美国的民主制度并不体现于地方自治，而是体现于直接民主的镇民会议（town meeting）和间接民主的代议制，而不体现于地方政府与州政府之间的政府间关系。19世纪中后期，美国公民的民主权利在迅速扩大，但这一时期恰恰是州政府对地方事务加强干预和控制的时期。州议会对地方政府控制的加强，并不表明美国民主制度的倒退，这是因为，州议会乃是由地方社区的选民选出的，州议员不仅代表地方社区的利益，它更代表全州人民的整体利益，因而有更大的代表性和权威性。从法理上来讲，无论是联邦政府的权力，还是地方政府的权力，都是州政府让与的。当联邦宪法生效以后，美国成为二元联邦主义的复合共和国，联邦和州各自拥有了自己的主权，但在州和地方政府之间，并没有进行这样的主权分割，地方权力也没有州宪法加以保障，各州政府乃是一种单一制的政府。因此，美国政府间关系咨询委员会指出，"在我国的民主制度中，主权在民。但其实施却是制度化的。在这个意义上，我们的主权在于州政府的立法部门，它受到法律即成文宪法的制约，而宪法则由司法部门按照公认的原则进行解释。从宪法上来说，主权在于州"[1]。州政府对地方自治的限制恰恰体现了自由、民主与平等，这是因为地方政府和居民为了自身利益，往往制定一些不公平的法律法规，限制甚至剥夺了少数族裔和贫困阶层的机会与权利，此时就需要州政府乃至联邦政府出面干预，限制地方政府的所谓自治权，给予弱

---

[1] U. S. Advisory Commission on Intergovernmental Relations, *State Constitutional and Statutory Restrictions upon the Structural, Functional, and Personnel Powers of Local Governments*, A Commission Report, Washington, D. C., October 1962, p. 30.

势群体以平等的机会与权利,从而达到维护美国自由、民主与平等的立国原则。比如前文章节探讨的地方政府的分区制法规,其目的之一就是限制少数族裔和贫困阶层迁入,以达到种族隔离和阶级分异的不平等与非民主的结果。只有在开放郊区运动的推动之下,州政府和联邦政府对地方政府分区制法规进行了干预,在一定程度上限制了地方政府的自治权,才在一定程度上保障了少数族裔和贫困阶层的居住权平等,维护了美国的自由、民主与平等的立国原则。这种限制地方自治而维护民主和平等的现象,从20世纪70年代以后各州公民的"税收反抗"(tax revolt)中也表现得淋漓尽致,加州公民率先起来反对地方政府税收的增加,他们通过公民提案、州宪法修正案和普通立法限制地方政府的税率上涨。也就是说,通过人民主权,加强了州政府对地方政府自治权的限制。将民主等同于自治,这是学术界尤其是我国学术界的一个认识误区。而这一认识误区或多或少与托克维尔的著作在国内外学术界的流行密切相关。

人们之所以对托克维尔的论断不加怀疑地全盘接受,也与托克维尔对美国地方政治进行亲身的考察有关。但这更是我们应当谨慎的地方。历史研究中存在这样一个悖论,越是当时人和当事人,对其见解就越加提高警惕,因为他是利益相关者,其见解可能带有某种偏见,难免出现溢美或诋毁之词。比如,在美国的城市美化运动过程中,有些人对该运动进行了严厉的批判和抨击,是因为该运动危害了其自身利益(参见第五章)。托克维尔对美国民主和地方自治的描述,同样怀有自己的目的,他的语言中多了几分的情感和倾向,而少了些许的客观性和科学性。千古功过一定要后人评说。

最后,托克维尔的论述或推理本身也是存在问题的,他以美国"乡镇成立于县之前,县又成立于州之前,而州又成立于联邦之前"来论证美国自下而上的权力结构,证明美国地方自治的原生性和自发性。其实,任何一个国家的发展都是先有部分后有整体,但这并不妨碍专制帝国的建立。无可否认,托克维尔确实于1831年进行过实地考察和人物探访,但笔者怀疑他是否翻阅过相关历史文献和法律文件,是否进行过历史研究,否则,他的结论是站不住脚的。美国政府间关系咨询委员会的历史考察就得出了与托克维尔相反的见解。根据该委员会的研究，在殖民地时期，地方政府之间在自治程度上存在很大的差别。比如1663年罗得岛殖民地的特许状就地方政府问题只字未提，而1632年马里兰殖民地的特许状中明确规定，总督有权"将乡镇建立和组织为市镇，将市镇组建为城市，并给予适当的特权和豁免权"。在新英格兰和纽约殖民地，由于处于草创时期，那种自我创建、自我授权的地方政府组织大量存在，但后来这些地方政府的存在及其权力，都必须得到殖民地政府（后来的州政府）的确认。而在中部和南部殖民地，城市宪章是由皇家总督颁发的，其组织形式是非民主化的。建国以后，1787年《西北地域法令》对新成立的州与地方政府的关系产生了很大影响。该法令授权领地的准州长有权任命每一个县或镇的地方行政官或其他官员，以维持地方社区的秩序与和平。当领地拥有5000名自由男性居民时，每个县或乡的自由男性公民即可选举代表组成领地议会，而领地议会则有权建立地方政府。美国政府间关系咨询委员会写道："在美国历史的这一时期，显然，州政府拥有特权，成为地方政府权力的来源，而不管是否对地方政府进行了明确的宪法授权。"[①] 而且，美国大多数地方政府是由州政府授权建立的，地方政府确实像狄龙所说的那样是"州政府的创造物"（参见后文）。可见，托克维尔以"乡镇成立于县之前，县又成立于州之前，而州又成立于联邦之前"来论证美国自下而上的权力结构，证明美国地方自治的原生性和自发性，其结果只能是产生误导作用。

然而，我们也不能将责任全部推卸给托克维尔，因为托克维尔在对美国地方自治，尤其是对乡镇自治进行褒扬之时，并没有忘记提醒读者美国联邦政府与州政府集权的趋势。托克维尔写道："但美国的政府集权也达到了很高的水平。不难证明，美国国家权力的集中高于欧洲以往任何一个君主国家。每个州不仅只有一个立法机构，而且只

[①] U. S. Advisory Commission on Intergovernmental Relations, *State Constitutional and Statutory Restrictions upon the Structural, Functional, and Personnel Powers of Local Governments*, pp. 5–6.

有一个可以创造本州的政治生活的政权机关；同时，一般也不准数个县的议会联合行动，以防止它们图谋超越自己的行政职权而干涉政府的工作。在美国，没有任何力量可以反对每州的立法机关。不管是特权，还是地方豁免权和个人影响，甚至是理性的权威，都阻止不了它的前进，因为它代表着多数，而多数又自认为是理性的唯一代言人。因此，它可以为所欲为，除了它的意志，再没有什么东西可以限制它的行动。站在它一方并受它控制的，是负责以强力迫使不满分子就范的行政权的代表。""美国各州的政府并非集权不够，而是可以说它们过于集权了。"① 托克维尔并没有忽视州政府对地方政府的无可辩驳的控制权，然而，我国学者往往忽略了托克维尔的这种慎重的提醒。

简而言之，笔者并非完全否认托克维尔对美国地方自治的论述具有一定的正确性，而是提醒部分国内学者，不要根据托克维尔的论断夸大美国地方政府的自治权，从而使人误入歧途。如果美国地方政府存在高度的自治权，该怎么解释19世纪70年代兴起的美国地方自治运动？又如何理解二战以后各州地方自治运动的复兴？事实上，经过100多年的自治改革运动，时至今日，美国地方政府的自治权仍然是不牢靠的，即使在地方政府获得了自治宪章之后，州政府都在随时对地方政府的内部事务进行着干预乃至控制。

（二）狄龙法则与州政府对地方政府的控制

自美国立国以来，相对于欧洲而言，美国地方政府确实拥有一定程度的自治权，但不可过分夸大，州政府对地方政府仍然拥有绝对的统治权，只是19世纪末20世纪初期以来，尤其是二战以后，这种自治权才有了一定的扩大，但州政府的权威仍然不可撼动。

州政府对地方政府的控制主要通过三种渠道：议会控制、行政控制和司法控制。议会控制包括制定法律、提供津贴或援助、议会调查等，而其中最主要的方式乃是立法控制，即州议会通过立法对地方事

---

① ［法］托克维尔：《论美国的民主》上卷，第98—99页。

务进行干预，而立法又可分为一般立法与特别立法。一般立法就是州议会不针对某个城市制定立法，而是针对某类问题或某类城市制定原则性立法，对地方事务进行原则性规范，地方政府在具体事务上拥有一定的自由度。但这种立法在19世纪后期以前不太流行，而这也正是地方政府自治改革所追求的目标。

特别立法就是州议会要针对每个城市制定一个特别法律，授予一个特别的宪章，比如某某市宪章。如果要对该市的政府结构进行改革，就必须获得州议会的批准。特别立法宪章甚至允许州议会干涉地方事务的许多细节，比如，地方政府要建立一个市政厅，其开支和选址都要由州议会通过特别立法作出详细规定，或者地方政府签订某项合同、制定各种规划、建立一个公园或一所学校等等，都需要得到州议会特别立法对城市宪章加以修改，地方政府才有权采取行动。为了做到事无巨细的控制，州议会就要一次又一次地对城市宪章进行修改，比如，仅1867年纽约州议会通过的有关该州城市的立法，就超过了整个英国在此之前30年的立法总和。1835—1875年，泽西城的城市宪章被州议会修改了91次。[1] 因此，州议会需要花费大量时间处理地方事务，在每次开会期间，州议会通过的法案大约有一半或2/3是地方特别立法。[2] 如果本届议会不能完成所有的审批程序，只能拖到下届州议会开会再行处理，从而造成美国城市管理效率极低，成为"文明世界里"治理最差的城市。[3] 由此看来，美国的政府间关系并不像托克维尔所说的那样，"州只是统治，而不是行政"[4]。这里的行政是指对具体事务的管理。

还有一种州议会立法更加可怕，被形象地称为"开膛手立法"（ripper legislation），这种立法甚至给予了州议会任命和罢免城市官

---

[1] 王旭：《美国城市史》，中国社会科学出版社2000年版，第116页。

[2] Jay S. Goodman, *The Dynamics of Urban Government and Politics*, New York: Macmillan Publishing Co., Inc., 1980, p. 49.

[3] Kenneth Fox, *Better City Government: Innovation in American Urban Politics, 1850 – 1937*, Philadelphia: Temple University Press, 1977, p. xvi.

[4] ［法］托克维尔：《论美国的民主》，第90页。

第四章 大都市区的政治碎化与区域治理

员,确定其薪俸的权力。某城市官员的罢免可能由于其渎职或行为不端,但也可能仅仅是由于该官员属于在州议会中占少数派的党派,成为政党分赃制的牺牲品。城市官员薪俸的提高或降低、任期的长短也与其所属党派密切相关。因此,一位美国学者对19世纪末20世纪初州议会的特别立法评价道:"州政府对城市事务的干预无论出于何种目的,但其结果总是糟糕透顶的。州议会议员很快证明,他们与城市官员同样腐败无能,而且更不谙城市事务。"[1]

行政控制则是州政府的行政部门通过各种委员会对地方政府进行控制,比如州的医疗、福利、教育等部门分别对地方政府的同类事务加以控制。1855年,纽约州政府成立了独立的州政府委员会接管了纽约市的警察事务,其他各州也纷起效尤,1860年马里兰州成立了州委员会负责巴尔的摩市的警察事务。随后,圣路易斯市和堪萨斯城于1861年,底特律于1865年,克利夫兰于1866年,新奥尔良于1868年也由州委员会接管了警察事务。但是州政府独立的单功能的委员会并不能很有效地执行任务,因为城市问题是盘根错节、纷繁复杂的,而州政府的行政委员会往往鞭长莫及,难以把控。[2]

另外,无论是州立法部门、行政部门甚至司法部门都可以对地方政府下达各种各样的命令(mandate),要求或禁止地方政府采取某些行动,比如,要求地方政府的服务达到某种标准,限定地方政府的税率或税额等。而某些命令则是州政府要求地方政府承担某项具体的任务,而且有些命令还不附带议会拨款,由地方政府自己买单,这些命令会耗费地方政府大量的开支和时间,甚至超越了地方政府的财政和人员的能力之外。纽约市前市长爱德华·I. 科克(Edward I. Koch)称之为"命令磨盘",令地方政府难以招架,苦不堪言。[3]

司法控制就是法院对地方政府和下级法院颁发强制命令

---

[1] David R. Berman, *Local Government and the States: Autonomy, Politics, and Policy*, Armonk, NY: M. E. Sharpe, Inc., 2003, pp. 59–61.

[2] Kenneth Fox, *Better City Government*, p. 10.

[3] U. S. Advisory Commission on Intergovernmental Relations, *Mandates: Cases in State-Local Relations*, A Commission Report, Washington, D. C., September 1990, p. 1.

(mandamus)，迫使地方政府及其官员采取必要的行动，或者颁发禁令（prohibition），阻止地方政府采取某些行动，等等。然而，最重要的是，当州政府与地方政府在权力方面发生冲突之时，州法院扮演了仲裁者的角色，而在大多数此类诉讼中，州法院往往偏袒州政府，压制地方政府。比如，在1816年马萨诸塞州的"斯特森诉肯普顿"（Stetson v. Kempton）一案中，州最高法院明确宣布了州的主权原则。首席法官艾萨克·帕克（Isaac Parker）代表法院宣读了判决词，认为城镇乃是"州立法机关的创造物"，它们"只拥有明确授予它们的权力"。这种维护州议会主权，抑制地方自治的司法判决在19世纪前期司空见惯，屡见不鲜。①

19世纪前期的此类判决为著名的"狄龙判决"（Dillon's Rule，也译作狄龙法则）做好了铺垫，而后者则将州主权理论发挥到了极致。艾奥瓦州最高法院的法官约翰·F. 狄龙（John F. Dillon）于1868年在一次判决中宣布："市镇法人的权力属于州立法机关，它们的权力和权利也全部来自于州立法机关，州立法机关创造了它们，没有州立法机关，它们就不能存在。正如它可以创造它们，它也可以废除它们。如果它可以废除它们，那么它也可以褫夺它们的权利和控制它们。除非对这种权力拥有某种宪法上的制约，否则州议会可以通过某项单独的立法，取缔该州所有的市镇法人——如果我们假设，它真的能够达到如此程度的愚蠢和错误的话——而这些市镇法人却不能阻止它。到目前为止，就市镇法人自身而言，我们还没有发现对（州议会）这一权力的限制。可以这样说，它们仅仅是任由州议会处置的奴仆。"② 狄龙法官将地方政府的权力进行了严格的限定，他于1872年在一部专著中写道："这是一条普遍而没有争议的法律原则，即一个市镇法人拥有并且可以行使下述权力，而非其他权力：第一，那些以

---

① U. S. Advisory Commission on Intergovernmental Relations, *Local Government Autonomy: Needs for State Constitutional, Statutory, and Judiciary Clarification*, A Commission Report, Washington, D. C., October 1993, p. 32.

② George S. Blair, *Government at the Grass-Roots*, Pacific Palisades, California: Palisades Publishers, 1981, p. 20.

明确的语言授予的权力；第二，那些明确授予的权力所必然或应当隐含或附带的权力；第三，那些为了履行该市镇法人所公开宣称的目标和目的而必要的权力——不仅仅是方便，而是不可或缺的权力。任何关于某项权力是否存在的正当而合情合理的重大怀疑都应该由法院进行裁决，而如果法院的裁决否决了一个市镇法人的某项权力，那么这项权力就不存在了。"[1] 这就是著名的狄龙法则，这一判决产生了全国性的影响。可见，按照狄龙法则，所有的地方政府都是州政府的创造物，其权力和职能都是由州宪法以及州议会所颁发的立法所确定的。

狄龙法则对州与地方政府间关系的解释，还于1907年在美国最高法院得到了回应，它在判决中宣布，决定州政府与地方政府关系的乃是州宪法而非联邦宪法："市镇法人是州的政治分支，它们作为便利的机构而被创造出来，以便行使州可能授予它们的政府权力……（地方政府的）数量、性质、权限及其辖区等，都在州的绝对控制之下……因此，州可以随心所欲地修改或撤销所有这些授权；可以在不予补偿的情况下剥夺地方政府的财产，或者拿来己用，或者授予其他机构；州可以扩大或缩小地方政府的辖区，将其全部或部分辖区与另一个市镇法人合并，甚至可以撤销其宪章，废除该市镇法人。州可以在有条件或无条件的情况下，可以在获得或者没有获得公民同意的情况下，甚至在公民提出自己的抗议的情况下，做所有上述事情。""在所有这些方面，州都是至高无上的，而州的立法机构在遵守宪法的情况下，可以为所欲为，不受美国宪法任何条款的限制……权力在州，州立法人员对于任何不公正或压制性地使用权力负有全责。"[2] 州立法机构可以对地方政府"为所欲为"，地方政府还何谈地方自治。

狄龙法则最初仅仅是针对市镇法人的，但后来普及到各种类型的

---

[1] Jay S. Goodman, *The Dynamics of Urban Government and Politics*, p. 48.
[2] U. S. Advisory Commission on Intergovernmental Relations, *Local Government Autonomy*, p. 16.

地方政府。关于狄龙法则的影响，美国政府间关系咨询委员会评价道："这一法则迫使地方政府到州议会那里寻求额外的授权；它使地方政府对自身权力产生怀疑，它使地方政府的各项规划得不到充分发展。这一严格解释授权的判决推动了地方自治的努力，但也是损害地方自治的主要原因。"[1]

当然，在美国这样一个以自由和民主为立国原则的国度里，并不缺乏维护民主与自治的声音，其中对地方自治权力阐发最充分，与狄龙法则针锋相对的理论就是"库利法则"（Cooley Doctrine）。1868年，密歇根州最高法院法官托马斯·M. 库利（Thomas M. Cooley）出版了一部名为《宪法制约》（Constitutional Limitations）的著作，提出了"固有的地方自治权"理论。这种理论认为，地方市镇法人拥有习惯法的一般权力以及其他法人所拥有的权力。由于地方政府的存在早于州政府的建立，所以地方政府的自治权是一种固有的权力，州议会无权剥夺。为了保护市镇法人的权力，就应该对州政府的宪法权力和州立法机构的立法权进行限制。州宪法如果超越了适当的权限，就会在事实上违反立宪原则。对州议会的立法权进行限制，可以为州法院对州立法的司法审查权奠定基础。由于颁布宪章建立市镇法人乃是州议会的权力之一，那么对州议会建立市镇法人的权力也应该进行宪法上的制约。库利写道，美国政府是一个"完全的分权"系统，应该"尽可能地让行使权力的机构贴近于权力所行使的对象"，地方事务应该由地方机构管理，而"中央机构"（即州政府）应该仅仅关注那些"一般性的事务"[2]。

库利法官也将这种地方自治的理念付诸司法实践，其中比较著名的是对1871年的"人民诉赫尔伯特"（People v. Hurlbut）一案的判决。起诉对象是密歇根州议会制定的一项法律，根据该法，州议会为底特律市建立了一个公共工程委员会，委员会由州议会任命，并且取

---

[1] U. S. Advisory Commission on Intergovernmental Relations, *State Constitutional and Statutory Restrictions upon the Structural, Functional, and Personnel Powers of Local Governments*, p. 24.

[2] Kenneth Fox, *Better City Government*, pp. 25 – 26.

消了底特律及其官员对该市公共财产的控制权,比如给排水设施、公共建筑、街道和公园等。库利在判决书中首先考察了该州宪法制定时的传统、实践和人们的愿望,并参考了托克维尔、弗朗西斯·利伯(Francis Lieber)和杰斐逊的著述,回顾了北美独立战争反对集权、争取自治的历史。随后,库利指出,市镇法人用来为地方提供必要服务和便利的财产,在宪法上属于受保护的财产。"地方政府拥有州不能剥夺的绝对权利。如果说一个城市拥有市政自由,而州不仅控制其政府形式,而且还任意为其派遣官员;或者允许人民对其地方事务拥有全面的控制权,但事实上丝毫控制权都没有,却称这种制度为宪法自由。这简直是滑天下之大稽。"① 在库利的判决中,地方政府的自治权得到了保护,但库利的判决只在少数州,比如印第安纳、内布拉斯加、艾奥瓦、肯塔基和得克萨斯等州的判决中得到了响应。但这些判决推动了一个改革州宪法、扩大地方自治权的运动的发展。

(三) 第一次地方自治改革运动的高潮

美国地方政府官员和普通居民对于州与地方政府之间的这种权力结构及其导致的效率低下、财政压力等感到不满,所以从19世纪中期开始逐渐兴起了一个地方自治改革运动,到19世纪末20世纪初的进步主义运动时期达到了高潮。

早在19世纪50年代中期开始,一些州就已经通过宪法修正案或议会立法,给予地方政府一定的自治权。比如,1851年印第安纳州第一个在宪法中加入了限制州议会对地方政府作出特别立法的条款。虽然该条款并非仅仅规范州议会与地方政府之间的关系,但涉及了有关地方政府权力的问题,限制州议会通过特别立法来对县政府和市镇法人进行管理。1858年艾奥瓦州议会第一个制定法律允许地方政府修改其宪章。1872年宾夕法尼亚州修宪会议在宪法中加入了一项条款,禁止州议会授权任何特别委员会来干预市镇法人的市政改进、资

---

① U. S. Advisory Commission on Intergovernmental Relations, *Local Government Autonomy*, p. 34.

金、财产税收，禁止特别委员会行使任何类型的市政职能。该条款的目的就是要区分纯地方性的事务与全州性的事务。

密苏里州是最早通过宪法修正案授予地方政府自治权的州。1875年，密苏里州宪法修正案的自治条款，规定授予人口在10万以上的城市以制定自己城市宪章的权力。[1] 而且该宪法修正案中还包含了一项程序条款，要求州议会在通过任何地方立法时，必须提前3个月通告某县或某市居民，其目的是限制州议会在没有得到市民同意的情况下，就擅自修改其宪章和组织结构的倾向。但该宪法的自治条款具有很大的局限性，首先是该条款仅仅适用于圣路易斯市一个城市，因为当时该州只有圣路易斯一个城市达到了10万人。其次是在某种情况下州议会可以将其收回。此外，虽然该宪法允许圣路易斯市制定自己的宪章，但该市的政府组织形式是由州议会钦定的，而不是按照自治原则由圣路易斯市公民自己来决定。这种"犹抱琵琶半遮面"的做法在美国地方自治改革中乃是司空见惯，屡见不鲜的事。尽管如此，密苏里州宪法修正案的创新之处在于，它第一个包含了单独的条款，规定地方政府与州议会的关系问题；限制州议会通过特别立法来修改市镇法人的宪章，市镇法人可以制定自己的宪章。尽管该宪法修正案没有能够阻止州议会干预"宪章城市"的内部事务，但它给予了宪章城市在没有得到州议会提前授权的情况下采取行动的权力。密苏里州的宪法改革推动了其他州的地方自治改革。[2]

1879年，加州制宪会议参照密苏里州宪法的有关条款，授予每个城市制定自己宪章的选择权，但该城市宪章必须"符合宪法和该州法律，并受其制约"。此后，加州多次通过修正案对城市问题进行规范，有些修正案宣称："各城市根据本宪法授予的权力而草拟和通过的所有宪章，除了市镇法人的内部事务外，都应该受到普通法律的制

---

[1] David R. Berman, *Local Government and the States*, p. 63.
[2] U. S. Advisory Commission on Intergovernmental Relations, *Local Government Autonomy*, pp. 41–42.

约与控制。"① 特别是1905年的宪法修正案还取消了由州议会批准城市宪章的要求，使加州的地方政府获得了有限但明确的自治权。

在前述各州的带动之下，地方自治改革运动很快就发展为一场全国性运动，出现了许多地方性改革组织，并进而形成了全国性组织。1882年，西奥多·罗斯福组织了"纽约市政改革俱乐部"（City Reform Club of New York），第二年会员就发展到350多人。后来该组织被更为激进的"纽约城市俱乐部"（City Club of New York）所取代，成为改革运动的先锋。费城市于1891年成立了"市政同盟"（Municipal League），建议"通过城市政治与全国和州政治的绝对分离，来极大地推进美国城市自治的最高原则"，并着手"对地方自治的正确原则进行彻底而科学的研究"。城市改革组织的发展十分迅速，1890年大约有20个，到1894年底增加到80多个。在上述各个市政改革组织的联合呼吁下，1894年5月在费城成立了"全国市政联盟"（National Municipal League），通过了联盟的改革章程。宾夕法尼亚大学的埃德蒙·J. 詹姆斯（Edmund J. James）在成立大会上发表了主题演讲，呼吁"城市宪章应该授予城市居民以最大程度的自治权，无论是关于政府形式，还是关于政府应该履行的职责"。该联盟于1899年制定了一份《市政方案》（Municipal Program），效仿独立宣言的模式，宣布城市的独立。随后该方案还论述了州议会干预城市问题的恶劣影响，论证了城市获得充足的自治权以自主地解决自身问题的紧迫性。该方案的第二条明确地概述了该文件的主旨："在普通法律之下的城市居民，应该自由地创造和修正他们自己的城市政府形式，只要这一政府是基于民主共和的原则之上，他们还应该根据自己的想法，来确定哪些措施能够最好地满足他们的地方需求，来自由地决定以自己的方式来行使地方政府的权力。"该方案认为，确保城市自治的唯一的办法就是修改州宪法，并修改关于城市政府的州法律。该方案的文本中还包括5个示范性的州宪法修正案和一个示范性的城市组织法，确定了城市与州政府之间的关

---

① U. S. Advisory Commission on Intergovernmental Relations, *Local Government Autonomy*, p. 42.

系和城市政府的权限,确保每个2.5万人以上的城市有权"制定它自身的宪章和政府组织形式"①。地方自治改革的先驱学者弗兰克·J. 古德诺(Frank J. Goodnow)于1895年出版了《城市自治》(*Municipal Home Rule*)一书,呼吁"授予市镇法人以充分的自治权,以便使所有城市居民在使其痛苦不堪的罪恶中产生一种健康的责任感,并确信他们有能力明显地改善其自身状况"②。

在印第安纳、密苏里和加州等改革先驱的带动下,在有关学者和组织机构的呼吁之下,到19世纪末20世纪初,特别是在进步主义运动时期,地方自治改革运动达到了高潮,许多州在宪法纳入了地方自治的条款,特别是西部和中西部各州成为改革的先锋,比如,华盛顿、明尼苏达、科罗拉多、俄勒冈、俄亥俄等州的宪法修正案认可了城市的自治权。到1930年,美国已经有15个州的宪法中纳入了某种形式的自治条款。③

尽管授予地方自治权的州的数量和自治权的范围十分有限,但毕竟在地方自治方面取得了可观的进展。这些修正案条款认可了两个基本授权:第一,扩大市政事务的地方选择范围,扩大地方政府自我管理的权力;第二,在地方政府宪章规定的地方自治范围内,免除州议会的干预。然而,虽然一些州的宪法修正案给予了城市一定的自治权,但对"市政事务"(municipal affairs)没有进行明确的界定,因而难免产生纠纷,甚至为州政府加强干预地方事务埋下了伏笔。比如,在1901—1914年间华盛顿州的一系列案件中,该州最高法院应用了狄龙法则来解决宪法的授权问题。该法院宣布,他们将根据宪章条文的合理性来解释它们,在某项政策方面,州政府的管辖权高于地方政府。④

---

① Kenneth Fox, *Better City Government*, pp. 44 – 58.

② David R. Berman, *Local Government and the States*, p. 61.

③ U. S. Advisory Commission on Intergovernmental Relations, *State Constitutional and Statutory Restrictions upon the Structural, Functional, and Personnel Powers of Local Governments*, p. 8.

④ U. S. Advisory Commission on Intergovernmental Relations, *Local Government Autonomy*, pp. 43 – 44.

以宪法修正案的形式授予自治宪章是地方政府最渴望的授权形式，还有一些州是通过州议会的一般法律授予地方政府以自治宪章，后者与前者相比更加没有保障。除了自治宪章以外，还有一般立法宪章，它虽然没有给予地方政府以自治权，但与特别立法宪章相比，州政府对地方政府事务的控制要少得多。在这一制度下，城市按照规模进行分类，州议会为各个规模的城市制定统一的宪章。一般的规模分类为1万人以下、1万—2.5万人、2.5万—5万人的城市等。但是，这种进行分类并制定一般立法宪章的方法也有缺陷，因为即使是相同规模的城市，也存在不同的问题。比如港口城市、旅游城市和工业城市就各不相同。所以许多市镇法人为了得到适合自己城市的宪章，仍然要到州议会申请对本市的特别授权。另一种一般立法宪章，就是由州议会制定出几种宪章草案，州议会为不同的地方政府体制作出一般性规定，然后由市镇法人进行选择。各个市镇法人可以选择弱市长—市议会制、强市长—市议会制、委员会制或城市经理制等。需要注意的是，州议会通过了一般立法宪章以后，并不限制州议会通过特别立法行为干预地方政府事务。①

（四）战后地方自治改革运动的复兴与深化

20世纪30年代大危机和二战期间，地方自治运动一度消沉。大危机使城市财政濒于破产，它们不断求助于州政府和联邦政府，城市官员不敢再大张旗鼓地要求自治权，只是偶尔用来反对州政府的干预。二战以后，由于联邦政府对城市的大量援助，州政府的作用和地位受到削弱。美国政治学家卢瑟·古利克对此评价说："这是令人难以承受的现实，美国的州终结了，我不预测州将走向何方，只是确信州已成为过去。"② 然而，这种评价存在浓厚的夸张色彩，州政府仍然对地方政府进行着广泛的干预，当时，只有极少数州给予了地方政

---

① Jay S. Goodman, *The Dynamics of Urban Government and Politics*, p. 50.
② Ann O'M. Bowman, Richard C. Kearney, *State and Local Governments*, Boston: Wadsworth, Cengage Learning, Eighth Edition, 2011, p. 5.

府自治权，而且自治范围相当有限，主要是结构性的自治改革。狄龙法则仍然十分流行，地方政府要有所作为，还必须获得州议会特别立法的批准，州议会像19世纪一样，仍然忙于地方政府的琐事，从而忽略了全州性的政策问题。于是，地方政府的自治运动再度兴起。

为了解决州与地方政府在宪法上权力划分的困难，防止法院利用狄龙法则侵犯地方政府的自治权，改革组织倡导一种新的授权方式，即"权力下放方式"（the Devolution-of-Powers Approach），就是由州议会通过立法预先把一部分权力下放给地方政府，这种权力下放的自治有时称为"立法自治"（legislative home rule）。权力下放可以使地方政府拥有一定的自由裁量权，但同样受到州议会的监督。1953年杰斐逊·B. 福德姆（Jefferson B. Fordham）为"美国城市协会"（the American Municipal Association, AMA）的自治委员会所起草的《城市自治宪法范本》（Model Constitutional Provisions for Municipal Home Rule）就采用了这种自治模式。该范本写道："获得了自治宪章的市镇法人可以行使任何权力，或执行任何职能；州议会有权赋予没有获得自治宪章的市镇法人这样的权力和职能；只要这种权力和职能没有被自治宪章禁止赋予某一市镇法人，那么这种权力和职能就可以由州立法赋予所有拥有自治宪章的市镇法人，但要限于州立法所规定的范围之内。"该范本规定，关于城市本身的行政、立法、政府结构、组织模式、政府官员和政府程序等方面的问题，自治宪章的条款比州立法条款更有权威。此外，为了抵制州政府的命令给地方政府造成的压力，该范本规定，如果州政府的命令没有得到市镇法人的同意，就必须得到州议会2/3多数的同意才能生效，否则州政府必须为下达的命令提供拨款。① 这一原则被称为"福德姆法则"（Fordham Rule）或"福德姆—AMA法则"（Fordham-AMA Rule）。"福德姆法则"是"库利法则"的扩大和发展，是对狄龙法则的修改与抵制。全国市政联盟也制定了一项类似的条款。1975年，美国有10个州的宪法中拥有这

---

① U. S. Advisory Commission on Intergovernmental Relations, *Local Government Autonomy*, p. 44.

样的自治条款。①

除了上述城市组织的倡导以外，联邦政府也发挥了积极作用。1959年第86届国会通过法律，成立了政府间关系咨询委员会，该委员会多次提出研究报告，主张加强地方政府的自治权。比如，在1962年的一项报告中，该委员会提出的改革建议为："市镇法人和县应该拥有所有不被宪法和一般法律所禁止的职能权力。对地方政府权力的限制应该明确地加以规定，或者采取立法的形式预先加以禁止，这种制止可以是全部禁止，也可以是部分禁止。""关于对地方政府的授权，本委员会建议州议会将其作为一项常规的政策，即在涉及地方政府'福利'职能方面，应该使用宽泛的语言修改旧法或制定新法，对地方政府的权力作出规定。""在权力下放时使用宽泛的法律用语，应该极大地限制司法部门严格解释立法意图的机会。在向地方单位放权之时，立法部门应该授予地方政府的一般性政府机构，并适当地不断地进行授权。"②

在这些组织和政府机构的倡导下，地方政府自治改革运动又进入了新的高潮。越来越多的州通过宪法将权力下放给地方政府，比如，新泽西州宪法规定："任何关于市镇法人或县政府地方自治的法律条款，应该进行有利于它们的自由主义的解释。县政府和这种市镇法人的权力，不仅包括那些明确授予的权力，而且包括为实现这些权力而必须的权力，或公正地蕴含的权力，以及附带的权力，以及与本宪法和法律不相冲突或未被禁止的权力。"③ 在这里对地方政府权力的"自由主义的解释"与狄龙法则的严格解释背道而驰，能够比常规的宪法的授权产生地方政府职能方面更大的自治权。

---

① Howard W. Hallman, *Small and Large Together: Governing the Metropolis*, Beverly Hills: Sage Publications, Inc., 1977, p. 129.
② U. S. Advisory Commission on Intergovernmental Relations, *State Constitutional and Statutory Restrictions upon the Structural, Functional, and Personnel Powers of Local Governments*, p. 74.
③ U. S. Advisory Commission on Intergovernmental Relations, *State Constitutional and Statutory Restrictions upon the Structural, Functional, and Personnel Powers of Local Governments*, p. 37.

又如，伊利诺伊州1970年宪法的地方自治条款，将某些具体的地方政府的权力在宪法条文中进行了明确的阐述，而不是通过一般立法进行阐述。该宪法的第七条阐明了地方政府的各种决策权，包括：第一，阐明了适合地方政府自治地位的定义；第二，授予地方政府的自治权力；第三，对所授予权力的阐释；第四，地方政府间的冲突与合作；第五，州议会对地方政府自治权力的控制范围。该条款给予了地方公民充分的选择权力。县、城市、村、建制镇是伊利诺伊州的地方自治的适当单位。对某些县或人口在2.5万人以上的城市的自治权的授予，要交由地方公民进行复决。在公民投票同意的情况下，地方自治单位可以采用、改变和取消其当前的政府形式。市镇法人和自治县在设立官职、选举方式和官员任期等方面拥有各种不同的权力。该宪法规定："地方自治单位在有关其自身的政府和事务方面，可以行使任何权力或执行任何职能。""自治单位的权力和职能应该进行自由主义的解释。"[1]

到20世纪70年代末，大约有一半州的宪法授予了地方自治，另外十几个州则是通过州议会立法允许地方制定自治宪章。在20万人口以上的城市中，有2/3获得了地方自治宪章。[2] 而到20世纪90年代，美国已经有48个州授予了城市自治权，37个州授予了县政府自治权。这种自治权的授予是通过州宪法或州立法的形式进行的。对于城市自治权的授予，有13个州是通过州宪法修正案的形式，有10个州是通过立法的形式，而有24个州则是同时通过两种形式授权。对于县政府的自治，有11个州是通过宪法修正案，13个州是通过立法，而有12个州则是两种形式兼而有之。[3]

然而，州议会依然对地方事务进行干预。总体而言，美国各州议会每年通过的数百个决议中，大约有1/5是关于地方政府事务的。20

---

[1] U. S. Advisory Commission on Intergovernmental Relations, *Local Government Autonomy*, pp. 45–47.
[2] Jay S. Goodman, *The Dynamics of Urban Government and Politics*, pp. 49–51.
[3] U. S. Advisory Commission on Intergovernmental Relations, *Local Government Autonomy*, p. 1.

世纪末，科罗拉多市政联盟（Colorado Municipal League）的成员萨姆·马米特（Sam Mamet）对州政府频繁的命令抱怨说："某一星期我们的州议员装扮成规划事务的主管，下一星期他们又扮演起警察局长的角色。我不明白，地方控制还有何意义。"而该州的某位议员却得意洋洋地说："我们作为议员，能够轻而易举地挑选我们的命令……如果适于我们的目标，有时我们会践踏所有的地方控制。"因此，到新世纪之初，美国的地方自治改革运动仍然进行之中。[1]

（五）地方政府自治改革的内容

美国政府间关系咨询委员会将地方政府自治的内容归结为四个方面：政府结构；政府职能；财政：税收、举债、开支；政府人员：职员数量、类别、雇佣条件等。经过百年的改革历程，地方政府在政府结构和职能方面获得了较大的自治权，而在地方财政和政府人员方面的处置权却相对较小。[2]

第一，市政体制改革。美国地方政府在结构自治（structure autonomy）方面取得的成果最为显著。所谓结构自治是指地方政府有权决定其政府形式及其内部结构。结构自治首先出现于城市政府，然后才出现于县政府之中。在19世纪后期市政改革运动出现以前，美国城市普遍实行的是弱市长—议会制（the weak mayor-council plan），这种体制起源于英国城市的"议会政府"（council government），城市的权力属于市议会，在北美殖民地时期乃至美国建国以后广泛采用。在这种市政体制下，由于市长不能提供强有力的领导，结果导致了城市老板把持市政，造成官员贪污腐化，政府效率低下。可以说，州政府的过多干预和弱市长—议会制的市政体制，是导致19世纪美国城市治理混乱的两个根本原因。而要改变弱市长—议会制的市政体制，首先要摆脱州政府的严格控制。因此，19世纪后期的市政改革运动

---

[1] David R. Berman, *Local Government and the States*, pp. 75–77.

[2] U. S. Advisory Commission on Intergovernmental Relations, *Local Government Autonomy*, p. 1.

是与地方政府自治运动交织在一起的。在地方自治改革运动的推动之下，城市逐渐获得了决定自己的市政体制的权力。于是，美国城市中逐渐出现了三种新型的市政体制：委员会制、城市经理制和强市长—议会制。

（1）委员会制（the Commission Plan）：1900年，得克萨斯州的加尔维斯登遭到飓风和海啸的袭击，原来的弱市长—议会制政府无法胜任重建工作。于是，得克萨斯州议会授权加尔维斯顿建立了委员会制政府。委员会制最主要的特点就是立法和行政合一，委员们既行使立法权，又行使行政权，每个委员分管该市一个或多个行政事务；委员会的规模很小，一般为五人，而且在全市普选产生，任期一般为四年。委员会制比弱市长—议会制更有效率，但委员会制也存在明显的缺点：由于没有实行立法权和行政权的分离，行政与立法职责不清；虽然有一位委员为挂名的市长，但他没有权力领导其他委员，不能提供一般性的领导。

（2）城市经理制（the Council-Manager Plan）：这种制度首先于1908年出现于弗吉尼亚州的斯汤顿市（Staunton），1914年俄亥俄州的代顿市采用城市经理制以后，得到全国城市的注目。这种市政体制强调的是政治与行政的分离，由市议会雇佣一位职业经理管理城市，由市议会制定城市政策，城市经理负责执行，他有权任免各部首脑，负责提供服务，制定人事政策，草拟预算方案。这是当前美国最有效率和最流行的市政体制。

（3）强市长—议会制（the strong mayor-council plan）：市长和市议会都由选民选举产生，他们共同行使立法权，市长可以向市议会提供议案，也可以否决市议会的立法，议会只有绝对多数才能推翻市长的否决。市长拥有行政大权，他负责日常行政，在市议会同意的前提下，任命和罢免各部长官，制定预算、决定开支和税率。市长是政府的核心人物，对该市能够进行高效的管理。但市长既是全市居民的政治领袖，也是该市的行政首脑，但他可能不是行政管理专家，两者很难达到完美的结合。

经过市政体制改革，美国现今存在4种市政体制，即原来的弱市长—议会制、强市长—议会制、委员会制、城市经理制。而这种市政体制改革的实施，是与地方政府自治运动的展开和州政府放权分不开的。

第二，政府职能的扩大。前文指出，许多州通过宪法或立法的形式授予地方政府，尤其是市镇法人以"功能自治"（function autonomy），地方政府可以从事任何宪法或法律没有禁止的职能。比如，市镇法人有权制定自己的城市发展规划和土地利用分区制法规。许多城市还可以签订合同将本市的公共服务外包，但要获得州议会的批准，这种提供公共服务的方式被称为"莱克伍德方案"。然而，州政府仍然通过命令对地方政府的职能进行干预，规定地方政府的服务标准，规范地方政府活动的外部效应等，州政府的命令包括宪法、立法、行政和司法命令。比如，到1986年，仅南卡罗来纳州议会颁布的立法命令（legislative mandate）就多达608项，其中568项得到实施，34项被取消。[1] 州政府的命令无疑危害了地方政府的自治权，而且州政府比地方政府更远离地方事务，因此可能不是效率和效益最高的办法。由于州政府的过多干预，"因此，地方官员不能确定它们采取行动的权力有多大，这可能会打击他们采取行动的积极性"[2]。但反过来讲，由于州政府的视野更加广阔，州政府的命令可能会抑制地方政府的负面溢出效应，顾全整个大都市区乃至全州的大局，有时这种州政府命令对于大都市区的和谐发展也是不可或缺的。

第三，地方政府的财政自治。财政自主权是地方自治成果最为薄弱的一个环节，也是受到州政府控制最严的一个方面。州政府对地方政府的财政限制主要是对地方政府的税收、举债、开支等规定严格的上限。这种限制在各州五花八门，纷繁复杂。许多州还对地方政府举债的数额、方法、时间和条件进行了限制。到1995年，有36个州对

---

[1] U. S. Advisory Commission on Intergovernmental Relations, *Mandates: Cases in State-Local Relations*, p. 16.

[2] U. S. Advisory Commission on Intergovernmental Relations, *State Constitutional and Statutory Restrictions upon the Structural, Functional, and Personnel Powers of Local Governments*, p. 58.

地方政府的财政问题作出了全面的规定，12个州对所有地方政府的地产税率进行了限制，30个州对某些特定地方政府的地产税率进行了限制，8个州对地方政府的开支进行了限制等。[1]

在地方自治运动的推动下，二战以后，有15个州的宪法针对州议会对地方政府的财政限制进行了制约。比如，加州选民经过4年的讨论，终于在1979年通过公民复决，通过了宪法修正案，要求州政府在1975年1月后补偿地方政府因执行州政府的命令而产生的所有支出。[2] 亚拉巴马州在1988年通过宪法修正案，禁止在当前的财政年度内强制执行增加市政支出或减少市政税收的州法律，除非这一法律得到相关城市的同意。[3] 佛罗里达州1990年的宪法修正案，禁止州议会通过、修改或取消任何将减少城市或县政府税收权力的普通法律，除非州议会两院均以2/3及以上多数票获得通过。[4] 田纳西州宪法第2条第24款规定，不得因某一法案的实施强迫市或县政府产生额外的开支，除非州议会为此提供部分或全部资金。[5] 缅因州宪法第4条第23款规定，1978年4月1日之后，州议会必须补偿市和镇因州政府命令而产生开支的50%，到1992年，这一比例提高到了90%，只有州议会两院一致以2/3及以上票数通过的命令除外。[6] 总的来说，州政府对地方财政的干预仍然是主流，而地方财政自治权仍然十分有限。

第四，地方政府的人事自治。地方政府的人事问题包括职员的

---

[1] U. S. Advisory Commission on Intergovernmental Relations, *Tax and Expenditure Limits on Local Governments*, A Commission Report, Washington, D. C., March 1995, p. 3.

[2] Joseph R. Grodin, Calvin R. Massey, and Richard B. Cunningham, *The California State Constitution: a Reference Guide*, New York: Greenwood Press, 1993, 180.

[3] William H. Stewart, *The Alabama State Constitution: a Reference Guide*, New York: Greenwood Press, 1994, p. 200.

[4] Talbot D'Alemberte, *The Florida State Constitution: a Reference Guide*, New York: Greenwood Press, 1991, pp. 118-119.

[5] Lewis L. Laska, *The Tennessee State Constitution: a Reference Guide*, New York: Greenwood Press, 1990, p. 81.

[6] Marshall J. Tinkle, *The Maine State Constitution: a Reference Guide*, New York: Greenwood Press, 1994, p. 80.

第四章 大都市区的政治碎化与区域治理

雇佣、提升、培训、任期，公务员制度的实施，职员的薪金和福利，集体谈判的权力等等。由于联邦法律、州宪法和法律都对这些问题存在一定的规定，因此，地方政府在这些方面获得自治就很困难。只有为数不多的几个州给予了地方政府人事方面的自治权，比如，纽约州 1963 的宪法修正案扩大了地方政府的自治权，其中关乎人事的自治权有 3 种：（1）地方政府官员的权力、职责、合格条件、数量、选举和罢免的方式、任期，官员和雇员的薪酬、工作时间、保护、福利、安全；（2）市、镇、村的立法机关的成员及其构成；（3）为地方政府工作或提供服务的承包商或二级承包商的雇员的工资、工作时间、保护、福利、安全。伊利诺伊州 1970 年的宪法修正案授予县、城市、行政村、建制镇以自治权，在人事方面，自治市和自治县则有权决定其选举的时间和方式、地方官员的任期等。路易斯安纳州 1974 年的宪法修正案规定，城市文官委员会的任命与运作不受州议会的控制，宪法禁止州议会制定法律，强迫地方政府为其雇员的工资、工作时间、工作条件、津贴、退休福利、假期或生病而增加开支，除非得到地方政府的同意或者州议会给予适当的拨款。[1]

不仅授予地方政府人事自治的州为数不多，而且各州法院在相关的司法判决中往往庇护州的立法权，而由于司法部门具有司法审查权，即解释宪法和法律的权力，即使一些州通过了授予地方政府一定程度的人事自治权，也往往由于法院的判决而使地方政府丧失这种自治权。有鉴于此，斯蒂芬·L. 埃尔金总结道："事实上，城市权力可能已经得到了扩大，不过，严格地说，由于司法解释不断翻新，没有人能够确切地知道，城市的自治权将会扩大还是缩小。"[2]

总之，19 世纪美国的地方政府几乎没有多少自治权可言，它们在各项地方事务中受到州政府事无巨细的干涉，尤其是受州议会特别

---

[1] U. S. Advisory Commission on Intergovernmental Relations, *Local Government Autonomy*, pp. 15, 46, 43.

[2] Stephen L. Elkin, *City and Regime in the American Republic*, Chicago: University of Chicago Press, 1987, p. 176.

立法的束缚，州议会没有做出决议的事情，地方政府几乎无法进行，因而导致地方事务解决的迟缓、拖沓、低效乃至不能获得解决，造成美国城市管理不善，问题百出。因此，从19世纪后期美国兴起了地方自治运动和市政改革运动，经过100多年的努力，地方政府确实获得了一系列的自治权力，尤其是在结构自治和功能自治方面，但在财政自治和人事自治方面却仍然受到州政府较大的制约。由于20世纪美国地方政府自治权的扩大，我国一些学者根据托克维尔的著作，在未对相关历史作出详细考察的情况下，就贸然推断出美国地方政府早在19世纪就拥有相当大的自治权这一错误结论，这其实完全是一种时代的倒错。

20世纪后期，美国地方政府获得了一定的自治权，在一定程度上有利于解决自身内部的问题。但随着时代的变化，美国城市由单中心结构走向了多中心结构，由大都市区形成大都市连绵带，地方事务越来越紧密地纠缠在一起，地方政府之间的密切配合成为解决大都市区诸多问题的必要条件。然而，由于地方政府获得了越来越多的自治权，限制了州政府的干预，导致了大都市区政治的巴尔干化或碎化，给大都市区的发展带来了严重的危害。

二　地方政府的类型、职能及其相互关系

美国地方政府主要包括5种类型，即县、市镇法人、乡或镇、服务专区、学区等。县、市镇法人、乡或镇属于一般目的（general-purpose）的政府，即履行广泛政府职能的政府。专区和学区属于特殊目的（special-purpose）性政府，即履行专门职能的地方政府。特殊目的性政府与一般目的性政府交叠存在。

（一）县政府

县（county）是州政府在地方上的分支机构，直到19世纪，县政府官员才逐渐不再由州政府任命。在法律上它们被视为准市镇法人（quasi-municipal corporations），与城市的法律地位存在很大的不同。

第四章 大都市区的政治碎化与区域治理

1857年俄亥俄州最高法院在一次判决中表达了这种观点："一个市镇法人（municipal corporation）的建立主要是为了某一地方及其人民的利益、好处和便利。而一个县政府的建立几乎完全是着眼于整个州的政策的角度，其目的是提供财政、教育、贫民救济、民兵组织、旅行和交通，尤其是提供一般性的司法行政。几乎毫无例外，县政府所有的权力和职能全部直接源于州政府的一般政策，县政府实际上仅仅是州政府的一般性的行政分支。"[1] 美国大约有3000多个县，存在于48个州中，康涅狄格和罗得岛州废除了县，阿拉斯加、蒙大拿、南达科他部分地区没有设县，阿拉斯加州的县称为行政区（boroughs），路易斯安纳州的县称为教区（parishes）。各州县的数量相差悬殊，根据美国政府间关系咨询委员会的数据，1993年，得克萨斯州有254个县，而夏威夷只有4个县；每个县的人口也迥然有别，有96个县各自的人口不足2500人，而有22个县各自的人口却超过百万。[2]

美国大多数县采用了县委员会（县议会）制，县委员会既行使立法权，又行使行政职能，一般由3—5人构成，按选区选举或全县普选，委员会主席可以由委员选举，也可以由县选民选举。县委员会有权为该县立法，批准预算，任命某些官员。许多县还拥有其他独立选举的官员，比如行政司法长官、秘书、司库、财产评估员、检察官、验尸官、审计员、县法院法官等。由于这些官员也是由选民选举产生的，因而他们并不受县行政长官的制约，县委员会也不能迫使他们执行该委员会制定的政策。到20世纪80年代已经有2500多个县实行这种制度。[3] 这种县政府结构的优点是体现了民主的原则，因为县委员会的委员和许多官员是由选民直接选举产生的。但这种体制也存在严重的弊端，其一是由于立法与行政混合，职责不明，官员们缺乏责任感；其二是没有一个选举产生的强有力的行政长官，县政府的各个机构之间缺乏协调与合作；其三，没有一位城市经理那样专门的职业

---

[1] Howard W. Hallman, *Small and Large Together*, p. 31.
[2] U. S. Advisory Commission on Intergovernmental Relations, *State Laws Governing Local Government Structure and Administration*, Washington D. C., March, 1993, p. 1.
[3] George S. Blair, *Government at the Grass-Roots*, p. 98.

化的行政人员来管理政府事务。县政府的这种组织结构，决定了它的软弱无力。

为了加强县政府的权力，战后许多县进行了政府体制改革，于是在县委员会的体制之外，又出现了3种新的县政府体制：县行政长官（county executive）制、县经理（county manager）制和县执政官（county administrator）制。在县行政长官制度下，选民选举一名行政官员，县立法部门与行政部门分离，实行两权分立。委员会仍然制定政策，批准预算，掌管财政事务。由于县行政长官是由选举产生的，他拥有广泛的选民基础，因而拥有广泛的权力，他有权草拟预算，执行县委员会的决策，任命各部行政长官。县行政长官制是最强有力的县政府形式。由于这种县政府结构权力过于集中，所以并不受选民欢迎，到20世纪70年代初，只有6%的县实行了这种制度。县经理直接由县委员会任命并对其负责，虽然他没有选民的政治基础，但被赋予了广泛的管理权和预算权。但县经理制并不流行，到70年代初同样只有6%的县实行了这种制度。县执政官制与县经理制相似，两者的区别主要在于，县执政官的权力受到更大的限制，他不像县行政长官和县经理那样能够有效地协调县政府的各个机构，因而对这些机构的影响力小得多。也许正是由于这个原因，这种制度得到了较为广泛的采纳，到70年代初，有29%的县实行了这种制度。[1]但原来的县委员会制仍然占多数。

县政府的传统职能主要是为没有建制的乡村地区提供服务，而对市镇法人提供的服务很少。在整个19世纪，县政府的主要职能就是财产估价、税收、选举、法律文件的记录、县公路的维护、学校教育、救济、福利机构、县法院、在乡村地区执法等。进入20世纪，大都市区的发展越过城市边界，县政府的传统乡村职能已经不能适应时代的需求，需要县政府履行某些城市类型的服务。于是，县政府的职能得到了加强，开始提供公园、图书馆、机场、医院、健康服务、

---

[1] John J. Harrigan, *Political Change in the Metropolis*, Boston, Toronto: Little, Brown and Company, 1976, p. 231.

基础设施、消防、警察等部分城市职能。为了适应城市职能的需求，宾夕法尼亚州在1968年的宪法修正案中给予了县政府以市镇法人的地位，即成立城市县，其他一些州也采取了类似的举措。在地方自治运动的推动之下，县不再仅仅被看作州政府的分支机构，而是越来越被看作有决策权的地方政府，获得了越来越多的自治权。到21世纪初期，美国已经有38个州制定了县自治条款。[1] 1990年，全国县政府财政收入的73.3%来自财产税，18.8%来自某些销售税，3.0%来自个人和企业的所得税。[2]

（二）市镇法人

当县辖区内一个居民社区的人口密度和规模具有了城市的特征而需要获得城市服务时，就可以组建市镇法人（municipality 或 municipal corporation）。市镇法人属于一般目的性政府，按照规模可以分为城市（city）、建制镇（town）和行政村（village）三种级别。社区居民一般都愿意本社区成立拥有建制的市镇法人，因为市镇法人相当于公共公司，比没有建制的居民社区乃至比县和乡镇都拥有更大的自治权。成立市镇法人可以提供某些基本的城市型服务，并自行控制管理各种城市型服务；可以避免被现有的市镇法人兼并；20世纪以后，成立市镇法人还可以获得一项居民十分珍视的权力，即制定分区制法规，以便将不受欢迎的产业类型和人口群体排除在外，从而有效地保护本市居民的利益；可以获得联邦分税计划的基金，或者分享州政府的税款，等等。[3]

在19世纪，成立市镇法人是一件很容易的事，许多州议会制定的相关立法非常宽松，规定的人口下限很低，有些州还将成立市镇法人的审批权下放给县委员会或县法院。比如1817年，印第安纳州议会将成立市镇的权力下放，只要所在社区2/3的选民同意，

---

[1] Ann O'M. Bowman, Richard C. Kearney, *State and Local Governments*, p. 273.
[2] U.S. Advisory Commission on Intergovernmental Relations, *State Laws Governing Local Government Structure and Administration*, p. 1.
[3] George S. Blair, *Government at the Grass-Roots*, p. 115.

就可以成立市镇法人。同年，俄亥俄州议会将权力下放给县委员会，规定一个社区只要拥有40名以上业主，且有2/3的业主提出申请，就可成立市镇法人。在1825—1857年间，密苏里、伊利诺伊、宾夕法尼亚、阿肯色、纽约、艾奥瓦、威斯康星、田纳西、加利福尼亚、密歇根等州制定了一般立法，规定由居民自己决定成立市镇法人的程序，由县政府官员监督程序。艾奥瓦规定的人口下限为500位居民，纽约、宾夕法尼亚、威斯康星、密歇根为300人，加州为200人，伊利诺伊为150人，田纳西只有100人，而印第安纳在整个19世纪甚至没有规定人口下限。[①] 市镇法人的成立很容易，但取消则比较困难，从19世纪后期开始，越来越多的州规定，中心城市要合并郊区市镇法人，需要后者的居民投票表决，由州议会批准。进入20世纪以后，郊区市镇法人一般都顽强地抵抗中心城市的合并。因而，市镇法人一旦成立就很难取消，被称为"微型共和国"，这为大都市区的巴尔干化埋下了伏笔。

20世纪六七十年代，随着人们对大都市区碎化现象及其危害的关注，许多州对市镇法人的成立提高了门槛，到1974年，已经有41个州提高了成立市镇法人在人口、面积和财产价值方面的标准，以限制在财政上不能自给的小型市镇法人的出现。有9个州通过了立法，限制在现有城市附近成立新的市镇法人，比如亚利桑那州的立法规定，在现有城市的3英里范围内，或在5000人以下镇的2英里范围内，或者在5000人以上城市的6英里范围内，不得成立新的市镇法人，除非获得上述市镇政府的同意。有7个州成立了边界委员会（boundary commission），以监督所有关于兼并、市镇法人和专区的成立等方面的事务。在明尼苏达州边界委员会成立的10年内，极大地降低了新市镇法人的成立速度，使新市镇法人的平均面积增加了一倍。[②]

[①] Jon C. Teaford, *City and Suburb: The Political Fragmentation of Metropolitan America, 1850-1970*, Baltimore: The Johns Hopkins University Press, 1979, p. 7.

[②] Howard W. Hallman, *Small and Large Together*, pp. 29-30.

大多数市镇法人都会获得一个由州议会颁发的城市宪章,但并不是所有的市镇法人都拥有宪章,比如,加州大多数市镇法人是在州的一般法律下运行,没有城市宪章。州议会颁发给市镇法人的宪章可以分为三类,即特别立法宪章(the special act charter)、一般立法宪章(the general act charter)和地方自治宪章(the home rule charter)。特别立法宪章就是州议会通过某一特别立法专门授予某一市镇法人的宪章,这种宪章给予了州议会最大的控制权,该市的机构改革、增加服务,以及官员的任用、升迁等等,都必须获得州议会的批准。这种特别立法宪章主要流行于19世纪,这种事无巨细的干预,对于城市的管理造成了极大的危害。一般立法宪章是地方自治改革运动的成果。在这一制度下,州议会不再针对某一个市镇法人制定具体的宪章,而是通过一般性的立法,针对市镇法人的不同规模或功能制定出几种宪章,由各个市镇法人自行选择。这样就减少了州议会对市镇法人内部事务的干预,便于地方政府自我管理,也减少了州议会的工作压力。地方自治宪章是地方自治运动取得的最高成果,它允许市镇法人自由选择政府形式和提供服务,而不必参考州政府的意见。到20世纪70年代末,大约一半的州是通过宪法规定地方自治,另外十几个州则是通过议会立法允许市镇法人制定自治宪章。在20万人口以上的城市中,有2/3获得了地方自治宪章。[1] 前文指出,经过自治运动和市政体制改革,美国现今存在4种市政体制,即原来的弱市长—议会制、强市长—议会制、委员会制、城市经理制。1990年,美国城市的财政收入包括:财产税占50.9%,普通的和特别的销售税占27.9%,个人和企业所得税占13.3%。[2]

(三) 乡或镇

乡(township)或镇(town)都是一般目的性政府,但都不是法

---

[1] Jay S. Goodman, *The Dynamics of Urban Government and Politics*, pp. 49-51.
[2] U. S. Advisory Commission on Intergovernmental Relations, *State Laws Governing Local Government Structure and Administration*, p. 2.

人机构。镇主要限于新英格兰，而乡主要限于中北部地区，拥有乡或镇的州总计大约有 20 个。① 新英格兰的镇提供类似于其他各州城市或县的服务。在殖民地时代，新英格兰的镇规模狭小而紧凑，它们是以教堂或者城堡为核心发展起来的，教堂也是举行公共会议的地方。镇的权力机构是每年举行的、由全体选民参加的镇民会议（town meeting），它行使立法权，制定预算，由一名选举产生的镇民会议主席（moderator）主持，由一名镇秘书对会议进行记录。随着镇人口规模的扩大和地方事务的复杂化，镇民会议这种直接民主的方式也暴露出某些弊端。于是，康涅狄格和马萨诸塞等州较大的镇实行了镇民代表会议制（the representative town meeting plan），由选民选举产生的 100—150 名代表举行镇民会议，代替全镇选民举行的镇民会议，由此形成代议制。② 镇政府的常设机构为行政委员会（board of selectmen），由镇民会议选举产生的业余人员组成，该委员会一般有 3 名，也有的镇拥有 5 名、7 名乃至 9 名委员，任期从 1 年到 3 年不等，可以连选连任。行政委员会的职能是执行法令，讨论税收和支出，在镇民会议休会期间管理镇的各项事务，比如发放执照和特许证，准备每年一度的镇民会议和特别会议，修建和维护镇的道路，解决针对该镇的纠纷。行政委员会还有权任免该镇的其他一些行政官员，比如聘请一位镇经理负责该镇的行政事务，其地位、职权与城市经理相似，镇经理对行政委员会负责，而不是对镇民会议负责。而在一些小型的镇，行政委员还可以兼任该镇的其他一些官职，比如税收员、卫生官员、公路委员会的委员等。镇民会议是最有活力的直接民主制。詹姆斯·布赖斯（James Bryce）曾对新英格兰的镇民会议赞许道："在我所描述的三种或四种地方政府体制中，那种拥有镇或乡公民大会的体制是公认的最好的体制。它是最节约且最有效率的；它对于那些积极参与的公民最有教育意义。镇民会议不仅是民主的源泉，而且也是民

---

① Ann O'M. Bowman, Richard C. Kearney, *State and Local Governments*, p. 288.
② U. S. Advisory Commission on Intergovernmental Relations, *State Laws Governing Local Government Structure and Administration*, p. 2.

主的学校。"①

乡是县政府的分支机构，乡与县类似，有权对其辖区内的社区征收赋税，但其服务一般也仅限于为乡村社区提供最基本的服务，比如乡村公路的维护、执法、颁发执照、征税等。中北部的乡与新英格兰的镇迥然不同，它们不是按照某种居住模式建立起来的，而是土地测量员人为划分的结果，即每6英里见方的地区，即36平方英里划定为一个乡。起初，这些乡试图模仿新英格兰的镇，以作为地方自治的单位，但不太成功，因为它们的边界是人为划分的，而且乡的辖区内还有城市地区与乡村地区的分离，它们在财政上也是分离的，因而中北部的乡不像新英格兰的镇那样成为市镇类型的政府。② 乡政府与县政府的结构相似，乡委员会是立法机构，委员会由3人或3人以上构成，他们或者由选举产生，或者由该乡的其他官员兼任，此外，乡政府还有其他一些选任的官员。③ 乡镇的财政收入几乎完全依靠财产税，1990年乡镇财政收入的92.4%来自财产税。④

（四）专区和学区

专区（special districts）是美国数量最多的地方政府。按照美国政府间关系咨询委员会的定义，专区就是"有一定限定目标的政府单位，作为法人实体而存在，拥有独立于一般政府的财政和行政权"⑤。有一些不征税而只收费的专区称为公共机构（public authorities）。城市人口的急剧郊区化导致了许多新的服务需求，比如学校、污水处理、道路、公园等，而现有的一般性政府又无法满足这些需求，其原因是多方面的，其一，有些服务的提供跨越了多个地方辖区的管辖范围，有的甚至跨州越县，而且资金需求巨大，因此需要成立更加广大的特别服务

---

① George S. Blair, *Government at the Grass-Roots*, pp. 125 – 128.
② John C. Bollens, Henry J. Schmandt, *The Metropolis, Its People, Politics and Economic Life*, New York: Harper & Row, Publishers, 1982, p. 96.
③ George S. Blair, *Government at the Grass-Roots*, p. 129.
④ U. S. Advisory Commission on Intergovernmental Relations, *State Laws Governing Local Government Structure and Administration*, p. 2.
⑤ Howard W. Hallman, *Small and Large Together*, p. 40.

区联合提供这些服务。其二，即使这些服务需求位于一个地方政府的辖区之内，但州宪法或法律对地方政府的举债和税收存在严格的限制，当地方政府的税收达到最大限度时，它就没有能力提供新的服务，而成立新的专区政府则可以开征新的特别税以满足服务需求。其三，成立专区可以对使用者收费，从而使服务与开支直接挂钩，避免由于地产税的提高而导致的对地产主的不公平，因为地方政府的主要税收来源是地产税。其四是行政原因（Administrative Reasons），成立专区可以将公共事业的管理脱离政治官员的直接控制；可以对更加具有商业性质的公共事业进行更加灵活的行政管理；便于将私人所有的公共事业转归公共经营。其五，成立专区可以申请联邦贷款和资金援助。在专区政府的财政收入来源中，43%来自地产税，25%来自服务费，30%以上来自上级政府拨款、税收分享和租金等。①

专区一般通过三种方式建立起来，其一是由州议会通过特别立法授权；其二是由一般地方政府通过决议；其三是公民通过请愿，然后由公民投票决定。专区政府的权力机构是专区委员会，由4种方法组成：其一，由选民普选或分区选举产生，选举方式可以是1人1票，也可以按照某种方式（比如财产所有权情况）加权。其二，也可以由其他政府机构来任命，一般是由那些监督机构来任命。其三，也可以由其他政府机构的现任官员来充任。其四，也可以由专区内的地方政府的权力机构来选择。委员会的规模为3人、5人和7人不等。在有些专区内，专区事务不是由委员会管理，而是由一位专区行政官员负责。专区委员会拥有两种一般性的权力，其一，作为地方政府单位，它拥有其他地方政府的一般权力，比如诉讼、拥有财产、签订合同等。其二，委员会有权制定有关法律，任命专区的职员，批准开支，征税和举债等。②

就专区的职能而言，绝大多数是单一职能的专区，多职能的专区

---

① U. S. Advisory Commission on Intergovernmental Relations, *State Laws Governing Local Government Structure and Administration*, p. 3.

② George S. Blair, *Government at the Grass-Roots*, pp. 143 – 144.

数量极少，比如罗得岛州的"印第安湖滨消防专区"（Indian Lake Shores Fire District）就承担了多项职能，负责供水、消防、警务、救生、街道照明、垃圾处理，以及"该专区内任何为保护生命和财产而必要的相似的职能，或者该专区内普通设施的改进、重建和物质环境的美化等"。事实上，授予该专区的职能比某些州的县和镇的职能还要广泛。① 但是，到 1992 年，仍然有将近 92% 的专区执行单一职能，其中 36% 的专区提供给排水服务，16% 提供消防，11% 提供住房，6% 提供教育和图书馆，4% 提供健康和医疗，4% 提供交通等服务。② 各个专区的规模相差悬殊，比如"纽约与新泽西州港务局"（Port Authority of New York and New Jersey）、"芝加哥公共交通局"（the Chicago Transit Authority）、"华盛顿公共电力供应系统"（the Washington Public Power Supply System）、"洛杉矶县公共卫生专区"（the Los Angeles County Sanitation District）等都是著名的大型专区。各州专区的数量差别也很大，伊利诺伊和加州分别拥有 3247 和 2765 个专区，而阿拉斯加和夏威夷分别只有 15 个。③ 一般情况下，专区的边界与县和市镇法人的边界并不重合，而是彼此交织，相互重叠，甚至跨越州界。全国只有 1/4 的专区的边界与城市、县或乡的辖区重合。④

专区提供了许多必不可少的服务，满足了公民的各种迫切的需要，因而其数量的增长异常迅猛，仅在 1952—1962 年间，美国专区的数量就由 12339 个增加到 18322 个，增长率为 48.5%。有些州增长更快，同期田纳西州由 85 个增加到 268 个，增长率为 215.3%；新泽西州由 81 个增加到 295 个，增长率为 264.2%；而增长最快的是宾夕法尼亚州，由 29 个猛增到 1398 个，增长率为 4720.7%，平均每年有 137 个新的专区建立起来。然而，专区最多的不是宾夕法尼亚州，

---

① U. S. Advisory Commission on Intergovernmental Relations, *The Problem of Special Districts in American Government*, A Commission Report, Washington, D. C., May 1964, p. 3.

② U. S. Advisory Commission on Intergovernmental Relations, *State Laws Governing Local Government Structure and Administration*, p. 3.

③ Ann O'M. Bowman, Richard C. Kearney, *State and Local Governments*, p. 291.

④ U. S. Advisory Commission on Intergovernmental Relations, *State Laws Governing Local Government Structure and Administration*, p. 3.

1962年，加州拥有1962个专区，伊利诺伊州拥有2126个。[①] 然而，如此众多的专区也带来了很多弊端，其一，专区数量的过多导致了大都市区政治的巴尔干化。由于这些专区大多数是职能单一的专区，它们彼此独立，互不统属，各自为政，缺乏协调，在提供服务时彼此分割，秩序混乱，效率和效益低下。其二，由于专区数量众多，事务繁杂，官员多如过江之鲫，匿名性高，公民参与的水平极低。比如根据一项调查，在俄勒冈州，只有10%的选民参与专区选举，而在全国、州、县和城市的选举中，选民的参与率在50%—80%之间。[②]

学区（school district）是美国提供公共教育的主要方式。学区的权力机构是学区委员会（the school board），在80%的学区内，委员是由选民按照非党派选举的方式直接选举产生的，而在其他的学区，委员是任命的。委员会一般拥有5—15名委员，由一名专业化的学监负责学区的行政工作。[③] 委员会有权制定教育政策，批准年度预算，确定学区的税收。

与专区不同，许多学区的辖区与城市、县和乡镇等一般地方政府的边界大致或完全重合。在佛罗里达、内华达、西弗吉尼亚等州，每个学区都覆盖整个县；在亚拉巴马、佐治亚、肯塔基、路易斯安纳和犹他等州，学区与一般政府的边界完全或大致重合。但在另一些州，许多学区与任何一般性政府的辖区都不重合，每个学区只占某一辖区的很小一部分。各个学区的规模也大相径庭，相差悬殊，有的学区只有几平方英里，而有的学区则达到5000平方英里。[④]

学区是美国唯一数量大幅度减少的地方政府单位。在二战以前，学区的规模很小，许多乡村学区只有一个学校。小型学区成本太高，

[①] U. S. Advisory Commission on Intergovernmental Relations, *The Problem of Special Districts in American Government*, p. 27.

[②] U. S. Advisory Commission on Intergovernmental Relations, *The Problem of Special Districts in American Government*, p. 67.

[③] U. S. Advisory Commission on Intergovernmental Relations, *State Laws Governing Local Government Structure and Administration*, p. 2.

[④] John C. Bollens, *Special District Governments in the United States*, Berkeley and Los Angeles: University of California Press, 1957, p. 184.

所以战后学区进行了合并。从 1930 年开始，学区的数量开始稳步下降。1932 年美国学区总数大约为 12.7 万个，1942 年减少到大约 10.9 个，1952 年减少到 67346 个，20 年间减少了大约 50%。[1] 到 1990 年下降到 1.6 万多个，其中 14556 个是独立的学区，其余 1488 个隶属于县、市、乡或州政府的非独立的学区。[2] 在阿拉斯加、夏威夷、马里兰、北卡罗来纳和弗吉尼亚没有学区，公共学校由县、城市、镇等政府来负责，另外 13 个州的部分地区也是如此。[3] 独立学区的财政是独立的，其预算不必提交给一般性地方政府进行审批。在所有地方政府中，学区对财产税依赖最严重，1990 年占其财政总收入的 97.5%。[4]

美国地方政府的体制及其相互关系，为美国大都市区的巴尔干化埋下了伏笔。首先，就地方政府间的关系而言，包括中心城市在内的各个市镇法人之间的关系是平等的，它们都是州议会的创造物，只有州政府和州法院才能对它们发号施令，中心城市没有权力随意兼并其周围的小型市镇法人，更不能对其发号施令。一个没有建制的居民社区一旦成立了市镇法人，它在权力和服务职能方面就拥有很大的自治性。同时，由于县政府的软弱无力，县政府和县委员会的决议也没有强制力。另外，由于县委员会的委员来自于各个地方政府，各地代表为了维护自身利益，往往相互龃龉，难以协调。

其次，就州政府与地方政府的关系而言，虽然州议会对于地方政府拥有很大的决策权，但 19 世纪后期以来，由于地方自治改革运动的结果，许多州的宪法禁止州议会对地方政府通过特别立法，尤其是许多地方政府获得了自治宪章，州议会对地方政府的干预越来越少，地方政府对自身命运拥有越来越多的自主权，市镇法人的成立、兼并

---

[1] John C. Bollens, *Special District Governments in the United States*, p. 198.
[2] U. S. Advisory Commission on Intergovernmental Relations, *State Laws Governing Local Government Structure and Administration*, p. 2.
[3] George S. Blair, *Government at the Grass-Roots*, p. 134.
[4] U. S. Advisory Commission on Intergovernmental Relations, *State Laws Governing Local Government Structure and Administration*, p. 2.

与合并等，都要通过选民的投票表决。因此，那些小型的郊区市镇法人便以此为护身符，成为抵制中心城市或较大市镇法人兼并的一个有力武器。一个郊区社区为了抵制中心城市或其他市镇法人的兼并，自己成立市镇法人是最好的选择，因此，19世纪后期以来，郊区市镇法人成立的速度不断加快。另一方面，即使州议会对地方政府仍然拥有较大权力，但随着郊区人口的增加，州议会中郊区议员的人数越来越多，力量日益雄厚，因而很少会作出有利于中心城市乃至整个大都市区的决策。20世纪20年代以后，尤其是二战以后，中心城市的兼并活动越来越受到郊区社区强有力的抵制，郊区小型市镇法人如雨后春笋般地涌现出来。当小型的郊区政府不能有效地提供某些基础设施和服务时，它们便组成各种各样的功能单一的专区来提供这些基础设施和服务，结果导致了大都市区的巴尔干化。

三 东北部和中西部城市兼并的停滞

兼并或合并对于中心城市的发展具有重要意义，19世纪美国东北部和中西部城市的兼并，不仅使其获得了更多的土地和人口，为其发展带来了勃勃的生机与活力，而且还使其在大都市区中居于主导地位，发挥了类似于大都市区政府的作用，对于带动整个区域的发展发挥了积极的作用。然而，进入20世纪以后，东北部和中西部中心城市的兼并受到了郊区坚决的遏制，东北部的兼并基本停滞不前，而中西部的兼并也如蜗行牛步，步履蹒跚，而西部和南部城市的兼并活动则如火如荼，后来居上。

（一）中心城市的兼并及其作用

兼并（annexation）、合并（consolidation）或吞并（merger）是中心城市空间扩展的唯一途径，也是中心城市人口和经济保持发展势头的一个重要手段。按照全国城市联盟的定义，"兼并就是一个市镇法人领土的增加，并成为该市镇法人的有机组成部分。一般而言，它涉及到将一个没有建制、人口稀少，或低级的地方政府单位全部或部分领土归并到一个较大的通常拥有建制的政府单位，并由后者提供更加完备的市政服务"。而"合并则是两个或更多的市镇法人或地方政府单位被取消，同时建立一个新的市镇法人。被合并的较小的单位可以同意采用较大单位的名称及其现有的宪章和法规，它们也可以采用一个全新的名称和宪章，并尽可能采用现有的法规，直到新的立法机构制定出新的和综合性的法规为止"。相比之下，吞并则显得有点不太平等，"所谓吞并就是一个法人将另一个法人取消并吞噬，而自己则保持存在。或者说，一般情况下，吞并被视为这样一个过程，一个城市或城镇放弃其宪章以便加入另一个城市（通常是相邻的城市或城镇）"[1]。为了叙述方便，除非作出特别说明，笔者将兼并、合并和吞并都简称为兼并。

兼并可以使中心城市增加土地、人口、经济、税收等，从而使其发展呈现出兴旺繁荣的面貌。一个城市的发展前景，与该市的兼并活动密切相关，因此，兼并成为许多中心城市孜孜以求的目标。正是19世纪中心城市野心勃勃的兼并活动成就了美国众多的大城市。根据狄龙法则，市镇法人是州议会的创造物，其建立和取消的权力都源自州议会，因此，其边界的变更当然也由州议会审批。有些州的宪法也对市镇法人边界的变更作出了规定。在19世纪前期，市镇法人的兼并活动往往由州议会的特别立法批准，市镇法人乃至被兼并地区的居民没有发言权。比如，1836年，宾夕法尼亚州议会通过特别立法，将匹兹堡和北自由镇（Northern Liberties Borough）合并起来，并没有在这两个城市中举行公民投票。5年以后，密苏里州议会不顾被兼并地区居民的反对，强行扩大了圣路易斯市的边界，而且该州最高法院在诉讼中积极支持州议会的行动。1854年，宾夕法尼亚州议会在没有举行公民投票的情况下，就将费城与费拉德尔菲亚县的28个地方政府合并起来，使该市的面积达到129平

---

[1] National League of Cities, Department of Urban Studies, *Adjusting Municipal Boundaries: Law and Practice*, Washington, D. C., 1966, pp. 1, 57, 59.

方英里，人口达到50万。①

总体而言，在20世纪20年代以前，州政府一般还是支持市镇法人的兼并活动的。通过兼并活动，美国城市规模得到了空前的扩大。表4.1显示，到1926年，纽约虽然只进行了3次兼并或合并，但面积却由原来的21.9平方英里骤增到314.7平方英里；兼并次数最多的是洛杉矶，总共进行了67次兼并活动，兼并面积高达392.5平方英里，总面积由原来的28平方英里猛增到420.5平方英里。

表4.1　美国部分大城市的兼并与地域面积的扩大（平方英里）

城市	立市时间	初始面积	兼并次数	兼并面积	1926年面积
纽约	1653	21.9	3	292.8	314.7
芝加哥	1830	0.4	43	204.5	205.0
费城	1682	2.0	2	129.7	128.0
波士顿	1630	1.3	10	41.9	43.2
底特律	1802	0.3	36	138.7	139
圣路易斯	1764	1.0	5	60.3	61.3
克利夫兰	1796	1.0	45	68.2	69.2
洛杉矶	1850	28.0	67	392.5	420.5
巴尔的摩	1729	0.1	19	91.8	91.9
辛辛那提	1795	3.0	29	68.2	71.2
明尼阿波利斯	1848—1850	1.0	9	52.3	53.3
圣保罗	1849	0.3	10	55.1	55.4
西雅图	1869	10.9	7	60.6	71.5
新奥尔良	1718	0.3	3	189.9	190.2
丹佛	1858	0.4	11	58.8	59.2

资料来源：U.S. National Municipal League, Committee on Metropolitan Government, *The Government of Metropolitan Areas in the United States*, New York: National Municipal League, 1930, p. 67.

---

① Jon C. Teaford, *City and Suburb*, p. 33.

第四章 大都市区的政治碎化与区域治理

大城市如果能够不断地拓展疆界,将新的土地和人口纳入自己的辖区,从而可以扩大自己的治理疆域,获得更多的权威,有助于解决城市和大都市区的诸多问题,"兼并的主要目的是促进有序的城市增长。兼并是一种工具,如果运用得当,可以使一个膨胀的大都市区保持一个统一的整体;它可以使城市社会以一种经济的和综合的方式来处理事务"。具体而言,兼并可以使城市有效地提供给排水、休闲娱乐等设施;可以使城市控制土地利用,比如城市规划、分区制、住房法令、建筑法规等;可以使郊区社区获得城市服务,比如警察和消防、健康和卫生服务等;可以使郊区居民负担其应该承担的开支,而不是白白利用城市的公共服务设施。"这些目标的中心主题就是提供一个恰当的区域行动的基础,以便促进有序增长,并向整个区域的居民提供基本的市政服务。"[1]

19世纪后期和20世纪初期,中心城市的兼并受到的阻力越来越大。随着地方自治运动的兴起,各州宪法对州议会的特别立法进行了限制,于是有些州议会制定了一般立法对兼并活动作出规定。比如,芝加哥市在1851—1869年之间所有的兼并活动都是通过州议会的特别立法进行的。但1870年伊利诺伊州的宪法禁止州议会制定特别立法,于是1872年州议会通过了一项有关兼并与合并程序的一般律法。直到15年后,即1887年,芝加哥才进行了在该法之下的第一次兼并活动。又如在1909年以前,密歇根州的每次兼并活动都必须由州议会特别立法批准,但1908年该州的宪法包含了地方自治条款和禁止特别立法的条款,于是第二年该州通过了地方自治法,规定兼并活动由一般立法作出规定。[2]

各州不仅禁止由特别立法而由一般立法对兼并活动作出规范,而且兼并程序也越来越民主化,其表现就是兼并程序和方式越来越倾向

---

[1] National League of Cities, Department of Urban Studies, *Adjusting Municipal Boundaries*, pp. 1 – 2.

[2] U. S. National Municipal League, Committee on Metropolitan Government, *The Government of Metropolitan Areas in the United States*, New York: National Municipal League, 1930, pp. 68 – 69.

于由有关地方政府决定，特别是规定由相关地区的居民投票表决。比如1852年俄亥俄州议会通过一项一般立法，规定非建制区的居民可以启动兼并程序，向县委员会提交一份请愿书，县委员会有权决定是否需要征得兼并方和被兼并方选民的投票表决。该法还规定，兼并程序也可以由实施兼并的城市议会启动，城市议会向该市选民提交一份边界变更计划，如果获得选民的同意，那么市议会就可以向县委员会提出申请并争取批准。如果兼并涉及的是两个市镇法人，那么就需要两个市镇法人的选民投票表决。① 也就是说，兼并活动越来越由强制兼并转变为自愿兼并。而随着郊区社区服务水平和人口同质性的提高，它们越来越不愿意被中心城市兼并，而抵制兼并的最有力的手段就是公民投票。

郊区居民既然不愿通过兼并的方式来获得城市服务，于是他们就越来越依靠成立服务专区的方式来获得这些服务。比如，19世纪末，纽瓦克所在的帕塞伊克河谷（Passaic River Valley）受到严重污染，由于郊区没有给排水系统，因而深受其害。1898年，奥兰治、韦尔斯堡和欧文顿（Irvington）等郊区派出代表与纽瓦克进行谈判，希望将其排水系统扩大到整个地区，而纽瓦克则大谈"大纽瓦克"方案，希望兼并该河谷中的郊区市镇。结果谈判破裂，最后这些郊区成立了帕塞伊克河谷排水专区（Passaic Valley Sewer District）。又如，在19世纪六七十年代，波士顿对郊区的兼并还很成功，但到该世纪末，郊区对该市的兼并活动越来越表现出敌视态度，而该市对郊区所提出的服务要求也予以拒绝，于是成立专区就成为郊区获得各项服务设施的主要手段。②

（二）东北部和中西部城市兼并势头的停滞

二战以后，由于大都市区空间的迅速蔓延以及中产阶级和富裕阶

---

① Jon C. Teaford, *City and Suburb*, pp. 35–36.
② Joel Schwartz, "Evolution of the Suburbs", in Philip C. Dolce, ed., *Suburbia: the American Dream and Dilemma*, New York: Anchor Press, 1976, pp. 18–19.

第四章 大都市区的政治碎化与区域治理

层向郊区的迁移，中心城市与郊区之间的社会鸿沟越来越深，中心城市的兼并也越来越困难。但城市的兼并表现出鲜明的地域差别，东北部与中西部的兼并几乎停滞不前，而西部和南部的部分大城市仍在雄心勃勃地进行着兼并活动。比如1970—1979年，各州在2500人以上的市镇法人中，进行兼并活动的百分比为：北达科他和怀俄明州为100%，内布拉斯加州为98%，科罗拉多、爱达荷、蒙大拿为97%，犹他为96%，阿肯色、北卡罗来纳、俄勒冈为95%，加州、佐治亚、路易斯安纳、新墨西哥、南卡罗来纳、得克萨斯、田纳西等西部南部州大多数在80%以上。而同期纽约州进行兼并的市镇法人只占29%，佛蒙特州只占18%，宾夕法尼亚只占14%，新泽西只有8%，马萨诸塞和缅因只有5%，康涅狄格只有4%。也就是说，在这些州内绝大多数的市镇法人已经不能进行兼并活动。[1]

东北部和中西部大城市的兼并几乎完全停滞，比如，1930—1970年，纽约市的面积为299平方英里，底特律为140平方英里，巴尔的摩为79平方英里，圣路易斯为61平方英里，明尼阿波利斯为54平方英里，圣保罗为52平方英里，布法罗为39平方英里，纽瓦克为24平方英里，这些城市的面积在此期间始终保持不变。其他一些大城市的面积同期增长也非常有限，比如，同期芝加哥的面积从207平方英里增长到224平方英里，克利夫兰从71平方英里增长到81平方英里，波士顿从44平方英里增长到48平方英里，匹兹堡从51平方英里增长到52平方英里，辛辛那提从72平方英里增长到78平方英里。而有些城市甚至还出现了辖区面积减少的现象，比如费城的面积从130平方英里减少到127平方英里，华盛顿从62平方英里减少到61平方英里。[2]

在东北部和中西部城市的兼并受到极大遏制的同时，西部和南部的城市却在大张旗鼓地进行兼并活动。比如1930—1970年，休斯敦的面

---

[1] U. S. Department of Commerce, Bureau of the Census, *Boundary and Annexation Survey*, *1970-1979*, Washington, D. C.：U. S. Government Printing Office, December 1980, p. 4.

[2] Kenneth T. Jackson, "Metropolitan Government Versus Suburban Autonomy：Politics on the Crabgrass Frontier", Kenneth T. Jackson and Stanley K. Schultz, eds., *Cities in American History*, New York：Alfred A. Knopf, 1972, p. 445.

— 403 —

积从72平方英里增长到453平方英里,达拉斯从42平方英里增长到280平方英里,圣迭戈从94平方英里增长到307平方英里,亚特兰大从35平方英里增长到128平方英里,菲尼克斯从10平方英里增长到249平方英里,杰克逊维尔从26平方英里增长到827平方英里。[1] 由于西部和南部城市的持续兼并和东北部和中西部城市兼并的中断,使西部和南部城市比东北部和中西部城市的面积要庞大得多,比如,全国人口最多的城市纽约,1970年的面积也只有299平方英里,而人口次之的洛杉矶,面积则达到455平方英里,而人口规模很小的南部城市杰克逊维尔的面积却异常辽阔,竟多达827平方英里,为纽约市面积的2.8倍,成为西半球空间规模最大的城市。从全国来看,南部主要城市的辖区1950—1970年增加了224%,而南部以外的城市仅增加了50%,其中,西部城市增加了68%,东北部和中西部城市面积的增加远远低于50%。[2] 由此可见,美国东北部和中西部城市空间的扩展受到了极大的限制,大都市区的巴尔干化现象也异常严重。

在东北部和中西部大城市的兼并受到严格控制的同时,这两个地区的中小城市仍在进行着兼并活动,但兼并的规模一般很小,次数也远远不及西部和南部。比如,1970年,伊利诺伊州的本森维尔村(Bensenville Village)是一个面积只有5.0平方英里的小镇,而在1970—1976年间兼并了58次,兼并土地面积却只有1.2平方英里;同期马里兰州的一个4.4平方英里的小镇伊斯顿镇(Easton Town)经过13次兼并,只增加了1.7平方英里;纽约州一个只有2.5平方英里的利伯蒂村(Liberty Village)经过5次兼并,只增加了0.2平方英里。东北部比中西部对兼并限制更严,兼并次数和面积也更少。相比之下,西部和南部小城市的兼并更活跃,比如同期加州的一个面积为25.8平方英里的城市康科德市进行了111次兼并,兼并土地3.5平

---

[1] Kenneth T. Jackson, "Metropolitan Government Versus Suburban Autonomy: Politics on the Crabgrass Frontier", Kenneth T. Jackson and Stanley K. Schultz, eds., *Cities in American History*, p. 443.

[2] Richard Bernard, "Cities, Suburbs, and Sunbelts: The Politics of Metropolitan Growth", *Journal of Urban History*, Vol. 10 No. 1, November 1983, p. 88.

英里；加州另一个 9.5 平方英里的小镇莫德斯托市（Modesto City）兼并了 105 次，兼并土地为 7.6 平方英里；佛罗里达州的一个 14.5 平方英里的小镇克利尔沃特市（Clearwater City）进行了 328 次兼并，兼并土地 6.4 平方英里。[1]

然而，随着郊区化程度的加深，西部和南部城市的兼并活动也越来越受到郊区的牵制。在二战后的最初 20 年间，西部和南部中心城市的精英人物还能够以"良好政府"（good government）的传统口号来影响郊区，以达到合并或者兼并的目的。然而，在以后的年代里，一方面，快速的郊区化削弱了中心城市的力量，郊区的影响力鹊起；另一方面，随着西部和南部城市的发展，中心城市也出现了许多社会问题，从而引起了郊区居民的反感，所以，自 60 年代以来，郊区不断挫败中心城市的兼并计划。

比如，科罗拉多州丹佛的郊区城市奥罗拉（Aurora）为了摆脱对丹佛的依赖，与 50 英里以外的另一个郊区城市科罗拉多斯普林斯（Colorado Springs）联合建立了一个供水系统，投资达 5000 万美元，从而增强了这两个郊区城市的独立性。[2] 与此同时，该州的郊区还通过州议会的立法严格限制丹佛市对郊区的兼并。比如 1974 年，郊区势力强大的州议会通过了两项宪法修正案，其一为"庞德斯通修正案"（Poundstone Amendment），规定丹佛市要兼并郊区社区，需要通过全县公民的投票表决；另一修正案规定，丹佛市的兼并计划还需要征得一个由三位丹佛代表和三位郊区代表组成的"城市边界控制委员会"的多数赞成。这两项修正案毋宁说是把丹佛市封锁得铁桶一般，而郊区市镇法人却不受此限制，可以无所忌惮地进行兼并。[3]

又如，从 1978 年开始，休斯敦的郊区掀起了一场反兼并运动。得

---

[1] U. S. Department of Commerce, Bureau of the Census, *Boundary and Annexation Survey*, 1970–1979, pp. 27–52.

[2] Carl Abbott: *The New Urban America: Growth and Politics in Sunbelt Cities*, Chapel Hill: The University of North Carolina Press, 1981, 1987, p. 193.

[3] Lyle W. Dorsett & Michael McCarthy, *The Queen City: A History of Denver*, Boulder, Colorado: Pruett P Publishing Company, 1986, p. 342.

克萨斯州的法律规定，凡是人口在 10 万以上的城市，可以单方面决定兼并其城市界线以外 5 英里范围内的建制社区。根据这一法律，休斯敦市于 1977 年兼并了其东南部一个 2.5 万人的富裕阶层的郊区小镇克里尔莱克城（Clear Lake City）。但是，第二年该镇要求废除这种兼并，因为休斯敦也开始出现了北方许多城市出现的社会问题，该镇居民为了保持其财产价值，恢复对于自己社区的控制权，要求摆脱休斯敦顿的兼并而独立。于是，该镇与休斯敦在州和联邦法院展开了旷日持久的诉讼活动。[1]

（三）20 世纪中心城市兼并受阻的原因

19 世纪美国中心城市的兼并活动比较顺利，同时，郊区地方政府建立的速度也比较缓慢，中心城市在大都市区中居于主导地位，从而保持了发展的势头和繁荣的局面。然而，进入 20 世纪以后，东北部和中西部城市的兼并受到抵制，郊区地方政府骤然增多，中心城市处于郊区政府的团团包围之中。在郊区的竞争之下，中心城市的处境举步维艰，困难重重。20 世纪东北部和中西部中心城市的兼并之所以受到郊区的坚决抵制，与下列因素存在着密切的关系。

第一，中心城市与郊区社会经济地位的变化。进入 20 世纪以后，中心城市与郊区的社会经济地位发生了巨大变化，因而中心城市对郊区的吸引力大为减弱。就中心城市的社会特征而言，虽然异质性是城市的一个主要特征，但 19 世纪中心城市的异质性与 20 世纪相比要大为逊色。从种族方面来看，19 世纪中心城市黑人数量极少，拉美移民和亚洲移民还没有形成潮流，因而城市居民中白人占绝对主导地位；从白人种族内部来看，以西欧和北欧盎格鲁—撒克逊民族为主，其宗教信仰主要是基督教新教，只是到 19 世纪 80 年代以后，东欧和南欧移民才成为移民的主流。就郊区的社会特征而言，其异质性特征还比较明显。一方面，在郊区化的过程中，虽然中产阶级和富裕阶层

---

[1] Peter O. Muller, *Contemporary Suburban America*, Englewood Cliffs, N. J.：Prentice Hall, Inc., 1981, p. 14.

第四章 大都市区的政治碎化与区域治理

不断向郊区迁移，但这种迁移的速度非常缓慢，而且早期的郊区社区中就居住着社会下层居民，中心城市和郊区泾渭分明的阶级分异和种族隔离还没有形成；另一方面，由于19世纪的郊区以轨道交通为主，与中心城市的联系比较紧密，在空间上与中心城市比较接近，因而很容易受到中心城市下层居民的侵入，因而增强了郊区的社会异质性。简单地说，19世纪中心城市和郊区的社会差别还不太明显，郊区居民对中心城市的对立情绪还不太强烈，所以中心城市还能够比较顺利地对郊区进行兼并或合并。

然而，从19世纪末20世纪初开始，中心城市和郊区的社会差别越来越显著，郊区居民的离心倾向越来越强烈。就中心城市而言，其社会异质性不断增强。19世纪80年代以后，美国移民主要来自东欧和南欧，族裔成分日趋复杂，主要包括意大利人、斯拉夫人、波兰人和犹太人等，其宗教信仰主要是天主教、东正教和犹太教等，同时，亚洲移民也不断增多。这些移民主要进入中心城市谋生，中心城市的异质性迅速增强，由于民族矛盾和宗教矛盾日益尖锐，中心城市的动荡也不断加剧。在一战期间和1924年美国移民配额法通过以后，欧洲移民和亚洲移民减少，但拉美移民却迅速增多，与此同时，伴随着黑人大迁徙的发生，中心城市黑人的数量也迅速增加。因此，美国城市社会的种族和族裔成分发生了巨大变化，特别是城市黑人的增多，导致了黑白种族矛盾的激化。同时，由于下层阶级和少数族裔在城市的集中，福利负担加重，税收提高，犯罪率上升，政治肮脏腐败，城市成为罪恶的渊薮，杰斐逊的忧虑成为现实。

在中心城市的异质性不断增强，社会矛盾日益激化的情况下，郊区的同质性越来越明显，越来越成为中产阶级和富裕阶层的世外桃源。这是因为：首先，经过长期的郊区化，中产阶级和富裕阶层在郊区的"积累"越来越多，使郊区几乎成为中产阶级的同义语。其次，美国现代郊区主要是依赖汽车发展起来的远郊，下层阶级没有能力购置昂贵的汽车和宽敞的住房，因而很难受到中心城市下层阶级的侵入。再次，更难以逾越的是，20世纪20年代以后，许多郊区市镇法人实行了分区制法规，作为抵制穷人和少数族裔的一道制度屏障，从而维护了郊区社区的同质性。

可见，现代郊区与中心城市的社会经济差别更加明显，"因此，一种分离主义情绪笼罩着19世纪末20世纪初的大都市区"①。如果郊区被中心城市兼并，郊区居民就要缴纳更多的税收去帮助中心城市解决诸多问题，他们并不希望承担这一社会责任，正如费城郊区的一位居民在一封公开信上所说的："这种想法真是滑稽可笑，即我们这些郊区居民有义务去帮助解决目前费城的学校危机。中心城市的诸多问题不是由我们造成的，我们没有义务去帮助他们解决。"② 相反，如果郊区保持政治独立，不仅可以减少税收，还可以制定分区制法规，将不受欢迎的产业和群体排除在外，保护郊区小型同质性的社区生活。也就是说，保持地方政府的独立性，可以更有效地控制自己的社会环境，掌握自己的命运。正如芝加哥郊区的一家报纸在一篇社论中所指出的："真正的症结不是税收、不是供水、也不是有轨电车——而是比它们都更为重要的一个问题，即我们社区的道德控制问题……在地方政府统治之下，我们能够坚决地抵制试图侵入我们家园的各种令人反感的东西——但是，一旦被兼并，我们就只好听从市政厅的摆布了。"③ 因此，郊区居民坚决反对中心城市的兼并，而宁愿建立拥有自治权的市镇法人，保持政治上的独立。

第二，获得城市服务的方式发生了变化。19世纪，郊区之所以在一定程度上愿意与中心城市合并，是为了获得各种基础设施和服务。由于当时郊区不仅规模狭小，而且其居民的社会经济地位不高，所以郊区的经济力量还比较薄弱，没有能力提供各种大型的服务设施，只好求助于中心城市，而中心城市往往以此为筹码，要求郊区与自己合并，郊区在别无选择的情况下也只好应允。而从19世纪后期开始，郊区不再以兼并换取服务，转而采取成立专区政府的形式以获得各项服务。进入20世纪以后，成立专区成为解决郊区服务问题的一种主要手

---

① Jon C. Teaford, *City and Suburb*, p. 12.
② Kenneth T. Jackson, "The Effect of Suburbanization on the Cities", Philip C. Dolce ed., *Suburbia: The American Dream and Dilemma*, p. 98.
③ Peter O. Muller, *Contemporary Suburban America*, p. 454.

段，尤其是东北部和中西部地区更是如此。专区政府在一定程度上发挥了大都市区政府的作用，把规模较小、经济力量单薄的郊区社区整合起来，向其居民提供各种城市类型的服务，如排水、供水、教育、治安等，郊区的服务水平得到了提高。而且，二战以后，许多县政府改变传统政策，不仅为乡村提供服务，而且也开始为郊区提供城市型服务。这种政策的转变肇始于南部地区。另外，从50年代开始，联邦政府也为郊区提供了大批资金，以发展供水和排水等服务设施。1956年，国会通过立法，规定联邦政府为地方污水处理设施的修建提供补贴。1972年，国会又通过一个修正案，将联邦政府对地方政府排水管道的补贴提高到90%。[1] 在70年代，联邦政府对地方政府排污设施的补贴达到300亿美元。[2] 更为重要的是，郊区和中心城市的经济地位发生了变化，由于郊区中产阶级和富裕阶层的增加，经济活动的郊区化，郊区拥有更加雄厚的经济力量，而中心城市却由于穷人和少数族裔的集中和产业郊区化而逐步衰落，某些郊区的基础设施甚至超过了中心城市，尤其是至关重要的学校。因此，郊区不愿意与中心城市合并。

第三，地方政府体制和法律制度的变化妨碍了兼并与合并，却有利于市镇法人的创立。在19世纪前期，建立行政村的程序与建立城市是一样的，建立行政村就意味着要发展为城市，县和乡政府就要在地方服务设施的改进方面给予优先的照顾，所以行政村和城市的设立受到了一定的制约。而且在城市的建制确立以后，其服务设施一般主要由自身承担，如果没有一定的经济实力，一个社区不愿轻易设立市镇法人（行政村、镇、市）。与此同时，城市可以单方面决定是否兼并某一郊区社区，而不必通过选民投票，即使在投票中否决了中心城市的兼并要求，州立法机构也往往会通过立法强制进行兼并。事实上，19世纪大多数城市的兼并是通过强制方式进行的，只是进入20世纪，自愿性兼并才多起来（见表4.2）。

---

[1] Mark Schneider, *Suburban Growth: Policy and Process*, Brunswick, Ohio: King's Court Communications, Inc., 1980, p. 230-231.

[2] Adam Rome, *The Bulldozer in the Countryside: Suburban Sprawl and the Rise of American Environmentalism*, Cambridge: The University of Cambridge, 2001, p. 112.

表 4.2　19 世纪和 20 世纪初兼并或合并的法律模式

城市	时间	一般或特别立法	强制或自愿	兼并面积（平方英里）
纽约	1873	特别立法	强制	19.5
	1895	特别立法	强制	21.1
	1898	特别立法	强制	264.5
芝加哥	1887—1924	一般立法	自愿	157.5
	1851	特别立法	强制	4.2
	1853	特别立法	强制	4
	1863	特别立法	强制	6.3
	1869	特别立法	强制	11.5
	1889	县委员会决议	强制	7.1
	1890	城市法规	强制	2.9
费城	1854	特别立法	强制	129.6
	1916	一般立法	自愿	0.1
波士顿	1637	特别立法	强制	0.3
	1804	特别立法	强制	不详
	1855	特别立法	强制	不详
	1868	特别立法	自愿	3.8
	1870	特别立法	自愿	8.7
	1874	特别立法	自愿	17.4
	1911	特别立法	自愿	4.6
底特律	1815—1907	特别立法	强制	35.3
	1906	特别立法	自愿	不详
	1912—1924	一般立法	自愿	68.9
	1925	一般立法	自愿	14.4
	1926	一般立法	自愿	19.9
圣路易斯	1822	特别立法	强制	0.4
	1841	特别立法	强制	4.0
	1855	特别立法	强制	9.2
	1870	特别立法	强制	4.0
	1876	特别立法	两者结合	43.4

资料来源：U. S. National Municipal League, Committee on Metropolitan Government, *The Government of Metropolitan Areas in the United States*, New York: National Municipal League, 1930, p. 74.

当时人们普遍存在一种进步主义的信念，个别社区的利益不能阻碍整个大都市区的进步。1917年1月，马里兰州的州长艾伯特·C.里奇（Albert C. Ritchie）在论及巴尔的摩的兼并时说道：巴尔的摩市的边界"需要拓展，因为一个60万人的城市的利益——因此也是整个州的利益——需要如此……当公共利益要求该州的最大城市拓展其疆界时，州政府便应该放手促成这种拓展，只要它认为给予的条件是公正的，就无须有关社区的选民投票，因为他们数量相对有限"。同年，该州最高法院的首席法官哈伦（Harlan）也在判决中宣布："在我看来，州议会在没有举行任何公民投票的情况下拓展巴尔的摩的边界，这不仅是正确的，而且它也有责任这样做——假如它认为公共利益需要这种拓展的话。""没有任何权利的原则或公正的裁决会授权他们（郊区居民）去阻止该市的进步和发展，尤其是要注意到这样一个事实，他们中的大多数居住在该市附近，以便在该市经商或就业。"①

然而，从19世纪后期开始，尤其是进入20世纪以后，许多州的议会对于成立市镇法人的限制越来越宽松，那些没有希望发展为城市的郊区社区也能够轻而易举地成立行政村，所以市镇法人的建立速度开始加快。另外，自19世纪后期以来，许多州实行了地方自治原则，州议会对市镇法人授予自治宪章，市镇法人之间的合并需要通过各自选民的投票表决，甚至对没有法人资格的社区进行兼并，也需要征得被兼并社区选民的同意。到20世纪80年代，美国有34个州的法律规定，兼并要由被兼并社区的财产所有者提出请愿，并由被兼并社区的财产所有者进行表决，必须获得多数或绝对多数的同意才能生效。而在上述34个州内，又有9个州规定，兼并必须由被兼并社区的财产所有者提出请愿。这样，城市的扩展就完全操在郊区居民的手中，如果郊区居民不提出请愿或不批准兼并提

---

① U. S. National Municipal League, Committee on Metropolitan Government, *The Government of Metropolitan Areas in the United States*, p. 75.

案，那么城市的兼并就无法进行。① 市镇法人的法律地位可谓稳如磐石，坚不可摧。所以，美国城市史学家罗伯特·伍德（Robert Wood）将地方政治实体称之为"微型共和国"，体现了杰斐逊式的民主。② 这些严格限制兼并的州主要分布于北部，南部和西部的限制就比较宽松。

第四，城市竞争观念的衰退削弱了兼并的意志。在19世纪，美国城市之间的竞争和人们对自己城市地位的关切推动了中心城市的兼并。当时，美国城市为了求生存，谋发展，相邻的城市之间或者地位相近的城市之间经常展开竞争，胜利者就可以兴旺繁荣，而失败者往往一蹶不振。为了在竞争中取胜，许多"城市推动者"（city booster）为本市的发展奔走呼号，招商引资，铺设铁路，改进基础设施，为发展创造一切可能的条件。这种"助推精神"（booster spirit）十分有利于城市的兼并。比如，1854年费城与费拉德尔菲亚县合并以后，费城市的一家报纸自豪地宣布："今天，我们所有的人也许都会感到，我们是一座崭新城市的居民。我们至今所熟悉的费城……已经经历了一次转变，这一转变不仅瞬间极大地拓展了它的空间范围，而且还为它注入了一种在其发展历程中至今闻所未闻的社会精神。"同样，芝加哥在完成了1889年的兼并以后，市民因本市跃居全国第二大城市而喜不自胜。而纽约由于担忧自己丧失全国最大城市的地位而于1898年进行了规模极大的合并。③

而进入20世纪以后，全国城市格局已基本形成，许多大城市的地位已经稳如磐石，城市的生存已经不再是人们关切的内容。与此同时，随着城市问题的丛生，人们不再对大城市的规模而感到自豪，相反，人们更加珍惜本社区小型同质性的形象，因为这是社会地位的象

---

① David Rusk, *Cities without Suburbs*, Washington D. C.: The Woodrow Wilson Center Press, 1995, p. 102.

② Scott Greer, *Governing the Metropolis*, Westport Connecticut: Greenwood Press, Publishers, 1962, p. 87.

③ Kenneth T. Jackson, "Metropolitan Government Versus Suburban Autonomy: Politics on the Crabgrass Frontier", Kenneth T. Jackson and Stanley K. Schultz, eds., *Cities in American History*, pp. 448 – 449.

征。1940年，拿骚县有9个行政村的人口达到1万以上，即使这些规模较大的郊区市镇法人，也在力图保持自己的乡村形象。虽然纽约州的市长会议得出结论，对于7500人以上的社区，行政村的建制已经不能满足要求了。但是在这9个行政村中，有8个拒绝根据纽约州的法律而升格为城市，而宁愿继续保持行政村的建制。甚至人口达到2万的亨普斯特德（Hempstead）和弗里波特（Freeport）也竭力维持行政村的建制，"村民"也津津乐道于其乡村式的生活方式，而两者却比纽约州40％的城市规模都大。在郊区居民的心目中，城市给人一种灰暗衰败的意象，而乡村则是一种理想的生活方式。[①]

总之，进入20世纪以后，中心城市的兼并活动遇到了越来越有力的抵制，兼并与合并越来越困难。当然，美国城市的兼并和大都市区的巴尔干化的程度是存在差别的，东北部和中西部历史悠久、规模较大的城市在兼并中遇到的阻力较大，大都市区的巴尔干化程度更高，而西部和南部历史较短、规模较小的城市在兼并中遇到的阻力较小，大都市区的巴尔干化程度也较低。

四 大都市区政治的巴尔干化及其危害

大都市区政治巴尔干化的直接原因有两个，其一是兼并的停滞或趋缓，其二是大都市区市镇法人和专区政府的大量涌现。20世纪东北部和中西部中心城市兼并的停滞或趋缓，极大地遏制了中心城市的面积、人口数量和经济实力的扩张，中心城市在大都市区中的地位一落千丈，不能继续发挥大都市区政府的作用，而郊区地方政府越来越与中心城市分庭抗礼，各自为政，导致了严重的巴尔干化现象。南部和西部虽然能够继续兼并活动，但新的政府实体却在不断涌现，同样出现了某种程度的巴尔干化现象，但较之东北部和中西部程度要轻得多。大都市区政治的巴尔干化对于解决大都市区的

[①] Jon C. Teaford: *Post-Suburbia: Government and Politics in the Edge Cities*, Baltimore & London: The Jones Hopkins University Press, 1997, p. 18.

社会、经济和生态问题造成了严重的阻碍。

(一) 大都市区政府实体的激增与林立

在中心城市的兼并受到遏制的同时，大都市区外围新的地方政府却在不断涌现，从而造成了大都市区地方政府的林立。地方政府的增加主要是市镇法人和专区数量的增加，而县、乡、镇比较稳定，学区数量却稳步下降。

兼并与合并不能阻止大都市区地方政府数量的增加，因为中心城市不可能将大都市区所有的或者大部分独立的地方政府都囊括于自己的辖区之内，因此大都市区的碎化或巴尔干化是不可避免的。事实上，早在19世纪后期和20世纪初期，也就是中心城市肆无忌惮地进行兼并的时候，大城市周围市镇法人林立的现象已经初露端倪。比如，在1898年大纽约市合并的范围内，1870年已经拥有42个小型市镇法人；在纽约市周围的7个主要的县内，1850年市镇法人的数量为57个，1870年达到91个，1900年达到127个，1920年达到204个。在芝加哥所在的库克县，政府单位的数量由1850年的25个增加到1870年的30个，再到1890年的55个和1920年的109个。在匹兹堡所在的阿勒格尼县，政府数量由1850年的41增加到1870年的74个，再到1890年的91个和1920年的107个。[1]

二战以后，大都市区的碎化现象更加严重。比如，根据华盛顿州议会的一份报告，到1966年，该州金县（King County）拥有200多个政府单位，在美国各县中居第二位，仅在此之前的3年里，该县至少增加了15个地方政府单位。在1959年，斯波坎县（Spokane County）拥有135个地方政府单位，亚基马县（Yakima County）县拥有119个，皮尔斯县（Pierce County）和斯诺霍米什县（Snohomish County）各有93个，克拉克县（Clark County）拥有44个。在西雅图以南的海莱恩学区（Highline School District），虽然人口只有10万，

---

[1] U. S. National Municipal League, Committee on Metropolitan Government, *The Government of Metropolitan Areas in the United States*, pp. 25 – 26.

第四章 大都市区的政治碎化与区域治理

但治理他们的政府却多达 36 个，包括金县政府、学区政府、4 个市镇法人和众多专区政府，选任官员多达 100 多位。因此，该州议会的报告感叹道："地方政府一直像打补丁一样增长，新的城市和专区不断增加，现在已经成为一种辖区重叠的百衲被，对于诸如房屋业主和企业人士来说则是沉重的税负。"该报告认为，如此众多的地方政府使其失去了活力，因为没有哪个居民能够了解十几个甚至更多的政府单位，也没有哪个选民能够了解 50 位以上官员的政绩，公民们不能对失职行为进行问责，从而失去了对地方事务的控制力。[1] 值得注意的是，华盛顿州大都市区的巴尔干化现象如果与纽约、加州、伊利诺伊等州的大都市区比较起来，则是相形见绌，稍逊一筹。

表 4.3 显示，1957 年，纽约—北新泽西大都市区拥有 1074 个地方政府单位，其中县政府 12 个，市镇法人 292 个，乡镇 102 个，专区 243 个，学区 425 个；芝加哥大都市区拥有 954 个地方政府，其中县政府 6 个，市镇法人 198 个，乡镇 108 个，专区 287 个，学区 355 个；洛杉矶—长滩大都市区拥有 319 个地方政府单位，其中县政府 2 个，市镇法人 68 个，专区 92 个，学区 157 个，等等。北部和西部的大都市区政治巴尔干化的现象比南部要严重得多。

美国大都市区内的地方政府不仅数量巨大，而且还随着大都市区空间范围的膨胀而激增。表 4.4 显示，1957 年圣路易斯大都市区的面积为 2520 平方英里，地方政府的数量为 400 个，到 1972 年这两个数字分别上升到 4119 平方英里和 843 个，增长率分别为 63.5% 和 110.8%。同期亚特兰大大都市区的面积由 1287 平方英里增长到 1728 平方英里，地方政府的数量由 54 个增加到 86 个，增长率分别为 34.3% 和 59.3%；而休斯敦大都市区的增长则是空前的，面积由 1730 猛增到 6825 平方英里，地方政府数量由 94 个猛增到 304 个，增长率分别高达 294.5% 和 223.4%。

---

[1] Legislature of the State of Washington, Citizens Advisory Committee, Joint Committee on Urban Area Government, "Too Many Governments", in Michael N. Danielson, *Metropolitan Politics: A Reader*, Boston: Little, Brown and Company, 1966, pp. 127 – 128.

表4.3　1957年美国部分大都市区内的地方政府单位的类型与数量

大都市区	地方政府总数	县	市镇法人	乡镇	专区	学区
纽约—东北新泽西	1074	12	292	102	243	425
芝加哥	954	6	198	108	287	355
费城	705	7	140	199	27	332
匹兹堡	612	4	181	128	6	293
旧金山	414	5	53	—	200	156
圣路易斯	400	4	153	46	87	110
洛杉矶—长滩	319	2	68	—	92	157
底特律	250	3	72	54	14	107
波士顿	112	3	17	48	44	—
菲尼克斯	96	1	14	—	28	53
休斯敦	94	1	24	—	47	22
亚特兰大	54	4	31	—	12	7
新奥尔良	33	2	5	—	23	3
迈阿密	31	1	25	—	4	1

资料来源：U. S. Department of Commerce, Bureau of the Census, *1957 Census of Governments*, Number 2 of Volume I, *Local Government in Standard Metropolitan Areas*, Washington, D. C.：U. S. Government Printing Office, 1957, pp. 9 – 42.

表4.4　1957—1972年美国部分大都市区面积和地方政府数量的变化

大都市区	大都市区面积（平方英里）			地方政府数量		
	1957年	1972年	增长率	1957年	1972年	增长率
芝加哥	3617	3719	2.8%	954	1172	22.9%
圣路易斯	2520	4119	63.5%	400	843	110.8%
费城	3550	3553	—	705	852	20.9%
匹兹堡	3053	3049	—	612	698	14.1%
亚特兰大	1287	1728	34.3%	54	86	59.3%
休斯敦	1730	6825	294.5%	94	304	223.4%

资料来源：U. S. Department of Commerce, Bureau of the Census, *1957 Census of Governments*, Number 2 of Volume I, *Local Government in Standard Metropolitan Areas*, Washington, D. C.：U. S. Government Printing Office, 1957, pp. 9 – 42. U. S. Department of Commerce, Bureau of the Census, *1972 Census of Governments*, Volume 5, *Local Government in Metropolitan Areas*, Washington, D. C.：U. S. Government Printing Office, 1975, pp. 56 – 144. 其中百分比为笔者计算所得，"—"表示变化太小，可以忽略不计。

第四章　大都市区的政治碎化与区域治理

前文只是就个别大都市区进行了考察，而就美国所有的大都市区而言，巴尔干化现象同样十分明显。不过，并非所有的地方政府类型的数量都在增加，其中学区的数量就在迅速减少，县和乡镇比较稳定，因此，大都市区的巴尔干化主要是由于市镇法人和专区数量的猛增而导致的（见表4.5）。值得注意的是，大都市区地方政府数量的增加，不仅是由于新地方政府的建立，而且也是因为大都市区数量的增加和大都市区范围的扩大。

表4.5　1952—1982年美国所有大都市区地方政府数量的变化总况

地方政府类型	1952	1957	1967	1972	1977	1982
县	267	266	447	444	594	670
市镇法人	3252	3422	5319	5467	6444	7018
乡	2344	2317	3485	3462	4031	4756
专区	2661	3180	7569	8054	9580	11725
合计	8524	9185	16820	17427	20649	24169

资料来源：U. S. Department of Commerce, Bureau of the Census, *1957 Census of Governments*, Number 2 of Volume I, *Local Government in Standard Metropolitan Areas*, Washington, D. C.: U. S. Government Printing Office, 1957, p. 1. U. S. Department of Commerce, Bureau of the Census, *1972 Census of Governments*, Volume 5, *Local Government in Metropolitan Areas*, Washington, D. C.: U. S. Government Printing Office, 1975, p. 1. U. S. Department of Commerce, Bureau of the Census, *1977 Census of Governments*, Volume 5, *Local Government in Metropolitan Areas*, Washington, D. C.: U. S. Government Printing Office, 1980, p. 3. U. S. Department of Commerce, Bureau of the Census, *1982 Census of Governments*, Volume 5, *Local Government in Metropolitan Areas*, Washington, D. C.: U. S. Government Printing Office, 1985, p. v. 表中不包含学区，因为学区由于合并而不断减少，会掩盖其他类型地方政府的增加，尤其是市镇法人和专区数量的猛增，使人不能正确把握大都市区的碎化现象，因此笔者将学区从原表中剔除。另外，各年大都市区的数量有所不同，1952年和1957年为174个大都市区，1967年和1972年为264个大都市区，1977年为272个大都市区，而1982年的数据则依据该年大都市区的定义进行统计。

美国大都市区内的地方政府不仅数量猛增，而且往往规模非常小，不能获得规模效益。郊区居民建立市镇法人的目的，主要是出于保护本社区独立的政治地位，避免被中心城市或其他较大市镇法人的兼并，保护本地居民对社区事务的控制权，保护小型同质的社区生活。而一旦被其他市镇法人兼并，它们就会失去对社区事务的控制，从而使自己的生活方式受到威胁。比如，早在1911年，长岛拿骚县的一个地产商将其地产注册为萨德尔罗克（Saddle Rock）村，其目的就是为了避免为周围地区新建居民社区纳税以提供必要的基础设施，并保持其小型社区的特点和优美的环境。直到1920年，该村只有71位居民，10年后仅仅增加了3位，而再过10年之后反而下降到69位。1926年，拿骚县的莱克萨克塞斯（Lake Success）的地产主和居民将其注册为一个村，从而有权规划该村周围的发展和修建通往该村的道路。而且通过成立市镇法人，它还有权制定分区制法规，从而可以拒绝下层居民的进入，保护该村的地产价值。1926年，底特律的郊区奥克兰县的亨廷顿伍兹（Huntington Woods）注册为一个村，部分原因就是为了避免附近的两个市镇法人罗亚尔欧克（Royal Oak）和芬代尔（Ferndale）的兼并以及向它们纳税。1924年，芝加哥的郊区杜培奇县的克拉伦登希尔斯（Clarendon Hills）建立为村，避免了海恩兹代尔（Hinsdale）的兼并。在圣路易斯县，居民们为了保护其生活环境，许多小型社区选择注册为独立的市镇法人。1946年，一个只有11英亩的社区注册为麦肯齐（MacKenzie）村。到1951年，圣路易斯县有26个市镇法人的面积不足100英亩。[①] 根据美国经济发展委员会的研究，美国大都市区内大多数地方政府的人口和地域规模狭小，其中2/3的市镇法人少于5000人，大约一半市镇法人的面积不足1平方英里。[②]

由于市镇法人和专区政府的迅速增加，一个普通的大都市区动辄拥有几十个乃至上百个地方政府，而大型的大都市区则往往囊括了几百个乃至上千个地方政府，这些地方政府五花八门，名目繁多，彼此交错，互相重叠，使人眼花缭乱，头晕目眩。因此，美国学者对这种现象进行了形象的描述，称之为"四分五裂"（frationated）、"混乱迷

[①] Jon C. Teaford: *Post-Suburbia*, pp. 16, 17, 67.

[②] Committee for Economic Development, *Reshaping Government in Metropolitan Area: A Statement on National Policy*, New York: Committee for Economic Development, February 1970, p. 13.

茫"（chaotic）、"支离破碎"（fragmented）、"荒诞不经"（absurd）、"历史性的灾难"（historical accident）、"令人眩晕的迷宫"（a bewildering maze）、"交叠辖区的百衲被"（a crazy quilt of overlapping jurisdictions）等等。比如，约翰·C.博伦斯（John C. Bollens）描述道："在大多数大都市区中，这种复杂的地方政府导致的一个结果，就是杂乱无章，就是令人眼花缭乱的百衲被。大都市区内政府繁多，政府边界令人炫目。"[1] 约翰·J.哈里根（John J. Harrigan）等也写道："美国典型的大都市区是一种由独立社区、统治机构和服务系统构成的凌乱的百衲被。由于中心性政治权威缺位，那么对建立这样一个权威机构的尝试就会进行更加顽固的抵制——这是美国政治中地方主义传统力量的鲜明体现。"[2] 而最为形象的描述当属乔恩·C.蒂福特（Jon C. Teaford）对他驾车穿越芝加哥大都市区时的感想："一个市镇连着一个市镇，无形的城市边界蜿蜒交织，郊区蔓延不见尽头，此处是一片屋村住宅，彼处是一条霓虹灯闪烁的商业带，那边还有一个硕大无朋的购物中心……这就是当代的大都市区，美国城市居民所熟知的混乱嘈杂的一团，从波士顿到旧金山莫不如此。遍布整个美国的是一座座'高地'、一个个'公园'和一片片'森林'，它们层层叠叠、密密匝匝地环绕在当代中心城市的周围，将大都市区在法律上和社会上分隔开来，成为一个又一个由居民社区构成的迷宫。在芝加哥、纽约、洛杉矶，或者迈阿密，其模式大同小异，如出一辙。数百个独立的政府辖区分管着一个统一的城市地区。"[3]

（二）大都市区的巴尔干化所产生的种种弊端

大都市区在社会、经济和生态上是一个整体，各个部分之间是互相联系、彼此依赖的，人为的政治分割产生了诸多危害，严重地影响了

---

[1] John C. Bollens, *Special District Governments in the United States*, p. 50.

[2] John J. Harrigan, William C. Johnson, *Governing the Twin Cities Region: The Metropolitan Council in Comparative Perspective*, Minneapolis: University of Minnesota Press, 1978, p. 3.

[3] Jon C. Teaford, *City and Suburb*, p. 1. 此处的所谓"高地""公园"和"森林"都是具有法人资格的郊区社区名称——笔者注。

大都市区正常有序的发展，简·雅各布斯（Jane Jacobs）称之为"大都市危机"（metropolitan crisis），[1] 这些弊端主要包括如下几个方面：

第一，大都市区的巴尔干化，导致了郊区服务质量与经济效益的低下。郊区市镇法人成立的一个目的，就是为了保持自己小型、同质、具有田园风貌的社区环境。由于许多郊区地方政府规模狭小、数量众多，因而没有能力提供某些基本的服务设施，甚至不能铺设排水和供水管道，厕所只能使用化粪池，饮水只能使用私人水井。由于化粪池经常造成水源污染，因而损害了郊区居民的健康。比如，1959年，根据明尼苏达州卫生局的一项调查，明尼阿波利斯—圣保罗大都市区的39个郊区的40万居民使用化粪池，而不是排污管道，25万居民饮用被污染的井水。[2] 至于其他方面的服务，如道路、公园、消防、治安等，也存在同样的问题。即使郊区地方政府能够提供某些服务，但由于规模小而不能收到规模效益。各种研究表明，一个城市要提供全面有效的服务，其门槛规模为5—10万人，在这一规模之上就可以雇佣各种专业人员，支付各种服务开支，实现规模经济。[3] 虽然专区可以提供跨越地方行政界限的服务，取得一定的规模效益，但由于专区一般只提供单项服务，往往忽略其他服务，从而导致职能方面的条块分割、重复施工和大量浪费。

第二，大都市区的巴尔干化，导致了大都市区内各个地方政府之间的阶级分异和种族隔离，从而导致了各个辖区在收入、财政、税率和服务等方面的不平衡。实行阶级分异和种族隔离的直接手段是排他性分区制法规，而一个社区要有权制定分区制法规，其前提条件就是首先要成立市镇法人。而市镇法人具有一定的自治权，而这种自治权正是排他性分区制发挥作用的保护伞。市镇法人的独立地位不受威胁，排他性分区制就不会改变，阶级分异和种族隔离的

---

[1] Oliver P. Williams, Charles Press, *Democracy in Urban America: Reading on Government and Politics*, Chicago: Rand McNally & Company, 1961, p. 208.
[2] John J. Harrigan, *Political Change in the Metropolis*, p. 262.
[3] Carl Abbott, "The Suburban Sunbelt", *Journal of Urban History*, Vol. 13, No. 3, May 1987, p. 292.

空间分布格局就不会更改，从某种意义上说，美国大都市区的政治边界就是阶级和种族分布的分界线。阶级分异和种族隔离导致的结果之一就是在财政和服务方面的不平衡。表4.6显示，1976年，美国中心城市和郊区的人均收入分别为4883和5156美元，中心城市比郊区的人均收入低273美元，为郊区的94.7%。东部和中西部地区中心城市和郊区的差距最大，中心城市仅为郊区的84%和91%。而南部和西部的中心城市却高于郊区，分别为郊区的106%和103%。这一方面是由于南部和西部城市能够兼并郊区富裕的居民区，另一方面也与西部和南部城市经济的繁荣有关。到1980年，美国中心城市和郊区人均收入的差距继续拉大，而且，南部和西部的中心城市也已经低于郊区，因为这两个地区的郊区化水平在不断提高，而且兼并势头也在不断减弱，大都市区的巴尔干化现象日趋严重。而就某些特定的大都市区而言，中心城市与郊区的收入差距更加悬殊。比如1976年，纽瓦克的人均收入为3586美元，郊区为6602美元，中心城市仅为郊区的54%；到1980年，同比竟下降到50%。[①]

表4.6　1976年和1980年美国中心城市与郊区收入的差别（美元）

地 区		中心城市	郊区	城郊差额	城郊比例
1976年	美 国	4883	5156	-273	97%*
	东 部	4654	5575	-921	84%
	中西部	4848	5347	-499	91%
	南 部	4771	4629	142	106%
	西 部	5322	5242	80	103%

[①] U. S. Advisory Commission on Intergovernmental Relations, *Central City-Suburban Fiscal Disparity & City Distress, 1977*, Washington, D. C.: U. S. Government Printing Office, December, 1980, p. 44. U. S. Advisory Commission on Intergovernmental Relations, *Fiscal Disparities: Central Cities & Suburbs, 1981*, Washington, D. C.: U. S. Government Printing Office, August, 1984, p. 52.

续表

地区		中心城市	郊区	城郊差额	城郊比例
1980年	美 国	6972	7989	-1017	89%
	东 部	6251	8407	-2156	75%
	中西部	6954	8322	-1368	84%
	南 部	6945	7275	-330	99%
	西 部	7754	8239	-485	95%

资料来源：U. S. Advisory Commission on Intergovernmental Relations, *Central City-Suburban Fiscal Disparity & City Distress*, *1977*, Washington, D. C.：U. S. Government Printing Office, December, 1980, pp. 44 – 45. U. S. Advisory Commission on Intergovernmental Relations, *Fiscal Disparities*：*Central Cities & Suburbs*, *1981*, Washington, D. C.：U. S. Government Printing Office, August, 1984, pp. 52 – 53.

同样，郊区内部的地方政府之间也存在着收入的不平衡，而收入的不平衡是导致其他方面不平衡的根源。地方财政的主要来源是财产税，居民、工厂、商业的财产税主要由其所在的市镇法人或专区政府来征收。由于地方政府之间贫富不一，差距悬殊，其政治分割必然会造成地方财政和服务设施的不平衡。为了达到服务的相对平衡，贫困的地方政府就只好提高税率，结果会导致居民的进一步贫困和富裕居民的撤离，形成恶性循环。

表4.7显示，在圣路易斯县的4个学区中，其财政状况相差悬殊，在最富裕的克莱顿学区，平均每个学生的可征税财产为5.5万美元以上，虽然该学区的财产税率不高，只有3.69%，但每个学生的教育开支却高达近2000美元。而在最为贫困的金洛赫学区，平均每个学生的税基不足4000美元，虽然该学区的财产税率较高，为4.97%，但每个学生的教育开支却只有1129美元，两者相去甚远。即使这样，也是在州政府对金洛赫学区进行了大力的财政援助之下才达到的水平。正如希尔（Hill）于1974所指出的，"按照阶级和地位划分的政治辖区，分成诸多市镇飞地，是一种创造并永久维持大都市区居民不平等的重要的制度机制。"[①]

[①] Benedict S. Jimenez and Rebecca Hendrick, "Is Government Consolidation the Answer？", *State & Local Government Review*, Vol. 42, No. 3（December 2010）, p. 261.

表 4.7　　　　1972—1973 年圣路易斯县学区的财政状况

学区	税率（%）	平均每个学生的税基（美元）	平均每个学生的开支（美元）
克莱顿	3.69	55496	1967
大学城	5.42	18667	1300
韦尔斯顿	5.47	13776	1332
金洛赫	4.97	3992	1129
全县平均值	4.67	16216	1040

资料来源：Dennis R. Judd, *The Politics of American Cities*: *Private Power and Public policy*, Boston: Little, Brown and Company, 1979, p. 181.

郊区地方政府这种财政、税率和服务的不平衡，导致了一种恶性循环，一个地方辖区越是贫困，税率越高，富裕阶层和中产阶级就越是唯恐避之不及，工商企业也越是不愿在这里进行投资，那么该地方政府的税收基础就越是薄弱，财政收支就越是捉襟见肘，市政服务设施就越是衰落破败。这种恶性循环导致了大都市区各个地方辖区之间的两极分化。罗伯特·伍德（Robert C. Wood）指出，大都市区的碎化导致了"资源与需求的分离"，造成这种分离的原因之一就是中心城市与郊区之间以及郊区彼此之间的政治分割，而要达到资源与需求的平衡，解决途径之一就是打破地方政府之间的政治藩篱，成立区域性的大都市区政府，"一个城市越大……那么它越可能把各种财政资源囊括在内，越容易做到（收支）平衡……那么它就越不容易受到私人经济部门决策的危害"①。

第三，大都市区的巴尔干化，使中心城市的地位和声望受到了削弱，从而影响了中心城市乃至整个大都市区的发展潜力。由于中心城市不能兼并郊区，限制了中心城市空间规模的扩展，出现了人口减少，经济衰退，市容衰败的现象，影响了城市的地位和声誉，从而对整个大都市区的发展产生了不利影响；而相反，如果一个城市能够不断扩大疆域，减少政府间的分裂，在强大的中心城市的带领下，有利

---

① Scott Greer, *Governing the Metropolis*, p. 115.

于大都市区作为一个整体进行竞争，以便提高其国内和国际地位。比如，新英格兰虽然是美国工业革命的发祥地和重要的工业基地，但除了波士顿这个港口城市以外，新英格兰没有其他在国际和国内居重要地位的大城市，其中一个重要原因就是新英格兰许多州的法律禁止城市进行兼并，城市的规模较小。一个相反的例子是纳什维尔，20世纪60年代，纳什维尔市开始出现了人口减少的现象，城市的中心区开始退化，许多企业准备撤走。但是，1962年纳什维尔市与其所在的戴维森（Davidson）县合并，使该市的面积由73平方英里骤增到473平方英里，人口由17万增加到39.9万人，一时之间该市声名鹊起，信誉骤增。因此，许多企业取消了撤出该市的计划，而且新企业纷至沓来，趋之若鹜，该市的经济实力倍增，成为田纳西州的政治、保险、金融、服装等行业的中心，也成为全国音乐产品的"首都"①。

美国城市史学家戴维·腊斯克（David Rusk）对于城市的兼并与活力之间的关系进行了鞭辟入里的分析。他指出，大都市区的城市和郊区是一个统一的社会经济整体，其竞争力在于各个部分能够协调发展，共同进步。大都市区越是在行政、种族、阶级等方面四分五裂，其竞争力就越是绵软无力。腊斯克将中心城市对郊区的兼并能力称之为城市的弹性（elasticity）。他根据1950—1990年中心城市的兼并情况，将城市的弹性分为几个等级：零弹性的城市是指那些在此期间根本没有进行兼并的中心城市；低弹性的城市是指兼并土地只占该市面积13%的城市；中弹性的城市是指兼并郊区土地，使其面积扩大80%的城市；高弹性的城市是指通过兼并而使其面积扩大278%的城市；极高弹性城市是指通过兼并而使其面积扩大479%的城市。经过研究发现，城市的弹性越低，中心城市和郊区的人均收入差距越大。比如在52个"白人大都市区"（指黑人人口不足2%，西裔人口不足5%的大都市区）中，零弹性的中心城市的人均收入只有郊区的90%，而极高弹性的中心城市的人均收入为郊区的108%。而在117个"多种族的大都市区"（指种族多元化的大都市区，黑人人口为

---

① David Rusk, *Cities without Suburbs*, p. 98.

12%—14%，西裔人口为7%—12%。）中，零弹性的中心城市的人均收入只有郊区的66%，而极高弹性的中心城市的人均收入为郊区的101%，两者相差更加悬殊。[1] 塞缪尔·阿以提-阿托（Samuel Aryeetey-Attoh）等人对俄亥俄州7个城市的研究得出了同样的结论，由于阿克伦（Akron）、哥伦布、托莱多3个城市比辛辛那提、克利夫兰、代顿、扬斯敦（Youngstown）的弹性系数大，其经济状况比后者要好得多。[2] 由此可见，中心城市如果能够兼并郊区的土地和人口，那么，其经济状况就会大为改观。

另外，由于弹性高的中心城市比弹性低的中心城市的财政状况更好，所以前者比后者债券的资信程度要高得多。[3] 比如，北卡罗来纳的城市弹性程度高，能够不断进行兼并，税收基础雄厚，其发行的政府债券的资信程度非常高，该州的夏洛特（Charlotte）、罗利（Raleigh）、温斯顿—塞勒姆（Winston-Salem）等城市债券的资信程度为AAA，格林斯伯勒（Greensboro）、达勒姆（Durham）次之，为AA1，海波因特（High Point）再次之，为AA。相反，北部的许多城市由于不能进行兼并，财政税收不断萎缩，其政府债券的资信程度就比较低，比如，扬斯敦和克利夫兰债券的资信程度只有BAA和BAA1。事实上，在20世纪90年代中期美国的117个主要的中心城市中，凡是那些兼并比较活跃的城市，其政府债券的资信程度没有一个低于A级的，而债券的资信程度低于BAA1或者更低的城市，都是那些长期没有进行兼并的中心城市。[4] 如果一个城市的资信程度比较低，那么它的国内和国际声誉就会受到损害，在举借公债、创办公益事业、推动经济发展等方面就会困难重重，举步维艰，对该市乃至整个大都市区的发展都会产生不良

---

[1] David Rusk, "America's Urban Problem /America's Race Problem", *Urban Geography*, Vol. 19, No. 8, 1998, p. 758.

[2] Samuel Aryeetey-Attoh, et al., "Central-City Distress in Ohio's Elastic Cities: Regional and Local Policy Responses", *Urban Geography*, Vol. 19, No. 8, 1998, pp. 735-736.

[3] 资信程度，是指一个公司或城市的债券的信用程度，一个公司或城市的财政状况越好，它的偿还能力越强，其发行的债券的资信程度越高。

[4] David Rusk, "America's Urban Problem /America's Race Problem", *Urban Geography*, Vol. 19, No. 8, 1998, p. 767.

的影响。

在大都市区中，中心城市与郊区是一种唇齿相依、休戚与共的关系，如果中心城市走向衰落，那么郊区也不会长期繁荣。联邦储备银行费城支行的一位经济学家理查德·沃伊斯（Richard Voith）经过对东北部和中西部28个大都市区的研究，得出结论说："中心城市的衰落似乎伴随着郊区的低度增长。即使伴随着城市衰落而产生的最为敏感的问题没有在郊区出现，中心城市的衰落似乎也是一个对地区经济和社会活力长期而缓慢的阻碍。"而北卡罗来纳州夏洛特的市长哈维·甘特（Harvey Gannt）则指出，如果大都市区内的"政府实体较少，那么在迅速决策、达成地区性共识以及向更大的举措迈进方面，就会具有明显的优势"①。可见，大都市区政治的巴尔干化是影响其发展一个主要障碍。

第四，大都市区政治的巴尔干化，还导致了中心城市与郊区之间、郊区彼此之间矛盾重重，不能有效地制定区域综合规划。导致大都市区矛盾加剧的原因有三个：其一，郊区地方政府的自治性。大都市区内的每个地方政府都有一定的自治权，它们的政治地位是平等的，任何一个地方政府都不能强迫另一个政府采取行动，某项政策的制定或实施，需要各个地方政府的默契与协调。虽然县委员会和州议会是它们讨论和决定该县乃至整个大都市区事务的机构，但问题的关键是，利益冲突的各方能否顾全大局，作出有利于整个大都市区的决策。其二，地方政府实体的增多，加剧了大都市区内部的离心倾向。其三，各级代议机构中郊区代表的增加。以国会选区和议员的变化为例，由于大都市区的膨胀和国会选区的调整，郊区的选区数量不断增多，而中心城市的选区却在日益减少。在1950年大都市区的238个选区中，有109个在中心城市境内，只有76个完全位于郊区，跨中心城市和郊区的选区有52个，而到1970年，郊区的选区增加到145个，中心城市的选区下降到96个，跨中心城市和郊区的选区增加到

---

① David Rusk, *Cities without Suburbs*, pp. 70–73.

58 个，郊区选区的数量已经大大超过了中心城市。① 因此到 70 年代，郊区国会议员超过了中心城市，1972 年国会众议院中仅有 100 名来自中心城市，而郊区议员则多达 130 名。② 同样，郊区在州议会中的势力也在不断加强。由于郊区地方政府自治性的增强、地方政府数量的剧增和郊区议会代表的增多，郊区的政治势力也迅速崛起，不再对中心城市俯首听命，任其摆布，而是与之分庭抗礼，一决高下，经常挫败中心城市乃至州政府提出的不利于郊区的各种议案，在斗争中屡屡获胜，占据上风。由于大都市区政治的巴尔干化和郊区势力的崛起，许多对中心城市乃至整个大都市区至关重要的政策措施都很难付诸实施，政治效率十分低下。

这种政治上的巴尔干化在丹佛大都市区表现得淋漓尽致。由于人口和经济活动向郊区的转移，使中心城市丹佛的资产贬值，税收减少，而同时福利负担却日益加重，因此财政捉襟见肘，入不敷出。另一方面，由于郊区化进展迅猛，缺乏适当的区域规划，因而产生了一系列社会问题，比如犯罪、住房、交通、资源、环境、供水和排水等。于是丹佛从 20 世纪 50 年代开始就采取了一系列反郊区化措施。比如在 50 年代科罗拉多州大旱期间，丹佛拒绝向某些郊区供水，因而招致众多郊区的不满，于是这些郊区纷纷建立了自己的供水系统。后来，丹佛又多次倡议建立一个"城市县"（urban county），即由县政府承担城市职能，统一负责该县六项基础设施的建设。这一提案的目的是将全县置于丹佛的控制之下，因而众多郊区起而反对，使之屡屡搁浅，最后付诸东流。③ 为了实现整个大都市区规划有序的发展，丹佛商会等组织在《落基山新闻》中发出呼吁："曾几何时，发展践踏了规划……现在是改弦更张的时候了。"④ 1979 年拉姆州长颁布了

---

① R. J. Johnston, *The American Urban System: A Geographical Perspective*, New York: St. Martin's Press, 1982, p. 287.
② ［美］弗·斯卡皮蒂:《美国社会问题》，刘泰星、张世灏译，郭边校，中国社会科学出版社 1986 年版，第 19 页。
③ Carl Abbott, *The New Urban America*, p. 192.
④ Lyle W. Dorssett and Michael McCarthy, *The Queen City*, p. 269.

"公民居住政策"的行政命令，成为第一次较大规模的区域规划的尝试。该政策指出，科罗拉多州已经进入一个人口和经济快速发展的时期，如果本规划失败，将会导致严重的后果。因此，如果地方政府的规划违反了本规划的某些标准，州政府将予以制裁。郊区立即作出强烈反应，敦促州议会要求拉姆州长撤销该政策方案。由于郊区在州议会中势力强大，州议会向拉姆州长施加压力，要求废除该项方案。拉姆州长指责议会"成事不足，败事有余"，议会则以否决州长的财政预算相威胁，甚至声言要赋予州议会以行政决策权。由于州议会和郊区的强烈反对，使"公民居住政策"规划方案徒具空文，难以实施。接着，拉姆州长于该年11月再次推出了第二方案，即"前沿山麓方案"，但同样由于郊区的反对而付之东流。[①]

可见，美国大都市区的巴尔干化和郊区势力的增强加剧了大都市区内各个地方政府，尤其是中心城市与郊区之间的矛盾斗争，对解决郊区化所产生的各种社会问题，合理规划大都市区的发展带来很大困难。这一问题受到众多学者和政府官员的关注，他们纷纷提出各种改革理论，并进行了种种改革尝试。

五 传统大都市区政府改革理论

早在20世纪初期，美国大都市区政府的碎化现象就已备受关注，各种改革理论相继问世，各地的改革运动此起彼伏。美国在整个20世纪的大都市区政府改革理论和改革运动，可以大致分为三个时期。第一个时期从20世纪初期到60年代后期，传统区域主义即集权主义派占据上风，强调结构性改革，主张地方政府之间的合并，尤其是中心城市与所在县政府的合并，成立高度集权的综合性的大都市区政府。第二个时期为七八十年代，由于第一个时期的改革收效甚微，人们对大政府的可行性及其效率和效益提出了质疑，因而公共选择理论

---

① Susan S. Fainstein and Norman I. Fainstein, *Restructuring the Cities: The Political Economy of Urban Development*, New York, 1986, pp. 191-194.

取代集权主义理论而成为主导理论。公共选择理论"以经济学的假设和方法对政治进行研究",以"美国人的自治传统与民主理念"为基本研究框架,反对地方政府的合并,主张以市场机制调配地方社区的服务需求。第三个时期为20世纪90年代至今,新区域主义崛起。由于公共选择理论消解中心性,主张分散的治理,实际上更使大都市区陷于无政府的混乱状态,问题不但没有解决,反而更加恶化,于是区域主义再度兴起。新区域主义不再强调结构性改革,而是"以问题为驱动,治理为核心,主张政府与社会合作,鼓励公民个人、私营部门和非营利组织积极参与区域事务,以弥补政府体制处理区域事务的效用不足"[①]。

(一) 传统大都市区政府改革的理论渊源

从20世纪初期到60年代后期,传统的大都市区政府(metropolitan government)改革理论居于主导地位,这种改革理论被称为"效率与经济改革运动"或"良好政府改革运动"。根据大都市区政府改革理论,大都市区的巴尔干化、政府机构的分割和辖区的重叠以及大都市区决策权的分散,是造成各类大都市区问题的主要症结所在。具体而言,这种改革传统认为,小的政府单位是非专业化的和低效率的;政府辖区的重叠意味着服务的重复,因而意味着浪费和效益低下;而政府机构的重叠,职责不清,使公民无法对官员的政绩进行评定,无法控制政府的决策行为。改革的方式就是进行结构性的改造,通过大量削减小规模辖区,成立单一的大都市区政府,使其拥有统治大都市区的一般权力,赋予政府官员以权威,从而将大都市区的各种事务统筹规划,那么就会增进政府的工作效率和经济效益。另外,由于权力的集中,政府职责分明,公民们才有可能对其官员进行监督。

传统大都市区政府改革理论的渊源可以追溯到1880—1920年间市政改革的倡导者所提出的原则,其中包括伍德罗·威尔逊、弗兰克 J. 古德诺(Frank J. Goodnow)和弗雷德里克·W. 泰勒(Frederick

---

① 王旭、罗思东:《美国新城市化时期的地方政府》,第205、245页。

W. Taylor)等人。威尔逊特别强调政府效率的提高，在其1885年出版的《国会制政府——美国政治研究》(Congressional Government: A Study in American Politics)一书中认为，"效率是共和制度下对某位政府官员取得信任的唯一的正当基础，就像在专制制度之下那样"。他在1887年发表的一篇论文《行政学研究》(The Study of Administration)中，再次强调了效率原则，威尔逊写道："行政学研究的目标就是要发现：首先，什么样的政府能够恰当且成功地完成那些适当的任务，且以最大可能的效率和以尽可能低的资金成本和精力成本来完成；其次是怎样才能做到这些。"① 而提高效率的方法则是进行结构性改革，将行政与政治分离，主张公共行政应该以企业的方式进行。他指出，英美国家一向是长于政治而拙于行政，长于立法部门的监督而拙于政治组织的进步。他认为，美国确立根本原则的任务已经完成，那个时代已经过去，一个新的时代已经来临，行政学的研究已经成为当务之急，以便促进政府的良好运行。行政处于政治的范畴之外，行政问题不是政治问题。政治的任务是确定"应该做什么"，而行政的任务则是负责"怎样去做"。"行政科学就是试图铺平政府之路，使其事务更像企业，加强和纯洁其组织，使其对职分尽职尽责。""虽然政治为行政规定任务，但它无须自寻烦恼去干预行政事务。"因此，他主张给予行政部门以巨大的裁量权和行动自由，"巨大的权力和不受牵制的自由裁量权是行使责任不可或缺的条件。"他认为，权力的分割不仅会牺牲效率，而且还会导致官员的不负责任；相反，如果将权力集中于行政部门，不仅可以提高政府效率，而且也便于向政府和官员问责。他写道："权力本身并无危险，只要它是负责任的。如果权力被分割，由众人分享，那它就会变得模糊不清；如果权力模糊不清，它就会不负责任。但是，如果权力集中到政府及其分支部门的领袖身上，那么就容易对其进行监督和问责。如果一个人要保持其职位，他就必须以开诚布公的方式取得成功，与此同

---

① G. Ross Stephens, Nelson Wikstrom, *Metropolitan Government and Governance: Theoretical Perspectives, Empirical Analysis, and the Future*, New York: Oxford University Press, 2000, p. 31.

时，如果他感到被委以宽泛的自由裁量权，那么，他的权力越大，他滥用权力的可能性就越小，就更加谨慎沉着，持重有节，更加具有职业操守。"①

美国公共选择学派的政治学家文森特·奥斯特罗姆将威尔逊的行政科学的基本定理进行了如下概括：第一，在任何政府中总是存在一个占支配地位的权力中心；一个社会的政府为单一的权力中心所控制。第二，权力越分散，它就越不负责任；或换言之，权力越一元化，它就会受到来自更为负责的单一权力中心的指导。第三，宪法结构界定和决定该中心的构成，并确立与立法和行政控制有关的政治结构。每个民主政府的体制都把人民的代表提高到绝对主权的位置。第四，政治领域设定行政的任务，但行政的领域在政治的适当范围之外。第五，就行政的功能而言，所有现代政府都具有极为相似的结构。第六，经过职业化训练的公务员等级序列的完善为"良好"行政提供了结构条件。第七，等级制组织的完善会使效率最大化，在此，效率尺度为花费最少的钱和做最少的努力。第八，上文界定的"良好"行政是人类文明的现代化和人类福利的提高之必要的条件。②

古德诺是19世纪末20世纪初市政改革运动的另一旗手，他在1900年出版的《政治与行政》一书中，同样主张行政与政治的分离。市政改革运动的目标之一就是地方政府取得一定的自治权，摆脱州议会对地方政府事无巨细的干预，从而使市镇法人对于自己内部的政府体制改革拥有一定的裁量权。因此，这里的政治主要是指州议会的立法权，行政是指地方政府对于州议会立法的执行。古德诺认为，执行机构的行为要遵从国家意志的表达即议会的法律，"以表达国家意志为主要功能的机构，即立法机构，通常有权以这种或那种方式控制以执行国家意志为主要功能的机构对国家意志的执行"。然而，古德诺同样主张执行机构拥有一定程度的裁量权，他写道："对于那些建立

---

① Woodrow Wilson, "The Study of Administration", *Political Science Quarterly*, Vol. 2, No. 2 (Jun., 1887), pp. 201–214.
② [美]文森特·奥斯特罗姆：《美国公共行政的思想危机》，毛寿龙译，上海三联书店1999年版，第33—36页。

在政府功能划分一般理论之上的政治机构而言，它不会将国家意志的表达只交给制定国家规则的机构去执行。"也就是说，在权力划分的政府中，立法机构是国家意志的表达者，而执行应该交由其他部门。"然而，执行这些具体任务必须遵守以表达国家意志为主要功能的政府机构制定的一般性原则。这也就是说，在绝大多数情况下，被称为执行机关的机构拥有相当大的制定法令权或立法权。"执行机构拥有相当大的制定法令的权力，就是拥有相当大的裁量权。"无论是通过宪法规定还是立法机关授权，最高行政长官或下级行政机关可以通过颁布法令来表达立法机关不便于做出裁决的具体国家意志。""为了确保国家意志的执行，政治应该对行政进行控制，但是，为了确保民治政府的利益和实现高效的行政，同时又不应该使这种控制超出必要的限制来实现其存在的合理目的。""如果这种控制超出了适当的限制，那将对行政在执行国家意志时的普遍效率以及人们表达这种意志的能力造成灾难性影响。"因此，古德诺抱怨道，在美国，行政受到了政治的过多控制。这种控制使行政效率不断下降。因此，他主张加强行政部门的权力，"即使不是全部，那么行政的大部分也应该从政治机构的控制下解放出来"①。

（二）20世纪初大都市区政府改革的理论雏形

威尔逊、古德诺等人的著作对当时的市政改革运动产生了极大的影响，该运动一方面强调地方政府的自治权，减少州议会对地方政府事无巨细的干预；另一方面，就地方政府的内部政治结构而言，他们主张改变原来弱市长—市议会的政府体制，加强城市政府行政部门的权力，给予城市的行政首脑即市长以较大的管辖权，使其拥有任命和罢免各部门行政长官、制定预算的权力等等，或者实行企业化管理，实行城市经理制，提高行政部门的权力，从而提高政府的效率。大都市区政府体制改革受到了市政体制改革的影响，两者的改革模式是并

---

① [美]弗兰克·古德诺：《政治与行政——政府之研究》，丰俊功译，北京大学出版社2012年版，第67、13—14、30—35页。

行不悖、相辅相成的。一些学者和机构纷纷倡导按照威尔逊模式建立统一的权力集中的大都市区政府。

比如,"全国市政联盟"(National Municipal League)于 1912 年创办了《全国市政评论》(*National Municipal Review*),专门探讨市政体制的改革问题。约翰·诺伦(John Nolen)在该刊的创刊号上发表了论文《波士顿大都市区总体规划委员会》(General Planning Board for Metropolitan Boston),主张成立波士顿大都市区总体规划委员会,以缓和地方政府碎化所产生的服务问题。1922 年 8 月该刊发表了第一篇系统阐述大都市区政府体制改革的综合性论文,即切斯特·C. 马克西(Chester C. Maxey)的《大都市社区的政治整合》(The Political Integration of Metropolitan Communities)一文。他写道:"城市作为一个政治实体,不同于大都市区作为一个社会和经济整体;因此,就像一套房子分割为不同的房间却损害了自身,大都市区发现它自身不得不进行斗争,以便在诸多不同辖区间的冲突、不满和分裂中取得一些社会进步。""政治发展很少与社会和经济发展齐头并进,地方政府的碎化成为一种障碍……严重地阻碍了所有的进步和综合性举措。"因此应该进行大都市区政府的权力集中,这"对于每个大都市区而言都是不可或缺的,假如它希望继续作为一个工业、商业和社会活动中心而最大限度地发掘其发展潜力的话"。简单地说,该文强调了即"一个区域,一个政府"的观点。①

然而,成立单一制大都市区政府面临着大都市区内各个地方辖区及其居民的巨大挑战,于是,密歇根大学教授托马斯·H. 里德(Thomas H. Reed)于 1925 年也在《全国市政评论》发表了一篇颇具影响力的论文,即《区域——一种新型的政府单位》,该文开宗明义地写道,"规划不仅必须要制定出来,而且还必须付诸实施"。因此,不仅应该成立大都市区规划机构,而且还应该成立执行大都市区规划的大都市区组织,因为"一般而言,依靠自愿合作就等于放弃了取得

---

① G. Ross Stephens, Nelson Wikstrom, *Metropolitan Government and Governance*, pp. 33 – 34.

成功的希望"。在里德看来，成立大都市区组织的目的有两个，其一是确保大都市区统一的政策或规划的实施；其二是使大都市区内的各个地方政府能够均摊财政负担。① 然而，当此之时，已经不能寄希望于扩大城市边界即兼并来覆盖整个大都市区，以便解决大都市区问题。这是因为兼并的速度总是滞后于人口的疏散速度；而且通过兼并成立大都市区政府还会违反地方自治原则，从而遭到公民的反对，因此试图通过兼并来解决大都市区问题的时代已经一去不返。而成立专门的大都市区管理机构也不是彻底地和永久地解决大都市区问题的方法。与此同时，也不应该依靠州政府机构来管理大都市区事务，来作为解决大都市区问题的一般方法。在排除了上述这些改革方法以后，里德提出了自己独特的解决方案，即在州政府之下和地方政府之上，创立一种前所未有的崭新的政府单位，即区域（region）政府，它以某些相对较大的城市为中心，将那些与之存在着密切的社会经济联系的周围地区囊括在内，同时还要考虑它们是否拥有某种历史渊源和感情纽带。创立新的区域政府单位可以有效地解决下述问题：区域规划、交通问题、供水供电、污水排放、警察和健康等社会事务。区域政府可以由一个选举产生的委员会进行管理，避免了成立众多专区政府而出现的多次选举，从而会得到选民的拥护。这样的区域政府不会取消任何地方政府单位的存在，也不会威胁它们的荣誉和独立，因而不会遭到地方政府官员和居民的抵制。区域政府的职能将受到严格的限制，下层政府的权力和责任将得到保留，并作为区域政府职能的补充。在区域政府辖区之内，可以通过划分特别财税评估区的办法，在各个次区域辖区之中均衡分配财政负担。当然，区域政府的成立，并不妨碍州政府对地方政府教育和交通建设进行拨款，以作为地方辖区之间平衡财政负担的方法。② 里德充分认识到了这种崭新政府单位的产生将面临的重重困难，因此，他鼓励人们大胆创新，他写道，"如

---

① Thomas H. Reed, "The Region: A New Governmental Unit", *National Municipal Review*, July, 1925, p. 417.

② Thomas H. Reed, "The Region: A New Governmental Unit", *National Municipal Review*, July, 1925, pp. 417 – 422.

果街道、公园和交通站点值得规划设计，那么，政府制度同样值得规划设计"。"不应该存在这样的想法，即通衢大道可以规划设计，而政府只会自然发生。两者都需要和值得规划设计。"①

除了创办刊物以外，"全国市政联盟"还在1917—1925年间每年举行的年会上，就大都市区的巴尔干化问题进行了讨论，并于1924年成立了一个"大都市区政府委员会"（Committee on Metropolitan Government）。保罗·斯杜邓斯基（Paul Studenski）作为其成员之一，主持撰写了该联盟于1930年公布的第一个关于大都市区政府问题的研究报告《美国大都市区政府》（*The Government of Metropolitan Areas in the United States*），指出了大都市区政治碎化及其危害："郊区环绕于每个大城市周围，它们与中心城市构成一个城市地区或大都市区。这些区域是一个社会、经济统一体，有时还是地理上的统一体。它囊括了包括其腹地在内的一个广大的经济区域或市场，并与全国乃至国际市场上其他的大都市区进行竞争。"然而，由于"每个政府单位只关心其自身的问题和利益，而以戒备的目光审视着其邻近的政府单位。除非在少数情况下创造大都市区范围的专门服务机构去处理某些特定的事务，此外没有统一的行动。更糟糕的是，大都市区的居民们甚至没有充分地认识到，他们构成了一个真正的社区。""在这种情况下，很难组织整个大都市区的协调行动。结果往往是几乎不可能有效地解决所有单位共同面临的市政问题。"② 斯杜邓斯基探讨了7种温和的与激进的改革措施。温和的改革措施效果有限，比如政府间协议，因为地方政府单位之间往往没有能力达成双方均满意的协议，有时甚至缺乏合作的热情，所以，地方政府之间的合作尚未成功地将大都市区内的政府充分地统一起来，从而未能综合有效地解决大都市区的问题。而各种激进的改革措施，比如中心城市的兼并、城市合并、市县合并等，都不能解决大多数大都市区面临的困境，尤其是市县合

---

① Thomas H. Reed, "The Region: A New Governmental Unit", *National Municipal Review*, July, 1925, p.423.

② U. S. National Municipal League, Committee on Metropolitan Government, *The Government of Metropolitan Areas in the United States*, pp.7, 10, 29.

并面临的阻力过于巨大，在此前的 20 年里所有的努力都付之东流。最后，斯杜邓斯基在理论上论述了"联邦式城市"（the federated city）的概念，认为这是实现大都市区政治整合的可行途径。斯杜邓斯基的结论是，"不可能存在一个单一的方案解决大都市区的组织问题，并适用于所有的情况和时代。必须对每个区域进行单独的研究，为其设计一个适应其独特情况的组织方案"。"到目前为止所提议的不同类型的组织或重构并非总是互相排斥的，在很大程度上，它们是相辅相成，互为补充的。"[1]

在 20 世纪初许多学者提出的有关大都市区碎化问题的诸多解决方案的基础之上，1925 年，威廉·安德森（William Anderson）将其主要观点进行了概括：第一，每个主要的城市化地区都应该统一于一个地方政府单位。第二，每个城市化地区的选民们应该只选举那些负责制定政策的主要官员，而且要数量精简，否则，公民们会在频繁的投票中感到困惑和厌倦。第三，在合并后的单一地方政府中，应该废除传统的分权制。第四，政府的行政职能应该与政治分离，行政工作应该由经过特殊训练的公务员主持，公务员应该全日工作，享有足够的报酬。第五，行政应该按照科层制组成严密的组织结构，权力逐级集中，最后集中于一个行政首脑。[2] 这是对传统区域主义的集权主义结构性改革的精准概括，从这些大都市区政府改革的建议中，我们可以听到威尔逊和古德诺的声音。

另一位倡导大都市区政府体制改革的著名学者是维克托·琼斯（Victor Jones），他于 1942 年出版了《大都市区政府》（Metropolitan Government）一书。琼斯概括了大都市区碎化的诸多弊端：第一，大都市区最根本的问题就是地方政府的碎化和分散化；第二，分散化的政府结构导致了服务效率和效益的低下和不足；第三，众多的地方政

---

[1] U. S. National Municipal League, Committee on Metropolitan Government, *The Government of Metropolitan Areas in the United States*, p. 388.

[2] Robert L. Bish, Vincent Ostrom, *Understanding Urban Government: Metropolitan Reform Reconsidered*, Washington, D. C.: American Enterprise Institute for Public Policy Research, 1979, pp. 7–8.

府使得民主控制和可信度难以保障；第四，分散化的政府体制使政府间的财政不平衡；第五，在大多数情况下缺少恰当的政府结构，使社会经济问题不能在区域范围内获得解决；最后，分散的地方政府体制有碍于大都市区范围的政治领导。针对大都市区地方政府的上述诸多弊端，琼斯提出了一系列解决方案，其中，无须进行结构调整的温和策略包括：中心城市的治外管辖权；通过政府间协议由中心城市向郊区提供服务；建立大都市区专区；将权力从地方政府转移到州政府；扩大联邦政府在大都市区内的行政和政策的作用。但他认为，这些措施的弱点在于，不能提供永久性解决地方政府碎化问题的答案。因此，琼斯主张进行更加激进的结构性改革，其中包括：中心城市的兼并、城市合并、市县合并、专区与市或县的合并、改组的城市县、联邦式政府、城市国家（city-state）。由于政治方面的困难，琼斯否定了兼并、城市合并和城市国家等方案，而主张建立城市县、市县合并和联邦式政府。[1]

二战以后，随着郊区的迅速膨胀，大都市区政治的碎化或巴尔干化引起的问题日益严重，美国地方政府体制的弱点暴露得更加充分，从而遭到许多学者、记者和政治家的抨击。他们把郊区小型政府的繁多视为美国的一种耻辱，认为这将会威胁大都市区居民的生活。他们一再重复着传统区域主义改革者的论点：政府的碎化、资源的浪费、服务的重叠、效率的低下以及中心城市的衰落等。

（三）罗伯特·伍德的大都市区政府改革理论

罗伯特·C.伍德（Robert C. Wood）是另一位研究大都市区政治问题的专家，他于1959年为经济发展委员会（CED）撰写了一份题为《反对自己的大都市》的研究报告。他指出，大都市区本来是一个统一的整体，但它在土地利用、收入、教育、族裔、职业等方面彼此分异，相互隔离，而众多的地方政府单位更是通过法律界限和政治

---

[1] G. Ross Stephens, Nelson Wikstrom, *Metropolitan Government and Governance*, pp. 38–42.

程序，将其分割成众多的"小型碎片"。因此，"规模巨大和彼此相关是大都市区的两个特征"，而"多样性和狭隘性是大都市区的另外两个特征"。后两个特征与前两个特征形成某种紧张与对抗。"早在大都市区增长的初期，显而易见的彼此依赖的情形就已经出现了……但在提供基础设施之时，地方政府却各自为政，重复浪费，代价日益高昂。这种交叠的政治安排往往导致严重的行政混乱以致危及了服务的提供本身。"①

他在同年出版的另一部专著中，特别强调了郊区自治市如同"微型共和国"的稳固地位，并认为这是导致大都市区政治碎化的根源。他总结道："几乎半个世纪以来，效率低下、混乱、重复、重叠以及浪费等状况遭到了人们的猛烈抨击。至少20年来，一次又一次的改革对准了陈旧过时的结构，建议将它们合并起来，提出了一项又一项计划方案，试图将其相互冲突的行动协调起来……然而，除了极少数例外，郊区政府的地位稳如磐石。它们顽固地维护其独立的地位，成功地阻挡了效率和经济的需要，抵制了大规模组织机构的呼吁。"②伍德专门探讨了纽约大都市区的政治碎化问题，其著作的标题旗帜鲜明地点出了问题的要害——"1400个政府"的汇聚与交叠。他写道："县、镇、小镇（borouhgs）、城市、村、专区比邻而居，或在同一地理区域上彼此交叠，而在管理上却互相隔绝，在本区域总体的地方开支中只考虑很小的一部分，对于共同的需求和共同的事务只能作出分别的判断。"由于地方政府之间"在正式权力、结构、面积、税收和开支水平，以及政治习俗等方面千差万别，毫不奇怪，地方政府体系不能作为一个整体为大都市区制定相同的政策和决策"③。这种碎化状态之所以能够得到维护，是因为人们普遍认为小型自治的地方政府

---

① Robert C. Wood, *Metropolis against Itself*, New York: Committee for Economic Development, 1959, pp. 11–18.

② Robert C. Wood, *Suburbia: Its People and Their Politics*, Boston: Houghton Mifflin Company, 1959, p. 11.

③ Robert C. Wood, *1400 Governments: The Political Economy of the New York Metropolitan Region*, Cambridge, Massachusetts: Harvard University Press, 1961, pp. 20–28.

代表了民主传统。但伍德认为，碎化的政府制度是不民主的，他发现，郊区选民参与选举的比例远远低于中心城市，在郊区实现杰斐逊倡导的小城镇民主的思想是一种误导，甚至殖民地时代新英格兰的镇民会议（town meeting）也是被地方精英所操纵。相反，对于伍德来说，大城市为表达民主的价值观提供了一个更好的论坛。[1]

伍德从政治经济学的角度分析了大都市区政治碎化导致不民主的原因，他分析道，在资源的利用方式和采取行动的方式方面，政治经济学与私人经济学之间存在三个差别：第一，在政治经济中，决策的基本单位不是个体生产商或经销商，它是一个团体，无论是正式的或非正式的团体。第二，资源的获取和资金的支出机制不是市场的价格机制，而是预算程序。第三，由政府提供的"产品"是公共产品。产品的分配是由少数人以"公共利益"和"普遍意志"的名义作出决策。因此，团体的愿望或团体领袖的愿望，而不是团体成员的个人愿望，在决策程序中成为关键因素。由于个体的选民脱离了决策程序，边际成本和边际价格、收入和需求等概念就被更为模糊的预算概念所代替。在相互竞争的需求之间，公共资源的分配不取决于价格机制，而是取决于团体代表的倾向性。在公共部门，公民个人既不能获得其所想望的服务，也不能使这种服务物有所值。[2]

为了解决大都市区政治的碎化问题，伍德主张建立一个统一的大都市区政府，实现"一个区域，一个政府"的模式，他在1958年发表的《新型大都市》（The New Metropolis）一文中写道，"对于一个单一的区域，应该存在一系列根据理性构建起来的政治制度。大都市区的困境被定义为在同一个经济和社会范围内存在着众多的政府机构。大都市区的出路被视为各种形式的'一个区域，一个政府'的理论……如果这种改组不能实现，我们一般认为，这些地区面临着很大的政府危机。随波逐流将给美国的城市政府造成政治的、财政的和

---

[1] John J. Harrigan, *Political Change in the Metropolis*, p. 343.
[2] Robert C. Wood, *1400 Governments: The Political Economy of the New York Metropolitan Region*, pp. 19–20.

行政的灾难。"①

(四) 卢瑟·哈尔西·古立克的大都市区政府改革理论

卢瑟·哈尔西·古立克（Luther Halsey Gulick）是大都市区政府改革理论最著名影响最大的学者，被称为"美国公共行政学的翘楚"②，1961年，他在密歇根大学就大都市区政府体制改革问题发表了一系列演讲，并于1962年结集出版了《大都市区问题与美国思想》一书。古立克之所以获此殊荣，是因为他远远超越了同时代主张进行传统区域主义结构改革的学者，他并不单纯地主张成立单一制的大都市区政府，而是主张发挥美国各级政府的优长，共同克服大都市区所面临的困境。

古立克指出，美国大都市区的发展面临着三个方面的困境：第一是服务设施的短缺；第二是无法制定出某种综合性的社区发展规划，以解决整个大都市区所面临的社会经济问题；第三是缺乏区域范围的民主机制，以协调解决大都市区内的共同问题。③ 而面对大都市区所存在的如此扑朔迷离、纠缠不清的困难，传统的自由放任的治理方式，即市场机制和地方行动已经无能为力了。④ 地方行动失灵是由于三个方面的原因：其一，大都市区内几乎每一种问题都超越于地方政府的行政界限。他写道，"某种不可割裂的问题一旦被割裂，就没有任何行之有效的方法应付裕如了"⑤。其二，地方政府的财政能力不足。其三，地方政府之间存在着难以摆脱的政治纠纷。⑥ 古立克虽然像其他学者一样，看到了地方行动的失灵，但他同时又反对其他学者所倡导的成立单一制大都市区政府，这是因为

---

① Oliver P. Williams, Charles Press, *Democracy in Urban America*, p. 180.
② G. Ross Stephens, Nelson Wikstrom, *Metropolitan Government and Governance: Theoretical Perspectives, Empirical Analysis, and the Future*, New York: Oxford University Press, 2000, p. 42.
③ Luther Halsey Gulick, *The Metropolitan Problem and American Ideas*, New York: Alfred A. Knopf, 1962, pp. 120 – 123.
④ Luther Halsey Gulick, *The Metropolitan Problem and American Ideas*, p. 16.
⑤ Luther Halsey Gulick, *The Metropolitan Problem and American Ideas*, p. 24.
⑥ Luther Halsey Gulick, *The Metropolitan Problem and American Ideas*, pp. 24 – 27.

第四章　大都市区的政治碎化与区域治理

大都市区的人口分布越来越稀疏，经济发展日益不平衡，所以在大都市区内不可能产生一种区域性社区意识（regional community consciousness），因此，即使州议会通过立法建立了区域性政府机构，它也不可能获得应有的领导权威，不可能顺利展开工作。另外，成立区域性政府和制订区域性规划，应该将未来所有相关的地区囊括在内，然而，没有人能够预测未来25—50年间城市化地区发展的地理空间范围，因此大都市区内的地方政府正在丧失其治理能力。① 古立克指出，传统的大都市区政府的失败并不难以理解，因为"我们的方法，我们的理论是错误的"②。"我们试图通过它们自己的意愿来将已经成熟的政治实体合并起来，但我们应该懂得，这种方法是与（美国的）政治生态和法律制度背道而驰的。这就恰似让小鸡钻回蛋壳一样愚蠢。我依靠地方政府提出解决方案，但我们应该明白，这样的方案在其行政界限以外是毫无效用的。"③

为了有效地解决大都市区问题，美国各级政府都应该发挥积极作用。古立克认为，在美国的政府系统中存在三个主要的"分支"（extensions），即联邦政府、州政府和地方政府。他之所以不用"层次"（levels）和"级别"（layers）这两个词，是为了避免对读者产生误导，认为美国政府系统是等级制的。④ 从大都市区问题的区域性来看，没有任何一个单个的政府能够解决这些问题。联邦政府应该插手区域性的乃至全国性的问题，比如州际公路、城市更新、贫民窟清理、住房供应、社会治安、跨州污染等。在解决大都市区的问题方面，州政府具有关键作用，因为它可以通过州宪法或州法律，为地方政府的结构形式和职能权限作出规定，为地方政府进行调查统计，提供财政援助，促进政府间合作，制定区域规划，改变地方政府边界，甚至可以成立专门的州政府机构来接管地方事务。当然，没有充满活力且富于效率的地方政府和地方官员的积极配

---
① Luther Halsey Gulick, *The Metropolitan Problem and American Ideas*, p. 151.
② Luther Halsey Gulick, *The Metropolitan Problem and American Ideas*, p. 125.
③ Luther Halsey Gulick, *The Metropolitan Problem and American Ideas*, p. 125.
④ Luther Halsey Gulick, *The Metropolitan Problem and American Ideas*, pp. 30 – 31.

合，大都市区的治理也将一事无成。与此同时，众多私人机构、公民个体、利益集团也必须参与进来。① 最后，古立克得出结论说，美国政府的各个分支，即联邦政府、州政府和地方政府，都应该积极地参与到大都市区的治理当中，"处理大都市区问题唯一行之有效的方法，就是现今所有的三个政府'分支'，即联邦政府、州政府和地方政府及其公民——都肩负起这一责任"②。不依赖于大都市区结构性的政府改革和强调各级政府的合作，是古立克超越于同时代其他传统区域主义改革理论家的重要特点。这一点对于后来的大都市区治理理论产生了重大影响。

（五）美国政府间关系咨询委员会的改革理论

到20世纪60年代和70年代中期，绝大多数从事大都市区政府体制研究的学者和机构几乎都同意结构改革的观点。美国政府间关系咨询委员会（ACIR）也曾积极倡导大都市区政府体制改革，但不同的是，作为联邦政府的一个咨询委员会，它的观点必然与普通学者有所不同，它看问题的视角相对要广，政治现实性更强，观点也不那么偏激。因此，该委员会虽然对大都市区问题进行了类似传统区域主义学者们的批评，但在解决方案方面，却对传统区域主义某些基金的改革方法提出了警告。

在《大都市区政府重组的不同方法》这篇研究报告中，该委员会首先对"大都市区政府的结构改革"进行了定义："大都市区政府结构的重组包括：第一，地方政府在地理辖区方面的变化；第二，在现有的和新的地方政府单位之间权力或功能的再分配。"之所以要进行地方政府辖区和权力的重组，是因为"大都市区内地方政府现有的权力、辖区和结构，以及政府间关系的状况，使得地方政府越来越难以独立行使本质上属于区域性的众多功能"。这些区域性功能包括交通、给排水、垃圾处理、土地利用规划、空气污染控制、开放空间的保护

---

① Luther Halsey Gulick, *The Metropolitan Problem and American Ideas*, pp. 129, 135, 137.
② Luther Halsey Gulick, *The Metropolitan Problem and American Ideas*, p. 163.

以及社会治安等。地方政府的结构困境包括四个方面,第一,政府单位的碎化与重叠;第二,税收与服务的脱节;第三,州宪法和法律的限制;第四,大都市区跨越州界。①

该委员会按照从易到难的顺序分析了十种改革方案,即域外权力的使用、政府间协议、自愿性的"大都市区理事会"、城市县、职能转移到州政府、多功能的大都市专区、兼并与合并、市县分离、市县合并、联邦制地方政府,并对这些改革方案的优缺点进行了分析和评价。该委员会认为,对这些改革方案的评价标准主要包括下述几个方面:第一,地方政府应该拥有足够广阔的辖区,从而拥有足够的处理问题的能力;第二,地方政府应该有能力征收充分的税收,而且各个地方政府的财政收入应该是平等的;第三,应该能够灵活地调节政府边界;第四,地方政府应该是一般目的的政府,而不应该是单一目的的政府;第五,地方政府应该拥有足够的规模,从而能够获得规模经济;第六,地方政府应该是亲民的,而且能够由选民控制;第七,地方政府应该提供选民积极参与的条件;第八,凡是符合上述某个或所有标准的地方政府改革方案还必须具有政治上的可行性,即必须符合州宪法、法律和地方政府的宪章。②

最后,该委员会对上述改革方案及其实施情况进行了总结:第一,在地方政府的结构改革中,不存在唯一的最佳方案能够适应所有的情况。第二,有些改革方案不是相互排斥的,而是相辅相成,互为补充的。第三,在某些大都市区,温和的改革方案就足以满足政府结构的重组,它们可以成为更加综合的改革方案的基石,或者可以减轻进行综合性改革的压力或必要性。第四,虽然在许多大型而古老的大都市区中,兼并已经不再是地方政府重组的有效方法,但在许多年轻的大都市区中,它仍然表现出活跃的生命力。第五,虽然在 1900 年

---

① U. S. Advisory Commission on Intergovernmental Relations, *Alternative Approaches to Governmental Reorganization in Metropolitan Areas*, A Commission Report, Washington, D. C., June 1962, pp. 2 – 8.

② U. S. Advisory Commission on Intergovernmental Relations, *Alternative Approaches to Governmental Reorganization in Metropolitan Areas*, pp. 11 – 15.

以前，某些大城市利用市县合并和市县分离实现了辖区的扩展，但如今已经不再是政府重组的有效方法。第六，当传统的综合性的改革方案行不通的时候，有限目的的大都市区专区在处理大都市区范围内某些迫切的问题时可以发挥一定的作用。但它们会分散和削弱公众的兴趣和控制力，损害一般目的政府的力量和重要性。第七，通过两种方法可以建立双层制的政府结构，上层政府和下层政府各司其职，这两种方法就是建立城市县和多功能的大都市专区。第八，大都市区中越来越流行自愿性的大都市区理事会。[1]

从政府间关系咨询委员会的改革方案可以看出，虽然该委员会对大都市区问题的诊断与传统区域主义结构性改革的倡导者如出一辙，但该委员会已经察觉到传统区域主义改革方法上的弊端和所面临的困境，因而，对某些结构性改革方法提出了警告，其改革方法更加灵活多变，这为联邦政府的区域政策产生了极大的影响，因此，联邦政府在六七十年代的区域政策多以财政援助为引导，注重大都市区规划和政府间协调等过程性的治理为主要内容，并不倡导政府结构性改革。当然，这也与联邦政府体制有关，联邦政府没有权力干预地方政府的体制问题，因而只能依靠经济援助政策进行引导。

（六）美国经济发展委员会的改革理论

在倡导大都市区政府改革的各种研究机构中，最著名的莫过于美国经济发展委员会（Committee for Economic Development）。该委员会于20世纪60年代发表了一系列相关研究报告，其中1966年的报告《地方政府的现代化》比较全面地概括了传统大都市区政府改革的观点，它写道："美国地方政府机构正面临着越来越严重的困境。大体而言，它们是为满足早期简单的需求而设计的，因此它们已经不太适应现代生活的复杂情况，不能处理各种政府所面临的崭新任务。"具体而言，地方政府的缺陷主要包括：第一，地方政府

---

[1] U. S. Advisory Commission on Intergovernmental Relations, *Alternative Approaches to Governmental Reorganization in Metropolitan Areas*, pp. 81 – 85.

很少在人口、面积和税收资源等方面具备足够的规模,从而能够运用现代方法解决现时和未来的问题。第二,地方政府的重叠是导致各种弊病的根源。它们彼此之间争夺税收,阻碍了地方政府有效地处理关键的公共事务,导致总体小于部分的总和。第三,交叠的政府体系和众多的选任官员使选民感到迷茫与混乱,选民的投票兴趣低落。美国选民参加各市官员选举的比例不足30%,而参加总统选举投票的比例则超过60%。结果,公众不能有效地对地方政府加以控制,对地方政治不感兴趣。第四,许多地方政府单位的决策机制存在明显弱点,比如选任官员的数量众多,代表分配比例不公,再加上缺少广泛的立法权威、财政资源、足够广泛的辖区,从而阻碍了长期的规划和决策,而这对于地方政府而言却具有根本的重要性。第五,政府结构陈旧,缺少一位选任或任命的行政首脑。第六,政府官员素质低下,不具备应有的现代技术知识。①

该委员会为大都市区政府的改革提出了实施原则和具体措施。实施原则包括:首先要实现政治上的统一,每个人口群体必须拥有共同的利益和问题,从而能够成为一个合格的政治实体,从而能够产生合格的政治领导,以回应公民的需求。其次,每个地方政府必须拥有足够的规模,包括人口、辖区和财政资源方面的规模,以便作出长远规划,能够吸引专职人员,提供现代化服务。再次,每个政府必须拥有足够的法定权威,以便能够处理相关的责任问题,执行其决策。最后,政府结构要合理化,应该拥有一个具有代表性的统治机构,以便作出决策,拥有一个单一的行政首脑,以便确保政府运行的统一。具体改革策略包括:第一,美国现有地方政府的总数大约为8万个,至少应该减少80%。第二,地方政府交叠层次的数量应该大幅度减少。第三,民选官员应该仅限于为数不多的几位决策人员以及行政首脑,强市长制优于委员会—经理制。第四,每个地方政府单位应该只有一位行政首脑,无论是由选民选举还是由

---

① Committee for Economic Development, *Modernizing Local Government to Secure a Balanced Federalism*, New York: Committee for Economic Development, July 1966, pp. 8 – 13.

地方立法机构任命，所有行政机构和官员都必须对他负责，取消各部门长官的选举。第五，工作人员应该实行专业化和功绩制，代替个人任命或政党分赃制。第六，大力推行县政府的现代化，因为县政府拥有解决乡村、城市和大多数大都市区问题的潜力。第七，地方政府应该拥有广泛的立法权，从而能够制定规划和财政措施并付诸实施。第八，应该对美国50个州的宪法进行修订，允许地方政府修改边界，消除不必要的政府重叠。第九，应该对联邦和州的援助条款加以修订，以鼓励上述建议的实施。[1]

1970年，经济发展委员会发表了一个新的研究报告《大都市区政府的重构》，该报告的观点受到了公共选择学派的影响，提出了与1966年报告不同的主张，即不再强调建立单一的大都市区政府，注意到小型地方政府的重要性。新报告指出，所有的大都市区都在不同程度上受到两种相互冲突的力量的影响，即权力集中与权力分散两种力量。大都市区内各种活动的相互依赖性，要求建立区域范围的政府来满足某些区域性功能。与此同时，小型的地方政府单位也有存在的必要，以便能够负责某些地方范围内的服务，使其表达民众的声音和保障自己的生活质量。既要承认大型政府的规模经济、区域规划和财政平衡，又要允许小型政府对影响地方居民生活的事务行使地方权力。因此，该报告主张建立一种双层制的政府体制作为最终的解决方案。该报告写道："为了获得权力集中和权力分散两者的好处，我们建议建立双层政府体制，以作为最终的解决办法。一些职能由于其整体性而应该交给区域范围的政府，其他职能则留给地方政府，但大多数职能由各级政府分享。比职能划分更重要的是权力共享。"最后，它强调联邦和州政府鼓励和支持的重要性，它们应该制定计划以满足大都市区的需要，尤其是进行财政方面的援助。该报告写道："全国和州政府必须制定大规模的相关计划，以处理一系列复杂而纷乱的大都市区问题。同时，大都市区必须创造出一种政府制度，从而能够在

---

[1] Committee for Economic Development, *Modernizing Local Government to Secure a Balanced Federalism*, pp. 16 – 19.

行政、财政和政治方面将这些伟大计划转化为行动。这样一种政府制度必须机动灵活，不仅能够处理大都市区范围的问题，而且还能够处理大都市区内地方社区的内部事务。""如果没有一个比现存的更加理性、更加灵活的政府制度——一个既承认地方性又承认区域性需求的政府制度——新的政策和计划也会失败。"①

六 传统大都市区政府改革之一：市县合并

在传统大都市区政府结构改革理论的影响之下，许多大都市区进行了政府体制改革的尝试，以改变大都市区的政治碎化状态，解决地方政府范围狭小和辖区重叠所产生的各类问题。前文谈到，美国政府间关系咨询委员会列举了十种改革方案，即域外权力的使用、政府间协议、自愿性的"大都市区理事会"、城市县、职能转移到州政府、多功能的大都市专区、兼并与合并、市县分离、市县合并、联邦制大都市区政府。但在20世纪70年代以前，有些温和性改革方法并非侧重反映传统的大都市区政府结构性改革的理论，而是代表了公共选择理论的观点和主张，比如政府间协议、大都市区理事会、政府职能的转移等；而最能够反映传统大都市区改革理论的改革方式主要有三种，即城市的兼并与合并、市县合并和联邦制大都市区政府。前文指出，中心城市的兼并与合并在20世纪面临着越来越大的困境，尤其是在东北部和中西部，中心城市的兼并与合并受到极大的遏制。因此，下面主要探讨两种传统大都市区政府改革的实践，即市县合并与成立联邦制大都市区政府。

（一）市县合并概况

按照政府间关系咨询委员会的说法，市县合并就是中心城市与所

---

① Committee for Economic Development, *Reshaping Government in Metropolitan Area*, pp. 7 – 19.

在县县政府的合并，成立综合性的大都市区政府，县辖区内的其他政府单位，如乡镇、市镇法人和专区等全部或大部分取消，使该县成为一个单一制的政府。市县合并可以在一个较大的范围内提供服务，进行管理和开发活动，有利于处理区域范围的问题，消除政府重叠和服务的重复，获得规模经济，减少浪费，协调财政资源与社会需求之间的关系。市县合并还便于选民了解政府结构和决策程序，便于选民的控制和参与。[①]

市县合并是一种最接近大都市区政府的改革形式，这种改革较为激进，改革的难度很大。这种改革的成功需要满足两个条件，一方面要求修改州宪法，或者由州议会颁布法律，允许市县合并；另一方面需要争取选民的投票支持，一般要求中心城市和该县其他地区公民分别以多数票赞成通过。19世纪美国曾经出现了一些市县合并的先例，比如1822年的波士顿、1854年的费城、1874年的新奥尔良、1898年的纽约等。进入20世纪以后，市县合并遇到了地方政府的顽强抵制，自1907年火奴鲁鲁市县合并之后，直到二战结束，一直没有出现成功的市县合并的案例。1900—1945年，大多数市县合并的议案都没有通过第一关——获得州立法的允许，比如，1923年西雅图、1926年和1930年圣路易斯的市县合并议案等。只有三个市县合并议案通过了第一关，而在第二关——公民投票表决中——受挫，它们是密苏里州的圣路易斯市和圣路易斯县、佐治亚州的梅肯市（Macon）和比布县（Bibb）、佛罗里达州的杰克逊维尔市和杜瓦尔县（Duval）的合并议案。

二战以后，市县合并的改革运动声势大振，但取得成功的案例却寥寥无几。表4.8显示，1949—1971年，美国共有28次市县合并的议案能够通过第一关，即州议会的立法批准，而进入第二关即提交公民进行表决时，只有9例获得成功，成功率不足1/3。而且许多市县合并议案在公民投票中获得的支持率很低，比如，1959年田纳西州

[①] U. S. Advisory Commission on Intergovernmental Relations, *Alternative Approaches to Governmental Reorganization in Metropolitan Areas*, p. 74.

的诺克斯维尔市与诺克斯县的合并议案只获得了16.7%的选民支持；1964年该州的查塔努加市与汉密尔顿县合并议案的选民支持率只有19.2%；1961年北卡罗来纳州的达勒姆市与达勒姆县合并议案的支持率为22.3%，等等。

表4.8　　1949—1971年市县合并在公民表决中的支持率

年份	合并议案	成功（%）	失败（%）
1949	巴吞鲁日—东巴吞鲁日教区（路易斯安纳州）	51.1	
1952	汉普顿—伊丽莎白县（弗吉尼亚州）	88.7	
1958	纽波特纽斯—沃里克（弗吉尼亚州*）	66.9	
	纳什维尔—戴维森县（田纳西州）		47.3
1959	阿尔伯克基—伯纳利欧县（新墨西哥州）		30.0
	诺克斯维尔—诺克斯县（田纳西州）		16.7
1960	梅肯—比布县（佐治亚州）		35.8
1961	达勒姆—达勒姆县（北卡罗来纳州）		22.3
	里士满—亨赖科（Henrico）县（弗吉尼亚州）		54.0**
	哥伦布—马斯科吉（Muscogee）县（佐治亚州）		42.1
	孟菲斯—谢尔比县（田纳西州）		36.8
1962	纳什维尔—戴维森县（田纳西州）	56.8	
	南诺福克—诺福克县（弗吉尼亚州）	66.0	
	弗吉尼亚比奇—安妮女王县（弗吉尼亚州）	81.9	
1964	查塔努加—汉密尔顿县（田纳西州）		19.2
1967	杰克逊维尔—杜瓦尔县（佛罗里达州）	64.7	
	坦帕—希尔斯伯勒县（佛罗里达州）		28.4
1969	阿森斯—克拉克县（佐治亚州）		48.0
	不伦瑞克—格林（Glynn）县（佐治亚州）		29.6
	卡森城—奥姆斯比县（内华达州）	65.1	
	罗阿诺克—罗阿诺克县（弗吉尼亚州）		66.4**
	温切斯特城—弗雷德里克县（弗吉尼亚州）	31.9	

续表

年份	合并议案	成功（%）	失败（%）
1970	夏洛茨维尔—阿尔伯马尔县（弗吉尼亚州）		28.1
	哥伦布—马斯科吉县（佐治亚州）	80.7	
	查塔努加—汉密尔顿县（田纳西州）		48.9
1971	坦帕—希尔斯伯勒县（佛罗里达州）		30.7
	奥古斯塔—里士满县（佐治亚州）		41.5
	夏洛特—梅克伦堡县（北卡罗来纳州）		30.5
	市县合并议案总结果	9	19

资料来源：Bryan T. Downes, *Politics, Change and the Urban Crisis*, North Scituate, Massachusetts: Duxbury Press, 1976, p. 176.

* 弗吉尼亚州的沃里克在1952年以前为一个县，该年建立为市，1958年合并议案提出时是一个城市，但具有浓郁的乡村和郊区特征，因此以县来处理。

** 在这两次合并议案表决中，要求市县各自以多数票赞成通过，但这两次投票都因在县投票中未达到多数而失败。

合并的反对力量主要来自郊区，他们强烈抵制与中心城市合并，认为这是中心城市企图掠夺他们的税收、学校、设施及其倍加珍视的地方自治权。而郊区精英集团的抵制发挥了重要影响，他们包括郊区报纸、郊区商业集团、郊区政府和县政府的部分官员、乡村房产主和农场主等，因为市县合并会损害其社会经济利益并威胁其政治权力和权威。虽然反对派没有正式组织，但他们却来自草根，能够面对面地与选民交流，激起选民们对改革的恐惧，比如税收的增加、地方自治权的丧失等，而这正是选民们最为关切的问题。反对力量除了郊区利益集团以外，中心城市的少数族裔精英也反对市县合并，因为少数族裔主要集中在中心城市，合并会降低少数族裔在选民中的比例，冲淡其选票的力量，从而威胁他们的政治权威和利益。比如，在合并前的路易斯维尔，黑人占人口的34%，但合并后只占19.5%。[1]

改革的支持者的力量比较分散，主要是一些民间团体，比如妇女

---

[1] Ann O'M. Bowman, Richard C. Kearney, *State and Local Governments*, p. 337.

第四章 大都市区的政治碎化与区域治理

选民联盟、中心城市的企业界和大都市报纸、理想主义的政府改良团体等，他们的改革宣传主要通过大众媒介，而不是与选民面对面的交流，其影响力远不如郊区精英。除了中心城市少数族裔和郊区地方选民的反对以外，立法方面的障碍也发挥了巨大作用。19世纪末20世纪初以来，许多州在宪法中加入了市镇法人的自治条款，限制州议会通过特别立法进行强制合并。即使州议会仍然拥有这种权力，它们也不愿意采取这种行动，因为郊区人口的增加，州议会中郊区和乡村代表的数量日益增加，甚至超过了中心城市。再退一步说，即使通过宪法修正案或州议会立法授权进行合并，但仍然需要中心城市与该县其余选民分别以多数票通过，而这极大地提高了市县合并的难度。

在成功的案例中，以路易斯安纳州的巴吞鲁日市与东巴吞鲁日教区、田纳西州的纳什维尔与戴维森县、佛罗里达州的杰克逊维尔与杜瓦尔县、肯塔基州的路易斯维尔与杰斐逊县、印第安纳州的印第安纳波利斯与马里恩县的合并比较著名。市县合并以后，县政府的结构也有所变化，一般建立了新的全县范围的议会，代替原来的城市议会和县委员会，而且规模有所扩大，比如纳什维尔大都市区议会为40人，印第安纳波利斯为29人，杰克逊维尔为19人，选举方式采取全县普选和分区选举两种方式。上述比较成功的案例仍存在着严重不足：第一，只是部分的市县合并，合并后仍然有一些地方政府保留下来。其中最不完善的合并是印第安纳波利斯与马里恩县的合并，合并后所有的现有政府都保存下来，该县仍然有200多个地方政府，11个独立的学区，16个乡镇，一些市镇法人，一些公共机构等，而且大都市区议会由现有的、选举产生的旧官员构成，关键的服务也没有发生改变。具有讽刺意味的是，该县的新政府被夸张地称为"统一政府"（Unigov）[①]。第二，随着大都市区的进一步蔓延和扩张，市县合并形成的新政府越来越难以覆盖整个大都市区。比如在60年代，纳什维尔与戴维森县的人口只占该大都市区6个县人口的50%，杰克逊维尔

[①] John J. Harrigan, *Political Change in the Metropolis*, Fifth Edition, New York: Harper Collins College Publishers, 1993, p. 352.

与杜瓦尔县人口占该大都市区5个县人口的70%。① 第三，大都市区政府的成立，虽然在一定程度上改善了大都市区的公共服务，提高了经济效益，但并没有收到传统改革理论家们所预见的效果，因而大都市区的政府改革运动出现了新的变化。

市县合并存在明显的地区差异，首先，市县合并的议案主要出现于南部和西部。表4.9显示，1945—1976年，东北部没有一个市县合并的议案能够提交公民表决，中西部只有4个，而且在表决中全部失败，可见东北部和中西部大都市区的巴尔干化现象更加严重。其次，成功的范例更是主要集中在南部。而且不论成功与否，市县合并的尝试主要出现于那些由一个县构成的小型大都市区。市县合并之所以主要出现在南部，是因为：（1）南部的小型大都市区郊区化历史较短，中心城市的衰败以及郊区与中心城市之间的阶级分异和种族隔离尚不十分明显；（2）南部大都市区政治碎化程度低，郊区的市镇法人数量较少，地方政府官员的数量也少，因而遇到的阻力也小。1972年，如果把学区排除在外，南部平均每个县只有9个地方政府单位，而西部为21个，中西部29个，东北部49个。② 而纳什维尔—戴维森县只有6个市镇法人，杰克逊维尔—杜瓦尔县有4个小城市，而巴吞鲁日郊区一个市镇法人都没有。③（3）稀释黑人的选票力量是合并的背后目标，因为黑人集中在中心城市，合并将郊区白人纳入中心城市的辖区，从而降低了黑人选票的比率。就西部而言，黑人比例低是其市县合并成功的原因之一，根据1974年的一份资料，西部中心城市少数族裔的比例只有15%，东北部为21%，中西部为22.5%，南部为28%。④

---

① David Rusk, *Cities without Suburbs*, p. 97.
② Vincent L. Marando, "City-County Consolidation: Reform, Regionalism, Referenda and Requiem", *The Western Political Quarerly*, Vol. 32, No. 4 (Dec., 1979), p. 414.
③ John J. Harrigan, *Political Change in the Metropolis*, p. 351.
④ Vincent L. Marando, "City-County Consolidation: Reform, Regionalism, Referenda and Requiem", *The Western Political Quarerly*, Vol. 32, No. 4 (Dec., 1979), p. 415.

表 4.9　　1945—1976 年市县合并议案在选民表决中的成功率

区域	表决数量	成功数量	失败数量
东北部	0	0	0
中西部	4	0	4
南部	51	11	40
西部	13	6	7
整个美国	68	17	51

资料来源：Vincent L. Marando, "City-County Consolidation: Reform, Regionalism, Referenda and Requiem", *The Western Political Quarerly*, Vol. 32, No. 4 (Dec., 1979), pp. 412 - 413.

（二）市县合并的范例

1. 巴吞鲁日与东巴吞鲁日教区的合并

1949 年，路易斯安纳州的巴吞鲁日（Baton Rouge）与东巴吞鲁日教区（East Baton Rouge Parish）的合并打破了沉闷的气氛，成为 20 世纪美国大都市区政府体制改革运动中首次市县合并成功的范例。二战以后，美国南部的工业化进程加速发展，巴吞鲁日也开始从沉睡中苏醒，一些大型工业企业到该市投资营业，其中就包括赫赫有名的美孚石油公司。于是，人口与产业"像野火一样"开始向该市周围蔓延开来，该市面积只有 4 平方英里，而该市东、南、北三面的蔓延式开发却达到大约 30 平方英里。[1] 蔓延式的开发导致了基础设施不足，尤其是给排水设施，甚至街道都互不相连。东巴吞鲁日教区（相当于县）政府主要是为乡村地区提供服务，不能有效地为郊区人口提供城市服务，于是该大都市区成立了一系列专区提供服务。由于该大都市区缺少综合性的地方政府控制，其结果就是政府体系的碎化。1946 年路易斯安纳州进行了宪法修正案的公民投票，授权成立一个城市—教区宪章委员会，以起草巴吞鲁日—东巴吞鲁日教区的自治宪章，该修正案以 69894 对 18886 票获得通过。自治宪章也于 1947 年的教区

---

[1] Thomas H. Reed, "Progress in Metropolitan Integration", *Public Administration Review*, Vol. 9, No. 1 (Winter, 1949), pp. 7 - 8.

公民投票中获得通过，它授权巴吞鲁日市和东巴吞鲁日教区合并。合并的大都市区政府于1949年1月1日正式生效。合并使巴吞鲁日市区的地理范围扩大到30平方英里，但市和教区只是部分的合并，仍然有两个市镇法人保留下来，但禁止它们进行兼并活动。①

这次合并的一个主要制度创新就是城市政府与教区政府的交叉式（interlocking）合并，巴吞鲁日市议会的7个委员和从乡村地区选举产生的另外两个委员组成了教区议会（即大都市区议会），其成员任期为4年，可以连任三届。巴吞鲁日市长兼任教区长，由全体教区公民选举产生，兼任两个政府的行政首脑和两个议会的主席，但没有表决权，却可以否决议会的法案，只有议会2/3的反对票才能推翻否决。教区长的权力很大，负责制定两个政府的财政预算，任命两个政府的主要官员，比如财政局、人事局、公共工程局的局长和采购员等，他们同时服务于两个政府。他还负责任命警察局和消防局的局长，两者只服务于中心城市。教区议会任命教区律师、干事、司库等，他们既是市政府又是教区政府的官员。因此，这两个政府的各个部门没有进行合并，只是有些市议会的议员与教区议会的议员，两个政府的主要官员交叉任职，但仍然是两个领导班子，分别拥有自己的预算。②

巴吞鲁日方案的另一个制度创新就是将整个教区划分为不同的税收和服务区，以免在提供城市服务时造成对乡村地区不公平的税收负担。该教区分为三种服务区，其一为城市地区，只包括中心城市的辖区，面积为30平方英里，当时人口为10.6万，而不是合并前的4平方英里和3万居民。由市政府提供警察与消防服务、垃圾的收集与处理、街道照明、交通管理、污水处理等，城市地区的公民要向市政府和教区政府纳税。其二为巴吞鲁日市以北的两个工业区，这里禁止建立居民区，禁止提供城市类型的服务，所有的服务设施都由这里的私

---

① G. Ross Stephens, Nelson Wikstrom, *Metropolitan Government and Governance*, p. 69.
② John C. Bollens, Henry J. Schmandt, *The Metropolis: Its People, Politics and Economic Life*, p. 313.

人企业通过自己的开支来提供，而紧急的治安和消防服务则可以通过企业与城市服务区的合同来提供。其三为乡村地区，面积达到500平方英里，人口在9000—10000之间，该区的公路和桥梁由教区通过税收提供，在取得了一定程度的发展后，可以合并于城市地区，但需要被合并地区财产所有者的多数同意和市议会的批准。[①] 这种根据各类地区的不同需求而将税收和服务进行区分的办法，使市政府和教区政府在提供服务方面拥有很大的灵活性和公正性。

但是，在巴吞鲁日合并后不久，反对派就发动进攻，在关于地方政府的运作问题上进行了长达4年的诉讼活动。1950年，政府发行债券以改进公共服务的措施遭到惨败，反对派声称新制度是没有希望的，改革处于危急关头。情急之下，市议会征收了1%的销售税，并在两年内将服务扩大到整个城市化地区，这些措施恢复了公民对新政府的信任，改革得以幸存。巴吞鲁日大都市区政府成立后的两项最主要的成果，就是制定了教区综合规划法规和居民区规划法规（subdivision regulations）。其他措施还包括建筑法规、最低住房标准法规，以及主要的街道、排水、排污方案等。[②]

2. 纳什维尔市与戴维森县的合并

1962年，田纳西州的纳什维尔市与戴维森县合并成功，建立了一个比较典型的单一制综合性的大都市区政府（Metro）。在20世纪50年代，郊区居民的公共服务面临着巨大困难，大约有10万人使用化粪池处理粪便，而其中至少有25%的化粪池使用方法不当，从而严重地威胁着饮用水源，而郊区大多数人使用私人水井取水。同时，警察和消防力量也不足，许多郊区市镇法人雇佣私人警察和消防公司提供服务。由于公司规模小，设备差，没有达到规模经济，因此保险费用比中心城市还高。有一件火灾事故引起了人们的关注，郊区某家房屋起火，某一消防公司的消防人员赶到火灾现场之后，仅采取措施

---

① Thomas H. Reed, "Progress in Metropolitan Integration", *Public Administration Review*, Vol. 9, No. 1 (Winter, 1949), pp. 8 – 9.

② John C. Bollens, Henry J. Schmandt, *The Metropolis, Its People, Politics and Economic Life*, p. 314.

防止火灾蔓延到周围购买了火险的住房，而听凭没有购买该公司的火险的房屋化为灰烬。这表明郊区的消防缺乏统一的服务，而该大都市区政治的碎化是导致服务不足的重要原因。同时，该大都市区的税源分布极为不均，县政府与中心城市的服务往往彼此严重重复。[①]

于是，1951年"田纳西州纳税人协会"（Tennessee Taxpayer's Association）积极倡导实行地方政府的合并以改善服务。戴维森县的州议会议员也敦促州议会通过法案，授权戴维森县和纳什维尔市建立了一个联合的"社区服务委员会"（Community Services Commission），其任务之一就是对该县的服务需求进行研究并提出对策。一年以后，该委员会提出了一个报告《纳什维尔的未来》（A Future for Nashville），主张州议会授予该县地方政府以自治权，允许城市进行兼并活动。虽然该报告的建议没有被采纳，但它推动了该县规划机构的成立，继续对该地区的服务问题进行调查。1953年，田纳西州在公民表决中通过了一项宪法修正案，授权州议会制定立法，并在分别征得纳什维尔市及该县其他选民多数支持的情况下，对纳什维尔市和戴维森县的服务功能进行合并。为了执行这一任务，该年成立了一个研究机构"促进规划与研究处"（Advance Planning and Research Division），该机构于1956年提出了一项报告《纳什维尔市与戴维森县大都市区政府规划》（Plan of Metropolitan Government for Nashville and Davidson County），建议成立一个单一的大都市区政府以处理市政服务问题。[②] 1957年，州议会通过立法，授权成立了一个宪章委员会负责起草宪章，将纳什维尔与戴维森县合并为一个大都市区政府。但该宪章在1958年的公民投票中以47.3%的支持率宣告失败。[③]

1961年，在该州议会戴维森县议员的要求下，州议会再次通过法律，授权成立了第二个宪章起草委员会，大部分成员来自第一宪章委员会。第二宪章规定大都市区议会有41位成员，而非原来的21位

---

① John J. Harrigan, *Political Change in the Metropolis*, p. 225.
② G. Ross Stephens, Nelson Wikstrom, *Metropolitan Government and Governance*, p. 71.
③ Bryan T. Downes, *Politics, Change and the Urban Crisis*, North Scituate, Massachusetts: Duxbury Press, 1976, p. 176.

第四章 大都市区的政治碎化与区域治理

成员，可以连任三届而非原来宪章建议的两届。在1962年6月的公民投票中，纳什维尔市和戴维森县其他地区的选民分别以多数票通过。大都市区政府的立法机构分为两个部分，即大都市区议会（Metropolitan Council）和城市议会（urban council）。大都市区议会由41位委员组成，其中35位委员按地区选举，其余在全县普选，任期4年。城市议会只有3位成员，其职能就是为城市服务区确定适当的财产税税率。大都市区政府的市长任期为4年，限任3届。市长可以否决大都市区议会包括预算在内的法律，议会只有通过2/3的多数才能推翻市长的否决。市长有权任命该县10个行政部门的长官，但要得到大都市区议会的认可。他也有权任命该县34个负责各种职能的委员会成员，比如公园和娱乐委员会、图书馆委员会、公共住房委员会、公立学校委员会等。①

戴维森县的合并也不是完全的合并，有6个郊区市镇法人得以保留，但不得进行兼并活动。根据乡村地区与城市地区服务需求的不同，将大都市区分为一般服务区（General Services District）和城市服务区（Urban Services District）。一般服务区覆盖了整个县，提供的服务包括政府行政、警察、法院、监狱、健康、福利、学校、大众交通、公园和娱乐等。城市服务区只包括纳什维尔市区，提供的服务包括消防、供水、排污、街道照明、街道卫生、垃圾收集、警察巡防等。当城市服务区的外围地区也需要城市类型的服务时，这些地区可以合并到城市服务区。戴维森县的所有居民都要缴纳一般服务区税，而城市地区的居民还要缴纳附加税。

纳什维尔大都市区政府是一个比较典型的单一制综合性的大都市区政府，是传统改革者所倡导的一种理想的大都市区政府形式。正如传统改革理论家腊斯克所倡导的："真正的大都市区政府必须是一个一般性的地方政府。它必须拥有州相关法律之下一个城市政府的所有权力。而且，它必须在其辖区内行使排他性的权力。也就是说，它不

---

① G. Ross Stephens, Nelson Wikstrom, *Metropolitan Government and Governance*, pp. 73 – 74.

能是一个在现有的各主要市镇法人的夹缝中起补充作用的一般性政府。"① 纳什维尔大都市区政府取得了辉煌的治理成就，1969 年，美国学者斯科特·菲力布劳恩（T. Scott Fillebrown）对其成就进行了归纳总结：第一，郊区居民合理缴税，整个大都市区的服务得以提高；第二，排污系统得到了统一的开发与改进；第三，公园和娱乐系统得以扩大；第四，中心城市实施了生气勃勃的城市更新计划；第五，建立了统一的改进的学校系统；第六，在区域范围内发行了债券；第七，在很大程度上消除了重复的服务；第八，地方政府具有更高的责任感；第九，郊区与整个大都市区拥有更强的认同感。② 因此，在纳什维尔大都市区政府成立两年以后进行的民意测验表明，71% 的选民对大都市区政府的运作感到满意。③ 一些政治评论家称纳什维尔大都市区政府改革是 20 世纪市县合并最成功的例子。④

3. 杰克逊维尔市与杜瓦尔县的合并

佛罗里达州的杰克逊维尔大都市区的政治碎化同样产生了服务不足、重复与低效、政府缺乏责任感等诸多问题。1965 年 10 月，州议会授权该大都市区组成了"地方政府研究委员会"（the Local Government Study Commission），对该大都市区的碎化及其产生的问题进行了调查分析，并举行了一系列听证会和研讨会，对其他大都市区的市县合并进行了研究，最终公布了一份研究报告，建议该大都市区进行市县合并。经过一系列政治斗争、谈判妥协，该县在州议会的代表达成一致，最终确定了市县合并计划，并成功地促成了州议会的批准。该授权法于 1967 年由佛罗里达州的州长签署生效，同时，合并议案在全县的公民投票中以 64.7% 的多数票获得通过。⑤

1968 年 10 月 1 日大都市区政府开始运行，新政府的名称仍然是

---

① David Rusk, *Cities without Suburbs*, Washington D. C.: The Woodrow Wilson Center Press, 1995, p. 90.

② G. Ross Stephens, Nelson Wikstrom, *Metropolitan Government and Governance*, p. 75.

③ John J. Harrigan, *Political Change in the Metropolis*, p. 230.

④ John C. Bollens, Henry J. Schmandt, *The Metropolis, Its People, Politics and Economic Life*, p. 317.

⑤ Bryan T. Downes, *Politics, Change and the Urban Crisis*, p. 176.

杰克逊维尔市。合并后该市人口超过 50 万，地域面积达到 766 平方英里。新的市政府实行强市长—市议会制度，市议会由 19 位成员构成，其中 14 位按选区选举，5 位由全县普选，每位议员任期 4 年，可以连任两届。由普选产生的市长任期 4 年，可以连任两届。在市议会的同意下，市长有权任命各部门的首脑，还可以任命一位秘书长（chief administrative officer），协助他处理政务。其他一些官员和政府机构，如行政司法长官、财产评估员、税收员、选举监督员、公共服务委员会、学校委员会等仍然由选举产生，但市长可以否决这些独立机构和选任委员会的预算和拨款法案。而其他的一些独立机构，如电力、港口、医院等机构受新政府的控制较少。[1] 可见，杰克逊维尔大都市区政府仍然存在某种程度的机构重叠。

新政府与纳什维尔大都市区政府相似，将整个大都市区分为一般服务区和城市服务区。一般服务区囊括了整个大都市区，对所有的业主征收财产税，提供的服务包括警察、消防、健康和福利、娱乐设施、公共工程、住房、学校、城市开发等。城市服务区包括原杰克逊维尔市和 4 个小型城市，对城市地区的居民征收附加税，提供的服务包括供水、排污、街道照明、垃圾的收集和处理、街道卫生等。如果城市服务区周围的地区也需要市政服务，市议会可以将其合并于城市服务区。

大都市区政府很快就取得了一系列成就，比如整个大都市区的化粪池都被取消，重新建立了统一的排污系统；实施了更有效的固体垃圾处理方案，社区更加清洁卫生；1971—1972 年开始实施街道改进计划，重新铺设了大约 70 英里的街道，3 英里的人行道，安装了 5 万多盏街灯等；警察和消防服务得到了统一和提高，建立了综合的救护车救助系统；发起了城市更新计划，娱乐设施得到扩大和改进；实施了全县范围的土地利用规划和分区制法规，促进了全县的有序发展；在全县实施了新的建筑、供电、商业和标牌法规；在全国范围进行了

---

[1] John C. Bollens, Henry J. Schmandt, *The Metropolis, Its People, Politics and Economic Life*, pp. 318-319.

广告宣传活动，提高了该市的声誉和商业气氛，招徕企业落户和大笔投资，推动了整个大都市区的经济繁荣；由于大都市区议会选出了4名黑人议员，种族关系得到了改善。因此，在1969年进行的一次民意调查中，大都市区政府获得了64% 调查对象的好评，1970年同比提高到79%。但对杰克逊维尔大都市区的政府改革也存在一些批评，比如，合并仍然保留了一定程度的机构重叠，许多机构和职能没有纳入市长的控制之下，大约40%的政府预算来自各个独立的司局、委员会和其他机构；合并没有明显地降低人均税收和政府开支。后来，杰克逊维尔公民对大都市区政府的评价一路走低，1985年的积极评价下降到50%，1993年下降到29%。[1]

七 迈阿密联邦制大都市区政府的成立

联邦制或双层制大都市区政府是集权主义派和多中心主义派斗争和妥协的产物，县政府和大都市区政府权力的加强，反映了集权主义者加强"中央"权力的愿望和解决大都市区问题的需要；而小型地方政府的保留，则满足了郊区居民保留自治权利和小型同质的社区生活的愿望。加拿大的多伦多、安大略、温尼伯（Winnipeg）、马尼托巴（Manitoba）等大都市区建立了最纯粹的联邦制大都市区政府，即在各个地方政府之上成立一个专门的大都市区政府，各个地方政府得以保留。但美国没有建立真正联邦制的大都市区政府，只有类似的体制，即由县政府承担某些大都市区政府的职能，而地方政府承担了地方性职能，此即迈阿密大都市区政府。

美国最早的双层制政府模型是于19世纪后期由马萨诸塞州议会的"大都市专区委员会"（the Metropolitan District Commission）提出的，成立该委员会的目的是研究如何建立一个现实可行的波士顿大都市区政府。1896年，该委员会建议效法"伦敦县议会"（London

---

[1] G. Ross Stephens, Nelson Wikstrom, *Metropolitan Government and Governance*, pp. 79 - 80.

County Council) 的模式，由波士顿大都市区的选民选举产生一个"大波士顿议会"（Greater Boston Council），负责供水、排污、公园、交通等大都市区范围的功能，纯粹地方性的服务由该县的29个城市负责。经过长达10年的争论，由于郊区的反对，到1906年，州议会最终否决了该计划。20世纪二三十年代，全国各地建立联邦制大都市区政府的热情再次高涨，比如加州的阿拉梅达县（Alameda County）、波士顿、纽约、洛杉矶、匹兹堡、克利夫兰和圣路易斯等大都市区都进行过联邦制大都市区政府体制的改革，然而由于郊区的极力抵制而纷纷失败。这种改革最早的一个成功范例是1936年拿骚县的改革，而最著名的则是1957年迈阿密大都市区政府的成立。

（一）迈阿密大都市区改革的初步尝试

迈阿密位于佛罗里达州东南角的比斯坎湾、佛罗里达大沼泽地和大西洋之间，是该州的第二大城市，也是戴德县政府的所在地。与当代美国的其他大都市区一样，战后迈阿密大都市区（即戴德县）[①]也出现了空间蔓延和政治碎化的现象，在中心城市迈阿密人口增幅放慢的同时，郊区城镇和非建制区人口的增长却在加速，迈阿密市在整个大都市区的人口比例不断下降，1940年占64.3%，到1960年下降到31.2%，而31.1%居住在郊区的25个市镇，37.7%居住在郊区非建制区。[②] 与此同时，迈阿密市面积的增长也受到了极大的限制，到1926年，该市通过兼并一度达到43平方英里。但在大萧条期间，该市放弃了大面积的辖区，并多次拒绝郊区非建制区的兼并要求，这是因为兼并增加的税收不能抵偿为其提供服务所需的开支。因此，到

[①] 迈阿密大都市区只包括该市所在的戴德县（Dade County），所以也称为"戴德县大都市区政府"。由于强调重点不同，笔者往往交替使用"迈阿密大都市区"和"戴德县"，但其所指的范围是一致的。同样原因，后文提到的"迈阿密大都市区政府"与"戴德县政府"指的是同一个政府。

[②] Raymond A. Mohl, "Miami's Metropolitan Government: Retrospect and Prosect", *The Florida Historical Quarterly*, Vol. 63, No. 1 (Jul., 1984), pp. 26 – 29. 其中百分比为笔者计算所得。

1960年，迈阿密市区的面积反而缩小到34平方英里。[①] 迈阿密市人口优势的丧失和辖区的缩小，标志着它在大都市区中领导地位的丧失。

迈阿密大都市区的空间蔓延和政治碎化造成了前文提到的一系列不良影响，于是该大都市区进行了诸多改革尝试。改革的主要内容就是加强县政府的权力，市政府将一些管理和服务职能转交县政府。1943年的一项州议会特别立法授权成立了一个全县范围的卫生部，同年全县的10个学区合并在一个独立的学区委员会之下。1945年州议会通过立法，成立了戴德县港务局，置于县委员会的领导之下，废除了各个城市对其港口的管辖权。1949年县政府从迈阿密市接管了杰克逊医院。

虽然县政府的权力在不断加强，但市县合并的尝试却屡屡受挫。1945年迈阿密市长伦纳德·K.汤姆森（Leonard K. Thomson）提出一项改革计划，建议将县政府与该县所有城市合并为一个"城市县"，但该计划在州议会表决时宣告失败。1947年，佛罗里达州议会通过了一项州宪法修正案，授权戴德县政府、迈阿密市与4个新成立的小型市镇合并为一个城市县政府，称为迈阿密县。但该修正案于次年5月的全县公民表决中，以23513∶27821遭到否决，两者只差4308票。1951年，州议会又提出一个新的宪法自治修正案，授权县政府制定自治宪章草案。虽然该修正案在全州的公民表决中失败，但在戴德县却获得了54.7%的多数的支持，这说明戴德县选民的态度有所扭转。1953年，戴德县的所有4名州议员一致向州议会提交了一项法案，要求取消迈阿密市，将其功能移交给县政府。在同年6月的公民表决中，迈阿密市选民的赞成与反对票之比为26692∶27600，反对者仅以908票的优势否决了该议案。[②] 虽然第四次合并计划也遭失败，但两者的势均力敌态势对改革者来说却是一个莫大的鼓励。

---

① Reinhold P. Wolff, *Miami Metro: The Road to Urban Unity*, Coral Gables: University of Miami, 1960, p. 43.

② Edward Sofen, *The Miami Metropolitan Experiment*, Metropolitan Action Studies No. 2, Bloomington: Indiana University Press, 1963, pp. 30 – 35.

(二) 迈阿密大都市区政府改革的成功

1953年7月1日迈阿密市议会通过决议，成立了一个"迈阿密大都市区市镇委员会"（the Metropolitan Miami Municipal Board，即3M委员会），由迈阿密市政府向3M委员会提供经费，要求该委员会进行调研以探讨政府的合并或组建联邦制的大都市区政府，哪种方案更有助于经济发展、提高效率和大都市区问题的解决。3M委员会责成芝加哥的一个咨询公司即"公共行政服务公司"负责调查研究工作。1954年12月，"公共行政服务公司"提交了《迈阿密大都市区政府》的研究报告，建议采纳加拿大多伦多联邦制的大都市区政府体制，而不是由市县合并组成单一制的政府，以避免地方政府的激烈反对。报告主张取消县政府，另成立一个大都市区政府来负责区域范围的服务；该县的各个城市仍然保留，负责纯粹地方性的服务，但由大都市区政府规定最低服务标准。按照佛罗里达州宪法的规定，地方政府改革必须由州宪法修正案授予自治权才能进行，于是3M委员会开始与戴德县的州议员一起草拟了《佛罗里达州宪法戴德县自治修正案》。由于3M委员会认为取消县政府这种激进的举措会导致强烈的抵制，所以修正案草案保留了县政府，由县政府承担大都市区政府的职能，而不是成立一个单独的大都市区政府。修正案必须在全州和戴德县分别以多数票通过才能生效。在1956年11月6日的全州表决中，赞成票高达322839张，约占70%，反对票只有138430张，只占30%；戴德县的赞成票高达86612张，约占72%，反对票只有34437张，只占28%。[①] 州宪法戴德县自治修正案的生效，为该县自治宪章的通过奠定了基础。

就在制定州宪法修正案的同时，1955年6月州议会成立了一个大都市区宪章起草委员会，负责起草《戴德县自治宪章》。前文的州宪法修正案授权该县的自治宪章可以取消该县的市镇，但宪章委员会预计该措施必然会导致激烈的冲突和宪章的失败，因此，决定保留戴德

---

① Edward Sofen, *The Miami Metropolitan Experiment*, pp. 227-228.

县的市镇法人，也不损害它们的自治权。戴德县自治宪章于1957年5月21日交付公民表决，并以44404∶42620①的微弱优势获得通过，这表明反对派的势力仍然十分强大。而且在全县选民的表决中，只有26%的选民参加了投票。②

宪章的反对者主要是县政府和各地方政府的官员和雇员，因为大都市区政府改革会危及他们的职位和权力。除了"迈阿密—戴德县商会"拥护宪章以外，其他各市的商会大多持反对态度，认为改革会损害他们所在城市的商业利益。工会与黑人等少数族裔也加入反对的行列，因为大规模的政府和普遍的选举会冲淡他们选票的影响力。宪章支持者主要包括迈阿密—戴德县商会、戴德县研究基金会、妇女选民联盟、以《迈阿密信使报》和《迈阿密新闻》代表的新闻界、州议会的戴德县议会团、3M委员会，以及宪章起草委员会等。

迈阿密大都市区政府体制改革的成功主要归因于以下几个方面：其一是恰当的改革策略，即成立联邦制的双层政府体制作为地方主义者与合并主义者之间的妥协，既保留县政府，由县政府发挥大都市区政府的职能，又保留地方市镇处理自己辖区内的事务。其二，迈阿密大都市区的人口结构和社会特征也有利于大都市区政府的成立。迈阿密是一个比较年轻的大都市区，其人口主要由来自全美国和世界各地的移民构成，流动性比较强，再加上浓郁的旅游氛围，居民的社区认同意识还比较薄弱，同时由于尚未出现强有力的政党和政治领袖，尚未形成强有力的利益纽带和对现有政治结构的依附关系，因而比其他大都市区更容易接受变化。③就族裔构成而言，迈阿密大都市区的黑人比例较低，有利于大都市区政府的成立。当时黑人只占选民投票的3%，而其中60%的黑人选区反对大都市区的建立，因为他们担心在

---

① Edward Sofen, *The Miami Metropolitan Experiment*, p. 228.
② Bryan T. Downes, *Politics, Change and the Urban Crisis*, p. 184.
③ Mark B. Feldman, Everett L. Jassy, "The Urban County: A Study of New Approaches to Local Government in Metropolitan Areas", *Harvard Law Review*, Vol. 73, No. 3 (Jan., 1960), p. 529.

一个更大的政府中将会失去影响力。[1]迈阿密大都市区工会组织的弱小也有利于大都市区政府的建立,在大多数大都市区,劳工组织也反对改变现状。其三,县政府权力与声望的提高与迈阿密市政府的腐败无能是人们支持改革的一个重要原因。前文指出,从20世纪30年代开始,县政府的权力和职能不断增加,许多城市无力承担的服务职能转移到了县政府。此外,县政府拥有较为雄厚的税收基础,完成了一系列重大的公共工程,比如机场和县公园系统的建立等,而中心城市迈阿密却政治腐败,财政拮据,公共设施不足,社会治安混乱。大都市区的企业领袖乃至普通公众逐渐认识到,县政府是大都市区中更重要的政府单位,因此人们很容易接受县政府权力的进一步加强,并以县政府作为大都市区政府的载体。[2]

(三) 政府改革的法律内容与大都市区政府的启动

迈阿密大都市区政府是一个联邦制的双层大都市区政府,与加拿大多伦多的联邦制大都市区政府稍有差别,前者没有像后者那样专门建立一个新的大都市区政府,而是由现有的县政府行使大都市区政府的权力和职能。这一点得到了州宪法修正案和戴德县自治宪章的法律保障,比如《佛罗里达州宪法戴德县自治修正案》第一条明确规定,"戴德县委员会将成为该县的统治机构"[3],《戴德县自治宪章》第一条第一款也明确规定,"县委员会乃是该县的立法和统治机构,拥有大都市区中央政府的权力"[4]。

《佛罗里达州宪法戴德县自治修正案》授予戴德县委员会以广泛的权力,比如第一条的(b)款规定:"戴德县委员会拥有全权和权威,制定有关该县事务、财产和政府的法令;有权对该县的违法行为

---

[1] Edward Sofen, "Problems of Metropolitan Leadership: The Miami Experience", *Midwest Journal of Political Science*, Vol. 5, No. 1 (Feb., 1961), p. 21.

[2] Reinhold P. Wolff, *Miami Metro: The Road to Urban Unity*, p. 36.

[3] Talbot D'Alemberte, *The Florida State Constitution: A Reference Guide*, p. 129.

[4] "The Home Rule Charter of Dade County, Florida State", in Edward Sofen, *The Miami Metropolitan Experiment*, p. 240.

进行适当的处罚；有权征收由州议会普通法律允许的税收，但不能征收其他税收；有权采取任何必要的措施，以执行戴德县大都市区中央政府的决策。"第一条的（d）款规定：戴德县的自治宪章"可以规定一种方法，将戴德县任何市镇法人和其他政府单位的任何或全部职能和权力转移给戴德县委员会"①。此外，还有其他一系列条款，给予了县委员会以广泛的权力。

《戴德县自治宪章》建立了一个联邦制的双层制政府，县政府获得了区域性的服务职能。宪章的第一条中明确列举了县委员会可以行使的一系列权力和职能，比如，对主要公路和交通设施的修建与管理；负责区域性的消防、警察、犯罪等事务；为全县的发展制定和执行综合性规划；提供医院和统一的健康与福利计划；提供公园、运动场地、图书馆以及其他娱乐和文化设施；公共住房建造和管理、贫民窟清理、城市更新、自然保护、洪灾控制和海滩治理、空气净化等；负责或授权地方政府负责垃圾和污水的收集和处理、供水、资源保护计划；制定、协调和实施分区制法令；等等。宪章把那些纯粹地方性的服务职能留给了各市镇、专区、学区等，包括警察巡逻、公共教育、地方分区制和土地利用等，但县委员会可以为其规定最低标准，如果不能达标则由县政府接管。为了确保县政府的优越地位，宪章在列举县政府权力的同时，特别强调其"权力包括但不限于这些权力"。而且宪章还进一步通过一些"弹性条款"极大地扩展了县政府的权力，比如宪章还规定，县委员会可以"制定实施上述权力所必需的法令和规范，并对违反法令者施以罚金和处罚"。另外，这种双层制政府的分权体制只适用于市镇法人，对于那些非建制区而言，只存在单一的政府体制，由县政府提供所有区域性和地方性的服务。②

《戴德县自治宪章》对县政府的组织结构进行了调整。原县政府包括一个由5位民选委员构成的县委员会和一系列单独选举产生的行

---

① Talbot D'Alemberte, *The Florida State Constitution: A Reference Guide*, pp. 129 – 130.
② "The Home Rule Charter of Dade County, Florida State", in Edward Sofen, *The Miami Metropolitan Experiment*, pp. 240 – 243.

第四章 大都市区的政治碎化与区域治理

政官员。此外，原县政府还有35个行政部，其规模从2名到2000名雇员不等，其中只有20个部归县委员会管辖，其余各部则由独立选举产生的官员管辖，县委员会对这些独立的行政部门和官员没有管辖权。[1] 所以，原县政府的主要问题包括两个方面，其一是缺少一位强有力的行政首脑，不能提供集中高效的领导；其二是县委员会既负责立法工作，又分管众多的行政事务。县政府的这种分散性特征导致管理混乱，效率低下，不能适应大都市区的管理工作。自治宪章将委员会制改为委员会—经理制，县委员会不再监管行政工作，而专门负责制定法律和政策，行政权交给由县委员会任命的县经理行使，县经理对县委员会负责。宪章加强了县经理的权力，废除了一系列官员的民选制度，改由县经理任免而由县委员会批准，比如财产评估员、税收员、测量员、采购员、选民登记监督员、县行政司法长官、警察局长等。原先的35个部也缩减到17个，并建立了新的保险、采买、预算和财政程序。[2]

宪章特别强调县委员会选举的非党派性。宪章规定，5名委员分别从5个选区选出，但选举方式是由全县选民普选；另外5名委员也分别来自这5个选区，但只由本选区的选民选举；此外，每个人口达到6万人的市镇法人都可以选举一名委员加入县委员会。在1957年自治宪章生效之时，只有迈阿密市达到了6万人，所以县委员会的委员当时为11名。1960年人口普查之后，海厄利亚（Hialeah）和迈阿密滩（Miami Beach）两个城市的人口也超过了6万，因此县委员会的委员增加到13个。[3] 县委员会由一位主席主持工作，主席从委员中选举，任期6个月。主席只负责礼仪性职能，没有实权。原来县委员会的5位委员可以继续留任到1961年。1958年9月，另外6名新当

---

[1] Edward Sofen, *A Report on Politics in Greater Miami*, Cambridge, Mass: Edward C. Banfield Joint Center for Urban Studies of the Massachusetts Institute of Technology and Harvard University, 1961, Part II, p. 1.

[2] Edward Sofen, *The Miami Metropolitan Experiment*, p. 144.

[3] John C. Bollens, Henry J. Schmandt, *The Metropolis, Its People, Politics and Economic Life*, p. 327.

选的委员也走马上任。1957年7月，坎贝尔（O. W. Campbell）被任命为首任县经理。坎贝尔曾任职于"公共行政服务公司"（PAS）和州政府联席会（Council of State Governments），也曾担任过加州圣何塞和圣迭戈两个城市的经理，有丰富的从政经验。但是，由于新政府刚刚成立，各种关系复杂，尤其是县委员会中的某些委员对他的任命有抵触情绪，使其工作难以展开。1961年4月，县委员会重新任命欧文·C. 麦克内尔（Irving C. Mcnayr）担任新的县经理。他的任命得到了13位委员中12位的支持，因而拥有更稳固的地位。他上任之后更加注重公共关系的协调以及大都市区的迫切需要，因而受到了广泛的支持，新的县政府开始正常运行。[1]

《佛罗里达州宪法戴德县自治修正案》与《戴德县自治宪章》的通过和大都市区政府的成立具有重要意义，第一，协调了戴德县与州政府的关系，自治权的获得使戴德县摆脱了州议会的干扰，对该县事务的立法权从州议会转移到县委员会的手中，从而可以减少拖沓，提高效率。第二，由县政府执行大都市区政府的职能，使其拥有更多的管辖权，从而能够统率各地方政府，统筹大都市区范围的发展规划，有利于大都市区的综合治理和协调发展。第三，实现了县政府内部结构的重组，实行了委员会—经理制，使立法与行政分开，尤其是县经理的任命，产生了行政首脑，便于县政府的高效运转。[2] 因此，迈阿密大都市区政府体制改革为该大都市区的良好治理奠定了基础。

（四）大都市区政府成立初期所面临的困境

然而，在大都市区政府成立初期，由于各种矛盾错综复杂，司法斗争此起彼伏，所以政府运转困难重重，步履维艰。外部困难主要是大都市区政府与地方政府的摩擦与冲突，内部困难主要是大都市区政府的财政困难和缺乏强有力的领导。

---

[1] Edward Sofen, *A Report on Politics in Greater Miami*, Part II, pp. 14 – 17.

[2] Mark B. Feldman, Everett L. Jassy, "The Urban County: A Study of New Approaches to Local Government in Metropolitan Areas", *Harvard Law Review*, Vol. 73, No. 3 (Jan., 1960), p. 532.

第四章 大都市区的政治碎化与区域治理

大都市区政府成立初期与地方政府的冲突异常尖锐，1971年县委员会的一个调查委员会得出结论说："1957年采纳大都市区自治宪章以后，戴德县的大部分历史可以根据两层政府——县政府和市镇法人——之间不稳定的关系和持续的争斗来撰写。"[1] 自治宪章生效后，县委员会制定了一系列相关法规，以执行宪章授予大都市区政府的权力。其中某些法规对各市镇的权力进行了干预和限制。比如，分区制法规为各市镇和非建制区设立了最低标准，但此前各市镇对于自己辖区内的分区制拥有完全的自治权；公共工程法规规定，由县政府统一管理给排水系统，并审批所有市镇的公共工程建筑规划，所有建筑项目都必须达到县委员会规定的标准；交通法规为各市镇和非建制区制定了统一的交通规则，并由大都市区政府监管交通车辆、信号设施和停车场地等。

1957年7月，这些法规公布以后，立即引起了轩然大波。迈阿密的市议员指责这些法规超越了宪章起草委员会的初衷，迈阿密滩的市议会也向县委员会递交了一份决议，谴责这些法规"是对传统上纯粹的地方性事务的一种侵犯与篡夺"[2]。而迈阿密肖尔斯（Miami Shores）甚至向法院提起诉讼，认为大都市区政府的交通法规以及其他法规侵犯了各市镇法人的自治权，此即"迈阿密肖尔斯镇诉科沃特案"（Miami Shores Village v. Cowart）。

1958年6月27日佛罗里达州巡回法院作出判决，认为大都市区政府的交通法规符合自治宪章，因此它超越于各市镇的交通法规，迈阿密肖尔斯必须服从大都市区政府的交通法规。同年12月17日，佛罗里达州最高法院维持了巡回法院的判决。该法院解释了州宪法戴德县自治修正案的条款，认为该修正案允许戴德县自治宪章"授权县委员会根据统一的规划，负责管理全县范围的市政服务或职能，假如一个管理规划实施于整个大都市区，能够得到最高效率的话"。州最高法院还宣布，当县政府与地方政府在宪章权力的分配上发生冲突时，

---

[1] John C. Bollens, Henry J. Schmandt, *The Metropolis*, p. 331.
[2] Edward Sofen, *The Miami Metropolitan Experiment*, p. 94.

最终裁决权属于法院。① 事实上，根据宪章的"弹性条款"，县政府拥有的权力远比最高法院的解释要宽泛得多。尽管如此，最高法院的判决还是维护了大都市区政府的权威。然而，各市镇与大都市区政府的冲突仍然连绵不断，到1961年的短短几年里，双方的诉讼活动竟多达600多次。迈阿密滩为了维护本市交通法院的管辖权，甚至将官司上诉到联邦最高法院。更严重的是，迈阿密滩及其他几个市镇甚至要求脱离戴德县，但以均失败而告终。②

对大都市区政府的最大威胁来自对自治宪章的修订。上述大都市区法规公布以后，"戴德县市镇同盟"提出了一份对自治宪章的修正案，即"自治权修正案"（Autonomy Amendment），它宣布"凡是与本修正案相矛盾的条款一律无效，无论是戴德县内任何市镇法人的政治自治权，还是其自我管辖或自决权，都不能受到侵犯、妨碍或干涉，它们始终有权行使其所有的权力，无论是由其宪章授予的，或是由州议会特别立法授予的，或是由州议会一般立法所授予的权力"③。修正案于1958年9月30日付诸公民表决，所幸赞成票只有48893张，而反对票则高达74420张，即将近60%的选民反对修正案。④ 自治权修正案被挫败，大都市区政府侥幸再次渡过难关。

"自治权修正案"失败以后，又出现几次修正案的公民表决，其中威胁较大的是"麦克劳德修正案"（Mcleod Amendment）。导致这次修正案的起因主要是财产价值的重估问题。戴德县自治宪章规定，在1961年元旦以前要对全县的动产和不动产重新进行估价，而且按照市场价值的100%进行估算，而不是像从前那样按照市场价值的50%估算。这样就会导致该县居民财产税的成倍增加，因而遭到了一些居

---

① Mark B. Feldman, Everett L. Jassy, "The Urban County: A Study of New Approaches to Local Government in Metropolitan Areas", *Harvard Law Review*, Vol. 73, No. 3 (Jan., 1960), pp. 534–537.
② Raymond A. Mohl, "Miami's Metropolitan Government: Retrospect and Prosect", *The Florida Historical Quarterly*, Vol. 63, No. 1 (Jul., 1984), p. 33.
③ Edward Sofen, *A Report on Politics in Greater Miami*, Part II, p. 37.
④ Edward Sofen, *The Miami Metropolitan Experiment*, p. 228.

民的反对，产生了连锁反应。该修正案包括37项内容，几乎剥夺了大都市区政府对区域性事务的所有管辖权。[1] 在1961年10月17日的全县表决中，赞成票为97170张，反对票105097张，分别占48%和52%。[2] 虽然"麦克劳德修正案"以微弱多数失败，但其威胁性令人心有余悸，谈虎色变。

迈阿密大都市区政府在经历了地方政府的一系列严峻的挑战以后，到1962年基本上进入了平稳发展的时期，但却又面临着各种内在的困难，其中最严重的是财政问题。莱因霍尔德·P.沃尔夫尖锐地指出："政府财政是迈阿密大都市区的阿喀琉斯之踵。希望与现实之间的巨大差距在很大程度上是由于钱的问题。""迈阿密大都市区政府的成败很可能主要取决于它能否处理好其财政问题。"[3] 虽然州宪法自治修正案赋予了迈阿密大都市区政府众多的权力和职能，但并没有给予更多的征税权。美国地方政府的税收主要依靠地产税，而地产税相对而言不太具有弹性，且涉及的征收对象十分广泛，提高税率异常困难。而迈阿密县政府比地方政府更加依赖地产税，比如在1960年，县政府53.2%的财政收入来自地产税，而各市镇法人同比只有49.9%。[4] 而增加新税（比如燃油税或销售税）和提高税率等措施又遭到了州议会的拒绝。因此，在大都市区政府权力和职能不断增加的情况下，它却面临着越来越严重的财政困难。好在大都市区政府广开财源，扩大收入，并努力争取联邦和州政府的财政援助，财政状况逐渐好转，而且地产税所占比例也逐渐下降，到1970—1971年度，财产税只相当于县政府财政收入的1/3。[5] 但财政困难仍然是挥之不去的阴影。

大都市区政府面临的另一内在困难就是缺乏强有力的领导。虽然自治宪章规定实行委员会—经理制，设立了行政首脑即县经理，由他

---

[1] Edward Sofen, *The Miami Metropolitan Experiment*, p. 166.
[2] Edward Sofen, *The Miami Metropolitan Experiment*, p. 229.
[3] Reinhold P. Wolff, *Miami Metro: The Road to Urban Unity*, pp. 134, 154.
[4] Edward Sofen, *A Report on Politics in Greater Miami*, Part VI, p. 2.
[5] John J. Harrigan, *Political Change in the Metropolis*, 1993, p. 356.

统一领导政府各部及其官员,从而在一定程度上提高了行政效率,这无疑是一个巨大进步。但县经理不是由选举产生,而是由县委员会任命,并对县委员会负责,因此他没有独立的政治地位,常常受到县委员会的干扰,不能提供强有力的领导。比如前两任县经理坎贝尔和麦克内尔均由于受到县委员会的干扰而难以展开工作,被迫辞职。因此,大都市区政府体制仍然需要进一步改革。

1963年通过的宪章修正案改组了县委员会,规定该委员会由9位代表组成,其中8位代表分别来自8个选区,但选举方式仍然是全县普选,这种全县普选是为了使县委员会具有更广泛的代表性和提高其处理问题的能力。第9位代表也由普选产生,但不限定选区,他既是县长(mayor),又是县委员会的主席。这一改革是希望选举产生的县长能够拥有强有力的领导权。但事实上,县长的权力非常有限,因为行政权被授予了县经理,县长只是县委员会的第一委员。1972年的宪章修正案要求实行强县长—委员会制,由选举产生的县长拥有广泛的任命权,同时,设立一位由县长任命的秘书长来处理日常事务。县委员会由14名成员构成,其中11位委员由各选区分别选举,3位委员由全县普选。县长将成为一位强有力的政府首脑,他甚至拥有对县委员会决议的否决权。但这一修正案在公民投票中以2∶1的比例惨败。[①] 然而,1992年的宪章修正案终于成功地设立了一位强县长,他有权否决县委员会的决议,在县委员会的同意之下可以任命和免除县经理的职务。

由于地方政府的抵制、财政拮据、缺乏强有力的领导等因素的干扰,在成立的最初15年间,迈阿密大都市区政府在规范增长和开发方面效果不佳,长时间不能提供全县范围的基础设施,地方政府仍然坚持它们在土地利用方面的控制权。

(五) 迈阿密大都市区政府的特点及其成就

在传统改革时期,大都市区的服务提供和治理呈现出3个明显不

[①] John C. Bollens, Henry J. Schmandt, *The Metropolis*, p. 330.

同的梯次，即市县合并、双层制大都市区政府和地方合同（interlocal agreements），与此相对应的 3 个典型范例就是纳什维尔与戴维森县的合并、迈阿密双层制大都市区政府和莱克伍德方案。

前文指出，1962 年，田纳西州的纳什维尔市与戴维森县合并，建立了一个典型的单一制综合性的大都市区政府（Metro），在全县行使广泛的权力。这种集权式的大都市区政府的优点是可以提供集中的领导，有助于制定大都市区整体规划，对大都市区的发展进行宏观协调，其弱点是容易遭到地方政府的反对而流产。另一个极端是地方合同，最著名的范例是加州的莱克伍德方案（Lakewood Plan）。地方合同是一种最低限度的治理方案，不会威胁地方政府的存在和自治权。但其缺点是没有统一的大都市区政府，不能解决大都市区政治碎化所产生的诸多问题。

显然，迈阿密双层制大都市区政府介于两者之间，是集权与分权之间妥协的产物，它既拥有大都市区政府（县政府），从而可以提供集中领导，制定综合性大都市区发展规划，对整个大都市区的发展进行协调；同时它又保留了地方市镇的存在与自治权，可以缓和地方居民的反对。论证联邦制的双层大都市区政府体制优点的学者为数不少，比如，乔恩·蒂福特评论道："这种联邦制或城区制方案既实现了大都市区的某种统一，又没有损害郊区政府的存在。""在联邦制之下，地方政府单位对某些地方服务将会享有全部权威，同时大都市区政府则执行数量有限的能够在区域规模产生最高效率的职能。"这种方案在统一之中允许多样性的存在，既满足了美国人对规模的热情，同时又呵护了他们对草根民主的珍视，它既使美国社会的分离模式永久化，同时又实现了某种程度的政府整合。[1] 前文还指出，美国经济发展委员会（CED）在 70 年代初也极力推荐联邦制的大都市区政府。但匪夷所思的是，善于妥协的美国人并没有张开双臂欢迎这种折中的政府形式，这种联邦主义的双层制大都市区政府在美国屡遭失败，成功者寥寥无几。

---

[1] Jon C. Teaford, *City and Suburb*, pp. 109, 106.

由于迈阿密双层制大都市区政府所拥有上述优点或特点，在成功地度过了成立初期的诸多考验，经过不断的调试和适应之后，大都市区政府的工作逐步走向正轨，其优点逐渐彰显出来，从而在大都市区的治理之中发挥了积极的作用。

首先，大都市区政府积极介入全县范围的城市服务。1960 年 8 月，大都市区政府通过了一项法令，规定由大都市区政府购买、发展和经营该县的大众交通系统，并成立一个"戴德县大都市区公共交通局"负责经营。但是收购该县三大轨道交通系统的谈判陷入僵局，几乎引起了工人罢工，直到 1962 年 2 月这些轨道交通系统才被县政府接管。此外，大都市区政府还试图收购该县的 4 个供水公司，但县委员会认为售价过高而拒绝批准收购协议，于是大都市区政府改为对供水公司进行规范管理。于是，县委员会于 1960 年 7 月制定了一项法令，成立了一个由 5 人组成的戴德县大都市区给排水管理局，授权其对供水价格进行管理，建立服务标准，对私人的给排水系统的建立、扩大和经营颁发执照。各市镇所提供的给排水服务必须向该局注册，遵守该局的最低标准，服务区的扩大必须得到该局的批准。[1]

其次，大都市区政府还积极进行城市再开发活动。1960 年 2 月县委员会制定了戴德县大都市区城市更新法规，规定在该县各市镇进行贫民窟清理和再开发活动，并规定这种再开发活动必须符合县委员会制定的标准。第一个由县委员会批准的城市更新项目位于迈阿密市中心区的黑人居住区，县政府申请并获得了 83722 美元的联邦援助资金，以制定一个普遍的城市更新计划，该计划预计 1963 年完成。[2]

最后，制定了大都市区土地利用总体规划。可以说这是最重要的工作，因为这涉及整个大都市区的协调发展问题。1965 年大都市区土地利用总体规划出台，但由于该计划对未来的发展预测并不准确，没有发挥应有的作用。60 年代末和 70 年代初，随着美国城市增长问题的日益恶化，以及土地伦理"静悄悄的革命"，佛罗里达州较早地

---

[1] Edward Sofen, *The Miami Metropolitan Experiment*, pp. 140 – 141.
[2] Edward Sofen, *The Miami Metropolitan Experiment*, p. 142.

第四章 大都市区的政治碎化与区域治理

出现了增长管理运动(参见第八章)。该州议会于1972年制定了"佛罗里达州综合规划法",1975年又制定了"地方政府综合规划法",要求该州所有367个城市和县政府制定综合规划。[①] 在这一大趋势的推动之下,迈阿密大都市区政府于1972年开始着手制定新的总体规划,1974年的总体规划确立了该县的总体发展目标和指南,规定了1985年和2000年的长远发展目标。1975年县委员会又制定了该总体规划的实施细则,以确保各市镇的开发活动与总体规划相吻合,为此还确立了对所有私人开发项目的审批制度,尤其是那些会产生全县影响的开发项目。[②] 大都市区总体规划的制定和实施适应了新时代对增长管理的需要,对于整个大都市区的增长管理发挥了极其重要的作用。

当然,迈阿密大都市区政府的成就不仅仅限于上述几项,而是还涉及了其他诸多领域,比如采取了严格的管理措施,以控制空气和水体的污染;实施了全县范围统一的交通法规,所有的违章者都在大都市区法院受到审理;从所有的市镇手中接管了评定和征收财产税的权力;为市镇和非建制区制定了统一的住房规划法令,以控制土地的开发;创建了住房与城市发展局;为该县的非建制区和市镇提供消防服务,等等。

当然,迈阿密大都市区政府也存在诸多缺点,比如,联邦体制容易导致大都市区政府与地方政府在权力划分方面的矛盾冲突,导致政治不稳。又如,迈阿密大都市区政府只是一个县的中央政府,当后来大都市区的范围扩大到3个县,即除了戴德县以外又增加了布劳沃德(Broward)县和门罗(Monroe)县之后,县政府就不能再称其为大都市区政府了,也不能真正发挥大都市区政府的作用。基尼·斯托尔斯(Genie Stowers)写道:"戴德县大都市区政府统治的区域仍然仅仅是一个县,而不是整个区域……它不太是一个区域政府,因为其权力止

---

① Jay M. Stein, ed., *Growth Management: The Planning Challenge of the 1990s*, Newbury Park, CA: Sage Publications, Inc., 1993, p. 82.
② Luther J. Carter, "Dade County: The Politics of Managing Urban Growth", *Science*, New Series, Vol. 192, No. 4243 (Jun. 4, 1976), pp. 984–985.

— 475 —

于限定的边界。它提供某些区域服务,但只限于一个县的范围;因此,它更是一个'区域县'的结构。"①

在传统的大都市区政府改革时期,美国的大都市区政府体制改革虽然取得了一些成果,但挫折失败屡见不鲜,可谓举步维艰,困难重重。美国社会学家斯科特·格里尔(Scott Greer)在对大都市区的社会生活进行分析以后,认为阻碍政府体制改革的因素有三个:第一,美国人关于地方政府的文化标准。从杰斐逊以来,美国人对大政府就充满了恐惧感,而"草根治理"(grass-roots)则深入人心。他的理想政府类型是受过教育的自耕农治理下的小型社区,而不是人口众多的大城市政府,对于他来说,新英格兰的全体公民参与的镇民会议是"为了完美地履行自治并保持这种自治而由人类智慧所曾经设想出来的最为明智的发明"。第二,美国的法律和宪法结构也体现了这种民主思想,19世纪后期以来,许多州的宪法和法律授予了市镇法人以地方自治权。第三,美国的政治和政府体系。在地方政府体系中存在众多的政府机构,这些政府的官员从现存的政府体制中谋取了稳定的官职,他们独占政府某一个方面的职能和权力,对于改革充满了恐惧,因此竭力反对改革。②

八 多中心主义的公共选择理论

大都市区的政府改革运动经过了半个多世纪的艰难历程,到20世纪60年代后期,成功者屈指可数,这种改革理论与举措并不为广大选民所接受,具有强烈的不现实性,因此,这种激进的集权主义的改革理论开始受到人们的攻击。人们首先对巴尔干化的理论提出了质疑,比如,罗伯特·比什(Robert L. Bish)和文森特·奥斯特罗姆(Vincent Ostrom)指出:"美国地方政府的巴尔干化在很大程度上是

---

① G. Ross Stephens, Nelson Wikstrom, *Metropolitan Government and Governance*, p. 94.
② John C. Bollens, Henry J. Schmandt, *The Metropolis, Its People, Politics and Economic Life*, pp. 379 – 380.

一种错觉,这种错觉是由于将辖区的交叠和权威的分割等同于混乱这一思维方式造成的。政府机构的联邦制必然要出现辖区的交叠,权力的划分必然要导致权威的分割。"[1] 人们进而对大都市区政府的工作效率和经济效益产生了怀疑,这些批评家常常以大城市政府为参照,认为由于大城市政府的规模是如此庞大和僵化,因而在提供某些服务,如警察、教育、废弃物处理、交通等方面表现低效和无能。而投票选举所产生的市长和为数不多的几位高级市政官员,也并非像传统改革理论家所鼓吹的那样能够有效地反映公民的意志。由于每个社区居民的愿望、生活方式、存在的问题千差万别,高度集权的政府往往不能作出灵活的反应。于是,针对高度集权的大都市区政府改革理论出现了一系列权力分散的改革理论,比如公共选择理论、社区控制理论、双层政府理论和国际体系理论等,其中公共选择理论声势浩大,影响最广。

(一) 公共选择理论的兴起

集权主义在美国向来市场狭小,因此集权主义的大都市区政府结构性改革势必走向衰落。从 20 世纪 50 年代后期开始,强调地方自治和个人选择的公共选择理论异军突起,对美国的大都市区政府改革产生了重大影响。公共选择理论的倡导者主要是一些政治经济学家而非社会学家,公共选择理论(public choice theory)又称为政治学的经济学(economics of politics),是用经济学的手段研究政治问题,其视野异常狭窄。如果说大都市区政府改革理论试图全方位地解决大都市区的各类问题,兼顾公平与效率,那么公共选择理论将目光仅仅集中于效率问题之上,只注重公共服务的成本与收益之上。

英国北威尔士大学的经济学教授邓肯·布莱克(Duncan Black)于 1948 年发表的《论集体决策原理》一文,为公共选择理论奠定了基础,因而被尊为"公共选择理论之父"。美国公共选择理论的主要代表为著名的经济学家詹姆斯·布坎南(Buchanan)和戈登·

---

[1] Robert L. Bish, Vincent Ostrom, *Understanding Urban Government*, p. 67.

塔洛克（Gordon Tullock）。塔洛克于1966年创办的《公共选择》杂志，成为该学派的主要论坛。公共选择理论有广义和狭义两种。广义的公共选择理论是经济学理论的一个重要流派。狭义的公共选择理论是行政管理学的一个分支，它将公共选择的方法应用于公共行政管理领域，其关注的重点是政府的管理活动及各个领域公共政策的制定和执行。[①] 笔者所说的公共选择理论是指狭义的公共选择理论。

公共选择学派存在三大理论假设，其一为经济人假设。它假定每一个人都是自私的，都在追求个人利益的最大化，这种追求直到遇到抑制为止。其二为方法论的个人主义。它认为人类的所有行为，都应从个人角度去寻找原因，个人是分析的基础，个体行为的集合构成集体行为。其三为交易政治学。认为政治学与经济学一样，是一门交换的科学，政治是个体、团体之间出于自利动机而进行的一系列交易过程。公共选择理论认为，在公共经济领域与在私人经济领域一样，通过市场机制可以达到资源的最优配置，即帕累托最优。[②]

笔者认为，公共选择理论的基本前提预设存在巨大的缺陷，它把所有人的所有行为都假定为经济行为和自利行为，但人类的行为是多种行为的总和，其间既有经济行为，也有政治行为、社会行为和文化行为，既有利己行为，也有利他行为。这种预设常常使理论模型与具体情况相脱节，这种分析的视野狭窄，不能把握宏观大局。而且公共选择理论往往采用数学模型来分析政治问题，力求使政治理论"科学化"。但社会政治问题从来不是一门严密的科学，因为它不仅受人的理性支配，而且更受非理性因素的支配，人的政治行为、文化行为和社会行为往往无法用理性进行分析，更无法用数学模型来阉割。所以，公共选择理论也遭到了诸多学者的质疑与批评，被新的理论取而代之。

---

① 吴群芳：《公共选择理论与"公共服务市场化"——西方行政改革的理论背景》，《北京科技大学学报》2002年第1期。
② 杨龙：《评公共选择学派的三大理论假设》，《研究与教学》1999年第12期。

具体到大都市区政府改革方面,美国公共选择理论的主要代表是查尔斯·蒂伯特(Charles Tiebout)、文森特·奥斯特罗姆、罗伯特·比什和罗伯特·沃伦(Robert Warren)等。1956年蒂伯特发表的《地方支出的纯粹理论》(A Pure Theory of Local Expenditures)一文,提出了"蒂伯特模型"的"以脚投票"理论,被认为是公共选择学派有关地方公共经济的标志性文献。随后,奥斯特罗姆、蒂伯特和沃伦在一次研讨会上提交了一篇论文《大都市区的政府组织——一种纯粹理论探讨》(The Organization of Government in Metropolitan Areas: A Theoretical Inquiry),并于1961年发表于《美国政治科学评论》(American Political Science Review),利用民主行政和政治经济学等概念,批判了传统的大都市区政府结构改革理论,捍卫大都市区政府的多元性或多中心主义。此后,越来越多的学者从不同角度阐发和发展了公共选择理论,其中尤以奥斯特罗姆最具代表性。

(二)蒂伯特模型及其虚妄性

1956年蒂伯特的论文《地方支出的纯粹理论》的核心思想是,在一个大都市区内存在多个政府,每个政府都提供不同组合的公共物品和服务,居民可以通过自由地选择居住地,来满足自己的对公共物品和服务的偏好。这种通过选择居住地来表达偏好的行为被其他学者概括为"蒂伯特模型"或"以脚投票",而蒂伯特本人从来没有使用过"以脚投票"这一术语。蒂伯特的这一论文产生了深远影响,其追随者在此基础上发展了一套地方公共经济的公共选择理论,该论文的观点直至今日仍被广泛引用。同时,也有一些学者对该模型进行了批评,比如,丹尼斯·埃普尔(Dennis Epple)等学者认为,蒂伯特的理论仅仅是一种假说,根据该假说进行的研究并不能在计量经济学上产生有意义的检验。[①] 笔者认为,该理论模型具有浓厚的乌托邦性或虚妄性,之所以如此,乃是由于其前提预设具有强烈的虚妄性。

[①] Dennis Epple, Allan Zelenitz and Michael Visscher, "A Search for Testable Implications of the Tiebout Hypothesis", *Journal of Political Economy*, Vol. 86, No. 3 (Jun., 1978), p. 406.

蒂伯特模型的前提预设包括：第一，消费者—选民是完全自由迁移的，而且他愿意迁入能够最大程度地满足其偏好的社区。第二，消费者—选民对于这些社区在税收和支出方面的差别有着充分的了解，并对这些差别作出反应。第三，拥有大量的社区以供消费者—选民选择入住。第四，由于就业而导致的居住选择限制不在考虑范围之内，可以设想所有的人都是依靠红利生活。第五，社区之间的公共服务不存在外部经济或不经济。第六，对于社区的每一种服务模式，都存在着一个最佳社区规模。这一最佳规模是根据居民的数量决定的，在这一数量上，一组服务的成本可以降低到最低限度。第七，低于这一最佳规模的社区试图吸引居民以便降低成本，高于最佳规模的社区则努力减少居民，正处于最佳规模的社区则力图保持人口稳定。[1] 在上述前提预设之中，没有一条是站得住脚的，尤其是第一条、第二条和第七条，消费者—选民并非都有迁徙自由，在大都市区政府巴尔干化的情况下，小型地方政府通过排他性分区制法规而将某一收入等级的居民和少数族裔排斥在外；而且选民对地方政府的税收和支出没有足够的信息渠道加以了解；也没有哪个地方政府不在最佳规模时去竭力吸引居民，因为地方政府不是商业公司。保罗·特斯克（Paul Teske）等人的研究认为，"大多数居民的迁移与公共服务没有关系，他们的迁移是由于就业或生活环境的变化"[2]。甚至蒂伯特自己也承认其研究的纯理论性质，该结论的两条预设是违背现实的，消费者—选民既不可能完全了解和确定其偏好，也不可能完全自由地移动。[3] 在蒂伯特的预设中，社会是一个均质化的社会，没有阶级和种族差别。既然前提预设是根本不成立的，那么其结论也就没有多少科学性可言。

在这些根本不成立的预设之下，蒂伯特展开了他的逻辑论证。

---

[1] Charles M. Tiebout, "A Pure Theory of Local Expenditures", *Journal of Political Economy*, Vol. 64, No. 5 (Oct., 1956), p. 419.

[2] Stephen L. Percy, Brett W. Hawkins and Peter E. Maier, "Revisiting Tiebout: Moving Rationales and Interjurisdictional Relocation", *Publius*, Vol. 25, No. 4 (Autumn, 1995), p. 8.

[3] Charles M. Tiebout, "A Pure Theory of Local Expenditures", *Journal of Political Economy*, Vol. 64, No. 5 (Oct., 1956), p. 423.

第四章　大都市区的政治碎化与区域治理

消费者—选民都有自己对于公共物品和服务的偏好，他对某社区的选择可以看作他对该社区公共物品和服务最满意。对于中央政府而言，消费者—选民的偏好是给定的，政府的职责就是努力适应这些偏好。而在地方政府层次，各个政府拥有自己的税收和支出模式，消费者愿意迁入那些最能满足其对某一组公共服务偏好的社区。"社区的数量越多，其差别越大，消费者就越能接近于完全实现其偏好。"从服务的提供者一方来看，社区在竞争的压力下被迫将服务成本降低到最低；而从服务的需求一方而言，每个个人都作为竞争性的购买者，都力图在价格和税收方面达到最高水平的满意度，仿佛有一只看不见的手在引导着他，从而实现社会的利益最大化。正如消费者进入市场购买商品一样，其价格是确定的，居民迁入某一社区也被看作走向市场，其社区服务的价格（即税收）也是确定的。"空间迁移就是走向地方公共物品市场，就好比消费者进入私人市场的购物之旅。"但这一假设完全不能成立，因为地方政府不是商业机构，它们没有商业机构那样的动力和意图去吸引更多的居民，相反，它们的动机往往是排斥居民。另外，消费者可以在众多的商店购买商品，而居民却不能既住在社区 A，又住在社区 B，无法实现其对多种公共物品和公共服务的需求，且不论居民能否自由迁移。当然，蒂伯特也不反对有限的政治整合，他承认，"在某些情况下，外部经济和不经济十分重要，因此某种形式的整合也许是应该的"。但前文指出，蒂伯特的预设之一就是不存在外部经济或不经济，这种自相矛盾的论证几乎充斥于他的全部论证之中。蒂伯特还说道，就执法功能而言，"并非所有方面的治安都能在地方水平得到充分的执行。县行政司法长官、州警察和联邦调查局——相对于地方警察而言——也许是需要某种整合的证据"[1]。

蒂伯特的研究视角异常狭隘，其关注的问题仅仅涉及与服务相关的治理问题，强调地方政府服务的效率、质量和回应性问题，而不关

---

[1] Charles M. Tiebout, "A Pure Theory of Local Expenditures", *Journal of Political Economy*, Vol. 64, No. 5 (Oct., 1956), pp. 418–423.

注溢出效应问题,也就是有关大都市区的整体性问题和社会公平问题,蒂伯特在其第五条预设中已经剔除了外部经济与不经济问题。这种回避溢出效应的目的在于维护大都市区众多地方政府的存在,反对大都市区政府的合并,保持地方自治和社区民主。然而,以脚投票的必然结果就是高收入者居住在人居环境较好的地方,而低收入者则居住在人居环境较差的地区,即前文论及的阶级分异和种族隔离,从而形成资源与需求的脱节和社会不公问题,加剧社会矛盾和中心城市的衰落,并进一步推动大都市区的蔓延。地方政府边界不是一条中立的分界线,它拥有深刻的政治内涵和社会内涵,它是保持政治自治和社会排斥的有力工具。正如迈克尔·豪厄尔—莫罗尼(Michael Howell-Moroney)所指出的,"市政边界不仅反映了境况相似的人们的聚集,它们还用来作为对机遇结构的限制,保护那些有幸成长于良好社区中的儿童的福利,并严格降低了其他儿童生活成功的机会。"[1]

由于蒂伯特模型前提预设的虚妄性和论证的谬误性,越来越多严肃的学者在实证研究中证明其与现实不符。比如,理查德·策布拉(Richard J. Cebula)和莱斯利·埃弗里(K. Leslie Avery)认为,蒂伯特假说不适于1970—1975年间的黑人消费者—选民,而且还指出有31项研究成果得出了相同的结论。[2] 1989年戴维·洛厄里(David Lowery)和威廉·莱昂斯(William Lyons)的一项研究也没有发现支持蒂伯特模型的证据。[3]

(三) 以多中心治道为核心的公共选择理论

蒂伯特模型主要强调的是消费者—选民的个人选择,通过多个地方政府提供服务和以脚投票,而达到对个人偏好的最大满意度。这仅

---

[1] Michael Howell-Moroney, "The Tiebout Hypothesis 50 Years Later: Lessons and Lingering Challenges for Metropolitan Governance in the 21st Century", *Public Administration Review*, Vol. 68, No. 1 (Jan.-Feb., 2008), p. 101.

[2] Richard J. Cebula and K. Leslie Avery, "The Tiebout Hypothesis in the United States: An Analysis of Black Consumer-Voters, 1970 – 75", *Public Choice*, Vol. 41, No. 2 (1983), p. 309.

[3] Stephen L. Percy, Brett W. Hawkins and Peter E. Maier, "Revisiting Tiebout: Moving Rationales and Interjurisdictional Relocation", *Publius*, Vol. 25, No. 4 (Autumn, 1995), p. 3.

第四章　大都市区的政治碎化与区域治理

仅是公共选择理论的一个基本的出发点。随后，奥斯特罗姆、蒂伯特和沃伦在1961年的论文《大都市区的政府组织——一种理论探讨》中，其理论有了新的发展，强调的核心是"多中心治道"，即大都市区多中心的政府体制提高了服务提供的灵活性、高效性和回应性。[①]随后，奥斯特罗姆等学者发表了众多论著，进一步阐述和发挥了以多中心治道为核心的公共选择理论。公共选择学派的观点可以概括为如下几个方面：

第一，地方公共经济的市场预设。他们认为，每个人都受自我利益的驱动，每个人都有不同的偏好。某些物品和服务最好由私人市场来提供，而另一些物品和服务则需要政府来提供。奥斯特罗姆将公益物品和服务的供求比作一个"公共服务产业"，提供公共物品和服务的各级政府是"公共公司"，居民则是公共物品和服务的需求者。"美国地方公共经济，就像固体垃圾收集、消防服务、警察服务等一样，要依靠不同的地方政府单位、不同的私人经营者、合作性协会以及志愿性组织等之间复杂的组织间安排。与其他机构合作共同为当地社区居民提供某一特定类型产品和服务的机构，可以被看作是公共服务产业中的公司。一个产业就是一个系统，在这个系统中多个公司互相协作来提供相似类型的产品和服务。"[②] 各种类型和规模的"公司"之间进行竞争，通过提供不同类型和层次的服务，为市民消费者提供一系列选择。在私人市场上，人们对物品和服务的偏好是通过愿意承受价格表现出来的，而在公共部门，人们对公共物品和服务的选择则可以通过投票、游说等方式来表达。

第二，多中心体系理论。在《大都市区的政府组织——一种理论探讨》一文中，奥斯特罗姆等学者开宗明义地指出，大都市区内传统的政府形式，即政治辖区的多元化，应该更恰当地视为"多中

---

① Vincent Ostrom, Charles M. Tiebout and Robert Warren, "The Organization of Government in Metropolitan Areas: A Theoretical Inquiry", *The American Political Science Review*, Vol. 55, No. 4 (Dec., 1961).

② [美]文森特·奥斯特罗姆等：《美国地方政府》，井敏、陈幽泓译，北京大学出版社2004年版，第129页。

心的政治体系"(polycentric political system)。多中心就是在大都市区内拥有众多独立的实体和决策中心，它们彼此之间既存在竞争关系，又缔结各种契约进行合作，并通过中心性的机构解决冲突，它们通过持续的可预测的互动模式，以一种协调的方式发挥作用。"在这种意义上，它们也许可以说是作为一个'体系'在运作。"[①]"宪政联邦共和制中每个政府单位都是多中心秩序，它运作于更大的多组织安排中。"[②] 麦金尼斯也写道："'多中心'这一术语适当地概括了交叠生产层次和多个领域政治互动的智慧。""仅仅存在多个权威中心，并不意味着存在多中心。关键不在于管辖单位的数量，而在于同时存在多个机会，据此参与者能够在不同的集体性实体之间确立或终止联系。"[③]

第三，大都市区的碎化和多种地方政府的存在（多中心），提高了处理不同问题的灵活性。在《大都市区的政府组织——一种理论探讨》一文中，奥斯特罗姆等学者提出了一个创造性的思想，即将公共物品和服务的生产和提供分离开来，地方政府向辖区的公民提供某项公共物品和服务，但它不必亲自生产该公共物品和服务，而可以通过合同外包给私人公司或其他政府机构。公共物品和服务的提供与生产的分离，为政府处理各种不同规模的问题提供了极大的灵活性。地方政府之间的非正式安排可以建立起一个政治共同体，该政治共同体的规模足够庞大，足以处理任何一个特定的共同的问题。同样，某一政府辖区也可以在其边界以内组成一个更小的政治社区，去处理那些只影响部分人口的问题。这样，政府机构在处理任何一个问题时就拥有了三种选择：其一，进行自身的重构；其二，进行自愿性的合作；其三，寻求其他级别的政府的援助，通过政府间的交易寻求适当的解决

---

① Vincent Ostrom, Charles M. Tiebout and Robert Warren, "The Organization of Government in Metropolitan Areas: A Theoretical Inquiry", *The American Political Science Review*, Vol. 55, No. 4 (Dec., 1961), p. 831.
② [美] 文森特·奥斯特罗姆：《美国公共行政的思想危机》，第162页。
③ [美] 迈克尔·麦金尼斯主编：《多中心体制与地方公共经济》，毛寿龙、李梅译，上海三联书店2000年版，第7—8页。

第四章　大都市区的政治碎化与区域治理

策略。①

第四，大都市区的碎化和多种地方政府的存在（多中心），对于多样化的公民服务需求和偏好比单一的大都市区政府更具有回应性，公民拥有更多的选择性。大都市区内每个地方政府提供不同的税收、政策和公共服务，众多地方政府的存在给予了居民以选择权，他们可以选择居住在中心城市、郊区或乡村；在决定居住和开业地点之时，人们可以"以脚投票"，居民可以根据自己对税收、政策和服务的偏好作出选择。文森特·奥斯特罗姆写道："一个多中心的政治体系可以通过众多不同规模的组织提供各种公益物品，可以实现对公益物品的生产和消费的最佳安排。随着（公共服务）生产准市场条件的成熟，可以在公共服务经济中实现市场组织的灵活性和回应性。"② "当公民对一些特定政府单位的表现感到不满意时，交叠的地方政府格局也给他们提供了发泄不满的渠道，他们可以到具有交叉管辖权的官员那里去表示抱怨。"③

第五，大都市区的碎化和多种地方政府的存在（多中心）可以提高效率。如果公共物品和服务通过众多政府单位和私人部门来提供，由于其规模不同，可以实现不同的规模效益，从而降低成本，提高经济效益和效率。"如果所有的地方公共服务都严格由地方政府机构提供，一些机构就很可能要大于最经济的运营规模而另一些则要小于最经济的运营规模。通过将某些服务的供给模式和生产模式相分离，一个城市可以和最接近某一特定物品最佳生产规模的公司签订合同。"同时，由于众多服务生产单位的存在，可以产生竞争压力，提高经济效益和效率。"在竞争性选择存在于不同的服务供应商之间的地方，集体消费单位就有机会寻求最有效的生产者并且从竞争和规模经济调

---

① Vincent Ostrom, Charles M. Tiebout and Robert Warren, "The Organization of Government in Metropolitan Areas: A Theoretical Inquiry", *The American Political Science Review*, Vol. 55, No. 4 (Dec., 1961), pp. 834–837.

② Vincent Ostrom, Charles M. Tiebout and Robert Warren, "The Organization of Government in Metropolitan Areas: A Theoretical Inquiry", *The American Political Science Review*, Vol. 55, No. 4 (Dec., 1961), p. 839.

③ [美] 文森特·奥斯特罗姆等：《美国地方政府》，第95—97页。

整中获益。因此，地方政府之间的签约安排可以造成一些提高效率的压力，这些压力原本存在于市场经济里的竞争性产业中。"①

第六，奥斯特罗姆等学者还对大规模组织的弊端进行了分析。首先，大规模的组织缺乏回应性。"带有其单一决策控制中心的'高康大'也易成为一个它自己的等级和官僚结构的牺牲品。其复杂的交流渠道也许使其行政对于社区中许多比较地方化的公共利益没有反应。"其次，大规模的组织效率低下。"大规模的大都市区范围的组织对于少数公共服务无疑是适宜的，但它不是对于大都市区内所需要的所有的公共服务的提供都是最适宜的组织规模。"② "在'高康大'的公共经济中维持控制的成本如此之高，以致其对公共物品的生产变得极其没有效率。"③ 再次，大规模的组织不利于公众的参与。合并的政府更加规模庞大，更加远离民众，更加官僚化，公民无法获得充分的信息，公民与官员的接触和对官员政绩的把握更加困难，可能无法在投票中作出正确的判断，从而不利于公民参与治理，对公民的民主精神产生压抑，从而产生情绪沮丧，失去社区意识，最终导致社区的衰败。最后，大规模的组织可能会使地方政府失去自治权。他们指出，求助中央权威机构所面临的危险，就是将对地方性事务更大的控制权置于州议会这样的机构中，降低了地方政府处理自己事务的能力。

第七，奥斯特罗姆还对公共选择理论进行了政治哲学上的论证。奥斯特罗姆宣称，公共选择理论奠基于自治和民主行政，而自治和民主行政在汉密尔顿、麦迪逊和托克维尔的著作中已经进行了详细的论述。他认为，《联邦党人文集》所讨论的自治原则为民主制的行政体制奠定了理论基础，而民主制行政体制的表现形式就是联邦制的辖区交叠和权力分散。他写道，"汉密尔顿基本确信具有共存政府权力结构的联邦体制，人民能够通过运用一个政府体制来制约其他政府的篡

---

① [美] 文森特·奥斯特罗姆等：《美国地方政府》，第102、109页。
② Vincent Ostrom, Charles M. Tiebout and Robert Warren, "The Organization of Government in Metropolitan Areas: A Theoretical Inquiry", *The American Political Science Review*, Vol. 55, No. 4 (Dec., 1961), p. 838.
③ [美] 文森特·奥斯特罗姆：《美国联邦主义》，第156页。

第四章 大都市区的政治碎化与区域治理

夺,从而成为自己命运的主人：'人民倒向哪一方面,必然会使哪一方面占优势。如果人民的权利遭到一方的侵犯,他们就能利用另一方作为补救的手段。'"他从托克维尔的论述中总结说,"在我们通常所说的分权与集权相对的意义上,分权与集权常常是交叉的。在联邦政治体制中,许多政治体共存于不同层次的政府中,分权与集权并不一定是互相排斥的。正是联邦政治体制的结构意味着交叠管辖,同时利用'分权'和'集权'的因素。""在美国的政治体制中,管辖交叠,权力分散,允许权威充分分散,从而保障了民主社会中的自由。"①

(四) 对公共选择理论的评价

公共选择理论在大都市区政府体制改革和地方公共经济中提出了新思想,创造了一个新的改革范式,维护了地方自治和民主原则,对于大都市区政府体制改革产生了极大影响,使这一改革运动发生了转向,这一转向对于大都市区的治理积极意义和消极影响兼而有之,对其评价也要一分为二地看待。

美国学者罗斯·斯蒂芬斯(G. Ross Stephens)和纳尔逊·威克斯特罗姆(Nelson Wikstrom)对公共选择学派关于大都市区治理理论的贡献和缺点进行了总结,其贡献主要包括：第一,提供了大都市区政府和政治的综合性的画面,考虑到公共和私人、正式和非正式的方面,公共选择理论不再专注于正式的结构改革,而是注意到个人的需求和偏好。第二,公共选择学派动摇了传统大都市区政府结构改革思想的主导地位,使人们注意到一种新的政治理论。当今,没有几个城市问题的学者捍卫单一的合并的大都市区政府,而是支持联邦制的双层制政府结构。第三,公共选择学派扩大了大都市区治理的争论范围,强调了大都市区多中心特点的正面特征,强调了分散化的政府结构的效率和对公民需求的回应性。第四,公共选择学派正确地注意到,服务的规模经济需要政府单位在地域规模方面的多样化来提供多样化的服务。第五,公共选择学派区分了政府在公共物品和服务方面

---

① [美]文森特·奥斯特罗姆：《美国公共行政的思想危机》,第85—98页。

的生产功能和提供功能,使人们更加理解政府的服务角色。他们比传统改革理论的倡导者更加理解大都市区改革中渐进主义改革的实效性,这些渐进主义的改革措施包括口头协议、政府间合同、区域理事会、专区和专门机构、政府功能的转移,以及利用私人供应商等。①

罗斯·斯蒂芬斯和纳尔逊·威克斯特罗姆也指出了公共选择理论的一些缺点:第一,公共选择学派过于强调公民在一般的政治行为中追求公益物品和私人物品方面利益的最大化,过于强调公民在选择居住社区时的理性和自利原则,而忽略了其他因素,比如情绪,在公民进行政治、政策和选择住址时的影响。第二,公共选择学派的学者不能提出一种机制,让公民向当选官员表达他们的政策偏好。第三,公共选择学派的"以脚投票"具有一定的不切实性。当然,公民可以选择他们的住址,但公民在很多时候受到收入、工作地点和其他因素的制约,不能随意选择住址。第四,公共选择学派没有考虑到大都市区的再分配问题,通过再分配,富裕阶层可以对贫困阶层的服务进行财政补贴。第五,公共选择学派的观点过于狭隘,不论是就地理区域而言还是就功能而言,过于相信地方政府的能力,过于强调服务提供的单一性,导致服务的不平等。第六,公共选择学派捍卫大都市区的多中心化——众多的地方政府、服务的生产与提供的区分、渐进主义的机制——结果导致了服务安排的迷宫,让选民难以认识和理解,从而危害了对公民的回应性和地方民主。②

笔者认为,公共选择理论最主要的缺陷有两个,其一是忽略了区域性问题。地方政府没有能力解决大都市区范围的问题,尤其是环境问题,前文指出,大都市区的巴尔干化与地方政府的林立,地方政府的分区规划权力,尤其是大地块和排他性的分区制法规,导致了大都市区的蔓延,而大都市区的蔓延是一切大都市区问题的根源。可见在巴尔干化的情况下,大都市区问题不能得到根本解决,公共选择学派所

---

① G. Ross Stephens, Nelson Wikstrom, *Metropolitan Government and Governance*, pp. 117 – 118.

② G. Ross Stephens, Nelson Wikstrom, *Metropolitan Government and Governance*, pp. 119 – 120.

期待的效率和效益也无法实现。其二，是忽略了社会公平问题。正如王旭教授所指出的："公共选择学派过于看重基于个人偏好表达的集体选择和地方公共经济的效率，而把社会公正问题的解决推给政府间体制，却不想联邦体制下的中央政府和州政府，如何能够突破错综复杂的地方制度——这也是公共选择学派连篇累牍加以强调的美国特色，而给源于这一制度的社会问题以有效的应对？联邦政府和州政府倘若无法有效解决集体选择导致的社会问题，它即成为斯旺斯特罗姆教授所称的公共选择理论的'阿喀琉斯之踵'"。① 笔者认为，大都市区政治的碎化是阶级分异和种族隔离根本原因，只要政治碎化问题得不到解决，地方政府之间的财政不平衡就得不到解决，中心城市的衰败就不能根本解决，而中心城市的衰败是美国大都市区的根本问题之一，它将危及整个大都市区的健康发展。公共选择理论是对大都市区巴尔干化现象的辩护，是对中产阶级推卸社会责任的辩护，美国学者指出，"碎化的治道还倾向于限制个体公民的责任感。"② 自由主义和个人主义永远是强者的意识形态，倡导竞争、展示拳脚的不会是贫弱无能之辈，市场上的佼佼者是那些腰缠万贯的人们，有钱才能任性。市场法则乃是丛林法则，强者的法则，个体理性会导致集体的非理性。

（五）其他渐进主义的改革理论

1. 社区控制理论

"社区控制"这一词语首先是由纽约市哈莱姆区的黑人学生家长所提出的。1966年夏，他们要求纽约市教育局给予他们在管理学校事务中的发言权。他们希望控制教育决策，因为他们认为，该学校在市教育局的控制之下，不能满足他们对子女教育的要求。③ 随着60年代城市问题的涌现和城市危机的爆发，人们对大城市行政机构的效率越来

---

① 王旭、罗思东：《美国新城市化时期的地方政府》，第241页。
② Michael Howell-Moroney, "The Tiebout Hypothesis 50 Years Later: Lessons and Lingering Challenges for Metropolitan Governance in the 21st Century", *Public Administration Review*, Vol. 68, No. 1 (Jan.-Feb., 2008), p. 101.
③ Bryan T. Downes: *Politics, Change and the Urban Crisis*, p. 201.

越感到不满，于是"社区控制"一词流行开来。许多公民团体抱怨大城市的行政机构不能提供令人满意的警察、教育、垃圾处理、交通等方面的服务。这些批评家将城市问题归咎于城市政府的巨大规模、运转不灵及其垄断地位。他们发现，人口在10万以上的城市，在许多主要的职能方面并不节省开支，比如教育、警察服务等。[①] 另外，仅仅投票选举市长和为数不多的几位高层官员，不足以反映公民愿望的多样性。每个社区居民的爱好、生活方式、面临的问题各不相同，高度集中的政府单位不能对这些不同的要求作出灵活的反应。因此，他们主张还政于民，建立社区委员会和半独立性的社区政府来满足这些要求。在这种政府中，公共官员能够更熟悉城市地区各个群体的不同需求；公共官员在空间上与实际问题更加接近，因而可以根据实际情况作出反应；较小的官僚机构，更便于选民控制。社区控制理论反对传统的改革理论的观点，即提高辖区的规模和减少辖区的数量可以提服务水平、提高效率、增强官员们的责任感、增强公民影响公共政策的信心。相反，他们认为政府的合并，政府规模的扩大会导致公共服务质量的恶化、降低效率、降低官员们的责任感、损害公民影响公共政策的信心。这种改革理论有其理论合理的一面，对于解决小范围内的问题确实很有裨益，同时，也指出了大型政府存在的某些弊端。

2. 双层体制理论

这种理论既看到了地方政府在处理地方性事务时的灵活性，也不忽视大都市政府在解决大都市区范围事务方面的优越性，主张将大都市区内的事务分作两类，一类是有关生活方式的事项，应由郊区地方政府自己保留，比如用校车接送学生就学、低收入和偏低收入居民的公共住房、社区的分区规划、财政平衡等问题。另一类是与生活方式无关的物质性问题，如排水、供水、卫生设施、垃圾处理等，可以转交大都市政府管辖。这种政府关系就如同州与联邦之间的联邦制，大都市区政府和地方政府都应当存在并发挥作用。1970年，艾伦·阿特舒勒（Alan Altshuler）出版的一部专著《社区控制：美国大城市中黑

---

① Robert L. Bish, Vincent Ostrom: *Understanding Urban Government*, p. 12.

人的参政要求》(Community Control: The Black Demand for Participation in Large American Cities) 指出,社区控制理论者也很同意取消各种特区,精简政府的内在结构。他们不反对创造大都市区政府,他们要求的仅仅是,那些与社区和邻里密切相关的地方性服务应该由第二层小政府来提供。因此,在政府治理方式的改革这一问题上,提倡政府合并的传统改革派与提倡社区控制的新改革派也许可以在双层政府理论中找到共同的基础。1970年,经济发展委员会也开始注意到对大官僚机构的反应迟钝的批评,因此,在一份研究报告"城市地区政府的改组"中就持这种主张,即大都市区政府的改革应该实行双层体制,上层政府应该是一个包括整个大都市区的政府,但它要由底层的小政府进行补充,从而可以帮助地方社区居民反映他们要求,提供某些特殊的公共物品和公共服务。导致这种妥协的一个重要因素就是,双方都认识到许多公益物品和服务的性质存在很大的差别。即使是社区控制理论的那些最积极的倡导者也承认,大政府在控制空气污染、提供地区性供水和排水设施、创办大众交通、进行收入的再分配,从而改善贫困地区的财政状况等方面存在优势。而对于究竟哪些特定的职能应该由地方小政府来行使却存在很大分歧。同时,传统的改革派也认识到,不同的群体对不同种类和水平的公益物品和服务的要求也存在很大的区别,而以整个大都市区为基础组织起来、负责所有职能的大官僚机构,也许并不能更有效率地对这些不同的要求作出反应。[1]

3. 国际体系理论

这种理论模型是1964年由马修·霍尔登 (Matthew Holden, Jr.) 提出的,其基本论点就是,"大都市区政治与国际政治是相似的,即两者都不是在政治共同体中,而是在外交体系中出现"[2],也就是说,这种理论将大都市区比作一个由主权国家组成的国际体系。大多数大都市区都存在一系列地方政府单位,每一个单位都有一定的辖区和自治权,都力图保护自己的地盘。它们的行为在很多方面与国家的行为

---

[1] Robert L. Bish, Vincent Ostrom: *Understanding Urban Government*, pp. 13 – 14.
[2] Jay S. Goodman, *The Dynamics of Urban Government and Politics*, p. 205.

十分相似，它们之间为某些资源而争夺，如税收和工业等，为获取某些供应物品和设施而谈判，如供水和排水等。它们还试图扩大自己的疆域（兼并），组织各种攻守同盟（郊区城市联盟），创建"微型联合国"（政府联席会），以处理它们共同存在的问题。

上述各种改革理论虽然名称各异，但其理论基础是一致的，即它们都认识到，地方小型政府在处理某些与社区的生活方式密切相关的问题方面具有优势，同时也不忽视大型政府在提供大型公益物品和服务方面的优势。由于与传统改革理论所处的历史背景不同，所以，上述改革理论在论述中都更加强调地方小型政府的重要性，但这不等于它们否认大政府的重要性。它们主张将两者结合起来，共同发挥作用，扬长避短，因地制宜、因时制宜、因事制宜，以便达到良好治理的效果。然而，上述各种理论，尤其是公共选择理论，都过于强调地方小型政府的自治权，虽然通过某些区域性措施能够解决一些与公共物品和服务相关的物质性事务，但不能综合性地从根本上解决大都市区的巴尔干化所导致的问题，尤其不能解决社会公平问题，所以到20世纪90年代区域主义再度兴起，只不过新时代的区域主义脱离了过去理想主义的梦想，对社会现实有了更清醒的认识，所以这时的区域主义不再单纯强调结构性改革，而是在不排斥结构性改革的同时更加注重治理过程，故称之为新区域主义。

九　大都市区多样化的政治改革实践

在传统集权主义的大都市区政府改革理论与多中心主义的公共选择理论的博弈之下，许多学者、研究机构和政府官员认识到，两种理论各有优长，各有缺陷，比如，小型地方政府在处理某些与社区的生活方式密切相关的问题方面具有优势，而囊括广大地域空间的大都市区政府在提供大型公益物品和服务方面则存在规模效益。如果将两者的优点结合起来，扬长避短，因地制宜，采取多样化的政府和理论模式，可以达到更加良好的治理效果。

第四章　大都市区的政治碎化与区域治理

（一）地方政府协议

地方政府协议（interlocal agreements）是最简单的一种地方政府提供服务的形式，不仅不会威胁到地方政府的自治权，而且比大都市区政府更能有效地提供某些服务，是公共选择学派最推崇的改革方式之一。

地方政府协议主要有三种类型：第一种类型，相互援助，即两个或多个地方政府在某些方面彼此提供援助，比如信息分享、紧急援助等。同一个大都市区中的警察常常分享罪犯信息，协同抓捕逃犯，共同维护社会秩序。消防部门也往往通过书面协议互相提供援助。

第二种类型，共同提供公益物品和公共服务，即两个或多个地方政府签订协议，共同修建和经营某些基础设施和公共服务。这种方法在西部诸州最为流行。加州早在1921年就通过了《联合运用权力法》（the Joint Exercise of Powers Act），允许在县、市、学区、专区、公共公司、州政府乃至联邦机构之间签订这种协议。在洛杉矶县，有几个污水处理系统、一个大型体育场和一个大都市区交通系统就是以这种方式建立和运营的。在1974年政府间关系咨询委员会（ACIR）所调查的大都市区中，有40%的中心城市和22%的郊区城市与其他政府单位签订了协议，以共同修建或出租某些基础设施，其中垃圾填埋场是最常见的共用设备，污水处理、机场、医院也是常见的共建共营的基础设施。[①]

第三种类型，也是最普遍的一种类型，服务外包，即一个地方政府单位通过签订协议，将本辖区的服务外包给私人公司或另一个地方政府。在政府之间，一般是由小型地方政府将服务外包给大型地方政府，因为小型地方政府往往不能提供某些服务，而且大型政府还可以获得规模效益。外包协议一般仅涉及单项服务，也有些地方政府将本辖区的各项服务打包给另一政府单位。地方合同的签订必须获得州政府的授权。起初，这种授权一般由州议会通过特别立法进行，而新的

[①] Howard W. Hallman, *Small and Large Together*, p. 53.

外包协议还必须再次获得州议会立法的授权。后来为了方便起见，州议会不再通过特别立法，而是通过一般立法进行授权。一种授权方式是将可以进行合作的服务项目一一列举出来，另一种方式不是进行列举，而只是一般性地授权地方政府之间可以签订外包协议。根据政府间关系咨询委员会的研究，早在1952年，仅费城大都市区的8个县就已经签订了756个政府间协议，涉及地方政府达427个。1959年，加州的各个城市与县政府之间签订的服务协议多达2832个，仅洛杉矶县与其辖区内地方政府签订的协议就达887个。① 根据约瑟夫·F.齐默尔曼（Joseph F. Zimmerman）的研究，到1974年，美国有42个州通过了一般立法，授权地方政府签订服务协议，其中29个州允许跨州签订地方服务协议。因此，这种通过外包获得服务的城市所占的比例很高，1972年对2248个人口在2500人以上的市镇法人的调查中，有1393个（即61%）通过正式或非正式的协议将公共服务进行了外包，其中大多数服务协议只涉及单项服务，只有13%的协议涉及打包服务。②

在美国众多的政府协议中，最著名的是莱克伍德方案（Lakewood Plan）。莱克伍德是加州洛杉矶县的一个人口大约6万的同质性的中产阶级和富裕阶层的非建制社区，一直面临着被长滩兼并的危险。为了避免被兼并的命运，该社区决定组建为市镇法人，但对于自身提供公益物品和服务的能力感到怀疑。于是，莱克伍德社区委员会聘请"博伊尔工程公司"（Boyle Engineering）提供对策，该公司提出了一个《博伊尔报告》（Boyle Report），建议该市组建为美国第一个完全的"合同城市"（contract city），即该市与洛杉矶县签订合同，将公路维护、健康服务、治安、建筑、规划等服务外包给县政府，与此同时，该市仍然保留在莱克伍德排污维护专区、县图书馆专区、地方娱乐和公园专区之内，此外，该市还可以与一个私人公司签约外包垃圾

---

① U. S. Advisory Commission on Intergovernmental Relations, *Alternative Approaches to Governmental Reorganization in Metropolitan Areas*, pp. 27 – 28.

② Joseph F. Zimmerman, "The Metropolitan Area Problem", *Annals of the American Academy of Political and Social Science*, Vol. 416, (Nov., 1974), pp. 135, 138.

第四章 大都市区的政治碎化与区域治理

处理服务。① 于是，1954年4月莱克伍德组建为市镇法人，随即与洛杉矶县签订了外包协议，通过征收特别税的形式向县政府购买各种服务。由于实行服务外包政策，该市没有任何市政部门，只有10位全职的工作人员。② 莱克伍德方案很快在洛杉矶县流行起来，到1972年，洛杉矶县与辖区内的所有77个市镇法人签订了1600个外包协议，涉及58种服务。③ 如果该县某个市镇法人认为它自己能够更有效地提供服务，或者居民们愿意自己控制某些服务，该市可以在协议期满后将其解除。

莱克伍德方案的实施刺激了其他市镇法人的建立，这是因为：其一，它将服务的提供与生产分离开来，这就使得地方政府不必进行大规模的基础设施的投资就可以获得某些服务，同时还由于这种服务的集中提供而获得规模经济。其二，可以获得财政上的优惠。市镇法人有资格接受加州政府征收的汽车税和一些拨款，而非建制社区则没有资格接受。而且1956年加州议会通过了《布拉德利—伯恩斯销售税法》（Bradley-Burns Act），县政府和市镇法人都有权征收1%的销售税，市镇法人征收的归自己支配，而非建制区征收的却归县政府支配。市镇法人可以用新税与县政府签订服务外包合同，从而可以全部或部分地免除财产税。其三，成立市镇法人可以抵制邻近城市的兼并，控制自己境内的城市规划和分区制法规，从而可以保护本社区的利益，而非建制区则由县政府控制其规划和法规。因此，在1954—1961年间，洛杉矶县组建了21个新的市镇法人，它们不必达到一定的规模去生产它们自己的市政服务，而是根据自己的服务需求水平，从县政府或其他政府购买公益物品和服务，其中8个市镇法人不足5000人，而布拉德布利（Bradbury）只有618人。④

---

① Gary J. Miller, *Cities by Contract: The Politics of Municipal Incorporation*, Cambridge, Massachusetts: The MIT Press, 1981, p. 20.

② Robert L. Bish, *The Public Economy of Metropolitan Areas*, Chicago: Markhan Publishing Company, 1971, p. 86.

③ John J. Harrigan, *Political Change in the Metropolis*, p. 207.

④ Robert L. Bish, *The Public Economy of Metropolitan Areas*, pp. 87–88.

按照公共选择学派学者罗伯特·比什的总结，地方政府协议存在一系列优点，第一，需求单位可以是同质性的小型社区；第二，生产单位可以是任何规模的单位，以不同的规模经济最有效地提供物品和服务；第三，需求单位的官员可以与不同的生产者洽谈最便宜的价格。① 也就是说，地方政府协议使公共服务的提供更加具有现实性、灵活性和实效性。

然而，地方政府协议存在更多的弊端。第一，它加剧了大都市区的巴尔干化现象，阻碍更具综合性的大都市区政府的成立，阻碍区域性问题的解决。莱克伍德方案实施后，新的市镇法人的迅速增加就证明了这一点。政府间关系咨询委员会指出："政府间协议可以成为阻碍更具综合性的政府改革的力量，因为它缓解了民众对现状的不满，而从长远来说，这种现状只有在更加综合的基础上才能有效地加以处理。"② 第二，它削弱了公民对地方政府的控制。由于它只是分散地处理问题，导致地方协议复杂繁多，普通居民对此感到迷茫困惑，对失职行为无法问责。第三，它无法解决社会公平问题。地方政府协议解决的主要限于服务层次的和没有争议的问题，而对于区域性的和社会性的问题却无能为力。正如政府间关系咨询委员会所指出的，"只有当每个参与单位直接的地方利益与更广泛的区域利益不相冲突时，它们才是可行的"③。而对于社会公平问题，地方政府可以在保持自治的情况下，通过分区制法规，将社会下层和少数族裔排斥在外，达到阶级分异和种族隔离。麦克·戴维斯（Mike Davis）评论道，这些城市的居民在确保了自身必要的服务以后，"可以通过分区制法令，将那些需要服务的低收入人口和租房人口排除在外，摈除住房开发集团，抵制官僚扩大公共服务的压力，也许最重要的是，确保其财产不被用于扩大政府收入，或用于财政再分配。"杰拉尔德·E. 弗鲁克

---

① Robert L. Bish, *The Public Economy of Metropolitan Areas*, pp. 76-77.
② Gerald E. Frug, "Beyond Regional Government", *Harvard Law Review*, Vol. 115, No. 7 (May, 2002), p. 1786.
③ U. S. Advisory Commission on Intergovernmental Relations, *Alternative Approaches to Governmental Reorganization in Metropolitan Areas*, pp. 30-31.

(Gerald E. Frug) 写道:"现在必须澄清的是,自愿性的协议和专区政府不是走向综合性区域策略的垫脚石,而恰恰是为了避免它们的出现。它们将美国大都市区所面临的最具有分裂性的问题——学校、犯罪、住房、就业和税收等——从日程中剔除出去。此外,它们不能成为可靠的手段,还因为它们只是处理数量有限的重要的区域性问题的手段,却回避了更加具有争议性的话题。"[1]

(二) 政府职能的转移

政府职能的转移就是将某个地方政府的职能转移到另一个更大的地方政府,这种方法同样是在现有的地方政府框架之内提供服务,最常见的是转移到县政府,也有的转移到大都市专区和州政府等。这种转移大多数是自愿的,也有一些是由州政府规定的,比如,佛罗里达州就规定将财产税的估价权从市镇法人转移到县政府;密西西比州规定将卫生服务从市镇法人转移到县政府;明尼苏达州将社会福利的职能从市镇法人转移到县政府。这一方法与地方协议有些类似,即由其他政府来提供某些服务,但与地方协议所不同的是,获得职能的政府要承担全面和永久的责任,包括政策制定、财政、行政等方面。

关于政府职能转移的原因,根据政府间关系咨询委员会(ACIR)于1975年进行的调查,包括三个方面:第一,人们相信某些服务由一个更大的单位提供比本市提供更有效率。第二,由于不能建立大都市区政府,人们不得不转向县政府或州政府寻求区域范围的服务。第三,中心城市日益严重的财政困难,迫使其将提供服务的责任交给一个拥有更广泛税收基础的政府单位。[2]

到1974年,美国已经有11个州的宪法规定了政府职能的转移,包括阿拉斯加、密歇根、密苏里、纽约、加州、佛罗里达、伊利诺

---

[1] Gerald E. Frug, "Beyond Regional Government", *Harvard Law Review*, Vol. 115, No. 7 (May, 2002), pp. 1786–1788.

[2] Howard W. Hallman, *Small and Large Together*, p. 54.

伊、俄亥俄、宾夕法尼亚、田纳西、弗吉尼亚。此外还有几个州通过州议会立法规定了政府职能的转移。① 根据上述调查,在1965—1975年间,被调查的城市中几乎有1/3至少有一项职能转移到其他政府,而人口在50万以上的城市中,有79%进行了职能的转移,人口在5000人以下的政府单位,这一比例只有25%。② 中心城市的比例之所以很高,是因为中心城市的许多设施,比如医院、机场、港口、公园、图书馆、博物馆、动物园等具有很强的溢出效应,郊区居民能够利用这些设施却不必缴税,所以中心城市要求县政府承担这类职能。就接受职能的一方来说,有56%的职能转移是由市镇法人转移到县政府;19%转移到专区;14%转移到州政府,7%转移到其他市镇法人,4%转移到地方政府联席会(COGs)。③ 通过政府职能的转移,在一定程度上避免了大都市区服务的重复性,并且还可以获得某种规模效益。

(三)大都市专区

为了解决郊区服务的提供问题,公共选择学派积极主张建立服务专区,因为建立专区可以保持郊区现有地方政府的存在与自治。但前文指出,由于大多数专区空间范围狭小,职能单一,因而成为导致大都市区政治碎化的主要原因之一,为了解决小型单一职能的专区所导致的政治碎化问题,一种大规模的专区即"大都市专区"逐渐发展起来。所谓"大都市专区,就是地域范围覆盖部分或整个大都市区的专区"。有些大都市专区小于大都市区的范围,但有些则超过了大都市区的范围,"无论其地域范围小于还是超越了人们一般所认为的大都市区边界,只要它行使某种城市职能,并将中心城市囊括在内(如果拥有多个中心城市,至少要囊括一个中心城

---

① Joseph F. Zimmerman, "The Metropolitan Area Problem", *Annals of the American Academy of Political and Social Science*, Vol. 416, (Nov., 1974), p. 136.

② John C. Bollens, Henry J. Schmandt, *The Metropolis, Its People, Politics and Economic Life*, p. 358.

③ Howard W. Hallman, *Small and Large Together*, p. 56.

市），同时覆盖了大都市区其余地域或人口的主体，就可以准确地称其为大都市专区"①。

大都市专区并不是什么新生事物，而是在19世纪末即已出现，比如，波士顿于1889年成立的大都市排污委员会（Metropolitan Sewer Commission）和1895年成立的大都市供水局（Metropolitan Water Board）。二战以后，大都市专区的数量迅速增加，到1957年，在美国1/4的大都市区中已经出现了大都市专区，而在人口50万以上的大都市区中则更加集中，在美国33个人口最多的大都市区中，大约3/4拥有至少一个大都市专区。② 而到70年代末，美国已经大约有250个单一功能的大都市专区，即大多数大都市区都已经存在这种专区，而以加州、俄亥俄州和得克萨斯州最为普遍。它们行使着各种各样的职能，比如，污水处理、供水、公共住房、医院、图书馆、港口、污染控制、飞机场、公园等。大都市专区作为一种处理大都市区事务的方式普遍受到欢迎，这是因为：其一，它们一般自负盈亏，其支出主要来自服务收费、股票等；其二，成立程序比较简单，许多州通过法律授权成立大都市专区，只需大都市专区内的公民投票通过即可，而有的甚至不需要公民投票。比如，旧金山湾大都市区的空气污染控制专区就是由州议会的特别立法建立的，而"纽约和新泽西州港务局"则是由州际合同（inter-state agreement）建立的。③

有些大都市专区的规模异常巨大。表4.10显示，1952年，芝加哥公共交通局（Chicago Transit Authority）的雇员达到17472人，超过了17个州的政府雇员总数，年度收入为119064美元，长期债务为137400美元，其年度财政支出分别超过了12个州。最著名的大都市专区是成立于1921年的"纽约和新泽西州港务局"，其目的是发展商业和运输设施，由两个州的州长任命的12个委员组成的委员会进行管理。这个港务局没有征税权，其收入依靠建立公营企业（government-owned

---

① John C. Bollens, *Special District Governments in the United States*, pp. 52-53.
② John C. Bollens, *Special District Governments in the United States*, p. 67.
③ John C. Bollens, Henry J. Schmandt, *The Metropolis, Its People, Politics and Economic Life*, p. 359.

corporation)。到 60 年代末，该港务局的财产价值高达 30 亿美元，1974 年其营业利润为 2 亿美元。①

表 4.10　1952 年美国最大的大都市专区的雇员人数和财政规模（美元）

大都市专区	雇员数量	年度收入	长期债务
芝加哥公共交通局	17472	119064	137400
波士顿大都市公共交通局	7652	50004	131054
纽约港务局	3745	57097	241688
芝加哥大都市公共卫生专区	1882	29246	141164
印第安纳波利斯公用设施专区	1230	21828	11785
东湾市政设施专区（EBMUD）	1208	17708	69530
奥马哈公共电力专区	1116	17942	71528
奥马哈大都市公用设施专区	1007	10515	—

资料来源：John C. Bollens, *Special District Governments in the United States*, Berkeley and Los Angeles: University of California Press, 1957, p. 70.

尽管大都市专区空间规模巨大，但大多数是功能单一的。直到 1957 年为止，美国尚未出现一个多功能的大都市专区。由于大都市专区只提供某一个方面的服务，所以造成了功能上的分割，而且当新的需求出现后，必然要建立新的大都市专区，从而增加了地方政府的数量，导致了大都市区的进一步巴尔干化。因此，解决办法就是创造综合功能的大都市专区，一种方法就是将单一功能的大都市专区合并起来。但是，大都市专区的合并十分困难，因为这样会威胁大都市专区官员的职位，所以他们竭力反对。而成立新的多功能大都市专区又需要州议会的立法批准，难度也很大。以华盛顿州为例，1957 年，该州议会通过了一项法案，允许成立多功能的大都市专区，以便综合处理公共交通、供水、废物处理、公园等方面的事务。该法规定，建立这种机构的计划方案必须将服务内容一一列举出来，并且要分别得到大都市区内中心城市和其他

---

① John J. Harrigan, *Political Change in the Metropolis*, p. 213.

地区选民的多数票通过。1958年，西雅图大都市区的一个负责污水处理、公共交通以及综合规划的大都市专区方案，在整个大都市区的公民投票中获得了压倒多数，但在郊区却被挫败，结果这一尝试付之东流。同年9月份，该大都市区成立了一个污水处理方面单一功能的大都市专区，1962年和1968年，该大都市专区曾两次试图将其服务功能扩大到公共交通，但都以失败告终。只是到1972年，公民才在投票中授权该大都市专区经营一个公共交通系统，并同意征收一项销售税作为开支。[①]

大都市专区的一个优点就是其政治上的可行性，即其成立无须取消现有的地方政府及其自治权，而且也不需要修改州宪法，只需州议会通过立法和公民投票即可成立。但其缺点主要在于其功能的单一性，"广泛使用这种方法不是使大都市区内的政府协作问题更加简单，而是使之更加复杂。特别是当为每一种功能建立起一个单独的专区之时，权威不是得到合并而是进一步分散，增加了选民控制的难度和机构重叠"[②]。此外，大都市专区还会侵蚀一般政府的职能和权威，而且各个功能单一的大都市专区彼此之间还会争夺资金，使选民和官员无所适从，专区官员数量众多，不便于选民控制等等。

（四）大都市区规划

大都市区规划（metropolitan planning）是城市规划的进一步延伸。由于城市规划仅仅限于城市界限以内，对于城市界限以外的发展或城市之间的协调无能为力，因此，城市规划就需要越出城市界限，进行大都市区范围的规划。

美国第一个区域规划机构是1902年由马萨诸塞州议会建立的"波士顿大都市区改进委员会"。1909年一个私人机构"芝加哥商业俱乐部"出资赞助，由芝加哥著名的建筑师丹尼尔·H. 伯纳姆

---

① John C. Bollens, Henry J. Schmandt, *The Metropolis, Its People, Politics and Economic Life*, pp. 365-366.

② U. S. Advisory Commission on Intergovernmental Relations, *Alternative Approaches to Governmental Reorganization in Metropolitan Areas*, p. 52.

（Daniel H. Burnham）和爱德华·H. 贝内特（Edward H. Bennet）为首的团队制定了芝加哥大都市区规划，成为芝加哥城市美化运动的主要内容之一。美国第一个县级的区域规划委员会是1922年由"洛杉矶县监督委员会"建立的，以便为后者提供咨询。20世纪20年代最著名的区域规划是纽约区域规划，是由一个私人组织"纽约区域规划委员会"于1929年完成的。该规划长达8卷，覆盖了5528平方英里，囊括了500个地方政府机构，规划内容包括纽约市的设计，以及区域范围的交通、土地利用、公共设施等。1923年俄亥俄州议会通过了美国第一个立法，授权地方政府成立区域规划委员会。联邦政府也为区域规划机构的成立起了推动作用，1928年美国商业部草拟了一个《标准城市规划授权法》（the Standard City Planning Enabling Act），为区域规划制定了立法范本。该范本允许所有城市的规划委员会或县委员会向州长提出申请，成立区域规划机构。州长对每个申请至少要举行一次公共听证会，然后决定是否批准该申请，以及划定区域范围，任命区域规划委员会的人选。该区域规划委员会包括9名委员，由州长任免，委员会有权制定和修改区域规划。一旦该区域规划被采纳生效，任何地方政府的街道、公园、运动场地、开放空间、公共建筑、公共设施等开发项目，都必须获得区域规划委员会的批准。然而，区域规划委员会对地方政府规划的否决是可以被推翻的，只要地方规划机构的2/3多数反对区域规划委员会的否决，并提交一份陈情报告即可。[1]

新政时期的公共工程和救济计划推动了区域规划的发展，到1937年，已经有500多个大都市区成立了单县和跨县的区域规划机构，其中3/5属于官方机构，但二战期间许多区域规划机构纷纷解体。二战后区域规划再度兴起，1945年，密歇根州议会通过立法，授权成立区域规划委员会，在随后的两年内，另外10个州也制定了类似的立法，到1950年，美国已经有20个大都市区成立了官方的区域规划委

---

[1] Roger L. Kemp, *Regional Government Innovations: A Handbook for Citizens and Public Officials*, Jefferson, North Carolina: McFarland & Company, Inc., Publishers, 2003, pp. 10–11.

员会。① 总体而言，60 年代以前，大都市区规划的发展速度十分缓慢，到 1962 年，美国只有 63 个大都市区成立了大都市区规划委员会，而且，这些委员会往往人员不足，经费拮据，缺乏权威，其活动仅仅限于人口调查、经济分析和传统的土地利用规划等。② 然而，进入 60 年代以后，区域规划或大都市区规划的发展出现了高潮，根据 1969 年的调查，大都市区规划委员会骤然增加到 351 个。③ 之所以出现如此巨大的转变，是因为联邦政府的推动。

第一，联邦住房法对区域规划的支持。1954 年联邦住房法的 701 条款（Section 701）第一次授权，对州和区域规划机构的大都市区规划活动进行一比一的资金配套援助。在该法通过后的 3 年中，至少有 13 个州通过了区域规划授权法，1959 年和 1961 年的住房法继续沿用 701 条款的援助计划。④

第二，联邦交通法的支持。1956 年的联邦援建公路法对区域交通规划进行援助。1962 年的联邦援建公路法规定，未来的公路建设必须是综合性的区域规划的组成部分，否则就得不到联邦援助，并第一次要求地方政府和州政府制定"协调、综合和连续的规划"。所谓协调的规划，是指州政府和地方政府在制定规划的过程中彼此协调；所谓综合的规划，就是要求对区域的人口增长、土地利用、开发活动、规划法令、财政资源、社会关系和基础设施等诸多因素进行全面调控；所谓连续的规划，就是要求每个大都市区或区域都有一个专门负责交通规划的机构，该法规定将 1.5% 的联邦交通基金用于规划研究工作。这样，区域规划的制定就有了可靠的资金来源，同时使区域规划程序和组织制度化。⑤ 在该法的鼓励下，到 1963 年底，除了 3 个

---

① Howard W. Hallman, *Small and Large Together*, p. 67.
② John J. Harrigan, *Political Change in the Metropolis*, p. 278.
③ John C. Bollens, Henry J. Schmandt, *The Metropolis, Its People, Politics and Economic Life*, p. 195.
④ Roger L. Kemp, *Regional Government Innovations*, p. 12.
⑤ Myron Orfield, *American Metropolitics: The New Suburban Reality*, Washington, D. C.: Brookings Institution Press, 2002, p. 142.

州以外，其余各州都制定了大都市区规划的授权法。[①]

第三，联邦城市发展法的支持。1965年国会制定的《住房与城市发展法》再次对701条款进行了补充，规定规划援助只向区域性组织发放，该区域组织要由地方政府单位的官员组成。为了获得联邦政府的援助资金，许多大都市区成立了政府联席会（COGs）作为区域规划组织。1966年的《模范城市与大都市区发展法》的204款（Section 204）特别要求，地方政府向联邦政府申请贷款和援助资金的申请书，必须首先获得区域规划机构的审批，并附有对地方政府有关项目的评语和推荐意见。这种审查程序于1969年由联邦管理和预算局（OMB）在A-95通函（Circular A-95）中进行了详细的说明，要求促进"州、区域和大都市区规划和发展通信处网络的形成"，以便收集和交流关于开发项目的信息，协调申请联邦援助单位之间的行动，对"具有州、区域或大都市区重要意义的联邦或联邦援助的项目进行评估"[②]。此外，联邦政府还于1967年成立了"全国区域政府联席会服务处"，成为区域规划机构和政府联席会（COGs）获取信息、进行情报交流的机构，并且为政府联席会提供咨询，帮助它们了解有关联邦政府计划方面的信息，并帮助它们解决某些特殊问题。

第四，1968年联邦政府的《政府间合作法》（Intergovernmental Cooperation Act）第四条（Title IV）宣布："总统应该……制定对大都市区和社区发展产生重大影响的联邦计划和项目的条例和规范……在制定联邦的或联邦资助的发展计划或项目之时，所有方面的目标——包括国家的、区域的、州的和地方性的——都应该尽可能地得到充分的考虑。所有的联邦发展援助都应该尽可能地与全国性的目标相协调，并且符合并促进州、区域、地方综合规划的目标。[③]

在上述联邦政策的推动下，大都市区规划机构迅速增加，而且地位得到加强。由于有了比较充足的资金，大都市区规划委员会雇佣了

---

① Howard W. Hallman, *Small and Large Together*, p. 67.
② Melvin B. Mogulof, *Governing Metropolitan Areas: A Critical Review of Council of Governments and the Federal Role*, Washington, D. C.: The Urban Institute, 1971, pp. 5-6.
③ Melvin B. Mogulof, *Governing Metropolitan Areas*, p. 5.

一些专业人员，对大都市区内的事务进行了规划活动，如土地利用、交通、供水、社区服务设施、空气污染等。

然而，美国的区域规划或大都市区规划存在很大的局限性，首先，大都市区规划的内容主要是基础设施、土地利用和交通系统等物质性事务，而对有关公共住房、人口分布、阶级分异和种族隔离等社会性事务几乎不曾问津。前文指出，1962年的联邦援建公路法要求州和地方政府制定"协调、综合和连续的规划"。1967年，联邦管理和预算局制定了一个"物质—经济—人文资源"综合规划的范本，作为联邦政府资助大都市区规划行为指南的一部分。此后不久，701条款援助计划也扩大到人文资源开发方面，1968年，国会又特别规定，地方和大都市区综合规划必须将住房问题包含在内，以此作为继续获得701援助的先决条件。然而，社会性事务过于敏感，大都市区规划机构难以插手，即使它们试图对此类问题进行规范，其结果只能是引起冲突和地方政府的抵制，各地方政府仍然坚持自己的发展规划，各自为政，各行其是。[1] 其次，这些区域规划机构没有充分的决策权和执行权，甚至缺乏明确的立法指导，而且往往财政不稳，人员不足。到80年代，由于联邦政府实行还权于州的新保守主义政策，在联邦政府的39项推动区域规划发展的项目中，除了大都市区交通规划以外，其余的全部予以撤销。[2] 此后，对区域规划的资金援助主要来自州政府。

因此，大都市区规划对大都市区的发展模式没有发挥应有的作用。戴维·兰尼（David Ranney）写道，大都市区规划机构"并没有能够制定出被大都市区的各个政府所遵循的一种大都市区规划政策"。城市地理学家约翰·弗里德曼（John Friedmman）也指出："这种方式的规划（即综合发展规划）最明确的目标——以一个综合的蓝图来规范城市和国家的发展，并且以功能上理性的标准为基础来这样

---

[1] John C. Bollens, Henry J. Schmandt, *The Metropolis, Its People, Politics and Economic Life*, p. 197.
[2] Roger L. Kemp, *Regional Government Innovations*, p. 16.

作——并没有得以实现。在大都市区规划所试行的地方,按照其自己所宣布的目标来判断,这种大都市区规划的结局是一种巨大的失败。"①

(五) 政府联席会

按照1973年美国政府间关系委员会(ACIR)的定义,政府联席会(council of governments,COGs)是一种"由民选官员或由民选官员所代表的地方政府组成的多功能自愿性的区域协会。政府联席会的管理机构主要由地方政府成员单位的首席长官组成,至少有一部分资金来自地方政府单位"②。政府联席会完美地体现了国际体系理论的思想,也是公共选择学派积极倡导的治理方法。政府联席会如同地方政府的"联合国",是大都市区内各个市镇法人和各个县政府组成的一种自愿性组织,以便以合作或协作的方式解决大都市区的各类问题,但它不是一个政府实体,而仅仅是一个松散的地方政府联盟,相当于一个议事机构或论坛,但也有一些政府联席会担当了大都市区规划机构的职能。

美国最早的一个政府联席会是1954年底特律大都市区6个县成立的"县际监督委员会"(Supervisors Inter-County Committee),第二个是1956年在地跨三州的纽约大都市区成立的"大都市区政府联席会"(Metropolitan Regional Council),第三个是1957年在西雅图—塔科马大都市区成立的"皮吉特湾政府会议"(Puget Sound Governmental Conference)。其他的大都市区,比如尤蒂卡—罗马(Utica-Rome)、费城、华盛顿、亚特兰大、塞勒姆(Salem,俄勒冈州)、旧金山—奥克兰和洛杉矶等大都市区也拥有早期的政府联席会。这些最初的政府联席会的基本会员是由县和市镇法人的官员代表其政府组成的,其主要活动是信息交流、协调地方政府间的服务和发展规划等。会员政府要向政府联席会提供资金,以便雇佣工作人员,有的政府联席会还接受

---

① John J. Harrigan, *Political Change in the Metropolis*, pp. 278 - 280.
② Howard W. Hallman, *Small and Large Together*, p. 68.

第四章　大都市区的政治碎化与区域治理

私人捐赠。[1]

在前述联邦政府政策和立法的支持之下，政府联席会得到了迅速发展，到20世纪60年代后期，政府联席会的发展相当迅速，1965年，美国只有9个政府联席会，到70年代末，增加到近600个，服务于250个左右的大都市区和350个非都市地区。[2] 就政府联席会的空间规模而言，70年代每个政府联席会平均拥有5个县、19个市镇法人、8个学区、10个专区，但它们的差别很大。在大多数情况下，投票以政府为单位，一个单位只有一票，只有11%的政府联席会采用了按人口比例给予投票权的制度，有的则采取了加权和非加权的投票方式。大多数政府联席会的活动资金主要来自联邦政府，而其中以701条款拨款为主，其余的资金来自地方政府的资金捐献和州政府拨款。政府联席会的工作内容主要是物质空间规划，即奥利弗·P.威廉（Oliver P. William）所说的"系统的维持活动"（system maintenance activities），但很少涉及生活方式（life-style）问题。到70年代，大多数政府联席会制定了关于给排水、土地利用、开放空间和娱乐设施、交通、固体垃圾、经济发展方面的区域规划或发展政策。[3]

华盛顿大都市区的政府联席会就是一个典型的例子。该政府联席会成立于1957年，其正式名称为"华盛顿大都市区会议"，1962年更名为"华盛顿大都市区政府联席会"，该政府联席会成立的目的是加强联邦政府、马里兰州和弗吉尼亚州、各县、市镇法人之间在处理共同问题方面的合作，比如公交、供水、污染等。其最高权力机构为全体成员大会，每半年举行一次，每个政府单位都有代表参加，每个政府单位都有一票表决权。在大会闭会期间，由行政委员会制定有关政策，行政秘书及其僚属负责日常工作，下辖5个政策委员会，分别负责公共交通、供水和污染控制、土地利用、公共安全以及公共保健和社会福利5个方面的政策制定，活动经费由各

---

[1] Howard W. Hallman, *Small and Large Together*, pp. 68–69.
[2] John C. Bollens, Henry J. Schmandt, *The Metropolis, Its People, Politics and Economic Life*, p. 368.
[3] Howard W. Hallman, *Small and Large Together*, p. 71.

成员政府自愿捐助，1965年联邦住房法通过以后，经费由联邦政府拨款资助。在该政府联席会成立早期，较为成功地执行了上述功能。在该政府联席会的建议下，华盛顿大都市区成立了"国家首都交通局"以及后来的"华盛顿大都市区公共交通委员会"，在这一新机构的负责之下，成功地修建了华盛顿地铁。该政府联席会还制定了一个"2000年地区发展规划"，以解决该大都市区人口增长所带来的土地利用问题。[1]

政府联席会在"维持系统活动"方面确实发挥了一定的作用，比如在道路交通、给排水设施、区域性公园、环境保护等，但其结构上的根本缺陷和地方政府间的斗争就决定了它在解决许多区域问题，尤其是与生活方式相关的问题上效用的局限性。其缺陷主要表现在如下几个方面：

第一，单位代表制。政府联席会的性质仅仅是地方政府之间的一个论坛和议事机构，而不是一个独立存在的政府实体。这一点从其组织结构和议事程序就可以明显地反映出来，政府联席会的最高权力机构是全体成员大会，每个政府都有一票表决权，政府联席会的行政会议没有实权，参加政府联席会是自愿的，成员政府可以随时退出。比如纽约"大都市区政府联席会"的政策委员会特别指出："这个组织在性质上是自愿的，无论是在组织构成方面还是在制定具有约束性的政策方面都是如此。"它必须尊重"地方自治的原则和该区域社区的尊严"。它只是为整个大都市区地方政府的官员们提供一个互相探讨共同问题机会，并且联合起来向联邦政府申请财政援助。1958年，纽约市长罗伯特·瓦格纳（Robert Wagner）也曾试图为该政府联席会确立一种法律地位，他与其他官员一道呼吁纽约、新泽西和康涅狄格三个州的议会正式授权该政府联席会成为一个由县政府和市政府组成的大都市区联邦，配备全日制的工作人员，有权对每个成员政府按人口比例进行征税，有权从事研究工作，推动政府之间的合作。但这一建议

---

[1] John J. Harrigan, *Political Change in the Metropolis*, pp. 285-286.

遭到了郊区地方政府的强烈反对。拿骚县的行政监督官霍利·帕特森（A. Holly Patterson）告诉大都市区内的其他官员，拿骚县将永远不会参加拥有这种法律地位的政府联席会，永远不会加入"任何微型的联合国或者巨无霸式的政府"。"拿骚县可以和某个或所有政府进行合作，但不会向任何人出让它的自治权。" 1962 年在萨福克县监督委员会举行的听证会上，该委员会的主席和共和党的党魁阿瑟·克罗马蒂（Arthur Cromarty）指责该政府联席会是"走向将所有政府全部集中于一个由政治任命的官员所指挥的巨大官僚机构之下的第一步"，并且指控纽约市企图"接管萨福克县……并且把东部港口置于一个由政治任命的、对任何人都不负责的老板们操纵的政府之下"。听证会结束时，所有监督官都一致投票，决定断绝与该政府联席会的关系，宣布："退出（该政府联席会）将会保护和增进该县的最大利益。"[①]

第二，权力的局限性。政府联席会的强制性权力仅仅在于它是地方政府申请联邦援助的审核机构，除此之外，它没有征税权，也不能强制贯彻其决议。即使在政府联席会行使 A-95 联邦援助审查权力时，也不愿意充分运用这一权力。根据 1969 年对得克萨斯州 11 个政府联席会的调查发现，只有两个政府联席会曾行使过否决权。梅尔文·莫古洛夫（Melvin Mogulof）写道："政府联席会发现做下述事情是相当困难的，即对于成员政府申请联邦基金进行批评性的评估、对于涉及成员政府的事务作出轻重缓急的安排，或者对地方政府的行为施加影响，从而试图迫使它们遵守地区规划等。"[②]

第三，对于规模较小的大都市区的政府联席会来说，另一个缺陷就是缺乏专业雇员。根据 1976 年"区域政府联席会全国联盟"（NARC）的调查，每个政府联席会的工作人员的平均数量只有 17 人，年度开支仅为 75 万美元。[③]

---

① Jon C. Teaford: *Post-Suburbia*, pp. 117-119.
② John J. Harrigan, *Political Change in the Metropolis*, pp. 286-288.
③ John C. Bollens, Henry J. Schmandt, *The Metropolis, Its People, Politics and Economic Life*, p. 371.

第四，在处理有关生活方式的问题方面不成功。原因有两个：第一，1966年模范城市法规定，政府联席会对地方政府申请联邦援助的审查权，仅仅限于"联邦贷款或拨款以帮助实施广阔空间的项目，或者用于任何大都市区范围内的规划或建设医院、飞机场、图书馆、供水和分配设施、排污设施和废物处理工程、公路、交通设施、水资源开发和储存工程等"。这一段话明显忽略了社会问题，比如税收的不平等、郊区的低收入家庭住房、用校车接送学生以达到学校种族平衡等问题。第二个原因是政府联席会的单位会员制度，这使郊区地方政府能够有效地行使否决权，从而能够继续控制与生活方式有关的事务。①

十　新区域主义的兴起及其经济取向

20世纪六七十年代以后，随着传统大都市区政府体制改革的屡屡失利和公共选择学派的抨击，传统区域主义的改革理论和实践在七八十年代进入低潮时期。当然，传统的集权主义改革的受挫也与七八十年代共和党政治新保守主义和经济学领域新传统自由主义的兴起密切相关。在此期间，公共选择理论在大都市区的治理中大行其道，该理论以地方公共经济的市场预设为理论前提，倡导分散的多中心化的治理之道，因而迎合了以白人中产阶级郊区居民为主体的利益集团的拥护。然而，导致美国大都市区各种问题的根源恰恰是自由主义的市场机制和政治上的分散化治理，大都市区缺乏一个能够统筹规划和统一治理的核心权威机构。因而公共选择理论注定不仅不能有效地解决大都市区问题，反而进一步恶化了大都市区的各类问题，比如中心城市的衰落、城郊之间的种族隔离和阶级分异、城郊之间的财政失衡、大都市区基础设施的分布失衡、交通拥堵、生态环境的恶化、开放空间和土地资源的丧失，以及整个大都市区在全球经济竞争中的不利地位等等。因而，进入90年代以后，一股新的区域主义浪潮再次兴起。

---

① John J. Harrigan, *Political Change in the Metropolis*, p. 288.

这种新区域主义汲取了传统区域主义理论中集权主义的教训，借鉴了公共选择理论中市场预设和多中心主义治理的弊端，尝试着将两者的优点结合起来，试图探索出一条既不过于集权，又不疏于过度分散化的第三条道路。

（一）新区域主义的兴起

20世纪90年代新区域主义兴起的领军人物包括如下一些著名的学者和实践家，其中最早和最有争议的是戴维·腊斯克，他曾担任阿尔伯克基市的市长，具有丰富的实践经验。他于1993年出版了《没有郊区的城市》一书，所谓"没有郊区的城市"，就是中心城市通过不断兼并郊区的土地和人口，保持中心城市在大都市区内的主导地位，同时削弱郊区对中心城市的抗衡能力。腊斯克认为，美国大都市区的核心问题是种族和阶级的隔离以及中心城市的衰落，而两者又是密切联系的。由于郊区地方政府采用土地利用分区制，将贫困人口和黑人等少数族裔隔离于中心城市，从而创造了一个市容衰败、税收萎缩、贫困聚集、犯罪猖獗的"内城"，而郊区白人中产阶级则竭力维持这些"内城"与"外城"的隔绝。[①] 腊斯克审视大都市区问题的着眼点，是中心城市与郊区的种族和阶级隔离及其困境，而其破解之道则是城市的兼并。从这一点来说，腊斯克是一位典型的传统区域主义者。

腊斯克把城市分为弹性城市和非弹性城市。腊斯克发现，非弹性城市地区比弹性城市地区存在更加严重的种族和阶级隔离，城市与郊区之间的收入差距越小，即种族与阶级的隔离程度越低，整个大都市区的经济就越具有活力。腊斯克写道："在一个弹性的大都市区中……虽然没有一个社区能够避免种族不平等，但少数族裔能够更均匀地分布于整个大都市区，种族和收入差距就会有所降低……由于拥有更广泛的税收基础，弹性城市的政府能够拥有更好财政状况，更倾

---

① David Rusk, *Cities without Suburbs*, Washington D. C.: the Woodrow Wilson Center Press, 1993, 1995, p. 1.

向于依靠地方资源来解决地方问题。事实上，一般而言，（在弹性大都市区）地方公共机构更倾向于联合行动，作出更加统一和有效的反应来应对诸多经济挑战。"① 可见，腊斯克解决大都市区发展问题的关键乃是中心城市对郊区的兼并，他甚至倡导 90 年代新区域主义学者比较讳言的大都市区政府，"扭转城市地区的碎化是消除严重的种族和经济隔离根本的一步。必须重新界定'城市'一词，以将城市和郊区再次统一起来。这种统一最理想的方式就是通过成立大都市区政府来实现。"这种典型的传统区域主义的观点，在 20 世纪 90 年代以后可谓凤毛麟角，特立独行。腊斯克为大都市区问题的治理提出了 4 种战略措施：在地方政府之间进行税收分享，以解决财政收入的不平衡；在整个大都市区实施公平住房计划，以消除种族隔和经济隔离；促进整个大都市区的经济发展；实施区域性的增长管理政策。他建议州政府成立单一制的大都市区政府，授权中心城市进行兼并，限制市镇法人的成立，减少大都市区的碎化，促进地方政府之间的合作。联邦政府应该提高财政援助，推动大都市区的政府重组；通过修改联邦基础设施援助计划，减缓大都市区的蔓延；改变其他反城市的联邦政策；结束联邦公共住房计划等。②

腊斯克这种带有强烈传统区域主义的观点遭到了美国学者的批评。埃德温·本顿认为，腊斯克的观点"对于城市政治学者而言，几乎是老调重弹，毫无新意"③。爱德华·A. 泽林斯基则进行了更加深入的批判。他指出，腊斯克的著作存在方法论和逻辑方面的缺陷，他诘问腊斯克，弹性的城市就更加融合吗？如果是，这种融合是由于弹性本身还是其他原因？泽林斯基进一步指出，从实践上来说，即使成立了大都市区政府，那些权力精英也不会强迫实施区域范围的公平住

---

① David Rusk, *Cities without Suburbs*, p. 47.
② David Rusk, *Cities without Suburbs*, pp. 85 – 107.
③ J. Edwin Benton, "Book Review: Cities without Suburbs", *State & Local Government Review*, Vol. 28, No. 1 (Winter, 1996), p. 69.

房政策，即使他们想这样做，也不能可能实现住房方面的种族融合。①笔者十分赞同泽林斯基的看法，在美国，种族隔离是一个十分复杂而棘手的问题，仅仅通过成立大都市区政府是不可能解决的。也许正因为腊斯克的这种传统的区域主义观点，在一个新区域主义时代更加显得鹤立鸡群，引人注目。

另一位影响巨大的新区域主义者乃是尼尔·R. 皮尔斯（Neal R. Peirce），他于1993年出版了《现代城邦——美国城市如何在世界竞争中崛起》一书。他为了强调大都市区在经济和社会方面的一体性而首创了"现代城邦"（Citistates）一词。他指出，真正的城市是由中心城市、近郊、远郊和乡村腹地组成，它们在地理、环境和劳动力上构成一个清晰、紧密的整体，它们在经济和社会发展上拥有共同的未来，它代表了一种新的社会发展形态。他指出，由于现代交通和通信技术的发展，现代城邦的企业面临着来自世界各地的激烈竞争，市场在以惊人的速度生长、成熟、凋谢，企业环境越来越具有不确定性。而现代城邦具有应对挑战的潜能，它们拥有便利的硬件基础设施、较强的工作能力，能够避免社会动荡和救济贫困居民，表现出卓越的应对新的激烈、开放的全球经济竞争的能力。然而，皮尔斯指出，在美国的城邦治理中存在着三个严重的障碍："首先是贫困城市和富裕郊区之间巨大的社会经济鸿沟；其次是城市在地理上的蔓延扩张；最后是在为城邦的协调管理建立有效的系统上犹豫不决或缺乏认识。"像腊斯克一样，皮尔斯同样关切种族和阶级隔离问题，也同样具有进步主义大规模市政改革的传统，只是语气更加含蓄或隐忍而已。他认为，郊区的封闭和贫困的聚集会使城市日趋衰败，市区贫民窟的泛滥和街头暴力会给国际社会带来了严重的负面印象，甚至整个城邦也会随之受到影响，并将付出沉重的经济代价。"中心城市是城邦的心脏，有着至关重要的作用。它是一个地区所有不同种族和社会因素交会的场所。它给商业、通讯、艺术和政府各界领导提供了互相

---

① Edward A. Zelinsky, "Metropolitanism, Progressivism, and Race", *Columbia Law Review*, Vol. 98, No. 3 (Apr., 1998), pp. 670 – 676.

作用的真实交流场所。它给新的世界经济中所有潜在的商业伙伴、旅游者、访问者和批评者提供了完整的城邦印象。"然而,美国现代城邦在管理上普遍缺乏连贯性,公共决策非常零散,具有强烈随意性特点,没有从根本上对各个领域的问题进行整体决策。①

皮尔斯在其著作中尤其强调了两点,即区域的整体性和中心城市的重要性。关于区域的整体性,他写道:"每个现代城邦都有着共同的特征:有着巨大的区域范围。环境保护、经济发展、劳动力培训、健康医疗、社会服务、科学研究和发展、慈善事业——这些领域的任何成功或失败都在一个大都市地区的所有社区中相互影响。""只有具备一定规模和多样性的市场才有可能成功。一个自身分裂的现代城邦将是脆弱而低效的。"因此,他提出的区域策略是:"规划地区经济——整合内部力量,在新的世界经济中占据有利地位。""如果美国的城邦能把它们自己变成前瞻性规划和行动的支点,那么,我们相信,它们就可以与其在远东、欧洲和新的世界经济中任何其他地方的竞争者进行竞争并超过它们。"关于中心城市的特殊重要性,皮尔斯写道:"中心城市仍然在世界上决定着城邦。只是巴黎、莫斯科、香港、纽约、旧金山、芝加哥、新奥尔良这些名字就足以让人产生强烈的印象……城邦中的每个市民都在中心城市的外观及其成功上有一笔长期的投资,即使中心城市已经失去了很多制造业支柱,即使很多技术、法律和金融服务已经转移到了郊区,中心对整个地区的安宁仍然至关重要。"②可见,皮尔斯同样具有传统区域主义的某些色彩,将种族和阶级隔离和缺乏统一的大都市区政府视为大都市区治理的严重阻碍。但他同时也具有典型的新区域主义者的特征,即从全球经济竞争与区域生存和繁荣的角度进行立论,以消除郊区居民对区域主义的怀疑和抵制,唤起郊区利益集团采取整体区域行动的积极性。这种新区域主义无疑受到了公共选择学派市场经济预设与分散治理的影响,

---

① [美]尼尔·R. 皮尔斯:《现代城邦——美国城市如何在世界竞争中崛起》,陈福军等译,大连出版社2008年版,第16、21、40页。

② [美]尼尔·R. 皮尔斯:《现代城邦》,第321—328页。

第四章 大都市区的政治碎化与区域治理

从而采取了一种折中含蓄的态度。

第三位著名的新区域主义者是布鲁金斯学会的城市经济学家安东尼·唐斯,他于1994年出版了《美国大都市区的新愿景》一书,在美国城市史学界产生了巨大影响。唐斯像传统的区域主义改革者一样,首先批评了大都市区的碎化所产生的危害。他认为,下述三个因素干扰了对大都市区的有效治理,而这些因素都源于土地利用方面权力的碎化。其一是增长问题的区域性与土地利用权力地方化之间的矛盾;其二是地方社区出于私利而采取的狭隘的地方性举措;其三是由开发活动所导致的地方社区在社会经济方面的差别。[1] 由于大都市区的碎化和缺少统一的增长管理部门,地方政府的增长管理往往各行其是,甚至以邻为壑,从而导致了单个社区与整个大都市区利益的冲突。唐斯写道:"因此,地方政府那些善意的增长管理努力在总体上对社会造成了危害,同时对解决增长带来的诸多问题却没有多大意义。"[2] 唐斯同样论述了中心城市在大都市区中的重要性,"郊区居民中流行的其独立于中心城市的观念只是一种错觉。中心城市已经时过境迁和废弃无用的看法同样是荒诞不经的"。郊区居民负有直接的道德责任来帮助中心城市解决问题。首先,郊区居民对中心城市问题负有部分责任,由于郊区实行了排斥性的分区制法规,从而将贫困人口集中于中心城市的衰败街区。其次,所有美国人都从中心城市的经济功能和低收入劳工那里获得了经济利益。因此,"郊区居民的长远利益仍然与中心城市及其居民的利益休戚相关,前者取决于后者在整个大都市区中所扮演的社会经济功能角色的优劣成败"。唐斯认为,如果缺乏区域性的治理机构,大都市区的治理将难以奏效,他指出:"各个城市的不同境况使得很难制定一种政策来应对所有城市的问题,但要制定一种适用于每个城市的战略决策,就必须成立各种有效的区域性机构。"[3] 这样,唐斯同样涉及了大都市区结构性改革这个的问

---

[1] Anthony Downs, *New Visions for Metropolitan America*, Washington, D. C.: the Brookings Institution, 1994, p. 30.

[2] Anthony Downs, *New Visions for Metropolitan America*, p. 4.

[3] Anthony Downs, *New Visions for Metropolitan America*, pp. 52, 93, 96.

题。除了成立大都市区政府以外，唐斯特还提出了七种大都市区治理的方法：第一，加强地方政府间的自愿性合作；第二，通过州政府部门进行管理；第三，加强公私部门的合作；第四，成立区域性的联邦式机构；第五，通过联邦刺激建立区域机构；第六，建立联邦激励机制，推进区域组织发展；第七，建立地方土地利用的更广泛的框架。[1]

唐斯的著作产生了巨大影响，学术界对其给予了崇高的评价。比如杰拉尔德·F. 沃恩（Gerald F. Vaughn）就夸奖道："唐斯进行了最有说服力的研究，是我所见之进行大都市区增长管理最切实可行的区域方法。""安东尼·唐斯写就了一部真正重要而富有见地的著作，极大地满足了现实需求。""他的见解对于美国大都市区的未来至关重要。"[2] 当然，在美国学术界不乏尖锐的批评家，比如肯特·E. 波特尼（Kent E. Portney）就对唐斯的著作做出了十分苛刻的评价，认为该著"关于（美国大都市区）困境的描述，没有什么特别新颖的观点"。而"唐斯所提出的几乎每一个解决方案，事实上前人都已经思考过"。而且对当前新区域主义的治理实践缺乏描述，特别是没有对区域协调的"过程"（process）加以关注，其方法是仍然精英主义的，"绝对没有公民参与的任何余地"[3]。

美国学者阿伦·沃利斯作为"全国市政联盟"（National Municipal League）的主要负责人，于20世纪90年代之初连续在该组织的机关刊物《全国市政评论》上发表了一系列文章，对新区域主义进行了深入的分析和评论。沃利斯对新区域主义的政策内容进行了分析，他指出，新区域主义要解决的问题包括全球经济的挑战、基础设施的分布、环境质量问题和社会公平问题。首先，关于经济发展问题，沃利斯指出，随着经济全球化的展开，美国的经济结构发生了重大变化，重工业生产的主导地位逐渐被服务业和高科技产业所取代，企业的选

---

[1] Anthony Downs, *New Visions for Metropolitan America*, pp. 170 – 179.
[2] Gerald F. Vaughn, "Review: New Visions for Metropolitan America", *Land Economics*, Vol. 72, No. 1 (Feb., 1996), pp. 134 – 136.
[3] Kent E. Portney, "Review: New Visions for Metropolitan America", *The Annals of the American Academy of Political and Social Science*, Vol. 541 (Sep., 1995), pp. 207 – 208.

址更加灵活方便，包括在国际之间和城郊之间。同时，冷战的结束和国际自由贸易进一步强化了企业选址自由，关税的保护作用下降，大都市区域而不是民族国家成为经济竞争的主体。区域的竞争力取决于就业人员的教育水准、环境质量、中央商务区和城市邻里的质量。其次，关于基础设施和服务机构的位置。他指出，近20年来，由于财政紧张，美国的州和地方政府对基础设施维护不善，与此同时，新的增长又对服务设施提出了新的要求。地方政府之间越来越需要通过协调与合作来获得规模经济。区域为了维持竞争力，不仅要获得资金提供基础设施和服务设施，而且必须将其合理分布。但是，一些地方政府为了保护它们的生活质量和税收基础，往往限制或排斥那些不受欢迎的基础设施和廉价住房，从而阻碍整个区域的经济活力和增长繁荣。再次，关于社会公平问题。由于郊区地方政府拒绝建设廉价住房，将穷人集中于中心城市，而中心城市的财政税收日趋减少，因此后者没有能力提供良好的教育、健康、卫生、社会治安。于是中心城市与郊区之间出现社会与财政失衡。同时，由于州政府自身财政捉襟见肘，不能对中心城市和旧郊区进行财政援助，因此，城市与郊区必须联合起来自寻出路，比如，采取税收分享计划，实现资源的再分配，因为郊区的命运与中心城市是休戚相关，患难与共的。从全球经济的角度看，那些不能学习如何作为一个单位进行合作的区域注定要衰落。区域主义者必须动员所有部门和个人的区域精神，共同推动区域的协调发展与繁荣。[1]

沃利斯在另一篇文章中对大都市区域（metropolitan regions）的结构和挑战进行了更加详细的分析。他警告说："无论是增长中的还是衰落中的大都市区域，都在经济发展、基础设施、环境保护和社会平等方面面临着严重的战略性考验。虽然这些问题有利于推动区域治理的讨论，但行之有效且具有合法性的解决方案仍然扑朔迷离。"他随后分析道，过去的区域主义主要是关注中心城市在区域经济中的主导

---

[1] Allan D. Wallis, "Governance and the Civic Infrastructure of Metropolitan Regions", *National Civic Review*, Spring 1993, pp. 125 – 137.

地位，而90年代的挑战在于将大都市区域中所有社区的经济，包括中心城市和各个郊区的经济紧密地连接起来，以提高在全球经济中的竞争力。中心城市与郊区之间的价值观念仍然存在很大差别，如果它们要保持繁荣，就必须开辟新的路径，在各个方面通力合作。在提高空港运输力、拓宽公路、分布垃圾场、保护环境等方面，已经超过了中心城市或任何一个社区的管理范围。同样，提供教育良好的劳动力、廉价住房、救助穷人、开发人力资本等都与区域竞争力紧密相关。这种互补性或依赖性存在于每个大都市区域。然而，中心城市拥有特殊的重要性，它能够提供重要的控制与协调功能。最后，沃利斯对后工业时代区域主义的战略领域进行了分析：其一，经济发展是大都市区域应对国内和全球经济竞争的一个有效手段。在传统的工业化时代，有效而充足的劳动力和资源供应是竞争力的重要内容。而现如今，产品的最大价值来自设计、工程和营销，因此，企业生存和区域发展的重要性已经转移到工作人员身上。虽然劳动力是可以流动的，但区域必须提供部分劳动力的供应和培训。而且，由于灵活生产线和灵活的企业组织，要求区域内要汇集一部分专业人士，而不仅仅是公司的工作人员。其二，基础设施与环境保护：主要问题是低效的土地利用和交通模式，以及寻求资金建立新的基础设施。地点的选择和环境质量十分重要，为了维持复杂的网络系统，区域要具有足够的基础设施；为了吸引和保持后工业经济的就业人员，工作环境要具有吸引力、安全和方便。其三，社会平等与差距：由于经济重构、发展不平衡、地方政府管理所导致的种族和阶级隔离，加剧了社会不平等。如果郊区的命运与中心城市紧密相连，并与之形成互补，那么中心城市与郊区之间的社会不平等和财政失衡，就应该成为郊区乃至整个区域所关切的问题。[①]

另一位较早的新区域主义者迈伦·奥菲尔德是明尼苏达州的参议院议员，他领导了该州的区域主义改革，同样拥有丰富的从政经

---

① Allan D. Wallis, "Evolving Structures and Challenges of Metropolitan Regions", *National Civic Review*, Winter-Spring 1994, pp. 40–51.

第四章 大都市区的政治碎化与区域治理

验。他于 1997 年出版了《大都市区政治》一书，该著是对明尼阿波利斯—圣保罗大都市区治理的经验总结，即由州议会主导大都市区域的治理。美国是实行二元主义的联邦制国家，美国宪法的第十条修正案规定，各州的地方事务应该保留给各州及其人民处理，联邦政府对地方事务只能通过财政措施加以引导，但不能进行强制性的直接干预。而州政府与地方政府之间是一种单一制的政府体制，州政府有权直接干预地方事务，在大都市区政治严重碎化和缺乏区域政府的情况下，地方居民的区域性利益只能在州政府层面得到反映，由州议会充当一个区域政策实体来制定制度性规则，使杂乱的地方政府为共同的问题分担责任。然而，州议会的议员来自各个地方政府，代表的是各种地方利益，他们之间同样存在诸多意见分歧，因此必须在州议会内部建立政治联盟。[1] 这种由州议会制定区域政策进行区域治理的模式，被称为"奥菲尔德模型"（the Orfield Model）。[2]

在城市规划设计领域，区域主义的规划和设计思想再度复兴，其代表就是彼得·卡尔索普和威廉·富尔敦的《规划终结蔓延——区域城市》一书。"区域城市"的思想最早是由美国区域规划协会（RPAA）于 20 世纪初期提出来的。卡尔索普和富尔敦对"区域城市"的定义是，"区域、郊区和城市每一次的成功演进，都是彼此密切相关的。这三者结合起来，就形成了一种新的大都市区框架，我们称之为'区域城市'"。对于大都市区域的治理，他们给出了作为城市设计师所特有的答案，即城市设计加上区域政策。他们承认，城市设计本身不能扭转大都市区的各种弊病，但如果它与一系列进步性的区域政策结合起来，区域很有可能破除困境并获得复兴。[3] 卡尔索普

---

[1] Myron Orfield, *Metropolitics: A Regional Agenda for Community and Stability*, Washington, D. C.: Brookings Institution Press, 1997, p. 1.

[2] Annette Steinacker, "Metropolitan Governance: Voter Support and State Legislative Prospects", *Publius*, Vol. 34, No. 2 (Spring, 2004), p. 72.

[3] Peter Calthorpe, William Fulton, *Planning for the End of Sprawl: The Regional City*, Washington, DC: Island Press, 2001, pp. 5 – 6.

和富尔敦特别强调，区域设计不仅指空间设计，而且还包括许多领域的内容，比如生态、经济、历史、政治、管理、文化、社会结构等方面，其结果是形成某种特定的空间形式以及一系列抽象的政策目标，以及实施战略、政府政策和财政机制等。他们认为，区域、城市和城镇的设计包括四个方面因素：其一，中心（centers），包括区域性和地方性的中心，它们分别以邻里、村、镇、城市规模的交通站点为核心。中心地区为混合功能区域，包括就业、住房、服务和零售等。其二，专门功能区（districts），即某种单一功能的区域，比如大学、机场等。其三，保留区（preserves），即开放空间、野生动物栖息地和农业生产区，它们分隔并形成区域的框架。其四，长廊（corridors），即连接性要素，包括自然体系、基础设施和交通线路等，它们构成区域的边缘和连接区域的中心、邻里和功能区的通道。[①] 卡尔索普和富尔顿的区域城市，希望求助于传统的城市形式，利用传统智慧来复兴中心城市和维持大都市区的繁荣。

（二）美国区域主义的历史分期

由于美国学者对于各个阶段的区域主义的理解不同，他们对于区域主义的分期也存在差异，其中以沃利斯的分期影响最广。他认为，美国的区域主义出现了三次高潮或三波（Waves）。第一波出现于20世纪之初，由市政改革家主导，强调结构性改革，比如市县合并，改革目标是扩大一般政府的权力，尤其是将中心城市的权力扩大到整个大都市区来获得治理能力。这种改革是针对工业化和批量生产时代单中心城市区域的增长所做出的反应。随着大都市区域表现出越来越明显的是多中心化特征，郊区人口增加，就业基础扩大，传统的区域主义改革受到的阻力越来越大，公共选择理论应运而生，该理论的基础是接受了多中心主义的区域主义，认为不存在所谓大都市区域的碎化问题，同时，社会不公平问题遭到地方政府

[①] Peter Calthorpe, William Fulton, *Planning for the End of Sprawl: The Regional City*, pp. 43, 51.

的忽视，郊区地方公民也不支持资源的再分配。① 因此，一般政府这种权力扩张的合法性受到了居民，包括郊区和中心城市居民的质疑，从而逐步走向衰落。②

第二波出现于20世纪六七十年代，主要集中于过程性改革，目的是制定区域性综合规划和进行政府间的协调，是对多中心的大都市区域空间结构的反映，在这种多中心的大都市区域中，郊区成为中心城市有力的竞争对手。第二波区域性行动是在联邦政府一系列援助计划的推动下形成的。这些计划要求地方政府向联邦政府申请贷款和援助资金的申请书，必须首先获得区域规划机构的审批，并附有对地方政府有关项目的评语和推荐意见，从而极大地增加了大都市区域内"政府联席会"（COG）的数量和范围。到20世纪70年代末期，美国的"政府联席会"达到660个。虽然许多州的"政府联席会"仍然是志愿性组织，但大多数地方政府参与进来，"政府联席会"成为美国联邦政府体系中的"第四层"。除了联邦政府以外，州政府计划也发挥了作用，许多州政府相继建立了单功能的大都市专区，以解决某种特定的问题，一些州还建立了多功能的区域性机构。20世纪70年代有8个州通过了增长管理法规，其中包含了"开发活动的区域影响"（Development of Regional Impact，DRI）审查，这种审查主要集中于大型项目。一些州的增长管理法规还要求制定地方性和区域性的综合规划。到70年代末，第二波区域主义渐渐平息。里根政府上台后，联邦政府停止了对区域治理的援助。在39项联邦政府支持的区域计划中，除了一项计划以外，其余的要么被终止，要么削减了经费。而且各州区域援助计划也消失了。沃利斯认为，第二波区域主义行动提供了区域治理的新方向，它试图实现多中心区域主义的治理，它强调治理的过程而不是结构改革，使此后的区域主义讨论远离了结构改革，而将注意力转移到治理过程和行动，强调治理的综合性和政府间

---

① Allan D. Wallis, "Inventing Regionalism: The First Two Waves", *National Civic Review*, Spring-Summer 1994, p. 164.

② Allan D. Wallis, "Inventing Regionalism: A Two-Phase Approach", *National Civic Review*, Fall-Winter 1994, p. 448.

协调，公民参与也成为区域治理的一项重要内容。①

沃利斯认为，前两波区域主义改革，要么存在集权主义的威胁，要么存在分权的低效率的顾虑，因此，第三波改革试图通过协商找出第三条道路，治理手段从结构性改革转移到强调过程与合作。它们往往通过建立基础广泛的跨部门的利益集团的联盟来实现，包括公共部门、私人部门和非营利部门。改革者认为，这些利益集团代表了他们自己的选民，这些改革联盟具有更大的合法性，能够为本地区的利益集团发声。这些联盟必须寻找共同的基础即共同的标准和价值观，才能超越各自的利益和狭隘目标。第三波区域主义治理方法始于区域联盟所形成的战略性利益，随后要逐渐建立合法性和治理能力，从而逐步形成区域治理制度化的基础。合法性和治理能力的建立要分两个步骤，第一个步骤是获得合法性，一项区域性治理方案要提交选民公投，授权建立一个区域委员会，其任务是确立区域发展的远景目标，如果这些目标获得了公众支持，该委员会的权力就获得了合法性，第二步是将实施机制制度化。②

笔者不同意沃利斯将联邦政府支持下的区域规划活动单独列为区域主义的一个发展阶段，因为20世纪六七十年代在联邦政府推动下的这些区域性协调行动和综合规划，是第一波区域主义即传统区域主义在联邦政府政策中的反映，而且这个所谓的"第二波"也没有相应的区域主义理论做支撑。与此同时，这个所谓"第二波"也受到了公共选择理论的影响，公共选择学派不是无政府主义者，他们不排斥联邦政府对区域性治理进行干预和援助。另外，联邦政府对大都市区进行的过程性干预，不是出自某种新的区域主义改革理论的倡导，不是由于认识到传统区域主义结构性改革的弊端，不是在某种系统的区域主义理论指导下的改革，而仅仅是在联邦政府进行的一次区域规划和协调的尝试，因而，它缺少理论性的指导。另外，由于联邦政府

---

① Allan D. Wallis, "Inventing Regionalism: The First Two Waves", *National Civic Review*, Spring-Summer 1994, pp. 168 – 172.

② Allan D. Wallis, "Inventing Regionalism: A Two-Phase Approach", *National Civic Review*, Fall-Winter 1994, pp. 450 – 451.

无权对地方政府的结构进行调整，只能通过援助计划进行引导，因此不具有强制性，地方政府拥有极大的自主性和选择权，所以，即使在联邦政府的援助计划之下，仍然有许多大都市区的地方政府没有参与到联邦计划当中。因此，笔者认为，沃利斯的所谓"第二波"区域主义应该属于传统区域主义改革的一部分。

美国学者戴维·Y.米勒也将美国的区域主义发展历程分为三个阶段，但与沃利斯存在很大区别。他认为，第一波是在20世纪初期，随着中心城市的分散化，城市规划领域的学者认识到了这种分散化所产生的问题，因此他们主张进行区域规划。他引用乔治·胡克（George Hooker）于1917年的话语写道："将城市边界扩大，以便与真正的大都市社区相一致，是顺利处理大都市区城市规划问题的自然而然的方法。"第二波产生于20世纪六七十年代。对这一段的区域主义，米勒没有多着笔墨，更没有描写其特点。第三波产生于90年代中期，主要是对经济全球化的一种反应，同时中心城市和内层郊区的衰败，以及大都市区内各个辖区之间的贫富不均等，也产生了一些推动作用。[1] 笔者也不同意米勒的分期方法，因为20世纪之初兴起的区域主义与五六十年代的区域主义在指导思想和改革方式上是完全一致的，都是以中心城市为核心，加强中心城市在大都市区中的主导地位，改革方法是主张进行集权主义的结构性改革。

美国学者道格拉斯·P.波特也对区域主义进行了分期，但他是从城市规划的角度进行划分的。他认为，区域规划概念和城市发展管理的思想于20世纪30年代在地理学家、规划人员和政治科学家那里十分流行。然而，二战和战后繁荣使人们忽视了区域主义，而且摧毁了区域主义薄弱的政治基础。然而，到60年代中期，一系列联邦援助计划要求地方政府的城市规划必须得到区域机构的审批，从而使区域主义再度兴起，众多区域规划机构兴起，大规模的区域规划制定活动开始，这些区域规划一般由区域内的地方政府代表组成的委员会，

---

[1] David Y. Miller, *The Regional Governing of Metropolitan America*, Boulder: Westview Press, 2002, pp. 90 – 91.

即"政府联席会"(COG)负责。[1] 由于波特的著作是在1992年出版的,因此没有来得及对新区域主义进行研究。但波特的区域主义属于规划区域主义,而不是政治区域主义,即进行区域性政府体制改革的区域主义。

笔者对美国区域主义的划分为:从20世纪20年代到五六十年代为传统区域主义改革阶段,这一阶段为集权主义的结构性改革阶段;第二阶段为20世纪七八十年代,是公共选择理论占主导地位的时期,强调市场机制和多中心治理,是区域主义改革的低潮时期,在这一时期,公共选择理论分散的多中心治理不但没有解决大都市区的任何问题,反而进一步加剧了大都市区的低密度蔓延,进一步导致了基础设施的浪费,恶化了中心城市和郊区之间的种族和阶级隔离,拉大了大都市区社会不平等和财政差距,而且还出现了新的问题,即环境问题。于是,到20世纪90年代区域主义再度兴起,即新区域主义。新区域主义汲取了传统区域主义集权主义结构性改革和公共选择理论分散的多中心治理两个极端的经验教训,采取了一种折中主义的立场,既要进行区域主义的治理,又要避免集权主义的结构性改革,以争取大都市区域内各个部门和各个阶层的广泛参与和支持,采取的治理策略和方法也多种多样。笔者认为,不存在三种区域主义,只存在两种区域主义,即传统区域主义和新区域主义。因此,美国区域主义的高峰应该是两波,而不是三波。

(三) 新区域主义的特点

20世纪90年代兴起的新区域主义与传统区域主义存在着巨大差别,沃利斯通过对两者的比较研究,总结出了新区域主义五个方面的特点:第一,治理与政府的差别。新区域主义的倡导者倾向于使用"治理"(governance)一词,而不愿使用"政府"(government)一词。这种词语的变化反映了从正式的结构性改革到非正式的治理过程

---

[1] Douglas R. Porter, ed., *State and Regional Initiatives for Managing Development: Policy Issues and Practical Concerns*, Washington D. C.: the Urban Land Institute, 1992, p. 4.

的变化，包括政策制定和动员行动。第二，跨部门与单一部门的差别：区域主义治理的责任不再被看作主要是公共部门的责任，而是私人部门和非营利部门都要积极参与，与政府部门共同治理。每个部门都拥有独特的能力和合法性领域，跨部门的安排使其在方法上相结合，从而达到更有效的动员。第三，协调与协作的区别：传统区域主义的主要目标是提高公共部门在规划与行动方面的协作（coordination），而新区域主义治理的特征是跨部门的协调（collaboration），要动员每个部门独特的能力和合法性，共同完成区域范围内特定的治理任务。第四，过程（process）与结构（structure）的差别：新区域主义的协调主要强调治理过程，而不是正式的结构改革。传统区域主义也存在治理过程，主要是资料分析和规划制定，而新区域主义的治理过程主要集中于制定区域蓝图和发展目标，在各个相关利益群体中达成共识，最终是为了调动各种资源以实现目标。第五，网络关系（networks）与正式结构（formal structures）的差别：新区域主义把重点放在协调与过程，意味着新区域主义是通过网络状组织，而不是通过正式机构来展开工作。然而，这种网络更倾向于拥有一个稳定的利益相关的核心，它们在特定的战略领域拥有重要的共同利益。[1]

美国学者H. V. 萨维奇和罗纳德·K. 沃格尔对新区域主义的特点也进行了类似的概括。他们认为，要理解新区域主义，就必须理解"政府"与"治理"之间的区别。传统区域主义的"政府"思想要求建立新的正式的政府机构和进行选举。而"治理"则是认为，现存的机构能够以一种新的方式运作，即在地方政府间进行灵活的自愿性的合作，通过水平方向的组织机构，人们能够最好地管理自己。萨维奇和沃格尔也强调了治理的网络性特点，复杂的区域网络是最具新区域主义特点的治理方式，通过多种形式的地方政府间的协议网络，实

---

[1] Allan D. Wallis, "The Third Wave: Current Trends in Regional Governance", *National Civic Review*, Summer-Fall 1994, p. 293.

现地方政府自愿的合作与治理。①

关于新区域主义网络化治理的特点,理查德·C. 费奥科等学者也进行了类似的概括。他们认为,新区域主义的治理强调通过水平的和垂直的组织联系来实现自我治理。这些联系既包括政府机构,还可以包括自愿性的和非营利的私人组织。在没有单一制的大都市区政府的情况下,实现大都市区治理的核心是地方政府机构的集体行为,以创造"一个大都市区市民社会,通过一个自愿性的合同和协会网络,以及公民的集体选择,构成地方公共经济的供应方,从而跨越多重地方辖区,将整个大都市区联合起来"。虽然政府的碎化可能会增加集体行动的困难,但并不一定意味着缺乏社会资本。普遍的社会资本,尤其是合作规范是互动的结果,而不是政治文化的静止性特征。研究表明,地方政府间的合同所产生的社会资本与区域经济发展伙伴关系紧密相关。他们的结论是,社会资本是在地方政府间的互动和合同的鼓励下产生的,它们将促进地方政府间的互信,强化互动规范,从而克服地方服务的提供问题。地方政府间通过建立互信,可以形成一种机制,促进未来的合作和集体行动。②

罗纳德·J. 奥克逊也对大都市区的治理特征进行了概括。他首先分析了大都市区的治理结构:第一个层次,市民社会奠定了制度基础。许多郊区村镇的治理始于户主协会或协会联盟,选任官员一般是以业余身份充任官方职位。在这一层次上,政府与公民社会是互相交织的,彼此没有明显的区分。第二个层次,在全县范围内,城市官员与专区官员组成自愿性的协会,比如全县的市政联盟,作为非政府组织,发挥非正式的权力。它们的主要作用是为地方政府化解分歧和处理共同的问题提供了一个平台,它们可以协调提供服务,制定发展规

---

① H. V. Savitch and Ronald K. Vogel, "Introduction: Path to New Regionalism", *State & Local Government Review*, Vol. 32, No. 3 (Autumn 2000), pp. 161 – 164.

② Richard C. Feiock, Jill Tao, and Linda Johnson, "Institutional Collective Action: Social Capital and the Formation of Regional Partnerships", in Richard C. Feiock, ed., *Metropolitan Governance: Conflict, Competition, and Cooperation*, Washington, D. C.: Georgetown University Press, 2004, pp. 148 – 152.

划，制定新的规则，要求各级政府采用，要求州议会的批准。第三个层次，州议会中的地方议员代表整个大都市区或全县，为整个大都市区的治理进行立法，而无需求成立单一的大都市区政府。在大都市区的这种治理结构的基础上，奥克逊总结了大都市区治理的下述特征：第一，高度的公民参与；第二，较少的政治争端，更多的政治协调；第三，更强的代表性；第四，公民的主人翁精神；第五，社区分层和居民的自发类聚；第六，各种形式的可信赖性，增强公民个人的资质能力。[①] 笔者认为，奥克逊总结的这些特点，不如说是他认为的新区域主义的优点。

凯瑟琳·A. 福斯特也对新区域主义的特点进行了概括。她认为，新区域主义拥有四个方面的显著特点：第一，伴随着地方主义的复兴。20世纪90年代初出现了强劲的地方权力的复兴，是对"静悄悄的区域主义革命"的反弹。许多学者和大都市区公民要求小规模的治理，拥护多元文化主义和倡导少数族裔的权利，是新的历史环境中个人主义和市场资本主义的胜利。新区域主义的出现伴随着新地方主义（new localism）出现，财产权运动、私人化社区和业主协会兴起，宪章学校（charter school）运动和社区开发公司复兴等。第二，主张公平区域主义（equity regionalism）与经济区域主义联系起来，主张区域性的"我们同舟共济"（we're all in it together），无论城市和郊区居民，他们在就业和收入增长方面彼此相互促进，城市与郊区的收入差别越小，大都市区的总体经济状况就会表现得越好。第三，出现了一种新的区域主义政治策略，被称为"大都市区政治"（metropolitics），即在中心城市、内层郊区和其他贫困社区的推动下而出现的区域主义，特别强调平等区域主义。第四，新区域主义越来越强调在特定方面的协调与合作，比如土地利用、经济发展、教育等；跨部门的协调与合作，比如公共部门、私人部门和非营利组织；跨越政治边界的协

[①] Ronald J. Oakerson, "The Study of Metropolitan Governance", in Richard C. Feiock, ed., *Metropolitan Governance: Conflict, Competition, and Cooperation*, Washington, D. C.: Georgetown University Press, 2004, pp. 28 – 30.

调与合作，比如村、镇、城市、县、专区等。① 福斯特所总结的新区域主义的特点倒是更像新区域主义的背景和内容。

上述学者都在不同的方面对新区域主义的特点进行了概括，笔者在某种程度上也基本赞同，但对沃利斯关于"治理"与"政府"的差别和"过程"与"结构"的差别存有疑义。事实上，在新区域主义学者的论述中和大都市区的治理实践中，不仅包含了"治理"与"过程"，而且也包含了"政府"与"结构"。这是因为，新区域主义融合了传统区域主义和公共选择理论的某些理论要素，从而形成一种广谱的大都市区治理理论。新区域主义的治理方式多种多样，灵活多变，它包含从传统区域主义极端的结构性改革，比如市县合并，到公共选择理论极端的市场化方式，比如服务外包等几乎所有的治理方式，以及处于这两个极端之间的各种治理方法，只要能够对大都市区域的治理发挥某种作用，任何治理方法都可能采用。另外，在不同的大都市区，在不同的时期，不同的治理方式也各有千秋，互有短长。

正因为上述新区域主义的广谱性，在新区域主义学者中，倡导政府结构性改革者仍然不在少数，比如，戴维·Y. 米勒就指出，大都市区治理从来不是一门科学，"相反，它是一门艺术或技巧，它混杂着各种各样的制度机制，其解释也纷繁复杂"②。杰拉尔德·本杰明和理查德·P. 内森也指出，"区域主义的价值是永恒的，但是，随着社会的转型和经济形势的变化，促进有效的区域主义治理的政治方法却要不断改进"③。而戴维·B. 沃克则盛赞"区域主义是官员们寻求解决地方问题的万应灵药"。他总结了17种区域治理的方法，其中最简单的有8种，包括非正式合作、地方政府合同、合作协议、跨辖区的权力、政府联席会（COG）、联邦政府支持的单一功能的区域机构、州政府规划和发展专区、私人部门的协议；中等难度的方法有6种，

---

① Kathryn A. Foster, *Regionalism on Purpose*, Cambridge, MA: Lincoln Institute of Land Policy, 2001, pp. 15 – 16.

② David Y. Miller, *The Regional Governing of Metropolitan America*, p. 143.

③ Gerald Benjamin, Richard P. Nathan, *Regionalism and Realism: A Study of Governments in the New York Metropolitan Area*, Washington, D. C.: Brookings Institution Press, 2001, p. 32.

包括地方性专区、功能转移、兼并、区域性专区或机构、大都市区多功能专区、城市县；难度最大的方法有3种，包括单一制的政府合并、双层制大都市区政府、三层制政府改革。沃克指出，区域主义的方法五花八门，多种多样，而不能单单使用一种方法。[1] 历史实践也证明了这一点，比如市县合并这种传统的集权主义结构性改革方式，虽然受到了公共选择学派的抨击，但在20世纪70年代以后区域主义低潮时期也仍然陆续取得成功，到1996年，成功的市县合并已经增加到23个，[2] 而到2011年增加到32个。[3] 唐纳德·诺里斯（Donald Norris）对英国西米德兰兹（West Midlands）和大曼彻斯特（Greater Manchester）的研究也发现，在大都市区政府被废除以后，地方政府在没有争议的问题上可以从事合作，但这并不能替代正式的大都市区政府。因此，他认为，没有足够的理由对"没有大都市区政府的大都市区治理"加以信赖。[4]

由此可见，沃利斯对新区域主义特点的这种绝对化的结论并不适用，美国是一个实用主义盛行的国度，美国人不排斥任何他们认为能够解决问题的方式，只要这些方式不违背他们认为的基本原则。关于新区域主义的特点问题，涉及了何谓"新区域主义"的问题，沃利斯没有对新区域主义给出一个明确的定义，也许他认为符合上述5个特点的区域主义才是新区域主义。但笔者认为，在20世纪90年代以后兴起的区域主义，是结合了传统区域主义与公共选择理论各种治理要素的区域主义，不管其政策主张和治理方法如何，只要是从区域主义的角度着眼，为了解决大都市区域所面临的诸多问题，包括经济发

---

[1] David B. Walker, "The Evolution of Regional Governance", in Roger L. Kemp, ed., *Regional Government Innovations: A Handbook for Citizens and Public Officials*, Jefferson, NC: McFarland & Company, Inc., Publishers, 2003, pp. 24-30.

[2] Jered B. Carr, "Whose Game do We Play? Local Government Boundary Change and Metropolitan Governance", in Richard C. Feiock, ed., *Metropolitan Governance: Conflict, Competition, and Cooperation*, Washington, D. C.: Georgetown University Press, 2004, p. 219.

[3] Ann O'M. Bowman, Richard C. Kearney, *State and Local Governments*, p. 337.

[4] Ronald K. Vogel and Norman Nezelkewicz, "Metropolitan Planning Organization and the New Regionalism: The Case of Louisville", *Publius*, Vol. 32, No. 1. (Winter, 2002), p. 110.

展、社会公平和生态环境等诸多方面的问题，就可以称之为新区域主义。事实上，20世纪90年代以后兴起的区域主义，确实包含了各家各派的学说和多种多样的治理实践，具有明显的广谱性特征。

（四）新区域主义的经济取向

前文评述了美国学者对新区域主义特点的概括，但笔者认为，新区域主义的最大特点就是其经济取向，即淡化大都市区的其他问题，尤其是社会公平问题，而着重强调全球竞争和区域经济问题。在传统区域主义改革时期，学者们关注的区域问题十分广泛，包括区域经济、社会公平、基础设施和生态环境等问题。但20世纪90年代以后兴起的新区域主义在战略上有所收敛，在战术上灵活多变。在战略目标上，新区域主义更多地关注区域经济的发展问题，而回避和淡化社会公平问题，以期减少大都市区域内各个利益集团的冲突和纷争，而以共同的经济利益来唤起各个集团和阶层对区域问题的关切，以保持或恢复大都市区的经济繁荣。这并不是说新区域主义者不关注社会公平问题和环境问题，而只是一个侧重点问题，新区域主义学者大多数是从区域经济的角度加以论述的。前文提到的尼尔·皮尔斯的《现代城邦》就是显著的一例。

杰拉尔德·本杰明和理查德·P. 内森指出："区域主义者应该将平等、效率和竞争力这三种核心价值取向用各种方法平衡起来。"既要提高政府效率，加强经济竞争力，更要实现社会公平。然而，他们认为，并非所有区域主义者都承认这些核心价值取向不会发生冲突。就区域主义的目标或价值取向而言，可以分为三种区域主义：再分配大都市区主义（redistributive metropolitanism），即区域主义目标中的社会公平；功能区域主义（functional regionalism），追求效率，有效地提供公共服务；经济区域主义（economic regionalism），强调区域的经济发展和竞争力。[①] 在所有新区域主义者当中，像腊斯克和唐斯这

---

① Gerald Benjamin, Richard P. Nathan, *Regionalism and Realism: A Study of Governments in the New York Metropolitan Area*, Washington, D. C.: Brookings Institution Press, 2001, p. 39.

样关心社会公平的学者为数较少,而且常常遭到批评。强调效率的功能区域主义者也为数不少,因为关于有效地提供地方服务,是传统区域主义、公共选择学派和新区域主义共同关切的话题。而经济区域主义则是80年代以后经济全球化和国际经济竞争加剧这一特定时代的产物,由于这种国际经济竞争来势汹汹,美国大都市区域面临着严峻的考验,因此,新区域主义者对于经济区域主义着墨较多,而且其语气中也带有某种危机感和紧迫感。虽然本杰明和内森将区域主义分为三种类型,但他们自己也确实是着重从经济竞争的角度加以论述。他们认为,世界经济是按照区域单元组织起来的,过时的地方政府是提高全球经济竞争力的障碍。他们引用美国区域规划协会(Regional Plan Association)的负责人克劳德·肖斯塔尔(Claude Shostal)和纽约大学的迪克·内特泽尔(Dick Netzer)的话来论证自己的观点,前者将纽约大都市区域各个地方政府之间的竞争描绘为一种零和游戏,而后者则将这种区域内部的竞争描绘为一种"负和游戏"(negative sum game),损害本地区甚至整个国家的经济利益。[1]

从经济取向立论的新区域主义学者还有 H. V. 萨维奇和罗纳德·K. 沃格尔,他们指出,20 世纪 90 年代,新区域主义强调地方政府间的依赖关系和经济竞争力。他们写道:"这是一种基于政治经济学的政治类型,更准确地说,是基于中心城市及其周围郊区的相互依存的关系。"经济发展需要各种各样的资源,然而,城市和郊区彼此分割、各自为政,都不能单独提供这些资源,而如果同心协力、相互合作,将这些资源结合起来,就能向一个重视技术、信息和管理的世界提供产品。因此,地方政府必须在政策、规划和发展方面采取某种联合措施。萨维奇和沃格尔认为,可以在传统区域主义和公共选择理论之间寻求第三种观点,既不通过理性化的方式寻求"政府的最佳形式",也不通过有效市场的看不见的手,而是依据它们相互依赖的关

---

[1] Gerald Benjamin, Richard P. Nathan, *Regionalism and Realism*, pp. 40–48.

系，加强大都市区的整合。① 政府的碎化可以通过地方政府间的协议和公私伙伴关系加以解决。区域主义不是结果，而是一种渐进和演化的过程。他们指出："按照其内在特点，区域主义更像一条冰川，而不是一颗耀眼的明星。其移动是难以察觉的，因此最好是将其成就看作一个演进过程。与其强迫得出令人不快的结论，不如帮助指导这一进程。我们的明智之举，就是追求一个更长远更愉快的过程。"②

经济区域主义的核心是中心城市与郊区相互依赖的学说，中心城市拥有独特的聚集经济效益，对郊区乃至整个大都市区域都有益处，区域主义的治理能够使本区域在全国乃至全球经济竞争中立于不败之地。因此，1998年9月在芝加哥举行的一个学术会议，就是以"城市与郊区的相互依存——研究与政策的新方向"为议题，大约有120多名政府官员、学者和政策分析家参会，并于2000年结集出版。论文集的内容主要包括3个方面的问题：其一，大都市区经济问题，认为中心城市与郊区之间，不管是内层郊区还是外层郊区，都存在着密切的经济联系；其二，美国大都市区与世界其他大都市区的经济竞争问题；其三，大都市区的治理问题，包括改善制度和政治机制，以改善大都市区范围的服务提供问题。③ 在该论文集中，保罗·D.戈特利布的一篇文章，通过对学术界相关研究成果的考察发现，第一，在中心城市和郊区的经济状况之间存在正相关关系；第二，在中心城市和整个大都市区的经济状况之间存在正相关关系；第三，在较大空间范围内的经济平等与大都市区的经济状况之间存在着正相关关系。表明大都市区的这两部分存在着经济上的互补关系，也就是说，在中心城市和郊区之间的经济利益竞争不再是零和游戏，特别是郊区的经济发展依赖于中心城市的经济发展。④ 凯瑟琳·A.福斯特在另一篇文章

---

① H. V. Savitch, Ronald K. Vogel, *Regional Politics*: *America in a Post-City Age*, Thousand Oaks, CA: Sage Publications, Inc., 1996, pp. 2 - 12.

② H. V. Savitch, Ronald K. Vogel, *Regional Politics*, pp. 291 - 301.

③ Rosalind Greenstein and Wim Wiewel, eds., *Urban-Suburban Interdependencies*, Cambridge, Massachusetts: Lincoln Institute of Land Policy, 2000, p. 2.

④ Paul D. Gottlieb, "The Effects of Poverty on Metropolitan Area Economic Performance", in Rosalind Greenstein and Wim Wiewel, eds., *Urban-Suburban Interdependencies*, pp. 25 - 29.

中，通过对历史资料的分析表明，郊区的经济发展与中心城市息息相关。繁荣区域与衰落区域一个相当明显的区别在于，每个衰落区域都是或部分是在政治文化方面的个人主义倾向，而繁荣的区域几乎都没有这种表现。繁荣区域拥有整体的或部分的道德政治文化（moralistic political culture），从而可以克服反对区域主义治理的个人主义倾向。[1]

罗萨贝斯·莫斯·坎特在一篇文章中指出，在全球化的背景下，区域主义有利于确保其经济发展前景，可以集中力量解决区域问题，从而可以吸引全球化的企业、外国游客以及"各类在全球经济中淘金的公民"。在全球经济中，私人经济组织即企业联盟越来越承担了领导的角色，这些企业联盟与地方政府官员拥有密切的个人关系，它们必须跨越、模糊和打破政治边界，以构建新的大都市区域身份，从而形成一个城邦（city-state）共同体，并将本区域推介给全球市场，并保持直接的跨国关系。坎特随后指出了中心城市在区域经济中的重要作用。他指出，全球企业的选址决策往往不以单个城镇为依据，而是以其所在大都市区的基础设施和社会福利为依据，尤其是中心城市的资源，即使这些企业不打算在中心城市落脚。企业的选址规划人员尤其是国外的此类人员，希望能够通过一站式的考察就能了解一个区域内的众多城镇。因此，企业联盟应该集中力量推介自己的区域，越是在国际市场上推介本地区，越是应该代表整个区域。[2]

新区域主义经济取向的一个优点在于，它可以通过实实在在的数据分析，论证郊区乃至整个大都市区对中心城市的依赖，论证区域主义可以满足郊区居民的自我利益，从而取得他们对新区域主义政策的支持。但是，新区域主义的这种经济取向也会产生严重的负面影响。如果研究结果是郊区经济越来越独立于中心城市，郊区居民的收入与中心城市居民的收入无关或呈负相关关系，那么郊区居民就不必支持

---

[1] Kathryn A. Foster, "Regional Capital", in Rosalind Greenstein and Wim Wiewel, eds., *Urban-Suburban Interdependencies*, pp. 96 – 101.

[2] Rosabeth Moss Kanter, "Business Coalition as a Force for Regionalism", in Bruce Katz, ed., *Reflections on Regionalism*, Washington, D. C.: Brookings Institution Press, 2000, pp. 155 – 159.

援助中心城市的政策。而且还可能出现一种更加悲惨的局面，即使郊区的经济利益与中心城市的经济利益存在正相关关系，郊区居民也不支持对中心城市的援助政策，或者不与中心城市建立政治经济联盟，以免与衰败的中心城市产生任何瓜葛。正如保罗·翁格（Paul Ong）于1994年所指出的，"内城以外的居民很可能宁愿牺牲一些经济利益，也要确保他们的分离和社会特权"。托德·斯旺斯特龙（Todd Swanstrom）指出，之所以会出现这种情况，是因为经济利益仅仅是影响人们行为的一种因素，甚至不是最主要的因素，除了经济因素，还有社会环境、政治制度、价值观念和道德信仰等。他写道："区域主义的适当分析必须超越经济利益，来确保区域改革是植根于公民的价值观念和道德信仰。社会科学家往往忽略价值观念和道德信仰，而更倾向于更易于进行量化分析的物质利益。""我们应该关注城市与郊区之间日益扩大的不平等，不仅是因为它们将会阻碍区域增长，而且还因为它们将会瓦解美国社会的团结和政治合法性。"[1]

其他学者也存在这方面的担忧。比如迈克尔·E. 波特（Michael E. Porter）指出，在处理中心城市衰败的问题时，必须将经济问题与社会问题结合起来治理，不可偏废任何一方。"如今这一点越来越明显，我们不能再将经济问题与社会问题截然分开。日益严峻的挑战将是将两者统一起来。"[2] 保罗·D. 戈特布利（Paul D. Gottlieb）也指出，这种从经济角度考虑问题的方法改变了讨论问题的性质，如果大都市区中心城市与郊区之间的经济关系不是正相关关系，那么，大都市区的反贫困计划就会被证明是一种"坏想法"。但是，反贫困计划总是一种好的计划，仅仅因为它是"一项正义的事业"[3]。

美国新区域主义者这种经济取向，反映了他们的无奈和退却。在

---

[1] Todd Swanstrom: "Ideas Matter: Reflections on the New Regionalism", *Cityscape*, Vol. 2, No. 2, (May 1996), pp. 10-14.

[2] Michael E. Porter, "Regions and the New Economics of Competition", in Allen J. Scott, ed., *Global City-Regions: Trends, Theory, Policy*, Oxford: Oxford University Press, 2001, p. 141.

[3] Paul D. Gottlieb, "The Effects of Poverty on Metropolitan Area Economic Performance", in Rosalind Greenstein and Wim Wiewel, eds., *Urban-Suburban Interdependencies*, p. 43.

第四章 大都市区的政治碎化与区域治理

传统区域主义者那里,他们雄心勃勃,意气昂扬,要进行集权主义的结构性政府改革,建立区域性的大政府,把权力和责任集于一身,对大都市区进行全方位的综合治理,包括提高政府效率,有效地提供公共物品和服务,协调区域的经济发展,限制大都市区的蔓延,改造中心城市,推进种族和经济融合,实现大都市区公民的社会平等,保护环境和生态资源等等。总而言之,要将大都市区的治理毕其功于一役,实现自由、民主、平等和博爱等美国梦和价值观念。然而,事实却是,他们一败涂地,传统区域主义的改革在郊区居民和中心城市黑人的联合反对下纷纷破产。与此同时,公共选择学派兴起,该学派代表了美国的政治文化传统,即小政府大社会,管得最少的政府是最好的政府。该学派反对成立大都市区政府,主张进行分散的多中心化的治理,对大都市区的社会不平等问题置若罔闻,不予理睬。然而,这种分散的治理不但没有收到任何效果,反而加剧了大都市区的蔓延,中心城市更加衰败,种族隔离和经济分异更加严重,社会资源分布更加不均,同时环境问题凸显,与此同时,全球经济竞争更加激烈,美国的大都市区面临着衰败的危险。因此20世纪90年代以后,区域主义再度兴起。然而,这批新的区域主义者对传统区域主义的失败记忆犹新,他们不敢倡导成立大都市区政府,只主张"过程"性的"治理",不愿涉及敏感的社会平等问题,因为这样会遭到郊区中产阶级的冷落,在美国这样一个以郊区中产阶级为主的国家,白人中产阶级的利益神圣不可侵犯。因此,能够唤起郊区中产阶级同情的,只有诉诸他们自身的经济利益,特别是郊区经济利益对中心城市经济利益的依赖,他们才会警觉起来,才会去关心,去思考,去行动,去成功。这表明了美国郊区中产阶级在社会理想和道德信仰方面的衰退,表明了美国中产阶级社会责任感的丧失,表明了美国中产阶级价值观念某种程度的堕落。这才是美国真正的危机。

小　　结

由于大都市区在生态、经济和社会上是一个有机的统一体,许多社会问题，比如自然环境、基础设施、交通运输、经济发展、社会生活、公民教育、发展规划等等，都是紧密联系而不可分割的，因此，大都市区的治理需要一个能够进行统筹规划和统一治理的区域性机构。然而，美国大都市区的空间蔓延、郊区地方政府数量的激增及其自治地位的加强，导致了大都市区政治的巴尔干化或碎化，从而对美国大都市区的发展和居民生活产生了许多不利的影响，其中包括郊区服务质量与经济效益的低下；各个地方政府之间的阶级分异和种族隔离，它们在收入、财政、税率和服务等方面的不平衡；中心城市的地位和声望受到了削弱，从而影响了中心城市乃至整个大都市区的发展潜力；缺少一个区域性政府来有效地制定区域综合规划，使大都市区的发展出现了不协调乃至混乱的局面。为了解决巴尔干化所带来的各种问题，自20世纪初期，美国学术界兴起了具有集权主义特征的以结构性改革为主的传统区域主义改革理论，许多大都市区进行了各种区域主义改革的尝试，而最能够反映传统大都市区改革理论的改革方式主要有三种，即城市的兼并与合并、市县合并和联邦制大都市区政府。然而，由于美国社会的高度民主和根深蒂固的自治观念，以及各地区的问题千差万别，错综复杂，到60年代后期，传统区域主义的改革成功者寥寥无几，屈指可数。与此同时，公共选择学派异军突起，对传统区域主义改革展开了猛烈的抨击，区域主义的改革运动在七八十年代进入低潮时期。由于公共选择理论及其治理方法并没有对大都市区的治理发挥积极作用，反而使大都市区的各种问题更加恶化，与此同时，随着经济全球化和国际竞争的加剧，美国区域遇到了前所未有的挑战。因此，进入90年代以后，美国再次兴起了区域主义改革理论和改革运动，这种新区域主义强调大都市区的网络化治理，而不主张进行结构性的政府改革，已经取得了若干治理效果。但新区域主义受到了公共选择理论的严重影响，不太主张成立区域性的治理机构，其治理方式仍然带有浓厚的分散性特点，而且具有强烈的经济取向特征，而对亟待解决的社会公平问题有所忽略，这在某种程度上反映了美国社会价值观念和政治文化的转向。

第五章　中心城市的衰落与复兴

　　城市就是人口、产业和资金的聚集体，在工业化时代，在聚集经济和规模经济的作用下，人口、产业和资金日益集中，形成了各类规模不等的城市。然而，在城市的发展过程中，同时存在着聚集与扩散两种并行不悖、相辅相成的运动，在这两种运动的共同作用下，城市的空间结构不断发展演变，逐渐形成了单中心结构的大都市区，进而发展成为规模巨大的多中心结构的大都市区。然而，二战以后，扩散成为美国城市发展的主导趋势，大都市区呈爆炸式蔓延，形成了过度的郊区化，从而对中心城市造成了极大的危害。与此同时，在经济全球化的浪潮中，全球劳动分工和产业结构再次进行了重新调整，美国的经济结构不断升级，迅速由过去的工业经济向后工业经济转变，服务经济和信息经济成为美国经济的主体，从而使美国产业高居于全球产业链的顶端，而劳动密集型、资源密集型和污染严重的制造业迅速迁移到发展中国家和经济相对落后的美国南部和西部，从而使美国，尤其是东北部和中西部出现了"去工业化"现象，中心城市作为工业化时代产业的载体受到了严重的冲击。就资金的流动而言，美国金融机构对中心城市实行的信贷歧视即"红线政策"同样给予了中心城市以釜底抽薪的打击。可见，郊区化、去工业化和红线政策是导致中心城市衰落的直接原因。当然，中心城市衰落的原因是纷繁复杂的，包括经济的、社会的、文化的、政治的多种原因，但许多原因具有一定程度的间接性，比如前文第二章论述的郊区化的原因，同时也是中心城市衰落的原因，本章无须赘述。中心城市衰落导致了诸多社会问题，比如城市面貌的衰败、财政压力的加重、种族矛盾的加剧、社会组织的解体、社会秩序的动荡,等等,所有这些问题都可以概括为"城市危机"。部分中外学者仅仅将城市黑人的种族骚乱称之为城市危机,但笔者认为,黑人骚乱仅仅是城市危机的一种表现或爆发,城市危机应该是城市的发展危机,是城市在后工业时代和全球化时代所面临的挑战。然而,美国城市并没有就此一蹶不振,而是在20世纪80年代以后出现了复兴的迹象。

一 城市美化运动的失败——城市衰落的征兆

城市美化运动是在19世纪后期由两个独立发展起来的运动——城市公园运动和城市改进运动——合流而形成的一个更大的运动。这两个运动合流之后获得了一个更加响亮的名称,即"城市美化运动"(City Beautiful Movement)。这一运动是由中产阶级精英人士领导的,以报刊编辑、律师、企业家、景观设计师、建筑设计师、雕塑家等为主力的,得到部分市民大众支持的城市规划运动。然而,正当城市美化运动如火如荼展开之际,却由于政治、经济、社会等诸多方面的原因而日渐式微,销声匿迹。城市美化运动是以中产阶级公民为主导的一次城市改进和振兴运动,它的失败预示了美国城市不可避免的衰落命运。

(一)公园运动的兴起与城市美化运动的序幕

美国城市的速成性导致了基础设施的落后和环境质量的恶劣,直到19世纪后期,美国的绝大多数城市仍然没有地下排水系统,许多街区污水横流,臭气弥漫,这些城市污水被排入江河之中,又污染了饮用水源。由于城市环境的恶化,霍乱、伤寒、白喉等瘟疫时常袭击人们。而且,美国城市景观粗鄙丑陋,单调乏味,缺乏审美艺术的感染力。与此同时,美国城市又是远离大自然的城市,由于没有绿色植物和开阔空间,人们面对拥挤凌乱的建筑物,其视野得不到驰骋,筋骨得不到舒展,郁闷的心情得不到抚慰。因此,19世纪的美国城市不仅瘟疫流行,而且各种心理疾病也时常袭扰人们。

第五章　中心城市的衰落与复兴

异质性是美国城市的另一个重要特点。这种异质性包括种族、民族、文化和阶级等几个方面。这种异质性导致了美国城市社会的动荡不安和流血冲突，这表明美国人还不是一个共同体，至少还不是一个彼此认同、稳定和谐的共同体。要将这些繁杂的外来移民熔铸为一个融洽和谐的共同体，就需要彼此接触、相互了解。然而，在工业化过程中兴起的美国城市，没有风景秀美的公园、风光旖旎的林道、共同活动的场所，以及令人赞叹的雄伟建筑，也就是说，美国城市缺乏一种让各族裔和种族共同自豪的城市文化。美国城市要成为一个"大熔炉"，在功能上需要改进，在景观上需要美化，在文化上需要重塑。而城市美化运动作为美国历史上第一次综合规划运动，其所肩负的正是这一伟大使命。

公园运动（park movement）是城市美化运动的序幕，在20世纪城市美化运动形成高潮之前，人们最先关注的是将大自然搬进城市，让城市居民不必远足也能够享受大自然的美景。公园运动的兴起受到了公墓改良运动和浪漫郊区运动的启发。

有趣的是，美国人改善生者居住环境的努力是从美化亡者的安息之地——乡村公墓开始的。在19世纪初期，美国公墓不仅荆棘遍布，蒿草满地，景象惨淡，而且简陋、容易损毁，往往成为传染病的发源地。为了改变这一状况，美国兴起了公墓改良的运动。波士顿的郊区坎布里奇（Cambridge）的芒特奥本（Mount Auburn）是美国的第一座"乡村式公墓"，自1831年该公墓建成以后，各城市纷纷效仿。这些公墓采用浪漫主义的风景设计手法，比如曲径通幽的小路、波光粼粼的池塘、茂密葱郁的树林，等等，因而得到城市居民的青睐，成为他们休憩游玩、释放压抑心情的场所。而浪漫郊区的出现则受到了19世纪浪漫主义运动的影响，这是一种经过周密规划的郊区居民区，在设计手法上突出一种自然主义的格调，比如，曲折蜿蜒的街巷、新颖别致的建筑、依山傍溪的选址，芬芳馥郁的花园等，具有一股浓郁的田园气息，使人感到置身于大自然之中，可以陶冶情操，修心养性。

然而，乡村公墓毕竟带有几分阴郁色彩，作为一种休闲场所存在很大的缺陷；而浪漫郊区则是富裕阶层逃避喧嚣，远离城市的一种世外桃源，浪漫郊区优美的环境是城市贫民乃至中产阶级都无法接近和享用的。只有城市公园才是城市大众既可望而又可即的休闲娱乐场所。尽管如此，乡村公墓和浪漫郊区运动对城市公园的产生和设计手法都产生了积极的启发作用。而且公园运动是中产阶级拥抱城市生活，对城市充满乐观精神，以改造城市为己任的社会责任感的体现。

早在1848年，园艺设计师安德鲁·J. 唐宁（Andrew J. Downing）就开始倡导为城市居民建立"健康有益的呼吸场所"，建立"对所有阶级的人群开放，由公共开支建设与维护，随时由各阶层的人们所享受"的城市公园。城市公园与图书馆、画廊等一起，"会安抚教化粗俗的人，教育启迪无知的人，并为那些有教养的人提供持续的享受"[1]。因此，该年他与其他知名人士一道提出在曼哈顿修建一个500英亩的大型公园。然而，由于唐宁的英年早逝，修建中央公园这一历史使命就由弗雷德里克·劳·奥姆斯特德（Frederick Law Olmsted）和卡尔弗特·沃克斯（Calvert Vaux）所继承。经过多年的讨论和政治妥协后，纽约州议会终于在1853年批准在曼哈顿的第59街和第106街之间建立一个624英亩的公园。1858年奥姆斯特德和沃克斯提出的"绿色草地"（Greensward）方案在竞标中获胜，奥姆斯特德被任命为中央公园的总设计师和总监，开始了中央公园的筹建活动。

奥姆斯特德充分意识到工业社会对城市居民身心健康的危害，他写道，在"建筑密集的大城市中"，污染"把腐浊刺激的东西送进人们的肺腑……这种刺激和体能消耗严重地影响了人们的思想和道德力量"。更严重的是，淡漠的人际关系和非人格化在城市中泛滥，人们每天都"看到成千上百万的同胞……却与他们没有任何共同的经历"[2]。奥姆斯特德虽然看到了城市社会的弊端，但他承认城市文明的进步作用，认为城市提供了各种机遇、便利、舒适，提供了更高的

---

[1] William H. Wilson, *The City Beautiful Movement*, Baltimore: The Johns Hopkins University Press, 1989, p. 14.

[2] William H. Wilson, *The City Beautiful Movement*, p. 20.

生活水准。1870 年，奥姆斯特德在对美国社会科学协会（American Social Science Association）的一次演说中指出，"最近一些城镇由于它们的商业优势而发展迅猛，而未来它们会更加富有魅力……其结果是，不久将会出现比当今世界所知的任何城市都更加庞大的城市"[①]。因此，奥姆斯特德是城市生活的积极拥抱者和促进者，他主张，人们的职责就是对城市进行改造，为城市病症开出一剂药方，即建造城市公园，改善城市环境。

奥姆斯特德主张"形式从属于功能"，因此，有机功能美学是他所设计的城市公园的主要特征。[②] 中央公园的景观设计手法沿袭了英国花园设计的自然主义风格。奥姆斯特德认为，"在自然学派的园林艺术中，我们应该为大自然的鬼斧神工提供一个用武之地。我们应该依赖大自然……所有明显的人工雕琢都应该避免。"经过奥姆斯特德与沃克斯的精心设计，中央公园成为美国景观设计史上一个无与伦比的杰作。中央公园位于曼哈顿岛中部，南北长约2.5 英里，东西宽半英里，林木葱茂，景色迷人，为美国城市平添了第一道美丽的风景线。那些整日辛苦劳作的人们在工作之余，不仅可以来此呼吸新鲜空气，倾听鸟唱虫鸣，欣赏四季变换的色彩，还可以进行各种休闲娱乐活动，比如划船、垂钓、散步、闲坐、运动等。人们置身其间，可以甩掉繁重工作的疲乏，忘却城市生活的烦恼，恢复身体的健康和心灵的宁静。这正是奥姆斯特德对中央公园所赋予的神圣使命。

奥姆斯特德多次论述了城市公园的健康功用和社会功用。他把自己设计的公园比喻为一首"永恒的风景诗"。他指出，通过欣赏迷人的风景和休闲活动，可以恢复人们的身心健康。美学体验能够缓解"极度虚假的生活习惯"所造成的压力，促进"简朴、自然、健康的情趣和鉴赏力"。他相信，伟大艺术的享受能够修复破碎的心灵，使其达到和谐与统一。美学体验还能够提高人们的审美能力，促进社会

[①] Raymond A. Mohl，*The New City*：*Urban America in the Industrial Age*，*1860 – 1920*，Arlington Heights，Illinois：Harlan Davidson，Inc.，1985，p. 75.

[②] Irving D. Fisher，*Frederick Law Olmsted and the City Planning Movement in the United States*，Ann Arbor，Michigan：UMI Research Press，1986，pp. 30，48.

的和谐与稳定。奥姆斯特德认为,公园对于公民来说具有明显的教化作用,他写道:"必须看到,一个真正优美的大型便捷的公园发挥了及时而显著的教育作用,这一点明显地体现于人们的情趣和习惯的某些变化之上,从而也体现于人们变化的要求之中。"[1] 公园的休闲活动和美学体验促进了家庭和睦。奥姆斯特德写道:"实际上,我曾不止一次地观察到,那些穷人妇女在注视着她们的孩子尽情玩耍之时,眼里充满着激动的泪水。"她们从欢悦玩耍的孩子身上汲取了一种神奇的力量。美国是一个种族、民族和文化多元化的国家,再加上阶级的冲突,城市社会经常动荡不安,人们需要彼此接触,相互交流,合而为一,而公园则在某种程度上担当了这一职任。奥姆斯特德告诉波士顿的听众说,在中央公园,"你会发现……所有阶级的成员都出现在这里,他们拥有一个共同的目标……每个人的出现都能增加他人的乐趣……你还可以经常看到……穷人和富人、年轻人和年长者、犹太人和非犹太人"。他相信,阶级与民族的界限可以通过美学体验来消解融化。

此外,奥姆斯特德还强调了公园所产生的巨大的经济价值。公园的建立和环境的改善,可以提高周围社区的土地价值,从而可以增加城市政府的地产税收,这一收入的增加可以远远超过建造公园的成本。奥姆斯特德和沃克斯在 1868 年的一份报告中指出,布鲁克林的前景公园(Prospect Park)已经使周围地产的价值提高了四倍,这表明人们希望能够"从一个居民区方便地到达公共休闲场所……就前景公园这一案例而言,地产价值的增加在周围一英里的范围内都是非常明显的"。"公园带来的地产价值和税收的不断增长,已经远远超过了修建这些公园的费用。"[2] 此外,环境的改善还可以吸引商业投资,增加旅游,提高城市的竞争力,使城市永葆活力与繁荣。

继中央公园之后,奥姆斯特德又相继在美国 20 多个城市中设计

---

[1] Irving D. Fisher, *Frederick Law Olmsted and the City Planning Movement in the United States*, pp. 48, 94, 66-67.

[2] William H. Wilson, *The City Beautiful Movement*, pp. 30-31.

了众多的公园，其中包括波士顿、芝加哥、华盛顿、布鲁克林、布法罗、底特律、路易斯维尔、密尔沃基、哈特福德等，甚至还有加拿大的蒙特利尔。这些大型公园一般位于城市的边缘，是为了城市的未来而建立的，显示了奥姆斯特德的预见性和前瞻性。他还设计了许多林荫大道（parkways），将这些公园与居民区连接起来。公园运动迅速风靡美国，在19世纪后期，许多城市掀起了建立公园的高潮。随着公园和林荫大道的设计，美国出现了景观设计（landscape architecture）这一职业，所以公园运动也称为景观设计运动。公园运动揭开了美国改造城市环境的序幕，它是城市美化运动的前奏，又是它的一个重要内容。

（二）城市改进运动的兴起及其与公园运动的合流

19世纪后期，美国又兴起了另一改造城市环境的运动，即城市改进运动（municipal improvement movement），这一运动关注的问题主要是城市的功能问题，内容十分广泛，包括排污、供水、卫生、街道、空气质量、运动场地，等等。19世纪末20世纪初，城市改进运动与公园运动合流，形成了规模更大的城市美化运动。

城市改进运动是由乡村改进运动（village improvement movement）发展而来的。由于城市的发展和乡村人口向城市的迁移，许多乡村出现了人口减少和衰败的局面。乡村改进运动是为了改善乡村环境和抵制乡村的衰败而展开的。美国的第一个乡村改进协会是1853年于马萨诸塞州成立的"劳雷尔希尔协会"。此后，这一运动迅速波及其他各州。19世纪末，这种乡村改进运动进入城市而发展为城市改进运动，马萨诸塞州一个拥有4.4万人口的城市斯普林菲尔德（Springfield）于1889年成立了"斯普林菲尔德改进协会"，以对整个城市进行改进和美化。1894年，城市改进运动的倡导者成立了全国性的组织"美国城市改进协会"，1900年，又在俄亥俄州的斯普林菲尔德集会，成立了"全国改进协会联盟"，以敦促"所有有志于永久改进和美化美国人的家园及其环境——无论是在乡村、村镇或者城市——的组织，与我们联合起来，成为该同盟的成员"。1901年，在该联盟召开的第二次会议上更名为"美国城市改进联盟"(American League for Civic Improvement, ALCI),将其目标确定为"推进户外艺术、公共场所的景观、城镇、村镇和邻里的改进"①。并将总部从斯普林菲尔德迁至芝加哥。美国城市改进运动逐渐走向高潮。

查尔斯·鲁滨逊(Charles M. Robinson)是城市改进运动乃至整个城市美化运动的主要理论家。他于1899年在《大西洋月刊》上发表了3篇系列文章"城市生活的改进",其中第三篇文章《美学的进步》,主要阐述了城市艺术、城市美学和城市规划等方面的见解,并且正式使用了"城市美化"这一术语。他主张,每一个城市都应该拥有"一个深思熟虑、规划完美的整体规划"。除了关注城市景观以外,他也主张将工厂迁移到郊区,建造模范廉租公寓,制定和执行有强制力的住房法规。为了更好地对城市进行规划,他主张成立由专业人士组成的委员会,其中包括建筑设计师、景观设计师、雕塑家、工程师,以及市民代表等。② 1901年,他又出版了《城镇的改进》这一颇具影响力的著作,成为城市美化运动正式诞生的宣言书,被奉为"城市美化信仰者的圣经"③。他在该著中主张,城市的任何部分都应该是美的,"城市艺术的感染力应该运用于社区的每一个部分"。他一再强调美与实用是不可分割的,比如一座雄伟的桥梁,"我们不仅仅要满足于其持久耐用和坚固有力,而且还应该加上和谐、优雅和美丽"。他还论述了城市功能方面的改进,比如排污、交通、水道、运动场、街道模式和铺砌、照明、环境卫生,以及各类公益物品等,还要控制烟雾、噪音和广告牌等。④

与此同时,城市美化运动的另一支脉,即城市公园运动也在不断发展壮大,涌现出许多景观设计师(landscape architect),这些景观设

---

① Jon A. Peterson, "The City Beautiful Movement: Forgotten Origins and Lost Meanings", *Journal of Urban History*, Vol. 2 No. 4, August 1976, pp. 115–117.

② Charles Mulford Robinson, "Improvement in City Life: Aesthetic Progress", *Atlantic Monthly*, 83, June 1899, p. 771.

③ Jon A. Peterson, "The City Beautiful Movement: Forgotten Origins and Lost Meanings", *Journal of Urban History*, Vol. 2 No. 4, August 1976, p. 122.

④ William H. Wilson, *The City Beautiful Movement*, p. 47.

计师创办了许多杂志，进行广泛的宣传活动。1897年4月，一些景观设计师在肯塔基州的路易斯维尔成立了"美国公园和户外艺术协会"（APOAA）。起初，该协会反对在景观公园中设立运动场等娱乐设施，认为公园的目的是使民众"欣赏美丽的自然风景，放松由于过于做作的城市生活所导致的精神紧张"[1]。然而，当时兴起的一个新的运动即运动场运动（playground movement）要求在大型城市公园中开辟运动场地，建立各种娱乐设施，使人们不仅仅限于被动地欣赏自然美景，也能够从事积极的体育锻炼和娱乐活动。这一观点逐渐被该协会所接受。而且该协会在城市改进运动的影响下，其关切的目标也不仅仅限于景观设计，而且也扩及城市生活的各个方面。这一转变为"美国公园和户外艺术协会"与"美国城市改进联盟"的合并，以及公园运动与城市改进运动的合流创造了条件。另外，由于这两个协会的许多会员是交叉的，也有利于两者的合并，他们最终于1904年促成了两者的合并，成立了"美国城市协会"（American Civic Association, ACA），原"美国城市改进联盟"的主席约翰·麦克法兰（John H. McFarland）任新协会的主席，原"美国公园和户外艺术协会"的主席克林顿·伍德拉夫（Clinton R. Woodruff）任副主席，鲁滨逊任秘书长。"美国城市协会"接受了美和实用不可分割以及进行综合城市规划的原则。该协会的成立推动了城市美化运动走向高潮。

（三）城市美化运动的主要内容及案例

城市美化运动强调美和实用不可分割，它一方面要美化城市环境，将大自然引进城市，在城市中建立大型景观公园和林荫大道，另一方面还要改进城市的基础设施和功能，满足商业和日常需要。后者主要体现于市民中心（civic centers）的建设上。所谓市民中心，就是各种商业活动、服务设施、娱乐休闲机构和市政机构相对集中的城市区域，它在空间上与中央商务区十分接近，能够补充中央商务区的功能，为人们提供中央商务区所欠缺的休闲和公共活动。在城市美化运

---

[1] William H. Wilson, *The City Beautiful Movement*, pp. 36 – 37.

动的倡导者看来，市民中心不仅应该是实用的，也应该是美丽的。市民中心一般由一个大型公园或广场及其周围的建筑群构成。辽阔的广场气势恢宏，令人震撼，以广场为中心向周围辐射出几条景观大道，从而打破了美国城市网格状布局单调沉闷的氛围。建筑物的设计手法往往采用新古典主义和巴洛克手法，或巍峨雄壮，或雍容华丽，成为纪念性和标志性的建筑。建筑物内部装潢精美，外部还有雕塑、喷泉等户外艺术。城市美化设计师们既注重个体建筑物的设计，更注重建筑物的搭配组合，通过对这些建筑物高低错落、疏密有致的安排，形成一道错落有致、线条分明的美丽的天际线，从而达到相得益彰、相映成趣的效果。城市美化运动的倡导者认为，如同城市公园一样，设计完美的市民中心也同样具有教育意义，通过市民在这里的休闲娱乐活动，可以恢复人们的身心健康；通过市民在这里的广泛接触，进行兴趣、感情和思想的交流，可以激发市民的认同感、自豪感和爱国主义情怀，有助于美国家庭与社会的和谐稳定。费尔普斯·斯托克斯（Phelps Stokes）论述了市民中心的教育作用，他写道："公众对城市美景的享受越广泛，以及共同享受这些美景的人数越多，人们共同的思想、感情和兴趣也就越广……而这意味着社会道德的广泛发展。当我们一起享受快乐之时，我们就会一起感受，一起思考；而我们共同的思想和情感越多，我们在思想和情感上就越统一。"[1] 堪萨斯城、西雅图、丹佛、达拉斯等城市都创建了新的市民中心，根据有关研究，美国有72个城市进行了市民中心的规划和筹建活动。[2]

美国的第一个市民中心是1893年为在芝加哥举办的哥伦比亚世界博览会而建立的场馆——白城（White City），它位于密歇根湖畔的杰克逊公园。丹尼尔·伯纳姆（Daniel H. Burnham）被任命为总设计师和总监，奥姆斯特德被任命为景观设计师。白城的主体包括两个部分，一个是自然风格的潟湖（lagoon），湖泊中心有一个"林荫岛"

---

[1] William H. Wilson, *The City Beautiful Movement*, p. 93.
[2] Howard P. Chudacoff, *The Evolution of American Urban Society*, Second Edition, Englewood Cliffs, New Jersey: Prentice-Hall, Inc., 1981, p. 186.

(Wooded Island);另一个是湖泊东侧的荣誉广场（Court of Honor），广场周围是新古典主义风格的建筑群。白城既有雄伟壮丽的建筑群，美丽如画的自然景观，还有优雅精美的雕塑、壁画等艺术作品，以及各种服务娱乐设施，是规划师、建筑师、景观设计师、雕塑家和壁画家艺术合作的结晶。博览会取得了极大的成功，仅仅在举行博览会的当年夏季，就有2100万游客参观了白城。[1] 因此，许多历史学家将芝加哥博览会看作美国城市美化运动的起源，这实际上是一个错觉。威廉·威尔逊评论，尽管伯纳姆和白城"对城市美化运动的思想和美学表现手法产生了很大影响"，但"这并不意味着伯纳姆或白城发起了城市美化运动，事实上，（芝加哥）博览会自身既是影响，也是源头，既是结果，也是原因"[2]。

图 5.1　1893年芝加哥哥伦比亚世界博览会会址鸟瞰图

资料来源：http://baike.so.com/gallerylist? ghid = first&picidx = 1&eid = 3682432&sid = 3870232，2016年6月16日。

---

[1] Raymond A. Mohl, *The New City*, p. 78.
[2] William H. Wilson, *The City Beautiful Movement*, p. 57.

堪萨斯城在城市美化运动中是另一个典范。19世纪80年代堪萨斯城的人口增长迅猛，但基础设施落后，公园面积狭小。从19世纪90年代中期起，该市《星报》（Star）的主编威廉·纳尔逊（William R. Nelson）便开始为公园和林荫道系统及相关的改进活动大造舆论。1889年，密苏里州议会和堪萨斯城的选民批准了一个新的城市宪章，授权该市成立一个公园委员会，堪萨斯城的市政改进协会主席奥古斯特·迈耶（August R. Meyer）担任该公园委员会的主席。1893年10月，该市公布了由乔治·凯斯勒（George E. Kessler）制定的规划报告，该报告的内容不仅涉及建立公园和林荫道系统，而且还是对堪萨斯城的地形、交通、人口、工业区、居住区以及发展前景等方面问题细致而全面的考察，实际上是综合城市规划的雏形。报告中要建立的公园包括北台地公园（North Terrace Park）、佩恩谷公园（Penn Valley Park）和西台地公园（West Terrace Park），这三个主要公园由景观大道连接起来。委员会还主张建立一个规模宏大的主要街道——帕西奥（Paseo）大街。帕西奥的尽头是一个阅兵场（Parade）。除此之外，迈耶的报告中还有其他娱乐场地的建议。但是由于实施该规划的费用十分高昂，因而遭到了众多居民的反对。比如北台地公园征地评审团估计该公园的开支将达到60.3万美元，西台地公园的开支将达86.6万美元，而佩恩谷公园则高达87.1万美元。[①] 该市的"纳税人联盟"从1896年秋至1900年夏进行了一系列的请愿和集会活动，反对该规划的实施。但是该规划还是得到了大多数公民的支持。堪萨斯城的城市美化方案还包括一个新火车站的建立。由于该市的旧火车站越来越不能满足日益增长的需要，而且经常遭到洪水的淹没，所以建造新的火车站势在必行。新火车站的规划于1906年7月完成，并于1909年9月通过了公民投票。经过长达5年的努力，终于在1914年10月30日举行了新火车站的盛大落成仪式。堪萨斯城火车站是美国最大的火车站之一，它内部装潢华美，地板为五彩大理石，天花板饰以红、

---

① William H. Wilson, *The City Beautiful Movement in Kansas City*, Columbia: University of Missouri Press, 1964, pp. 71 – 77.

第五章 中心城市的衰落与复兴

蓝、金色浮雕。车站的建筑手法采用法国文艺复兴风格。该车站的设计师贾维斯·亨特（Jarvis Hunt）自豪地宣称，"世界上没有一个火车站会比堪萨斯城的火车站更好"①。到1915年，堪萨斯城的公园和林荫道系统也已基本完成，而且还清除了衰败区，提供了大量的娱乐设施，堪萨斯城的城市美化运动取得了巨大成功。

随着城市美化运动的发展，美国出现了最早的综合城市规划，试图从整体上协调美国城市的发展。首都华盛顿的规划是美国最早的综合性城市规划，它是在朗方规划的基础上加以改造和扩大而完成的。美国建国后，华盛顿总统聘请法国著名的建筑师皮埃尔·朗方（Pierre L'Enfant）对新首都华盛顿特区进行了规划设计。在朗方的规划中包括一个规模巨大的林荫广场（Mall），它宽400英尺，长达1英里以上，从国会山直到波托马克河。但由于种种原因该计划没有能够实现，这一地带仅仅建成了一片普通的草坪，而且后来还受到一些商业设施的侵入，到19世纪70年代末甚至还有一条铁路通过。② 1900年是首都华盛顿落成100周年，为筹备庆典和改善华盛顿的市容，密歇根州参议员詹姆斯·麦克米兰（James McMillan）建议对华盛顿进行重新规划。1901年，在国会的授意下成立了一个公园委员会，由伯纳姆任主席。委员会对首都进行了系统的研究，并对欧洲的历史名城进行了为期7周的考察，1902年1月该委员会提交了华盛顿规划报告，即麦克米兰规划。

麦克米兰规划仍然采用了朗方的方案，并将林荫广场的规模扩大为800英尺宽，2英里长，并将穿越广场的铁路拆除。③ 在广场两旁种植橡树，在广场的尽头建立林肯纪念堂。该规划将公共建筑分布在三个区域：国会山周围；以林荫广场、宾夕法尼亚大街、白宫为边的三角形区域；拉法耶特广场周围。麦克米兰规划还建议在华盛顿特区征购近2000英亩的公园用地，并将原有的公园与新公园连接起来，并

---

① William H. Wilson, *The City Beautiful Movement in Kansas City*, p. 104.
② Peter Hall, *Cities of Tomorrow: An Intellectual History of Urban Planning and Design in the Twentieth Century*, Oxford: Blackwell Publishers Ltd, 2002, p. 191.
③ Peter Hall, *Cities of Tomorrow*, p. 191.

提供各种娱乐设施，形成一个庞大的公园系统。① 麦克米兰规划是城市美化运动的典型代表，第一次实施了综合性城市规划，对于华盛顿面貌的改善和城市功能的改进发挥了积极作用。

美国另一著名的综合城市规划是由伯纳姆制定的芝加哥规划。1906年，在芝加哥商会的邀请下，伯纳姆和他的同事们开始为芝加哥制定一个综合规划，该规划于1909年完成并获得批准。该规划提出了城市发展的一些重大原则，涉及芝加哥市的多个方面，成为美国城市规划史上最具影响的文件。芝加哥规划主要包括6项内容：对北起温内特卡（Winnetka）南到印第安纳州边界的湖滨地带进行改进；在城市边缘修建公路系统；将一些火车站迁移地点，建立一个完善的铁路客运和货运系统；在城市外围建立公园系统和一条环城林荫大道；对市区的道路系统进行扩建，从而能够加速通向中央商务区的流动；建立文化活动中心和城市行政管理中心，从而为该大都市区提供一个核心，并使其成为一个整体。伯纳姆在计划的结尾写道：如果该规划被采纳，它将"为我们创造条件，从而使企业活动获得最大的经济效益……我们及子孙后代能够享受和改善生活，而这一点是我们现在所不能企及的。这样，我们将成为留恋家乡的人，而陌生人则会纷至沓来，叩响我们的大门"②。到1930年，该规划的大部分内容基本完成。

（四）城市美化运动的衰落及其原因

1900—1910年许多城市的综合发展规划将城市美化运动推向了高潮。但月盈则亏，盛极必衰，正当该运动如火如荼地展开之时，它便遭到了来自各个方面的抨击与责难，因此，该运动越来越步履维艰，难以为继，并从此逐渐走向衰落。

1909年5月，在纽约住房改革家本杰明·马什（Benjamin

---

① John W. Reps, *The Making of Urban America: A History of City Planning in the United States*, Princeton, NJ: Princeton University Press, 1965, p. 514.

② Zane L. Miller, Patricia M. Melvin, *The Urbanization of Modern America, A Brief History*, New York: Harcourt Brace Jovanovich, Publishers, 1973, pp. 139 – 140.

C. Marsh)的主持下,在首都华盛顿召开了第一届全国城市规划会议。马什率先对城市美化运动进行了抨击,他认为,城市美化运动过于注重外表,公园和市民中心等巨大公共工程确实很有魅力,但对穷人来说,他们只能偶尔"从其肮脏压抑的环境逃离出来,去欣赏那些建筑的完美,去体验那遥远之地的改进所带来的美学享受"[1]。亨利·摩根索(Henry Morgenthau)也鹦鹉学舌,认为城市规划师的首要目标就是消除"疾病、道德堕落、不满情绪以及社会主义"等罪恶的渊薮。[2] 在同年12月举行的美国建筑师协会的年会上,卡斯·吉尔伯特(Cass Gilbert)痛斥城市美化运动,他宣称,"如果让我延误、打断或扰乱城市发展的进程,我就会把'城市美化'一词印刷在各大报纸的头版头条"。"让我们把城市变得实用、现实、宜居、切合实际或任何东西,除了美丽。"在这些人的攻击之下,人们顾虑重重,"谈美色变",甚至连鲁滨逊这位城市美化运动的旗手,也主张放弃使用"城市美化"这一口号。在1911年召开的"美国城市协会"的会议上,乔治·福特(George B. Ford)指责城市美化运动过于关注"浮华""虚饰和花哨",使人"目眩",但在"生活、就业和休闲等问题解决以前",不应该进行城市美化。因此,在该协会1912年举行的年会上,协会的主席约翰·麦克法兰发表了"不只是城市美化"的演讲,也讥讽城市美化"庸俗华丽",而干净、实用和有效的城市,自然就是美丽的。[3] 由于人们对城市美化运动的抨击,到20世纪20年代以后,该运动逐渐走向衰落,取而代之的是城市实用(city practical)或城市效率(city efficient)运动,即实行城市分区规划制度(zoning),这种分区规划制度不是从整体上对城市的发展作出总体规划,而仅仅对城市的各个功能区域进行划分,是一种最低限度的规划方式,不能有效地协调和控制城市的发展,为美国大都市区的低密度蔓延和中心城市的衰落埋下了伏笔。

---

[1] William H. Wilson, *The City Beautiful Movement*, p. 286.
[2] Peter Hall, *Cities of Tomorrow*, p. 190.
[3] William H. Wilson, *The City Beautiful Movement*, pp. 287 – 288.

城市美化运动走向衰落,许多学者将其归咎于该运动自身的缺点,而没有从美国的政治、经济、社会和思想观念中去寻找根源。笔者认为,城市美化运动本身固然存在某些弱点,但这不是其衰落的主要原因,因为在美国历史上,许多积极进步的运动也同样举步维艰,屡遭挫折,最后走向衰落。城市美化运动的衰落是由诸多方面的原因促成的。

首先,人们对城市美化运动的误解,是其衰落的首要原因。这一误解在某种程度上是由这一运动的名称所导致的。城市美化运动的内容并不仅仅限于"美化",事实上它包括的内容十分广泛,包括建造公园和绿化环境、建立市民中心、改善道路交通、改进基础设施、改善环境卫生、减少空气污染、提供运动娱乐设施等,但"城市美化"这一名称以偏概全,以点带面,给人以错觉。名不正则言不顺。而且人们所看到的往往是那些规模宏大的工程,而对于那些不太显眼的功能方面的改进则视而不见。这就造成了人们对城市美化运动的误解,许多人抨击城市美化运动过于注重建筑的宏大、外表的浮华,而忽略了城市功能和环境的改进。前文所指人们对城市美化运动的抨击,主要针对的就是这一点,可以说这是城市美化运动的致命弱点。

其次,美国人的乌托邦思想对城市美化运动提出了过高的要求。在1909年的城市规划会议上,马什等人主张将城市规划与广泛的社会福利改革结合起来,消灭贫民窟,为穷人提供住房。美国现实主义者曾针对这一论调进行了反驳,比如,维勒写道:"城市贫民窟不会在巫师魔杖的挥舞下变成快乐的花园。"[1] 托马斯·亚当斯(Thomas Adams)在一次与乌托邦城市理论家芒福德的争论中反驳道:"这是芒福德先生和我,以及芒福德先生和格迪斯(Geddes)的主要不同之处——那就是,我们是坐而论道,还是采取行动,尽可能更多地实现我们的理想,在一个肯定并不完善的社会里,只能用不完善的方法去解决其问题。"[2]

---

[1] Stanley Buder, *Visionaries and Planners: The Garden City Movement and Modern Community*, New York: Oxford University Press, 1990, p. 161.

[2] Peter Hall, *Cities of Tomorrow*, p. 167.

诚然，乌托邦道德家们豪言壮志的说教如果放在教科书中，也许确实能够发挥净化心灵、提高道德境界的作用，但要在现实社会中解决实际问题，还需脚踏实地，认清形势。在美国历史上，虽然乌托邦主义者的建设性成就寥寥无几，但他们在打着理想主义的旗号进行苛刻的评论乃至攻击，从而将许多现实主义的改革方案置之死地方面，可谓成绩斐然，功不可没。在城市美化运动问题上也是如此。

再次，美国的政治文化和政治体制是城市美化运动走向衰落的另一个原因。城市美化运动由早期的公园运动，逐渐发展到内容较广泛的城市改进运动，再到总揽全局的综合城市规划运动。这种综合性的城市规划，需要具有高度集权的权威性机构进行集中的领导才有可能。但美国民众信奉"草根民主"，对于"看不见的手"顶礼膜拜，即使分散的治理和市场机制失灵而导致了严重的危机，他们也心甘情愿，欣然接受；而对于集权政府则具有一种天然的恐惧和反感，对政府主导的任何政策方针和计划项目，则吹毛求疵、求全责备。考察一下美国的城市规划史就会一目了然，城市美化运动横遭鞭挞攻击，区域规划难以实施，城市更新受人诟病。就美国的地方政府体制而言，城市美化计划需要获得州议会的授权和进行公民投票，修改城市宪章乃至州宪法的有关条款才能实施，这就把城市规划运动与政治改革运动纠缠在一起，从而加大了城市规划运动的难度。在许多城市，这种政治体制的改革是非常艰难的，甚至是不现实的，在重重的阻隔面前，许多城市的美化方案付诸东流，成为泡影。这些困难与失败使其他城市望而生畏，逡巡不前，沉重地打击了城市美化运动，从而使城市美化运动走向衰落。

复次，不同利益集团的斗争也阻碍了城市美化方案的实施。任何一项政策的出台，都是一次利益的分配或再分配，不同的利益集团必然会对这种政策做出不同的反应。城市美化运动大多在中等规模的商业城市中取得了成功，如堪萨斯城、丹佛和西雅图等，因为这些城市中拥有一支力量强大、社会责任感较强的中产阶级。而在工业城市，尤其是重工业城市和单一产业城市中，城市美化运动则时运不济，命途多舛，这是由于这类城市中存在大量的工人阶级，他们对城市美化持怀疑态度。比如，在亚拉巴马州的钢铁城市伯明翰，劳工代表主张，在为学生免费发放课本和提供其他服务之前，反对运用政府资金进行城市改进活动，而该市的钢铁公司则竭尽全力阻止该市的城市美化方案中减少烟雾排放的措施。[1] 这说明，问题的关键不是城市是否需要美化和改进的问题，而是资源的分配问题，是利益的争夺问题。

最后，城市美化运动的衰落，与美国反城市文化传统和主流的规划思想有密切的关系。美国自建国伊始，就存在着浓厚的反城市文化传统和乡村理想，它首先体现于杰斐逊与汉密尔顿工农业立国之争，随后，超验主义大师拉尔夫·埃默森和亨利·梭罗对大自然进行了讴歌，而对城市乃至文明进行了贬抑，以及其他诸多学者不厌其烦地抨击城市和颂扬乡村和郊区。这一点前文已经有所论及，此处不再赘述。到19世纪末20世纪初，分散化或郊区化已经成为美国城市规划学界和政府政策的主流，以改进城市为目标的城市美化运动走向衰落也就不足为奇了。

（五）国内外学术界对城市美化运动的评价

在城市美化运动的过程中，由于阶级地位、切身利益和思想意识的差别，城市美化运动的倡导者和反对者对于该运动提出了不同的评价，尤其是后者，对该运动进行了不公正的苛评，这是可以理解的，因为他们是利益相关者和同时代者。但是，作为后世学者反观历史，就应该还历史的本来面目，对其进行公允的评价。

城市美化运动的批评者主要是指责该运动的目标过于注重外在的美，而不关心城市的实用性。比如，刘易斯·芒福德抨击城市美化为"城市化妆品"，并将其与集权政体下的城市规划进行了类比。芒福德作为一位乌托邦主义的城市理论家，他的语言总是那么辛辣和犀利，其矛头不仅对准了古代以宗教与王权为核心的城市，而且同样直刺现代城市规划的心脏。芒福德不像是一位学者，倒更像是一位福音传播者，他不像是在理性地探索解决问题之道，倒更像是在宣讲乌托

---

[1] William H. Wilson, *The City Beautiful Movement*, p. 292.

邦理想社会的蓝图。城市美化运动的批评者还指责城市美化运动只关注商业利益，而不关心贫民窟和居民住房。比如，芒福德就指责伯纳姆的芝加哥规划"不关心家庭住房"①，彼得·霍尔就指责华盛顿的麦克米兰规划对贫民窟的系统化忽视。梅尔·斯科特（Mel Scott）也指责，"伯纳姆规划下的芝加哥是一个美国前所未知的城市"，是一个为商人王公们建立的贵族城市。② 他们还指责该运动在规划手法上采用巴洛克的规划手法，强调规模的宏大和建筑的雄伟，是一种一次性的规划，而不是连续的小规模的规划。比如，简·雅各布斯讥讽"城市美化的目的是城市宏大（City Monumental），巴洛克街道系统的伟大方案被草拟出来，但它们基本上一事无成"。"人们以它们（市民中心）为自豪，但这些中心并不成功。一方面，它们周围的普通城区总是被贬低而不是被提升……"而且她还将城市美化运动与勒·柯布西耶的阳光城市和霍华德的田园城市思想进行了类比，并创造出一个揶揄的词语"阳光—花园—城市美化"（Radiant Garden City Beautiful）。③ 而我国也有些学者更加极端，在一篇论文中对美国的城市美化运动给出了如此这般的定性，比如"巴洛克城市——君主的权杖，美国城市美化运动的原型"，"资本主义暴发户的奴仆，世界城市美化的模板"，"新兴中产阶级暴发户的出现"，"表现欲的发作"，等等。④ 这些充满了火药味的预言简直是离题万里，不着边际，读之使人莫名其妙，不知所云。

笔者认为，上述有些批评也许有几分道理，但也要辩证地看待。第一，将城市美化说成是"城市化妆品"有失妥当。从前文我们知道，美国城市是在工业化时代兴起的，功利主义支配着城市开发，因此，美国城市既缺少大自然的绚丽色彩，也没有欧洲城市的文化底

---

① [美]刘易斯·芒福德：《城市发展史：起源、演变和前景》，第417页。
② Peter Hall, *Cities of Tomorrow*, pp. 191–196.
③ Jane Jacobs, *The Death and Life of Great American Cities*, New York: Random House, Inc., 1961, pp. 24–25.
④ 俞孔坚、吉庆萍：《国际"城市美化运动"之于中国的教训（上）——渊源、内涵与蔓延》，《中国园林》2000年第1期。

蕴，肮脏丑陋、单调乏味是美国城市给予世人的典型印象，美国城市需要美化和改进。进而言之，美不只是肤浅的，美有利于人们的身心健康，具有重要的启迪和教育作用。更何况城市美化运动并不是仅仅关心城市外在的美，也同样注重城市实用功能的改进，前文已经进行了充分的论述。

第二，如果指责城市美化运动不关心贫民窟和贫民的住房问题，则是忽视了历史背景，苛求古人。19世纪末20世纪初的主要社会思潮是自由放任主义和社会达尔文主义，住房问题属于私人经济领域，政府部门不敢染指，即使在一战时期联邦政府为军工生产的工人建立的住房，也被指责为社会主义，在战后不得不出售给私人部门。公共住房作为一种国家福利政策乃是罗斯福新政以后的事情。城市规划不是社会改革或社会革命，不应该将两者捆绑在一起，从而给城市规划增加过多的负担和拖累，对于仍处于襁褓中的城市规划运动即城市美化运动，我们不宜提出过于苛刻的要求。不要忘记，在社会运动中，大激进必然导致大倒退。

第三，对于城市美化运动是"为商人王公们建立的贵族城市"这样的评价，则有无限上纲上线、搬弄是非、煽动情绪之嫌。城市美化运动中的景观公园、林荫大道、市民中心、运动场地等基础设施的建设，都是由地方政府投资修建的，而地方政府收入的主要来源之一是地产税。也就说，这些公共设施是由有钱人掏腰包修建的，而这些公园等公共场所并不收取门票，穷人也能免费享受，何谈是"为商人王公们建立的贵族城市"呢？

第四，有的学者认为，城市美化运动中的城市规划过于规模宏大，开支浩繁，而且是一次性完成，因而造成了沉重的财政负担。诚然，1912年伯纳姆确实写道："不要制定小型规划，它们不具备使人血液沸腾的魔力。要制定宏伟的规划，立志高远，勤勉务实……以秩序为你的格言，以美丽为你的灯塔。"[1] 这句话常常被某些评论家所

---

[1] Zane L. Miller, Patricia M. Melvin, *The Urbanization of Modern America*, *A Brief History*, p. 141.

责难，但这种指责同样失之偏颇，有欠公允。城市美化运动中兴起了最早的城市综合规划，这是美国城市规划史上的一个创举，这种统筹全局的规划可以使城市的发展更加具有统一性和协调性，更好地把握城市的未来发展。城市规划规模宏大，这是由城市规划的性质本身所决定的。随着城市规模的扩大和大都市区的形成，小规模的城市规划已经不能满足城市发展的空间需求，因而出现了规模宏大的区域规划或大都市区规划。由于美国人反对规模"宏大"的城市规划，而喜欢小型的"零零碎碎"（piecemeal）的规划，从而使大都市区不能得到协调发展，从而产生了众多的经济、社会和环境问题。

美国学者威廉·威尔逊对城市美化进行了迄今为止最为深入的研究，得出了较为中肯的评价，包括十个方面：第一，"城市美化运动是在现存的社会、政治、经济结构中解决城市问题，即将城市变为美丽、理性的实体……他们承认社会弊端，但他们试图通过平稳过渡方式走向一个更好的城市世界。因此，城市美化运动的倡导者是改革家、改良派，而不是激进派和革命者。他们乐观地接受了城市，反对向过去田园式乡村社会的倒退"。第二，"城市美化运动的改革者认识到城市在审美和功能上的缺点。他们试图通过美丽的建筑和优美的风景来保持19世纪城市的魅力。而且，他们希望改变美国城市中的普遍丑陋和凌乱气氛"。第三，城市美化运动的倡导者是环境保护主义者。第四，城市美化运动的领导者坚持将美和实用结合起来。第五，美和实用与效率密不可分，而效率则是进步主义时代的圭臬。第六，城市美化运动的倡导者崇尚专业知识，试图通过专业知识来解决城市问题，而反对用不恰当的和零散的方法来满足城市的需要。第七，城市美化运动的倡导者具有非马克思主义的阶级意识。他们相信上层集团能从公共改进中受益，因为公共改进可以提高财产价值和改善生活环境。而下层集团也同样受益匪浅，因为他们不能像富裕阶层那样到郊区生活，只能蜗居于城市环境中。第八，城市美化运动的倡导者具有浓郁的乐观主义精神，但也隐含着对阶级冲突的恐惧。第九，城市美化运动可以说是美国发现了欧洲。欧洲城市与美国城市同样具有活力，但在美国人看来，欧洲城市更加清洁，有序，富于魅力，管理得当。第十，也是最重要的一点，城市美化运动热诚地欢迎城市，拥抱城市生活。[1]

正像威尔逊所指出的，城市美化运动的倡导者乐观地接受城市，热诚地欢迎城市，拥抱城市生活，反对抛弃城市而向郊区逃逸。然而，他们的事业失败了，失败的结果就是城市规划思想的巨大逆转，城市不再是规划人员为之呕心沥血、孜孜以求的目标，城市也不再是人们乐于置身其间，即工作、生活和游历于其间的理想场所，郊区取代城市成为人们梦寐以求的天堂，从此，郊区蔓延取代城市聚集而成为城市发展的主流，城市由此开始走向沉沦、衰落乃至危机。尽管后来联邦、州和地方政府采取了各种城市复兴的政策和举措，但都不能扭转颓势，力挽狂澜。亡羊补牢，为时晚矣。

二 美国的去工业化及其原因

西方发达国家在经历了 100 多年的工业繁荣以后，到 20 世纪中后期普遍出现了"去工业化"（deindustrialization）的现象。按照巴里·布卢斯通（Barry Bluestone）和贝内特·哈里森（Bennett Harrison）的定义，所谓的去工业化，就是在一个国家的基本生产领域中广泛而系统的撤资行为。美国去工业化的根本问题在于资本运作方式的变化，即资本由投资于本国各种工业的生产性投资转向非生产性的投机、合并和兼并或对外投资，从而导致了工厂倒闭，工人失业和工业城市的衰败。[2] 笔者认为，去工业化的实质乃是一个国家或区域经济结构的调整，即制造业在全国或区域经济中的就业和产值所占比重的降低。笔者强调的是制造业在国民经济中所占比重的降低，即使制造业在一个国家或区域的就业人数和产值没有出现下降的情况，但其所占比重相对下降了，也可以称之为去工业化。

---

[1] William H. Wilson, *The City Beautiful Movement*, pp. 78–86.
[2] Barry Bluestone, Bennett Harrison, *The Deindustrialization of America: Plant Closings, Community Abandonment, and the Dismantling of Basic Industry*, New York: Basic Books, Inc., Publishers, 1982, p. 6.

第五章 中心城市的衰落与复兴

(一) 去工业化的表现

美国的去工业化主要是一种区域现象，即主要发生在东北部和中西部地区，而南部和西部则主要表现为工业化的发展。东北部和中西部去工业化最直观的表现就是大型制造业公司将其麾下的生产厂家关闭，将生产设备或资金转移到西部和南部工业化水平较低的地区，甚至国外。事实上，这种工厂设备的迁移早在战后初期即已开始，但由于战后到60年代美国经济的高度繁荣，这种工厂的搬迁没有引起人们的注意。然而，进入70年代以后，美国的经济形势发生了逆转，特别是在1973—1975年经济危机的冲击下，美国的工业告别了过去的辉煌岁月，进入严重的衰退时期，东北部和中西部老工业区的去工业化由过去的涓涓细流转变为滔滔洪流。

战后初期，较早向南部迁移的企业之一是联合飞机有限公司（United Aircraft Corporation）的钱斯沃特分厂，该厂由康涅狄格州的布里奇波特（Bridgeport）迁移到得克萨斯州的达拉斯。该厂的迁移得到了联邦政府的财政援助，成为美国工业史上规模最大的工厂迁移，多达1500名职员、2000台机器和5000万磅的设备全部南迁。这种工厂设备的迁移当时被称为"工厂逃跑"[①]。战后初期工厂迁移的另一著名案例，就是大型汽车配件公司博格沃纳公司（Borg Warner）所属工厂的迁移。1950年该公司在美国拥有24个工厂，其中大多数位于中西部。1957年，该公司关闭了位于底特律的两个工厂；第二年，该公司位于底特律的一个附属公司莫尔斯·钱恩公司（Morse Chain Co.）也被关闭；随后，该公司还将其在密歇根州马斯基根（Muskegon）的制冷设备工厂迁移到阿肯色州的史密斯堡（Fort Smith）；最后，该公司将位于印第安纳波利斯的一个阿特金斯·索（Atkins Saw）分公司迁往密西西比州的格林维尔（Greenville）。到

---

① Barry Bluestone, Bennett Harrison, *The Deindustrialization of America*, p. 25.

1975年，博格沃纳公司的55个工厂已经全部位于南部。[1]

这种工厂设备的直接搬迁过于惹眼，产生了极强的轰动效应，但它在东北部和中西部的去工业化中并不占主导地位，实际上，一种更加隐蔽但更加重要的去工业化形式乃是隐形的资本转移，即撤资行为（disinvestment）或资本逃逸（capital flight），也就是关闭在东北部和中西部的工厂设备或缩减其生产规模，而将资本投放到西部和南部甚至国外。在二战到70年代初期，除了1954年、1958年和1961年轻微的经济衰退以外，包括制造业在内的美国经济都保持了高度的繁荣。表5.1显示，整个美国的制造业就业在1963—1973年间增长了17.6%，只有东北部出现了微小的下降，只减少了1.2%。而1973年经济危机爆发以后，美国的制造业就业减少了3.3%，美国出现了严重的去工业化现象，这种减少甚至持续到80年代。去工业化最严重的是东北部，其次是中西部，而南部和西部在六七十年代保持了高度的增长率，只是进入80年代才出现了轻微的衰退和增长趋缓现象。

表5.1　1963—1991年间美国及各区域的制造业就业人数及变化

区域	1963（万）	1973（万）	1982（万）	1991（万）	1963—1973变化（%）	1973—1982变化（%）	1982—1991变化（%）
美国	1697.3	1996.7	1930.0	1802.6	17.6	-3.3	-6.6
东北部	550.4	544.0	479.8	371.9	-1.2	-11.8	-22.5
中西部	550.2	650.9	560.9	535.2	18.3	-13.8	-4.6
南部	388.7	549.6	581.9	578.8	41.4	5.9	-0.5
西部	208.1	252.3	307.4	316.7	21.2	21.8	3.0

资料来源：U. S. Department of Commerce, Bureau of the Census, *Statistical Abstracts of the United States*: *1966*, 87th Edition, Washington D. C. , 1966, pp. 774 - 775; U. S. Department of Commerce, Bureau of the Census, *Statistical Abstracts of the United States*: *1976*, 97th Edition, Washington D. C. , 1976, p.775; U. S. Department of Commerce, Economics and Statistics Administration, Bureau of the Census, *Statistical Abstracts of the United States*: *1993*, 113th Edition, Washington D. C. , 1993, pp. 750 - 751. 此表乃笔者根据相关数据整理所得。

---

[1] Steven High, *Industrial Sunset*: *The Making of North America's Rust Belt, 1969 - 1984*, Toronto: University of Toronto Press, 2003, p. 100.

第五章 中心城市的衰落与复兴

上述全国性和区域性的整体考察，往往不能揭示各州之间制造业此消彼长的程度，如果分别考察某些具体的州和城市，其工业就业的变化会更加明显。表 5.2 显示，东北部和中西部某些州的制造业出现了严重的衰退，其中俄亥俄、伊利诺伊、密歇根三州在 1973—1982 年间下降了 20% 以上，而纽约和马萨诸塞也在 1982—1991 年间下降了 20% 以上。相比之下，得克萨斯州在 1963—1973 年间制造业增长了 54.6%，即使在经济危机持续的 70 年代，该州的制造业仍然增长了 34.6%。然而，进入 80 年代，即使那些制造业增长迅速的州，也出现了低度增长甚至衰退的现象。

表 5.2　1963—1991 年间美国部分州的制造业就业人数及变化

州	1963（万）	1973（万）	1982（万）	1991（万）	1963—1973 变化（%）	1973—1982 变化（%）	1982—1991 变化（%）
马萨诸塞	67.7	63.9	64.3	49.0	-5.6	0.6	-23.8
纽约	185.0	171.2	141.9	105.4	-7.5	-17.1	-25.7
宾夕法尼亚	139.5	146.5	118.0	96.2	5.0	-19.5	-18.5
俄亥俄	124.1	141.9	110.2	104.5	14.3	-22.3	-5.2
伊利诺伊	121.1	137.3	106.9	97.6	13.4	-22.1	-8.7
密歇根	96.1	115.2	88.4	85.8	19.9	-23.3	-2.9
北卡罗来纳	63.1	78.1	79.9	80.2	23.8	2.3	0.4
佐治亚	35.5	48.4	50.3	54.5	36.3	3.9	8.3
得克萨斯	50.9	78.7	105.9	92.3	54.6	34.6	-12.8
加利福尼亚	139.4	194.1	200.5	196.2	39.2	3.3	-2.1

资料来源：U. S. Department of Commerce, Bureau of the Census, *Statistical Abstracts of the United States*: *1966*, 87th Edition, Washington D. C., 1966, pp. 774 - 775; U. S. Department of Commerce, Bureau of the Census, *Statistical Abstracts of the United States*: *1976*, 97th Edition, Washington D. C., 1976, p. 775; U. S. Department of Commerce, Economics and Statistics Administration, Bureau of the Census, *Statistical Abstracts of the United States*: *1993*, 113th Edition, Washington D. C., 1993, pp. 750 - 751. 此表乃笔者根据相关数据整理所得。

工业衰退最为严重的是东北部,这是因为东北部乃是美国最老的工业基地,兴起于18世纪末和19世纪前期的第一次工业革命,其产业以纺织、服装和制鞋等轻工业为主,属于劳动密集型产业,工资在生产成本中所占的比重最大,很容易受到南部和西部工业落后地区低工资的诱惑,而且其迁移也灵活方便。因此,该地区的纺织业最早出现了企业南迁的现象,比如在1940年,新英格兰有1/5的工人就业于纺织、服装和制鞋行业,而到1977年,这一比例骤然下降到1/10。女服装厂的就业由1959年的8万多人减少到1975年的不足3.6万人。[1] 而在东北部诸州中受到冲击最为严重的是纽约州,1969—1977年,该州的制造业就业人数由197.1万人减少到141.3万人,下降了28.3%,制造业在非农业就业中的比例由27.4%下降到21.3%。[2] 中西部是在第二次工业革命中兴起的重工业基地,其产业主要是钢铁、机械、汽车等资本密集型产业,其厂房设备的搬迁较为不易,但到70年代在国际竞争的压力下,要么进行空间迁移,要么进行投资转向,因此也出现了严重的去工业化现象。由于东北部和中西部严重的工业衰退,被学术界蔑称为"锈蚀带"(Rustbelt)、"霜冻带"(Frostbelt)和"冰雪带"(Snowbelt),而西部和南部则被冠以"阳光带"(Sunbelt)的美名。

由于东北部和中西部制造业的衰落与南部和西部制造业的崛起,前者在全国制造业就业中所占的比例不断下降,而后者的比例则与日俱增。表5.3显示,1950年,东北部和中西部占全国制造业就业的比例分别为36.7%和35.6%,两者合计高达72.3%,而到1991年,两者的比例分别下降到20.6%和29.7%,两者合计只有50.3%,已经与南部和西部持平。

---

[1] Barry Bluestone, Bennett Harrison, *The Deindustrialization of America*, p. 93.
[2] Richard D. Lambert, et al., eds., *Deindustrialization: Restructuring the Economy*, the Annals of the American Academy of Political and Social Science, Beverly Hills, CA: Sage Publications, Inc., September 1984, p. 32.

表 5.3　1950—1991 年间各地区占全国制造业就业人数的百分比　　（%）

地区	1950	1958	1970	1982	1991
美国	100	100	100	100	100
东北部	36.7	34.4	29.4	24.9	20.6
中西部	35.6	32.6	33.2	29.1	29.7
南部	19.5	21.7	25.8	30.1	32.1
西部	8.1	11.4	12.1	15.9	17.6

资料来源：U. S. Department of Commerce, Bureau of the Census, *Statistical Abstracts of the United States: 1981*, 102th Edition, Washington D. C., 1981, p. 781; U. S. Department of Commerce, Economics and Statistics Administration, Bureau of the Census, *Statistical Abstracts of the United States: 1993*, 113th Edition, Washington D. C., 1993, pp. 750 – 751. 原表格信息如此，其中 1982 年和 1991 年的百分比为笔者计算所得。

东北部和中西部制造业就业的减少，势必造成其在全国制造业产值中所占比例的下降。表 5.4 显示，1947 年，东北部和中西部在全国制造业产值中的比例分别为 37.2% 和 37.1%，两者合计高达 74.3%；而 1991 年，这两个地区的比例分别下降到 20.5% 和 29.9%，两者合计只有 50.4%。而南部和西部则逐年上升，已经能够与前两者分庭抗礼，并驾齐驱。

表 5.4　1947—1991 年各地区在全国制造业生产价值中所占百分比　　（%）

地区	1947	1963	1972	1982	1991
美国	100	100	100	100	100
东北部	37.2	29.8	26.3	23.7	20.5
中西部	37.1	35.4	34.9	29.8	29.9
南部	17.3	21.5	25.5	29.5	32.2
西部	8.6	13.3	13.4	17.0	17.4

资料来源：U. S. Department of Commerce, Bureau of the Census, *Statistical Abstracts of the United States: 1971*, 92nd Edition, Washington D. C., 1971, p. 688; U. S. Department of Commerce, Economics and Statistics Administration, Bureau of the Census, *Statistical Abstracts of the United States: 1993*, 113th Edition, Washington D. C., 1993, p. 742.

就全国范围而言，美国同样出现了去工业化的现象。由于制造业的衰退和服务业的兴起，美国制造业产值在国民生产总值（GNP）中所占的比例不断下降，由1963年的28%下降到1982年的20%，[1] 因此，不仅美国东北部和中西部发生了去工业化，可以说整个美国经济都出现了去工业化现象。

（二）东北部和中西部去工业化的原因

关于东北部和中西部去工业化的原因，美国学术界提出了三种理论进行解释：其一，由丹尼尔·贝尔提出的后工业社会理论认为，去工业化仅仅是第三产业就业的增长超过了第二产业的增长，美国经济正在由工业经济向服务业经济转变，工业就业的减少会由服务业就业的增加进行弥补，因此，去工业化和工厂倒闭并非经济的衰落。其二，生产周期理论认为，基础工业存在着周而复始的生命周期，它会随着产业的成熟而出现分散和迁移的现象，从而导致区域经济的繁荣与衰落。市场机制会对工业的衰落进行调解，从长远来看，某些工业部门就业的减少会由新产业部门就业的增长所补充。其三，资本流动和产业组织理论认为，去工业化是由于资本流动和企业经营不善造成的，而企业经营不善则是由于传统制造业组织机构僵化导致的。于是这些企业将资本和生产转移到利润更高的产业部门和工资低廉的地区甚至国外，以便弥补原工业企业的经营不善而导致的损失。在资本流向其他产业部门、其他地区乃至国外市场之时，原工业区就出现了去工业化现象和区域衰落。[2] 如果说后工业社会理论与生产周期理论对美国的经济前景充满了乐观情绪的话，那么资本流动和产业组织理论就没那么乐观了。

笔者认为，美国的去工业化现象是由多种因素促成的，包括社会、经济、政治和技术等多种因素，概括起来主要有如下几个方面：

---

[1] U. S. Department of Commerce, Bureau of the Census, *Statistical Abstracts of the United States*: *1987*, 107th Edition, Washington D. C., 1986, p. 722.

[2] Richard D. Lambert, et al., eds., *Deindustrialization*: *Restructuring the Economy*, pp. 29 – 31.

第一，商业环境的恶化是东北部和中西部出现去工业化的主要原因之一。东北部和中西部不利的商业环境首先是工会势力的强大、高昂的工资成本、高水平的福利待遇、州和地方政府的高额税收，这与南部和西部形成了鲜明的对照。就国际比较来看，美国与其他国家也存在同样的问题。这些都推动了制造业由东北部和中西部向南部和西部的迁移、由美国向其他国家的迁移，从而导致了东北部和中西部乃至整个美国的去工业化。

利润是私人公司投资方向的指挥棒，私人公司投资于何种生产部门、国内的哪一地区抑或国外，都是由其利润决定的。而提高利润的方法无非有两种，一是改进技术，提高效率，二是压低工资，降低成本。而在美国的东北部和中西部，这两种方法都遇到了难以克服的困难，而强大的工会正是困难的症结所在。

罗斯福新政以来，工会势力空前膨胀，工会有权与资方进行工资谈判，有权决定生产程序和参与企业管理，这不仅使企业无法压低工资成本，而且限制了企业经营的灵活性。为了逃避强大工会的钳制，许多制造业公司进行了跨州、跨地区乃至跨国的迁移。比如，在20世纪50—70年代，高昂的工资成本使底特律小型制造业的企业主感到愤愤不平。一位小企业主抱怨说："工会势力尾大不掉，其影响力难以克制，它们贪得无厌，得陇望蜀。""工会已经摧毁了众多的小型企业。它们提高了工会会费，这就意味着成本的上升和物价的高涨。小型企业无法与之分庭抗礼。"1950年，郝夫拖车公司（Fruehauf Trailer）将工厂从底特律迁移到俄亥俄州的埃文莱克（Avon Lake），解雇了3500名底特律工人，将工人数量减到2500人，并规定了更高的生产配额，每小时工资也减少了25美分。同年，另一大型公司爱克赛罗公司（Ex-Cell-O）也从底特律撤离出来，在印第安纳州和俄亥俄州的乡村地区建立了6个新厂。该公司的高级经理比克斯比（H. G. Bixby）于1960年解释道："我们的商业氛围急剧恶化。"工会"对企业的好斗和恶意已经而且仍将继续限制就业机会……企业与居民一样，不愿待在它们每日遭受侮辱和欺凌的地方"。在1961年被采访的密歇根企业家中，有49%感到

"劳工状况"比10年前恶化了。[①]

最具戏剧性和代表性的劳资冲突是联合汽车工人工会（UAW）与通用汽车公司（GM）之间的冲突。1937年两者签订的劳资合同只有不到一页半的篇幅，内容只有一条，即承认工会的合法性。而到1979年，两者之间的合同已经涉及该公司的140个生产单位，篇幅长达几千页，内容包括最低工资、公平劳动标准、职业健康与安全、平等雇用机会、失业福利待遇，甚至连机器和装配线的运行速度都作出了详细的规定，林林总总条条框框多达几百个方面，从而极大地限制了资方对企业的有效管理和技术改进。在工会的限制和国际竞争的压力下，该公司的利润由20世纪60年代初的15.5%逐渐下降到70年代初的10.1%，而1975年以后始终低于10%。因此，通用汽车公司采取了"南方战略"，仅在1975—1980年，该公司就在南部有14个新厂开工。逃避工会的束缚已经成为企业选址的一个重要参考依据。美国一家咨询公司的副总裁多诺万·丹尼斯（Donovan Dennis）在《华尔街杂志》答记者问时谈道："毋庸置疑，劳工成本是首要问题。尽可能地远离劳工成本与工会。"[②]

在东北部和中西部商业环境恶化的同时，南部和西部却迎来了创业的春天，这里不仅工会势力弱小，而且一些州和地方政府为了吸引企业驻足，推崇自由企业制度，压制工会的发展，正如《财富》杂志于1980年刊登的一则招商广告所说的那样，"休斯敦作为得克萨斯的经济中心，是拥有全国最优企业环境的城市之一……自由企业制度是其始终不渝的信条"[③]。南部和西部的一些州和地方政府为了招商引资，不惜削减社区服务和社会福利，以便降低各种税收。一份商业杂志在一则广告中盛赞"得克萨斯简直是一个轻徭薄赋的天堂"。此

---

① Thomas J. Sugrue, *The Origins of the Urban Crisis: Race and Inequality in Postwar Detroit*, Princeton, NJ: Princeton University Press, 1996, pp. 138 – 139.

② Barry Bluestone, Bennett Harrison, *The Deindustrialization of America*, pp. 16 – 17, 165 – 167.

③ Joe R. Fagin, *Free Enterprise City: Houston in Political Economic Perspective*, New Brunswick, NJ: Rutgers University Press, 1988, p. 109.

第五章　中心城市的衰落与复兴

言不虚,该州是美国仅有的4个免除企业所得税和6个免除个人所得税的州之一。根据美国人口普查局的数字,休斯敦市民的年人均税收负担只有175美元,而纽约市和波士顿则高达841和695美元。① 马萨诸塞州甚至被称为"多税诸塞"(Taxachusetts),20世纪70年代之初,该州的财产税总额位居全国第二,1979年其税率比全国平均水平高11%。② 南部的第三个比较优势就是工资水平偏低。比如,1960年,东北部和中西部大多数州的小时工资在2美元以上,而工业最发达的伊利诺伊、密歇根和俄亥俄三个州的平均小时工资分别高达2.45、2.75和2.60美元,而南部各州大多不足2美元,而最南部的一些州,比如北卡罗来纳、南卡罗来纳和密西西比分别只有1.54、1.57和1.52美元。③ 到1985年,东北部和中西部大多数州每小时超过10美元或接近10美元,而南部大多数州不足10美元,甚至只有七八美元。④

美国企业除了进行跨州和跨区域的迁移以外,东北部和中西部的企业甚至还进行跨国迁移和跨国投资,许多企业迁移到欧洲乃至发展中国家。比如,著名的工程机械公司卡特彼勒(Caterpillar)公司要求削减工资和福利待遇,该公司工人在联合汽车工人工会的领导下,于1982—1983年举行了一次为期205天的大罢工,于是该公司决定将工厂由俄亥俄州的门托(Mentor)迁移到韩国,1700名工人遭到解雇。到1985年,该公司还关闭了其他4个工厂,将大批生产活动转移到欧洲的3个工厂。⑤ 又如,1966年,美国无线电公司(RCA)将部分生产从俄亥俄州的辛辛那提转移到田纳西州的孟菲斯市,建立了一个雇员多达4000名的黑白电视机生产厂,但由于后者组织了一个工会,于是该公司干脆将上述两个工厂全部关停,而将其生产全部转

---

① Barry Bluestone, Bennett Harrison, *The Deindustrialization of America*, p. 84.
② 韩宇:《美国"冰雪带"现象成因分析》,《世界历史》2002年第5期。
③ U. S. Department of Commerce, Bureau of the Census, *Statistical Abstracts of the United States: 1971*, 92nd Edition, Washington D. C., 1971, p. 227.
④ U. S. Department of Commerce, Bureau of the Census, *Statistical Abstracts of the United States: 1987*, p. 402.
⑤ Steven High, *Industrial Sunset*, p. 102.

移到中国台湾。再如，在20世纪60年代后期，联合电力工人工会（United Electrical Workers）在马萨诸塞州的阿什兰（Ashiland）举行了两次罢工之后，美国通用电气公司（GE）先是缩减该厂的生产，随后干脆将其完全关闭，而将生产全部转移到新加坡。该工会的一位研究人员感慨道："得出的教训是显而易见的——通用电气公司能够迁移，而联合电力工人工会却不能。"[1]

美国的制造业公司之所以将生产转移到国外，另一个重要原因就是其工资水平远远低于美国。表5.5显示，20世纪80年代初期，即使是同属发达国家的西欧与日本，其制造业工人的小时工资与美国相比也不可同日而语，而且这一差距越来越大。到1984年，西欧最发

表5.5　　　部分国家与美国制造业工人每小时工资的比率　　　（%）

国家	1981年	1982年	1983年	1984年
西德	97	90	85	75
瑞典	108	87	73	72
荷兰	91	85	78	67
意大利	68	63	62	58
法国	75	68	63	56
日本	57	49	50	50
英国	65	58	51	46
爱尔兰	51	49	46	42
西班牙	51	46	38	37
中国台湾	14	13	13	15
墨西哥	34	17	12	13
韩国	10	10	10	10
巴西	17	18	12	9

资料来源：Paul D. Staudohar and Holly E. Brown, *Deindustrialization and Plant Closure*, Lexington, Massachusetts: D. C. Heath and Company, 1987, p. xx.

---

[1] Barry Bluestone, Bennett Harrison, *The Deindustrialization of America*, pp. 170–171.

达的西德，其工资水准也仅仅相当于美国的75%，日本只有美国的一半。而发展中国家的工资水平更是不可望其项背，墨西哥、韩国和巴西只有美国工资水平的13%、10%和9%。

第二，国际竞争是美国工业相对衰落的另一重要原因。美国的经济霸权和制造业的繁荣是建立在二战后其他发达国家的经济废墟之上的，二战中西欧和日本的城市实体和国家经济遭到严重破坏，美国的制造业失去了西欧和日本这两个强劲的对手，美国成为全球唯一的霸权国家。与此同时，其他众多的发展中国家也在战争中遭受严重破坏，生产能力同样大幅度下降，因此世界市场空前膨胀，而美国国内在二战中蓄积起来的购买力也被释放出来。此外，战后国际经济与政治秩序的安排，特别是布雷顿森林体系建立了以美元为中心的国际货币制度，又使美国经济尤其是制造业如虎添翼，在国际和国内庞大市场的刺激下，美国经济和制造业的空前繁荣乃是情理之中的事情。

美国人眼中所见并非一时的经济利益，而是要通过维护世界和平，特别是盟国的政治稳定和自由制度保障长期的经济利益，为此，它必须扶持自己的盟友兼经济对手。通过马歇尔计划，欧洲经济得以复兴。而在朝鲜战争和越南战争中，日本成为美国军队和联合国军队的军需品供应基地。这些都使欧洲和日本的制造业基础得到了重建和发展。除了美国政府的扶持之外，美国私人资本通过跨国公司而进行的海外投资和技术输出，同样培植了自己的竞争对手。在美国向西欧和日本输出资本的同时，自己的制造业基础却受到了极大的削弱。到20世纪70年代，西欧和日本的重建工作已经完成，制造业已经羽翼丰满，并快速起飞。1980年，日本和西德工业生产能力已经分别达到了美国的66.3%和88.3%，[①] 它们已经能够与美国分庭抗礼，乃至后来居上。

20世纪70年代以后，日本成为美国制造业产品的最大竞争对手。

---

① Sol C. Chaikin, "Trade, Investment and Deindustrialization: Myth and Reality", *Foreign Affairs*, Vol. 60, No. 4 (Spring, 1982), p. 844.

1960年日本出口汽车只有38809辆，这仅仅相当于美国一个汽车装配厂8个星期的产量，而到1980年，日本生产了1100万辆汽车，超过美国汽车产量近20%，汽车出口达600万辆，仅出口到美国的就达230万辆。① 根据另一资料，1970年，日本汽车占美国国内汽车市场的份额只有3.7%，1982年骤然上升到21.9%，1993年上升到28.2%。② 1965、1975、1985和1992年，美国与日本的贸易逆差分别是3.34亿、18.62亿、461.52亿和494.17亿美元。③ 比数值更令人吃惊的是双方的商品种类，按照美元价值的高低，日本出口到美国的商品依次是汽车、钢材、卡车和拖拉机底盘、收音机、摩托车、录音机和放映机；而美国对日出口的大宗商品依次是大豆、玉米、冷杉木、铁杉木、煤、小麦和棉花。布卢斯通感慨道："贸易逆差掩盖了一个令人困窘的事实，至少就我们首要的竞争者而言，美国已经沦为一个农业国家，在竭力与世界上最发达的生产资料和消费资料的生产国进行竞争。"④

上述数字仅仅是日本一个国家与美国的贸易状况，从美国与其他所有发达国家的贸易来看，在1965—1981年间，其他发达国家在美国国内的汽车市场中所占的份额从6%上升到27%以上。1973年美国进口的卡车只占国内销量的5%，1981年上升到20%。甚至钢铁这种美国的龙头产业也出现了类似的变化，1962年进口钢只占5%，而到1982年，其他发达国家占美国市场的份额已经上升到25%。其他制造业产品的进口就更加惊人了，比如到1987年，放映机的进口率为100%，收音机为90%，黑白电视机为85%，电子表为68%，各种音

---

① Paul D. Staudohar and Holly E. Brown, *Deindustrialization and Plant Closure*, Lexington, Massachusetts: D. C. Heath and Company, 1987, p. 9.

② John O'Loughlin and Jurgen Friedrichs, *Social Polarization in Post-Industrial Metropolis*, Berlin: Walter de Gruyter & Co., 1996, p. 268.

③ U. S. Department of Commerce, Bureau of the Census, *Statistical Abstracts of the United States*: 1981, 102th Edition, Washington D. C., 1981, p. 848; U. S. Department of Commerce, Bureau of the Census, *Statistical Abstracts of the United States*: 1987, p. 794; U. S. Department of Commerce, Bureau of the Census, *Statistical Abstracts of the United States*: 1993, 113th Edition, Washington D. C., 1993, p. 814.

④ Barry Bluestone, Bennett Harrison, *The Deindustrialization of America*, p. 5.

响原件为64%。①

虽然发展中国家的制造业生产能力还无法与美国相抗衡,但其比较优势在于工资水平较低,而且发展中国家的制造业主要是劳动密集型产业,同样也可以对美国的制造业构成威胁。在其他发达国家和发展中国家的竞争之下,美国的国际贸易出现了巨额逆差,1975年,美国对外贸易还是顺差,数额为106.9亿美元,而1980年则变为逆差,逆差总额为240.88亿美元,1985年逆差1321.3亿美元,80年代后期贸易逆差有所缓和,但1989年和1990年贸易逆差仍然高达1093.99亿美元和1017.18亿美元。② 从世界市场的角度来看,美国制造业产品占世界出口总额的比例也日趋下降,1960年这一比例为25.3%,1970年下降到21.3%,1980年为16.8%,1988年甚至下降到15.1%。③ 美国的传统制造业已经日落西山,辉煌不再。

第三,科技进步与产业结构的升级是美国去工业化的根本动因。二战以后,美国发生了第三次和第四次技术革命,使工业生产在机械化的基础上实现了电气化、自动化和信息化。科技进步与产业结构升级的关系主要表现在如下几个方面:首先,科技进步极大地提高了制造业的劳动生产率,使制造业的就业人数大幅度减少,使更多的就业人员从事劳动生产率难以提高的服务业,从而推动了服务经济的发展和产业结构的升级。其次,在传统制造业内部,生产方式的机械化、电气化、自动化和信息化,减少了直接从事生产的蓝领工人的数量,而那些从事管理工作和脑力劳动的经理、白领雇员和技术人员的数量激增,从而推动了去工业化和后工业社会的来临。我国学者罗肇鸿分析了科技进步与体力劳动和脑力劳动比例之间的变化关系,"在机械

---

① Sol C. Chaikin, "Trade, Investment and Deindustrialization: Myth and Reality", *Foreign Affairs*, Vol. 60, No. 4 (Spring, 1982), pp. 842 – 843.

② U. S. Department of Commerce, Bureau of the Census, *Statistical Abstracts of the United States: 1987*, p. 792; U. S. Department of Commerce, Bureau of the Census, *Statistical Abstracts of the United States: 1993*, p. 813.

③ U. S. Department of Commerce, Bureau of the Census, *Statistical Abstracts of the United States: 1976*, 97th Edition, Washington D. C., 1976, p. 760; U. S. Department of Commerce, Bureau of the Census, *Statistical Abstracts of the United States: 1993*, p. 754.

化初期阶段，两者之比为9∶1；在半机械化半自动化阶段，两者之比为6∶4；在自动化条件下，两者之比为1∶9"[1]。再次，随着新技术的出现，逐渐形成和发展起一批技术密集、知识密集的新兴产业，并且在整个国民经济中的比重不断上升。在新兴产业中，蓝领工人的比例更小，而从事管理和研发工作的白领阶层的比例更高，从而进一步推动了工业社会向后工业社会的转变。最后，随着物质生产部门的经济增长，要求相关的第三产业即生产服务业的相应发展，比如运输业、信息服务业、广告业、教育和培训业务等，从而导致了制造业就业人数的相对减少甚至是绝对减少，而服务业人数急剧增加，美国产业结构升级，后工业社会或服务经济来临。

第四，经济全球化与国际劳动分工的变化进一步推动了美国的去工业化现象。经济全球化就是全球经济的一体化，是全球范围内国际劳动分工的大调整。前文指出，战后美国的科技进步推动了产业结构的升级，也就是国民经济的重心从传统制造业向高技术产业转移，从物质生产部门向第三产业转移。然而，这种产业结构的升级和服务经济的发展不可能是没有实体经济的空中楼阁，这种实体经济就是为人类提供基本生产资料和生活资料的传统制造业，而广大的发展中国家越来越担当了传统商品生产者的角色，美国等发达国家则不再侧重基本商品的生产，而是从事资本密集型、技术密集型和附加值高的高科技产业和服务业，尤其是生产服务业，而将劳动密集型、资源密集型、污染严重和附加值低的传统制造业转移到发展中国家。发达国家与发展中国家的经济关系由过去的工业国与农业国的关系转变为后工业国与工业国的关系。

分化与整合是一种对立统一的关系，一个社会在经济和社会方面的分化越是深刻，那么越是需要更强大的力量将其整合起来，否则就会出现经济与社会的混乱，实现这种整合的力量包括私人部门和政府机构。全球化也是这样，经济全球化的过程实际上是经济活动从发达国家向发展中国家的扩散和渗透过程，是国际劳动分工的

---

[1] 罗肇鸿：《高科技与产业结构升级》，远东出版社1998年版，第62页。

重组过程。私人部门的整合力量就是跨国公司的总部和生产服务业，由于其在经济中的主导作用，能够对制造业等低端产业起到调节和指挥作用。正如丝奇雅·沙森（Saskia Sassen）所指出的："经济活动在地理上的扩散和系统的整合处于当今经济时代的核心地位。这两者结合推动了中心职能的扩大或新的中心职能的出现，而交易活动的复杂性则更加强化了公司对高级专业服务业的需求。""在新的城市经济中居于核心位置的是生产服务业。"[1] "无论是好是坏，现在跨国公司已经成为我们称之为世界经济的战略组织者。"[2] 政府方面的整合力量就是国际经济组织，比如世界银行、国际货币基金组织、国际贸易组织，以及其他区域性的国际组织，这些组织能够更加宏观地对国际经济活动进行协调与规范，从而使其能够比较稳定地运转。

美国作为世界上最发达的国家，高居世界经济生产链的顶端，服务业的增长速度远远高于制造业，比如，1970—1991年，美国就业总人数从7680万增加到11690万，增长率为52.2%；制造业从1980万增加到2040万，增长率只有3.0%；而生产服务业从620万增加到1630万，增长率高达162.9%；社会服务业从1690万增加到2980万，增长率为76.3%；个人服务业从780万增加到1370万，增长率为75.6%；运输业从1720万增加到2400万，增长率为39.5%。[3] 可见，在全球化过程中，美国甩掉了低产能的传统制造业，而集中力量发展高附加值的服务业，尤其是生产服务业，去工业化现象就这样发生了。

然而，去工业化对美国东北部和中西部中心城市的发展造成了严重的冲击，正如我国学者韩宇教授所指出的："在长期发展的过程中，制造业一直是美国东北部和中西部最重要的支柱产业，它的繁

---

[1] Saskia Sassen, *Urban Impacts of Economic Globalization*, Comparative Urban Studies, Occasional Paper Series, Number 5, Washington, D. C.: Woodrow Wilson International Center for Scholars, 1998, pp. 1, 3.

[2] Saskia Sassen, *Cities in a World Economy*, Thousand Oaks, CA: Pine Forge Press, 1994, p. 15.

[3] Saskia Sassen, *Urban Impacts of Economic Globalization*, 1998, p. 4.

荣曾造就了东北部和中西部的繁荣，它的衰退不可避免地使该地区陷入衰落的困境。"①

三 中心城市的衰落与城市危机

可以说，去工业化与郊区化是导致美国中心城市衰落最主要的两股力量。去工业化导致了大批工厂企业的倒闭，造成了大批工人的结构性失业。就业郊区化更是釜底抽薪，不仅使剩余的制造业从中心城市撤离，迁移到郊区乃至乡村地区，而且一些商业、服务业和办公业务也在向郊区迁移，使中心城市的就业进一步减少。由于城市就业的减少，工人失业严重，城市居民变得贫困，城市各项税收减少。另外，城市人口的郊区化使中心城市人口锐减，而中产阶级和富裕阶层的郊区化，不仅使中心城市失去了财产税收，更重要的是使中心城市失去了领导力量和希望，从此，社会的精英人士和中坚阶层不再以振兴中心城市为己任，而是唯恐避之而不及。他们在郊区找到了自己的福地洞天和世外桃源，并通过建立小型同质的社区和地方政府单位，构筑起抵御下层阶级侵入和防止中心城市吞并的藩篱。取代中产阶级和富裕阶层向中心城市聚集的则是下层阶级和少数族裔群体，从而形成了"贫困的聚集"，城市受到财政收入减少和福利负担加重的双面夹击，从而出现了严重的财政问题乃至财政危机。与此同时，城市种族矛盾激化，黑人骚乱频仍，刑事犯罪增多，社会解组严重，城市面貌破败，贫民窟蔓延，美国城市面临着严重的发展危机。

（一）中心城市的就业衰退及其连锁反应

在去工业化和就业郊区化的双重冲击下，东北部和中西部的许多城市受到重创，就业岗位急剧减少，就业结构也发生了巨大变化。表 5.6 显示，1972—1982 年，中心城市的制造业、批发业和零售业等传统产业在急剧减少，比如，纽约的制造业下降了 30%，芝加哥下降了 47%，

---

① 韩宇：《美国"冰雪带"现象成因分析》，《世界历史》2002 年第 5 期。

接近一半。虽然这些城市的服务业就业有所增加，但不能充分补偿制造业等传统产业的减少，因此，其总的就业在迅速减少。比如，纽约和芝加哥分别减少了22.9万和22.8万个工作岗位；而从总就业的下降百分比来看，底特律远远超过其他城市，竟高达38%。制造业乃至总就业的减少严重地削弱了这些城市发展的经济基础。

表5.6　1972—1982年中心城市制造业、批发业、零售业和部分服务业岗位变化　　　（单位：千人）

城市	制造业 数量	制造业 %	批发业 数量	批发业 %	零售业 数量	零售业 %	服务业 数量	服务业 %	总计 数量	总计 %
巴尔的摩	-32	-35	-6	-25	-11	-20	+2	+6	-47	-19
芝加哥	-203	-47	-30	-29	-53	-26	+58	+37	-228	-25
克利夫兰	-39	-29	-4	-15	-13	-29	+1	+2	-55	-22
底特律	-75	-41	-16	-45	-29	-41	-10	-18	-129	-38
纽瓦克	-13	-28	-4	-35	-10	-49	+1	+1	-27	-28
纽约	-228	-30	-39	-15	-75	-18	+113	+26	-229	-12
费城	-78	-38	-14	-28	-21	-20	+9	+12	-104	-24
圣路易斯	-29	-29	-7	-26	-7	-19	-5	-14	-48	-24

资料来源：Mattei Dogan and John D. Kasarda, eds., *The Metropolis Era*, Volume 1, *A World of Giant Cities*, London: Sage Publications, 1988, p. 65.

就业减少的直接后果就是失业率的提高。1965年，美国的总失业率为4.5%，而1975年上升到8.5%；而东北部和中西部某些工业化程度较高的州失业率远远高于全国平均水平，比如，1975年密歇根州和马萨诸塞州的失业率分别为13.8%和12.5%，位居全国第一和第二位。就种族差别来说，黑人等少数族裔的失业状况更糟，1965年和1975年白人的失业率只有4.1%和7.8%，而黑人等少数族裔则高达8.1%和13.9%，几乎是白人的2倍。[①]

[①] U. S. Department of Commerce, Bureau of the Census, *Statistical Abstracts of the United States: 1976*, pp. 361-362.

从绝对数值来看，根据美国劳工部的统计，仅 1979—1983 年，由于工厂的倒闭或裁员就导致了 1150 万 20 岁以上的工人失业，在其中 510 万失业的工人中，在被解雇前连续 3 年有稳定的工作。而在这 510 万曾经有稳定工作的失业人员中，只有 310 万在 1984 年 1 月前重新就业，而且往往是就业于不同的产业类别。即使失业工人重新就业，其工资收入也大幅度下降，比如，金属工业的工人原工资水平为每周 407 美元，重新就业后的工资为每周 246 美元，下降了 39.6%；汽车制造业的原工资为每周 399 美元，重新就业后为每周 319 美元，下降了 20.1%。[1] 表 5.7 显示，汽车工人在失业的头两年内平均年收入减少了 43.4%，而钢铁工人的同比则高达 46.6%，即年收入降低了近一半。即使在随后的四年里，其年收入仍然不能恢复到失业之前的水平，比如汽车工人和钢铁工人的年收入仍然比原来低 15.8% 和 12.6%。

表 5.7　20 世纪七八十年代美国成年男性失业工人的年收入损失　　　　（%）

产业类型	头两年的年收入损失	随后 4 年的年收入损失
汽车工业	43.4	15.8
钢铁工业	46.6	12.6
肉类包装	23.9	18.1
飞机制造业	23.6	14.8
石油冶炼	12.4	12.5
女装	13.3	2.1
男装	21.3	8.7
玻璃	16.3	16.2

资料来源：Barry Bluestone, Bennett Harrison, *The Deindustrialization of America: Plant Closings, Community Abandonment, and the Dismantling of Basic Industry*, New York: Basic Books, Inc., Publishers, 1982, p. 57.

---

[1] Katherine Newman, "Urban Anthropology and the Deindustrialization Paradigm", *Urban Anthropology and Studies of Cultural Systems and World Economic Development*, Vol. 14, No. 1/3 (Spring-Summer-Fall, 1985), pp. 10 – 11.

由于东北部和中西部中心城市就业职位的减少和失业率的提高，许多城市居民在当地难以找到工作，不得不在其他城市或郊区寻求就业。表5.8显示，1970—1980年，新泽西州卡姆登市的居民在当地就业的人员下降了37.7%，底特律下降了30.3%，其他城市也大幅度下降。由于中心城市就业的减少和失业率的提高，人均收入指数和城市总的工资收入都大幅度下降，卡姆登市仍然是暴跌最惨的一个城市，1970—1980年，这两种收入分别下降了42.0%和32.1%；纽瓦克次之，分别下降了34.0%和21.0%。东北部和中西部的城市人口在日益贫困化。

表5.8　　　　1970—1980年东北部和中西部部分中心城市的
就业和收入变化　　　　　　　　　　　　　（%）

城市	在本市就业者的变化	人均收入指数变化	城市总收入变化
卡姆登	-37.7	-42.0	-32.1
底特律	-30.3	-10.0	-21.8
纽瓦克	-26.6	-34.0	-21.0
克利夫兰	-29.6	-17.0	-21.0
圣路易斯	-27.0	-15.0	-20.7
代顿	-28.1	-16.0	-20.5
布法罗	-21.6	-14.0	-19.3
费城	-17.3	-12.0	-12.1
纽约	-6.9	5.1	-10.6
巴尔的摩	-13.5	-15.0	-10.3
芝加哥	-11.5	0.0	-7.9
波士顿	-4.4	-5.0	-6.0

资料来源：U. S. Advisory Commission on Intergovernmental Relations, *Fiscal Disparities: Central Cities & Suburbs, 1981*, an Information Report, Washington, D. C., August 1984, pp. 34-35.

需要注意的是，就业的减少和收入的下降仅仅限于东北部和中西部，而南部和西部的就业与收入则蒸蒸日上，欣欣向荣（见表5.9）。

表5.9　1970—1980年南部和西部部分中心城市的就业和收入变化　　　（%）

城市	在本市就业者的变化	人均收入指数变化	城市总收入变化
圣何塞	75.6	20.0	78.9
休斯敦	59.6	26.0	69.8
奥斯丁	69.5	4.1	67.8
阿尔伯克基	80.1	6.9	66.1
巴吞鲁日	62.8	7.4	61.1
菲尼克斯	56.6	8.5	59.4
夏洛特	50.4	12.0	57.2
圣迭戈	41.2	15.0	44.9
孟菲斯	15.2	-7.0	21.3
丹佛	4.6	23.0	16.8
洛杉矶	24.0	20.0	13.4
迈阿密	24.2	-12.0	13.2

资料来源：U. S. Advisory Commission on Intergovernmental Relations, *Fiscal Disparities*: *Central Cities & Suburbs, 1981*, an Information Report, Washington, D. C., August 1984, pp. 36 – 37.

底特律是遭受去工业化和产业郊区化冲击最严重的城市之一。由于汽车工业对消费需求十分敏感，很容易受到经济波动的影响。20世纪50年代是底特律发展的一个转折点，汽车制造业开始大量裁员，并将生产转移到国内其他地区或郊区。1946—1956年，通用汽车公司投资34亿美元，福特公司投资25亿美元，凯莱斯勒公司投资7亿美元，在全国各地区建立了许多新的汽车工厂。此外，1947—1958年，三大汽车公司还在底特律的郊区建立了25个新厂，大多数距离市区在15英里以上，其中许多位于中小城市，比如俄亥俄州的莱马（Lima）、洛雷恩（Lorain）、沃尔顿山（Walton Hills）；印第安纳州的科科莫（Kokomo）和印第安纳波利斯等。[①] 表5.10显示，1947—

[①] Thomas J. Sugrue, *The Origins of the Urban Crisis*, pp. 128 – 129.

1977年，底特律的制造业公司由3272家减少到1954家，减少了40.3%；制造业总就业人数由33.84万下降到15.33万，下降了54.7%；制造业的直接生产人数由28.15万下降到10.75万，下降了61.8%。直接参加生产的人数之所以比制造业就业总人数下降快，是因为自动化生产线的采用，大幅度降低了生产一线的工人，而管理人员则相对稳定。

表5.10　　　　　1947—1977年底特律制造业就业的减少

	1947年	1958年	1967年	1977年
制造业公司数量（个）	3272	3363	2947	1954
制造业总就业人数（万）	33.84	20.44	20.97	15.33
制造业总生产人数（万）	28.15	14.51	14.96	10.75

资料来源：Thomas J. Sugrue, *The Origins of the Urban Crisis*: *Race and Inequality in Postwar Detroit*, Princeton, NJ: Princeton University Press, 1996, p.144.

美国学者托马斯·J. 萨格鲁（Thomas J. Sugrue）描述了去工业化和工厂倒闭对底特律的摧残："二战后仅仅15年，底特律就已经满目疮痍，随处是倒闭和抛弃的厂房，其庞大的形体在那里兀自锈蚀腐烂，周围一个个街区的商店和饭店被木板封得死死的。那些古老的街区，沿街曾经是世纪之交由底特律人建造起来的体面的住房，而今却斑驳陆离地点缀着烧焦的空荡荡的建筑外壳，静静地歪倒在遍布垃圾的空余宅地之间。残破的房屋和遗弃的店铺仅仅是深刻的社会经济变迁的一个缩影而已，这一变迁正在重塑着这一大都市。"[①] 工厂倒闭和工人失业不仅导致了经济收入的锐减，而且还产生了一系列连锁反应，比如商业、服务业、金融业的减少，城市税收的降低，教育投资的下降，城市设施的衰败等。

除了最典型的底特律以外，如此这般的例子不胜枚举，比如，新泽西州纽瓦克市的威斯父子公司（J. Wiss & Son）于1978年被得克萨

---

① Thomas J. Sugrue, *The Origins of the Urban Crisis*, p.147.

斯州的一个集团公司收购，并将其迁移到北卡罗来纳州，使纽瓦克直接损失了 760 个制造业岗位，连带损失 468 个相关就业岗位，比如商店、银行、公交服务、餐饮、加油站等地方业务，商品购买力损失达 1400 万美元。甚至慈善事业也遭受到很大损失，丧失了该厂工人每年 2.2 万美元的捐助和该公司 1.1 万美元的赠品。又如，俄亥俄州的扬斯敦钢板与钢管公司（Youngstown Sheet and Tube）的倒闭，直接导致 4100 名工人的失业，其他相关就业损失高达 1.2 万—1.3 万，每年的零售业损失达 1200 万—2300 万美元，在关闭后最初的 39 个月里，扬斯敦的税收减少了 800 万美元，县政府税收减少 100 万美元，州政府损失 800 万美元，联邦政府税收损失 1500 万美元，合计税收损失达 3200 万美元。[1]

（二）双向移民与中心城市"贫困的聚集"

如果说去工业化和就业的郊区化只是损害了东北部和中西部城市的经济基础，那么中心城市人口结构的变化则给予了中心城市以釜底抽薪般的打击。二战以后，美国人口迅速向郊区迁移，到 1970 年，郊区人口分别超过中心城市和乡村人口，成为一个郊区化的国家（参见第二章）。随着郊区的进一步蔓延，许多中心城市的人口规模迅速下降。表 5.11 显示，早在 1960 年以前，一些大城市就开始出现了人口减少的迹象，比如圣路易斯、波士顿和纽瓦克；而 1960 年以后，这些城市人口迅速减少，圣路易斯在 20 年间竟减少了近 40%，底特律减少了 27.9%。

需要注意的是，中心城市人口变化同样存在明显的地区差异，在东北部和中西部城市人口大幅度降低之时，南部和西部城市人口却在增加（见表 5.12）。

---

[1] Barry Bluestone, Bennett Harrison, *The Deindustrialization of America*, pp. 68–73.

表 5.11　1930—1980 年东北部和中西部部分中心城市人口的变化（万）

中心城市	1930 年	1960 年	1970 年	1980 年	1930—1960 年变化率	1960—1980 年变化率
纽约	693.0	778.1	789.4	707.1	+12.3%	-9.1%
芝加哥	337.6	355.0	336.6	300.6	+5.2%	-15.3%
费城	195.1	200.2	194.8	168.8	+2.6%	-15.7%
底特律	156.9	167.0	151.1	120.4	+6.4%	-27.9%
圣路易斯	82.2	75.0	62.2	45.3	-8.8%	-39.6%
波士顿	78.1	69.7	64.1	56.3	-10.8%	-19.2%
华盛顿	48.7	76.3	75.6	63.8	+56.7%	-16.4%
纽瓦克	44.2	40.5	38.2	32.9	-8.4%	-18.8%

资料来源：U. S. Advisory Commission on Intergovernmental Relations, *Fiscal Disparities*: *Central Cities & Suburbs, 1981*, an Information Report, Washington, D. C., August 1984, p. 40.

表 5.12　1930—1980 年南部和西部部分中心城市人口的变化（万）

中心城市	1930 年	1960 年	1970 年	1980 年	1930—1960 年变化率	1960—1980 年变化率
杰克逊维尔	13.0	20.1	52.8	57.1	54.6%	184.1%
巴吞鲁日	3.1	15.2	16.5	36.6	390.3%	140.8%
夏洛特	8.3	20.1	24.1	31.4	142.2%	56.2%
达拉斯	10.2	27.6	32.2	42.5	170.6%	54.0%
休斯敦	29.2	93.8	123.2	159.4	221.2%	69.9%
菲尼克斯	4.8	43.9	58.1	79.0	814.6%	80.0%
洛杉矶	123.8	247.9	281.2	296.7	100.2%	19.7%
圣迭戈	14.8	57.3	69.6	87.6	287.2%	52.9%

资料来源：U. S. Advisory Commission on Intergovernmental Relations, *Fiscal Disparities*: *Central Cities & Suburbs, 1981*, an Information Report, Washington, D. C., August 1984, p. 41.

事实上，不仅中心城市处于衰败之中，而且许多内层郊区也出现了同样的现象。1980—1996年，美国有400个郊区的人口下降幅度超过5%，其1995年的贫困率超过了20%。这些衰败的郊区一般规模较小，但其中有77个超过5000人，22个超过1.5万人。这些郊区像中心城市一样出现了投资减少和经济衰退的现象。[①]

在东北部和中西部城市人口数量绝对减少的同时，人口结构也发生了巨大的变化，中产阶级和富裕阶层迅速从中心城市撤离，从而使中心城市丧失了大批的纳税人和财政税收；同时，他们在迁移到郊区小型同质社区之后，建立了有自治权的郊区市镇法人，以抵制中心城市的兼并和财富的再分配，从而导致了大都市区资源与需求的失衡，并使之结构化和永久化。对此，美国住房与城市发展部（HUD）在1978年的一份报告中指出："在政治碎化的情况下，中心城市没有足够的权威、能力和机制，去获得由于人口和就业的分散化而丧失的税收，从而导致了日益增长的开支与财政资源之间的不平衡。"[②]

与此同时，贫困人口和黑人等少数族裔却日益向中心城市聚集，与白人中产阶级的郊区化形成双向移民，导致中心城市"贫困的聚集"。这一点可以从中心城市和郊区贫困率的差别中反映出来，比如在1974年和1975年，中心城市的贫困率骤然由13.7%上升到15.0%，而郊区只从6.7%上升到7.6%，郊区的贫困率不足中心城市的一半；而黑人的贫困率更高，是白人的3倍左右，比如，在1974年和1975年，中心城市黑人的贫困率高达28.3%和29.1%，而白人只有9.4%和10.8%（见表5.13）。而前文章节指出，黑人是一个高度城市化的族裔群体，黑人的高度城市化是典型的"贫困的聚集"。

[①] U. S. Department of Housing and Urban Development, *The State of the Cities, 1999: Third Annual Report*, Washington, D. C., June 1999, p. 18.

[②] Gary A. Tobin, ed., *The Changing Structure of the City: What Happened to the Urban Crisis*, Beverly Hills, CA: SAGE Publications, Inc., 1979, p. 46.

表 5.13　　　　1974—1975 年美国大都市区贫困人口的分布　　　　　（%）

地点	所有种族		白人		黑人	
	1974 年	1975 年	1974 年	1975 年	1974 年	1975 年
大都市区	9.7	10.8	7.2	8.2	26.7	27.6
中心城市	13.7	15.0	9.4	10.8	28.3	29.1
郊区	6.7	7.6	5.9	6.7	21.3	22.5

资料来源：U. S. Department of Commerce, Bureau of the Census, *Statistical Abstracts of the United States: 1976*, 97th Edition, Washington D. C., 1976, p.418.

中心城市的贫困化还可以从中心城市与郊区的家庭和人均收入差别得到反映。表 5.14 显示，1976 年，美国 85 个大都市区的中心城市的人均收入仅仅相当于郊区的 94.7%，比例最低的是东北部，中心城市只有郊区的 83.4%；在这 85 个大都市区中，中心城市的家庭收入与郊区相比更低，只有 75.6%，比例最低的仍然是东北部，只有 66.7%。而在某些大都市区，中心城市与郊区的收入差别就更大了，比如，在纽约大都市区，中心城市的人均收入为 5222 美元，郊区为 6182 美元，中心城市是郊区的 84%；在纽瓦克大都市区，中心

表 5.14　1976 年美国各地区大都市区中心城市与郊区的人均与家庭收入差别

地区与大都市区个数	人均收入			家庭收入		
	中心城市（美元）	郊区（美元）	城郊比例（%）	中心城市（美元）	郊区（美元）	城郊比例（%）
美国（85）	4882	5156	94.7	10950	14478	75.6
东北部（18）	4654	5574	83.4	10332	15495	66.7
中西部（22）	4847	5347	90.6	10556	15185	69.6
南部（27）	4771	4629	103.1	11609	12452	93.2
西部（18）	5321	5242	101.6	11547	13052	88.5

资料来源：U. S. Advisory Commission on Intergovernmental Relations, *Central City-Suburban Fiscal Disparity & City Distress, 1977*, An Information Report, Washington, D. C., December 1980, p.8.

城市为3586美元，郊区为6602美元，城郊比例只有54%，即中心城市人均收入只有郊区的一半。①

(三)"两面夹击"与中心城市的财政困境

中心城市的财政困境主要来自两个方面，一方面是财政收入的减少，另一方面是政府开支的扩大，从而出现了入不敷出、财政失衡、赤字高涨、举债度日的局面，而当中心城市的财政赤字积累到一定程度之时，金融机构就会对其偿还能力产生怀疑，即城市的信用下降到最低程度时，金融机构就会拒绝对其发放贷款，致使市政部门无法运转，城市服务急剧削减，公共卫生和安全受到威胁，财政危机和城市危机就爆发了。

首先是中心城市财政收入的减少。城市财政收入的主要来源之一是城市居民和企业缴纳的各种税收，而去工业化和工厂的倒闭、各种就业的郊区化、城市居民的失业和贫困化、白人富裕阶层和中产阶级向郊区的迁移，都必然削弱中心城市的税收基础。根据20世纪70年代对美国38个城市的研究，其中大多数北部城市的住房数量在减少或增长率低于5%，而布法罗、芝加哥、辛辛那提、克利夫兰、底特律、堪萨斯城、纽瓦克、匹兹堡和圣路易斯住房数量的减少更快，底特律竟减少了11%。由于地方政府的税收主要来自财产税，住房的减少使城市遭受了严重的财政损失。②另外，许多城市地产价值的上升低于通货膨胀率，即实际地产价值在下降，1969—1970年，纽约的地产价值仅仅上升了3.0%，底特律上升了2.3%，波士顿上升了1.1%，布法罗和圣路易斯仅仅上升了0.2%；而有些城市不升反降，比如辛辛那提的地产价值下降了1.3%，旧金山下降了0.7%，巴尔

---

① U. S. Advisory Commission on Intergovernmental Relations, *Central City-Suburban Fiscal Disparity & City Distress*, 1977, An Information Report, Washington, D. C., December 1980, p. 44.

② Pearl M. Kamer, *Crisis in Urban Public Finance: A Case Study of Thirty-Eight Cities*, New York: Praeger Publishers, 1983, pp. 16 - 17.

第五章　中心城市的衰落与复兴

的摩下降了 0.1%。按照当时的通货膨胀率，只要地产价值上升率低于 4%，就等于地产价值在下降。①

销售税是地方政府的财政来源之一，而东北部和中西部许多城市的销售额却出现了大幅度下降，比如，1970—1977 年，巴尔的摩和波士顿下降了 18.0%，纽瓦克下降了 27.9%，卡姆登下降了 33.8%，底特律下降了 22.5%，圣路易斯下降了 16.5%，甚至连纽约和芝加哥这样的综合性工商业城市也分别下降了 18.6% 和 15.0%。②

其次是中心城市财政支出的增长。贫困阶层和少数族裔的集中，必然增加中心城市的社会福利负担。比如，1970 年，美国 12 个最大的中心城市的人口只占全国人口的 12%，但却支付了全国 40% 的地方性健康和福利开支。巴尔的摩人口只占马里兰州人口的 27%，但其接受福利救济的人口却占该州的 66%，波士顿人口只占马萨诸塞州的 14%，但领取福利救济的人口却占该州的 32%。③ 养老金也是一项数额巨大且日益增长的支出，底特律在 1954—1955 财政年度的养老金拨款为 12445831 美元，占该市财政预算的 8.34%，1963—1964 年度分别上升到 27457310 美元和 11.21%，1970—1971 年度又分别上升到 55304905 美元和 13.58%。④ 对于这种两面夹击所造成的危害，一位美国学者评价道："大都市区的演化使收入最低的人们集中于城镇陈旧衰败的社区，而支撑教育和社会服务的就业和税收基础却迁移到其他地方。将穷人和就业分离开来，并将他们置于无论是公共投资还是私人投资都不断撤离的地方，这是诸多社会灾难的罪魁

---

① U. S. Advisory Commission on Intergovernmental Relations, *City Financial Emergencies: The Intergovernmental Dimension*, A Commission Report, Washington, D. C., July 1973, p. 52.

② U. S. Advisory Commission on Intergovernmental Relations, *Central City-Suburban Fiscal Disparity & City Distress, 1977*, pp. 92–93.

③ Carl Abbott, *Urban America in the Modern Age: 1920 to the Present*, Arlington Heights, Illinois: Harlan Davidson, 1987, p. 129.

④ U. S. Advisory Commission on Intergovernmental Relations, *City Financial Emergencies*, p. 53.

祸首。"①

中心城市的贫困化并不是普遍现象，它与大都市区的规模、年龄、及其所在的地区相关。中心城市的贫困化主要是东北部规模巨大、年代古老的大都市区的中心城市。根据帕克（Pack）1995年的研究，人口在50万—100万之间的城市平均每人花费199美元用于直接的贫困开支，比如公共福利、公共卫生、医疗设施等，而人口在30—50万之间的城市这一数字只有67美元。②

再次，郊区对中心城市的剥削。早在1940年，美国社会生态学家阿莫斯·霍利（Amos Hawley）就提出了"郊区剥削说"，70年代这一理论更加流行。这种理论认为，由于中产阶级和富裕阶层逃往郊区，而将黑人和低收入群体围困于中心城市，从而减轻了他们的福利负担。与此同时，郊区居民通过在中心城市就业和进行娱乐活动而利用了中心城市的服务设施，由于地方政府的税收主要依靠地产税，而他们的房地产并不位于中心城市，而是位于郊区政治上独立于中心城市的市镇法人，他们不必向中心城市缴纳地产税，因此他们并没有对这些市政设施纳税，从而形成了郊区对中心城市的剥削。根据60年代后期在底特律进行的一次估算，该市财政支出的6%，即每个居民家庭平均支付80美元为郊区居民提供各项服务。③ 根据一项对76个大都市区的调查资料，每增加一个郊区居民，中心城市的服务开支就增加2.77美元。④ 因此，持这一观点的学者主张，郊区应该向中心城市提供财政援助，比如，布鲁金斯学会的成员艾丽斯·里夫林（Alice Rivlin）、查尔斯·舒尔茨（Charles Schultze）关于中心城市的财政危

---

① Donald C. Williams, *Urban Sprawl*, *A Reference Handbook*, Santa Barbara, California: ABC-CLIO, Inc., 2000, p. 81.

② Howard Chernick & Andrew Reschovsky, "Urban Fiscal Problems: Coordinating Actions among Governments", Burton A. Weisbrod and James C. Worthy, eds., *The Urban Crisis: Linking Research to Action*, Evanston, Illinois: Northwestern University Press, 1997, p. 139.

③ R. J. Johnston, *The American Urban System: A Geographical Perspective*, p. 238.

④ Kenneth Fox, *Metropolitan America: Urban Life and Urban Policy in the United States 1940–1980*, University Press of Mississippi, 1986, p. 172.

机写道："虽然城市自身也许不能有所作为，但多数大都市区作为一个整体却有能力处理其中心城市财政资源与财政需求之间日益增长的不平衡。"①

中心城市为了满足燃眉之急的财政需求，办法之一就是提高地产税率。1965—1970年，布法罗的税率提高了24.1%，密尔沃基提高了26.1%，纽约市提高了33.5%，波士顿提高了34.6%，芝加哥提高了39.0%，而匹兹堡和明尼阿波利斯分别提高了44.8%和52.9%。而南部和西部城市的地产税率则比较稳定，上升速度缓慢甚至有所下降，比如丹佛、菲尼克斯和圣安东尼奥同期的税率保持不变，而圣迭戈、休斯敦和纳什维尔则分别下降了3.1%、10.0%和10.4%。②

尽管中心城市在不断地提高税率，但其经济总量却在日益缩减，而财政开支却在不断扩大，其结果必然是巨额的财政赤字。表5.15列举了部分城市财政赤字占财政开支的比例。从表中可以看出，1971年，纽约市的财政开支超过该年财政收入（赤字率）的9.2%，费城的赤字率为10.2%；1976年纽约和费城的赤字率分别为9.3%和8.7%；1981年和1982年，它们的财政状况有所好转，都实现了财政平衡。该表仅仅是考察了一年中的财政赤字或盈余状况，而如果将历年的财政盈余或赤字加起来，有些城市的财政赤字会达到惊人的地步，比如，芝加哥1971年的财政赤字高达47.5%，1976年纽约的财政赤字高达31.1%。③从绝对数值的角度看，1971年，纽约的财政赤字高达6.56亿美元，费城为4880万美元，克利夫兰为1320万美元，巴尔的摩为830万美元，圣路易斯为450万美元。④

---

① Kenneth Fox, *Metropolitan America*, p. 171.
② U. S. Advisory Commission on Intergovernmental Relations, *City Financial Emergencies*, p. 53.
③ U. S. Advisory Commission on Intergovernmental Relations, *Bankruptcies, Defaults, and Other Local Government Financial Emergencies*, A Commission Report, Washington, D. C., February 1985, p. 55.
④ U. S. Advisory Commission on Intergovernmental Relations, *City Financial Emergencies*, p. 50.

表 5.15　1971—1982 年部分城市在本年度的财政赤字或盈余状况　　　(%)

城市	1971 年	1976 年	1981 年	1982 年
纽约	-9.2	-9.3	0.9	0.3
费城	-10.2	-8.7	3.7	3.1
巴尔的摩	-2.2	-4.1	1.1	-1.2
克利夫兰	-16.1	0.1	2.8	4.7
波士顿	-1.0	-9.0	3.0	5.6
圣路易斯	-3.7	1.4	2.9	-2.5
辛辛那提	-0.9	7.7	-2.8	-5.2

资料来源：U. S. Advisory Commission on Intergovernmental Relations, *Bankruptcies, Defaults, and Other Local Government Financial Emergencies*, A Commission Report, Washington, D. C., February 1985, p. 54.

如果从中心城市与郊区对比的角度看，中心城市的财政困境就更加明显了。虽然中心城市的人均收入远远低于郊区，但表 5.16 显示，其人均税收却远远高于郊区，可见中心城市的税收压力远远大于郊区。从该表还可以看出，东北部的税率最高，而南部的税率最低。

表 5.16　1977 年美国各地区中心城市与郊区的人均税收差别

地区与大都市区个数	人均财产税			人均非财产税		
	中心城市（美元）	郊区（美元）	城郊比例（%）	中心城市（美元）	郊区（美元）	城郊比例（%）
美国（85）	287	267	138	103	44	393
东北部（18）	371	373	104	128	54	284
中西部（22）	285	268	109	91	29	471
南部（27）	206	156	207	94	46	329
西部（18）	328	318	111	105	47	508

资料来源：U. S. Advisory Commission on Intergovernmental Relations, *Central City-Suburban Fiscal Disparity & City Distress*, 1977, An Information Report, Washington, D. C., December 1980, pp. 76 - 77.

尽管中心城市在竭力广开税源，但财政支出的增长速度比税收的增长更快。表 5.17 显示，中心城市的人均总支出高于郊区，但郊区的人均教育开支却高于中心城市，这说明郊区的教育状况比中心城市要好，而中心城市的人均非教育支出高于郊区，这是因为中心城市的市政服务和社会福利开支大于郊区。中心城市的财政收支比郊区更加不平衡。

表 5.17　1977 年美国各地区中心城市和郊区的人均财政支出（美元）

地区与大都市区个数	人均总支出 中心城市	人均总支出 郊区	人均教育支出 中心城市	人均教育支出 郊区	人均非教育支出 中心城市	人均非教育支出 郊区
美国（85）	943	701	332	357	610	345
东北部（18）	1172	797	368	391	804	406
中西部（22）	944	703	347	368	597	334
南部（27）	747	555	269	282	478	272
西部（18）	1006	813	371	415	630	403

资料来源：U. S. Advisory Commission on Intergovernmental Relations, *Central City-Suburban Fiscal Disparity & City Distress*, *1977*, An Information Report, Washington, D. C., December 1980, pp. 72 – 73.

为了缓解中心城市和郊区的财政不平衡，联邦政府和州政府对其进行了一定程度的财政援助。表 5.18 显示，1977 年，联邦政府和州政府对美国 85 个大都市区中心城市的人均援助为 431 美元，对郊区的人均援助为 295 美元。如果将表 5.16、5.17 和 5.18 结合起来看，这 85 个大都市区中心城市的人均财政收入为：人均财产税（287 美元）＋人均非财产税（103 美元）＋人均总援助（431 美元）＝人均财政收入（821 美元）；而该年这 85 个中心城市的人均支出为 943 美元，结果人均财政赤字为 122 美元。相比之下，这 85 个大都市区的郊区人均财政收入为：人均财产税（267 美元）＋人均非财产税（44 美元）＋人均总援助（295 美元）＝人均财政收入（606 美元），而该年这 85 个大都市区的郊区人均支出为 701 美元，结果人均财政赤字只有 95 美元。中心城市的人均赤字高于郊区 27 美元，即高 28.4%。值得注意的是，由于郊区比较富足，且税率较低，所以税收潜力较大，能够游刃有余，应付自如。但中心城市在日益贫困化，且税率已经很高，没有回旋余地，除了需要举债度日，还要依靠联邦和州政府的援助。然而，一旦出现援助缩减或信贷困难，就会出现财政危机，从而爆发城市危机。

表5.18　1977年州政府和联邦政府对中心城市和郊区的人均财政援助（美元）

地区与大都市区个数	人均总援助 中心城市	人均总援助 郊区	人均州政府援助 中心城市	人均州政府援助 郊区	人均联邦政府援助 中心城市	人均联邦政府援助 郊区
美国（85）	431	295	285	251	146	45
东北部（18）	595	300	373	248	222	52
中西部（22）	424	286	284	246	137	37
南部（27）	317	243	202	201	115	44
西部（18）	444	380	319	338	121	50

资料来源：U. S. Advisory Commission on Intergovernmental Relations, *Central City-Suburban Fiscal Disparity & City Distress*, 1977, An Information Report, Washington, D. C., December 1980, pp. 78–79.

（四）财政危机与城市危机

由于许多中心城市税收的缩减和巨额赤字的出现，需要政府间援助和举债度日，而一旦出现政府间援助不能及时到位或银行拒绝贷款，就会出现财政危机，城市政府职能就会陷入瘫痪，出现城市衰败乃至城市危机。20 世纪 60 年代以来，美国曾多次发生城市财政危机，而以纽约财政危机最为著名。

战后，纽约市同样经历了去工业化、就业与人口减少、财政收入锐减、福利开支剧增和财政赤字巨大等情况。1970 年，纽约市的人均财政支出为 894 美元，人均税收为 384 美元，联邦和州政府援助为

385美元，人均财政赤字为125美元。① 从纽约市财政赤字总额来看，1975年，纽约市当年财政赤字达到12亿美元，历年财政赤字总额高达30亿美元。② 为了支撑城市的各项开支和功能的运转，纽约市只好举债度日，尤其是短期贷款。到1971年，纽约市的短期运营债务（short-term operating debt）高达15.756亿美元，占年度财政收入的22.1%，公债借款额高达48.33亿美元，人均公债额达612美元。③ 正当纽约市在财政上捉襟见肘，穷于应付之际，20世纪最严重的经济危机于1973—1975年不期而至，使该市的财政收支雪上加霜，不堪重负。1975年4月，纽约市已经无法支付市政服务开支和偿付各项逾期贷款，于是，各金融机构拒绝提供新的短期贷款，于是，纽约市爆发了严重的财政危机。

财政危机爆发后，纽约市无法支付政府雇员的薪俸及各项开支，一些政府部门不得不关闭或裁员，甚至停止了一些关键的城市服务，比如学校、医院、警察、消防、街道卫生和垃圾清理等。在这种紧急情况下，国会于1975年9月通过了一项《纽约市临时金融法》（New York City Seasonal Financial Act），向该市提供了23亿美元为期3年的贷款，缓解了纽约市的燃眉之急。④ 1975年11月15日，纽约州议会通过了一个延期偿付法，纽约市暂停偿还债务，3年内禁止私人金融机构提起诉讼，向纽约市索还短期贷款。

纽约市财政危机过后，人们对危机爆发的原因进行了争论。值得注意的是保守派的批评，他们指责市政府、政治家和工会提出了过高的社会福利要求。比如1975年《财富》杂志的一位作者写道："纽约是一个特例，关键在于它有一张信用卡，使其能够透支消费，寅吃卯粮。"纽约市政府成立的一个"城市财政临时委员会"（Temporary

---

① U. S. Advisory Commission on Intergovernmental Relations, *Central City-Suburban Fiscal Disparity & City Distress*, 1977, pp. 48, 52, 53.

② U. S. Advisory Commission on Intergovernmental Relations, *Bankruptcies, Defaults, and Other Local Government Financial Emergencies*, p. 24.

③ U. S. Advisory Commission on Intergovernmental Relations, *City Financial Emergencies*, pp. 51, 53.

④ Gary A. Tobin, ed., *The Changing Structure of the City*, p. 265.

Commission on City Finance)也于1978年声明,问题在于该市政府在财政问题上过于奢侈铺张,尤其是公共福利开支。①

这种批评有一定道理,纽约市拥有美国城市中最庞大的政府雇员、最完善的城市设施和社会服务体系。这一点可以通过与南部经济繁荣的城市休斯敦的对比显示出来。1972年,纽约市警察的薪俸为每月1568美元,而休斯敦只有831美元;纽约市的福利开支为每人337美元,而休斯敦只有3美元;纽约市每人的健康医疗费用为210美元,而休斯敦只有34美元;纽约市的公共教育开支为每人352美元,而休斯敦只有237美元;纽约市的警察和消防开支为每人103美元,而休斯敦只有55美元;纽约市的市政服务开支高达1574美元,而休斯敦只有541美元。②

然而,上述批评也并非完全正确,根本原因在于城市的衰退和贫困的聚集,否则就无法解释其他城市的财政困境。其实,寅吃卯粮、举债度日的城市并非只有纽约市,1971年,芝加哥的短期运营债务为1.364亿美元,占该年财政收入的34.4%,远远超过纽约22.1%的比例;布法罗的两个数字为1190万美元和16.0%。③ 许多城市需要发行债券才能维持各类城市设施和提供公共服务。表5.19显示了各市的公债借款数额。许多城市也出现了债务拖欠问题,1972—1983年,美国出现了36次地方政府债务拖欠,其中一般债务拖欠(general obligation defaults)11次,收益债券拖欠(revenue bond defaults)25次。④ 只是这些城市的债务拖欠没有导致纽约那样严重的财政危机而已,但其财政困难却是显而易见的。

---

① Matthew Edel and Ronald G. Hellman, eds., *Cities in Crisis: The Urban Challenge in the Americas*, New York: Bildner Center for Western Hemisphere Studies, 1989, pp. 71 – 72.
② Gary A. Tobin, ed., *The Changing Structure of the City*, pp. 262 – 264.
③ U. S. Advisory Commission on Intergovernmental Relations, *City Financial Emergencies*, p. 51.
④ U. S. Advisory Commission on Intergovernmental Relations, *Bankruptcies, Defaults, and Other Local Government Financial Emergencies*, p. 20.

表 5.19　　1971 年 12 月 31 日美国部分大城市公债借款额

城市	公债总额（百万美元）	人均债务（美元）	人均债务占人均收入的比例（%）
纽约	4833.0	612	16.9
波士顿	343.4	536	12.0
休斯敦	628.0	509	15.1
费城	887.9	456	12.7
旧金山	340.2	455	11.8
辛辛那提	195.4	432	13.5
巴尔的摩	340.7	374	13.7
圣路易斯	205.4	338	12.0
底特律	443.0	293	8.1
芝加哥	708.7	204	5.2

资料来源：U. S. Advisory Commission on Intergovernmental Relations, *City Financial Emergencies*: *The Intergovernmental Dimension*, A Commission Report, Washington, D. C., July 1973, p. 53.

纽约市财政危机爆发后，市长亚伯拉罕·比姆（Abraham Beame）被迫对该市的预算作出巨大调整，包括裁减雇员，缩减社会服务项目，提高工作效率等。表 5.20 显示，纽约市在 1974 年 12 月 31 日到 1984 年 6 月 30 日之间进行了大幅度的裁员。值得注意的是，在 1975 年 6 月 30 日到 8 月 31 日仅仅两个月的时间里，该市教育委员会职员由 90182 人裁减到 71072 人，下降了 21.2%；警察人员下降了 13.0%，消防人员下降了 10.3%，社会服务人员下降了 12.2%，公共卫生人员下降了 13.0%。而在 1974 年 12 月 31 日到 1984 年 6 月 30 日之间，纽约市政府各部门职员总人数下降了 31.7%，即接近 1/3。

表 5.20　1974—1984 年间纽约市政府各部门的职员数量

政府部门＼日期	1974.12.31	1975.6.30	1975.8.31	1976.6.30	1984.6.30
教育委员会	79852	90182	71072	76782	73949
警察人员	35411	35734	31096	30842	29707
消防人员	14003	13921	12454	12181	13470
社会服务人员	26768	27122	23822	24364	22278
公共卫生人员	19074	19072	16596	16451	15779
总数（包括其他机构）	294522	254400	258635	218463	201280
与上一时间的变化率	—	-13.6%	+1.7%	-15.5%	-7.9%
1974.12.31—1984.6.30 变化率					-31.7%

资料来源：Matthew Edel and Ronald G. Hellman, eds., *Cities in Crisis: The Urban Challenge in the Americas*, New York: Bildner Center for Western Hemisphere Studies, 1989, p. 82.

不仅仅是纽约市裁减了政府工作人员，其他许多城市也进行了大幅度裁减，见表 5.21。

表 5.21　1975—1982 年部分城市政府职员的数量

城市	1975 年	1982 年	数量变化	百分比变化（%）
纽约	347686	335252	-12434	-3.6
芝加哥	48799	43848	-4951	-10.1
洛杉矶	46929	39939	-6990	-14.9
费城	37981	32228	-5753	-15.1
巴尔的摩	40522	32560	-7962	-19.6
菲尼克斯	7363	8343	-980	-13.3
华盛顿	45801	39270	-6531	-14.3
密尔沃基	9687	8817	-870	-9.0
克利夫兰	12637	9165	-3472	-27.5
波士顿	24895	18677	-6218	-25.0
圣路易斯	13519	11037	-2482	-18.4
亚特兰大	8937	7600	-1337	-15.0

资料来源：M. Gottdiener, ed., *Cities in Stress: A New Look at the Urban Crisis*, Beverly Hills, CA: SAGE Publications, Inc., 1986, p. 49.

第五章　中心城市的衰落与复兴

　　由于许多城市政府的大幅裁员和削减社会服务，所以其财政开支得以下降，比如，在1976财政年度和1983财政年度之间，以1983年美元价值计算，纽约市财政开支由209.33亿美元下降到164.12亿美元，下降率为21.6%；巴尔的摩由17.16亿美元下降到12.62亿美元，下降率为26.5%；克利夫兰由4.66亿美元下降到3.35亿美元，下降率为28.2%。①

　　由于城市政府对财政支出的削减，它们无力拿出更多的资金去解决贫困问题，改善城市环境，打击犯罪维持治安，因此，城市问题更加层出不穷，难以应对。比如城市环境破败，贫民窟蔓延，民族矛盾加剧，城市犯罪居高不下等，这些都构成了美国城市所特有的发展危机。1974年以后，城市犯罪成为人们关切的主要问题之一。比如一次民意调查显示，人们对犯罪的恐惧仅次于对通货膨胀的关切。犯罪率与城市规模呈正相关关系，因而纽约市的犯罪率在美国首屈一指，无出其右。1980年美国18%的抢劫案发生在纽约。人口在25万以上的城市仅占美国人口的19%，但却集中了美国60%的抢劫案和46%的杀人案。而且青少年犯罪异常严重，在1980年全国所逮捕的所有嫌犯中，13—34岁的青少年占78%，而这一年龄段的人口只占美国人口的38%；16—24岁的青少年只占美国人口的17%，却占被捕嫌犯的46%。②

　　另外，由于穷人和少数族裔向中心城市的聚集，城市人口的异质性非常明显，因此，其社会秩序也远比郊区的同质性社区更加混乱和动荡，其犯罪率也远远高于郊区（见表5.22）。

　　由此可见，由于去工业化和工厂倒闭，城市人口和产业不断向郊区迁移，尤其是富裕阶层和中产阶级向郊区的迁移，极大地削弱了中心城市的税收基础和财政来源。与此同时，由于贫困人口和少数族裔向中心城市的聚集，加重了中心城市的社会福利负担。在这种两面夹击之下，许多中心城市的财政左支右绌，捉襟见肘，甚至出现了财政

---

　　① M. Gottdiener, ed., *Cities in Stress: A New Look at the Urban Crisis*, Beverly Hills, CA: SAGE Publications, Inc., 1986, p. 50.

　　② M. Gottdiener, ed., *Cities in Stress*, p. 30.

表 5.22　1970 年美国部分大都市区中心城市和郊区每 10 万人口的犯罪数量

地区和大都市区	中心城市	郊区	城郊比例
东北部 19 个大都市区	4584	1818	252
华盛顿	7840	2770	283
纽瓦克	8311	2227	373
纽约市	6580	2297	287
中西部 19 个大都市区	4871	1890	258
芝加哥	3802	1844	206
底特律	8444	3296	256
圣路易斯	7379	2202	335
南部 20 个大都市区	4658	2005	232
迈阿密	7137	4699	156
亚特兰大	5509	2487	222
休斯敦	4853	1527	318
西部 14 个大都市区	5368	3136	171
洛杉矶	6038	4262	142
旧金山	7970	3930	203
丹佛	7351	2994	246

资料来源：U. S. Advisory Commission on Intergovernmental Relations, *City Financial Emergencies*: *The Intergovernmental Dimension*, A Commission Report, Washington, D. C., July 1973, pp. 114－115.

危机。因此，中心城市没有能力投入更多的资金去改善贫民窟，修缮设施，救济贫民，维持治安以及其他种种棘手的社会问题。更为严重的是，由于贫困阶层与少数族裔向中心城市的聚集，中心城市的人口异质性越来越高，民族矛盾不断激化，犯罪率居高不下，城市生活动荡不安，城市发展出现了严重的危机。肯尼斯·杰克逊感叹道："这是 20 世纪的一个讽刺，即在一个城市化的时代，美国城市却处于衰落之中。"[1]

---

[1] Kenneth T. Jackson, "The Effect of Suburbanization on the Cities", Philip C. Dolce, ed., *Suburbia*: *The American Dream and Dilemma*, New York: Anchor Press, 1976, p. 106.

四 红线政策与中心城市的衰落

去工业化和郊区化对中心城市而言如同釜底抽薪，导致了中心城市各类产业和人口的流失，动摇了城市发展的经济基础，并产生了一系列连锁反应。而金融机构的红线政策于中心城市的衰落而言则如雪上加霜，使中心城市的储蓄资金流失到郊区、其他地区甚至国外，是一种典型的劫贫济富的金融政策。由于这种资金流动比较隐蔽，直到20世纪60年代才受到学术界和有关部门的关注，而到20世纪90年代和21世纪之初才成为一个热点话题。与去工业化与郊区化一道，美国金融机构的红线政策同样造成了中心城市的衰落。

（一）住房保险机构的红线政策

前文第三章曾论述了住房保险机构对黑人等少数族裔的歧视性政策，这种歧视导致了黑人等少数族裔种族隔离的进一步恶化。事实上，保险红线政策不仅针对少数族裔，而且更是针对社区环境衰败的中心城市。虽然保险机构并不是直接的投资机构，但保险机构保单的空间分布却极大地影响着贷款机构的投资流向。因此，保险行业对于中心城市的兴衰具有至关重要的作用，对此，总统保险顾问小组（the President's Advisory Panel on Insurance）于1968年得出结论说："保险行业在复兴我们城市的事业中具有根本性的作用。它是信贷的基石。如果没有保险行业，银行和其他金融机构就不会——并且不能——进行贷款。新的住房就不能建造起来，现有的住房也得不到维护。新的企业就不能扩大，甚至不能生存。""如果没有保险行业，建筑物就会日渐破败，服务、设施和就业都会缩减。重建我国内城的努力就会付之东流。没有保险的社区是没有希望的社区。"[①]

然而，美国保险机构的保险行为存在严重的种族歧视和空间歧

[①] Gregory D. Squires, ed., *Insurance Redlining: Disinvestment, Reinvestment, and the Evolving Role of Financial Institutions*, Washington, D. C.: The Urban Institute Press, 1997, p. 4.

视，中心城市社区，尤其是少数族裔社区往往不能获得财产保险或不能在适当的价格上获得保险，保险机构的这种歧视行为被称为"保险红线政策"（Insurance Redlining）。从20世纪60年代开始，关于保险行业的红线政策就展开了激烈争论，并且一些学者、民间组织和政府部门的调查活动，确认了保险行业红线政策的存在。比如，1968年总统保险顾问小组公布的一项关于保险业红线政策的报告发现，长期以来，保险公司对城市社区的保险申请比其他社区的保险申请进行了更严格的审查，城市地产即使获得了保险，付出的保险费更高，而获保的内容却更少，服务水平也更低。[1]

20世纪70年代一些民间组织和学者的调查和研究也得出了相同的结论。比如，一个称为"全国人民行动"（National People's Action）的民间组织在芝加哥的分支机构对保险公司的歧视行为进行了调查，该组织中的白人少数族裔居民发现，由于其住房较为陈旧而价值较低，遭到了保险公司的歧视。1978年，美国的公平住房组织的调查发现，黑人和西班牙裔邻里受到了歧视，俄亥俄州代顿市（Dayton）的一个公平住房组织还根据公平住房法提起诉讼，此即"麦克迪尔米德诉经济火灾与伤亡事故公司案"（McDiarmid v. Economy Fire & Casualty Co.），克利夫兰和托莱多（Toledo）的公平住房组织也对保险公司的红线政策进行了调查。[2] 国有农场保险公司（State Farm Insurance Companies）的副总顾问利奥·乔丹（Leo Jordan）也于该年指出："第一，存在城市保险供应问题，它正在导致和加重城市的总体问题；第二，无论是出于社会责任或道德责任，还是开明的自我利益，保险行业都必须找到有效的应对之策。"[3] 20世纪70年代末，美国种族问题专家格雷戈里·D. 斯夸尔斯（Gregory D. Squires）经过研究发现，芝加哥市的保险公司对该市不同的社区进行不同的保险行为，这种差别对待与少数族裔、住房的年龄和家庭收入密切相关。作

---

[1] Gregory D. Squires, ed., *Insurance Redlining*, p. 13.
[2] Shanna L. Smith and Cathy Cloud, "Documenting Discrimination by Homeowners Insurance Companies through Testing", in Gregory D. Squires, ed., *Insurance Redlining*, p. 98.
[3] Gregory D. Squires, ed., *Insurance Redlining*, p. 4.

者写道:"这些研究结果从技术上证明了许多城市居民的个人经历。财产保险在城市的旧社区更加难以获得,尤其是那些少数族裔或低收入居民高度集中的社区——保险方面的红线政策是芝加哥市的一个不可否认的事实……在历史上,对具有关键性质的保险服务进行系统性和制度性的拒绝,对于许多城市邻里的衰落而言难辞其咎,无可推诿,如果不采取适当的行动,这些城市邻里仍然会面临着同样的威胁。"[1]

保险公司实行红线政策的参考标准包括社区的种族构成、家庭收入、空间位置、住房年代等,而有些保险公司的参考标准往往具有强烈的主观随意性,比如要求受保人"必须人品端正,收入稳定,对自己的地产拥有自豪感"[2]。1977年,密歇根州的保险委员揭露说:"许多保险'规则'根本不成其为规则,而仅仅是一些虚构、观念、看法和信念的大杂烩而已。他们往往是主观臆测,而非基于科学经验的事实。"[3] 保险行业采取红线政策的方式是多种多样,五花八门的,比如在某些社区拒不设立办事机构,对某些特定年代的房产拒绝保险,对某些社区的保险申请进行更加严格的审查,提高某些社区的保险费用,或者干脆拒绝对某些社区进行保险。

如果一个社区不能获得保险或保险条件不利,就不能获得金融机构的贷款,从而不能进行新房建造和旧房维修,房产就会逐渐破败乃至遭到遗弃,商店和企业也无法获得营业资金,造成就业和税收基础的流失,最终会导致该社区的整体衰败。因此,斯夸尔斯写道:"保险行业不是社会上一个被动或中立的力量。其保险活动和投资行为对社区的发展(或衰败)具有重大影响。通过使中心城市邻里,尤其是少数族裔邻里更加难以获得必要的保险,保险行业给非白人在平等

---

[1] Gregory D. Squires, et al., "Urban Decline or Disinvestment: Redlining and the Role of the Insurance Industry", *Social Problems*, Vol. 27, No. 1, Policy Processes (Oct., 1979), p. 89.

[2] Dana L. Kaersvang, "The Fair Housing Act and Disparate Impact in Homeowners Insurance", *Michigan Law Review*, Vol. 104, No. 8 (Aug., 2006), p. 1997.

[3] Gregory Squires, "Policies of Prejudice: Risky Encounters with the Property Insurance Business", *Challenge*, Vol. 39, No. 4 (July-August), p. 46.

的住房和商业机遇方面制造了重重障碍。"[1]

为了改变内城地区房产保险供应不足的问题,在总统保险顾问小组的建议之下,1968年国会制定了《城市房产保护和再保险法》(Urban Property Protection and Reinsurance Act),帮助各州和保险公司在内城进行房产保险活动。该法是1968年《住房与城市发展法》的一部分,其目标包括:"第一,鼓励和帮助各州的保险监管机构和地产保险公司制定和执行全州范围的计划,从而使不可或缺的地产保险能够涵盖火灾、犯罪和其他危险给居民、企业和其他财产造成的损失,从而达到合理的承保标准;第二,制定一个联邦计划,对由骚乱和民事动荡所导致的过高的地产保险损失进行再次保险,由州政府承担适当的经济责任,分担此类保险损失。"该法授权各州制定"公平保险需求计划"(Fair Access to Insurance Requirements Plan, FAIR Plan),参与计划的各州可以得到联邦政府的再保险支持。如果企业主或房主不能通过常规方式买到财产保险,就可向参加公平计划的保险公司申请保险,由联邦政府对这些保险业务进行再次保险,避免保险公司出现过大的赔偿损失。该法还授权在联邦住房与城市发展部(HUD)之下建立了联邦保险局(Federal Insurance Administration),来负责该计划的实施。到1970年6月30日,参与公平计划的州已经达到26个,以及波多黎各和华盛顿特区,联邦政府提供了75亿美元的地产保险资金,资助了30万个保单。[2]

然而,公平保险计划(FAIR)的实施却导致了红线区及其边缘区保费的提高。再保险法没有给予联邦保险局以直接控制保险费的权力,也没有进行直接的补贴,以缓解保费的大幅度上升。根据芝加哥的一个社区组织的代表朱厄妮塔·吉尔(Juanita Gear)的调查,公平保险计划的保单买主支付的保费是普通保单的2—5倍,但保险内容

---

[1] Gregory D. Squires, et al., "Urban Decline or Disinvestment: Redlining and the Role of the Insurance Industry", *Social Problems*, Vol. 27, No. 1, Policy Processes (Oct., 1979), p. 91.

[2] "The Central City Insurance Crisis: Experience under the Urban Property Protection and Reinsurance Act of 1968", *The University of Chicago Law Review*, Vol. 38, No. 3 (Spring, 1971), pp. 670 – 673.

却比后者更少，赔偿更低。即使国会于1970年通过了霍尔茨曼（Holtzman）修正案，要求平衡再保险保单的收费，在参与计划的28个州中，仍然有11个州并不遵守这一法律。1975年，在伊利诺伊州有4.46万个地产主和企业主被迫购买了这种保单，1979年达到7.6万个；就美国全国而言，到1980年，这种保单已经达到100多万个。而且这种保单主要集中于中心城市和少数族裔社区，比如，芝加哥的一张保险业务分布地图表明，公平保险计划所覆盖的区域与黑人社区高度重合，而在该市北部的白人社区，保险公司出售的主要是普通保单。而根据吉尔的调查，在芝加哥的7.6万名公平保险计划保单持有者中，90%居住在该市南部和西部的少数族裔社区，而在这些社区，90%的居民为少数族裔。因此，吉尔称公平保险计划为"公共汽车后部"的保险。[①]

1992年洛杉矶种族骚乱以后，全国的注意力再度集中到城市问题上，保险歧视也再次成为学术界和有关机构的一个热点话题。比如，得克萨斯公共保险局办公室（The Texas Office of Public Insurance Council, OPIC）于1994年对该州保险公司的保险指南进行了审查，发现歧视行为包括这样几个方面：第一，住房价值方面的歧视。几乎每一个保险公司都限定了参保住房的最低价值，许多公司拒绝对5万美元以下的房产进行保险。第二，房龄方面的歧视。营业额占该州市场88%的大型保险公司的指南对参保房产的房龄作出了限定，许多公司禁止房产投保的房龄在20—50年之间不等，这对于中心城市旧社区的房产非常不利。规定的房龄越低，被排除的房产比例就越高，比如，如果限定的房龄为45年，那么被排除的房产比例为26%，而限定的房龄为20年，被排除的比例就高达66%。第三，对房产位置的规定。营业额占该州市场60%的大型保险公司对参保房产的位置作出了限定，接近商业设施的房产不能获保，高犯罪率社区的房产不能获保，衰败社区的房产和低租金房产不能获保，甚至参保房产附近

[①] Uwe Lubken, "Governing Floods and Riots: Insurance, Risk, and Racism in the Postwar United States", *Historical Social Research*, Vol. 35, No. 4 (134), (2010), pp. 283–285.

的房产不合标准者也不能获保。因此，1994年得克萨斯州的保险官员罗伯特·亨特（Robert Hunter）在参议院"银行、住房与城市事务委员会"（Committee on Banking, Housing, and Urban Affairs）作证时说："今天，我们仍然可以发现保险公司在做出承保决策时，其依据的各种因素都与统计或可统计的风险性无关。不幸的是，这些因素之一就是你在城市地图上的位置，这一位置也许没有任何红线标在其边界周围，但如同这一红线存在一样，因为其结果是相同的。"[1]

针对房产保险公司的红线政策，民权组织展开了诉讼斗争。比如，1990年7月，全国有色人种协进会（NAACP）向威斯康星州密尔沃基市的联邦地区法院对美国家庭互助保险公司（American Family Mutual Insurance Company）提起诉讼，控告该公司实行了种族歧视，并指责该公司拒绝向该市提供保险或优惠保险，这将导致建筑物废弃和城市衰败，甚至会挫伤联邦、州和城市政府提高城市住房自有率和城市复兴的努力。1985—1991年，该公司在密尔沃基市黑人社区总保单的销售量中只占8%，而在白人社区中的同比为32%。而且该公司的营业点很少设置在密尔沃基市的黑人社区，严重地影响了黑人的参保申请。而且随着密尔沃基市种族成分的变化，每当一个社区由白人为主转变为黑人为主，该公司就关闭该社区的营业点。另外，该公司在市区比郊区收取更高的保险费，保单的级别也更低，黑人社区尤其如此。在案件的审理过程中，美国司法部、全国公平住房联盟（National Fair Housing Alliance）、美国公民自由协会（American Civil Liberties Union）以及一些社区组织也参与进来。最后，诉讼双方于1995年3月达成协议，由该公司提供1450万美元的资金来改善其保险业务，其中950万美元用于社区救济项目，500万美元用于补偿保险歧视的受害者。[2]

然而，这仅仅是针对美国保险机构不良行为斗争中一个微不足道的胜利，整个行业的一贯做法并没有多少改变，在保险业务中继续顽

---

[1] D. J. Powers, "The Discriminatory Effects of Homeowners Insurance Underwriting Guidelines", in Gregory D. Squires, ed., *Insurance Redlining*, pp. 119, 126-128.

[2] Gregory D. Squires, ed., *Insurance Redlining*, pp. 157, 194-199.

固地实行红线政策。正如马萨诸塞州的总检察长斯科特·哈什巴杰（Scott Harshbarger）于1995年所总结的那样："显然，主要的问题在于，总体而言，保险公司已经抛弃了内城地区。"[1] 由于中心城市在房产保险方面所遇到的挫折，它在获取住房抵押贷款方面也会面临重重困难。

（二）房贷机构的红线政策与中心城市储蓄资金的流失

美国金融机构的贷款行为存在严重的歧视倾向，这种歧视包括对人的歧视和空间歧视。对人的歧视主要是种族和阶级歧视，即对黑人等少数族裔和低收入阶层的歧视；阶级歧视是符合投资理性的，因为低收入阶层可能会出现还款困难，出现坏账，而种族歧视则往往不具有合理性，即不是出于其偿还贷款的能力，而是出于种族偏见，即使一位中产阶级黑人也可能遭到贷款歧视。空间歧视主要是对中心城市和内层郊区的歧视。其实，对人的歧视和空间歧视往往相互重合，彼此难分，之所以对中心城市或某些街区进行歧视，是因为这里的居民主体是少数族裔和低收入群体，贷款的风险大，即使是一位中产阶级白人在低收入街区或少数族裔社区申请购房贷款，也可能遭到拒绝，因为虽然他的收入符合房贷标准，但他的房产价值有可能下跌，房产抵押品没有保障，还款风险仍然很大。美国学术界往往称对房贷的种族歧视为贷款歧视，探讨的核心问题是种族歧视和种族隔离，而空间歧视则称之为红线政策，探讨的核心问题则是社区衰落问题。但两者往往都宽泛地称为红线政策。

红线政策早在20世纪30年代即已产生，前文第二章介绍的房主贷款公司（HOLC）的"住房安全图"就是最早的红线政策，联邦住房管理局对红线政策发挥了推波助澜的作用。然而，一直以来，这种贷款歧视和红线政策不为人所知。关于红线政策的争论最早出现于20世纪60年代，主要涉及中心城市旧街区的一些白人社区，即地理方面的红线政策，与种族歧视问题关系不大。随后，越来越多的注意

---

[1] Gregory D. Squires, ed., *Insurance Redlining*, p. 4.

力集中于贷款中的种族歧视，这样，种族歧视就越来越与红线政策纠缠在一起。

20世纪70年代以后，一些学者、居民组织和政府机构对红线政策及其对中心城市社区的危害进行了深入的调查，得出了一些令人信服的证据。比如，在伊利诺伊州议会调查委员会（Illinois Legislative Investigating Commission）的调查中，它收到了来自17个城市社区和郊区的有关红线政策的申诉，都有大量资料证据。根据芝加哥反对红线政策的核心组织"公民行动计划"（Citizen's Action Program，CAP）的分析，从1972年7月到1973年6月的一年之内，芝加哥旧社区只得到了该大都市区10.3%的新贷款，但这些社区的存款比例却高达28%。随着从内城向郊区移动，住房贷款与银行储蓄之间的比例迅速上升。在红线政策危害最严重的衰败社区，每1美元的银行储蓄，该社区只获得了4美分的住房贷款，即只占社区储蓄资金的4%；旧邻里同比为8%，其他社区为18%，而郊区则高达31%。而且随着时间的推移，芝加哥旧城区的房贷数额还有大幅度下降，比如，1972—1973年，芝加哥郊区的住房贷款上升了12%，而芝加哥市区的许多社区贷款反而大幅度下降，比如东罗杰斯公园区（East Rogers Park）下降了53%，即从1400万美元下降到660万美元；南肖尔区（South Shore）下降了64%，埃奇沃特区（Edgewater）下降了45%，莱克维尤区（Lakeview）下降了43%，奥斯丁区（Austin）下降了54%，南芝加哥区（South Chicago）下降了24%，等等。[1]

美国住房与城市发展部（HUD）的资料也证明，许多银行将中心城市的存款投入郊区。比如，"大陆伊利诺伊国家银行和芝加哥信托公司"（Continental Illinois National Bank and Trust of Chicago）是芝加哥市最大的信贷机构之一，该银行在1974年的贷款中，只有8%（303.5万美元）投放于芝加哥市，而其中又有59%（180.4万美元）

---

[1] Illinois Legislative Investigating Commission, *Redlining: Discrimination in Residential Mortgage Loans: A Report to the Illinois General Assembly*, Chicago: the Authority of the State of Illinois, May 1975, pp. 15 – 16.

集中于密歇根湖畔的一个白人富裕阶层的居住区金海滩（Gold Coast）。同年，芝加哥的另一最大贷款机构"芝加哥第一国民银行"（the First National Bank of Chicago）贷款的24%（786.5万美元）投资于芝加哥市，而其中又有46%（363.1万美元）投资于金海滩。"马萨诸塞州银行业委员会"（Massachusetts Banking Commission）的哈丽雅特·T. 塔格特（Harriet T. Taggart）在作证时指出：波士顿市区每1美元的存款中，只有9美分投放到该市的1—4户类型住房的抵押贷款中，而在波士顿的郊区，每1美元的存款有31美分投入到郊区的1—4户类型住房的抵押贷款中。[1]

根据丹尼斯·丁格曼斯（Dennis Dingemans）对加州萨克拉门托的研究，住房贷款的发放率与住房的年龄和住房到中央商务区（CBD）的距离密切相关，而与族裔构成和收入水平关系不大。他论证道，几乎所有的新郊区社区，包括拥有众多少数族裔的郊区社区，都获得了大量住房维修贷款。1976年，在该市旧城区的7500户独户住房中，只有2.1%获得了抵押贷款，该比例仅仅是整个大都市区平均比例的一半。[2]

中心城市红线社区得到的贷款远远低于来自这些社区的储蓄资金，这些储蓄资金作为房贷资金流失到了郊区，这种资金流失被称为去投资化（disinvestment）。根据伊利诺伊州议会调查委员会的定义，"去投资化"就是金融机构将从前投资于内城社区和旧郊区的资金，或在内城社区和旧郊区吸收的资金投入新建社区和郊区的行为。1974年7月，公民行动计划的主席玛丽·卢·沃尔夫（Mary Lou Wolff）在伊利诺伊州议会调查委员会的一次听证会上宣读了一份资料，根据联邦住房贷款银行（FHLB）每月公布的关于库克县的资料，"甚至

---

[1] U. S. Department of Housing and Urban Development, Office of Assistant Secretary for Fair Housing and Equal Opportunity, *Redlining and Disinvestment as a Discriminatory Practice in Residential Mortgage Loans*, Part I, Washington, D. C.：U. S. Government Printing Office, July 1977, p. 38.

[2] Dennis Dingemans, "Redlining and Mortgage Lending in Sacramento", *Annals of the Association of American Geographers*, Vol. 69, No. 2 (Jun., 1979), pp. 232 - 234.

在旧社区个体居民提出抵押贷款申请之前,所有可用抵押贷款资金的近2/3已经预定给了少数几个大型开发商"。由于这些大型开发商主要投资于郊区或湖滨地区,这种远期承诺的行为"确保了美元由城市向郊区的流动"[1]。

房贷机构之所以对某些社区实行红线政策,是因为这些社区的投资风险较高,红线社区一般具有如下特征:住房比较陈旧、价值比较低廉、居民收入较低、多种族杂居、接近贫困社区等。有些贷款机构甚至对住房的结构也规定了严格的限制,比如住房的面积、使用的材料、卧室和浴室的数量、车库的尺寸、多户住房建筑中住房单元的数量、社区中不协调的土地利用模式等等。这些特征都会对房产的价值造成了不利的影响,提高了投资风险。而其中最重要的两个因素就是住房的年代和种族构成。关于少数族裔受到的贷款歧视在前文第三章已经有所论述。关于不同房龄与抵押贷款之间的关系,参见表5.23。

表5.23 1977年加州部分大都市区不同房龄与普通贷款申请拒绝率

大都市区	新住房	1—9年	10—19年	20—29年	30—39年	40—49年	50年以上
阿纳海姆—圣安娜—加登格罗夫	1.00	0.82	0.91	1.34	2.54	2.23	4.40
弗雷斯诺	1.00	0.66	0.76	1.06	1.38	1.49	2.36
洛杉矶—长滩	1.00	0.50	0.74	0.57	0.79	0.85	1.04
莫德斯托	1.00	0.83	1.53	2.45	1.44	1.99	6.14
奥克斯纳德—文图拉	1.00	0.53	0.49	0.77	1.62	0.94	2.57
萨克拉门托	1.00	0.66	0.71	0.84	2.31	1.60	1.86
旧金山—奥克兰	1.00	0.63	0.84	0.80	0.98	0.84	1.05
圣何塞	1.00	1.21	1.11	2.04	2.17	2.39	4.55

资料来源:U. S. Department of Housing and Urban Development, Office of Policy Development and Research, *Equal Credit Opportunity*: *Accessibility to Mortgage Funds By Women and by Minorities*, Volume I, Washington, D. C. : U. S. Government Printing Office, 1980, p. 62.

---

[1] Illinois Legislative Investigating Commission, *Redlining*: *Discrimination in Residential Mortgage Loans*, pp. 33, 41.

该表显示，在加州的部分大都市区中，一般情况下，随着房龄的提高，贷款拒绝率也会随之提高。当然，有的房龄低反而出现了拒绝率高的现象，但这是由于其他因素在起作用，比如居民的种族构成、收入水平、房屋的状况等等。由于房龄往往与住房空间位置密切相关，即越靠近城市的中心位置，住房的年代就越久远，贷款申请的拒绝率就越高。

实行红线政策的手法除了直接拒绝给予贷款以外，还有增加各种苛刻的条件。美国住房与城市发展部（HUD）在一份文件中对这些条件进行了最为全面的列举：第一，更高的首付金额；第二，更高的贷款利率；第三，更高的结算费用；第四，更短的贷款期限；第五，限定房产的最低价值；第六，限定房产的最小规模；第七，根据假想的经济贬值，拒绝对某些房产贷款，而不管该房产的实际情况如何；第八，拖延对申请贷款房产的评估，使贷款人丧失信心；第九，压低某些房产的估价，增加申请人对该房产的购买难度；第十，对申请贷款房屋的结构进行更加苛刻的评估；第十一，收取贴现利息，打击贷款人的信心。① 仅以收取更高的房贷利息来说，1978年，旧金山—奥克兰50年以上房龄的住房贷款利率是房龄在20—29年的住房贷款利率的3.3倍，是1—9年住房的9倍；洛杉矶—长滩50年以上房龄的住房贷款利率是房龄在20—29年的住房贷款利率的5倍，是1—9年住房的5.8倍。②

由于针对中心城市社区的红线政策，红线社区的居民为了获得贷款，往往申请由联邦住房管理局（FHA）担保的抵押贷款。根据对亚特兰大、巴尔的摩、芝加哥、哥伦布、达拉斯、休斯敦、洛杉矶、孟菲斯、萨克拉门托和圣路易斯10个大都市区的研究，联邦住房管理

---

① U. S. Department of Housing and Urban Development, Office of Assistant Secretary for Fair Housing and Equal Opportunity, *Redlining and Disinvestment as a Discriminatory Practice in Residential Mortgage Loans*, Part I, p. 9.

② U. S. Department of Housing and Urban Development, Office of Policy Development and Research, *Equal Credit Opportunity: Accessibility to Mortgage Funds By Women and by Minorities*, Volume I, Washington, D. C.: U. S. Government Printing Office, May 1980, chapter 4, p. 13.

局担保的贷款占所有抵押贷款的比例,中心城市为23%,郊区为20%。① 而按照美国储蓄协会联盟(the U. S. League of Savings Association)的评估咨询师格雷戈里·奥佩尔卡(F. Gregory Opelka)的看法,由联邦住房管理局担保的贷款高度集中于某个社区,就表明了该社区的衰落,资产评估员就会对其资产的评估价格下调,从而会对普通房贷机构产生很大的消极影响。卡尔文·布拉德福德(Calvin Bradford)和伦纳德·鲁比诺维茨(Leonard S. Rubinowitz)在一篇文章中论证了其原委,由于有了联邦住房管理局的担保,贷款机构对贷款房产的风险评估就会放宽,因而这种住房贷款的坏账率比普通贷款的坏账率更高。由于内城地区集中了这种由联邦住房管理局担保的贷款,所以中心城市贷款的坏账率更高。布拉德福德引述了芝加哥南肖尔(South Shore)社区该局担保的贷款和普通贷款坏账率的差别,1970—1974年,前者的坏账率为2.14%,而后者的坏账率只有0.36%,前者是后者的近6倍。② 由于中心城市集中了这种担保的贷款,而其坏账率又如此之高,其贷款信用度就会受到极大的损害,因而申请普通贷款就会更加困难。

由于红线政策给中心城市旧社区和少数族裔社区的住房贷款所造成的困难,使新住房难以建造起来,旧住房不能得到修缮,地方企业逃离,公共服务不足,富裕家庭离去,从而导致这些社区的衰败,乃至整个中心城市的衰败。雪莉·丹尼斯(Shirley Dennis)等人指出:"红线政策是社区稳定性恶化的一个诱因。"戴维·马德威(David Madway)在提供证词时也评论道,"房地产价值跌落的一个重要原因就是缺少信贷……取消抵押房屋的赎回权和房产不能获得贷款导致了住房状况的衰败和价格的跌落。"弗朗西斯·E. 沃纳(Frances

---

① Start A. Gabriel, "The Role of FHA in the Provision of Credit to Minorities", in John Goering, Ron Wienk, eds., *Mortgage Lending, Racal Discrimination, and Federal Policy*, Washington, D. C.: The Urban Institute Press, 1996, p. 189.

② U. S. Department of Housing and Urban Development, Office of Assistant Secretary for Fair Housing and Equal Opportunity, *Redlining and Disinvestment as a Discriminatory Practice in Residential Mortgage Loans*, Part I, pp. 28, 42 – 43.

E. Werner）则描述了资本撤离所导致的社区衰败的六个阶段：第一阶段，健康的社区；第二阶段，贷款公司撤资的决定；第三阶段，有能力者的逃离；第四阶段，遗留下来的家庭要么求助于私人金融机构，要么求助于联邦担保的贷款；第五阶段，自我预言的实现，即社区衰败；第六阶段，这些地区确实成为衰败的社区，城市更新开始。[1]

（三）社区再投资运动与社区再投资法

20世纪60年代末70年代初，一些社区组织发现了红线政策的存在及其对本社区造成的危害，于是许多城市掀起了反对红线政策和社区再投资的运动。这些社区组织积极地搜集红线政策的证据，对红线政策进行谴责与抨击。一时之间，红线政策问题成为一些城市和社区报纸的头版头条，一些地方电台和电视台也纷纷发表社论予以批评。在各城市的反对红线政策的斗争中，以芝加哥为最早且最具代表性。

芝加哥是反红线斗争运动的中心，早在20世纪60年代，一些组织首先采取了直接的行动，对实行红线政策的银行采取了纠察活动，或在业务最繁忙之时在营业厅抛撒大量硬币，扰乱秩序，或者组织众多的社区居民到银行排队，以一美元的金额开户，或者发动储户向银行发出警告，如果不满足其社区的贷款要求，就取走存款甚至销户。这种行动被称为"绿线运动"（greenlining campaigns）。随着运动的发展，这些社区组织逐渐走向联合，形成了"社区行动计划"（CAP）这样的核心组织，在它周围聚集了众多附属和独立的社区组织。芝加哥市的反红线斗争和社区再投资运动取得了一定的成就。

芝加哥市的社区组织与银行签署了美国第一个再投资协议。1974年9月，芝加哥银行（Bank of Chicago）与该市湖滨区的社区组织"东北城区组织"签订了一个谅解协议，它虽然没有规定对指定社区的投资数额，但规定对这些社区的储户和居民优先发放贷款。该协议

---

[1] U. S. Department of Housing and Urban Development, Office of Assistant Secretary for Fair Housing and Equal Opportunity, *Redlining and Disinvestment as a Discriminatory Practice in Residential Mortgage Loans*, Part I, pp. 12 – 17.

以一年为期，随后自动延期一年。该银行还同意每半年向该社区组织提供储蓄和贷款的地理分布报告，这一规定比联邦政府通过的"住房抵押贷款公示法"（HMDA）早了一年。为了回报芝加哥银行的开明行为，在该协议中，东北城区组织答应将芝加哥银行奉为"社区模范金融机构"，呼吁社区居民将资金存入该银行，促进该银行在社区居民、企业和街区俱乐部等邻里组织中的业务。而且两者之间每个季度都举行一次会议，审查社区贷款进展情况，并根据社区的贷款需求修改协议。随后，东北城区组织又于该年10—12月间，与"上城联邦储蓄与贷款协会"、雷文斯伍德银行、埃奇沃特社区信托银行签署了内容相同的《谅解》协议。与"上城联邦储蓄与贷款协会"协议的一个特别之处，就是规定了贷款金额，即每年向"指定贷款区域"的独户住房发放贷款500万美元。①

反对红线政策的斗争迅速波及其他城市，1970—1975年，密尔沃基、巴尔的摩、费城、洛杉矶、奥克兰等城市进行了一系列调查研究，证明了红线政策的存在，而且相关组织也进行了反红线政策的运动。一些城市比如芝加哥、明尼阿波利斯、克利夫兰和洛杉矶等城市，还通过了法律法规，规范金融机构的贷款行为。

在各个城市社区再投资运动的推动下，部分州政府也采取了行动。加州、马萨诸塞、纽约、新泽西、伊利诺伊、康涅狄格等州制定了立法或行政法规，试图通过抵押贷款公示和审查制度，禁止金融机构实行红线政策或撤资行为。伊利诺伊州于1974年1月通过了美国第一个专门针对红线政策的法律，即"伊利诺伊储蓄与贷款法规"（Illinois Savings and Loan Act Regulation），该法不仅禁止根据种族、肤色、性别、宗教信仰、民族来源、年龄、婚姻状况等情况实行歧视行为，而且还对空间上的红线政策进行了定义，即如果根据申请贷款房产的地理位置而拒绝发放贷款或改变贷款条件，同样属于歧视行为。同年2月11日，伊利诺伊住房开发署宣布，它将制定一项计划，向

---

① Gregory D. Squires, ed., *From Redlining to Reinvestment: Community Responses to Urban Disinvestment*, Philadelphia: Temple University Press, 1992, p. 135 – 136.

银行提供10亿美元，以支持其在红线社区的贷款。该州州长沃克还于5月成立了一个有27位成员的委员会，以便提供有关红线政策方面的政策建议。此外，同年3月15日，伊利诺伊州议会调查委员会开始对红线政策进行调查，并于1975年5月发表了调查报告，该委员会针对空间上的红线政策指出，银行对其首要服务区（Primary Service Areas）负有优先服务的义务。所谓首要服务区，是指一个金融机构储蓄资金主要来源的社区，该银行的首要义务就是满足其首要服务区的信贷需求。[1]

波士顿市和马萨诸塞州也是反对红线政策斗争的先锋。20世纪60年代后期和70年代初期，在社区组织和舆论的压力下，波士顿的22个银行组成了"波士顿银行城市更新集团"，将联邦保险的抵押贷款注入波士顿市区。但一些贷款机构仍然从事红线政策、街区房产投机（blockbusting）、住房销售引导等活动。1971年，国会参议院在波士顿举行了听证会，将这些丑恶行为曝光，对于国会的《社区再投资法》的通过产生了积极的影响。1979年，马萨诸塞州议会通过了美国第一个州级的《社区再投资法》。

在社区、城市和各州社区再投资运动的推动下，联邦政府也采取了积极的行动，通过了一系列重要的立法，比如，1974年国会通过了《公平信贷机会法》（Equal Credit Opportunity Act，ECOA），禁止贷款机构对贷款申请人根据性别、婚姻状况、种族、民族来源、宗教信仰、年龄或接受了政府补贴而进行歧视。该法虽然不是主要针对空间上的红线政策，但由于上述弱势群体主要集中于中心城市，禁止对这些群体的贷款歧视，其效果就等于禁止对中心城市的某些社区实行红线政策。1975年国会又通过了《住房抵押贷款公示法》（Home Mortgage Disclosure Act，HMDA），要求大型金融机构公布对每个人口统计区的贷款次数和额度，其目标是"为美国公民和官员提供足够的信息，使其能够判断储蓄机构是否履行了它们的职责，是否满足了它

---

[1] Illinois Legislative Investigating Commission, *Redlining: Discrimination in Residential Mortgage Loans*, pp. 19 – 34.

们所在社区和邻里的住房需求"①。根据金融机构的公示材料，大多数的成果研究发现，确实存在贷款活动的地理差别或红线政策，这就为联邦《社区再投资法》的通过奠定了基础。

1975年，在盖尔·钦科塔（Gale Cincotta）的领导下，"全国人民行动"（NPA）组织将关于取缔红线政策的议案提交国会，并与来自城市地区的民主党议员结成联盟，其中最重要的是"参议院银行、住房与城市事务委员会"的主席普罗克斯迈尔（Proxmire），他成为社区再投资法最主要的代言人。普罗克斯迈尔来自威斯康星州，该州的反红线斗争和社区再投资运动正方兴未艾，此外，伊利诺伊州的参议员史蒂文森（Stevenson）也是该委员会的成员，他自20世纪60年代就在伊利诺伊州积极倡导公平的抵押贷款制度。社区再投资法可谓生逢其时，适逢民主党议员在两院占多数的有利时机。社区再投资法的支持者对根据公示法公布的贷款资料进行了分析，认为银行的红线政策导致了城市的衰败，它们从城市社区吸收了储蓄资金，但不对其所在社区发放贷款，而是将其投放到郊区、其他地区甚至国外。普罗克斯迈尔在听证会上宣读了一位银行家的信，说明银行把资金投放到发展中国家，是因为这些国家面临着"严峻的经济发展需求"，普罗克斯迈尔反问道："那么，底特律、费城、巴尔的摩和波士顿迫切的经济发展需要该如何满足？"② 在社区再投资法倡导者的支持下，国会终于在1977年10月通过了《社区再投资法》（Community Reinvestment Act，CRA）。

《社区再投资法》规定，由联邦政府保险的银行和储蓄贷款机构负有"肯定性义务，帮助满足其执照所在地方社区的信贷需求"③。该法建立了一种对银行贷款行为的评估制度，以督促其"满足所在整

---

① Dennis Dingemans, "Redlining and Mortgage Lending in Sacramento", *Annals of the Association of American Geographers*, Vol. 69, No. 2 (Jun., 1979), p. 227.

② Mara S. Sidney, *Unfair Housing: How National Policy Shapes Community Action*, Lawrence: University Press of Kansas, 2003, pp. 40–44.

③ Neil Bhutta, "The Community Reinvestment Act and Mortgage Lending to Lower Income Borrowers and Neighborhoods", *Journal of Law and Economics*, Vol. 54, No. 4 (November 2011), p. 954.

第五章 中心城市的衰落与复兴

个社区的信贷需求,包括中低收入的邻里在内,使其符合银行安全和正当的经营"。该法规定,根据银行在中低收入社区的贷款纪录,每一银行都会得到一个再投资法评估等级(CRA rating),这种评估等级分为优良、满意、需要改进和不合格四种。相关的联邦银行监管机构将根据评估结果来考虑是否批准该银行的某些业务申请,比如银行执照、储蓄保险、合并或兼并、办事处的迁移、分支机构的开设等。[1]

《住房抵押贷款公示法》和《社区再投资法》对中心城市社区的再投资发挥了积极的作用。通过前者,社区组织可以获得银行贷款行为的有关资料并对其进行分析,监督这些银行贷款发放的地理位置、贷款次数、贷款数额、种族和性别特征等。通过后者,社区组织可以监督银行对贷款申请的处理情况,监督金融监管机构对银行的业绩评估及对业绩不良银行的处理情况,以此作为与金融机构谈判的压力,推进银行在贫困社区的投资,这种方法被称为"非正式的争端解决方式"[2]。因此,上述立法对社区再投资运动发挥了积极的作用。芝加哥社区组织与金融机构的谈判及协议就提供了一个恰当的例子。

1983年8月,芝加哥第一国民银行(The First National Bank of Chicago)宣布要兼并芝加哥美国国家银行(American National Bank of Chicago)。根据再投资法的规定,该合并需要社区组织的评议,这为芝加哥社区组织提供了谈判的机会。为此,芝加哥的35个社区组织成立了"芝加哥再投资联盟",1983年12月,该联盟开始与芝加哥第一国民银行的代表进行谈判,并向银行代表提出了一项综合性社区再投资建议。在谈判过程中,该联盟还得到了市长和市政部门的协助。1984年2月,双方公布了一个"邻里贷款计划",规定5年内由该银行向中低收入的社区发放1.2亿美元的贷款。在随后的4个月里,该联盟又与哈里斯银行和北方信托公司签订了为期5年的协议,前者答应投资3500万美元,后者投资1800万美元,用于"邻里贷款

---

[1] Craig E. Marcus, "Beyond the Boundaries of the Community Reinvestment Act and the Fair Lending Laws: Developing a Market-Based Framework for Generating Low-and Moderate-Income Lending", *Columbia Law Review*, Vol. 96, No. 3 (Apr., 1996), p. 710.

[2] Mara S. Sidney, *Unfair Housing*, p. 65.

计划"。在短短 6 个月的时间里,该联盟为芝加哥市的中低收入社区争取了 1.73 亿美元的预约贷款。在随后的协议期内,这些银行以低于市场的利率向低收入社区发放了 572 次贷款,贷款总额为 11750 万美元。1989 年该联盟又与这 3 个银行签署了第二个 5 年协议,预约资金达 2 亿美元。①

亚特兰大是 20 世纪 80 年代末 90 年代初社区再投资运动的另一个著名案例。亚特兰大的金融机构实行了最为厚颜无耻的种族歧视和红线政策,但该市的社区组织和民权组织比较孱弱,一直未能对其进行有力的抵制。然而,1988 年 5 月,比尔·戴德曼(Bill Dedman)在《亚特兰大杂志·宪法》(Atlanta Journa/Costitution)上发表的《钱的颜色》(The Color of Money)的系列调查报告,可谓一石激起千层浪,推动了该市反对红线政策和社区再投资运动的发展。该调查报告对亚特兰大市 10.9 万项抵押贷款的种族和收入进行了分析和归类,将中等收入的白人邻里与中等收入的黑人邻里的贷款率进行了对比,1982 年这一比率为 2.2,即每 100 户房主获得贷款的户数之比为 2.2,1983 年同比为 5.9,而 1986 年则高达 6.0。该报告还指出,大多数储蓄与贷款机构在黑人社区没有开设营业网点,营业网点几乎全部位于白人社区。这一情况引起了社区组织和市政官员的关注,在上述报告发表仅仅 13 天后,在舆论的压力之下,亚特兰大各大银行联合发表了一项贷款计划,宣布将对该市南部的黑人社区发放 6500 万美元的抵押贷款,并且声明保持黑人社区营业网点的正常营业。②

在《钱的颜色》系列报告的推动之下,联邦司法部开始采取了行动,对亚特兰大的"迪凯特联邦储蓄和贷款银行"进行了调查,与此同时,1990 年该银行的抵押贷款公示资料也公布出来,调查结果发现,该银行存在严重的歧视行为。1985—1990 年,该银行 97% 的抵押贷款主要发放于白人统计区,而且其 43 个支行中没有一个位于黑人统计区。该银行在少数族裔社区几乎没有进行营业活动,也没有

---

① Gregory D. Squires, ed., *From Redlining to Reinvestment*, pp. 141–146.
② Gregory D. Squires, ed., *From Redlining to Reinvestment*, pp. 182–184.

雇用少数族裔职员，黑人贷款的拒绝率是白人的 4 倍。于是，联邦司法部对该银行提起诉讼，但双方最后达成协议，该行向 48 位受到歧视的贷款申请人赔偿 100 万美元，并承诺改变贷款方式，在少数族裔社区进行广告宣传和营业活动，增加少数族裔雇员，改变雇员的工资结构，鼓励内城社区的贷款。①

其他许多城市也通过与银行的谈判为低收入社区获得了大量的抵押贷款资金，比如，波士顿、匹兹堡、底特律、密尔沃基、旧金山、奥克兰、圣迭戈等城市。自从《社区再投资法》通过到 20 世纪 90 年代中期，社区组织已经利用该法帮助中低收入的社区获得了 300 多亿美元的抵押贷款。②

（四）联邦立法效果的局限与次级贷款的流行

尽管如前文所述，《公平信贷机会法》《住房抵押贷款公示法》与《社区再投资法》帮助中心城市的低收入和少数族裔社区获得了大笔的贷款资金，但由于这些立法本身存在的一些缺陷，联邦金融监管机构的消极怠工，以及贷款机构的狡诈行为，使得社区再投资运动并没有取得预期的效果。

1989 年，国会又通过了《金融机构改革、复兴与执行法》（FIRREA），以对《住房抵押贷款公示法》和《社区再投资法》进行修订。该法加强了《住房抵押贷款公示法》对公示资料的要求，要求金融机构不仅要公布其贷款发放的地理位置，而且要公布对每项贷款申请的处理情况，其中包括申请人的种族、性别和收入情况，这样就加强了对贷款行为的阶级歧视和种族歧视的监督。该法为了加大对《社区再投资法》的执行力度，要求联邦金融监管机构将对银行的评估结果公布出来，而且这些评估资料和结果可以在监管机构的网站上

---

① Gregory D. Squires, Sally O'Connor, *Color and Money: Politics and Prospects for Community Reinvestment in Urban America*, Albany: State University of New York Press, 2001, p. 7.

② Craig E. Marcus, "Beyond the Boundaries of the Community Reinvestment Act and the Fair Lending Laws: Developing a Market-Based Framework for Generating Low-and Moderate-Income Lending", *Columbia Law Review*, Vol. 96, No. 3 (Apr., 1996), p. 711.

获得，以监督监管机构是否对银行采取了"友好和偏袒"的行为。①然而，新的立法仍然存在执行权限的问题，而这是最关键的一个问题，国会在制定该法的过程中，再次拒绝增加任何新的强制措施，而是仅仅希望银行出于维护企业名誉的动机去改进其投资行为。

1993年和1994年，四个联邦金融监管机构发表联合声明，要求增加新的制裁措施，以便强制各银行对再投资法的执行。该建议认为，如果某一银行的再投资评估不良，没有达到对整个社区的信贷需求，这不仅仅是表现不良，而是违反了银行的法律义务，属于违法行为；如果某一银行获得了一个"相当不良"的评估，就应该受到原拟议法案中第12条第1818款的处罚。该款规定，当"某一得到联邦保险的储蓄机构……违反了任何可实施的法律、法规、命令"时，就应当取消对该金融机构的联邦保险。然而，这一立法建议遭到否决。一位评论家写道："简单地说，国会制定社区再投资法，只是将其视为一种'胡萝卜'政策，其目的在于促进金融机构在其社区中进行再投资；而拟议中的管制措施构成了一个超级'大棒'，超过了立法者的设想。如果国会能够制定一个立法，从而明确无误地给予银行的管理者们一个大棒，社区再投资法就不会是这种规定。"②

虽然《社区再投资法》等法规的实施，使中心城市中低收入的社区获得了一定数额的住房贷款，但这些贷款远远不能满足这些社区的房贷需求。于是，中心城市少数族裔和低收入家庭不得不寻求非正规的房贷来源，于是次级贷款或掠夺性贷款乘虚而入。次级贷款与掠夺性贷款是有区别的，根据"全国社区再投资联盟"（NCRC）的定义，"次级贷款就是给予信用不良者的贷款。为了补偿次级贷款的额外风险，贷款机构要征收较高的利率。相反，优惠级贷款则是按照通行的利率给予信用良好的贷款人的贷款"。而"掠夺性贷款则是一种不适当的贷款，用来剥削那些弱势的没有防备的贷款者"。掠夺性贷款是

---

① Mara S. Sidney, *Unfair Housing*, p. 60.
② Craig E. Marcus, "Beyond the Boundaries of the Community Reinvestment Act and the Fair Lending Laws: Developing a Market-Based Framework for Generating Low-and Moderate-Income Lending", *Columbia Law Review*, Vol. 96, No. 3 (Apr., 1996), pp. 723 – 724.

次级贷款中的一类。掠夺性贷款一般拥有下述一种或多种特征：第一，收取更高的利率和费用，以弥补信用不良贷款人的更大的风险；第二，强迫接受严苛的贷款条件，从而使贷款人陷于债务缠身和债务增加的境地；第三，不考虑贷款人的偿还能力；第四，往往违反公平信贷法，将目标瞄准妇女、少数族裔和有色人种社区。[1]

次级贷款主要集中于中心城市贫困社区和少数族裔群体。根据美国财政部和住房与城市发展部（HUD）的一个报告，黑人依靠次级贷款的可能性是白人的5倍。联邦储备委员会的主席指出，在借贷次级贷款的人中，有一半人的信用分数符合优惠级贷款的条件。[2] 次级贷款的集中是一种恶性循环的结果，由于少数族裔和贫困社区信用度比较低，很难获得优惠级贷款，只好求助于次级贷款，而次级贷款的高利率和严苛的贷款条件提高了借贷人的拖欠率，反过来进一步降低了贷款人的信用度，从而进一步推动了金融机构对少数族裔和贫困社区的贷款歧视，从而进一步加强了这些社区对次级贷款的需求。因此，美国学者感慨地评论道："令人悲哀的是，美国的贷款市场仍然是一个双轨市场，一如既往。如果某一消费者居住在一个以少数族裔为主的社区，他或她会比居住在白人社区相同资格的贷款人更可能接受某种费用高昂的歧视性贷款。"[3]

自20世纪90年代初期以来，次级贷款的数量和比例都在迅速上升。根据住房与城市发展部的估计，1994—1999年，金融机构发放的次级贷款数额由350亿美元上升到1600亿美元，这些贷款的目标主要是以前的红线社区。[4] 1994年，次级贷款仅占所有抵押贷款发放

---

[1] Gregory D. Squires, "The New Redlining", in Gregory D. Squires, ed., *Why the Poor Pay More: How to Stop Predatory Lending*, Westport, Connecticut: Praeger Publishers, 2004, pp. 3-4.

[2] Benjamin Howell, "Exploiting Race and Space: Concentrated Subprime Lending as Housing Discrimination", *California Law Review*, Vol. 94, No. 1 (Jan., 2006), p. 103.

[3] John Taylor, Josh Silver, and David Berenbaum, "The Targets of Predatory and Discriminatory Lending: Who Are They and Where Do They Live?", in Gregory D. Squires, ed., *Why the Poor Pay More*, p. 25.

[4] Benjamin Howell, "Exploiting Race and Space: Concentrated Subprime Lending as Housing Discrimination", *California Law Review*, Vol. 94, No. 1 (Jan., 2006), p. 116.

次数的5%以下，而1999年则上升到13%。①

由于次级贷款和掠夺性贷款的苛刻条件，许多家庭丧失了自己的房产。到1999年12月为止，由于次级贷款而丧失房产赎回权的比例达到4.7%，而普通贷款同比只有1.5%，由联邦住房管理局（HFA）担保的贷款的同比只有2.57%。根据钦科塔（Cincotta）2000年的研究，1996年，芝加哥大都市区的次级贷款丧失赎回权的数量为131次，占所有抵押贷款丧失赎回权的1%，而仅仅3年以后，即1999年这两个数字就迅速上升到4598次和38%。② 如此众多的抵押贷款人丧失了自己的房产，对城市社区的影响是可想而知的。因此，研究红线政策的著名学者斯夸尔斯在《新红线政策》一文中写道："掠夺性贷款行为的出现表明，对红线政策的斗争还没有取得胜利，而仅仅是呈现出某种新的面貌。""经过几十年的反红线斗争——这种行为使许多城市社区的信贷呈饥渴状态，并对整个大都市区范围的少数族裔拒绝放贷——之后，现今越来越多的金融机构以洪水般的掠夺性贷款淹没了这些相同的市场，并吸干了他们的财富。这种'反向的红线政策'（reverse redlining）对于少数族裔家庭和老城市社区来说，就如同过去抽走一般性金融服务一样弊端丛生。掠夺性贷款不仅没有促进住房所有权的提高和社区开发，反而夺去了房主通过奋斗积累起来的财富，并使那些社区的地产陷于破败的境地，同时却养肥了远方的金融服务公司。"③

哪里有掠夺哪里就有斗争。自从20世纪90年代次级贷款狂涨以来，社区组织像过去那样展开了广泛的抵制和斗争。1999年，"立即改革社区组织协会"（ACORN）发起了抵制掠夺性贷款的草根运动。该组织与次级贷款公司展开了斗争，成立自己的房产公司，对中低收入和少数族裔社区发放贷款，并与贷款机构展开谈判，争取公平的贷

---

① Stephen Ross and John Yinger, *The Color of Credit: Mortgage Discrimination, Research Methodology, and Fair-Lending Enforcement*, Cambridge, Mass: The MIT Press, 2002, p. 19.
② Stephen Ross and John Yinger, *The Color of Credit*, p. 21.
③ Gregory D. Squires, "The New Redlining", in Gregory D. Squires, ed., *Why the Poor Pay More: How to Stop Predatory Lending*, p. 2.

款条件，对房主进行了广泛的宣传，使其了解次级贷款的危害性，而且还在各州和地方争取立法，反对掠夺性贷款，并与华盛顿的国会议员和官员们进行接触和磋商，推动他们举行听证会，进行调查活动，并努力争取相关立法，等等。但在强大的金融机构面前，社区组织及其联盟仅仅是一个弱势群体，即使得到各州乃至联邦政府半心半意的帮助，它们也不能扭转金融机构的贷款歧视和红线政策，不能阻止它们从中心城市的撤资行为。

总之，美国的中心城市正在走向衰落，尤其是东北部和中西部的城市已经出现了衰败的局面。衰败的原因包括经济结构的变化即去工业化、就业与人口的郊区化、金融机构的红线政策等，它们导致了中心城市产业的衰退，就业与人口的流失，以及资金的撤离，从而使中心城市的发展失去了经济基础、社会资本和政治资源。为了拯救中心城市，美国各级政府和社区组织采取了各种改革措施，但直到20世纪末，这些措施仍然没有扭转中心城市衰败的局面。

五　城市更新运动

前文指出，美国城市主要兴起于工业化时代，工业与人口迅速向城市聚集，许多城市在短短的数十年间由规模不大的小城镇发展为人口几十万甚至上百万的大城市，成为速成式城市，基础设施不足，环境卫生恶劣，公园绿地狭小，城市景观单调，居民住房简陋。虽然从19世纪后期到20世纪初期，部分城市进行了城市美化运动，对城市环境进行了一定程度的改造，但由于种种原因，城市美化运动并没有能够完成改造城市环境的任务。而随着贫困人口和少数族裔向中心城市的聚集、金融机构对中心城市的红线政策、去工业化和后工业社会的形成，以及中产阶级白人和就业向郊区的迁移，中心城市越来越显露出衰败的景象，到20世纪六七十年代甚至爆发了严重的城市危机。为了阻止城市环境的衰败，复兴中心城市的就业，吸引中产阶级居民，增加城市税收，恢复城市的繁荣局面，在联邦政府的主导之下，以1949年住房法的颁布为标志，从20世纪50年代到70年代初期，美国许多城市展开了城市更新运动,该运动既产生了许多积极的成果,也造成了诸多问题。

(一) 城市衰败与更新运动的缘起

城市更新运动的首要目标是克服中心城市的衰败。早在二战以前,美国许多城市的部分城区就已经出现了严重的衰败现象,甚至达到了不拆除难以治理的程度。比如,纽约市的黑人社区哈莱姆区就是一个最显著的例子,而东哈莱姆(East Harlem)的衰败和拥挤程度在美国可谓首屈一指,无出其右。1937年,纽约市一委员会的调查报告指出,虽然东哈莱姆的面积只占曼哈顿岛的6.6%,但其人口却占曼哈顿人口的10%以上。在该区947英亩的土地上竟容纳了20.1万人,相当于一个中等城市,其平均人口密度为每英亩212人,比曼哈顿岛的平均人口密度高50%。而东哈莱姆内部的某些街区更加拥挤,该区60%的街区容纳了该区90%的人口,人口密度达到每英亩300人,而其中某一街区甚至达到每英亩2460人。东哈莱姆的住房和街区破败不堪,许多经济公寓属于非法建筑。尽管人口如此拥挤,但房屋空置率却高达21.5%。该区几乎得不到任何地产投资,只能任其沦落为破烂不堪的贫民窟,成为社会病症的发源地,成为火灾、死亡、传染病、犯罪等现象的渊薮。[1]

事实上,每个大城市都有类似的贫民窟和衰败社区,即使一些中等城市也不能摆脱衰败的命运,从而导致了地产价值的严重下降。比如,1935—1945年,密苏里州的堪萨斯城,整个城市的地产价值下降了0.5%,而中央商务区则下降了6%。该市著名的地产商尼科尔斯(J. C. Nichols)将中央商务区比喻为"城市生命的血液",而该市的城市经理佩里·库金安(L. Perry Cookingham)则称中央商务区为"城市和大都市区的运动中枢",而其衰败乃是"当前美国城市所面

---

[1] Samuel Zipp, *Manhattan Projects: The Rise and Fall of Urban Renewal in Cold War New York*, New York: Oxford University Press, 2010, pp. 265 – 266.

临的最严重的问题"之一。①

与城市衰败相关的是城市住房的恶化,根据1950年的统计,全国拥有1500万套不合格的住房,其中有900万套位于城市地区,占城市住房的27%,而其中有550万套位于衰败街区。② 这些衰败街区还对附近街区构成了严重的威胁,因为衰败街区的居民会对附近街区形成侵入与接替,从而形成新的衰败街区和贫民窟,造成贫民窟的蔓延。

从20世纪30年代开始,一些有关人士就呼吁地方、州和联邦政府对中心城市进行改造,其中以城市利益集团最为积极活跃,比如,地产集团、建筑公司、金融机构、中央商务区商业集团等,他们主张对中心城市的贫民窟进行清理改造,以期提高中心城市,特别是中央商务区的地产价值,改善其商业环境,提高经济利益。这些集团强调进行商业开发,开发高等级住房,反对开发廉价住房和公共住房。在这些集团中,以"全国地产商协会"(NAREB)最为活跃。他们提出了各种政策建议,比如,由联邦政府向地方政府发放长期低息贷款,进行税收补贴和资金援助;由州议会制定授权法,允许城市进行再开发活动;由城市成立公私合作的城市开发公司;由地方政府征用贫民窟和衰败地区的土地,清理后转售给私人地产公司,由私人部门进行商业性开发活动,等等。为了研究城市的衰败和再开发的对策,全国地产商协会于1939年成立了城市研究院(ULI),并于1942年1—2月间在芝加哥举行了会议,建议联邦政府成立城市土地委员会,授权其"获取衰败地区的土地,由私人企业进行再开发,进行共同努力,消除国内城市的衰败地区"③。

---

① Kevin Fox Gotham, "A City without Slums: Urban Renewal, Public Housing, and Downtown Revitalization in Kansas City, Missouri", *The American Journal of Economics and Sociology*, Vol. 60, No. 1 (Jan., 2001), pp. 292–293.

② Quintin Johnstone, "The Federal Urban Renewal Program", *The University of Chicago Law Review*, Vol. 25, No. 2 (Winter, 1958), p. 304.

③ Kevin Fox Gotham, "A City without Slums: Urban Renewal, Public Housing, and Downtown Revitalization in Kansas City, Missouri", *The American Journal of Economics and Sociology*, Vol. 60, No. 1 (Jan., 2001), p. 294.

另一种支持力量就是住房改革者、社会工作者、工会组织、教会、教师、黑人、妇女组织，比如全国住房与开发官员协会（the National Association of Housing and Development Officials）、美国社会工作者协会（the American Association of Social Workers）、全国住房大会（the National Housing Conference）、美国劳联—产联（AFL-CIO）等。他们呼吁由联邦政府出资为工人阶级和中产阶级开发低租金住房，为贫困阶层开发公共住房。因此，在1933年国会通过的《全国工业复兴法》中，就包含了开发公共住房的条款，到1937年，公共工程署（PWA）已经开发或签订了合同准备开发的公共住房达到2.1万套。[①]1937年国会又通过了专门的公共住房法，确立了由联邦政府向地方政府进行贷款和资金援助以进行公共住房开发的制度。

早在二战期间，一些州就已经通过立法，授权私人企业进行城市再开发，清除贫民窟，开发新住房，包括低价值住房。为了吸引私人资本的参与，这些州立法授权地方政府征用贫民窟或衰败社区的土地，甚至授予私人公司以土地征用权，然后廉价出售给私人开发公司进行再开发，并且实施各种优惠政策，比如优惠的贷款、免除地产税等。在国会通过1949年住房法并积极介入城市更新运动之前，许多城市进行了自发的再开发活动，其中以纽约市曼哈顿的施托伊弗桑特镇（Stuyvesant Town）的开发项目最具代表性，它预示了后来城市更新项目的开发模式。

施托伊弗桑特镇开发项目位于曼哈顿的低东区，由大都市人寿保险公司负责实施，于1943年破土动工，1947年接纳第一批住户，1949年整体竣工。该项目占地61英亩，清除了18个街区的经济公寓、商店、仓库，然后合并为一个超大街区，35座高达12—13层的公寓楼房拔地而起，其间分布着众多公园式的开放空间。该项目的建筑用地只占开发面积的25%，远远低于原来街区69.3%的比例，其余75%的土地用于草坪、步道、活动场地等。此外，该项目还拥有

[①] Quintin Johnstone, "The Federal Urban Renewal Program", *The University of Chicago Law Review*, Vol. 25, No. 2 (Winter, 1958), p. 310.

一个容纳 1500 辆汽车的停车场和 400 个路边车位。施托伊弗桑特镇开发项目极大地改变了近代纽约的街道格局和城市景观，将现代功能主义的设计理念与美国传统的花园公寓结合起来，被称为"城市中的郊区"。该项目的土地利用模式比较单一，只在第 14 街、第 20 街和第一大道的地面楼层，设置了 1000 平方英尺的零售空间。该项目不仅预示了未来城市更新项目的设计手法，比如超大街区（superblock）、"邻里单元"（neighborhood unit）、"公园中的塔楼"（tower in a park）和严格的功能分区制，同时也预示了未来更新项目所产生的一系列社会问题，比如居民的动迁安置问题。该项目动迁居民大约 3000 个家庭和 1.1 万人。据 1945 年的统计，在这些动迁家庭中，只有 3% 负担得起该项目的新建住房，只有 22% 的家庭符合入住公共住房的条件，大约有 2250 个家庭的收入太高，不符合入住公共住房的条件，但同时又负担不起该项目的新建住房，只好搬进附近的衰败地区或贫民窟之中。据调查，有 7500 名动迁人口挤进原本已经十分拥挤的低东区的廉租公寓之中。当时一位负责动迁安置的官员抱怨说，该项目"通过迫使人们从一个贫民窟转移到另一个贫民窟，仅仅是将城市中大多数低租金住房的主要病症转移到一个不同的地点而已"。该项目不是"贫民窟清理"，而是"贫民窟转移"[①]。

在私人地产和商业利益集团的呼吁下，联邦政府于 20 世纪 40 年代初开始考虑城市的更新改造问题。1941 年 11 月，联邦住房管理局公布了一份文件《美国城市再开发手册》，建议联邦政府对城市的再开发活动进行补贴和资金援助，地方政府拥有土地征用权，征用和清理衰败地区的土地，然后出售或出租给私人公司进行再开发，私人公司制定的开发计划必须遵守城市的总体计划。

盖伊·格里尔（Guy Greer）和阿尔文·H. 汉森（Alvin H. Hansen）于 1941 年 12 月，发表了《城市再开发与住房》一文，向联邦政府提出了更详细的再开发计划建议。该文指出了阻碍城市再开发的两个主要障碍，其一是地方政府缺乏控制土地利用的充分权

---

① Samuel Zipp, *Manhattan Projects*, pp. 19, 74 – 104.

图 5.2　施托伊弗桑特镇再开发项目鸟瞰图

资料来源：Samuel Zipp, *Manhattan Projects: The Rise and Fall of Urban Renewal in Cold War New York*, New York: Oxford University Press, 2010, p. 110.

力，其二是贫民窟和衰败街区高昂的地价。为了克服这两个障碍，该文主张：第一，由联邦政府对地方政府进行长期贷款和资金补贴，拆除贫民窟和衰败街区，并对城市规划机构进行技术援助；第二，由州议会制定综合性的授权法，授予城市或地方政府的"专门机构"以必要的权力，特别是土地征用权；第三，要求再开发计划必须符合城市的总体规划。[①]

1943 年 4 月 2 日，犹他州的国会参议员托马斯向第 78 届国会提交了参议院第 953 号议案，其内容与格里尔和汉森的建议十分相似。从此，关于公共住房和城市再开发的国会立法辩论便揭开了序幕。直到 1949 年，这场漫长的拉锯战终于尘埃落定，国会通过了一项住房法，并于 7 月 15 日由杜鲁门总统签署生效。

该法案之所以经过如此艰难的历程才获得通过，是因为在住房改革派与地产开发和商业集团之间存在着严重的分歧。由于大萧条和二

---

① Ashley A. Foard and Hilbert Fefferman, "Federal Urban Renewal Legislation", *Law and Contemporary Problems*, Vol. 25, No. 4, Urban Renewal: Part 1 (Autumn, 1960), pp. 636 – 637.

第五章　中心城市的衰落与复兴

战期间美国的住房开发基本停滞下来，随着二战以后大批军人退伍，美国出现了严重的住房紧缺，住房改革派希望在对城市进行改造的同时，开发大批低价值住房和公共住房，以满足公民对住房的迫切需求。而地产开发和商业集团则反对联邦政府参与住房开发，唯恐政府的住房开发项目会与私人住房市场形成竞争。比如，全国地产商协会攻击公共住房为"潜滋暗长的社会主义"。城市研究院（ULI）的苏厄德·H. 莫特（Seward H. Mott）于1945年在国会作证时说道，公共住房是"一种失败……它没有按照应有的方式安顿居民，它在住房的基础上建立了政治集团，它鼓励了人们的依赖性"[1]。于是，地产集团展开了广泛的宣传攻势，"你想替别人支付房租吗"？"如果美国人需要的仅仅是安全，那么他们大可去蹲监狱。"这种煽动性的语言充斥在各大媒体之中，而以西部和中西部的反对声浪最高。[2]

然而，住房开发和城市复兴毕竟是美国所面临的迫切任务，因此，杜鲁门总统在1945年9月的一次国会演讲中敦促道，"当代文明不容忽视的职责之一，就是为每个人提供一个体面的住房。目前，美国已经拥有如此充足的财富和巨大的生产能力，美国人有权享有世界上最好的住房。我们必须立即着手迎接这一挑战"。在1948年的总统竞选中，杜鲁门总统在《时代杂志》上问道："在我们能够证明这一点——在民主制度之下，我们能够为我们的人民提供体面的住房——之前，我们怎能希望将民主制度推行到欧洲呢？"因此，双方最后达成妥协，通过了1949年住房法，但将公共住房的数量由草案中的105万套削减到81万套。[3] 尽管如此，1949年住房法仍然是美国历史上具有里程碑意义的住房法，它开启了美国以联邦政府为主导的城市更新运动。

---

[1] Kevin Fox Gotham, "A City without Slums: Urban Renewal, Public Housing, and Downtown Revitalization in Kansas City, Missouri", *The American Journal of Economics and Sociology*, Vol. 60, No. 1 (Jan., 2001), p. 295.

[2] P. J. Madgwick, "The Politics of Urban Renewal", *Journal of American Studies*, Vol. 5, No. 3 (Dec., 1971), p. 268.

[3] Samuel Zipp, *Manhattan Projects*, pp. 272, 268, 281–282.

(二) 联邦政府的城市更新立法

联邦政府的城市更新计划是以住房法的面目出现的,启动这一计划的是1949年的住房法,其主要目标是要为每一个家庭提供"一个体面的住房""一个宜人的生活环境"。该法对城市的改造称为"城市再开发"(urban redevelopment),而不是"城市更新"(urban renewal)。该法的第一条要求各州议会通过立法,授权地方政府成立专门的地方公共机构,负责制定本市的再开发计划,并提交给联邦政府的"住房与家庭财政署"(HHFA)下属的城市更新局(Urban Renewal Administration)进行审批。该法授权"住房与家庭财政署"向地方公共机构进行拨款,用于再开发计划的研究和制定,拨款总额为5亿美元。这些再开发计划的内容包括土地的征用、清理、出售或出租等,但不包括任何建筑物的开发或修缮,后一项工作由私人开发公司负责。在这些地方政府的再开发计划通过城市更新局的审批以后,联邦政府还要在5年内向这些地方公共机构发放总额达10亿美元的贷款,用于土地的征用和其他计划开支。[1] 在地方公共机构将清理的土地出售或出租给私人再开发公司以后,必须将这些短期贷款偿还联邦政府。此外,联邦政府还要向地方公共机构发放长达40年的长期贷款,用于城市的再开发工作,其发放数额要参照地方公共机构的再开发计划中出租土地所占的比例。[2]

由于地方政府征地的价格高昂,征地清理后廉价出售或出租给私人地产开发公司会出现很大的财政损失,因此联邦政府要向地方政府的再开发项目提供补贴,但数额不能超过当地地方政府所有再开发项目财政损失的2/3,另外1/3由地方政府或公共机构自己筹措。1949年住房法规定,地方政府的再开发计划必须符合本地方政府的总体发展规划,私人公司的再开发项目必须得到地方政府有关

---

[1] Kenneth Fox, *Metropolitan America*, p. 54.
[2] Ashley A. Foard and Hilbert Fefferman, "Federal Urban Renewal Legislation", *Law and Contemporary Problems*, Vol. 25, No. 4, Urban Renewal: Part 1 (Autumn, 1960), p. 653.

部门的批准，私人公司必须根据地方政府的再开发计划的规定使用土地。地方政府的再开发计划必须包括切实可行的方案以安置动迁家庭，为其提供永久性的体面、安全、卫生的住房，其价格或租金必须使动迁家庭能够承受。地方公共机构在征用土地之前必须举行听证会。①

1949年住房法授权之下的城市再开发计划存在严重的弊端，其一，就是在城市改造的方法上，强调整体拆除，即将再开发区域的贫民窟和衰败社区的建筑全部推倒和重建，被称为"推土机式的方法"。这种城市再开发成本太高，而且还会导致再开发区域的居民永久迁离，商店和企业消失，社会网络受到破坏，社会代价高昂。

其二，就是在目标上过于强调住房开发，而忽视了商业和工业开发。该法规定，再开发项目仅仅限于衰败的居民区，清除的贫民窟和衰败地区主要用于住房开发，于6年内在这些地区建造公共住房81万套，但不一定仅仅限于廉价住房。② 由于地产公司和商业集团进行再开发的目的不是为中低收入家庭提供公共住房，而是为了进行商业开发，提高地产价值，繁荣城市经济，获得高额利润。因此，各个城市和私人集团反应冷淡，因此该法规定的5亿美元的援助拨款，在4年中只有1.05亿拨给部分城市的再开发计划。③ 在资本主义社会，无论多么人道和进步的理念和政策，要想付诸实施并取得成功，就必须获得强大的私人资本的支持，要让相关利益集团获利，否则就只会成为一个美丽的幻境，一个无法企及的海市蜃楼。可见，这一弊端严重地阻碍着城市再开发的进展，对此，美国学者理查德·H.利奇（Richard H. Leach）评论道："注意到这一点是十分重要的，即该法的标题就意味着强调住房而非城市更新……当国会于1949年决定采取行动之时，它只是将清除贫民窟看作是住房计划的附属品而已，这

---

① Ashley A. Foard and Hilbert Fefferman, "Federal Urban Renewal Legislation", *Law and Contemporary Problems*, Vol. 25, No. 4, Urban Renewal: Part 1 (Autumn, 1960), pp. 654 – 655.

② Robert B. Fairbanks, "The Failure of Urban Renewal in the Southwest: From City Needs to Individual Rights", *The Western Historical Quarterly*, Vol. 37, No. 3 (Autumn, 2006), p. 309.

③ Kenneth Fox, *Metropolitan America*, pp. 96 – 98.

种关系一直维持到现在。事实上,城市更新和再开发才是首要的任务;而住房的改善仅仅是这一广泛计划的一个方面而已。""要恰当地看待城市更新,它与城市居民的全部生活密切相关,如果仅仅将其视为住房计划的附带内容,它就会仅仅涉及城市居民生活的一部分而已。"[1]

于是,根据1953年艾森豪威尔总统的一个咨询委员会的报告,国会于1954年通过了联邦住房法修正案,对1949年住房法的目标和内容作出了巨大的调整和补充:第一,将"城市再开发"(urban redevelopment)修改为"城市更新"(urban renewal)。"城市更新"比"城市再开发"含义更广,它不仅包括1949年住房法所实行的推土机式的城市再开发,而且还包括邻里修缮(neighborhood rehabilitation)和邻里保护(neighborhood conservation)。邻里修缮就是"对建筑物进行自愿性的修复和修缮或其他方面的改进",来恢复衰败街区的生机与活力;邻里保护就是通过执行现有的建筑法规和健康法规阻止社区的衰败。城市更新项目可以是全部拆除重建,也可以是修缮与维护,或者是两者的兼而有之,联邦政府都对其进行资助,其目的是保护和振兴现存的邻里,使其物质环境和社会肌体得以保留。[2]

第二,1954年住房法改变了单纯强调清除贫民窟和进行住房建设的做法,增加了"住房以外的开发"。根据1949年住房法的规定,城市再开发项目的地点主要是居民区,而再开发项目的成果也主要是居民区。而1954年住房法规定,地方政府可以将联邦援助资金的10%用于非住房建设,并将1949年住房法规定的6年内建造80万套住房削减为每年只建造1万套,同时增加了对工业、商业、文化设施和基础设施的投资。这种非住房拨款在以后的修正案中一再提高,对

---

[1] Richard H. Leach, "The Federal Urban Renewal Program: A Ten-Year Critique", *Law and Contemporary Problems*, Vol. 25, No. 4, Urban Renewal: Part 1 (Autumn, 1960), pp. 778 – 779.

[2] Ashley A. Foard and Hilbert Fefferman, "Federal Urban Renewal Legislation", *Law and Contemporary Problems*, Vol. 25, No. 4, Urban Renewal: Part 1 (Autumn, 1960), p. 656.

调动各城市与地产和商业集团的积极性发挥了重要作用,因而推动了城市更新的快速发展。①

第三,1954年住房法的第303款规定,只有那些制定了"社区改进可行性方案"(Workable Program for Community Improvement)的地方政府,才能获得联邦政府的资金援助。它包括7个方面的内容:①成立全市范围或邻里范围的公民咨询委员会,以实现公众的参与;②进行邻里分析,划定邻里界线,制定短期和长期的更新计划;③制定再安置计划,为动迁家庭提供体面、安全和卫生的住房;④制定分区制法规和建筑法规,以及卫生、健康和消防法规等;⑤只有财政能力充足的城市才能实施城市更新项目;⑥确定由现有的或新建立的地方公共机构来实施某些特定的更新项目;⑦制定综合性的城市规划,其中包括土地利用规划,以指导城市的更新和发展。②

第四,增加对私人住房开发的援助。1949年住房法中规定的住房开发主要是公共住房。而1954年住房法增加了"特别抵押保险计划"(Special Mortgage Insurance Programs),规定由联邦住房管理局(FHA)为城市更新计划中的私人住房开发提供保险。其中,第220款规定,为城市更新计划中出售或出租住房建设和修缮提供资金援助,这些住房并非用于动迁家庭,因此不一定是低价值住房,很可能是大面积的高档住房;第221条款规定,为城市更新或其他政府行为的动迁家庭提供住房开发资金援助,这些住房可能位于城市更新区,也可能位于该城市的其他地点,一般为中低收入的住房区。③

1954年住房法的通过,使城市更新的方法更加灵活多样,增加了修缮和维护的内容,增加了私人住房开发,特别是增加了非住房开发的投入,因而调动了各个城市政府和私人资本的积极性。根据1955年对53个城市的分析表明,在城市更新项目的土地利用中,居

---

① Kenneth Fox, *Metropolitan America*, pp. 96 - 98.
② Gordon D. MacDonald and Rosalind Tough, "New York: Social Action in Urban Renewal", *Land Economics*, Vol. 42, No. 4 (Nov., 1966), p. 517.
③ Ashley A. Foard and Hilbert Fefferman, "Federal Urban Renewal Legislation", *Law and Contemporary Problems*, Vol. 25, No. 4, Urban Renewal: Part 1 (Autumn, 1960), p. 657.

住用地占73%，商业用地占6%，工业和轨道交通用地占21%。①

笔者认为，这种修正可谓明智之举。当时中心城市所面临的任务不仅仅是清除贫民窟，为低收入居民提供体面的住房，而是全面改造中心城市；不仅要为低收入居民提供住房，而且还要为中产阶级提供住房，以吸引中产阶级居民回迁城市，避免"贫困的聚集"所导致的各种社会问题；同时还要吸引商业、服务业和清洁工业到中心城市安家落户，复兴中心城市的经济，尤其是服务经济的发展，为向后工业城市角色的转换创造条件。事实上，虽然地产集团和保守派不太注重下层居民的民生问题，但他们的某些主张却是理性的，符合城市的长远发展趋势。这是一个公平与效率的问题，温情脉脉的人文关怀不能脱离凉若秋水的经济理性，必须两者兼顾，不可偏废。

1959年，国会对于城市的复兴问题有了更加清晰的认识，参议院银行与通货委员会（the Senate Committee on Banking and Currency）在一份报告中指出："本委员会认为，该计划的基本目标是清除贫民窟和衰败的住房，但同时也认识到，如果没有一个井然有序的复兴其商业和工业区域的计划，任何社区都不能存在下去。在最广泛的意义上说，城市更新应该振兴一个社区的整体生活环境，应该包括居民家庭必须购物的商业区和必须就业的工业区，而不仅仅包括居民家庭的居住区。因此，下述一点是十分恰当的，即联邦援助资金中应该有一定合理比例的资金，以用于资助一个社区中非居住区的更新，而不仅仅是居住区。"因此，国会通过的1959年住房法将非住房拨款提高到拨款总额的20%，而且还取消了城市更新项目必须建造大批低标准住房的条款。② 到1965年，非住房拨款的比例已经提高到了联邦拨款总额的35%。而且联邦政府还加大了投资力度，从1954年到1968年，用于城市更新计划的国会拨款达到了100亿美元。③

---

① Ashley A. Foard and Hilbert Fefferman, "Federal Urban Renewal Legislation", *Law and Contemporary Problems*, Vol. 25, No. 4, Urban Renewal: Part 1 (Autumn, 1960), p. 671.

② Ashley A. Foard and Hilbert Fefferman, "Federal Urban Renewal Legislation", *Law and Contemporary Problems*, Vol. 25, No. 4, Urban Renewal: Part 1 (Autumn, 1960), p. 670.

③ Kenneth Fox, *Metropolitan America*, pp. 96 – 98.

（三）城市更新运动的发展概况

1949年住房法通过以后，美国各个城市的反应冷淡，消极抵制，只是1954年住房法增加了非住房开发即商业开发的投资，并放宽了联邦政府对城市更新计划的监督之后，各城市的反应才积极活跃起来。许多城市的政府官员组成了政界、金融界、企业界以及学术界参加的城市更新联盟，掀起了城市更新运动的高潮，许多大城市都进行了规模巨大的投资。到1957年，已有32个州和哥伦比亚特区、阿拉斯加、夏威夷和波多黎各的268个城市实施了城市更新项目，这些项目大多位于50万人以上的城市，国会对地方政府制定再开发计划的援助资金达8.95亿美元，对城市更新项目的援助资金达12.5亿美元。① 到1968年底，联邦政府已对2500多个更新项目进行了资金援助，其中仅对"纯项目开支"的直接拨款就达到了73.34亿美元。② 这些更新项目一般位于距中央商务区0.2—1.5英里的贫民窟和衰败社区，项目区域的破败建筑、简陋住房、小商店、小企业都被清除，而代之以公共住房、高档住房、大型金融和商业机构、企业办事处、体育文化设施等，城市空间结构大为改观，城市面貌焕然一新。③

纽约市的城市更新运动最为声势浩大，引人瞩目。1949—1965年，纽约市实施了152个更新项目，仅罗伯特·摩西（Robert Moses）提出的更新项目申请就多达20个，其中16项获得批准并付诸实施，这些项目分布在曼哈顿、布鲁克林、昆斯和罗卡韦（Rockaway）等地。纽约市获得的联邦资助也最多，1949—1961年摩西主持该市的城市更新时期，就获得了联邦援助资金的32%，这些项目开发土地面积达314英亩，动迁2.8万个家庭，纽约市、联邦政府和私人部门投资总额合计

---

① Quintin Johnstone, "The Federal Urban Renewal Program", *The University of Chicago Law Review*, Vol. 25, No. 2 (Winter, 1958), pp. 318 – 319.

② M. E. Witherick, "United States Urban Renewal Program: A Preliminary Appraisal of Grant Authorizations", *Area*, Vol. 2, No. 4 (1970), p. 12.

③ Carl Abbott, *The New Urban America: Growth and Politics in Sunbelt Cities*, Chapel Hill: The University of North Carolina Press, 1987, p. 165.

7.22 亿美元。到 20 世纪 70 年代，曼哈顿的许多贫民窟和衰败街区被拆除，高楼大厦鳞次栉比，城市面貌大为改观。①

在纽约众多的更新项目中，最著名最宏大的是林肯广场更新项目，该项目地跨 14 个街区，占地 48 英亩，采取了整体拆除重建的方式。1955 年该项目获得纽约市城市规划委员会（CPC）的批准，由于存在某些争端，1959 年才破土动工。虽然 1949 年住房法规定，城市更新项目的工程主要用于住房开发，但摩西抓住该法的措辞漏洞，宽泛解释"主要是居住区"条款，强调拆除贫民窟而弱化住房开发，积极进行高档住房、高校、医院、文化机构的建设，以便提高纽约市的文化氛围，吸引白人中产阶级，抵制郊区化，促进中央商务区的繁荣，促进经济增长和改善城市财政。林肯中心（Lincoln Center）是林肯广场更新项目的主体，主要由一系列大型文化艺术机构组成，其主体建筑包括爱乐乐团演奏厅（Philharmonic Hall）、大都会歌剧院（the Metropolitan Opera）、纽约州大剧院（the New York State Theater）、维维安·博蒙特剧院（the Vivian Beaumont Theater）、纽约公共图书馆（the New York Public Library）、朱利亚德学校（the Juilliard School）等。到 1969 年林肯中心竣工之时，仅私人投资就达 1.4 亿美元，如果再加上政府开支，就达到了将近 1.85 亿美元，② 其规模可谓史无前例，无与伦比。

文化艺术在纽约市的城市更新中扮演了重要角色，大都会歌剧院的院长安东尼·布利斯（Anthony Bliss）在一次广播演讲中说道："林肯中心不仅仅是一排排并肩而立、司空见惯的建筑而已"，而是要通过这些建筑，将纽约打造成为"世界文化之都"。林肯中心的另一位官员威廉·舒曼（William Schuman）也夸耀说："我们应该提醒我们自己，这些艺术不仅仅是这些巨型城市的装饰品……而且还是它们的魅力所在。"③

像其他城市的更新运动一样，纽约市的更新运动也产生了一系列

---

① Samuel Zipp, *Manhattan Projects*, p. 22, 164.
② Samuel Zipp, *Manhattan Projects*, pp. 163 – 173.
③ Samuel Zipp, *Manhattan Projects*, p. 186.

问题，比如下层居民的迁居问题、种族再隔离问题、城市危机的暴发、现代主义城市规划的某些弊端等，但它也为纽约市未来的发展铺平了道路，使纽约市城市面貌为之一新，扫除了部分贫民窟和衰败社区，建立了众多高档住房、商业大厦、办公大楼，为后工业经济的发展腾出了空间，使纽约市顺利地由工业城市转变为后工业城市，由生产性城市转变为服务性城市，为后来自发的民间城市改造运动即绅士化运动打下了基础，使其后来成为美国乃至世界首屈一指的全球城市。正如美国学者塞缪尔·齐普（Samuel Zipp）所指出的，城市危机其实是一种过渡期，也是白领城市的兴起，"城市更新是这一转变的核心"，它虽然导致了不稳定，但它重构了城市的空间。[1]

表5.24　1949—1960年间联邦城市更新投资最多的15个城市

城市	已投入资金（万美元）	保留资金（万美元）	平均每人联邦投资（美元）
纽约	6580	9460	8.3
芝加哥	3080	7720	8.4
费城	1730	8760	8.6
华盛顿	1610	4040	20.9
纽黑文	1350	2410	88.8
诺福克	1170	1440	38.2
巴尔的摩	920	4300	9.8
圣路易斯	860	3700	11.5
匹兹堡	820	2480	13.6
波士顿	810	1830	11.6
底特律	750	2220	9.5
明尼阿波利斯	720	1020	14.9
旧金山	600	910	8.1
布法罗	560	1890	10.5
纽瓦克	540	3430	13.3

资料来源：Harold Kaplan, *Urban Renewal Politics: Slum Clearance in Newark*, New York: Columbia University Press, 1963, p. 3.

---

[1] Samuel Zipp, *Manhattan Projects*, p. 28.

总体而言，美国的城市更新运动主要集中在 50 万人以上的大城市中，联邦政府的开支可以在一定程度上反映城市更新运动的规模（见表 5.24）。一些中小城市也进行了城市更新运动，具有代表性的城市之一就是新泽西州的纽瓦克市。纽瓦克是美国最早实施城市更新计划的城市之一，在 1949 年住房法通过后仅仅 18 个月，即 1952 年 1 月便宣布了该市第一个贫民窟清理项目，即北区再开发项目（North Ward Redevelopment Project），宣布清理该区的 10 个街区，用于进行公共住房的开发。[①] 刘易斯·丹齐克（Louis Danzig）领导下的纽瓦克住房管理局（Newark Housing Authority）具体负责该市城市更新的计划与执行。起初，该局认为，由于该市的严重衰败，极度缺乏中等收入家庭的标准住房，该局将其目标确定为"清理贫民窟场地，开发中等收入住房"。这一点无疑是正确的。然而，该局也认识到，城市再开发成功的关键在于私人公司能否从中产阶级住房开发中获利，否则，私人开发商就不会购买清理出来的场地进行住房开发，联邦住房管理局（FHA）也不会给住房进行抵押保险。此外，如果在"贫民窟硬核区"（hard-core slum）进行中产阶级住房开发，中产阶级居民将拒绝入住这些住房项目，这些住房也就会很快被周围衰败的社区所吞没。因此，该局最早的清理地点并没有选择在衰败最严重的黑人贫民窟中央城区（Central Ward），而是选择了衰败不太严重的北区，住房开发类型也不是私人的中产阶级住房，而是公共住房。1952 年纽瓦克住房管理局开始制定中央城区的再开发计划，并于 1955 年 4 月公布了中央城区更新计划（Central Ward Renewal），对该区 60 个街区清理或修缮，进行公共住房开发。该局采取的策略是，在第三城区（the Third Ward）这一"贫民窟硬核区"由该局自行展开公共住房开发，而将衰败不太严重的西部地区交由私人地产公司进行开发。该项目于 1960 年初基本竣工。1954 年联邦住房法给予了地方城市更新部门以更大的自主权，并允许进行文化、商业和工业等非住房开发项

[①] Harold Kaplan, *Urban Renewal Politics: Slum Clearance in Newark*, New York: Columbia University Press, 1963, pp. 8 – 10.

第五章 中心城市的衰落与复兴

目,因此,纽瓦克市随后进行了一些教育文化和轻工业开发项目。比如,1957 年 11 月开始实施的杰里夫大道更新项目(Jeliffe Avenue Renewal)对 25 个街区进行了清理,进行了轻工业和住房开发。1958 年 9 月开始实施的大学扩建项目(College Expansion),在原北区开发项目以南的 15 个街区,在与州政府的协调下,对拉特格斯大学(Rutgers University)进行了扩建,并说服纽瓦克博物馆、纽瓦克公共图书馆和纽瓦克工程学院在该区进行新分支机构的开发,该项目的实施使该区逐渐发展成为该市的文化中心。1959 年 6 月开始实施的南宽街更新项目(South Broad Street Renewal)以及后来实施的其他一些项目,进行了商业开发。到 1960 年 1 月,纽瓦克市已经实施了十几个更新项目,覆盖街区达 300 多个,这些项目投入资金达 7 亿美元。[①]纽瓦克是进行城市更新最为成功的城市之一,不仅进行了公共住房和私人住房的开发,吸引了中产阶级居民,而且还进行了文化和工商业开发活动,有助于该市经济文化活动的繁荣,从而在一定程度上遏制了该市的进一步衰败。

密苏里州的堪萨斯城是城市更新运动成功的另一个例子。1953 年,密苏里州政府成立了"土地清理再开发局",以对地方政府的城市更新活动进行规划指导。从 1953 年到 60 年代末,堪萨斯城总共实施了 18 个城市更新项目,再开发土地面积达 5130.3 英亩,迁移市中心居民 4415 人,清除企业 755 个,相关开支达 8000 万美元,将市中心区大片居住用地转变为商业和工业用地。该市的城市更新计划取得了一定成果,受到相关部门的高度评价,1958 年《瞭望》(Look)杂志授予该市再开发活动以"社区住房成就奖",翌年,美国建筑学会(the American Institute of Architects)也授予该市荣誉奖章。然而,该市的城市更新并没有实现中心城市商业和地产集团的初衷,未能扭转中心城市的衰落,抵制郊区化,复兴衰败社区,创造一个"没有贫民窟的城市"。1950 年,该市的 45.7 万居民集中居住在 60 多平方英里的面积上,而到 1970 年,该市的 50 多万城市居民散布于 3 个县的 316 万平方

---

① Harold Kaplan, *Urban Renewal Politics*: *Slum Clearance in Newark*, p. 15 – 27.

英里的地域上，人口密度急剧下降；而 1963—1976 年，中央商务区的总就业下降了 19%，即从 61144 个职位下降到 49585 个职位。[1]

城市更新运动存在显著的地域差别，该运动主要集中在东北部和中西部老工业区，而南部和西部的城市更新项目则相对较少，这一方面是因为南部和西部城市不像东北部和中西部城市那样出现了严重的衰败现象，另一方面也是因为南部和西部的政治气氛比较保守，对公共住房和联邦干预更加抵触。因此，南部和西部的一些州议会拒绝通过城市更新授权法，即使通过了授权法，也对城市更新计划规定了苛刻的条件，导致一些城市的更新计划前功尽弃，付之东流。这一点在得克萨斯州达拉斯市的城市更新运动中表现得最为淋漓尽致。

早在二战期间，达拉斯市的官员就开始呼吁清除贫民窟和提供公共住房，但得克萨斯州议会长期拒绝通过城市更新授权法。而且 1950 年得克萨斯公民上诉法院（Texas Court of Civil Appeals）在一次裁决中宣布，无论是公共住房机构还是该州的城市政府，都无权征用土地和清理贫民窟并出售给私人开发商。此外，受州议会乡村代表和地产集团的阻挠，州议会在 1951 年、1953 年和 1955 年三次试图通过城市更新授权法的尝试均告失败。直到 1957 年，在公共住房和城市再开发倡导者的努力下才勉强通过了授权法，但该法却规定了苛刻的条件，不仅要求该州的城市更新计划需要举行公众听证会，而且还要将这种计划付诸全市范围的公民投票。正是这一规定断送了达拉斯市的城市更新尝试。该市的城市更新计划遭到了保守官员和市民的反对，比如，该市的国会议员布鲁斯·阿尔杰（Bruce Alger）就极力反对征用土地和开发公共住房。1958 年 6 月 23 日，该市举行了有关城市更新活动的听证会，双方展开了激烈的争论，因此该市市长宣布推迟城市更新计划的全民公决，而在 1962 年姗姗来迟的全民公决中，清理贫民窟和开发公共住房的城市更新计划以惨败而收场。该市就此断绝了参与城市更新

---

[1] Kevin Fox Gotham, "A City without Slums: Urban Renewal, Public Housing, and Downtown Revitalization in Kansas City, Missouri", *The American Journal of Economics and Sociology*, Vol. 60, No. 1 (Jan., 2001), pp. 298-307.

计划的念头和尝试。这种情形屡屡发生在西部和南部的其他城市之中，比如亚利桑那州的菲尼克斯和新墨西哥州的阿尔伯克基就是如此。当然，并非南部和西部所有城市的更新计划全部失败，但南部和西部保守的政治气候无疑增加了城市更新计划的难度。①

总体而言，在长达20年的时间里，美国的城市更新运动还是取得了一些成就，1949—1972年，美国总计有1100座城市实施了2800个城市更新项目，联邦拨款达100亿美元，再开发城市土地20万英亩。② 城市更新运动拆除了部分贫民窟和衰败城区，富裕阶层和中产阶级迁入了更新区域的高级住房，而且私人投资增多，中心城市的税收有所提高。然而，城市更新计划并没有解决中心城市的各种社会问题，其主要表现就是20世纪六七十年代出现的财政危机和种族骚乱，美国城市出现了严重的发展危机。

（四）城市更新计划中的迁居问题

城市更新计划的实施虽然产生了一些积极的效果，但同时也产生了一些社会问题，由于小企业和低级住房被清除，造成了部分居民的失业和流离失所，破坏了城市更新地区的社区生活和社会有机体。因而，该计划遭到了许多社会工作者和下层民众的抨击，称之为"强迫搬家计划"③。

城市更新计划的实施必然导致居民动迁问题。1949年联邦住房法通过的初衷是清除中心城市的贫民窟，而代之以体面、安全的住房和宜人的生活环境。新住房和新社区要达到一定的居住标准，就要拆除高密度的破败住房，开发密度较低和面积较大的中等收入的住房，这势必会减少城市更新区的住房数量。与此同时，每个城市的住房开发

---

① Robert B. Fairbanks, "The Failure of Urban Renewal in the Southwest: From City Needs to Individual Rights", *The Western Historical Quarterly*, Vol. 37, No. 3 (Autumn, 2006), pp. 303 – 324.
② 李艳玲：《美国城市更新运动与内城改造》，上海大学出版社2004年版，第162页。
③ [美] 吉尔伯特·C. 菲特、吉姆·E. 里斯：《美国经济史》，司徒淳、方秉铸译，辽宁人民出版社1981年版，第836页。

必须获得联邦住房管理局的住房开发抵押贷款,并吸引私人住房开发商进行住房投资,这往往需要回避"贫民窟硬核区",因为在"贫民窟硬核区"开发住房更容易出现坏账现象。因此,许多城市更新项目并不是在最为衰败的贫民窟进行,而是在一些衰败不太严重的社区进行的,从而拆除了一大批可居住的住房(见图5.3)。而1954年联邦住房法通过以后,越来越多的城市更新资金用于非住房开发,所有这些原因以及其他各种原因,都导致了城市住房数量的急剧减少,特别是中低价值住房的减少,从而进一步恶化了中低收入动迁家庭的住房状况,使其家庭生活蒙受了极大的痛苦。这些苦难包括如下诸多方面。

图5.3 在林肯中心城市更新项目被清理的住房

资料来源:Samuel Zipp, *Manhattan Projects: The Rise and Fall of Urban Renewal in Cold War New York*, New York: Oxford University Press, 2010, p.224.

第一,许多动迁家庭的住房质量严重地下降了。城市更新拆毁了大批的廉价住房,而新开发的住房往往是中等价位的住房,贫困的动迁家庭根本负担不起,在别无选择的情况下,只好迁入另一个衰败社区或贫民窟,使后者的住房状况更加恶化,从而沦为新的贫民窟。为了改变这一状况,国会于1961年通过了新的住房法,该法的第221

第五章 中心城市的衰落与复兴

(d)(3)款第一次规定实施中低价值住房计划,到1963年6月30日,全国大约有1.2万套中低价位住房在该计划的资助下建立起来。[1]但与城市更新导致的中低收入家庭的动迁需求相比,这些住房如同杯水车薪,无济于事。据统计,到1965年,全国有202500个家庭由于城市更新动迁,但在更新地点开发的住房只有8.4万套,其中只有7900套为低租金公共住房,另外只有8600套属于221(d)(3)条款下私人开发的中低价值住房。因此,根据1964年的一项调查报告,在10万人口以上的城市中,市长们"最经常提及的困难问题是缺少足够的合格住房,特别是为低收入的少数族裔大家庭提供住房"[2]。标准的低价位住房的减少,必然导致动迁家庭住房质量的下降。据研究,在城市更新运动中,每开发一套低租金住房,就会有6个家庭被迫迁居,其结果必然是动迁家庭住房条件的恶化,据统计,大约有1/4的动迁家庭居住在拥挤和劣质的住房里。[3] 根据另一资料,在俄亥俄州克利夫兰市格拉德斯通(Gladstone)更新项目的193个动迁家庭中,有1/4被安置在低标准住房中;在加州奥克兰市的阿肯(Acorn)更新项目中,那些被安置在低标准住房的家庭中,有一半在动迁之前居住在标准住房中。[4] 为了满足中低收入动迁家庭的住房需求,1966年住房法要求更新项目必须包括"充足数量"的中低价位住房,联邦政府的更新援助局(Renewal Assistance Administration)对"充足数量"的解释是20%,这当然远远不能满足需求。于是,1968年住房法条文中将"充足数量"一词换成"大多数"一词,即城市更新区的住房开发必须大多数是中低价位住房。然而,上有政策,下

---

[1] Robert C. Weaver, "Current Trends in Urban Renewal", *Land Economics*, Vol. 39, No. 4 (Nov., 1963), p. 335.

[2] Terry J. Tondro, "Urban Renewal Relocation: Problems in Enforcement of Conditions on Federal Grants to Local Agencies", *University of Pennsylvania Law Review*, Vol. 117, No. 2 (Dec., 1968), pp. 191–192.

[3] Lawrence C. Christy and Peter W. Coogan, "Family Relocation in Urban Renewal", *Harvard Law Review*, Vol. 82, No. 1 (Feb., 1969), p. 864.

[4] Alan E. Harris, "Urban Renewal in the Bay Area: The New Need to Stress Human Considerations", *California Law Review*, Vol. 55, No. 3 (Aug., 1967), p. 827.

有对策，1956年以后的更新项目进行了越来越多的非住房开发。在1956年以前，更新项目必须主要用于住房开发，但从这一年起，可以将10%的更新资金可用于非住房开发，1959年同比上升到20%，1961年上升到30%，1965年上升到35%。① 由于住房开发总量减少了，所以中低价值住房的数量也没有明显增加。由于种族歧视和租金的提高，穷人和少数族裔家庭的住房情况就更加恶化了。

第二，许多动迁家庭未能得到适当的安置。根据联邦住房与家庭财政署（HHFA）的调查，到1960年6月30日，在进行城市更新的223个城市的364个更新区域中，涉及动迁家庭107224个，已经安置的有98008个家庭，尚未安置的达9216个家庭。在这些动迁家庭中，少数族裔所占比例很高，在所有进行更新运动的城市中，有26796个动迁家庭为少数族裔，占所有动迁家庭的56.5%。而且城市规模越大，少数族裔所占的比例就越高。比如，在进行城市更新的4个百万人口以上的大城市中，有17720个动迁家庭为少数族裔，占动迁家庭的72.4%；在50万—100万人之间的9个城市中，这两个数字分别为4209和43.2%；在28个10万—50万之间的中小城市中，这两个数字分别只有3867和29.5%。②

第三，即使动迁家庭得到了适当安置，其租金也大幅度上涨，从而使其生活更加困难。比如，在3个百万人口以上的大城市中，根据对986个动迁家庭的调查，342个通过政府安置的家庭，其月租金上涨了7美元，而其余的自行安置的家庭的月租金则上涨了11美元。在1953和1954年芝加哥城市更新的动迁家庭中，在非更新地点安置的家庭，其住房的月租金比原来平均上涨了30美元，住在标准住房中的家庭平均上涨到68美元，住在非标准住房中的家庭平均上涨到57美元。③

---

① Terry J. Tondro, "Urban Renewal Relocation: Problems in Enforcement of Conditions on Federal Grants to Local Agencies", *University of Pennsylvania Law Review*, Vol. 117, No. 2 (Dec., 1968), p. 193.

② Harry W. Reynolds, Jr., "Population Displacement in Urban Renewal", *The American Journal of Economics and Sociology*, Vol. 22, No. 1 (Jan., 1963), pp. 114–116.

③ Harry W. Reynolds, Jr., "Population Displacement in Urban Renewal", *The American Journal of Economics and Sociology*, Vol. 22, No. 1 (Jan., 1963), p. 126.

第五章 中心城市的衰落与复兴

第四，虽然城市更新为动迁家庭造成了生活困难，但他们却没有得到适当的赔偿，甚至根本没有得到赔偿。比如，在克利夫兰市的圣文森特（St. Vincent）更新项目中，高达67%的动迁家庭没有获得动迁资金援助。[①] 这是因为联邦政府起初并没有重视这一问题，以后虽然注意到这一问题并作出了规定，但也没有得到认真执行。1949年住房法并没有授权地方公共机构对动迁家庭进行财政援助，除非当更新项目的延误损失超过了对动迁家庭的财政援助时，才进行资助，而且只有当一个动迁家庭拒绝迁移之时，它才能获得动迁资金援助。1956年住房法规定，动迁家庭可以获得200美元"合理的和必要的"动迁费用，以补偿"实际的直接的财产损失"。1964年住房法对"动迁再安置补偿"进行了种种限制，比如，如果动迁家庭拒绝入住公共住房，则不给予动迁补贴；如果动迁家庭入住公共住房或非标准住房，也不予补贴，这是为了鼓励动迁家庭入住标准住房。[②] 这些补贴一方面数额有限，如同杯水车薪，另一方面这些限制条件剥夺了低收入家庭获得补贴的机会，因为他们在被迫迁居中往往租用廉价的非标准住房。而某些州不予合作，甚至拒绝制定动迁赔偿计划，比如在1966年，有17个州计划在三年内动迁2.6万人，却决定不支付动迁补偿，它们直到1970年7月1日才制定了动迁赔偿计划。[③]

第五，城市更新计划破坏了城市的社会文脉，瓦解了居民的社会网络。贫民窟和衰败社区不仅是一堆破旧房屋，而且里面还居住着社会化的居民，他们在这里聚族而居，水乳交融，已经形成了密切的社会联系。然而，城市更新将整个社区整体清除，居民被驱散各处，彼此失去交往的机会，甚至从此永久地失去了联系，而在新的社区，新的社会联系、社会交往和社会组织的建立又难以在一朝一夕之间建立

[①] Alan E. Harris, "Urban Renewal in the Bay Area: The New Need to Stress Human Considerations", *California Law Review*, Vol. 55, No. 3 (Aug., 1967), p. 826.

[②] Terry J. Tondro, "Urban Renewal Relocation: Problems in Enforcement of Conditions on Federal Grants to Local Agencies", *University of Pennsylvania Law Review*, Vol. 117, No. 2 (Dec., 1968), pp. 188-189.

[③] Lawrence C. Christy and Peter W. Coogan, "Family Relocation in Urban Renewal", *Harvard Law Review*, Vol. 82, No. 1 (Feb., 1969), p. 867.

起来，这必然使他们感到孤独与无助，从而为他们的社会生活造成极大的不便乃至痛苦。这一点从动迁家庭对新住址的选择上就能体现出来，他们往往愿意选择就近居住，这一方面是比较方便，另一方面也是为了在一定程度上保持社会联系。比如，在芝加哥最初动迁的2200个家庭中，有28.9%选择在旧住址1英里的范围内居住，另外13.2%选择不超过2英里。在费城一个更新项目动迁的178个家庭中，56%选择在不超过4个街区的地方居住，在另一个更新项目的331个动迁家庭中，64%选择在不超过7个街区的地方居住。[①]

第六，城市更新和居民动迁，不仅导致了动迁家庭居住条件的恶化和生活的困苦，而且还使一些小商店和小企业蒙受了巨大损失。由于这些小店主经济实力薄弱，或者经验不足，一旦被清除，就很难在新的地点再度营业。

图 5.4 东哈莱姆东 106 街的被清理的住房和商店

资料来源：Samuel Zipp, *Manhattan Projects: The Rise and Fall of Urban Renewal in Cold War New York*, New York: Oxford University Press, 2010, p. 311.

[①] Harry W. Reynolds, Jr., "Population Displacement in Urban Renewal", *The American Journal of Economics and Sociology*, Vol. 22, No. 1 (Jan., 1963), p. 123.

第五章　中心城市的衰落与复兴

由联邦政府发起的城市更新运动对城市社区进行了大规模的整体拆除与重建，产生了诸多社会问题，尤其是对动迁家庭所造成的巨大困苦与伤害，被美国学者斥之为"联邦政府的推土机"（Federal Bulldozers）。芒福德对城市更新进行了辛辣的讽刺与抨击，他写道："早在推土机发明以前很久，意大利的军事工程师，由于其专业是专门从事破坏，所以养成了一种用推土机消灭一切的心理状态。这种心理状态使他想对一切妨碍建设的累赘物用推土机清除掉，以便他自己死板的数学线条式的设计图得以在空荡荡的平地上开始建设……在进行'清理'任务时，规划师必须消灭一些珍贵的社会器官，这些社会器官一旦

图5.5　纽约林肯广场居民向市政府请愿

林肯广场居民委员会的成员们及其联盟组织在市政厅前举行请愿活动，第一个牌子上写着"住房先于文化"，呼吁政府首先应该关注居民的住房问题，而不是文化奢侈品。

资料来源：Samuel Zipp, *Manhattan Projects: The Rise and Fall of Urban Renewal in Cold War New York*, New York: Oxford University Press, 2010, p. 228.

被清除后是不易恢复的,不像重建一片房子或重铺一条街道那样容易,但对于早期的军事工程师们说来,这些是无足轻重的,正像他们20世纪的继承者们一旦要进行'清理贫民窟计划'或设计公路时一样。"①

因此,从一开始城市更新区的居民就进行了斗争。他们成立社区组织,召开会议,向政府请愿,在报刊媒体发表文章进行抨击等。然而,在强大的政府面前,这些分散的行动纷纷失败。然而,随着城市更新运动的深入与社会问题的充分暴露,居民的抗议活动规模越来越大,声势越来越猛,政府有关部门也有所醒悟,态度也发生了巨大转变,因此群众的抗议活动也取得了越来越多的胜利。比如,著名的社会活动家和城市规划理论家简·雅各布斯领导的纽约市西村(West Village)居民的抗议活动就是成功的一例。1961年初,纽约市负责实施城市更新计划的"住房与再开发局"(the Housing and Redevelopment Board)宣布西村将作为城市更新区而被整体拆除。该年2月,简·雅各布斯组成了"拯救西村委员会"(Committee to Save the West Village),在他们的广泛斗争之下,该年9月,纽约市市长瓦格纳撤销了对西村更新计划的支持,随后,纽约市"住房与再开发局"也宣布取消这一计划,最后,该市的城市规划委员会取消了将西村划定为衰败街区的决定。② 西村居民的抵制斗争使自己的社区避免了灭顶之灾。

由于城市更新运动给城市居民造成了极大的痛苦和灾难,从而招致了居民的广泛抵制与抗议,与此同时,城市更新并没有将城市从危机中拯救出来,反而加深了社会矛盾,于20世纪60年代爆发了声势浩大的民权运动和种族骚乱,被美国学者称为城市危机(urban crisis)。美国的城市政策乃至联邦与州和地方政府的关系都到了改弦更张的时候了。于是,尼克松上台后,提出了新联邦主义,主张"还政于民"。尼克松政府重新估价并终止了城市更新计划,而代之以

---

① [美]刘易斯·芒福德:《城市发展史:起源、演变和前景》,第404页。

② Jennifer Hock, "Jane Jacobs and the West Village: The Neighborhood against Urban Renewal", *Journal of the Society of Architectural Historians*, Vol. 66, No. 1 (March, 2007), p. 16.

"社区发展计划",即联邦政府在联邦税收分享计划的基础之上,停止对中心城市的更新计划提供分类拨款,而是针对各城市的规模和衰败程度提供整笔拨款,并直接拨给城市政府,而非各个专门的公共机构,由城市政府自主决定援助资金的使用,自主解决各自的城市问题,联邦政府不再进行干预。1974年,国会通过了《住房与社区发展法》,正式结束了城市更新计划,并确立了税收分享制度。尽管联邦政府大力推行"社区发展计划",但这项计划同样未能阻止郊区化的进一步发展和中心城市的进一步衰败。

然而,我们应该对城市更新运动给予一个公允的评价,它像此前的城市美化运动一样,是一次改善城市环境和提升城市功能的积极尝试,是美国改善城市环境和提升城市功能链条中的重要一环。19世纪后期和20世纪初期的城市美化运动是在工业化和城市化进程高歌猛进,而城市基础设施和物质环境与城市生产与生活不相适应的条件下,市民社会与政府部门作出的一次调整与改造运动。尽管城市美化运动受到了相关居民和部分学者的大张挞伐而走向衰落,但它对改善城市环境和提升城市功能确实发挥了积极作用。与此相似,城市更新运动是在美国由工业社会走向后工业社会、世界经济一体化或全球化、城市功能进一步提升的大背景下而出现的另一次城市改造运动。二战以后,随着美国经济由工业经济向后工业经济的转变,以及美国在全球经济结构和劳动分工中地位的提高,美国城市特别是大城市越来越由生产性的工业城市向服务性的后工业城市转变,成为全球经济的控制中心、管理中心和服务中心,其中以纽约最具有代表性。因此,美国大城市的中央商务区空间规模日益扩大,而且逐渐由过去的以商业活动为主转变为以管理和服务为主,白领工作职位逐步增加。但与此同时,中央商务区周围及中心城市的大部分地区广布贫民窟和衰败街区,居民以贫困的、低技能的蓝领阶层乃至失业群体构成,而生活富裕和受过教育的管理阶层和白领工人却越来越向郊区迁移,从而造成了中心城市居民与中央商务区的就业不相匹配的情况,从而阻碍了中心城市和中央商务区经济职能的提升和在全球经济中管理和服务职能的发挥。简单地说，就是19世纪工业城市的空间结构已经不能适应后工业时代的功能需求，因此城市更新运动应运而生，它经历了一个由为贫困居民提供公共住房到为中产阶级白领提供中高档住房，由以清理贫民窟和提供住房向以私人企业为主导的商业开发的转变过程。城市更新运动在一定程度上清除了贫民窟和衰败街区，将部分白领中产阶级和企业人士吸引到中心城市和中央商务区周围，在一定程度上缓和了中央商务区工作职位与就业人口不相匹配的失衡状况，对中央商务区规模的扩大与功能的转变和职能的提升，乃至后来中心城市在一定程度上的复兴都发挥了积极的作用。尽管城市更新运动的积极意义在当时尚未显示出来，而且由于政策措施的失误和规划方式的不当，还产生了一系列社会问题和矛盾冲突，遭到有关居民的强烈抵制和学术界的猛烈抨击，并最终使该运动走向终结。但不能因此而对城市更新运动采取完全否定的态度，那些对城市更新运动采取全盘否定，或者称之为失败的学者和评论家，只能证明了他们目光的短浅与视野的狭隘。城市更新运动的未竟事业随后由继之而起的绅士化运动所继承，继续对中心城市和衰败社区进行改造，从而进一步适应了美国城市功能由工业城市向后工业城市的转变。

六　中心城市内城街区的绅士化

前文指出，二战以后，美国中心城市在去工业化、就业与人口的郊区化、金融机构红线政策的打击下，出现了严重的产业衰退，就业与人口的流失，以及金融资本的撤离等问题，从而使一度繁荣的中心城市日渐衰败，危机频传。然而，自20世纪六七十年代以来，美国中心城市的内城街区出现了一种令学术界兴奋不已且争论不休的复兴迹象，即"绅士化"（gentrification）运动，这一运动至今仍然方兴未艾。一般而言，绅士化是指中产阶级不断向中心城市内城的某些衰败街区迁移，并对这里陈旧破败的住房和街区环境进行修缮和改造，其物质景观和商业环境逐步改善，房产价格和各项生活费用相应上涨，迫使较为贫困的原住居民向其他街区迁移，从而导致该街区居民社会经济地位的不断提升。由于绅士化与郊区化的共同作用，美国城市的空间结构发生了巨大变化。

（一）内城街区绅士化的进程

"绅士化"这一术语是1964年鲁思·格拉斯（Ruth Glass）在描述伦敦内城街区的变化时首先提出的，她写道："在伦敦，许多劳工阶层的居住区一个接一个地被中产阶级的上层或下层所侵入。当租期结束时，劳工阶层居住的简陋棚屋……便被收回，然后被改造为体面昂贵的屋宇……这一'绅士化'进程一旦在某一街区开始，它就会迅速地进行下去，直至最初的劳工阶层的居民全部或大部被迫迁居，以及整个街区的社会特征发生转变为止。"[1] 学术界与新闻媒体很快接受了"绅士化"这一概念，而到绅士化街区进行修缮定居的新中产阶级则被称为"绅士化者"（gentrifier），为了行文简便，下文简称其为"绅士"。

20世纪60年代，美国中心城市开始出现了绅士化现象，并得到媒体与学术界的关注。到70年代，在美国大城市，绅士化的发展已成为一种普遍现象。根据城市土地研究院（Urban Land Institute）的两个调查报告，1975—1979年，在88个15万人口以上的城市中，出现绅士化现象的城市比例由65%上升至86%。[2] 自20世纪80年代以后，绅士化的发展更为深入与广泛，其影响已经遍及美国绝大多数城市。然而，受20世纪80年代末和90年代初美国经济衰退的影响，绅士化进程一度停滞。于是，在媒体报道和学术论文中出现了"非绅士化"（degentrification）和"后绅士化时代"（post-gentrification era）这种宣告绅士化终结的断言。但经济萧条过后，绅士化运动却以前所未有的势头在全国中心城市中发展起来。1993—2000年，美国大约有2.6万个高收入家庭申请贷款，在绅士化街区购买住房。当然，他

---

[1] Tim Butler, *Gentrification and the Middle Classes*, Aldershot: Ashgate Publishing Ltd., 1997, pp. 36-37.

[2] Blair Badcock, *Unfairly Structured Cities*, Oxford, England: Basil Blackwell Publisher Limited, 1984, p. 163.

们在整个大都市区的高收入家庭中仅占很小的一部分,但他们却在选择定居中心城市的同类人士中占很大比重,在芝加哥和费城占20%以上,在波士顿则占50%。[1]

迁入绅士化街区的人口在年龄、家庭结构、种族、收入和职业等方面存在明显的特征。根据尼尔·史密斯和彼得·威廉姆斯（Peter Williams）于70年代末的研究,迁入的绅士主要是年轻人,而老年人很少,几乎没有儿童。比如,在圣保罗的拉姆齐黑尔（Ramsey Hill）街区,迁入者中45%的年龄在30—39岁之间,23%在19—29岁之间;在波士顿的海湾村（Bay Village）的迁入者中,42%的购房者和43%的租房者的年龄在25—45岁之间。从家庭结构来看,典型的家庭为单身、夫妻家庭和同性恋者,核心家庭很少。比如,在西雅图的绅士化街区的迁入者中,单身占31%;圣保罗同比为37%;波士顿海湾村同比为52%;辛辛那提的奥佛莱茵（Over-the-Rhine）同比为72%。从种族的角度来看,迁入绅士化街区的主要是白人,在圣路易斯,这一比例为90%,新奥尔良同比为92%,圣保罗同比为97%,而在哥伦比亚特区几乎完全是白人。从收入的角度来看,迁入绅士化街区的居民比原住居民的经济地位要高。从职业的角度来看,迁入绅士化街区家庭的家长,大多数为专业人员或经理人员,还有一些白领售货员、办公室人员等,而其他职业群体或失业人员很少。比如在圣保罗和新奥尔良,75%的迁入者是专业人员或经理人员;在波士顿的海湾村和西坎布里奇（West Cambridge）,分别有55%和57%的购房者为专业人员,其次是售货员和办公室人员,分别占30%和15%。几乎没有手工业者和劳工,无论是熟练工人还是非熟工人。[2]

绅士化的发展存在极大的不平衡性,这表现在不同区域之间、不同等级的城市之间和不同的街区之间。从区域范围来看,绅士化在东

---

[1] Rowland Atkinson and Gary Bridge, eds., *Gentrification in a Global Context: the New Urban Colonialism*, New York: Routledge, 2005, p. 24.

[2] Neil Smith and Peter Williams, *Gentrification of the City*, Boston: Allen & Unwin, 1986, pp. 181 – 183.

北部和中西部的老工业城市较为普遍；从城市的等级来看，绅士化在全国性或地区性中心城市中比较明显，比如纽约、洛杉矶、芝加哥、旧金山、华盛顿、波士顿、圣保罗、亚特兰大、西雅图等。这是因为，在美国由工业经济向后工业经济转变的过程中，这些城市经济结构的转变最为显著，即由传统的工业城市转变为管理职能或服务职能更强的后工业城市，在全球经济和地区经济中发挥的中心作用更强，对白领中产阶级的需求和吸引力更强。从街区的范围来看，绅士化街区多位于中央商务区附近的衰败街区，那里不但与白领中产阶级就业的地点相接近，而且还有价格低廉的住房、别具风格的建筑景观和具有浪漫色彩的文化氛围。绅士化最早发生的街区是白人劳工阶层或下层中产阶级的居住区，后来范围扩大到种族混合的街区，最后甚至深入到严重衰败的少数族裔聚居区。在当代美国中心城市普遍衰败的背景下，绅士化所带来的复兴在影响范围与程度上是有限的，即主要限于中央商务区周围的某些地段。

关于绅士化的发展进程，学术界较普遍地将其分为三个阶段。第一个阶段的绅士通常被称为"开拓者"，他们通常是一些艺术家、同性恋者或其他一些过着另类生活的社会群体，他们或者廉价购买破旧的住房，或者擅自占用被遗弃的房屋。由于在破败的街区很难获得借贷机构的资助，而"开拓者"又往往缺少资金，因此，他们只好胼手胝足修缮这些外观陈旧，但结构尚好的房屋。经过"开拓者"独具匠心的改造和修缮，尘封已久的陋屋恢复了昔日的光彩。开拓者的辛勤劳动使这里的房屋与街区的吸引力增强，在此基础上，第二阶段的绅士化进程便开始了。在这一阶段，除了上述另类家庭继续迁入以外，还增加了"冒险家"（risk takers），即中高收入的经理人员和专业人士，他们为这里的地产价格、投资潜力、社区文化、建筑风格和地理位置所吸引，但由于这些街区前途未卜，获得金融机构的贷款仍然比较困难。在第三阶段，地产投机商开始介入，媒体开始关注。主要媒体进行了大量的报道，社区环境大为改观，政府部门进行干预，地价飞涨，地产公司进行大规模的改造与修缮活动，商业开发深入进行，金融资本大规模介入。居民结构发生了更大变化，富裕阶层纷纷入住，下层阶级的原住居民被迫迁离。①

以上三个阶段的描述只是一种理想模式，而实际上，它可能出现跳跃、曲折或停滞等情况。与绅士化进程相伴而生的是原住居民被迫迁居的现象，绅士化进程的最终结果是原住居民全部或大部被绅士所取代。之所以会发生这种现象，主要是由于住房质量的提升导致了整个绅士化区域房产价值的升高。一方面，由于房产价格的迅速提高，使房主需要交纳的财产税大幅度提高，从而迫使一部分收入低微的房主不堪重负而将房产卖掉，另一方面，房产价格的提高也使房租迅速上涨，从而使一些低收入的租户被迫迁离。

从中产阶级接替原住居民的角度来考察，绅士化进程可被看作一个侵入与接替的循环过程（invasion-succession cycle），但这与芝加哥学派的经典模型是截然相反的。在该派学者伯吉斯的侵入与接替模型中，中央商务区附近街区吸引的是穷苦的新移民与来自农村的穷人，由于这些下层居民的侵入，原来的中产阶级和富裕阶层的居民纷纷迁离，居民的社会经济地位不断下降，直到整个街区完全被下层居民接替为止。而绅士化进程则是一个完全相反的过程，那些艺术家、白领中产阶级和富裕阶层为了接近他们的工作地点，体验城市生活的浪漫色彩，便在中央商务区附近的衰败街区拓殖自己的领地，侵入下层居民的居住区，并在这里进行房产投资活动，从而抬高了房产价格，迫使下层居民全部或大部迁离，最终实现中产阶级和富裕阶层对下层居民的接替。需要指出的是，当绅士化在某一街区发展到一定程度时，被迫迁居的不仅仅是低收入阶层的原住居民，甚至连绅士化初期阶段迁入的"开拓者"和"冒险家"等下层中产阶级也不得不迁离。

（二）纽约苏荷区的绅士化

纽约市曼哈顿苏荷区（SoHo District）的绅士化是一个较早且较为典型的案例。苏荷区是曼哈顿岛西南部的一个工业废弃地（即棕

---

① Paul E. Peterson, ed., *The New Urban Reality*, Washington D. C.: The Brookings Institution, 1985, pp. 78 – 79.

地），存有大量由铸铁工艺所装饰的厂房，被称为"统楼房"（loft），它们或长期闲置，或用作库房，由于年久失修和风雨剥蚀而残破不堪。20世纪60年代中期，在苏荷区低廉房租的吸引下，到纽约市寻求发展的艺术家开始迁入该区，并通过自己的艰苦劳动，将宽敞明亮的统楼房改造为集工作与生活于一体的住房。苏荷区的绅士化进程就悄然启动了。

然而，这些身为艺术家的绅士化先锋们却面临着一系列严峻的挑战。首先是居住的合法化问题。苏荷区的建筑大多是衰败的厂房，基础设施极差，居住环境恶劣。20世纪60年代初，苏荷区发生了一场火灾，随后消防部门对该区的住房进行了安全检查，艺术家们居住的许多统楼房因存在严重的火灾隐患而被查封，苏荷区也由此得到了"地狱中的一百英亩"（Hell's 100 Acres）的绰号。[①] 此外，二战后纽约市出现了制造业严重衰退的局面，纽约市政府通过立法禁止将工业厂房改作他用，以保障纽约市的工业用地不被侵占。这样一来，艺术家们入住苏荷区便成了非法行为。为了争取工业厂房的居住合法化，苏荷区的艺术家们成立了"艺术家租户联合会"，并向纽约市长罗伯特·瓦格纳（Robert Wagner）请愿，要求市政府出台相关法令，以保障苏荷区艺术家们的居住权。经过多方努力，纽约州议会于1964年通过了《纽约州混合居住区法》（State Multiple Dwelling），允许艺术家们在苏荷区内工作和居住。

其次，苏荷区面临的一个更大的挑战就是该区的整体拆迁问题。1959年，纽约市政府拟订了一个高速公路计划，该高速公路将穿越苏荷区，该计划一旦实施，苏荷区包括艺术家在内的许多住户就面临着搬迁的危险，而且那些古朴的铸铁建筑群也将遭到拆毁的厄运。于是，以保护历史古迹为名，艺术家们组成了反对修建高速公路的联盟，他们不仅向苏荷区的居民呼吁，而且还向全美乃至全世界的各界人士寻求支援，他们的呼吁得到了美国乃至世界范围内的建筑师、艺

[①] Roberta Brandes Gratz and Norman Mintz, *Cities Back from Edge: New Life for Downtown*, New York: John Wiley & Sons, Inc., 1998, p.297.

术家及环保团体在内的各界人士的广泛支持。他们的不懈努力终于获得了回报,1969 年,纽约市长宣布取消高速公路计划。1973 年,纽约市文物局又宣布苏荷区为历史文化保护区,这里的铸铁建筑群终于得到了完好的保护。因此,世界各地的艺术家纷至沓来,云集于此,到 1978 年,苏荷区的常住居民已达 8000 多人,而其中有 5000 多人是艺术家。他们在此进行艺术创作,举行画展,进行艺术品的商业展销活动,苏荷区的画廊和工作室骤然增多,因而获得了"艺术家的苏荷"(Artists' SoHo)、"艺术家之巢"(artist colonies)等美名。[①]

图 5.6 世界闻名的"艺术家之巢"——曼哈顿苏荷区
笔者摄于 2005 年 7 月。

在争取居住合法化的运动和反对"下曼哈顿高速公路计划"的运动中,艺术家们形成了一种紧密合作、互相配合的精神,因此苏荷区的画廊便成为艺术家们开办画展的"替代空间"(alternative space)。由于在纽约市各大博物馆举行艺术展览越来越昂贵,越来越困难,于

[①] Richard Kostelanetz, *SoHo: The Rise and Fall of an Artists' Colony*, New York: Routledge, 2003, pp. 28 – 39.

第五章　中心城市的衰落与复兴

是，艺术家们便在苏荷区举行各种艺术展览或表演活动，比如举办画展、播放视频作品、进行舞蹈表演、举办音乐会等等。这些展览和表演场所一般价格低廉，而且还得到了私人或者公共资金的赞助，基本上不以营利为目的。由此，苏荷区的"替代空间"逐渐取代纽约各大博物馆，成为艺术家们心目中的艺术胜地。[1] 1978年，苏荷区已有大大小小的"替代空间"85家。[2] 于是，越来越多的画家、舞蹈家、行为艺术家、电影制作者、艺术品收藏家、艺术品交易商以及广大的艺术爱好者纷纷云集苏荷区。正是由于苏荷区的这种自由开放的艺术精神，成就了苏荷区艺术中心的地位，为苏荷区聚敛了旺盛的人气与名望，入住苏荷区已经成为一种品位和地位的象征。

　　内城街区绅士化的精髓在于适当的修缮与改造，而不是简单地推倒重建，苏荷区在绅士化过程中就非常注重原有建筑和街区的保护，极少有拆除重建之举。对空置建筑独具匠心的改造是艺术家们对苏荷区的一大贡献，在艺术家们的修缮和改造下，以前破旧衰败的厂房和仓库面目一新，转眼之间便成为一件件建筑与设计的艺术品，被赋予了浓郁的艺术美感和文化气息。随着苏荷区面貌的改观和活力的增加，投资者对苏荷区信心倍增，使之迅速成为纽约市的投资热点。20世纪80年代，纽约市出于增加财政收入的考虑，放宽了对苏荷区的种种限制，于是，越来越多的连锁商店、时装店、高档饭店、旅馆、咖啡馆等纷纷入驻苏荷区，一些倾心于这里浓郁艺术氛围的律师、医生、银行家、高级经理等非艺术界人士也纷纷迁居此地。到20世纪90年代，苏荷区再也不是一块衰败破落的城市"棕地"了，而是曼哈顿岛上寸土寸金的艺术中心和时尚胜地，低廉的房租已经成为历史记忆，住房和工作空间的租金急剧上涨，每平方英尺的年租金已经高达100美元。到了2000年，苏荷区的平均家庭年收入达到65169美

---

[1] Corinne Robins, *The Pluralist Era: American Art 1968 – 1981*, New York: Harper and Row, 1984, p. 5.

[2] Richard Kostelanetz, *SoHo: The Rise and Fall of an Artists' Colony*, p. 64.

元，远远高于纽约市的平均值。① 因此，苏荷区已经成为一个中产阶级和富裕阶层占主导地位的社区。在艺术家、纽约市相关部门、私人房产开发商、商业和金融机构等各界的共同努力下，苏荷区最终成为城市内城街区绅士化成功的典型。

苏荷区的绅士化不仅挽救了苏荷区作为衰败工业区即棕地而被整体拆除的命运，而且还改变了苏荷区衰落破败的环境面貌，使苏荷区成为曼哈顿岛上的一块高档住房林立、世界名品店汇集、商业画廊鳞次栉比的艺术中心和时尚之都，也使历经百年历史的富有浓郁大工业时代气息的铸铁工艺建筑得以保存至今，成为城市再开发与历史遗迹保护的典范。从这一点来说，苏荷区的绅士化无疑为苏荷区带来了福音，也为纽约市创造了一笔宝贵的财富。然而，具有讽刺意味的是，艺术家们以"开拓者"的身份启动了苏荷区的绅士化进程，而又随着绅士化的深入发展而被迫迁居他所。面对日益增长的租金和房产价格、越来越浓厚的商业气息，许多艺术家发现，苏荷区已经不再是以往"艺术家之巢"了，在那些经过他们改造过的统楼房里，现在住着律师、医生、银行家，而自己却因负担不起越来越昂贵的房租而迁移到附近的格林威治村、小意大利等衰败社区；街面店铺也不再是他们创业的画廊、工作室和"替代空间"了，而被国际著名的名品店、时装店、咖啡馆等高端商业机构所挤占。这样，在苏荷区的绅士化过程中，这些艺术家一身而三任，他们既是原住民，又是开拓者，最后又被迫沦落为迁居者。然而，无须感叹唏嘘，正是艺术家们的被迫迁居标志着苏荷区环境的改善和地产价值的提高，标志着苏荷区居民社会经济地位的提高，标志着苏荷区绅士化进程的最后完成，为曼哈顿的复兴平添了一道亮丽的色彩。

苏荷区绅士化的一个最大特点就是文化艺术在其中发挥了巨大的作用。美国学者沙伦·祖金（Sharon Zukin）在其研究绅士化的著作《统楼房生活》（*Loft Living*）一书中，将副标题定为"城市变迁中的

---

① 芳汀：《苏荷（SOHO）——旧城改造与社区经济发展的典范》，《城市问题》2000年第4期。

文化与资本",强调了文化在开启绅士化进程中的重要作用,即艺术家首先赋予某衰败街区的社会生活以高雅的文化氛围,从而吸引了中产阶级和富裕阶层前来定居,并进而吸引商业资本的注入,推动街区由萧条走向繁荣。祖金将苏荷区的这种复兴经验称为"艺术的生产模式"(Artistic Mode of Production)。[1]

苏荷区的绅士化是美国内城街区绅士化的第一个典型范例,对纽约市其他街区的绅士化和复兴产生了积极的影响。最直接受其影响的一个街区就是曼哈顿低东区的东村(East Village)。低东区自19世纪中期以来就是一个以世界各地贫苦移民为主的城区,二战后,纽约的去工业化使该区居民难以找到与其技能相匹配的工作,他们大多沦为依赖政府救济的贫困阶层,该区也成为一个典型的贫民窟。苏荷区的绅士化进程开启以后,由于其房租不断上涨,于是自20世纪70年代后期开始,艺术家们开始搬入东村居住。东村不但房租低廉,而且与苏荷区十分接近,居住在那里可以随时与苏荷区的艺术市场保持联系。1981年秋天,东村的第一家画廊开业,到1983年骤然上升到25家,至80年代末则上升到40家。[2] 东村成为继上城(Uptown)与苏荷区之后的纽约第三大艺术区。与苏荷区相似,随着艺术家的迁入与开业,东村的绅士化进程也启动了,商业资本开始注入这一衰败地区,房租开始上涨,1970—1980年,平均上涨了128%—172%。[3] 与苏荷区的情况相同,随着房租与商业租金的上涨,到20世纪80年代后期,已有相当数量的艺术家迁离东村,东村的绅士化进程走向高潮。除了东村以外,20世纪七八十年代,曼哈顿的其他许多城区也开始步入了绅士化的进程,比如曼哈顿谷地(Manhattan Valley)、曼哈顿上西区(Upper West Side)和哈莱姆区(Harlem)等。

---

[1] Tim Butler, *Gentrification and the Middle Classes*, p. 36.
[2] Rosalyn Deutsche, Cara Gendel Ryan, "The Fine Art of Gentrification", *October*, Vol. 31, 1984, p. 1.
[3] Neil Smith, et al., "From Disinvestment to Reinvestment: Mapping the Urban 'Frontier' in the Lower East Side", in Abu-Lughod L. Janet ed., *From Urban Village to East Village: the Battle For New York's Lower East Side*, 1994, p. 156.

苏荷区的绅士化及其复兴不仅在纽约，而且在全美乃至世界都产生了广泛的影响，美国学者对此进行评论道："苏荷区的突现改变了这个国家看待与估价城市的方式……在这个国家再也找不出一个更加时髦和现代化的街区了，苏荷区体现了一种进步且显著的变化。"美国的许多城市出现了以类似的方式实现复兴的区域，有的地方甚至还模仿它的发音，比如丹佛的 LoDo、西雅图的 SoDo、旧金山的 SoMa、芝加哥的 SuHu 等等，有的学者称之为"苏荷区综合征"（SoHo Syndrome）。[1] 而有的学者甚至将绅士化这个名词直接改写为"苏荷化"（Sohoization）[2]。

（三）哈莱姆区的绅士化

另一个典型的绅士化街区是曼哈顿北端的哈莱姆区，该区的绅士化进程始于 20 世纪 80 年代，它与苏荷区的不同特点在于，苏荷区是作为一个工业衰败区，通过艺术家绅士们自发的改造活动，而成为一个集居住和工商业功能于一体的混合发展的社区；而哈莱姆区则是作为一个黑人聚居区，通过政府有意识的政策引导和商业资本的投资活动，对社区环境进行改造而得以复兴的社区，从而成为美国另一个具有典型意义的绅士化社区。

1. 哈莱姆区绅士化进程的启动及其成因

起初，哈莱姆是一个白人上流社会的高档居民区。20 世纪初期，南部黑人源源不断地涌入哈莱姆区，在黑人大规模入住的压力之下，1907—1914 年，哈莱姆的大部分白人房东慌忙抛售房产，在此期间，有 2/3 以上的房产被出售，[3] 哈莱姆几乎成为一个纯黑人社区。到 20 世纪 20 年代，黑人精英分子积极投入社区的发展运动，创办报纸，进行文艺和艺术创作，并修建了 60 余所教堂等，取得了一系列文化

---

[1] Roberta Brandes Gratz and Norman Mintz, *Cities Back from Edge*, p. 303.
[2] Rosalyn Deutsche, Cara Gendel Ryan, "The Fine Art of Gentrification", *October*, Vol. 31, 1984, p. 99.
[3] John Henrik Clarke, *Harlem: A Community in Transition*, New York: Citadel Press, 1964, p. 16.

成就，从而出现了美国历史上著名的"哈莱姆文艺复兴"①。

然而，自从哈莱姆成为一个黑人社区以后，它便开始了衰败进程。首先是黑人的贫困化导致了哈莱姆的衰败。由于刚刚从南部乡村地区迁入城市的黑人的教育水平十分低下，其职业技术含量低，收入微薄，甚至完全失业。他们为了能够找到一处容身之所，不得不缩小住房面积。据统计，在20世纪20年代哈莱姆区有近20万人口居住在拥挤的住房里，②该区实际上已经开始沦落为黑人贫民窟。同时，该区经济的萧条和居民的贫困化还导致其财政入不敷出，基础设施建设滞后，同时警力不足，不能有效地维持社会治安，使该区一度成为贩卖毒品、杀人越货、卖淫嫖娼等犯罪行为的渊薮。

哈莱姆区的绅士化进程起步比较晚，这是因为较早发生绅士化的区域一般都是白人社区或者至少是混合社区，这些社区具有较高的经济和社会地位，更容易得到政府政策的扶持，而对于像哈莱姆这样纯粹的黑人聚居区，白人中产阶级"绅士"们一般都倾向于回避，而且政府扶持力度也较弱。尽管如此，到20世纪80年代以后，哈莱姆开始出现了较为显著的绅士化现象，其促成因素主要包括如下几个方面。

其一，哈莱姆区的地理位置相当优越。首先，哈莱姆区是纽约市的交通枢纽，交通网络四通八达。从哈莱姆区出发，只需要几分钟的时间就可以到达拉瓜迪亚（La Guardia）机场和乔治·华盛顿大桥。而且从该区的伦诺克斯大道（Lenox Avenue）出发到布朗克斯区（Bronx）的区际地铁快线（Interborough rapid transit，IRT），则是纽约市较早建成并投入使用的主要地铁线路。其次，哈莱姆地势较高，尤其是西哈莱姆区中的汉米尔顿高地，在历史上就曾是纽约精英们的家园。再次，拥有大片的公园与绿地资源。哈莱姆区的南端紧挨着闻名世界的纽约中央公园，西端有晨边（morning side）公园，西北部有

---

① Monique M. Taylor, *Harlem between Heaven and Hell*, Minneapolis: University of Minnesota Press, 2002, p.7.

② David J. Maurrasse, *Listening to Harlem: Gentrification, Community, and Business*, New York: Rutledge Taylor and Francis Group, 2006, p.23.

圣尼古拉斯公园，北部紧邻着杰克·罗宾森公园，东哈莱姆区还有马库斯·加维（Marcus Garvey）公园。此外，哈莱姆河流经哈莱姆区的东北部，整个哈莱姆区被环绕在公园绿地与河流之间，在摩天大楼林立的曼哈顿岛上可谓是一片得天独厚风光秀美的区域，使哈莱姆区具有很高的地产开发价值。

其二，纽约市政府政策的转变促进了哈莱姆区的绅士化进程。纽约市政府是哈莱姆最大的地产所有者，由于许多房产所有者无力缴纳房产税，或因银行贷款坏账而丧失了抵押房产的赎回权，到20世纪80年代，市政府拥有哈莱姆中心区35%以上的房产，其他公共机构所有或资助的房产也占到了26.4%，而私人所有房产的比率下降到了38.4%。纽约市和金融机构曾对哈莱姆区的住房贷款实行"红线政策"，使哈莱姆区的工商业、房地产业、个体小企业等的发展一度受到限制，但是，自二战以后，纽约市在逆城市化浪潮的冲击之下，面对城市衰退的尴尬境地不得不改弦易辙，变限制为促进，加大对该区的资金投入，以政府资金带动私人投资以实现经济复兴。1982年，在纽约市政府开始实施"哈莱姆中心区重建计划"，20世纪80年代初，商业银行将4700万美元的贷款投入该区，成为哈莱姆中心区获得的第一笔具有重大意义的投资。[1] 1995年，纽约市用于修缮住房的抵押贷款的专项资金只有2.3%投入哈莱姆区，而到了1999年，该比例上升到了15%。[2]

其三，哈莱姆旅游业的快速发展。在20世纪20年代，当哈莱姆成为黑人聚居区以后，黑人以极高的热情掀起了令人瞩目的"哈莱姆文艺复兴"运动，这场运动虽然未能改变哈莱姆区最终沦为贫民窟的命运，但是却赋予了哈莱姆以浓郁的黑人文化氛围，使这里最终成为纽约市黑人乃至美国黑人的精神与文化中心。这里一度成为黑人文学家、画家、音乐家、舞蹈家们的天堂，黑人文学作品在哈莱姆文艺复

---

[1] Richard Schaffer and Neil Smith, "Gentrification of Harlem", *Annals of the Association of American Geographers*, Vol. 76, No. 3 (Sep. 1986), p. 360.

[2] David J. Maurrasse, *Listening to Harlem: Gentrification, Community, and Business*, p. 32.

兴时期一度蜚声文坛，黑人爵士乐和舞蹈也风靡一时，造就了一批闻名世界的音乐巨星。① 此外，哈莱姆区的居民们还建造了60余所风格独特、别具一格的黑人教堂，在哈莱姆中心区的主要商业街第125街的两边，还遍布着琳琅满目的具有非洲风情和加勒比特色的各色商品，更是增添了哈莱姆区黑人文化的气氛，从而使得哈莱姆区逐渐成为曼哈顿岛上的一个旅游胜地。

其四，克林顿办公室的带动作用。克林顿总统在职时期十分重视内城街区的重建工作，曾经发起经济授权区（Empower Zone）计划，而且在卸任以后也一直热衷于中心城市复兴工作。2001年7月，克林顿将其办公室安置在哈莱姆区的主商业街第125大街的一座办公大楼中，在当天的庆祝会上，克林顿对纽约时报的记者说道："我希望我可以成为哈莱姆区的亲密朋友，我非常高兴地看到哈莱姆区的地产价格已经开始回升，但我不希望因我的到来而挤跑了小个体户们。"② 克林顿办公室的入驻，大大提高了哈莱姆区的地位，带动了商业机构的入驻和私人资本的流入。克林顿的举措也对众多的中产阶级，尤其是白人白领阶层入住哈莱姆发挥了重要的引领作用，从而促进了哈莱姆区的绅士化进程。

其五，哈莱姆区的绅士化是地租差额理论的最佳体现。地租差额理论的创立者尼尔·史密斯（Neil Smith）认为，城市发展中的差异性与不均衡性最终都是通过地租的差异表现出来的，地租的此高彼低就形成了"地租差额"，"地租差额"在更深的层次上来说，存在于某一地块现有的价值与其潜在的价值之间。③ 与哈莱姆区的优越位置形成鲜明对比的是哈莱姆区低廉的土地与房租价格，该区的住房由于缺乏资金和管理不善而表现出脏、乱、差的局面，结果其房租比整个

---

① Monique M. Taylor, *Harlem between Heaven and Hell*, p. 7.
② Amy Waldman, "In Harlem, A Hero's Welcome for New Neighbor Clinton", *New York Times*, July 31, 2001.
③ Smith, Neil, "Gentrification and Rent Gap", *Annals of the Association of American Geographers*, Vol. 77, No. 3 (Sep, 1987), p. 462.

曼哈顿的平均值要低25%，[1]这强烈地吸引了曼哈顿岛上中产阶级的目光。20世纪90年代中期以后，纽约市经济转型基本完成，经济状况大为改观，不仅人口外流的现象得到了缓解，而且还有大量人口涌入该市。那些白领们为了适应快节奏的工作要求，对曼哈顿岛以及周边地区的房产需求骤增，因此，纽约市的房产价格开始迅速攀升，1996—1999年，月租金低于400美元的住房数量下降了6.5%，而月租金超过1750美元的住房则骤然增加了34%。[2]在哈莱姆低廉租金和房价的吸引之下，白人中产阶级纷纷定居哈莱姆区，从而推动了哈莱姆区的绅士化进程。

2. 哈莱姆的绅士化进程

虽然在绅士化进程的初级阶段，哈莱姆区相关的数据都没有发生显著的变化，直到1983年，哈莱姆中心区的黑人比例依旧高达96.1%，较之于1972年的96.3%变化并不明显，但是进入20世纪80年代以后，哈莱姆区居民的贫困化得到了有效的遏制。在70年代初至80年代初的这10年中，哈莱姆区居民的人均收入及平均房租价格扭转了以往停滞不前甚至下滑的趋势，开始出现了增长的迹象。在这段时期，哈莱姆中心区的人均收入上涨了77.8%，而平均房租则上涨了113%，但与同期整个曼哈顿岛的人均收入增长率105.2%和房租增长率141%相比，仍然是相形见绌，黯然失色。这两组数据开始转降为升，足以证明哈莱姆区在80年代初期居民的贫困化和社区的衰败趋势已经开始得到逆转，绅士化进程已经开启。20世纪80年代伊始，哈莱姆区的房地产市场就焕发了新的生机，1980—1982年，房产交易量呈上升态势，虽然1982—1983年，由于全美经历了一次小规模的经济衰退，哈莱姆区的房产交易量下滑了17.5%，但是到1983年末经济衰退过后的1983—1984年，哈莱姆区房产平均单笔成交价格从5万美元飙升至11万美元；在1980—1985年，哈莱姆区的房产销售量年均增幅为7%，明显

---

[1] Richard Schaffer and Neil Smith, "Gentrification of Harlem", *Annals of the Association of American Geographers*, Vol. 76, No. 3 (Sep. 1986), p. 353.

[2] Julian Brash, *Gentrification in Harlem? A Second Look*, a Thesis Presented to The Faculty of Architecture, Planning and Preservation, Columbia University, May 4, 2000, p. 36.

高于同期曼哈顿岛年均5%的增幅。[1]

在哈莱姆区的绅士化过程中，联邦政府和纽约市政府的政策发挥了积极作用。1982年，在纽约市政府的带动下开始实施"哈莱姆中心区重建计划"，20世纪80年代初，商业银行将4700万美元的贷款投入该区，成为哈莱姆中心区获得的第一笔具有重大意义的投资。[2] 1995年，纽约市用于修缮住房的抵押贷款专项资金只有2.3%投入哈莱姆区，而到了1999年，同比例上升到了15%。[3] 1994年在克林顿当政时期，经济授权区（Empower Zone）成为具有法律效力的联邦政府投资项目，该项目计划在10年内筹措3亿美元，以支持美国几大城市的某些内城街区的重建与发展，而作为该计划重要组成部分的"上曼哈顿授权区"（Upper Manhattan Empower Zone，UMEZ）计划，则正好覆盖了整个哈莱姆区。纽约市政府还计划将哈莱姆区大量的空置建筑廉价转让给私人投资者，而UMEZ计划则正好为大规模吸引投资提供了契机。[4] UMEZ计划主要是通过减免税费、提供低息贷款来扶持本地的工商业企业，并吸引外来资本的流入。1996—2002年，UMEZ计划的资金大致用于以下三个方面：大型工程建设及商业开发占58%，旅游及相关文化产业占27%，职工技能培训及公共教育事业占15%。UMEZ计划的资金投入对哈莱姆区的发展发挥了立竿见影的功效，以往哈莱姆居民需要穿越几个街区才能找到的名品连锁店，而今在哈莱姆的商业街第125大街上就能找到。在UMEZ计划的支持下，一幢幢的新建大楼也拔地而起，这一切不仅大大改变了哈莱姆区以往的面貌，而且还给该区的居民带来了大量的就业机会。但是，需要指出的是，2001年以后，UMEZ计划的资金投入开始明显地倾向于

---

[1] Richard Schaffer and Neil Smith, "Gentrification of Harlem", *Annals of the Association of American Geographers*, Vol. 76, No. 3 (Sep. 1986), pp. 354–355.

[2] Richard Schaffer and Neil Smith, "Gentrification of Harlem", *Annals of the Association of American Geographers*, Vol. 76, No. 3 (Sep. 1986), p. 360.

[3] David J. Maurrasse, *Listening to Harlem: Gentrification, Community, and Business*, p. 32.

[4] Radhika Vinod Patel, *You Don't See What I See: Gentrification Impacts on Residents in Harlem*, A Thesis Presented to The Faculty of Architecture and Planning, Columbia University, Spring, 2003, p. 32.

大型工程建设及商业开发，而忽视了对个体小商业和职工技能培训及公共教育事业的投入。在2001—2002财政年度中，UMEZ计划对大型工程建设及商业开发的投资比率上升到81%，而职工技能培训及公共教育事业的投入则下降到了1%。同期，UMEZ计划对哈莱姆个体小商业投资仅为2813500美元，而对大型工程建设及商业开发的投资则高达28725000美元。[1]

随着绅士化进程的逐渐深入，到20世纪90年代，哈莱姆区的转变越来越明显。1990年，哈莱姆中心区的黑人居民比例为90.1%，比1983年的96.1%下降了6个百分点，这在哈莱姆区成为黑人聚居区后的近一个世纪中都是前所未有的。同年，有1329名白人在哈莱姆中心区定居，占全区人口的1.3%，虽然所占比例不大，但是至少可以说明，已经有数量可观的白人中产阶级"志愿者"开始移居哈莱姆，哈莱姆区开始步入了绅士化的正轨。到了1995年，哈莱姆区的黑人比例与1990年相比再次下降了5.1个百分点，即下降到了85%，首次跌破了90%的大关，与此同时，白人居民的比例则上升到了1.6%。[2]

20世纪90年代，哈莱姆区的平均家庭收入也有较快的增长。据统计，1990年，哈莱姆中心区的家庭收入低于1万美元的贫困户的比例高达49.1%，家庭收入在1万美元至4万美元之间的普通家庭占43.8%，而家庭收入高于4万美元的中产阶级较富裕家庭只占7%。但是到了1995年，哈莱姆中心区家庭收入低于1万美元的贫困户的比例骤降了12个百分点，即降到了36.9%，而家庭收入高于4万美元的中产阶级较富裕家庭的比例却上升到了15.3%，增长了一倍以上，远远高于曼哈顿岛同期的增长率。除了家庭收入以外，哈莱姆区居民的教育和就业情况也有了较为明显的改善。1990年，哈莱姆区居民的教育状况不容乐观，只有7.4%的居民受到过高中以上的教育，而获得高中以下文凭者占全区居民的比例则高达48.2%。而到了1995年，受到过大学及以上教育的居民比例已上升到了15.2%，

---

[1] David J. Maurrasse, *Listening to Harlem: Gentrification, Community, and Business*, p. 38.
[2] Julian Brash, *Gentrification in Harlem?* p. 36.

获高中文凭以下的居民比例则下降到了 37.8%。受教育情况的变化直接影响了就业状况，在 1990 年，只有约 2200 名哈莱姆区居民从事具有一定专业技能的白领工作，而到了 1995 年则有 3400 多名哈莱姆区居民从事白领工作，增长幅度超过了 50%。① 由此可见，进入 20 世纪 90 年代以后，在绅士化进程的带动下，不仅哈莱姆区的贫困居民有大幅减少的趋势，而且已经有越来越多的中产阶级绅士开始入住哈莱姆区，哈莱姆区的绅士化进程正在向着纵深阶段发展。

直到如今，面积广大、人口众多的黑人聚居区哈莱姆区尚未走完绅士化的全程，但哈莱姆区的绅士化却已经给该区带来了积极的影响。首先，哈莱姆区的绅士化为该区居民创造了大量的工作岗位。据统计，仅在 UMEZ 计划实施的第一年里，该计划就已经创造了新的就业岗位 2400 个。② 除了这些政策性的工作岗位外，在哈莱姆区绅士化进程中，建筑、物流、旅游等方面都需要大量的劳动力，这些都为哈莱姆区的原住居民提供了更为广泛多样的就业渠道。

其次，绅士化进程降低了哈莱姆区的犯罪率，使哈莱姆区的社会秩序更加稳定。在 20 世纪七八十年代，哈莱姆区的犯罪率一直居高不下。然而，自从哈莱姆区的绅士化进程进入密集投资阶段后，由于工作岗位的增多、税收的增加、警力的加强、政府政策的倾斜等原因，该区的犯罪率自 20 世纪 90 年代开始明显下降，1993—2001 年，哈莱姆中心区的犯罪率下降了约 60% 以上。③

再次，绅士化为哈莱姆区的房东们带来了巨大的经济效益。到了 20 世纪 90 年代中后期，哈莱姆区的房产价格开始迅速攀升，在这一过程中，该区的房东们受益颇丰。

最后，对于哈莱姆区的居民来说，绅士化为其生活带来了便利。在绅士化之前，本地居民开办的便利店所提供的服务和商品虽然价格低廉，但质量得不到保障，而且没有选择的余地。而绅士化进程启动

---

① Julian Brash, *Gentrification in Harlem*? pp. 36 – 38.
② Radhika Vinod Patel, *You Don't See What I See*, p. 31.
③ David J. Maurrasse, *Listening to Harlem: Gentrification, Community, and Business*, p. 96.

以后，以往从未入驻哈莱姆区的大型超市、名牌服装店、名品连锁店、高档饭店、连锁旅馆、写字楼等纷纷拔地而起，为原本经常由于购物不便而苦恼的哈莱姆居民带来了极大的便利。

然而，哈莱姆区的绅士化进程也产生了一系列社会问题。首先是贫困居民被迫迁居的问题。哈莱姆区房产价格的飙升迫使该区的部分贫困租户迁移到更加破败的居民区。其次，哈莱姆区的绅士化打击了原有的小商业，并且逐渐改变了哈莱姆区特有的文化氛围。哈莱姆区浓郁的非裔文化在很大程度上承载于那些非裔小商小贩们，他们以自己独特的方式兜售具有浓厚黑人特色的服装、画作、饰品、音像制品、日用品等，使哈莱姆区弥漫着特有的黑人文化氛围。但是，随着绅士化进程的推进，越来越多的大型连锁商业机构纷纷入驻，哈莱姆区原有的小商业由于根本无法与之竞争而销声匿迹。这样一来，哈莱姆区越来越趋同于曼哈顿岛的其他区域，逐渐丧失了自己独有的商业特色和文化底蕴。

（四）美国内城街区绅士化的原因

后工业城市与全球城市的形成及其经济功能的转变是内城街区绅士化最根本的动因。二战以后，美国开始由工业社会向后工业社会转变，工农业在国民经济中所占的比例逐步下降，而服务业则日趋上升。在美国的非农业就业人员中，与物质生产相关的产业（包括矿业、建筑业、制造业）所占比例一再下降，1950年这一比例为40.9%，1970年下降到33.3%，1988年则下降到23.9%；而服务业就业人员的比例则日益提高，1950年就已经达到59.1%，1970年上升到66.7%，而1988年则高达76.1%。[1] 这种转变反映到城市功能上，就是后工业城市的形成。与传统工业城市相比，后工业城市的产业结构和城市功能存在很大的不同。工业城市的产业结构以传统制造

---

[1] U. S. Department of Commerce, Bureau of the Census, *Statistical Abstract of the United States*, 1970, Washington D. C., 1970, p. 218. U. S. Department of Commerce, Bureau of the Census, *Statistical Abstract of the United States*, 1990, Washington D. C., 1990, p. 400.

业为主，城市的主要功能是工业生产；后工业城市则以服务业，尤其是生产服务业为主，城市日益成为控制中心、管理中心和服务中心。与此同时，经济的全球化使城市，尤其是大城市成为全球经济网络的节点，成为全球经济运行的指挥部。由于后工业经济和全球经济使企业的管理和经营复杂多变，许多业务需要高层经理和办公人员面对面地交流，根据具体情况做出灵活的决策。在这种情况下，"时间就是金钱"，而空间可以换取时间，"空间也是金钱"[1]。于是，在中央商务区就业的那些经理和白领，为了接近自己的工作岗位，宁愿选择在中央商务区周围的衰败地区居住，并进行住房修缮和街区改造活动，从而导致了绅士化进程的发生。

美国内城街区的绅士化也与家庭结构、生活方式、价值取向和消费观念的转变有着密切的关系。家庭主义和儿童中心主义是推动美国郊区化的一个重要动力。从战后初期到60年代是美国历史上郊区化浪潮最为迅猛的时期，而同时也是美国青年组建家庭和儿童生育的高峰时期。然而60年代末和70年代以后，生育高峰时期出生的儿童已经长大成人，到了组建家庭生儿育女的时候，但这一代人的生活观念和家庭结构发生了很大变化。首先是结婚年龄在不断推迟，50年代中期，美国男女第一次结婚时年龄的中位数分别是22.5岁和20.1岁，到1988年两者分别提高到25.9岁和23.6岁，平均提高了3岁半。因此，单身生活的男女数量在不断增加。1960—1988年，单身男子家庭占美国家庭总数的比例从4.3%提高到9.7%，而单身女子家庭的比例则从8.7%提高到14.4%。因而，妇女的生育率大幅度下降，1960年，每个妇女平均生育3.7个子女，而1975年下降到1.8人。同时，双职工家庭增多，没有子女且夫妻都就业的家庭占美国家庭总数的比例从1976年的12.0%上升到1987年的14.1%。[2] 也就是说，到了七八十年代，美国的家庭特征是单身户、无子女双职工家庭

---

[1] Neil Smith and Peter Williams, *Gentrification of the City*, p. 28.
[2] U. S. Department of Commerce, Bureau of the Census, *Changes in American Family Life*, Washington, D. C. : U. S. Government Printing Office, August 1989, pp. 5 – 18.

增多。他们宁肯进入城市追求事业和刺激，也不愿留在郊区过一种与世隔绝而枯燥无味的生活。

值得注意的是，这些在中央商务区就业并在绅士化街区居住的"绅士"们，并不是中产阶级的主流，而是中产阶级中的另类群体，比如先锋派艺术家、独身男女、丁克家庭、同性恋者等，他们有着独特的生活方式和价值观念。如果说中产阶级主流在郊区生活中的感受是与自然的亲近、和谐的社会环境、稳定的家庭生活、中产阶级地位的认同，而绅士们对郊区的体验则是与世隔绝、单调乏味、寂寞无聊与湮没无闻。中产阶级主流的消费更加注重的是郊区的独户住房、豪华轿车、彩电冰箱等物质消费，而绅士们则更加注重的是文化消费，更加强调消费的个性特征与文化品位，注重消费品的符号意义。在一定程度上，消费本身已不再重要，重要的是消费过程所能提供的文化经历与体验，而这种文化消费只有在城市这个多元化的社会中才能获得。对于中产阶级主流而言，城市象征着混乱、动荡、衰败、肮脏、犯罪，而对于绅士们来说，城市却是丰富多彩，充满活力的，古老的城市拥有深厚的历史积淀和丰富的文化底蕴，他们尤其珍视这里的古典建筑和多元文化。二战以后，在美国的城市更新运动中，大批的古老建筑和历史古迹毁于一旦，取而代之的是千篇一律、枯燥乏味的办公大楼和公寓大楼，正是在这种背景下，城市遗产保护运动兴起，而绅士们则身先士卒，率先对古老的建筑进行修缮与维护，成为历史古迹保护运动的急先锋。正如沙伦·祖金所指出的，绅士化表现出"对中心位古老建筑的美学价值和社会历史的珍视，这种珍视表明了一种对文化的感悟和提升，它超越了战后郊区那种因循顺从和矫揉造作的精神气质。此外，向城市中心的迁移和对多样性的追求也是一种宣告，它宣布了一种自由主义的宽容，这种宽容与从内城的'白人逃逸'和资本撤离看来是截然相反的"[①]。城市不仅是古典文化的中心，

[①] Sharon Zukin, "Gentrification, Cuisine, and the Critical Infrastructure: Power and Centrality Downtown", in Nancy Kleniewski ed., *Cities and Society*, Malden, Mass: Blackwell Publishing Ltd, 2005, p. 188.

更是当代大众文化的发源地,各种流行的时尚、影视、音乐、旅游与休闲等大众文化新潮,无不诞生于大城市并在城市中汇集和传播。对于中产阶级主流而言,到郊区生活在一定意义上是为了家庭主义和儿童中心主义,是为了履行一个公民的义务和责任,为了表明他们已经获得的中产阶级地位,表达的是他们对自己社会地位的不自信;而绅士们到绅士化街区居住则更是为了自我表现、自我追求和自我享乐,同时也同样是为了显示自己所取得的新中产阶级地位,然而与主流中产阶级迥然不同的,他们是一个新的知识精英阶层和专业技术阶层,他们的居住选择表达的是一种无所怀疑的自信态度。"在公众看来,绅士们至少与其他中产阶级判然有别。他们共同的居住选择、他们周围的福利设施,以及他们一般较高的教育和职业地位,是由一种与众不同的习性所构建起来的,同时也是这种习性的表达,在鲍迪尤(Bourdieu)看来,这种习性就是一个阶级的文化与氛围。因此,绅士化也许可以描述为一个空间和社会的分异过程。""富有文化魅力的邻里自然而然地为新中产阶级提供了一种共同地位和社会认同,而这正是他们孜孜以求的目标。"[①]

城市规划理念的转变是推动绅士化运动出现的另一个重要原因。为了挽回中心城市的衰败局面,联邦政府于20世纪40年代末至70年代初实施了大规模的"城市更新"计划,在这一过程中产生了一系列社会问题,许多下层阶级的住房和小企业被清除,导致许多贫民无家可归和失业,生活陷于困境,同时也使原来社区的社会网络遭到破坏,而且许多珍贵的历史古迹遭到破坏。与此同时,西欧各国的城市更新运动也产生了同样的问题。于是欧美城市规划学界对这种一次性、集权式和大规模推倒重建的城市规划方式展开了激烈的批判。比如,简·雅各布斯(Jane Jacobs)指出,这种正统的规划方法是彻头彻尾的家长式的规划方法,"家长主义者的弊端就在于,他们企图实现毫无希望的彻底变化,而且他们选择了那种毫无效果的表面化的手

[①] Sharon Zukin, "Gentrification: Culture and Capital in the Urban Core", *Annual Review of Sociology*, Vol. 13, 1987, pp. 131, 143.

法来达到这一目的"①。于是,欧美出现了一种公民参与的渐进的规划思想。比如,大卫多夫在60年代初期提出的"规划的选择理论"和"倡导性规划"等概念,成为城市规划公众参与的理论基础。这种民主的规划理念在美国也产生了很大的反响。1966年,约翰逊政府制定了模范城市计划,规定公民参与是执行该计划的一个不可或缺的部分。城市更新不再强调大规模推倒重建,而是注重小规模的清理和修缮。绅士化运动在各大城市兴起以后,"绅士"们来到中央商务区周围的下层居民街区,对这里的破旧住房和社区环境进行修缮改造,并对这里的历史古迹加以保护,从而展开了迄今为止仍然方兴未艾的绅士化运动。有鉴于此,沙伦·祖金(Sharon Zukin)评价道:"绅士化不仅成为市中心开发模式的一个转变——从公共机构到私人部门,从大规模到小规模的项目,从推倒重建到维护修缮——而且还成为投资来源方面的一个转变。"②

中心城市的衰败和"地租差额"的产生,是推动绅士化现象产生的又一动力。美国学者尼尔·史密斯(Neil Smith)对此进行了详细的论述,提出的"地租差额"(rent gap)理论。他指出,当内城街区的衰落达到极点之时,其地产价格也会达到最低限度,于是就出现了所谓的"地租差额",即在当前衰败的土地利用条件下所得到的实际地租,与在更好的土地利用模式下可能得到的地租之间的差额。③ 地租差额的出现,为地产集团投资于衰败街区以获取高额利润创造了条件,从而推动了绅士化的出现和城市社区的复兴。关于这一点,下文还有详细的论述。

(五) 绅士化的性质与城市的空间重构

美国学术界对绅士化性质的看法主要有两种:一种观点认为,绅士化只是一种地方性的小规模的发展进程,虽然看似很重要,但仅仅

---

① Jane Jacobs, *The Death and Life of Great American Cities*, p. 271.
② Sharon Zukin, "Gentrification, Cuisine, and the Critical Infrastructure: Power and Centrality Downtown", in Nancy Kleniewski ed., *Cities and Society*, pp. 184 – 185.
③ Neil Smith and Peter Williams, *Gentrification of the City*, p. 23.

第五章 中心城市的衰落与复兴

是暂时的,并不具有长远意义。持这种观点的学者以布赖恩·贝里(B. Berry)为代表,他认为,那些推动绅士化的因素都是特殊的和暂时的,比如郊区住房价格的上涨、婴儿潮时期出生的年轻人生活方式的变化等,当它们停止发生作用以后,美国内城的"复兴"就会终止。[1] 贝里对内城街区绅士化的看法是与他的"逆城市化"理论相一致的。他认为自20世纪70年代,美国城市化历程中的一个转折点已经来临,逆城市化已经取代城市化而成为塑造这个国家居住模式的主导力量。也就是说,从20世纪70年代开始,美国城市必将走向衰落,中心城市的复兴是不可能的,因而绅士化只是暂时的和局部的现象,不具有长远意义。

另一种观点与此截然相反,认为绅士化是中心城市内城街区的复兴以及某些社会经济生活再次聚集发展的一个组成部分。简单地说,绅士化就是郊区中产阶级居民"重返城市"(back-to-the-city)的运动,由于郊区居民通勤距离的延长和交通费用的上涨,他们被迫放弃郊区宽敞的空间和良好的生活环境,返回城市居住,以便接近他们在中央商务区的就业。伴随着郊区居民回流的是中心城市的内城街区服务业和娱乐业的兴起,从而进一步拉动这种回流,这一运动有可能扭转中心城市和内城街区历史性的衰退。这种观点是由拉斯卡(S. Laska)和斯佩恩(D. Spain)于1980年提出的。这种观点的另一位主要代表是尼尔·史密斯,他认为绅士化是城市的空间重构,这种重构虽然包括贝里所说的一些暂时性因素,但它的根源在于一个更深层次的过程,即"非均衡发展"(uneven development)过程。所谓的"非均衡发展"是指社会的发展并不是在每个地方以同样的速度或沿着相同的方向发展,而是存在着某种不平衡性。[2] 中心城市的衰落和郊区的发展就是由于这种发展的不平衡所造成的,即资本从中心城市向郊区的流动,导致了郊区的繁荣和城市的衰落。但中心城市的衰落

---

[1] Neil Smith, "Gentrification and Uneven Development", *Economic Geography*, Vol. 58, No. 2 Apr. 1982, p. 140.

[2] Neil Smith, "Gentrification and Uneven Development", *Economic Geography*, Vol. 58, No. 2 Apr. 1982, pp. 140 – 142.

却为自身的复兴创造了条件。导致这种"非均衡发展"的根本原因就是地价。当中心城市的地价跌落到谷底之时，就产生了"地租差额"，即当前地租与可能获得的更高地租之间的差额。于是资本就再次回流到中心城市，从而导致城市的复兴，而绅士化就是这种复兴的一种表现。

笔者认为，布赖恩·贝里的观点是站不住脚的，因为人是一种社会性的动物，接触与互动是人类的一个基本需求，人类文明产生于城市，繁荣于城市，它的延续和进一步繁荣仍然离不开城市这个聚集体。从经济学的角度看，规模效益和聚集效益是一条千古不变的规律，美国中心城市的衰落是经济结构转型时期的一种暂时的过渡现象。因此，第二种观点更为可取，但也有可商榷之处。美国城市发展历程和西方学术界的研究都已经表明，绅士化运动根本不是什么"重返城市"运动，而是绅士们"留居城市"（stay-in-in-the-city）运动。[1] 根据20世纪70年代末对美国9个绅士化街区的8项调查研究，那些迁入到绅士化街区的家庭，平均有64%是从城市的其他街区迁移来的，这9个街区的同比波动范围在48%—100%之间。而且随着每个街区从市中心向外距离的递增，这些街区的居民向绅士化街区迁移的数量就会递减。绅士化街区来自郊区的居民就更少了，在绅士化街区的新居民之中，平均只有9%来自内层郊区，这9个街区的同比波动范围在0%—38%之间。[2] 而那些被迫迁居的下层居民往往移居到绅士化街区附近的街区，或同一个街区的不同位置。在哥伦比亚特区的一个绅士化街区，移居到同一个街区其他地点的家庭占29%；在巴尔的摩的一个绅士化街区，在接受社会救济的贫困人口当中，被迫迁居到同一个街区其他地点的占46%。在哥伦比亚特区的两项调查中，迁移到绅士化街区附近街区的居民占33%。那些没有在本街区或附近街区重新安家的人们，也大多数在本市定居下来，而那些离开中

---

[1] U. S. Department of Commerce, Bureau of the Census, *The City-Suburb Income Gap: Is It Being Narrowed by a Back-to-the-City Movement*? Washington D. C., 1980, p. 2.

[2] Neil Smith and Peter Williams, *Gentrification of the City*, p. 180.

城市的迁居者则在内层郊区定居下来。①

从上述研究来看，绅士化街区迁入的人口主要来自中心城市的其他区域，只有很少的部分来自内层郊区，因此，并不存在一个"重返城市"运动，而主要是绅士们"留居城市"的运动。事实上，美国大都市区不仅没有出现所谓的"重返城市"运动，相反，由于向郊区迁移的人口远远超过从内层郊区向绅士化街区的回流，绅士化运动并没有扭转中心城市人口相对减少和郊区化进一步发展的趋势，比如，1970年4月1日到1988年7月1日，美国中心城市人口增加了6.5%，而郊区人口却增加了34.2%。同期，中心城市占大都市区的人口比重从46.3%下降到40.6%，而郊区同比则从53.7%上升到59.4%。② 进入90年代以后，郊区的发展速度仍然高于中心城市，1990—1998年，郊区人口增加了11.9%，而中心城市只增加了4.7%。③

由此可见，绅士化运动仅仅是中心城市内部的人口流动和重新布局，其结果就是城市居民分布进一步走向阶级分异和种族隔离。由于靠近中央商务区的绅士化街区不断从中心城市的非绅士化街区吸收中产阶级人口，而将穷人和少数族裔留在非绅士化街区，甚至把从绅士化街区排挤出来的穷人和少数族裔也抛入非绅士化街区。这样，就导致了中心城市居民的空间分布在收入、教育、家庭结构和种族等方面的极化。比如在纽约市，曼哈顿是绅士化最明显的一个城区（borough），而布朗克斯则是衰败最为严重的一个城区。1970—1980年，曼哈顿具有大学学历的居民增加了22.9%，而整个纽约市则下降了4.5%，而布朗克斯则下降了36.1%；曼哈顿人均收入上升了105.2%，纽约市上升了96.5%，而布朗克斯只上升了81.5%。1979年，在美国的3132个县中，曼哈顿在最富裕的县中居第14位，每个

---

① Neil Smith and Peter Williams, *Gentrification of the City*, pp. 190 – 191.

② U. S. Department of Commerce, Bureau of the Census, *Population Trends in the 1980's*, p. 57. 这里的大都市区是指1989年6月30日美国管理和预算局所指定的大都市区，其中的百分比为笔者计算所得。

③ U. S. Department of Housing and Urban Development, *The State of the Cities, 2000: Megaforces Shaping the Future of the Nation's Cities*, Washington, D. C., June 2000, p. x.

居民的平均收入为 10889 美元，而布朗克斯县却退居美国所有县中的第 2280 位，人均收入只有 2943 美元，仅相当于曼哈顿的 27%。[1]

中心城市功能的转变和人口分布的极化效应导致了中心城市的空间重构，中心城市的结构可以分为三部分，即中央商务区、绅士化街区和非绅士化街区，这三部分各自的命运截然不同。随着美国由工业社会向后工业社会的转变和全球化时代的来临，中央商务区的功能不但没有衰落，反而越来越加强，成为全球经济的控制中心、管理中心和服务中心。由于金融机构、生产服务业和企业的外事部门在不断向这里集中，从而推动了中央商务区空间规模的不断扩大。与中央商务区毗邻的绅士化街区本来是最为衰败的街区，但经过城市更新计划和绅士化运动的改造，这里的物质环境得到了极大的改善，吸引着中产阶级和富裕阶层的入住，居民的社会地位有了很大的提高。从空间范围来看，绅士化街区的空间范围还比较狭窄，主要限于中央商务区附近的一些衰败街区，但它们是充满希望的区域，随着中央商务区功能的转换和加强，其物质环境正在进一步改善，中产阶级和富裕阶层正在持续增加，其空间规模也在日益扩大。而非绅士化街区包括中心城市的绝大部分和某些内层郊区，这一部分是当前正在走向衰败的地区，是后工业时代的牺牲品。由于中央商务区、绅士化街区和外层郊区都在从非绅士化街区吸纳中产阶级人口和资金，因此，这里居民的社会经济地位正在逐步下降，物质环境正在不断恶化，其发展前景堪忧。总之，绅士化导致了中心城市空间结构的巨大变化，正如尼尔·史密斯所指出的，"绅士化是内城居住空间重构的一部分。它紧紧尾随着早先和当前正在进行之中的办公业、商业、娱乐业的空间重构"[2]。

（六）绅士化运动对中心城市复兴的意义及负面影响

20 世纪 70 年代以来，在保守主义政治思潮的笼罩下，美国联邦

---

[1] Neil Smith and Peter Williams, *Gentrification of the City*, pp. 169, 219.

[2] Neil Smith, "Gentrification and Uneven Development", *Economic Geography*, Vol. 58, No. 2 Apr. 1982, p. 151.

政府已不再像城市更新时期那样大规模地干预城市事务,市场力量在内城街区的绅士化和复兴活动中发挥了主导作用。美国媒体常借用美国西部大开发时的词汇来描绘绅士,称他们为不畏艰险的城市开拓者、城市牛仔、城市占地者(homesteader)等,他们来到中心城市这衰败且充满危险的丛林中,用自己的血汗劳动(sweat equity)开拓着这一20世纪后半期以来美国的新边疆,对于维护中央商务区的主导地位乃至在一定程度上复兴中心城市发挥了积极的作用。

美国学者在承认绅士化作用的前提下,往往对绅士化的作用提出了过高的要求乃至苛刻的评价。比如,布赖恩·贝里于1985年发表的一篇文章的题目就是"衰退海洋中复兴的孤岛",对绅士化的前景和作用提出了种种质疑。[1] 20年后沙伦·祖金也鹦鹉学舌,她虽然承认,绅士化过程伴随着生产服务业的扩大和就业的增加,城市越来越成为金融、服务、娱乐、旅游、通讯以及相关产业的供应者,"但是,无论是公司的扩张还是绅士化,都没有能够扭转城市经济的衰退这一主导趋势、城市家庭平均收入的下降以及收入的不平等。相反,绅士化还通过将不同的建筑风景和语言群体并置在一起,而使这种不平等更加惹人瞩目,从而创造出一些'衰退海洋中复兴的孤岛'"[2]。但事实证明,这些学者的评价大有偏颇之虞。

绅士化运动最显而易见的一个结果就是使原来破败的街区环境得到了改善,经过绅士们的辛勤开拓,昔日破败的房屋经过修缮恢复了昔日的光彩,画廊、展厅、专卖店、高档酒吧、高级饭店和各种文化设施纷纷涌现,社区环境大为改观,公共空间变得清洁幽雅。绅士化运动吸引了资本的注入,促进了绅士化街区地产价格的上涨,比如哈特福德西区(West End)的地产价值在1975—1979年增加了125.4%;费城的费尔蒙特区(Fairmount)的地产价值在1971—1979年增加了108.3%;旧金山的海斯谷地(Hayes Valley)在1972—

---

[1] Brian Berry, "Islands of Renewal in Seas of Decay", in Paul E. Peterson eds., *The New Urban Reality*, pp. 69 – 96.

[2] Sharon Zukin, "Gentrification, Cuisine, and the Critical Infrastructure: Power and Centrality Downtown", in Nancy Kleniewski ed., *Cities and Society*, p. 184.

1979年增加了126.2%等。① 财产价值的增长，必然会增加市政府的财政税收，改善其财政状况。经过绅士化和社区复兴，许多出租房屋转变为房主的自有住房，比如1971—1979年，费城的春之花园（Spring Garden）有43.3%的出租房屋转变为自有住房，费尔蒙特区同比为41.53%；亚特兰大的因曼公园区（Inman Park）为49.3%。② 财产价值和住房自有率的提高、居民成分的变化和社会环境的改善，有利于社会秩序的稳定，因此犯罪率大幅度下降，比如旧金山的海特地区1973—1976年的暴力犯罪下降了21%。③ 另外，随着绅士化进程的加深和商业氛围的浓厚，商业和服务业就业大幅度增加。

然而，更重要的是，绅士化街区的复兴和绅士的到来，为中央商务区提供了理想的就业人员，从而进一步巩固了中央商务区的地位，增强了它对某些服务部门的吸引力，使更多的服务产业到中央商务区及其周围地区落脚，从而增加了这里的就业，而就业的增加则又会吸引更多的中产阶级，这样就形成了一个良性互动循环。曾几何时，专业技术和管理人员不断向郊区迁移，而留在中心城市的主要是那些没有专业知识的劳动力，他们与中央商务区的劳动力需求严重脱节，不能满足其对就业人员的需求，因而中央商务区不得不从郊区聘任工作人员，郊区居民不得不长途通勤到中央商务区就业。这既导致了交通拥堵和交通费用的上涨，还造成了汽车尾气的污染。更为严重的是，中央商务区的一些就业机构为了追随中产阶级就业人员，干脆到郊区开办业务，从而导致了中央商务区就业的减少和衰落，从而形成一种恶性循环。而绅士化运动的展开，使绅士化街区和中央商务区两者相得益彰，相辅相成，共同维护和推进了中央商务区乃至中心城市的地位。此外，绅士化街区的复兴和中央商务区的繁荣一起，产生了令人

---

① John J. Palen and Bruce London eds., *Gentrification, Displacement and Neighborhood Revitalization*, Albany: State University of New York Press, 1984, p. 74.

② John J. Palen and Bruce London eds., *Gentrification, Displacement and Neighborhood Revitalization*, p. 80.

③ Brian J. Godfrey, *Neighborhoods in Transition: The Making of San Francisco's Ethnic and Nonconformist Communities*, Berkeley: University of California Press, 1988, p. 190.

振奋的视觉效果和心理作用,使中央商务区及其相邻的绅士化街区成为新的亮点和增长极,从而能够与繁荣的郊区分庭抗礼,互争短长,即使没有把中心城市从衰落的局势中拯救出来,但至少延缓它的进一步衰落。事实证明,中心城市确实出现了一些令人振奋的现象。根据美国住房与城市发展部于 2000 年发表的城市年度报告,中心城市的就业在 90 年代在不断加速,1992—1994 年,私人企业的就业增长率为 0.7%,而 1994—1997 年的增长率为 3.7%,是前者的 5 倍。中心城市工资的增长速度超过了郊区,1992—1997 年,中心城市的工资增长率为 4.8%,高于郊区的 4.3%。中心城市失业率的下降速度比郊区更快,1992—1999 年,中心城市的失业率下降了 3.7%,而郊区只下降了 3.2%。[1] 随着失业率的下降,中心城市的财政状况有所改善,1993—1998 年,美国城市的可征税财产价值提高了 30%,销售税提高了 40%。城市政府利用增加的财政收入改善城市服务和基础设施,削减财政赤字。1994—1999 年,美国 1/3 的大城市的资信程度有所提高,只有 10% 的大城市有所下降。[2] 当然,在很多方面,中心城市仍然落后于郊区,但中心城市的状况正在朝着良性方向发展,20 世纪六七十年代以来的城市危机已经成为过去,不能否认,绅士化与其他一些因素一起发挥了积极的作用。

然而,绅士化也产生了一系列负面影响,其中之一就是导致了中心城市非绅士化街区的进一步衰落。此外,另一社会问题就是贫困居民的迁居问题。由于地产价值的上涨,使绅士化街区乃至整个中心城市的廉价住房大为减少,从而增加了贫困居民在住房方面的开支。比如,在圣保罗,迁居者的租金提高了 33%,巴尔的摩南区(South Baltimore)迁居者的租金竟提高了 53%。[3] 同时,被迫迁居还破坏了迁居者的社会关系纽带,使其心灵遭受巨大伤害。针对下层居民的迁居现象,沙伦·祖金不无揶揄地写道:绅士们被看作"城市拓居

---

[1] U. S. Department of Housing and Urban Development, *The State of the Cities*, 2000, p. iv.
[2] U. S. Department of Housing and Urban Development, *The State of the Cities*, 2000, p. 26.
[3] Neil Smith and Peter Williams, *Gentrification of the City*, pp. 191 – 192.

者","正如19世纪白人拓居者将土著美国人从他们传统的土地上赶走一样,绅士们、开发商和新的商业土地利用模式也将现有的居民从中央商务区这一'边疆'清除出去"[1]。

问题的关键是,如果没有绅士化,下层居民就不会有被迫迁居的现象吗?事实证明,那些没有进行绅士化的街区,由于住房得不到及时的维修而不断破败,从而导致财产价值不断下降,租金收入日趋减少,甚至出现了租金不抵财产税的现象,于是房主便抛弃住房所有权,不再投资维护修缮,任凭风雨剥蚀,使本来就老朽的住房更加破败不堪。事实上,这种抛弃房产(abandonment)比绅士化所导致的被迫迁居数量更多。比如,纽约市每年由于绅士化而被迫迁居的住户约有1万—4万住户,而每年由于抛弃房产而被迫迁居的住户则约3.1万—6万户。而抛弃财产的现象主要发生在非绅士化街区。[2] 由此看来,"兴,百姓苦;亡,百姓苦"。百姓苦的原因不在于绅士化本身,而在于市场经济的理性原则和利润最大化原则,要改变百姓苦的局面,不是谴责或苛求绅士化运动,而是应该通过国家福利政策来进行利益的再分配,使被迫迁居的下层居民也能够居者有其屋,也能够拥有安身立命之所。

总之,在20世纪郊区化和大都市区蔓延的大潮中,20世纪60年代末和70年代初以来,美国的内城街区出现了一种令人兴奋的现象,即绅士化运动和某种复兴迹象。推动绅士化产生的原因是多方面的,绅士化导致了中心城市空间结构的变化,中心城市人口布局越来越走向两极分化。绅士化虽然还没有能够扭转大都市区的空间蔓延和郊区化的浪潮,但它与中央商务区一起构成了中心城市的一个亮点和增长极,对于遏制中心城市的进一步衰落乃至恢复中心城市的活力发挥了积极的作用。当然,绅士化也产生了一系列负面影响,主要是它导致了非绅士化街区的进一步衰败和绅士化街区原住居民的被迫迁居问题,但这是中心城市复兴不可避免的代价。

---

[1] Sharon Zukin, "Gentrification, Cuisine, and the Critical Infrastructure: Power and Centrality Downtown", in Nancy Kleniewski ed., *Cities and Society*, p. 184.

[2] Neil Smith and Peter Williams, *Gentrification of the City*, pp. 163, 172.

七　美国后工业城市的社会经济特征

美国后工业社会的形成以及经济的全球化，使美国的城市特征发生了巨大的变化，后工业城市的特征包括三个方面，即经济特征、社会特征和空间特征。首先，美国城市去工业化与就业郊区化的结果，就是中心城市就业的严重衰退，尤其是制造业的衰退。然而，城市仍然担负着重要的经济职能，只不过这种职能不再是工业化时代的工业生产，而是服务业居于主导地位，尤其是生产服务业的发展，使城市成为全球经济的控制中心、管理中心和服务中心，从而形成后工业城市新的经济和职能特征。其次，与此密切相关的是其社会特征，即城市居民的两极分化更加严重，形成二元化城市。再次，传统工业城市的空间结构特征是高密度的单中心结构，中心城市在大都市区中居于主导地位；而后工业城市的空间模式则是低密度的多中心结构，这一点在第二章已有论述。

（一）城市经济的重构与复兴迹象的显现

美国学者马蒂·多根（Mattie Dogan）和约翰·卡萨达（John D. Kasarda）指出："美国最老和最大的城市传统上一直是国家经济发展和重构的前锋。"[1] 此言不虚，正是在这些最老和最大的城市中孕育了美国的工业革命，美国制造业得到了迅猛的发展，使美国成为首屈一指的工业强国。而20世纪五六十年代以后，同样是在这些城市中，美国经济实现了从制造业向基础服务业的转变，而七八十年代以来，又实现了从基础服务业向信息处理和管理控制方向发展，而后者才是美国城市经济职能最深刻最根本的变化，美国大城市已经从制造业中心转变为信息处理中心。

经济全球化和产业分离是美国城市功能转变的一个重要原因。在

---

[1] Mattei Dogan and John D. Kasarda, eds., *The Metropolis Era*, Volume 1, *A World of Giant Cities*, London: Sage Publications, 1988, p. 56.

经济全球化的过程中，发展中国家越来越承担了低端工业生产的职能，而发达国家则主要承担了高端的组织和管理的职能。全球经济的运行往往是通过跨国公司来进行的，而跨国公司的总部往往落户于发达国家国际性大城市的中央商务区，通过发达的信息和交通网络实现对全球生产的指挥与协调。美国大城市跨国公司总部的聚集是其他国家所无法企及的，1998年，世界500强企业总部的分布，仅在美国的10个城市中就占去了258个，即一半以上，其中纽约占76个，芝加哥35个，旧金山29个，洛杉矶25个等等。[①] 所谓产业分离就是生产服务业从制造业公司中分离出来，成为专业性的服务业。由于技术革新和专业细化，使得制造业企业内部的服务部门难以满足企业日益复杂的生产需求，于是生产服务业便从制造业企业内部分离出来，形成专业化和规模化的服务行业，独立地为其他企业提供服务。丝奇雅·沙森（Saskia Sassen）写道："生产者服务业包括：金融、法律、货物管理、创新（innovation）、研发、设计、行政管理、人事管理、生产技术、保管、运输、通信、零售、广告、公司保洁、保险、存储。其中保险业、银行业、金融业、房地产业、法律咨询业、会计行业、专业组织（professional associations）是生产服务业的重要组成部分，它们与工业企业和消费者市场有着密切的联系。"[②] 这些生产服务业的活动是工农业生产顺利进行不可或缺的重要环节，需要与生产企业进行频繁的业务联系，因而更加倾向于向大城市的中央商务区聚集，由于生产服务业的服务性、管理性、协调性和控制性，使这些大城市成为全球经济中的重要节点乃至控制中心，从而形成全国性、国际性乃至全球性城市。

从地位与功能的角度来看，全球城市体系可以分为四个等级，第一个等级为全球城市（Global Cities）或称世界城市，它们处于世界城市体系的顶端，在经济、政治、文化等方面具有全球性的影响。得

[①] 石光宇、孙群郎：《美国全球城市形成初探》，《杭州师范大学学报》2011年第5期。

[②] Saskia Sassen, *Cities in a World Economy*, pp. 55–56.

到普遍认可的全球城市主要有伦敦、纽约、东京等。第二个等级为国际性城市（International Metropolis），按照我国学者顾朝林的定义，所谓国际性城市，"是指城市的国际化程度虽然很高，但还没有达到世界城市水平的城市。换言之，国际性城市是在人、财、物、信息和整体文化等方面进行的跨国交流活动不断增加，其辐射力和吸引力影响到国外的城市。"[1] 比较公认的国际性城市主要有巴黎、法兰克福、柏林、罗马、苏黎世、洛杉矶、大阪、新加坡、圣保罗、悉尼等。第三个等级为传统国家城市体系中的全国性或地区性中心城市。这些城市在经济全球化中分担某些世界经济功能，积极参与全球经济互动，是联系外部世界的窗口，其经济规模和人口增长都很迅速，比如我国的广州、深圳、上海等城市。第四个等级为世界各国的中小城市，它们是通过第三个等级的城市而参与世界经济和被纳入世界城市体系的。

虽然世界城市体系分为四个等级，但这个体系已经不再是传统城市体系的金字塔状的等级结构，而是随着远程信息处理、远程通信和发达的交通运输的发展而呈现出一种网络化的结构。在工业化时代，城市体系是以交通运输体系和中心地的等级规模来建构的，城市的等级地位基本上取决于该城市在交通体系中的位置及其腹地的大小，以及该城市与其他城市联系的紧密程度，从而形成金字塔结构的城市体系。而在信息化和网络化时代，人流、商品流、资金流、信息流等越来越建构在网络化的功能节点之上，越来越超越传统城市体系的等级进行流动，甚至跨越地区界限和国家疆界，从而形成全球城市网络。而城市的地位则越来越取决于它与全球城市体系中其他城市交流的强度，因此，世界城市体系等级分明的纵向关系正在被更大范围的网络关系所取代。[2]

生产服务业在中央商务区的聚集，加强了中心城市的高端经济功

---

[1] 顾朝林：《经济全球化与中国城市发展》，商务印书馆1999年版，第34—35页。
[2] 赵民、张宗彝：《知识经济、全球化与城市发展战略》，《城市规划汇刊》1999年第3期。

能。然而，制造业、某些传统的百货商店、日常用品商店、消费服务业，由于不能与上述机构进行竞争或不能负担昂贵的地租而从中央商务区撤离出来，这样就形成了一种"双向对流"，中心城市不仅表现为衰落趋势，而更表现为功能转换和高端化的趋势，衰落仅仅是这一过程尚未完成的表现而已。表 5.25 显示，1951 年，纽约市制造业占总就业的 35.9%，在各种产业中所占比例最高，而以信息处理为主要特征的白领服务业仅占 21.7%；到 1970 年，白领服务业所占比例提高到 35%，而制造业则下降到 25.8%；而到 1984 年，白领服务业所占比例达到 49.4%，即接近总就业的一半，而制造业的比例则下降到 16.6%。费城、波士顿等城市就业结构的变化也极为相似。从全国范围来看，在 1992—1997 年间，美国城市总就业的增长率为 8.5%，而服务业的增长率为 15.9%，后者几乎是前者的 2 倍。[①]

表 5.25　　1951—1984 年中心城市各个部门的就业数量及其所占比例　　（单位：千人）

城市与部门		1951 年		1970 年		1984 年	
		数量	%	数量	%	数量	%
纽约	总就业*	2977	100.0	3350	100.0	2926	100.0
	制造业	1070	35.9	864	25.8	486	16.6
	零售—批发	805	27.1	779	23.3	579	19.8
	白领服务业#	646	21.7	1172	35.0	1445	49.4
	蓝领服务业△	344	11.6	424	12.6	289	9.9
	其他	111	3.7	112	3.3	127	4.3
费城	总就业*	788	100.0	772	100.0	593	100.0
	制造业	359	45.5	257	33.3	115	19.4
	零售—批发	206	26.1	180	23.3	130	21.9
	白领服务业#	98	12.5	220	28.5	276	46.5
	蓝领服务业△	85	10.8	81	10.5	50	8.4
	其他	40	5.1	35	4.5	22	3.7

---

① U. S. Department of Housing and Urban Development, *The State of the Cities*, 2000, p. 10.

续表

城市与部门		1951 年		1970 年		1984 年	
		数量	%	数量	%	数量	%
波士顿	总就业*	402	100.0	465	100.0	481	100.0
	制造业	114	28.4	84	18.1	49	10.2
	零售—批发	132	32.8	111	23.9	84	17.5
	白领服务业#	87	21.7	194	41.6	279	58.0
	蓝领服务业△	51	12.6	55	11.7	47	9.7
	其他	18	4.4	21	4.6	22	4.6
巴尔的摩	总就业*	342	100.0	367	100.0	302	100.0
	制造业	130	38.1	105	28.6	55	18.2
	零售—批发	89	26.1	94	25.5	68	22.4
	白领服务业#	44	12.8	108	29.5	128	42.4
	蓝领服务业△	51	14.9	44	12.1	32	10.5
	其他	28	8.1	16	4.2	20	6.5
圣路易斯	总就业*	431	100.0	376	100.0	259	100.0
	制造业	194	44.9	133	35.3	67	25.9
	零售—批发	103	23.9	89	23.6	54	20.8
	白领服务业#	50	11.5	96	25.5	101	39.0
	蓝领服务业△	46	10.6	44	11.8	26	10.0
	其他	39	9.1	14	3.8	11	4.2

资料来源：Mattei Dogan and John D. Kasarda, eds., *The Metropolis Era*, Volume 1, *A World of Giant Cities*, London: Sage Publications, 1988, p. 67.

＊总就业中排除了政府职员和独立业主；

#白领服务业指那些半数以上雇员的工作职位为行政、管理、专业和办公室人员的服务业（排除了政府、零售和批发业）；

△蓝领服务业指那些半数以下雇员的工作职位为行政、管理、专业和办公室人员的服务业（排除了政府、零售和批发业）。

由此可见，中心城市的产业越来越以中心性较强的管理性和服务性产业为主导，因此，在大都市区的经济活动中，中心城市将仍然处于中心和主导的地位，郊区仍然处于边缘和从属的地位。然而，问题的关键是，虽然中心城市在产业结构中的地位在不断上升，但是，它在大都市区的总就业中却相对于郊区在不断减少，甚至是在绝对地减少。中心城市在大都市区中人口和就业中相对和绝对下降，是造成中心城市衰落的根本原因。

另外，中心城市服务业的发展也可以从各城市的同位比商看出。同位比商就是某一地区某一产业的就业占该地区总就业的比例与全国同一比例的比值。如果某一城市某一产业的同位比商高，就表明该城市在该产业具有较强的专业化特征。比如，1987年，纽约市批发业、FIRE（金融、保险和不动产）、其他服务业的同位比商分别为1.26、1.85和1.29，表明纽约市在这3种产业中具有较高的专业化特征。根据经济分析局（Bureau of Economic Analysis）对美国14个大都市区的分析，中心城市各产业的同位比商为：TCU（交通、通讯和公用机构）为1.16，批发业为1.25，FIRE（金融、保险和不动产）为1.24，其他服务业为1.15，联邦政府部门为1.17，表明以上服务产业部门在城市中的相对集中；而建筑业的同位比商为0.69，制造业为0.85，零售业为0.86，州和地方政府的就业为0.84，都低于1，表明中心城市在这几种产业的相对衰落。[1]

由于生产服务业向中心城市的集中，20世纪80年代以后，大城市的中央商务区还出现了高层办公大楼的建筑繁荣，办公面积不断增加。1960—1975年，纽约大都市区的办公面积增加了1.11亿平方英尺，而且在1975年，仍然有260万平方英尺处于建设当中。1975年，仅曼哈顿就拥有办公面积2.27亿平方英尺，比1960年增加了84%。1960—1972年，旧金山和明尼阿波利斯—圣保罗中央商务区的办公面积增加了一倍以上。[2]

企业的经营管理和生产服务业在当代经济中扮演着中心性的职能，在经济发展中具有关键性的作用，所以，它们日益向着中心区的

---

[1] Thomas M. Stanback, Jr., *The New Suburbanization: Challenge to the Central City*, San Francisco: Westview Press, 1991, pp. 18–19.

[2] David Clark, *Post-Industrial America: A Geographical Perspective*, New York: Methuen, inc., 1985, p. 121.

中央商务区聚集。虽然制造业和部分消费服务业在不断向郊区的分散,但这并不表明中心城市经济职能的衰退,而只能看作中心城市职能的调整和升级。由于高端服务业大多数集中于大城市的中央商务区,使得中小城市和郊区的企业更加依赖于中央商务区的高层服务。由此看来,大都市区中心城市和郊区职能的变化,将进一步加强两者之间的联系,使城市职能在更大的空间范围内的实现整合。

企业的高层管理部门和生产服务业之所以向中心城市聚集,是由于虽然在信息时代,信息技术的发展使得远程瞬时交流成为可能,但面对面的交往仍然很必要,尤其是企业之间的高端业务。另外,企业的高层管理部门和生产服务业向中心城市聚集,也与这些城市电信基础设施的集中存在着密切的联系。为了充分利用这些电信基础设施,必须将其集中在某个特定的区域,从而节约成本,达到聚集效益。比如到1984年,美国有1/3的光缆集中在纽约。正如莫斯所指出的:"电信设备的不断出现主要是一种城市化的现象。虽然关于电信新技术的讨论大部分集中于扩散化所提供的机会,但是大城市是美国新电信系统的轴心,也是信息技术最先进的提供者……尽管电信新技术允许地理上的扩散,但是新设备的经济指向是主要信息中心的城市地区。与许多流行的民间传说相反,电信新技术并未造成城市的没落。电信新技术巩固了那些具有交流活动重要功能的城市。"[1]

除了企业管理和生产服务业之外,另外两种产业也推动了中央商务区的繁荣,首先是会务和旅游业的发展。在现代社会,各种专业协会和贸易组织数量激增,会务活动频繁,同时,由于人们生活水平的提高,国内和国际旅游人口急剧增加,而这些活动大多在中央商务区举行。其次是娱乐业、文化产业和休闲服务业,这些产业主要针对上述人口的需要,以及满足高收入的城市单身贵族或没有子女的双职工家庭。

在中心城市服务业增长的同时,高技术产业也有了很大的发展。

---

[1] [美]曼纽尔·卡斯泰尔:《信息化城市》,崔保国等译,江苏人民出版社2001年版,第162—163页。

前文指出，二战以后，美国经济重心逐步西南移，西部和南部在经济和人口的发展方面超过东北部和中西部而执美国经济之牛耳，其重要原因就是西部和南部城市在新科技革命的浪潮中，着重发展了高技术产业。二战以后，联邦政府在西部和南部投入巨额资金，大力发展了国防工业，在国防工业的带动之下，民用工业也得到了均衡的发展，并且从东部地区吸引了大量科技人才，从而积累了一定的生产力。而此时又适逢美国的第三次和第四次技术革命，航空航天技术、微电子技术成为新技术革命的龙头。以高技术产业如航空航天、计算机、通信、医药等产业为依托，美国西部和南部城市如洛杉矶、休斯敦、菲尼克斯、西雅图、圣迭哥、迈阿密等城市迅速崛起，并且在美国城市体系中的地位迅速提高。与此同时，在科技革命的带动之下，美国东北部和中西部老工业城市也对制造业进行了调整，迅速转向高技术产业，并对传统工业如汽车工业等进行技术改造。比如，根据波士顿银行的调查，1975—1980年，新英格兰地区的制造业部门新增加了22.5万个就业机会，其中45%是由高技术产业创造的。[1] 而1992—1997年，美国城市中高技术产业的就业增长率为27%，而总就业的增长率只有8.5%，前者是后者的3倍多；从另一个角度看，高技术产业占新增就业的比例高达25%。[2]

综上所述，美国后工业城市的产业结构特征是传统工业和蓝领服务业的减少，而高层企业管理、生产服务业、高技术产业、旅游业和文化产业的增加，这种产业结构的变化代表了后工业时代城市功能的调整和升级，而不是城市经济职能的削弱。随着上述产业的增长，美国城市的总就业也扭转了过去大幅度减少的局面，甚至出现了增长的新态势，1992—1994年，美国中心城市的就业增长了2.0%，而1994—1997年的增长率则为6.3%，增长率有了大幅度提高；芝加哥1992—1994年的就业减少了1.2%，而1994—1997年却增加了1.9%，扭转了下降的趋势；洛杉矶这两个时间段的增长率分别

---

[1] 王旭：《美国城市史》，中国社会科学出版社2000年版，第301页。

[2] U. S. Department of Housing and Urban Development, *The State of the Cities*, 2000, p. v.

为 -7.1% 和 1.5%；纽约市分别为 -0.4% 和 5.1%；匹兹堡分别为 0.8% 和 2.3%；圣路易斯分别为 2.3% 和 2.6%；旧金山分别为 3.5% 和 7.9%。然而，中心城市总就业的增长率仍然低于郊区，1992—1997 年，美国城市总就业的增长率为 8.5%，而郊区为 17.8%。[1] 但就中心城市的就业由过去的减少转变为增加这一点而言，中心城市正在焕发出其生机与活力。更重要的是，必须注意到两点，其一，中心城市就业的性质与郊区不同，中心城市的就业大多数为高端服务业，而郊区主要是制造业、低端服务业和办公业。这是质与量的差别。其二，在整个大都市区中，中心城市与郊区占有的地域空间相差甚远，以郊区广阔的地域空间与中心城市相对狭小的地域空间相比较，似乎是一种不公平的比较。郊区优势在于它的空间优势，即使中心城市的增长率不如郊区，也不能说中心城市在衰落。

（二）中心城市二元化社会的形成

在后工业时代的美国城市中，经济结构和技术结构的变化，导致了城市人口职业结构和阶级结构的巨大变化，使城市社会结构表现出明显的二元性特征。

去工业化本身是美国经济结构调整的一个表现或组成部分，与此并行不悖的是中心城市产业结构不断升级，以生产服务业为主的高附加值产业越来越集中于中心城市，其就业人员的工资水平不断提高。与此同时，随着中产阶级主体与富裕阶层的郊区化以及下层阶级和少数族裔在中心城市的聚集，即"贫困的聚集"，使中心城市社区之间和居民之间的贫富差距更加凸显出来。另外，绅士化运动则进一步加强了这种贫富对比，随着绅士们在衰败街区贫困的海洋中开辟出一个个富裕的孤岛，并将绅士化街区的贫困居民排挤到非绅士化街区，同时又从非绅士化街区吸纳中产阶级人士，使绅士化街区居民的社会地位迅速提高，街区面貌焕然一新，而非绅士化

---

[1] U. S. Department of Housing and Urban Development, *The State of the Cities*, 2000, pp. 6-8.

街区居民的社会地位进一步降低，社区面貌进一步衰败。由于上述两个过程，中心城市内部也同样形成了两个世界的鲜明对比，表现出强烈的二元性特征。

当然，在工业时代这种对比就已经存在，但由于后工业时代产业结构的调整和市民的两极分化，这种对比更加明显。从西方国家的就业结构来看，20世纪七八十年代以来经历了从"枣核形"到"沙漏结构"的转变。所谓"鸡蛋结构"就是底层低技术工作岗位和顶层高技术职业都较少，而中间部分的工作岗位比较广泛。所谓"沙漏结构"就是底层低技术工作岗位和顶层高技术职业都在增加，而中间部分的工作岗位则日益减少。比如，纽约市的职业结构出现了总体升级的趋势。1983年，经理人员占总量的11.7%，1986年则上升到13.3%，同期专业人员的比例也从13.9%上升到15.8%。包括技术人员在内，1986年职业结构的高层部分占所有职业的31.3%。[①] 在顶层高技术职业人员增加的同时，为之提供低技术服务的职业也相应地增加了，如保洁、保安、运输业、餐饮业、导游等。这种"沙漏结构"使得社会收入差距加大，使社会形成两极分化。

另外，职业的女性化也进一步导致了社会的两极分化。在后工业时代，由于服务业的增加和体力劳动的减少，越来越多的妇女进入劳动力市场，使男性在某些就业市场受到更大的竞争，而妇女工作者要比同等条件下男性工作者的报酬低得多，并且在职业方面具有高度的不稳定性，从而使社会下层总体收入进一步减少。曼纽尔·卡斯特指出，当美国受过教育的女性工资得到实质增加的同时，就他们的工资平均来说，仍然只占同等位置男性工资的67%而已。[②]

由于经济结构和职业结构的变化，美国家庭收入的差距在不断拉大。1975—1985年，美国收入最低的1/5的家庭占美国家庭总收入的比例由5.4%下降到4.6%，而最高收入的1/5的家庭的同比则由

---

① ［美］曼纽尔·卡斯泰尔：《信息化城市》，第228页。
② ［美］曼纽尔·卡斯特：《千年终结》，夏铸九、黄慧琦等译，社会科学文献出版社2003年版，第154页。

41.1%上升到43.5%；最高收入的1/20的家庭的同比则由15.5%上升到16.7%。① 根据斯特格曼（Stegman）的研究，1977年，纽约市顶层10%和底层10%的人口的平均收入比率为15∶1，而到1986年，这一比率为20∶1。收入的日益不平衡导致了贫困率的提高，1977—1985年，纽约市贫困人口的比例由18.5%上升到23.9%。1975—1986年，纽约市女性单亲家庭大约增加了1/3，而女性单亲家庭的贫困率则由47%上升到67%。② 又如，在波士顿大都市区，底层20%的家庭收入占该大都市区总收入的比例由1960年的5.8%下降到1990年的3.5%，而顶层5%的家庭的同比则由17.4%上升到19.4%。③

二元城市的空间特征就是富裕社区与贫困社区鲜明的隔离与对照。由于中产阶级向郊区的迁移，作为富裕社区和贫困社区之间缓冲地带的中产阶级社区大为缩小，使前两者形成了鲜明的对比。由于中心城市贫困人口和贫民窟的扩展，社会问题泛滥，富裕阶层为了保护自己社区的安全，便以高墙深院将自己与外界隔绝开来，并设专人守卫，形成壁垒森严的"城堡"。"由成百上千个居住单元组成的社区隐藏在高墙深院和警卫门岗后面。富有生命力的城区生活被抛弃了。地理上的距离疏远了城市应该具备的社会责任。人们把安全建立在金融信用和由汽车、沥青、汽油和混凝土墙体产生的地理隔绝上，只有特邀的客人和电磁波、收音机、电视机、电脑、电话的电缆才能进入。"④ 这种城堡本身就是与外界隔绝的，而这些城堡内的居民，即社会的精英们，也不会光顾下层居民社区和关心贫民窟社会问题的泛

---

① U. S. Department of Commerce, Bureau of the Census, *Statistical Abstracts of the United States*: 1976, p. 406; U. S. Department of Commerce, Bureau of the Census, *Statistical Abstracts of the United States*: 1987, p. 437.
② Peter Marcuse and Ronald van Kempen, eds., *Globalizing Cities: A New Spatial Order?* Oxford: Blackwell Publishers Ltd, 2000, p. 160.
③ Roger Simmonds and Gary Hack, eds., *Global City Regions: Their Emerging Forms*, London: Spon Press, 2000, p. 43.
④ ［美］理查德·瑞吉斯特：《生态城市——建设与自然平衡的人居环境》，王如松、胡聘译，社会科学文献出版社2002年版，第5页。

滥。曼纽尔·卡斯泰尔对纽约的二元特征进行了高度的概括，他写道："作为一个二元化城市，纽约的特点并不简单地意味着高级官员的宝马香车与无家可归者流离失所间的对立，它更根本性地代表着一种城市社会结构，这种结构存在于新型信息经济两个极端间的交流这一基础上，这两个极端相对却具有同样的动力。这种新型信息经济发展的逻辑使得社会趋于两极分化，使各社会群体分化，使各种文化割裂，并对一个共享的空间进行分割。"[①]

小　结

从工业革命和工业化以来，美国的城市曾兴盛一时。然而，二战以后的城市发展以分散化或郊区化为主，大批的人口、产业和社会机构从中心城市迁移到郊区，中心城市出现了"空心化"现象，从而对中心城市形成了第一次沉重的打击。与此同时，随着科技进步和经济的全球化，美国的经济开始向后工业经济或服务经济转变，以城市为基地的传统工业严重衰退。为了节省劳动力成本和接近原料产地，美国企业界逐步将一些传统制造业向本国较为落后的西部和南部迁移，甚至迁移到欧洲、日本和广大的发展中国家，于是在东北部和中西部出现了"去工业化"现象，中心城市作为工业化时代产业的载体受到了第二次严重的冲击。另外，美国金融机构的信贷歧视即"红线政策"针对的目标就是衰败的中心城市及其黑人等少数族裔。由于中心城市居民很难得到金融机构的住房贷款和其他方面的贷款，从而对中心城市构成釜底抽薪一般的打击。郊区化、去工业化和红线政策是导致中心城市衰落的直接原因。当然，中心城市衰落的原因是纷繁复杂的，包括经济的、社会的、文化的、政治的多种原因。在这些一次又一次的打击之下，美国的中心城市逐渐衰落下去，甚至出现了严重的城市危机。

为了阻止和挽救城市的衰落，美国民间组织、私人部门和政府

[①] [美]曼纽尔·卡斯泰尔：《信息化城市》，第240—241页。

机构都曾进行了种种努力。早在 19 世纪中后期，在许多美国城市中就展开了城市美化运动，该运动不仅关注城市的美观，修建城市公园和开辟林荫大道，而且也重视基础设施等功能方面的改进。该运动的失败预示了美国城市暗淡的发展前景，因为美国中产阶级开始抛弃城市，城市规划人士和政府部门开始采取分散化的城市发展战略。到 20 世纪中期，以 1949 年住房法的颁布为标志，在联邦政府的主导之下，在 20 世纪 50 年代到 70 年代初期，美国许多城市展开了城市更新运动，该运动既产生了许多积极的成果，也造成了诸多问题。就问题而言，一方面城市更新采取的是整体推倒重建的方式，从而造成了极大的浪费。另一方面就是产生了居民搬迁和社会网络的破坏，以及造成新的贫困聚集和新贫民窟的形成。就积极成果而言，随着美国后工业经济的兴起和中央商务区的扩大，19 世纪的城市空间和居民结构已经不能适应后工业时代的要求，城市更新运动清除了一部分贫民窟和衰败街区，建造了一批白领中产阶级和企业人士所需要的住宅，在一定程度上缓和了中央商务区工作职位与就业人口不相匹配的失衡状况，适应了中央商务区规模的扩大与功能的转变和提升，乃至后来中心城市在一定程度上的复兴都发挥了积极的作用。

联邦政府的城市更新计划结束以后，对中心城市的改造活动并没有就此停止，而是逐步兴起了一种民间的改造活动，即绅士化运动。之所以会出现这一运动，是因为随着经济全球化和后工业城市的形成，大城市成为全球经济网络的节点，成为全球经济运行的指挥部，其产业以生产服务业为主，城市日益成为控制中心、管理中心和服务中心。那些在中央商务区就业的经理人员和白领职员，为了接近自己的工作岗位，选择在中央商务区周围的衰败地区居住，并进行住房修缮和街区改进活动，从而导致了绅士化进程的发生。绅士化运动的出现还包括其他一些原因，比如家庭结构、生活方式、价值取向和消费观念的转变；城市规划理念的转变；城市"地租差额"的产生等等。绅士化街区的复兴和绅士的到来，为中央商务区提供了理想的就业人员，从而进一步巩固了中央商务区的地位。20世纪90年代以来，虽然美国城市出现了一些复兴的迹象，但由于人口、创业和社会机构的郊区化现象仍然继续，美国大都市区的空间蔓延仍在继续，美国中心城市的发展转机仍然面临着严峻的挑战。